Oliver Everling, Jens Leker, Stefan Bielmeier (Hrsg.)
Credit Analyst

Oliver Everling, Jens Leker,
Stefan Bielmeier (Hrsg.)

Credit Analyst

3., aktualisierte und vollständig überarbeitete Auflage

DE GRUYTER
OLDENBOURG

ISBN 978-3-11-035379-2
e-ISBN (PDF) 978-3-11-035406-5
e-ISBN (EPUB) 978-3-11-039734-5

Library of Congress Cataloging-in-Publication Data
A CIP catalogue record for this book has been applied for at the Library of Congress.

Bibliografische Information der Deutschen Nationalbibliothek
Die Deutsche Nationalbibliothek verzeichnet diese Publikation in der Deutschen Nationalbibliografie; detaillierte bibliografische Daten sind im Internet über http://dnb.dnb.de abrufbar.

Coverabbildung: Sergiy Timashov/thinkstock
Druck und Bindung: CPI books GmbH, Leck
♾ Gedruckt auf säurefreiem Papier
Printed in Germany

www.degruyter.com

Vorwort zur 3. Auflage

In den fast sechs Jahren seit der ersten Auflage hat nicht nur die Finanzwelt, sondern auch das Verlagswesen durch elektronische Medien Veränderungen von bisher nicht gekanntem Ausmaß gesehen. Für den Leser dieser dritten Auflage allerdings ist die augenfälligste Veränderung die des Verlags, denn das noch 2012 im Oldenbourg Wissenschaftsverlag erschienene Buch wird nun von De Gruyter Oldenbourg verlegt. De Gruyter Oldenbourg gehört weiterhin mit seiner 150-jährigen Geschichte zu den Traditionsunternehmen in der Verlagsbranche. Als Herausgeber freuen wir uns darüber, unser Buch nun im Namen eines international noch bekannteren Verlags publiziert zu sehen.

Obwohl es Studierende inzwischen gewohnt sind, sich studienrelevantes Begleitmaterial im Internet herunterzuladen, sehen wir in diesem Buch weiterhin eine gute Ergänzung der über Deutschlands Grenzen hinaus renommierten DVFA-Ausbildung zum „Certified Credit Analyst". Mit einem möglichst handlichen Buch soll einerseits ein Begleiter der DVFA-Ausbildung verfügbar bleiben, andererseits auch sonst interessierten Lesern ein wissenschaftlich und durch Praxisbeiträge fundierter Zugang zu der immer komplexer und mit ihren Finanzinstrumenten interdependenter werdenden Welt der Anleihen und Kreditmärkte geboten werden.

Das durch dieses Buch verfügbar gemachte Knowhow wird an den Finanzmärkten bitter benötigt: Als wir 2008 das Vorwort zur ersten Auflage verfassten, stand der Zusammenbruch der US-amerikanischen Investmentbank Lehman Brothers kurz bevor. Die Bankeninsolvenzen ließen die Risikoaufschläge an den Rentenmärkten in teils astronomische Höhen nach oben schnellen. Die Entwicklungen machten die Relevanz der Kreditrisikobeurteilung deutlich.

Zur Zeit des Erscheinens der zweiten Auflage wurden die Rettungspakete für ganze Staaten und Finanzsysteme geschnürt. Zum wichtigsten Einflussfaktor des Marktgeschehens aber avancierte die Politik der Zentralbanken, nicht nur die des Federal Reserve Systems in den USA, sondern auch der Europäischen Zentralbank, der Bank of England, der Bank von Japan und zunehmend auch der Chinesischen Volksbank. Die Politik dieser und weiterer Zentralbanken hat monetäre Lockerung mit der Folge gemeinsam, dass Zinsen in allen großen Volkswirtschaften auf historische Niedrigststände fielen.

Der Euphemismus „quantitative easing" verdeckt die ungeheuren Herausforderungen, die diese Politik für alle Marktteilnehmer an den Finanzmärkten mit sich bringt. Die Mechanik der Zentralbankbilanzaufblähungen und die beabsichtigte Transformation der Geldmengenvermehrung in wirtschaftsstimulierende Impulse sorgten einerseits für Haussen an den Aktienmärkten, zuletzt auch in China, andererseits für teils spektakuläre Kursgewinne langlaufender Rentenpapiere mit hohen Coupons, deren Emittenten sich nun aber zu Niedrigstzinsen refinanzieren und damit die Ertragspotentiale insbesondere institutioneller Anleger auflösen, die – wie zum Beispiel Rentenversicherer und Pensionskassen – traditionell übergewichtig in festverzinslichen Papieren investiert sind und nun vor einem Wiederanlageproblem stehen. Banken sind zudem von Minuszinsen bedroht.

Daher bleibt es eine spannende Frage, ob die Phase ungewöhnlich guter Performance alter Rentenportfolien noch bis zur nächsten Auflage dieses Buches reichen wird. In jedem Fall wird den Lesern notwendiges Handwerkszeug mit auf den Weg gegebenen, die aktuellen finanzanalytischen Herausforderungen zu verstehen und anzunehmen.

Während wir uns anlässlich der zweiten Auflage von unserem Mitherausgeber der ersten Auflage, Herrn Klaus Hohlschuh, mit Eintritt in seinen Ruhestand verabschieden mussten, sind es heute Veränderungen im Kreis unserer Autoren, die wir mit unserem besonderen Dank kommentieren wollen. Den Autoren der zweiten Auflage, die nun nicht mehr mitwirken konnten, sind wir sehr verbunden. Ihr Ausscheiden hat ohne Wertung der fachlichen Qualitäten einerseits mit den schnellen Karrierewegen zu tun, die sich mit dem Knowhow aus dem Bereich der Markt- und Kreditanalyse ergeben, andererseits mit unserem Prinzip, den Kreis unserer Autoren dieses Buches eng an den Kreis der Referenten anzulehnen bzw. ihn auf diesen zu beschränken.

Frau Anja Cheong, Acquisitions Editor Business & Economics bei DE GRUYTER, danken wir für die verlagsseitige Betreuung. Allen Autoren gilt unser Dank für die erneute Mitgestaltung dieses Lehrbuches.

Frankfurt am Main im Dezember 2014

Stefan Bielmeier, Oliver Everling, Jens Leker

Vorwort zur 2. Auflage

Nur zwei Jahre nach der ersten Auflage des Buches müssen wir uns bereits mit einer Vielzahl neuer Entwicklungen befassen: Der ursprünglich von der Subprime-Krise in den USA ausgelöste Wellenschlag der Krisen erreichte zuerst Hypothekenbanken, dann auch systemrelevante Banken und nun auch Staaten. Kaum je zuvor waren die Aufgaben für den „Credit Analyst“ so anspruchsvoll wie heute, denn alte Regeln scheinen nicht mehr zu gelten. Einst „sichere Häfen“ der Staatsanleihen sind nicht nur in Griechenland geschlossen, sondern auch in anderen Ländern werden die Finanztitel knapp, denen noch zweifelsfreie Anlagequalität nach Maßstäben anerkannter Ratingagenturen zugesprochen werden kann.

Während in der Subprime-Krise den Ratingagenturen von der Politik der Vorwurf gemacht wurde, die Krise nicht rechtzeitig erkannt und viele Finanztitel zu günstig klassifiziert zu haben, drehte sich die Kritik in der Krise der Staatsverschuldung um, denn nun wurde von Politikern – bis hin zum amerikanischen Präsidenten – kritisiert, dass die Ratingagenturen voreilig Warnsignale geben und überraschend herabstufen würden. Angesichts dieser und vieler weiterer Widersprüche, die über das Geschehen an den Finanzmärkten berichtet werden, führt insbesondere für professionelle Anleger kein Weg daran vorbei, selbst Expertise aufzubauen und sich nicht auf Sekundärresearch zu verlassen.

Wenn Staatsanleihen im Primärmarkt nur mit höheren Risikoaufschlägen als bei Unternehmensanleihen platziert werden können, sind elementare Daumenregeln der Vergangenheit außer Kraft gesetzt. Höchst risikoaversen Anlegern, die ihr Anlageuniversum auf ein schmales Spektrum von Staatstiteln beschränken, droht daher, selbst bei Konzentration auf öffentliche Emittenten aus dem Eurowährungsraum ungewollt zu Spekulanten zu mutieren, wenn sie ihre Anlagestrategien nicht den neuen Verhältnissen anpassen. Die Strategie „Kaufen und Halten“ würde im Widerspruch zu unveränderten Risikopräferenzen des Anlegers stehen, wenn sich die Anlagequalitäten bzw. Risikocharakteristika der im Portefeuille enthaltenen Wertpapiere so drastisch verändern, wie es in den letzten Jahren bei bestimmten Staatsanleihen zu beobachten war.

Die angesprochenen Entwicklungen zeigen deutlich die Bedeutung der integrierten Betrachtung von Risiken. Daraus leitet sich die Anforderung an Credit Analysts ab, nicht nur Zinsänderungsrisiken oder Unternehmensratings zu verstehen, Durationen berechnen oder Konvexitäten interpretieren zu können, sondern auch Ansteckungsgefahren verschiedener Märkte und Marktsegmente zu erkennen.

Trotz der weiter steigenden Anforderungen in der Praxis der Arbeit von Credit Analysts sind wir auch in der zweiten Auflage bei dem Konzept geblieben, mit einem möglichst handlichen Buch einerseits einen Begleiter der DVFA-Ausbildung zum „Certified Credit Analyst“ zu schaffen, andererseits auch sonst interessierten Lesern einen wissenschaftlich und durch Praxisbeiträge fundierten Zugang zu dieser, angesichts aktueller Umbrüche an den Finanzmärkten immer spannenderen Materie zu verschaffen. Marktgetriebenen Veränderungen gilt dabei ebenso ein Augenmerk wie den neuen Anforderungen nach Basel III, die Banken die Beachtung noch strengerer Regelungen und einen höheren Eigenmittelnachweis auferlegen.

Die zweite Auflage dieses Buches begründet sich nicht nur durch den Aktualisierungsbedarf, um stets dem Anspruch auf höchste Professionalität der Ausbildung gerecht zu werden, sondern auch durch die gute Aufnahme im Buchhandel, der sich im raschen Abverkauf zeigte. Die auf dem Cover augenfälligste Veränderung der zweiten Auflage, nämlich der Wechsel im Herausgeberkreis von Klaus Holschuh zu Stefan Bielmeier, hat dagegen keinen den Inhalt unseres Buches betreffenden Grund: Herr Klaus Holschuh verabschiedete sich bei der DZ BANK in den Ruhestand, so dass Stefan Bielmeier seine Nachfolge antrat.

Herrn Holschuh danken wir an dieser Stelle ausdrücklich für seine Mitwirkung an der ersten Auflage. Seiner Mitarbeit haben wir viel zu verdanken; ohne ihn wären ein so praxisnahes Werk und eine so gute Resonanz in der Ausbildung der DVFA wohl kaum möglich gewesen.

Frau Jian Ren, Magister der Kommunikationswissenschaften, und Herrn Bernd Galler, Magister der Sozial- und Wirtschaftswissenschaften, danken wir für die tatkräftige Unterstützung unserer Herausgeberarbeit. Frau Anne Lennartz vom Lektorat Wirtschafts- und Sozialwissenschaften im Oldenbourg Verlag danken wir für die verlagsseitige Betreuung. Allen Autoren gilt unser besonderer Dank für die erneute Mitgestaltung dieses Lehrbuches.

Frankfurt am Main im November 2011

Stefan Bielmeier, Oliver Everling, Jens Leker

Vorwort zur 1. Auflage

Wenn Freunde der deutschen Sprache ein deutschsprachiges Buch mit einem englischen Titel veröffentlichen, geschieht dies aus guten Gründen. Mit dem Titel „Credit Analyst“ wird weder der Versuch unternommen, lediglich den aktuellen Zeitgeschmack zu treffen, noch ein Experiment, alten Wein in neuen Schläuchen zu verkaufen.

Das Berufsprofil des Credit Analyst ist heute in den Blickpunkt sogar einer breiteren Öffentlichkeit geraten wie kaum je zuvor. Die Kreditkrise an den US-amerikanischen Kapitalmärkten erreichte die Aufmerksamkeit der Massenmedien rund um den Globus. Die ökonomischen Konsequenzen der Krise wurden nicht nur in Bankbilanzen und bei institutionellen Investoren spürbar, sondern auch in den ausbleibenden Anlageerfolgen eines breiten Anlegerpublikums. Die Krise hat vor Augen geführt, dass traditionelle Instrumente der Kreditwürdigkeitsprüfung kaum noch mit den analytischen Anforderungen konform gehen, die heute an Entscheidungen über die Investition in teils komplex strukturierte Finanzierungen zu stellen sind.

Das Berufsprofil des Credit Analyst, der heute in einem globalen Kontext eine maßgebliche Rolle bei der analytischen Flankierung von Entscheidungen über die Allokation der Ressource „Kapital“ wahrnimmt, hat wenig mit dem Berufsprofil des Kreditanalysten oder des Kreditsachbearbeiters der Vergangenheit gemein.

§ 1 Abs. 1 Nr. 2 des Gesetzes für das Kreditwesen (KWG) bezeichnet die Gewährung von Gelddarlehen und Akzeptkrediten als Kreditgeschäft. Wird es gewerbsmäßig oder in einem Umfang betreiben, der einen in kaufmännischer Weise eingerichteten Geschäftsbetrieb erfordert, ist es Bankgeschäft und muss u. a. den von der Bankenaufsicht gestellten Mindestanforderungen genügen. Der allgemeinere Begriff des Kredits wird abgeleitet vom lateinischen credere, „glauben“, und creditum, „das auf Treu und Glauben Anvertraute“, und hat schon im Deutschen einen doppelten Inhalt: Einerseits wird unter Kredit das „Vertrauen“ gegenüber einem Partner verstanden. Andererseits bedeutet bei jemandem „Kredit haben“ auch „etwas guthaben“ im Sinne von Vertrauen genießen, dass man zahlungsfähig und damit kreditwürdig sei.

Das Wort „Kredit“ bezeichnet meist die Gebrauchsüberlassung von Geld (Banknoten, Münzen, Giralgeld) oder vertretbaren Sachen (Warenkredit) auf Zeit. Darlehnsverträge, Abzahlungskäufe, Stundungen oder Wechsel stellen Beispiele für Kredite dar, die zwar z. B. Gegenstand der Arbeit von Kreditsachbearbeitern sein können, nicht aber Gegenstand dieses Buches sind. Bei Geldkrediten hat der Kreditnehmer den Nennbetrag der kreditierten Geldsumme und bei Warenkrediten eine der kreditierten Ware gleiche Ware zurückzugewähren. Dem Buchkredit (Darlehen im rechtlichen Sinne, z. B. §§ 607 ff. BGB) steht der verbriefte Kredit (Kaufvertrag über Kredittitel, z. B. §§ 433 ff. BGB) gegenüber.

Die Kreditwürdigkeitsbeurteilung wurde noch bis Ende des 20. Jahrhunderts verbreitet in der Art einer Prüfung praktiziert, die „bestanden“ oder „nicht bestanden“ zum Ergebnis hat, im

Falle von Kreditgeschäften „solvente“ von „nicht solventen“ bzw. „nicht ausfallgefährdete“ von „ausfallgefährdeten“ Kreditnehmern unterscheidet. Dieses Schwarz-Weiß-Denken wird der Komplexität der Realität ebenso wenig gerecht wie dem Bedürfnis von Banken wie auch institutioneller Investoren, ihre Kredit- und Anleiheportfolien aktiv zu managen.

Bonitätsveränderungen, Veränderungen der Ausfallwahrscheinlichkeit von Anleiheschuldnern z. B., wirken sich ebenso wie weitere Faktoren auf die Preisbildung für die betroffenen Finanztitel aus. Während bei Anlegern früher so genannte Kaufen-und-Halten-Strategien dominierten, steht bei vielen heute das Bedürfnis im Vordergrund, Kursverluste zu vermeiden und an möglichen Kursgewinnen zu profitieren. Dies bedingt neue analytische Instrumente, insbesondere Expertise im Rating, um auch Veränderungen von Bonitätsnuancen richtig zu erkennen.

Die Verordnung über die angemessene Eigenmittelausstattung von Instituten, Institutsgruppen und Finanzholding-Gruppen (Solvabilitätsverordnung – SolvV) vom 14. Dezember 2006 sowie die Mindestanforderungen an das Risikomanagement (MaRisk) gemäß Rundschreiben 5/2007 vom 30. Oktober 2007 der Bundesanstalt für Finanzdienstleistungsaufsicht (BaFin) verlangen von allen betroffenen Instituten die Einhaltung deutlich höherer Mindeststandards, die insbesondere an Ratingsystemen festgemacht werden. Seit der Jahrtausendwende wurde nicht nur in Deutschland, sondern auch weltweit in allen Ländern, die sich zur Umsetzung des in Basel ausgehandelten Regelwerks der Bankenaufsicht (Basel II) verpflichteten, intensiv an der Fortentwicklung bestehender Ansätze und Systeme gearbeitet.

Aus diesen Veränderungen resultieren verschiedene Qualifizierungsoffensiven, die sich nicht nur auf Aus- und Weiterbildung von Bankmitarbeitern mit dem Ziel richten, die personellen Voraussetzungen für die Einhaltung der neuen Anforderungen zu schaffen, sondern darüber hinaus sowohl dem wachsenden Interesse von Banken und anderen Unternehmen an einer Professionalisierung des Managements von Bonitäts- und Kreditrisiken zu entsprechen.

Zu den auf diesem Gebiet maßgeblichen Angeboten gehört die Ausbildung und Zertifizierung von Credit Analysts durch die DVFA – Deutsche Vereinigung für Finanzanalyse und Asset Management. Das vorliegende Buch bietet nicht nur eine Einführung in das Fachgebiet des Credit Analyst, sondern korrespondiert auch mit dem von der DVFA geschaffenen, gleichnamigen Curriculum.

Der Certified Credit Analyst (CCrA) ist ein Postgraduierten-Programm für Kreditanalysten, Fixed Income-Spezialisten und Kreditrisikomanager in Deutschland. Die DVFA ist der Berufsverband der Investment Professionals mit aktuell ca. 1.100 persönlichen Mitgliedern. Sie sind als Fach- und Führungskräfte bei über 400 Investmenthäusern, Banken sowie Fondsgesellschaften oder als unabhängige Kapitalmarktdienstleister tätig. Der DVFA e. V. ist in Zusammenarbeit mit der DVFA GmbH seit zwei Jahrzehnten Ausbildungsinstitut für den Kapitalmarkt. Mit Postgraduierten-Programmen und einem Kompaktprogramm mit tausenden Absolventen mit Berufsdiplom, internationalen Kooperationspartnern und zahlreichen namhaften Referenten aus Wissenschaft und Praxis bietet die DVFA die führende Ausbildung für Kredit- und Kapitalmarktspezialisten.

Die oben genannten Vorgaben von Basel II setzen völlig neue Rahmenbedingungen für das Kreditgeschäft. Gleichzeitig haben an den Kapitalmärkten die unterschiedlichsten Kreditprodukte stark an Bedeutung gewonnen, von Unternehmensanleihen bis hin zur Verbriefung. Die Kredit- und Kapitalmärkte wachsen dabei immer enger zusammen. Kreditrisiken müssen analysiert und gemanagt werden – in Banken ebenso wie am Kapitalmarkt. Das Postgraduierten-Programm CCrA – Certified Credit Analyst umfasst beide Bereiche – das klassische sowie das kapitalmarktorientierte Kreditgeschäft – und bietet damit eine umfassende und praxisnahe Qualifizierung für Fach- und Führungskräfte.

Das Buch richtet sich – gleich dem CCrA-Programm der DVFA – an Personen mit wirtschaftlichem bzw. unternehmensanalytischem Hintergrund, die typischerweise auch Teilnehmer der Ausbildung sind, wie zum Beispiel aus den Bereichen Kredit- und Ratinganalyse, Kreditrisikomanagement, Marktfolge Kredit, Votierung, Basel II- und MaRisk-Projekte, Treasury, Credit Research und Portfolio Management.

Das Buch eignet sich für die Zielgruppen zur Sondierung des eigenen Interesses am Berufsfeld, zur Vorbereitung der Teilnahme am Programm der DVFA, als steter Begleiter zum Studiengang der DVFA, zur Vertiefung von anderen Aus- und Weiterbildungsangeboten der DVFA. zur Ergänzung der Ausbildung von Kredit- und Kapitalmarktspezialisten, zur Auffrischung von Kenntnissen für Praktiker bzw. Anwender oder einfach zur Erweiterung des finanzwirtschaftlichen Wissens um Kenntnisse in der Kreditanalyse.

Bei den Beiträgen handelt es sich daher nicht um den Abdruck der Charts und Lehrmaterialien, die Gegenstand des CCrA-Programms sind. Trotz des erreichten Umfangs kann mit dem Buch nur ein Überblick über die Themengebiete gegeben werden. Und vor allem kann es nicht die Diskussionen, Behandlung von Detailfragen sowie Aktualisierungen, die eine Präsenzveranstaltung bietet, ersetzen. Das Buch ist deshalb nicht in substitutiver Konkurrenz, sondern komplementär im Markt mit dem Ziel positioniert, das Profil des „Credit Analyst" im Anspruch und in der Wahrnehmung zu stärken.

Unser Herausgeberwerk ist nur durch das Zusammenwirken zahlreicher Personen möglich geworden. An vorderster Stelle danken wir den Autoren, die durch ihre fachlichen Beiträge verschiedene Aspekte des Themas beleuchtet haben, wie auch Herrn Dr. Jürgen Schechler aus der Leitung des Lektorats Wirtschafts- und Sozialwissenschaften beim Oldenbourg Wissenschaftsverlag. Kommentare und Anregungen unserer Leser greifen wir gern auf: Bitte zögern Sie nicht, die Herausgeber per E-Mail an info@everling.de zu kontaktieren!

Frankfurt am Main im August 2008

Dr. Oliver Everling, Klaus Holschuh, Prof. Dr. Jens Leker

Inhaltsverzeichnis

Abbildungsverzeichnis

Tabellenverzeichnis

Autorenverzeichnis

Auria, Laura

Laura Auria ist stellvertretende Hauptgruppenleiterin im Bereich der Bonitätsanalyse der Deutschen Bundesbank. Ihr Aufgabengebiet ist die Entwicklung der Kreditausfallrisikomodelle und Verfahren in der Bonitätsanalyse der Deutschen Bundesbank. Sie ist Dozentin bei der Deutschen Vereinigung für Finanzmarktanalyse (DVFA), bei der Bundesbank in internen Schulungsveranstaltungen sowie beim Joint Vienna Institute (JVI), im Auftrag der Banque de France. Laura Auria ist Mitglied der Risk Assessment Working Group des European Committee of Central Balance-Sheet Data Offices (ECCBSO). Sie hat Wirtschaftswissenschaften an der Universität Trieste, in Italien studiert und anschließend im Bereich Makroökonomie sowie Ökonometrie und Zeitreihenanalyse an der Christian-Albrechts-Universität Kiel promoviert. Laura Auria ist seit 1995 bei der Deutschen Bundesbank tätig, zunächst im volkswirtschaftlichen Bereich und danach in der Kreditausfallrisikoanalyse.

Baetge, Jörg

Prof. Dr. Dr. h.c. Jörg Baetge, Jahrgang 1937. Studium der Betriebswirtschaftslehre an den Universitäten Frankfurt/M., Münster und Philadelphia. 1964 Diplomkaufmann, 1968 Promotion zum Dr. rer. pol., 1972 Habilitation. Ordentlicher Professor für Betriebswirtschaftslehre an den Universitäten Frankfurt/M. (1972), Wien (1977) und von 1980 bis 2002 als Direktor des Instituts für Revisionswesen an der Westfälischen Wilhelms-Universität Münster, ab 2002 emeritiert und Leiter eines Forschungsteams mit derzeit 6 Mitarbeitern. Honorarprofessor der Universität Wien. 1997 Verleihung der Ehrendoktorwürde durch die European Business School, Oestrich-Winkel. Verleihung des Dr. Kausch Preises 1997 im Januar 1998. Verleihung des Plaut-Wissenschaftspreises im November 2000, best Paper-Award 2007. Von 1997 bis 2001 Mitglied des Hauptfachausschusses (HFA) des IDW. Von 1999 bis 2001 Mitglied der Steering Committees „Present Value (Discounting)“ und „Business Combinations“ des International Accounting Standards Committee (IASC). Vorsitzender des Kuratoriums der Gesellschaft für Wirtschafts- und Sozialkybernetik. Ordentliches Mitglied der Nordrhein-Westfälischen Akademie der Wissenschaften. Mitglied in zwei Arbeitskreisen der Schmalenbach Gesellschaft für Betriebswirtschaft (AKEU und AKEIÜ) sowie in zwei Ausschüssen des Vereins für Socialpolitik („Unternehmenstheorie“ und „Unternehmensrechnung“). Vorstandsvorsitzender des Münsteraner Gesprächskreises Rechnungslegung und Prüfung e. V. Mehr als 14 Jahre wissenschaftlicher Leiter des Wettbewerbs „Der beste Geschäftsbericht“ des manager magazins; ab 2015 des „Die Welt“-Magazins „Bilanz“. Über 500 Beiträge und Buchpublikationen mit Mitarbeitern und Kollegen, vor allem zur Früherkennung von Unternehmenskrisen, zur Kreditwürdigkeitsprüfung, zur Bilanzierung, zur Unternehmensbewertung und zur Jahresabschlussprüfung.

Bingmer, Markus

Markus Bingmer studierte Mathematik an der Goethe-Universität in Frankfurt am Main und promovierte dort mit einem Schwerpunkt in Statistik. Seit 2012 ist er bei der Deutschen Bundesbank und im Bereich der Bonitätsanalyse tätig. Zu seinem Aufgabengebiet gehört unter anderem die Betreuung der Modelle für das Kreditausfallrisiko von nicht-finanziellen Unternehmen. Markus Bingmer ist Mitglied in der Risk Assessment Working Group des European Committee of Central Balance-Sheet Data Offices (ECCBSO).

Celik, Aydin

Aydin Celik studierte Wirtschaftswissenschaften an der Universität Paderborn und der Lock Haven University of Pennsylvania, USA, mit Abschluss als Master of Science. Seit 2012 ist er wissenschaftlicher Mitarbeiter im Forschungsteam von Prof. Dr. Dr. h.c. Jörg Baetge an der wirtschaftswissenschaftlichen Fakultät der Westfälischen Wilhelms-Universität Münster in Kooperation mit einer mittelständischen Wirtschaftsprüfungsgesellschaft in Münster. Sein Schwerpunkt in Forschung und Praxis liegt in der Unternehmensbewertung. Im Rahmen seiner Kooperationsstelle wirkt er unter anderem maßgeblich an der Erstellung von Gutachten nach IDW S1 mit.

Eckrich, Emanuel

Herr Emanuel Eckrich verantwortet mit seinem Team innerhalb der Deutsche Bank AG die Entwicklung und Pflege der Ratingmethoden und Kreditrisikoparameter für die Bereiche Corporates, Financial Institutions und Wealth Management. Im Rahmen seiner Tätigkeit für die Deutsche Bank AG und zuvor für die Deutsche Genossenschafts-Hypothekenbank AG begleitet er regelmäßig die regulatorische Abnahme von Ratingsystemen unter dem Internal Ratings-based Approach (IRBA). Ein weiterer Schwerpunkt seiner Arbeit ist die Unterstützung der Integration von Akquisitionen der Deutsche Bank AG in die Ratingsysteme der Bank. Herr Eckrich hat Volkswirtschaftslehre an den Universitäten Würzburg, Kiel und Lund (Schweden) mit Schwerpunkt quantitative Wirtschaftsforschung studiert.

Rolf Haves

Rolf Haves, Jahrgang 1965, war nach Abschluss seines wirtschaftswissenschaftlichen Studiums an der Westfälischen-Wilhelms-Universität zu Münster vier Jahre national wie international für eine der führenden Wirtschaftsprüfungsgesellschaften im Bereich Financial Services, Prüfung von Banken, tätig. Die fachlichen Schwerpunkte lagen im Bereich Kreditprüfung und Prüfung der Handelsgeschäfte im Sinne der MaH. Seit 1999 ist Rolf Haves Spezialist für bankaufsichtsrechtliche Grundsatzfragen und Risikocontrolling und seit 2014 Leiter des Kompetenz-Centers Banksteuerung beim Sparkassenverband Westfalen-Lippe (SVWL) in Münster. Als zentraler Ansprechpartner in aufsichtsrechtlichen Fragen (wie z. B. Basel II / Basel III, den MaH, MaK und MaRisk) informiert, berät und unterstützt der Diplom-Kaufmann Sparkassen zu diesen Themen und deren praxisnahe Umsetzung. Als Mitglied des Kernteams unterstützte er lange Zeit die Arbeiten in den DSGV-Projekten zur Umsetzungsbegleitung von Basel II und Basel III sowie MaRisk. Seit vielen Jahren schult er Vorstände, Fach- und Führungskräfte sowie Verwaltungsratsmitglieder der Sparkassen. Dabei stehen neben den aufsichtsrechtlich zwingend zu beachtenden Normen immer die betriebswirtschaftlichen Aspekte im Vordergrund. Herr Haves ist Autor zahlreicher Veröffentlichungen – vor allem in den Themengebieten Basel II / Basel III und Risikomanagement / MaRisk.

Heidorn, Thomas

Herr Prof. Dr. Thomas Heidorn ist seit 1991 Professor für Bankbetriebslehre an der Frankfurt School of Finance & Management. Schwerpunktgebiete sind Investmentbanking, Risikomanagement und geschäftspolitische Fragestellungen. Er ist Leiter des Centre for Practical Quantitative Finance. Außerdem betreut er den Schwerpunkt Investmentbanking im Rahmen der Master Ausbildung. Eine Vielzahl von Büchern, Artikeln und Arbeitsberichten sind in den letzten Jahren zu diesen Themenbereichen von ihm veröffentlicht worden (www.frankfurt-school.de). Neben der Tätigkeit an der Hochschule unterrichtet Herr Heidorn bei Banken und ist Berater von Firmen. Schwerpunktgebiete sind Liquidität, Derivate (Marktpreis- und Kreditderivate) und Finanzmathematik. 1983 schloss er an der University of California, Santa Barbara, mit einem Master of Arts in Economics ab. Von 1984 bis 1987 war er als Wissenschaftlicher Mitarbeiter an der Universität Kiel tätig, wo er 1986 seinen Doktor der Wirtschafts- und Sozialwissenschaften ablegte. Von 1988 bis 1991 arbeitete er bei der Dresdner Bank AG in der Abteilung Neuemissionen und war später als Vorstandsassistent verantwortlich für Treasury und Wertpapiergeschäft.

Heldt-Sorgenfrei, Philipp

Herr Dr. Heldt-Sorgenfrei berät Banken und Förderinstitutionen zu Organisations-, Controlling- und Ratingthemen. Für den Deutschen Genossenschafts- und Raiffeisenverband (DGRV) und die Gesellschaft für Internationale Zusammenarbeit (GIZ) betreut er Projekte in Indien, im nahen Osten, in Osteuropa und Zentralasien. Herr Heldt-Sorgenfrei ist Lehrbeauftragter der Universität Münster. Er publiziert zu Fragestellungen des Finanz- und Rechnungswesens und des Innovationsmanagements. Nach seiner Berufsausbildung zum Bankkaufmann studierte er Betriebswirtschaftslehre an der Georg-August-Universität Göttingen und promovierte bei Prof. Dr. Dr. h.c. Jürgen Hauschildt an der Christian-Albrechts-Universität Kiel.

Kessler, Harald

Prof. Dr. Harald Kessler, CVA, ist Gründungsgesellschafter und Geschäftsführer der auf Rechnungslegungs- und Bewertungsfragen spezialisierten Beratungsgesellschaft KLS Accounting & Valuation GmbH, Köln (www.kls-accounting.de). Er berät börsennotierte und mittelständische Unternehmen und ist als Gutachter zu Fragen der nationalen und internationalen Rechnungslegung, zum Bilanzsteuerrecht und zur Unternehmensbewertung gefragt. Seine langjährigen Praxiserfahrungen gibt er als Referent in Seminaren für Führungskräfte von Wirtschaftsprüfungsgesellschaften sowie Industrie- und Dienstleistungsunternehmen weiter. Sie mehr als 20 Jahren engagiert sich Harald Kessler in Aus- und Fortbildungsveranstaltungen der DVFA. Als Honorarprofessor an der Albert-Ludwigs-Universität Freiburg und Lehrbeauftragter der Quadriga Hochschule Berlin sowie als Verfasser zahlreicher Fachbeiträge wirkt er neben seiner Beatungstätigkeit in der akademischen Lehre und Forschung.

Klein, Christoph

Herr Christoph Klein, CFA, CEFA ist Managing Director bei der Deutsche Asset & Wealth Management und berät als Portfolio Strategist inbesondere institutionelle Investoren bei der Anlage in Anleihen (Schwerpunkt Unternehmensanleihen). Christoph Klein war mehrere Jahre in London als Credit Hedge Fonds Manager tätig bevor er 2007 zur Deutsche Bank AG zurückkehrte. Er ist Mitglied der UN PRI Fixed Income Working Group, Referent bei der DVFA und dort auch Leiter der Kommission für Bondkommunikation. Zusätzlich unterrichtet er als Lehrbaufrtragter das Fach Portolio Management an der University of Applied Sciences, Frankfurt am Main. Er publiziert zu Themen in dem Bereich interne Bonitätsanalysen und Credit Portfolio Management. Nach seiner Berufsausbildung zum Bankkaufmann studierte er Betriebswirtschaftslehre an den Universitäten Trier und Loughborough (UK). In 2000 gewann er ein Visiting Scholarship an der New York University, Salomon Banking Center.

Krehl, Harald

Herr Dr. Krehl ist Leiter des Kompetenz-Centers für betriebswirtschaftliche Fragestellungen der DATEV eG in Nürnberg. Der Schwerpunkt seiner Tätigkeit liegt in der Entwicklung und Implementierung betriebswirtschaftlicher Lösungen, insbesondere von Rating-Software im internationalen Einsatz. Er ist Vorstandsmitglied der DVFA-Kommission Rating Standards. Bis 2010 vertrat er als Professor das Lehrgebiet „Banken und Rating-Kommunikation“ an der SRH Hochschule Calw.

Kurfels, Matthias

Matthias Kurfels ist Senior-Berater und Trainer der Roland Eller Consulting GmbH mit den Schwerpunkten Strategie und Strategieprozess, Risikomanagementprozesse, bankgeschäftliche Prüfungen und Schulung von Aufsichtsorganen. Herr Kurfels verfügt über eine langjährige Berufspraxis in verschiedenen Institutionen der Sparkassenorganisation. Er ist Autor zahlreicher Artikel und Buchbeiträge zu den Themen Risikomanagement und Bankaufsichtsrecht sowie Referent bei Bankenkonferenzen und Seminaren namhafter Veranstalter.

Melcher, Thorsten

Dr. Thorsten Melcher studierte Wirtschaftswissenschaften an der Bergischen Universität Wuppertal und war von 2005 bis 2009 wissenschaftlicher Mitarbeiter im Forschungsteam von Prof. Dr. Dr. h.c. Jörg Baetge an der Wirtschaftswissenschaftlichen Fakultät der Westfälischen Wilhelms-Universität Münster. Seine Forschungsschwerpunkte waren Bilanzanalyse und Bilanzratings, Rechnungslegung, Corporate Governance sowie die Aufdeckung von wirtschaftskriminellen Handlungen. Im April 2009 erfolgte die Promotion zum Dr. rer. pol mit der Dissertation „Aufdeckung wirtschaftskrimineller Handlungen durch den Abschlussprüfer“. Von 2010 bis 2012 war Dr. Thorsten Melcher für das Competence Center Fraud • Risk • Compliance der Rölfs RP Partner AG tätig und wechselte im Mai 2012 zur Bundesanstalt für Finanzdienstleistungsaufsicht (BaFin). Bei der BaFin arbeitet Dr. Thorsten Melcher als kaufmännischer Referent und Oberregierungsrat im Kompetenzreferat „Anlassprüfungen, IT-Risiken und Sonderthemen der Unternehmen“ in der Versicherungs- und Pensionsfondsaufsicht.

Mock

Tobias Mock ist Managing Director und Lead Analytical Manager im Bereich Unternehmensratings bei Standard & Poor's Ratings Services in Frankfurt. Er leitet das Analyseteam "Light Industries" in EMEA mit den Sektoren Telekommunikation, High-Tech, Medien, Einzelhandel, Freizeit, Konsumgüter, Dienstleistung, Pharma und Gesundheitswesen. Seit Juli 2014 ist Tobias Mock Mitglied des Führungsteams am Standort Frankfurt und hat in dieser Funktion Verantwortung für die Weiterentwicklung und Vermarktung der Produktstrategie. Zuvor war Tobias Mock Teamleiter für die Ratinganalyse in den europäischen Sektoren Automobil, Investitionsgüter und Luftfahrt. Er ist seit 2005 bei Standard & Poor's tätig. Davor war Tobias Mock unter anderem als Aktien- und Fixed-Income-Analyst bei der HypoVereinsbank und der Royal Bank of Scotland im Firmenkundengeschäft tätig. Tobias Mock hält einen Abschluss als Diplom-Kaufmann von der Ludwig-Maximilians-Universität in München. Er ist außerdem Chartered Financial Analyst (CFA) und Certified European Financial Analyst (CEFA).

Rommelfanger, Heinrich J.

Prof. Dr. Heinrich J. Rommelfanger ist Emeritus des Fachbereichs Wirtschaftswissenschaften der Goethe-Universität Frankfurt am Main. Nach Abschluss des Studiums der Mathematik und Physik arbeitete er als wissenschaftlicher Mitarbeiter an den Universitäten in Saarbrücken und Heidelberg auf den Gebieten Statistik, Entscheidungstheorie, Mathematische Wirtschaftstheorie, Ökonometrie, Mathematische Optimierung und deren Anwendungen auf ökonomische Fragestellungen. 1971 berief ihn die Rechts- und Wirtschaftswissenschaftliche Fakultät der Universität des Saarlandes in den neu gegründeten Lehrstab Wirtschaftswissenschaften. Seit 1976 ist er Inhaber des Lehrstuhls für Wirtschaftsmathematik im Fachbereich Wirtschaftswissenschaften der Goethe-Universität Frankfurt am Main.
Professor Rommelfanger hat neben 16 Monographien mit z. T. mehrfachen Auflagen über 120 Aufsätze in referierten Zeitschriften und internationalen Sammelbänden veröffentlicht. Seit 1984 arbeitet er auf dem Gebiet der Fuzzy-Mengentheorie und ist ein international anerkannter Experte auf den Gebieten Fuzzy-Entscheidungstheorie und Fuzzy-Optimierung und deren Anwendung zur Lösung realer Probleme. Mit dem Thema Kreditwürdigkeitsprüfung beschäftigt sich Prof. Rommelfanger seit 30 Jahren; die innovativen Fuzzy-Expertensysteme basieren auf seinen Publikationen. Ein weiteres Forschungsgebiet ist die Messung und Aggregation operationeller Risiken.

Schiereck, Dirk

Professor Dr. Dirk Schiereck ist seit August 2008 Inhaber des Lehrstuhls für Unternehmensfinanzierung an der Technischen Universität Darmstadt. Seine aktuellen Forschungsschwerpunkte an dieser führenden technischen Hochschule liegen im Bereich des strategischen Bankmanagements, der (kapitalmarktorientierten) Unternehmensfinanzierung und der Investor Relations. Bevor er an seine heutige Wirkungsstätte kam, promovierte (1995) und habilitierte (2000) er an der Universität Mannheim, baute als Inhaber des Lehrstuhls für Kapitalmärkte und Corporate Governance an der Universität Witten/Herdecke (2000–2002) dort das Institute for Mergers & Acquisitions auf und war Professor für Bank- und Finanzmanagement an der European Business School in Oestrich-Winkel (2002–2008).

Sonius, David

Herr David Sonius, M.A., CCrA arbeitet seit 2012 als wissenschaftlicher Mitarbeiter am Institut für betriebswirtschaftliches Management im Fachbereich Chemie und Pharmazie von Prof. Dr. Jens Leker an der Westfälischen Wilhelms-Universität. Seine Forschungsschwerpunkte liegen in den Bereichen Unternehmenskrisen, Rating sowie integrierten Planungsrechnungen. Herr David Sonius studierte nach seiner Berufsausbildung zum Bankkaufmann Betriebswirtschaft an der Georg-Simon-Ohm Hochschule in Nürnberg. Parallel arbeitete er von 2009 bis 2012 als Assistent von Dr. Harald Krehl im Kompetenz-Center für betriebswirtschaftliche Fragestellungen der DATEV eG.

Steinkamp, Oliver

Prof. Dr. Oliver Steinkamp (Jahrgang 1967) ist gebürtiger Bremer und war nach Studium und Promotion in Mathematik an der Universität Bremen im Jahr 1999 im Kapitalmarktbereich von verschiedenen Banken tätig; seit 2004 arbeitete er bei HSBC Trinkaus in Düsseldorf im Bereich Structured Solutions Group. Dort war Herr Dr. Steinkamp als Director mit der Strukturierung und Vermarktung von Kreditprodukten und der Konzeption und Umsetzung von individuellen Lösungen für institutionelle Kunden betraut. Seit Oktober 2010 ist Herr Dr. Steinkamp Professor für Mathematik mit dem Arbeitsgebiet Finanzmathematik an der Technischen Hochschule Mittelhessen in Friedberg.

Strobel, Stefan

Herr Dr. Dipl.-Ing. Stefan Strobel arbeitete nach seinem Studium der Elektrotechnik an der FAU Erlangen-Nürnberg in der Abteilung Wirtschaftsberatung der DATEV eG Nürnberg. Von 2002 bis 2013 war er Assistent von Prof. Dr. Harald Krehl im Kompetenz-Center für betriebswirtschaftliche Fragestellungen der DATEV eG. Er promovierte 2010 am Lehrstuhl für Betriebswirtschaftslehre, insbesondere Steuerlehre von Prof. Dr. Wolfram Scheffler an der FAU Erlangen-Nürnberg zum Thema „Unternehmensplanung im Spannungsfeld von Ratingnote, Liquidität und Steuerbelastung“. Seit 2010 ist er Geschäftsführender Gesellschafter der proSynt GmbH Schongau. Diese beschäftigt sich mit der Entwicklung von Analyse-, Planungs-, Bewertungs- und Controlling-Programmen.

Templin, Hans-Ulrich

Herr Dr. Hans-Ulrich Templin ist Mitglied der Geschäftsführung der Helaba Invest GmbH, einer der führenden deutschen Kapitalanlagegesellschaften Die Helaba Invest verwaltet inzwischen mehr als € 140 Mrd. in den Geschäftsbereichen Master KAG, Asset Management Wertpapiere sowie Immobilien und Alternative Investments und ist damit die führende KAG im Landesbankenbereich. Herr Dr. Templin war nach einer Bankausbildung sowie nachfolgendem Studium und Assistenz an der Christian-Albrechts-Universität zu Kiel bei der Datev in Nürnberg sowie der DZ Bank in Frankfurt tätig. Herr Templin hat an der Martin-Luther-Universität zu Halle-Wittenberg promoviert. Seit 2001 ist er bei der Helaba Invest tätig, seit 2004 Mitglied der Geschäftsführung, und verantwortet dort das Asset Management „Wertpapiere und Asset Allocation“.

Trustorff, Jan-Henning

Herr Dr. Jan-Henning Trustorff, CCrA arbeitet seit 2010 bei der Deutschen Bank im Bereich Risk Analytics & Living Wills. Dort betreute er zunächst die statistischen Bilanzratingverfahren und war für die Entwicklung und aufsichtsrechtliche Anerkennung der IRBA Ratingmethodik für kleine und mittelständische Unternehmen zuständig. 2013 übernahm er zwischenzeitlich die Leitung der Ratingmodellentwicklung für Privatkunden bei der Postbank. Seit 2014 arbeitet Dr. Jan-Henning Trustorff bei der Deutschen Bank New York und leitet die Entwicklung interner Szenarien für regulatorische und interne Stresstestprogramme. Während seiner Promotion an der Westfälischen Wilhelms-Universität Münster beschäftigte sich Dr. Trustorff insbesondere mit quantitativen Ratingmethoden und dem Einsatz statistischer Lernverfahren zur Kreditwürdigkeitsbeurteilung von Unternehmen.

Kapitel 1
Aufsichtsrechtliche Regulierung

Philipp Heldt-Sorgenfrei

1.1 Kreditgeschäft im Kontext des Baseler Regelwerkes

Lernziele

Wie bewegt sich das Kreditgeschäft im Kontext von Basel II und Basel III? Wer Antworten auf diese Frage sucht, stößt auf ein Füllhorn voller mehr oder weniger begründeter, teilweise politisch gefärbter Hypothesen, Meinungen, Befürchtungen und Hoffnungen. Derartigen Aussagen will dieser Beitrag systematisch anhand bewährter theoretischer Konzepte auf den Grund gehen, ihre Plausibilität beleuchten und sie in einen übergeordneten Zusammenhang stellen. Der Beitrag will dem Leser ferner ein Gerüst an die Hand geben, um auch nachfolgende Artikel dieses Buches in einen Gesamtkontext einzubetten.

Zusammenfassung

Basel II und Basel III zielen darauf ab, Informationsasymmetrien und Moral-Hazard-Probleme in den vielschichtigen Prinzipal-Agenten-Beziehungen des Kreditgeschäftes abzubauen. Basel II definiert risikoorientierte Kapitalanforderungen und verlangt eine genaue Risikomessung im Rahmen eines funktionstüchtigen Risikomanagements. Basel III fordert höhere Eigenkapitalquoten sowie ein qualitativ höheres Eigenkapital und begrenzt Liquiditätsrisiken. Das Basler Regelwerk beeinflußt über die Eigenkapitalkosten hinaus auch alle weiteren wichtigen Kalkulationsgrößen des Kreditzinses.

Basel-II-konforme interne Ratingsysteme zeichnen sich durch eine ausgewogene Berücksichtigung quantitativer und qualitativer Aspekte aus. Weitere umfangreiche regulatorische Anforderungen erklären sich aus dem Interessenkonflikt zwischen interner Steuerung und externer Kapitalbemessung, der auch durch externe Ratings nicht entschärft wird. Die EU-Verordnung über Ratingagenturen greift etliche Moral-Hazard-Probleme der Finanzkrise auf. Die Organisation des internen Rating folgt den Prinzipien der Funktionentrennung und der Anreizneutralität. Der Use-Test ist obligatorisch, Überwachung und Nachprüfbarkeit müssen sichergestellt sein. Diese Vorgaben führen zu hohen Investitionskosten, die sich langfristig durch eine risikodifferenzierte Kreditbearbeitung bezahlt machen können. Dabei sind unternehmenskulturelle Probleme des impliziten Overriding zu lösen und dysfunktionale Anreizsysteme zu restrukturieren.

Das Basler Regelwerk steigert die Transparenz im Kreditgewerbe und die Wettbewerbsintensität. Die Kreditwürdigkeit eines Kunden ist keine private Information einer Hausbank mehr. Kunden stellen sich zunehmend auf die Anforderungen von bankinternen Rating-Systemen ein. Banken müssen sich der Gefahren bewußt sein, die sich aus der Selbstvalidierung betriebswirtschaftlich fragwürdiger Ratingkriterien ergeben können.

1.1.1 Einführung

Der Basler Ausschuß für Bankenaufsicht, ein Gremium von Vertretern nationaler Aufsichtsbehörden, publiziert zur Zeit der ersten Diskussionen um Basel II die „Principles for the Management of Credit Risk". Er stellt fest, nahezu alle Schieflagen von Banken seien direkt oder indirekt auf Schwächen im Kreditrisikomanagement zurückzuführen[1]. Etliche Jahre vor

[1] Basel Committee on Banking Supervision (1999) S. 23–27.

der Subprime-Krise werden unter anderem vergangenheitsorientierte Kreditwürdigkeitsprüfung, unzureichende Sicherheitenbewertung, subjektive Kreditbeurteilung, insbesondere auf höheren Hierarchieebenen, Mängel in der Kreditüberwachung und Kreditrevision, ungenügende Prävention von Kreditbetrug und der Verzicht auf risikoadäquate Bepreisung genannt. Der Basler Akkord von 1988 hatte ausgedient. Er ging an den hier aufgelisteten Problemen vorbei, wurde durch Basel II ersetzt und durch Basel III um die Erfahrungen aus der globalen Finanzkrise ergänzt. Der Fokus von Basel II liegt in der Risikogewichtung der Aktivgeschäfte, der Schwerpunkt von Basel III hingegen in der Struktur der Passivseite. Prägend für das Kreditgeschäft sind somit in erster Linie die Regelungen von Basel II. Gleichwohl werden in diesem Beitrag auch potentielle Konsequenzen von Basel III für das Kreditgeschäft problematisiert.

1.1.1.1 Regelungsbereiche von Basel II und Basel III

Die Regelungen von Basel II und III lassen sich in die drei übergeordnete Bereiche – in Basel II als Säulen bezeichnet – einteilen: (1) die Mindestanforderungen an das Risikoabsorptionsvermögen, (2) das aufsichtsrechtliches Überprüfungsverfahren und (3) die Marktdisziplin. Basel II fordert in seiner ersten Säule eine risikoorientierte Eigenkapitalunterlegung der Aktiva. Nach Basel I war ein Kredit an einen großen Industriekonzern mit dem gleichen Eigenkapitalanteil zu unterlegen wie ein Kredit an ein „DotCom". Es konnte sich für eine Bank daher lohnen, ihr knappes Eigenkapital bevorzugt in riskanten, dafür ertragreichen Kreditengagements einzusetzen. Basel II steuert derartigen Fehlanreizen entgegen und bindet die Eigenkapitalanforderungen an individuelle Risikomerkmale des Kredites. Dazu muß das individuelle Kreditrisiko unter Beachtung aufsichtsrechtlicher Vorgaben quantifiziert werden. Dabei können Banken zwischen verschiedenen Meßansätzen wählen.

Im **Standardansatz** orientiert sich die Kapitalunterlegung für einen Kredit am Rating einer externen Ratingagentur, soweit ein solches verfügbar ist. Die institutsinterne Risikoklassifizierung eines Kredites geht nicht in die Kapitalunterlegung ein. Im **internen Rating-Ansatz (IRBA)** messen die Institute ihre regulatorisch relevanten Kreditrisiken selbst. Dabei kann sich das Kreditinstitut im **Basisansatz** auf die Ermittlung der Jahresausfallwahrscheinlichkeit des Schuldners beschränken. Die geschäftsspezifischen Faktoren des Kreditrisikos, also die Verlustquote bei Eintritt des Ausfallereignisses und die Kreditkonversionsfaktoren bei außerbilanziellen Geschäften, werden durch aufsichtsrechtliche Vorgaben definiert. Diese Parameter sind im **fortgeschrittenen Rating-Ansatz** durch das Kreditinstitut selbst zu schätzen. Aus der Perspektive der Aufsicht wirkt ein ausgereiftes Kreditrisikomanagement stabilisierend und kann daher im gewissen Rahmen Eigenkapital substituieren. Der von der Aufsicht angestrebte regulatorische Kapitalbedarf ist somit im Standardansatz am höchsten, im fortgeschrittenen Ansatz am niedrigsten. Diese Differenzierung soll Anreize zur Fortentwicklung des Kreditrisikomanagements geben. In jüngerer Zeit sind jedoch zunehmend Bestrebungen des Baseler Komitees erkennbar, den Einfluß interner Modelle auf die Bestimmung der Eigenkapitalanforderungen zurückzudrängen. Das operative Risiko ist getrennt vom Kreditrisiko zu bestimmen und mit Eigenkapital zu unterlegen.

Die erste Säule von Basel II adressiert die Risikogewichte individueller Geschäfte. **Basel III** verschärft diese Kapitalanforderungen durch strengere Anrechnungsvorschriften und regelt die Höhe der Eigenkapitalausstattung insgesamt, die Qualität des Eigenkapitals sowie die Modalitäten der Verlustdeckung. Das Eigenkapital ist unter Berücksichtigung von Übergangsfristen bis zum Jahr 2019 sukzessive auf 10,5 % der risikogewichteten Aktiva auszuweiten; **8,5 % der risikogewichteten Aktiva** sind mit **Kernkapital** zu unterlegen. Zentrales Abgrenzungskriterium zwischen Kern- und Ergänzungskapital ist die unbedingte, unbefristete **Haftung für Verluste im laufenden Geschäftsbetrieb**. Im Kernkapital ist ein **Kapitalerhaltungspuffer** von 2,5 % enthalten. Dieser Kapitalerhaltungspuffer darf unterschritten werden, im Gegenzug greifen dann gestaffelte Ausschüttungsbeschränkungen in die Geschäftspolitik des Institutes ein. Für **systemrelevante Banken** gibt es weitere, nach dem Grad der Systemrelevanz gestaffelte **Kernkapitalzuschläge**. Nationale Aufsichtsbehörden können zusätzlich einen **antizyklischen Kapitalpuffer** fordern, um Überhitzungen auf dem Kreditmarkt zu begegnen. Die EU stellt darüber hinaus den nationalen Aufsichtsbehörden frei, einen zusätzlichen **Systemrisikopuffer** zur Abwehr nicht-zyklischer Störungen des Finanzsystems zu verlangen. Eine vom individuellen Geschäftsrisiko eines Institutes unabhängige „**leverage ratio**" soll ein Mindestmaß an Eigenkapitalunterlegung sicherstellen und Modellrisiken bzw. die Risiken einer Fehleinschätzung der Risikolage abfedern. Die leverage ratio ist aufgrund ihrer Abhängigkeit vom jeweiligen Rechnungslegungssystem und aus wettbewerbspolitischen Gründen umstritten. Die in jüngerer Zeit zu beobachtende Fokussierung der aufsichtsrechtlichen Diskussionsprozesse auf die leverage ratio ist als Abkehr von der risikosensitiven Kapitalunterlegung nach Basel II interpretierbar.

Die globale Finanzkrise wurde durch exzessive Fristentransformation und eine unzureichende Liquiditätsvorsorge verschärft. Der Baseler Ausschuß hat daher in Basel III Mindestliquiditätsempfehlungen formuliert. Die „**liquidity coverage ratio**" fordert von Instituten, bestimmte Liquiditätsreserven in ausreichendem Volumen vorzuhalten, um etwaige Cash-Flow-Lücken in aufsichtsrechtlich definierten Streßsituationen für wenigstens 30 Tage zu überbrücken. Die „**net stable funding ratio**" begrenzt das Fristentransformationsrisiko auf der Grundlage konservativer Bodensatzüberlegungen.

Die **zweite Säule** von Basel II umfaßt das **aufsichtsrechtliche Überprüfungsverfahren**. Bisher konzentrierte sich die Bankenaufsicht auf die Überwachung von bankenübergreifend weitgehend einheitlich definierten Output-Größen. Da es solche Schwellenwerte nicht mehr gibt, wenn Stabilitätsanforderungen insitutsindividuell nach Risiken differenziert werden, verlagert die Aufsicht ihren Schwerpunkt zwangsläufig auf die Qualität von Prozessen. Das aufsichtsrechtliche Überprüfungsverfahren soll sicherstellen, dass Kreditinstitute über geeignete Werkzeuge zur Bestimmung der adäquaten Eigenkapitalausstattung verfügen bzw. ein angemessenes Risikomanagement installiert haben. Auch hier sind als Antwort auf die Finanzkrise die Anforderungen erweitert worden, so etwa im Liquiditätsmanagement; Fragen der corporate governance und der bankinternen Anreizstrukturen wurden detaillierter geregelt.

Die Bankenaufsicht hat die Angemessenheit des Risikomanagements zu überprüfen. Dabei sind auch Risiken in Betracht zu ziehen, die in der 1. Säule nicht oder nicht ausreichend berücksichtigt sind. Die Aufsicht wird daher von den Instituten verlangen, dass sie über die Erfüllung von Mindestanforderungen hinaus mehr für ihre Stabilität tun. Die Aufsicht soll frühzeitig intervenieren, wenn sich bedrohliche Entwicklungen abzeichnen. Anhaltende Ertragsschwäche stellt eine massive Bestandsgefährdung dar. In der Konsequenz rückt neben dem Risikomanagement auch zunehmend das Geschäftsmodell der Institute in den Blickwinkel der Aufsicht.

Die **3. Säule (Marktdisziplin)** unterwirft Kreditinstitute erweiterten Offenlegungspflichten, dies betrifft insbesondere risikorelevante Informationen. Hierdurch soll der Markt stärker in die Überwachung der Institute eingebunden werden als bisher. Im Zuge der Basel-III-Reform wurden auch hier die Zügel gestrafft. So sind unter anderem Angaben zu personellen Vergütungsstrukturen zu publizieren. Die Regularien zur Marktdisziplin sind einer ähnlichen Dynamik unterworfen wie die Regeln der ersten beiden Säulen.

1.1.1.2 Prinzipal-Agenten-Beziehungen im Kreditgeschäft

Zentrales Anliegen des Basler Regelwerkes ist es, **Informationsasymmetrien** und die daraus resultierenden **Moral-Hazard**-Probleme zu überwinden. Die Informationsasymmetrie steht im Mittelpunkt des Prinzipal-Agenten-Ansatzes, eines der beliebtesten Konzepte der Finanztheorie. Das Konzept beschreibt die Beziehung zwischen einem **Auftraggeber (Prinzipal)** und einem **Auftragnehmer (Agent)**. Der Prinzipal strebt nach der erfolgsmaximalen Erfüllung eines Auftrages. Sein Informationsstand über die Alternativen der Zielerreichung und ihre Konsequenzen ist jedoch unvollständig. Daher delegiert er den Auftrag an einen besser informierten Agenten. Der Agent hingegen will primär seinen individuellen Nutzen und nicht den des Prinzipals maximieren. Dabei kann der Agent seinen Informationsvorsprung ausnutzen und den Prinzipal übervorteilen (hidden action, moral hazard).

> Die **Lösung** eines Prinzipal-Agenten-Problems kann an der **Nivellierung** des **Informationsgefälles** oder an der Nivellierung des **Zielkonfliktes** ansetzen.

Beide Wege werden durch Basel II und Basel III beschritten:

1. Der **Kreditkunde** nimmt die Rolle des Agenten ein, wenn er die Risiken seines Investitionsvorhabens besser kennt als sein Kundenbetreuer. Kernaufgabe eines Rating-System ist es, das Kreditrisiko zuverlässig zu durchleuchten und diese Informationsasymmetrie zu verringern.
2. Der **Kundenbetreuer** hingegen wird über die Risiken des von ihm betreuten Portfolios genauer informiert sein als die Geschäftsleitung. Als Reaktion auf Verkaufsdruck oder gar, um einen bevorstehenden Kreditausfall zu verschleiern, könnte er dem Kunden wider besseren Wissens unverdient zu einem guten Rating verhelfen. Die organisatorischen Anforderungen an das Rating, insbesondere das Postulat der Funktionentrennung, und die Vergütungsregelungen sollen derartigen Moral-Hazard-Problemen entgegenwirken. Die im Rahmen der 2. Säule durch das BaFin formulierten MaRisk enthalten Anforderungen an die Organisation des Kreditgeschäftes, die ebenfalls in diese Richtung zielen.
3. Die **Geschäftsleitung**, vormals noch Prinzipal, schlüpft jetzt in die Rolle eines Agenten. Sie verschleiert die aktuelle Risikolage des Instituts gegenüber der **Bankenaufsicht**, indem sie z. B. durch aufsichtsrechtliche Arbitrage Eigenkapitalanforderungen aushebelt. Eben die Vermeidung aufsichtsrechtlicher Arbitrage war eine wichtige Initialzündung für Basel II. Die Annäherung der aufsichtsrechtlichen Kapitalanforderungen an einen bankintern ermittelten, ökonomischen Kapitalbedarf bewirkt grundsätzlich auch ein Zusammenwachsen von institutsindividuellen Zielen mit denen der Bankenaufsicht. Die Bankenaufsicht wird überdies im Zuge einer prozeßorientierten Überwachung weitaus detaillierte Einblicke in das Risikomanagement eines Kreditinstitutes gewinnen als durch die bloße Überwachung homogener Schwellenwerte. Dies gilt aber nur dann, wenn (1) die Aufsicht über hinreichende Kapazitäten verfügt, um die Komplexität der Risikostrukturen und der bankinternen Modelle eines Institutes zu beherrschen; und wenn (2) Bankgeschäfte nicht in unregulierte Finanzsektoren abwandern. Die Bemühungen, sogenannte

Schattenbanken auf internationaler Ebene zu regulieren, stecken noch in den Anfängen und wurden bislang durch nationale Wettbewerbsinteressen ausgebremst.

4. Die Geschäftsleitung läßt auch die **Share- und Stakeholder** über die tatsächlichen Risiken des Institutes im Unklaren. Die verheimlichten Risiken werden daher nicht in die Risikoprämie eingepreist. Gegen diese Informationsasymmetrie wenden sich die Offenlegungsvorschriften der dritten Säule.
5. Fremdkapital ist mit Ausfallrisiken behaftet, seine Vergütung jedoch auf eine vorab festgelegte, gewinnunabhängige Verzinsung fixiert. Die **Eigentümer** einer Bank haben daher in der Regel einen höheren Risikoappetit als ihre Fremdkapitalgeber. Gerade wenn eine Bank in wirtschaftlichen Schwierigkeiten steckt, kann es für die Eigentümer sinnvoll sein, die Hebelwirkung der Eigenkapitalverzinsung auszuweiten und dabei **Ausfallrisiken** auf **Fremdkapitalgeber** zu **überwälzen**. Hohe Ausschüttungen können in dieser Situation das Haftungsrisiko der Eigentümer zusätzlich verringern. Die aufsichtsrechtliche Vorgabe einer Mindesteigenkapitalnorm ist somit als exogene Begrenzung des Risikoappetits des Eigentümers interpretierbar. Seine Mindestbeteiligung am Geschäftsrisiko, die dann im Verlustfall auch tatsächlich eingefordert werden muß, soll ihn veranlassen, das Management zu risikoaversem Verhalten zu disziplinieren. Basel III zielt auf die Stärkung dieser Risikobegrenzungsfunktionen ab.
6. Ein besonderes Moral-Hazard-Problem entsteht dann, wenn eine Bank als systemrelevant eingestuft wird und ihre Ausfallrisiken von der Allgemeinheit übernommen werden. **Systemrelevanz** ist für Banken ein erstrebenswerter Zustand, gleichbedeutend mit einer **unentgeltlichen Vollkaskoversicherung** gegen Ausfallgefahren. Diese Vollkaskoversicherung deckt eine riskante Geschäftspolitik, deren Erträge von den Eigentümern – und über ertragsabhängige Vergütungssysteme auch vom Management – vereinnahmt werden. Die Ausfallbürgschaft der Allgemeinheit senkt überdies die Refinanzierungskosten der systemrelevanten Bank, da Kapitalgeber eine geringere Risikoprämie fordern. Das Marktversagen des „too big to fail" wird von durch die **Eigenkapitalzuschläge** für systemrelevante Banken direkt adressiert, aber auch indirekt über die **Verschärfung der Verlustbeteiligung** der Eigentümer durch den Abbau von gone-concern-Kapital gemildert. Bislang brauchten Kapitalgeber, die nur im Liquidationsfall haften, keine Verluste zu befürchten, wenn dieser Liquidationsfall durch Systemrelevanz verhindert wird. Die Konstruktion des Kapitalerhaltungspuffers mildert das regulatorische **Kapitalparadoxon** ab und könnte damit die Wahrscheinlichkeit für existenzbedrohliche Notverkäufe von Aktiva und in der Konsequenz die Wahrscheinlichkeit staatlicher Stützungsmaßnahmen absenken helfen. Nach dem regulatorischen Kapitalparadoxon steht nur solches Eigenkapital, das über die vorgegebene Eigenkapitalquote hinaus gehalten wird, zur effektiven Verlustdeckung zur Verfügung. Wird die verbindlich vorgegebene Eigenkapitalquote unterschritten, greift die Aufsicht in die Geschäftstätigkeit ein.

   Das Problem der Systemrelevanz gilt jedoch durch Basel III noch nicht als hinreichend entschärft. Ein international verbindlicher Rechtsrahmen zur geordneten grenzüberschreitenden Abwicklung systemrelevanter Institute fehlt derzeit noch. Innerhalb des Euro-Raumes kann der EZB-Rat die Abwicklung einer Bank lediglich empfehlen. Über die Abwicklung entscheidet ein politisches Gremium. Es wird befürchtet, daß dabei nationale Interessen an der Vermeidung von Bankabwicklungen über Gebühr berücksichtigt werden.

1.1.2 Konsequenzen für den Wertbereich des Kreditgeschäftes

Die wohl hitzigste Diskussion im Verlauf der Entwicklung des Basler Rahmenwerkes drehte sich um das Konditionsgefüge im Kreditgeschäft. Es wurde befürchtet, dass vor allem mittelständische Betriebe sich nur noch zu prohibitiv hohen Zinsen refinanzieren können, die Investitionstätigkeit erstickt und die Gesamtwirtschaft schwer beeinträchtigt wird. Diese Diskussion lebt nun, als allgemeine Versorgungslücke im Kreditangebot adressiert, unter dem Vorzeichen von Basel III wieder auf. In diesen Diskussionen ist häufig nur allgemein vom „Kreditzins" die Rede.

Der **Kreditzins** ist ein **Konglomerat unterschiedlicher Vergütungsbestandteile**. Die potentiellen Auswirkungen von Basel II und Basel III auf diese Größen sind differenziert zu betrachten.

1. Die **Refinanzierungskosten** des Kredites am Geld-, Kredit- oder Kapitalmarkt werden durch die Offenlegungsvorschriften der 3. Säule indirekt berührt. In den Refinanzierungskosten ist eine Risikoprämie für die Kapitalgeber enthalten. Je besser Kapitalgeber über die Risikosituation eines Kreditinstitutes informiert sind, desto genauere Vorstellungen werden sie sich über die zu fordernde Risikoprämie bilden können. Da hierbei die Qualität und der Umfang der Eigenkapitalausstattung in der Risikoprämie berücksichtigt werden, sind auch von den verschärften Eigenkapitalanforderungen nach Basel III Rückwirkungen auf die Refinanzierungskosten zu erwarten. Die Liquiditätsvorschriften von Basel III werden möglicherweise zu einem stärkeren Wettbewerb um Privateinlagen und zu tendenziell steigenden Refinanzierungskosten führen.
2. Die **Eigenkapitalkosten** bzw. die Zusatzverzinsung für das durch einen Kredit absorbierte, aufsichtsrechtlich erforderliche Eigenkapital werden zunächst durch Säule 1 von Basel II tangiert. Säule 1 bindet das Risikogewicht und damit das **Volumen** der Eigenkapitalunterlegung an das individuelle Kreditrisiko. Basel III fordert ein allgemein höheres Volumen und eine höhere Qualität des Eigenkapitals, damit ist auch das Kreditgeschäft hiervon betroffen. Der **Preis** des Eigenkapitals bzw. die angemessene Risikoprämie des Eigenkapitalgebers variiert in Abhängigkeit von der Gesamtrisikosituation des Kreditinstitutes wie unter (1) beschrieben,
3. Die **Liquiditätskosten** als Kosten der Absicherung gegen die Liquiditätsrisiken aus der Refinanzierung des Kreditgeschäftes werden durch die Liquiditätsanforderungen der Basel-III-Regelungen beeinflußt.
4. Die **Risikokosten** als Kompensation für (erwartete) Ausfallverluste eingegangener Kreditrisiken können über funktionstüchtige Rating-Verfahren differenziert gemessen werden. Dies ist Voraussetzung, um die Risikokosten im Einzelfall verursachungsgerecht in den Kreditzins einzupreisen.
5. Die **Betriebskosten** der Kreditgewährung hängen maßgeblich von dem gewählten Meßansatz ab. Kreditinstitute, die den internen Rating-Ansatz nutzen wollen, haben einen hohen Investitionsbedarf in den technisch-organisatorischen Bereich zu bewältigen. Langfristig könnten diese Investitionen zu Rationalisierungseffekten im Kreditgeschäft führen.
6. Der **Wertschöpfungsbeitrag** als Differenz zwischen Kreditzins und den vorgenannten Komponenten wird durch Basel II allenfalls indirekt über die Möglichkeit zur risikoadä-

quaten Bepreisung und durch potentielle Effizienzgewinne im Betriebsbereich berührt. Die Verschärfung der Haftungsregelungen durch Basel III wird potentiell zu einem Absinken der Eigenkapitalrenditen führen, dieses Absinken ist jedoch nicht zwangsläufig als Minderung der Wertschöpfung zu interpretieren. Die Stabilitätseffekte der höheren Haftungsbasis und die Milderung des Kapitalparadoxons könnten sich wirtschaftlich schwierigen Zeiten per Saldo positiv auf die Wertschöpfung auswirken.

1.1.2.1 Basel II/III: Gefahr für die Kreditversorgung?

Die Befürchtungen einer Kreditklemme gründen sich auf den Einfluß des Basler Regelwerkes auf das **Volumen** der **Eigenkapitalunterlegung**. Diese Größe ist unmittelbar **politisch gestaltbar**, sie wird dadurch zum Ankerpunkt für **Partikularinteressen**. Im Konsultationsprozess der Basel-II-Papiere standen potentielle Versorgungsengpässe im Kreditgeschäft mit mittelständischen Firmenkunden im Vordergrund. Sowohl Banken- als auch Unternehmensvertreter waren dabei um eine Lockerung der Eigenkapitalvorschriften bemüht.

Diese Bemühungen waren offenbar erfolgreich. Im **Standardansatz** waren von Anbeginn im üblichen Firmenkundenkreditgeschäft der Banken keine gravierenden Änderungen der Eigenkapitalunterlegung gegenüber dem alten Akkord zu erwarten. Vom alten Akkord abweichende, risikodifferenzierende Risikogewichte sind nur für Schuldner mit extrem guten oder mit zweifelhaften Ratings vorgesehen. Das Risikogewicht eines mittelständischen Firmenkunden, der kein Rating einer aufsichtsrechtlich anerkannten Agentur vorweisen kann – und dies ist in Deutschland der Regelfall – entspricht dem Status Quo von Basel I.

Bei **internen Rating-Ansätzen** werden in der Regel gegenüber dem Vorgängerakkord Eigenkapitalersparnisse erzielt. Dies betrifft insbesondere solche Unternehmenskredite, die dem Retailsegment zugerechnet werden können oder für die KMU-spezifische Eigenkapitalentlastungen gelten. Die meisten Unternehmen in Deutschland fallen unter diese Erleichterungsregeln, die erst im Zuge des Konsultationsprozesses in die Rahmenvereinbarung eingefügt wurden.

Die Diskussion um die „Kreditklemme“ schien zunächst in Deutschland – nicht zuletzt durch politische Intervention in den Basel-Prozeß – abgeklungen. Sie erhält jedoch neue Nahrung durch die verschärften Eigenkapitalvorschriften von Basel III. Zum einen wird befürchtet, daß die Leverage-Ratio Anreize setzt, risikoarme und entsprechend margenarme Kreditgeschäfte wie z. B. das Kommunalkreditgeschäft durch risikoreichere Kreditgeschäfte zu ersetzen. Ferner wird argumentiert, dass höhere Eigenkapitalquoten und höherwertiges Eigenkapital zwangsläufig zu steigenden Eigenkapitalkosten und damit auch zu steigenden Kreditzinsen führen. Dabei wird ausgeklammert, dass Eigenkapitalgeber ihre Renditeansprüche am Verlustrisiko ausrichten. Je größer die Haftungsmasse, desto niedriger das Verlustrisiko für den Eigentümer und desto niedriger c.p. sein Renditeanspruch. Aus der Sicht des Irrelevanztheorems ziehen höhere Eigenkapitalquoten per se also grundsätzlich keine höheren Kapitalkosten nach sich. Das Irrelevanztheorem unterstellt einen funktionstüchtigen Markt. Dieser ist, was systemrelevante Banken anbetrifft, wegen der „too-big-too-fail-Prämie“ nicht gegeben. Die verschärften Eigenkapitalvorschriften von Basel III nehmen die Eigentümer einer systemrelevanten Bank stärker in die Haftung als früher. Ein Ansteigen der Eigenkapitalkosten in systemrelevanten Banken könnte daher als zumindest partieller Ausgleich der „too-big-too-fail-Prämie“ interpretiert werden.

In diesem Zusammenhang ist zu berücksichtigen, daß die verschärften Eigenkapitalvorschriften nach Basel III auch die übrigen Geschäftssparten der Institute betreffen. Im Gefolge der Finanzkrise sind ferner die regulatorischen Rahmenbedingungen für alternative Geschäftssegmente erheblich unattraktiver geworden. In Deutschland ist daher ein allgemeiner strategischer Schwenk der Kreditwirtschaft weg vom Eigengeschäft hin zum klassischen Kreditgeschäft nicht auszuschließen.

1.1.2.2 Von der Kreditrationierung zur risikoadäquaten Bepreisung

Als „**Kreditrationierung**" wird ein Szenario bezeichnet, das von **Unsicherheit** der Kreditwirtschaft über die Bonität der Kreditnachfrager geprägt ist. Krediturteile beschränken sich auf die Ja-Nein-Frage „Kredit gewähren" oder „Kredit ablehnen". Die Risikokosten fließen in Form eines ex post über den Durchschnitt des Gesamtportfolios ermittelten, einheitlichen Standardrisikokostensatzes in den Kreditzins ein. Das Kreditrisiko ist damit dem Allokationsmechanismus des Marktes weitgehend entzogen. Kredite werden zu **einheitlichen Zinsen** „zugeteilt". Eine risikoadäquate Bepreisung scheitert am Unvermögen, das individuelle Kreditrisiko zu quantifizieren.

Problematisch wird es, wenn nun einige Kreditinstitute diese Fähigkeit erwerben, während andere Banken auf ihrem status quo verharren. In diesen „Einheitszinsbanken" werden die schlechten Bonitäten durch die guten Bonitäten **quersubventioniert**. Letztere werden daher zu den Kreditinstituten wechseln, die risikoadäquat bepreisen. Kunden schlechter Bonität werden hingegen von den Einheitszinsbanken angezogen. Dadurch steigen zwangsläufig die Wertberichtigungen der Einheitszinsbanken – und damit auch ihre durchschnittlich ex post ermittelten Standardrisikokostensätze Der vorab beschriebene Zyklus wiederholt sich, ihre **Portfolioqualität erodiert**. Dieser Kreislauf wurde hier plakativ anhand einer „Schwarz-Weiß-Situation" demonstriert. Er gilt jedoch ebenso für die Graustufen, wenn eine Bank Kreditrisiken besser messen kann als eine andere Bank.

> Die **risikodifferenzierte Bepreisung** von Krediten wird zur **ökonomischen Notwendigkeit** für alle Kreditinstitute, sobald einige Wettbewerber derartige Konditionssysteme einführen.

Basel II fällt bei der Entwicklung zur risikosensitiven Konditionsgestaltung die Rolle eines **Katalysators** zu. Diese Entwicklung wurde von den Fortschritten in der Risikomeßtechnik im Kreditgeschäft und möglicherweise primär durch die unbefriedigende Ertragsentwicklung der deutschen Kreditinstitute nach der Jahrtausendwende angestoßen. Der vorangegangene Verzicht auf risikoadäquate Verzinsung war weniger das Ergebnis bewußter Mischkalkulation, sondern auf mangelnde Risikomessung und unzureichende Verhandlungsmacht gegenüber dem Kunden zurückzuführen.

1.1.3 Konsequenzen für den Betriebsbereich des Kreditgeschäftes

Der Betriebsbereich des Kreditgeschäftes wird in erster Linie von den Verfahrens- und Organisationsvorschriften der Basel-II-Regelungen und der MaRisk geprägt, weniger von den

Eigenkapital- und Liquiditätsanforderungen von Basel III. Aus der Fülle der für den Betriebsbereich relevanten Regularien behandeln die folgenden Ausführungen vornehmlich solche, die mit Informationsasymmetrien und Moral-Hazard-Problemen im Zusammenhang stehen.

1.1.3.1 Konsequenzen für die Ausgestaltung von Rating-Systemen

Die Anforderungen des Basel-II-Papiers an bankinterne Ratingverfahren greifen in weiten Teilen Mängel auf, die zum Zeitpunkt des Beginns der Diskussion um Basel II in einer empirischen Studie des Basler Ausschusses für Bankenaufsicht über den Best Practice des bankinternen Rating festgestellt wurden[2]. Dies gilt z. B. für die Forderungen nach ausreichenden **Datengrundlagen**, nach ausgereiften Techniken zur **Parameterschätzung**, nach institutionalisierter **Rating-Validierung** und nach einer ausreichenden **Integration** des Ratings in das **Gesamtrisikomanagement** der Bank. Bemängelt wurde insbesondere der schwer kontrollierbare **subjektive Einfluß** auf das Rating. Diesem Einfluß können **qualitative Ratingverfahren** unterliegen, die auf personengebundenem, implizitem Expertenwissen beruhen. **Quantitative Verfahren** verarbeiten zahlenmäßig leicht erfaßbare „harte" Fakten nach expliziten, personenungebunden wirkenden Regeln. Rein quantitative, automatisierbare Ratingverfahren umgehen zwar die Probleme subjektiver Urteilsfindung, ihre Informationsverarbeitung ist jedoch begrenzt. Hinreichende menschliche Urteile und menschliche Überwachung sollen daher sicherstellen, dass alle wesentlichen Informationen im Rating berücksichtigt werden.

Ein Basel-II-konformes Rating-System integriert idealerweise statistische Auswertungen mit hinreichenden menschlichen Urteilen.

Der **Einfluß des Experten** auf das Ratingergebnis ist jedoch zu **formalisieren**. Rating-Ergebnisse und Gewichtungsfaktoren dürfen nur innerhalb eines vordefinierten Rahmens verändert werden; die Fälle, in denen Bankmitarbeiter das Rating abändern dürfen, sind exakt zu beschreiben. Dies schließt Vorgaben darüber ein, unter welchen Umständen, durch wen und in welchem Umfang Änderungen vorgenommen werden dürfen.

1.1.3.2 Das Rating als Diener zweier Herren

Die vorab beschriebene Formalsierung soll unter anderem den Einfluß von Partikularinteressen auf das Ratingergebnis eindämmen. Kreditratings werden üblicherweise zur Allokation ökonomischen Kapitals und zur Preisfindung im Kreditgeschäft eingesetzt. Basel II erweitert diese internen Steuerungszwecke nunmehr um die Ermittlung des aufsichtsrechtlich erforderlichen Kapitals. Zwar strebt Basel II grundsätzlich eine Konvergenz zwischen dem aufsichtsrechtlichen und dem ökonomischen Kapitalbegriff an. Im Gegenzug entfalten Kapitalanforderungen ihre risikobegrenzende Wirkung jedoch u. a., indem sie die Expansion des Institutes einschränken. Veränderungen in den Kapitalanforderungen sind daher allenfalls in kleinen Schritten zu vollziehen. **Diskrepanzen** zwischen **ökonomischem** und **regulatorischem Kapital** sind somit nach wie vor zwangsläufig zu erwarten – und damit auch die **Interessenkonflikte** zwischen den internen und externen Zwecken des Rating.

2 Vgl. Basel Committee on Banking Supervision (2000) S. 9, vgl. auch S. 3–7 und S. 36–39.

Die Grundform dieses Interessenkonflikts ist alt. Sie zeigt sich z. B. in der lenkungstechnischen und in der steuertechnischen Gestaltung von Verrechnungspreisen oder in der Trennung zwischen externem und internem Rechnungswesen. Das erste Konsultationspapier entschied sich für eine ebenso althergebrachte **Konfliktlösung**: Das Rating wird einem unparteiischen Schiedsrichter, einer **externen Ratingagentur**, anvertraut. Ihre „Unparteilichkeit“ beruht auf einer **Zwickmühle**. Sie verliert ihre Mandanten und damit ihre Einkommensquelle, wenn sie zu strenge Maßstäbe anlegt und bonitätsmäßig gute Mandanten schlecht einstuft (**Beta-Fehler**). Bewertet die Agentur den Mandanten zu optimistisch (**Alpha-Fehler**), läuft sie Gefahr, das Vertrauen der Investoren zu verspielen.

Im **bankinternen Rating** sind die Anreize hingegen **ähnlich** verteilt. Eine kreditbewilligende Stelle will einerseits ihr Kreditvolumen steigern, andererseits ziehen übermäßige Kreditausfälle Sanktionen nach sich. Diese Zwangslage wird jedoch nicht mehr durch Marktkräfte, sondern durch das **interne Anreizsystem** einer Bank erzeugt, welches die Marktsituation z. B. als Profit-Center mehr oder weniger gut simuliert. Dieses Anreizsystem gerät außer Balance, sobald interne Rating-Systeme von der Bankenaufsicht zur Bemessung der Eigenkapitalunterlegung herangezogen werden. Nunmehr besteht das zusätzliche Interesse, diese Eigenkapitalunterlegung durch möglichst günstige Ratings zu minimieren. Die Skepsis des Baseler Ausschusses gegenüber internen Ratingansätzen in der Anfangsphase von Basel II ist aus dieser Perspektive erklärbar. Im weiteren Verlauf der Diskussionen wurde der interne Rating-Ansatz aufgrund seines hohen Anspruchs an das Risikomanagement eindeutig präferiert. In jüngerer Zeit sind Bestrebungen seitens des Basler Ausschusses erkennbar, Kapitalanforderungen von internen Modellberechnungen zu entkoppeln und die Ergebnisse interner Modelle vergleichbarer zu machen. Es wird befürchtet, daß die Spielräume in der Gestaltung interner Ratingmodelle in unverhältnismäßiger Weise zur Reduktion der Kapitalanforderungen eingesetzt werden. Gleichwohl wird weiterhin an der Forderung nach hochwertigen internen Risikomeßverfahren festgehalten.

Wenn sowohl **interne Steuerungszwecke** als auch **externe Kapitalanforderungen** durch ein **einziges Rating-System** abgebildet werden, muß grundsätzlich mit einer **positiven Verzerrung** des Ratings gerechnet werden.

Dass auch im **externen Rating** mit interessengefärbten Dysfunktionen zu rechnen ist, hat die Finanzkrise drastisch vor Augen geführt. In der vorab beschriebenen „Zwickmühle“ haben Ratingagenturen die kurzfristigen, sofort erzielten Einkünfte aus der Gestaltung und Beurteilung strukturierter Finanzprodukte höher bewertet als einen möglichen, späteren Vertrauensverlust bei den Investoren. Werden externe Ratings gar nicht für Investoren am Kapitalmarkt produziert, sondern ausschließlich für die Kreditgewährung durch eine bestimmte Bank, gleichen sich die Anreizstrukturen im externen Rating weitgehend mit denen des internen Rating. Damit sind **ähnliche Allokationsdefekte** zu erwarten, überdies ist beim externen Rating der Beurteilungsprozeß der Kontrolle der Bank entzogen. Das externe Rating entbindet die Bank daher nicht davon, sich ein eigenes Kreditunteil zu bilden. Entscheidend für das Ausmaß der Interessenkonflikte ist primär die Verteilung der Anreize und weniger die rechtliche oder wirtschaftliche Selbständigkeit der Rating-Instanz.

Die Bankenaufsicht muß also sowohl beim externen als auch beim internen Rating Prinzipal-Agenten-Probleme regulieren. Im Standardansatz dürfen daher lediglich Ratings von **Agenturen** verwendet werden, die von der **ESMA** (European Securities and Markets Authority) **beaufsichtigt** werden. Gemäß Basel II muß die Agentur „glaubwürdig“ sein, was dann vermutet wird, wenn ihre Ratings von externen Investoren genutzt werden. Die Agentur hat ferner die Objektivität und Systematik der Rating-Methode, ihre wirtschaftliche und politische Unabhängigkeit, sowie angemessene personelle, sachliche und finanzielle Ausstattung nachzuweisen. Ratings und die allgemeine Methode sind der Öffentlichkeit zugänglich zu machen, um öffentliche Kritik zu erzeugen. Die allgemeine Art der Vergütungsvereinbarungen mit den beurteilten Firmen ist offenzulegen.

Von der ESMA zugelassene Ratingagenturen sind ferner der **EU-Verordnung über Ratingagenturen** unterworfen. Diese Verordnung adressiert etliche Interessenkonflikte, die sich in der Finanzkrise als virulent erwiesen haben. So wird Agenturen unter anderem verboten, die bewerteten Unternehmen zu beraten; dies gilt insbesondere für die Gestaltung strukturierter Finanzprodukte. Für Analysten ist ein geeignetes Rotationsprinzip einzurichten. Leitende Analysten, die in das bewertete Unternehmen wechseln, müssen Karenzfristen einhalten; ihre Ratings unterliegen besonderen Prüfungspflichten. Um den Einfluß von Rating-Agenturen zu reduzieren, soll der hoheitliche Rückgriff auf externe Ratings eingeschränkt werden. Rating-Agenturen haften zivilrechtlich für Vorsatz und grobe Fahrlässigkeit; die juristische Durchsetzbarkeit dieser Haftung wird jedoch in Fachkreisen kritisch beurteilt.

Die Wurzel derartiger Interessenkonflikte liegt im „**issuer-pays-Modell**“: Das beurteilte Unternehmen beauftragt die Ratingagentur und bezahlt sie. Die Auflösung dieses Kernkonfliktes ist bislang über das Diskussionsstadium noch nicht hinausgekommen.

1.1.3.3 Aufbau- und ablauforganisatorische Aspekte

Im internen Rating wird der vorab beschriebenen Interessenkollision durch zwei bewährte Organisationsprinzipien entgegengewirkt, der **Funktionentrennung** und der **Anreizneutralität**. Von der in Abschnitt 1.1.3.2 noch undifferenziert als „kreditbewilligende Stelle“ bezeichneten Instanz wird zwangsweise eine unabhängige Prüfeinheit abgespalten, die quasi Funktionen eines Verbündeten der Aufsicht übernimmt. Diese Einheit hat interne Ratings in institutionalisierter Form zu kontrollieren. Dabei darf die Vergütung dieser Prüfinstanz nicht vom zugeordneten Rating abhängen; der Prüfungsinstanz dürfen keine sonstigen Vorteile aus dem zugeordneten Rating entstehen.

Nach den **MaRisk**, welche unabhängig vom gewählten Rating-Ansatz für das Risikomanagement generell gelten, ist diese Funktionentrennung des Nichtmarktbereiches des Kreditgeschäftes vom Marktbereich auf **Geschäftsleitungsebene** durchzuführen. Jede Kreditgewährung erfordert grundsätzlich (d. h. es gibt Ausnahmeregelungen) neben dem Votum des Marktbereiches auch das **Votum des Nichtmarktbereiches**. In die Kompetenz des Nichtmarktbereiches fallen neben der Kreditkontrolle auch die Entwicklung und die Qualitätsüberwachung der Risikoklassifikationsverfahren sowie weitere mit erheblichen Prinzipal-Agenten-Problemen behaftete Aktivitäten, wie etwa die Entwicklung und die Qualitätsüberwachung der Prozesse der Kreditbearbeitung, die Intensivbetreuung bzw. Sanierung sowie die Überwachung des Kreditrisikos auf Portfolioebene und die Erstellung des Risikoberichtes.

Nach den **MaRisk** müssen **alle Institute** über **Risikoklassifikationsverfahren** verfügen, wenngleich diese Rating-Verfahren nicht den strengeren Anforderungen des IRBA unterliegen. Für **IRBA-Institute** hält Basel II umfangreiche Aufgabenzuweisungen und ablauforganisatorische Vorschriften bereit. Das interne Rating muß zunächst einen wesentlichen Stellenwert im Kreditgenehmigungsprozeß, beim Risikomanagement, der internen Eigenkapitalallokation und der Unternehmenssteuerung einnehmen. Dieser „**Use-Test**" soll Potemkinsche Dörfer von der Anerkennung ausschließen. Nur wenn die Geschäftsleitung ihrem eigenen Rating-System vertraut, ist es auch für aufsichtsrechtliche Zwecke geeignet. Das zweite Standbein bilden die Vorschriften zur **Überwachung** und **Nachprüfbarkeit** des Rating. Hierzu gehören die Anforderungen an geregelte Informationsflüsse und an die Dokumentation nach dem Sachverständigen-Dritten-Prinzip zur Entpersönlichung des Rating-Prozesses, an die prozeßgebundene Kontrolle der Rating-Zuordnung, die Überwachung des Rating-Systems, die rückblickende Revision einschließlich der Systemrevision sowie die allgemeine Überwachungspflicht durch die Geschäftsleitung. Diese Pflicht erhebt die Prozeßverantwortlichkeit für das Rating zur nicht delegierbaren Führungsaufgabe der Geschäftsleitung. Sie hat alle wesentlichen Aspekte des Rating-Verfahren zu genehmigen, ist Adressat des Berichtswesens zum Rating und steht im ständigen Dialog mit den Kontrollinstanzen. Sie kann sich daher in Rating-Fragen nicht auf Unkenntnis berufen.

Der Übergang auf den internen Rating-Ansatz zieht **hohe Investitionen** in das Risikomanagement und in die Organisation der Bank nach sich. Diese Investitionen könnten sich jedoch durch **Standardisierungsgewinne** und Informationszuwächse im Kreditgeschäft langfristig bezahlt machen.

> Ein funktionstüchtiges Rating ist Kernvoraussetzung für eine **risikodifferenzierte Kreditorganisation** und damit für eine weitgehende **Standardisierung** der Kreditbearbeitung. Prozeßstandardisierung bedeutet primär, arbeitsintensive **Ausnahmefälle** zu **reduzieren**.

Ausnahmefälle werden vor allem in einer „one-size-fits-all-Kreditbearbeitung" erzeugt, in welcher allenfalls die zuständigen Hierarchieebenen in Abhängigkeit vom Kreditvolumen wechseln. Die Umsetzung einer risikodifferenzierten Prozeßorganisation kann daher durchaus eine stärkere Differenzierung der vorhandenen Routineprozesse erfordern.

Eine hohe Prozeßstandardisierung erleichtert es, für Teilprozesse operationale Effizienzmaßstäbe zu finden, Zielvorgaben zu formulieren und Soll-Ist-Vergleiche durchzuführen. Der hiermit verbundene **Lerneffekt** kann indirekt dazu beitragen, dass Rationalisierungspotentiale leichter identifiziert und ausgeschöpft werden.

1.1.3.4 Kultur- und Anreizprobleme

In der vorab geschilderten risikodifferenzierten Kreditbearbeitung hat ein besonders gründlich arbeitender Kreditanalyst, der seine Entscheidungsschwäche hinter stets neu aufkeimendem Informationsbedarf verbirgt, keinen Platz mehr. Diesem Analysten werden nunmehr möglicherweise lediglich stritte Fälle der „Grauzone" vorgelegt. Es wird deutlich, dass das Basler Regelwerk auch einschneidende Konsequenzen auf die Unternehmenskultur von Kreditinstituten haben kann.

Eine aufsichtskonforme Funktionentrennung zwischen Markt und Marktfolge im Kreditgeschäft war zum Zeitpunkt des Aufkommens der Diskussion um Basel II insbesondere in kleineren Kreditinstituten oft noch nicht vorhanden. Der bisher weitgehend autark entscheidende Marktbereich muß nunmehr seine Krediturteile gegenüber einer ranghohen Kontrollinstanz rechtfertigen. Diese Kontrollinstanz kann das Erreichen von Absatzzielen konterkarieren und damit Einkommen und Karrieremöglichkeiten der Mitarbeiter des Marktbereichs beeinflussen. Der Marktfolgebereich wird nicht als Profit-Center geführt. Er partizipiert nicht unmittelbar an einer erfolgreichen Kreditgewährung, wird aber für das Auftreten von Ausfällen bestraft. Der Marktfolgebereich handelt somit aus der Perspektive seiner Partikularinteressen rational, wenn er das Kreditgeschäft so restriktiv wie möglich handhabt. Die Beweislasten sind zum Vorteil des Marktfolgebereiches verteilt. Die Leistungsstörung eines Kredites ist in der Regel einwandfrei feststellbar. Der umgekehrte Nachweis, dass ein Kredit entgegen der Einschätzung des Marktfolgebereiches nicht falliert wäre, kann hingegen nur erbracht werden, wenn sich der Marktbereich über die ablehnende Entscheidung des Marktfolgebereiches hinwegsetzt[3].

Die Beziehung zwischen **Markt** und **Marktfolge** sind daher häufig **spannungsgeladen**. Andererseits ist gerade zwischen diesen beiden Instanzenzügen eine konstruktive Zusammenarbeit wichtig. **Meinungsverschiedenheiten** zwischen Markt und Marktfolge sind keineswegs zwingend auf Fehlleistungen zurückzuführen. Sie können auch Ausdruck von Umweltveränderungen bzw. **neuen Erkenntnissen** sein, die bisher im Rating unberücksichtigt geblieben sind und eine **fruchtbare Diskussion** des Ratingsystems anregen. Dieser Diskussionsprozeß ist notwendig, um Rating-Systeme laufend an geänderte Umweltgegebenheiten anzupassen und die einheitliche Interpretation von Zuordnungsvorschriften mit subjektiven Ermessenspielräumen zu gewährleisten.

Die **Qualität** und die **Konsistenz** des Rating hängen entscheidend davon ab, inwieweit die Organisationskultur eine **Kommunikation** über das Rating zuläßt und fördert.

Projekte zur Umsetzung der Vorschriften des IRBA sind überdies mit großen Unsicherheiten behaftet. Sie entfalten eine hohe Präzedenzwirkung auf nachfolgende Entscheidungen und berühren weite Bereiche des Bankbetriebes. Es handelt sich somit um **innovative Projekte.** Ihr Gelingen verlangt ein abteilungsübergreifendes Projektmanagement abseits der Routineorganisation und ebenfalls eine offene Kommunikationskultur. Diese Anforderungen könnten durchaus einen positiven Impetus auf die Organisationskultur auslösen.

Im Gegenzug ist jedoch auch der **Widerstand** der Betroffenen gegen die Veränderung programmiert. Aus den Erfahrungen des Innovationsmanagements ist bekannt, dass sich dieser Widerstand selten als offener Widerspruch äußert. Er operiert vielmehr im Untergrund, versteckt unter der Oberfläche rational erscheinender Argumente. Das trifft offenbar auch auf Rating-Verfahren zu. Fischer[4] stellt fest, dass Kundenbetreuer in Rating-Verfahren qualitative Kriterien systematisch besser bewerten als quantitative Kriterien, überdies sind qualitative Kriterien im Zeitablauf stabiler. Die Varianz qualitativer Faktoren ist häufig so gering, dass ein statistisch relevanter Erklärungsbeitrag zur Ausfallwahrscheinlichkeit nur mit Mühe zu identifizieren ist. Dieses Phänomen steht jedoch im Gegensatz zur allgemein anerkannten Prognosekraft qualitativer Faktoren.

Derartige Diskrepanzen werden unter anderem auf das spezielle Moral-Hazard-Problem des „**impliziten Overriding**“ zurückgeführt. Der Kundenbetreuer ist daran interessiert, möglichst positive Ratings zu vergeben, ohne sich aber dem Zwang zur Begründung eines regulären Overriding oder gar der Verantwortung für etwaige Ausfälle zu unterwerfen. Der Kundenbetreuer nutzt also seine Spielräume bei der Beurteilung der intersubjektiv schlecht nachprüfbaren qualitativen Kriterien, um das Gesamtrating des Kunden heraufzusetzen und damit z. B. die

---

3 Heldt-Sorgenfrei (2009) S. 658.
4 Vgl. Fischer (2004) S. 380–389.

Erwartung eines Geschäftsabschlusses zu erhöhen. Jede Verbesserung der Rating-Systeme würde diesen Spielraum einschränken und ist daher nicht im Sinne des Kundenbetreuers.

Banken werden in der Konsequenz gezwungen, dass **Gewicht quantitativer Faktoren** in Rating-Systemen zu Lasten der qualitativen Faktoren zu **erhöhen**. Im Gegenzug ist die allgemeine ökonomische Entwicklung von einer rasch wachsenden Bedeutung immaterieller Werte, stärkeren Flexibilitätsanforderungen und einer zunehmenden Beschleunigung des Geschäftsgeschehens geprägt. Unter diesen Voraussetzungen nimmt c.p. die Prognosegüte sinnvoll operationalisierter qualitativer Kriterien gegenüber klassischen Abschlußkennzahlen zu. Eine derartige Entwicklung wird möglicherweise durch einen stärkeren Trend der Kreditnehmer zur **strategischen Anpassung** an Kennzahlen des Bilanzrating flankiert. Dabei ist zu berücksichtigen, dass die historischen Daten, auf denen die gegenwärtigen Bilanzratingsysteme basieren, teilweise aus Stichproben stammen, in denen Probleme der strategischen Anpassung noch nicht relevant waren.

Beim impliziten Overriding handelt es sich um ein spezielles Anreizproblem, das möglicherweise durch eine Reorganisation der Vergütungsstrukturen abgemildert werden kann. Die faktische Risikopolitik eines Institutes wird dadurch geprägt, wie individuelle Entscheidungsträger die Chancen und Risiken ihrer Handlungsalternativen in Bezug auf ihre persönliche Einkommens- und Karrieresituation bewerten. Die Finanzkrise hat die Regulatoren für die destabilisierenden Wirkungen **dysfunktionaler Anreizstrukturen** sensibilisiert. Diese Dysfunktionen beruhen zum einen auf dem **Time-lag** zwischen dem Abschluß eines risikobehafteten Geschäftes und dem möglichen Eintritt dieses Risikos. Im Vorfeld der Subprime-Krise verhinderte z. B. die Vertragskonstruktion des „negative amortisation loans“, dass Kredite an vermögenslose Kreditnehmer mit geringem Einkommen, die in einem Kreditpool verbrieft wurden, sofort als leistungsgestört identifiziert wurden. Bei einem negative amortisation loan hat der Kreditnehmer für einen Anlaufzeitraum von mehreren Jahren lediglich eine geringe Mindestrückzahlung zu leisten. Diese reichen nicht aus, um die laufenden Zinsen abzudecken. Die Fehlbeträge werden auf die Darlehenssumme kapitalisiert.

Dysfunktionen entstehen zum anderen durch **asymmetrische Anreize**. Ein Kreditkundenbetreuer, der ausschließlich auf der Basis der gewährten **Kreditvolumina vergütet** wird, kann durch eine Kreditgewährung nur gewinnen, unabhängig von der Kreditqualität. Asymmetrische Konstellationen treten jedoch auch auf, wenn der Entscheider die Kreditqualität zu verantworten hat. Es kann für einen Kreditentscheider rational sein, den Ausfall eines Kredites geheimzuhalten, indem er weiteren Kredit gewährt und auf die Erholung des Kunden spekuliert. Dass durch dieses **„gambling for resurrection“** der Bank ein unverhältnismäßiger Schaden entstehen kann, ist für ihn unerheblich, wenn sein individuelles Risiko auf den Arbeitsplatz beschränkt bleibt und er den Arbeitsplatz auf jeden Fall sofort verliert, wenn die schlechte Bonität des Kunden bekannt wird. Asymmetrische Anreizverteilung und time-lag der Leistungsstörung hängen zusammen, wenn der time-lag dem Entscheider die Möglichkeit gibt, sich einer Sanktion des negativen Erfolges zu entziehen, z. B. durch Arbeitsplatzwechsel. Assymetrische Anreizsysteme können jedoch auch mit den **Interessen eines kurzfristig orientierten Aktionärs** im Einklang stehen, wenn die Anreize geeignet sind, den Risikoappetit des Managements auf das vom Aktionär präferierte Maß zu steigern.

Die Grundsätze der erstmals 2010 in Kraft getretenen und im Dezember 2013 revidierten **Instituts-Vergütungsverordnung** der BaFin setzen an derartigen Moral Hazard Problemen an. Vergütungssysteme müssen so ausgestaltet sein, dass Anreize, unverhältnismäßige Risiken einzugehen, vermieden werden. Nach § 25a (5) darf die variable Vergütung den Betrag der fixen Vergütung nur in bestimmten Ausnahmefällen übersteigen. Die Vergütungsverordnung verbietet, die Schlagkraft von Kontroll-Abteilungen durch unangemessen niedrig bezahltes Personal zu unterminieren. Bei Mißerfolg darf es keine vertraglich garantierten Abfindungsansprüche geben. Bedeutende Institute müssen den Personenkreis, der risikorelevante Entscheidungen trifft, identifizieren, und gewährleisten, dass negative Erfolge die erfolgsabhängigen Vergütungsbestandteile mindern. Variable Erfolgszahlungen müssen sich auf nachhaltig erzielte Erfolge beziehen und dürfen erst nach Ablauf von definierten Zurückbehaltungszeiträumen ausgezahlt werden. Die BaFin hat die mangelhafte Umsetzung der Vergütungsverordnung in der Kreditwirtschaft gerügt.

Bedingt durch die Finanzkrise hat die Diskussion um Anreiz- und Kulturprobleme in Banken an Auftrieb gewonnen. Banken stehen hier – verglichen mit anderen Branchen – vor besonderen Herausforderungen. Einerseits wird ihnen zukünftig **organisatorische Flexibilität** und eine **offene Kommunikationskultur** abverlangt. Im Gegenzug ist die Organisationskultur einer Bank traditionell resistent gegen Änderungen, da die Umwelt stabilen Organisationen mehr Vertrauen entgegenbringt als änderungsfreudigen Organisationen. **Kulturelle Phänomene** erweisen sich generell als sehr **zählebig**. Sie sind in der Regel nur langfristig und in kleinen Schritten veränderlich. Die Organisationskulturen von Banken sind von dieser Zählebigkeit also besonders betroffen.

1.1.4 Konsequenzen für den Wettbewerb im Kreditgeschäft

Das Basler Regelwerk verstärkt die **Transparenz** des Kreditkunden, der Kreditpreise und des Kreditinstitutes. Die Kapitalmarkttheorie setzt Transparenz mit Markteffizienz gleich, in der Volkswirtschaftslehre ist Markttransparenz eine zentrale Eigenschaft vollkommener Märkte. Dies spricht zunächst für eine **Wettbewerbsverschärfung**. Weite Teile des Kreditgeschäftes werden jedoch in Hausbankbeziehungen abgewickelt. Eine **Hausbank** stellt einen großen Teil der Finanzierung eines Firmenkunden, kann daher erheblichen Einfluß auf das Unternehmen ausüben und spielt eine wichtige Rolle in etwaigen finanziellen Krisen oder bei Restrukturierungen des Kreditnehmers. Die Analyse der Konsequenzen für den Wettbewerb setzt daher sinnvollerweise an der Hausbankbeziehung an.

1.1.4.1 Die klassische Hausbankbeziehung

Das Hausbankprinzip wird häufig als besonders gefestigtes **Vertrauensverhältnis** zwischen Bank und Kunden beschrieben. Weniger positiv besetzt ist hingegen das Phänomen des „**impliziten Vertrages**", auf dem dieses Vertrauensverhältnis basieren kann. Dieser implizite Vertrag beruht auf einer engen symbiotischen Beziehung zwischen Kunde und Kundenbetreuer. Der Kunde wechselt nicht zur Konkurrenz, im Gegenzug versucht der Betreuer, dem Kunden ggf. auch in schwierigeren Situationen entgegenzukommen. Der implizite Vertrag ist Ausdruck enger **persönlicher Bindung**, er erlischt, wenn der Betreuer wechselt. Das Verhalten des Betreuers ist als **hidden action** gegenüber der Geschäftsleitung zu interpretieren (vgl. hierzu Abschnitt 1.1.1.2).

Vertrauen läßt sich überdies auch als Strategie zur **Bewältigung von Informationsasymmetrien** auslegen. Vertrauen braucht Zeit, es bildet sich regelmäßig über wiederholte Austauschprozesse. Das Hausbankprinzip kann somit auch als eine von Prinzipal-Agenten-Beziehungen determinierte **Wechselbarriere** für den Kunden aufgefaßt werden.

Aus der Perspektive der Informationsasymmetrie beginnt die klassische Hausbankbeziehung mit einem beträchtlichen Informationsvorsprung eines Neukunden gegenüber der Bank über seine Kreditwürdigkeit. Die Bank setzt sich somit dem Risiko eines Moral Hazard aus. Sie kann dieses Risiko begrenzen, indem sie den Kunden z. B. nicht fristenkongruent finanziert. Der Kunde wird dadurch in seiner Hausbankverbindung gefangengehalten (**„lock in"**). Andere Banken werten die Fristeninkongruenz als **negatives Signal**. Überdies wird der Versuch, die Bankverbindung in diesem frühen Stadium zu wechseln, von anderen Banken als Ausdruck geringer Bonität des Kunden interpretiert. Die „Hausbank" lernt den Kunden im Verlauf der Bankverbindung besser einschätzen; sie generiert **„private Informationen"**. Ihre anfängliche Risikobereitschaft wird durch ein **Informationsmonopol** über den Kunden entlohnt, das durch eine entsprechende Konditionspolitik verwertet werden kann. Diese Monopolstellung ist jedoch **zeitlich begrenzt**. Andere Banken beobachten die Hausbankbeziehung. Sie schließen aus der Existenz einer langwährenden Bankverbindung auf die Finanzierungswürdigkeit des Kunden und konkurrieren um die Geschäftsbeziehung.

1.1.4.2 Rating – eine private Information?

Wie bereits in den Abschnitten 1.1.1.2 und 1.1.3.3 dargelegt, zielen sowohl die Vorgaben des IRBA als auch die MaRisk darauf ab, das Entstehen impliziter Verträge zu erschweren, die Kreditentscheidung von personellen Bindungen zu befreien und Informationsvorsprünge im Marktbereich mitsamt ihren Moral-Hazard-Problemen abzubauen. Wenn konkurrierende Banken nicht mehr vorrangig die Dauer der ersten Geschäftsverbindung, sondern das in dieser Geschäftsverbindung erzielte Rating beobachten, wird auch das etwaige Informationsmonopol einer Hausbank entwertet. Die abwerbende Bank muß den Kunden zwar auch selbst raten, sie kann sich aber anhand des bereits existierenden Rating rasch eine Vorstellung über die Kreditwürdigkeit des Kunden machen. Hierzu muß das **Rating** dem Kreditnehmer jedoch **mitgeteilt** werden.

Hält eine Bank das Rating geheim, entzieht sie sich dem Wettbewerbsdruck. Kunden, die ihr Rating kennen, können Kreditangebote vergleichen und werden auf Zinsermäßigungen drängen, wenn sich ihr Rating verbessert. Die Bank schützt sich ferner vor den Folgen eines **mangelhaft ausgereiften Ratingsystems**. Unzureichende Rating-Kriterien und unsachgemäße Gewichtungen eröffnen dem Kunden Spielräume, das Rating-Ergebnis zu verbessern, ohne die operative und finanzielle Leistungsfähigkeit seines Betriebes nennenswert zu steigern.

Im Gegenzug stellt der Ratingprozeß mit seinen Informationsbedürfnissen die Kundenbeziehung bereits auf eine erhebliche Belastungsprobe. Wer Transparenz fordert, muß auch selbst transparent sein. Die Erörterung des Rating in einem Gespräch kann somit zur **Festigung der Beziehung zum Kunden** beitragen und seinen Bedarf nach mehrwertsteigernden **Cross-Selling-Leistungen** wecken. Überdies kann die Offenlegung stabilisierend wirken und die **Portfolioqualität** verbessern. Der Kreditnehmer erhält die Chance, auf das Rating durch substantielle Maßnahmen zu reagieren. Die Androhung höherer Zinsen für den Fall der Rating-Herabstufung könnte hierzu den nötigen Anstoß geben.

Gegenwärtig befürwortet die **Mehrheit** der **deutschen Kreditinstitute** die **Offenlegung** des Ratingergebnisses. Unterschiedliche Auffassungen gibt es über den Detaillierungsgrad der Auskünfte über das Verfahren, insbesondere über die angewendeten Ratingindikatoren und ihre Gewichtung. Die Hypothese, dass mit den Informationsmonopolen über die Kreditwürdigkeit der Kunden die Bedeutung des Hausbankprinzips abnimmt, scheint daher plausibel. Damit ist nicht ausgeschlossen, daß andere Faktoren, wie z. B. ein potentiell stärkerer Wettbewerb um gute Kreditkunden oder ein allgemein höherer Stellenwert verläßlicher Bankbeziehungen im Gefolge der Finanzkrise, diesen Effekt überkompensieren und das Hausbankprinzip weiter ausgebaut wird.

1.1.5 Rückkopplungseffekte zwischen Finanz- und Güterwirtschaft?

Jeder, der eine Banklehre absolviert, lernt in den ersten Berufsschulstunden, wie es zu einem **Run auf die Bankenschalter** kommen kann. Der **Mechanismus** hinter einem Run ist jedoch **universeller Natur** und betrifft auch nicht-finanzielle Betriebe.

> Die **gegenwärtige Zahlungsfähigkeit** jedes Unternehmens hängt davon ab, wie die **Kapitalgeber**, insbesondere Fremdkapitalgeber, die **zukünftige Zahlungsfähigkeit** des Unternehmens einschätzen. Eine **negative Einschätzung erfüllt sich** durch ihre Handlungskonsequenzen selbst, **ohne** dass es dafür einer **rationalen Begründung** bedarf.

Verliert also eine Bank das Vertrauen in die zukünftige Zahlungsfähigkeit eines Firmenkunden und stellt ihre Kredite fällig, so können sich hieraus ernsthafte Liquiditätsengpässe für den Firmenkunden ergeben. Diese Liquiditätsengpässe werden sich negativ auf das bankinterne Rating auswirken. Würde im Extrembeispiel eine Bank die Kreditkündigung stets per Münzwurf beschließen, so würde ein Backtesting des Rating das Kriterium „Ausgang des Münzwurfs“ als trennscharfen Indikator für das Ausfallereignis – und somit auch für die Bonität – identifizieren.

Ein Rating ist eine **Prognose** über die zukünftige Zahlungsfähigkeit eines Kreditnehmers und kann sich selbst validieren. Ein Kreditnehmer wird daher vorwegnehmen, wie sich die Konsequenzen seiner Entscheidungen im Rating-System der Bank abbilden. Im Extremfall wird er nicht das tun, was er selbst für betriebswirtschaftlich sinnvoll hält, sondern was seiner Einschätzung nach die Bank als für ihn betriebswirtschaftlich richtig annimmt – selbst dann, wenn es sich um **kontraproduktive Spielregeln** bzw. Rollenerwartungen handelt.

Die Gefahr der Verselbständigung von Rating-Kriterien ist nicht zu unterschätzen. In die Bilanzanalyse nichtfinanzieller Unternehmen haben sich bereits einige uns sehr vertraute Kennzahlen eingeschlichen, denen jede **betriebswirtschaftliche Fundierung fehlt**. Dies gilt z. B. für **horizontale Bilanzstrukturkennzahlen**. Ist ein Betrieb überwiegend langfristig finanziert, ist dies grundsätzlich unter Stabilitätsgesichtspunkten positiv zu werten. Ein Postulat der Fristenkongruenz hingegen mag für Bankbetriebe nachvollziehbar sein; seine unreflektierte Übertragung auf den Industriebetrieb ist jedoch nicht begründbar. Hier erwirtschaften die Aktiva – anders als im Bankbetrieb – grundsätzlich nur in ihrer Gesamtheit Erträge. Ebenso sind aus vergangenheitsbezogenen Abschlüssen abgeleitete **Liquiditätskennzahlen** sachlogisch ein ungeeigneter Maßstab für die zukünftige Zahlungsfähigkeit eines Betriebes. Liquiditätskennzahlen sind allenfalls deshalb trennscharf, weil Krisenunternehmen möglicherweise nicht mehr die Kraft aufbringen können, eine an sich nutzlose Verhaltenserwartung zu erfüllen. Banken tragen somit bei der Gestaltung ihrer Rating-Systeme nicht nur eine Verantwortung für ihr eigenes Risikomanagement, sondern auch für die Effizienz der gesamtwirtschaftlichen Kapitalallokation.

Übungsaufgaben

1. Bitte erläutern Sie kurz das Wesen einer Prinzipal-Agenten-Beziehung. Bitte skizzieren Sie einige zentrale Prinzipal-Agenten-Beziehungen im Kreditgeschäft der Banken und erläutern Sie, welche Konsequenzen Basel II und Basel III für diese Prinzipal-Agenten-Beziehungen haben werden.
2. Bitte erläutern Sie konstitutive Merkmale einer klassischen Hausbankbeziehung. Bitte diskutieren Sie, welche Auswirkungen Basel II auf die klassische Hausbankbeziehung haben könnte.

Lösungsskizze:

1. Vgl. Abschnitt 1.1.1.2
   Auftraggeber/Prinzipal, Gewinnmaximierung, Auftragnehmer/Agent, Maximierung des individuellen Nutzens, Ausnutzung von Informationsasymmetrien, hidden action/moral hazard. Auflösung setzt am Informationsgefälle oder am Zielkonflikt an. Prinzipal-Agenten-Beziehungen im Kreditgeschäft: 1. Agent Kunde, Prinzipal Kundenbetreuer, Ansatz Basel II: Rating-System (Minderung Informationsgefälle). 2. Agent Kundenbetreuer, Prinzipal Geschäftsleitung. Ansatz Basel II: Organisationsvorschriften, Funktionentrennung (Minderung Informationsgefälle). 3. Agent Geschäftsleitung, Prinzipal Aufsicht. Ansatz Basel II: Konvergenz aufsichtsrechtlichen und ökonomischen Kapitals (Nivellierung Zielkonflikt), aufsichtsrechtlicher Überprüfungsprozeß (Minderung Informationsgefälle). 4. Agent Geschäftsleitung, Prinzipal Share- und Stakeholder. Ansatz Basel II: Marktdisziplin (Minderung Informationsgefälle). 5. Agent Eigenkapitalgeber, Prinzipal Fremdkapitalgeber. Ansatz Basel III: Stärkung der Haftungsbasis (Nivellierung Zielkonflikt). 6. Agent Eigenkapitalgeber/Geschäftsleitung, Prinzipal: Solidargemeinschaft. Ansatz Basel III: Stärkung der Haftung der Eigenkapitalgeber, Eigenkapitalzuschläge für systemrelevante Banken (Nivellierung Zielkonflikt).

2. Vgl. Abschnitt 1.1.4.1
   Konstitutive Merkmale: Hausbank stellt großen Teil der Finanzierung, hat großen Einfluß auf das Unternehmen und unterstützt es im vertretbaren Rahmen in Krisen. Besonderes Vertrauensverhältnis, impliziter Vertrag als Symbiose, persönliche Bindung, hidden action gegenüber Geschäftsleitung. Vertrauen als Indiz für Informationsasymmetrien, Hausbankbeziehung als Wechselbarriere. Klassischer Verlauf: „Lock in“ des Neukunden z. B. durch kurzfristige Finanzierung als negatives Signal an Wettbewerber. Generierung privater Informationen über den Kunden, zeitlich begrenztes Informationsmonopol, andere Banken schließen aus der Dauer der Geschäftsverbindung auf Bonität. Basel II: Mindert Problem der impliziten Verträge. Ratings können langdauernde Beobachtung substituieren. Dazu Offenlegung erforderlich. Contra: Wettbewerbsdruck, strategische Anpassung. Pro: Festigung Kundenbeziehung, Cross-Selling-Potentiale, Stabilisierung Portfolio-Qualität. Offenlegung als akzeptierter Standard, somit Rückgang des Hausbankprinzips wahrscheinlich.

Literaturverzeichnis

Zitierte Literatur

Basel Committee on Banking Supervision (1999): Principles for the Management of Credit Risk. Basel: July 1999.

– (2000): Range of Practice in Banks' Internal Rating Systems. Basel: January 2000.

Fischer, Arne (2004): Qualitative Merkmale in bankinternen Rating-Systemen. Eine empirische Analyse zur Bonitätsbeurteilung von Firmenkunden. Bad Soden: Uhlenbruch.

Heldt-Sorgenfrei, Philipp (2009): Ratingqualität als Anreizproblem – Implizites Overriding qualitativer Ratingfaktoren und risikosensitive Vergütung. In: FB Finanzbetrieb 09.11.2009 Nr. 11, S. 657–660.

Weitere Literaturhinweise

Basel Committee on Banking Supervision (2014): Corporate governance principles for banks – consultative document. October 2014.

– (2014): Basel III Monitoring Report. September 2014.

– (2014): Review of the Pillar 3 disclosure requirements – consultative document. June 2014.

– (2014): Basel III: Strukturelle Liquiditätsquote. Konsultationspapier. Januar 2014.

– (2014): Basel III: Rahmenregelung für die Höchstverschuldungsquote und Offenlegungsanforderungen. Januar 2014.

– (2014): Regulatorische Rahmenregelungen: Abstimmung von Risikosensitivität, Einfachheit und Vergleichbarkeit. Diskussionspapier. Juli 2013.

– (2013): Global systemrelevante Banken: Aktualisierte Bewertungsmethodik und Anforderungen an die zusätzliche Verlustabsorptionsfähigkeit. Juli 2013.

– (2013): Basel III: Mindestliquiditätsquote und Instrumente zur Überwachung des Liquiditätsrisikos. Januar 2013.

– (2011): Basel III: Ein globaler Regulierungsrahmen für widerstandsfähigere Banken und Bankensysteme. Dezember 2010 (rev. Juni 2011).

– (2009): Enhancements to the Basel II framework. July 2009.

– (2004): Internationale Konvergenz der Kapitalmessung und Eigenkapitalanforderung – Überarbeitete Rahmenvereinbarung. Übersetzung der Deutschen Bundesbank, Juni 2004.

Botterweck, Birgit; Jaeger, Matthias; Steinbrecher, Ira (2014): Vergütungssysteme. Qualitätsmängel bei allen Instituten. In: BaFin Journal Feb. 2014, S. 8–9.

Bremus, Franziska; Lambert, Claudia (2014): Bankenunion und Bankenregulierung: Stabilität des Bankensektors in Europa. In: DIW Wochenbericht 26/2014, S. 614–626.

Bruhns, Peter/Simon, Nellie/Teille, Karl (2007): Basel II – ein Transformationsprojekt als Auslöser des kulturellen Wandels einer Bank. In: Zeitschrift für das gesamte Kreditwesen, Bd. 60, S. 1344–1345.

Bundesanstalt für Finanzdienstleistungsaufsicht (2013): Institutsvergütungsverordnung (InstitutsVergV) vom 16. Dezember 2013.

– (2012): Mindestanforderungen an das Risikomanagement (MaRisk). Rundschreiben 10/2012 (BA) vom 14.12.2012.

Deutsche Bundesbank (2013): – Die Umsetzung von Basel III in europäisches und nationales Recht. In: Monatsbericht Juni 2013, S. 57–73.

Europäische Union (2013): Richtlinie 2013/36/EU (CRD) über den Zugang zur Tätigkeit von Kreditinstituten und die Beaufsichtigung von Kreditinstituten und Wertpapierfirmen, zur Änderung der Richtlinie 2002/87/EG und zur Aufhebung der Richtlinien 2006/48/EG und 2006/49/EG, 26. Juni 2013.

– (2013):Verordnung (EU) Nr. 575/2013 (CRR) über Aufsichtsanforderungen an Kreditinstitute und Wertpapierfirmen und zur Änderung der Verordnung (EU) Nr. 648/2012. 26. Juni 2013.

– (2013): Verordnung (EU) Nr. 462/2013 vom 21. Mai 2013 zur Änderung der Verordnung (EG) Nr. 1060/2009 über Ratingagenturen.

– (2009); Verordnung (EG) Nr. 1060/2009 des Europäischen Parlaments und des Rates vom 16. September 2009 über Ratingagenturen.

Grunert, Jens/Norden, Lars/Weber, Martin (2005): The role of non-financial factors in internal credit ratings. In: Journal of Banking & Finance, Bd. 29, S. 509–531.

Hartmann-Wendels, Thomas; Pfingsten, Andreas; Weber, Martin (2015): Bankbetriebslehre. Berlin: Springer Gabler 2015.

Hauck, Matthias; Sommerhage, Timo; Wahabzada, Mayina (2014): Schattenbanken: Mit der Zeit sieht man im Dunkeln besser. In: Die Bank 1.2014, S. 8–13.

Heidorn, Thomas; Schmaltz, Christian/Schröter, Dirk (2011): Auswirkungen der neuen Basel-III-Kennzahlen auf die Liquiditätssteuerung: Liquidity Coverage Ratio. In: Zeitschrift für das Gesamte Kreditwesen 8/2011, S. 397–402.

– (2011): Auswirkungen der neuen Basel-III-Kennzahlen auf die Liquiditätssteuerung: Net Stable Funding Ratio. In: Zeitschrift für das Gesamte Kreditwesen 8/2011, S. I–VI.

Hennersdorf, Angela; Fehr, Mark; Wettach, Silke (2014): Auf wackligen Füßen. Bankenunion. In: Wirtschaftswoche Nr. 14, 31.03.2014, S. 28–32.

Hommel, Ulrich/Schneider, Hilmar (2004): Die Bedeutung der Hausbankbeziehung für die Finanzierung des Mittelstands – Empirische Ergebnisse und Implikationen. In: Finanz Betrieb, Bd. 6, S. 577–584.

Issing, Otmar/Krahnen, Jan Pieter (2010): Too big to fail? In: Zeitschrift für das Gesamte Kreditwesen 1/2010, S. 14–15.

Jäger, Manfred/Voigtländer, Michael (2008): Hintergründe und Lehren aus der Subprime-Krise. In: IW-Trends 3/2008, S. 17–19.

Kasprowicz, Thilo, Ott, Klaus; Quinten, Daniel (2014): Basel IV – Erste Konturen der nächsten Reform. In: Zeitschrift für das Gesamte Kreditwesen Nr. 13/2014, S. 644–648.

Kley, Christoph (2004): Ratingsysteme: Intransparente Unternehmen und ihre Anfälligkeit für Finanzierungsprobleme. In: Finanz Betrieb, Bd. 6, S. 515–525.

Kusnezow, Victor; Nguyen, Tristan; Posch, Peter (2014): Veränderung der Vergütungspolitik in der Finanzbranche – eine Studie am Beispiel der Deutschen Bank. In: Zeitschrift für das Gesamte Kreditwesen Nr. 3/2014, S. 22–26.

Meeh-Bunse, Günther; Hermeling, Anke; Schomaker, Stefan (2014): Externes Rating – (k)ein Auslaufmodell für Kreditinstitute? In: Die Bank 1.2014, S. 18–21.

Rudolph, Bernd (2010): Die Einführung regulatorischen Krisenkapitals in Form von Contingent Convertible Bonds (CoCos). In: Zeitschrift für das Gesamte Kreditwesen 21/2010, S. 1152–1155.

Tallau, Christian (2014): Bankenaufsicht und interne Modelle – quo vadis? In: Zeitschrift für das Gesamte Kreditwesen 13/2014, S. 680–662.

Thießen, Friedrich (2004): Rating im Kreditgeschäft und strategisches Kreditnehmerverhalten. In: Zeitschrift für das Gesamte Kreditwesen, Bd. 57, S. 572–575.

von Wysocki, Klaus (1962): Das Postulat der Fristenkongruenz als Spielregel. Stuttgart: Kohlhammer.

Zimpel, Ralf (2014): Geschäftsmodelle unter dem Einfluß von Basel III. In: Die Bank, 4.2014; S. 70–73.

Rolf Haves

1.2 Baseler Regulatorik: Basel I, II und III im Überblick

1.2.1 Einleitung

Als Reflex auf die Finanzkrise wurde der regulatorische Rahmen für die Finanzdienstleistungswirtschaft, insbesondere aber für die Kreditwirtschaft, umfassend überarbeitet. Um die Hintergründe dieser neuen „regulatorischen Welle" zu verstehen, muss man sich mit folgenden drei Fragen genauestens befassen:

- Wo kommen wir (regulatorisch) her (Basel I)?
- Was wurde bis dato schon verbessert (Basel II)?
- Wo stehen wir heute, was kommt auf uns zu (Basel III)?

Allen Regelungen ist gemein, dass sie sehr umfassend sind und daher hier nur auf die wesentlichen Aspekte eingegangen werden kann. Zu **Basel I**, das immerhin über 20 Jahre Geltung hatte, wird nur kurz eingegangen, letztlich um den Bogen zu schlagen zu Basel II. Das Gesetzgebungsverfahren zur Umsetzung von Basel III in Europa wurde erst im Jahre 2013 abgeschlossen bzw. befindet sich in seiner Auslegung durch die europäischen Bankenaufseher noch im permanenten Wandel. Hierzu wird nur ein grundsätzlicher Überblick gegeben.

Der erste Schwerpunkt dieses Beitrags beschäftigt sich mit **Basel II**. Seit Ende der 90er Jahre ist die deutsche Kreditwirtschaft mit den Vorbereitungen auf die bankaufsichtlichen Vorgaben der im Juni 2004 veröffentlichten Baseler Eigenkapitalvorschriften (kurz: Basel II) beschäftigt (Baseler Ausschuss für Bankenaufsicht (2004)). Anfänglicher Schwerpunkt war dabei die Einführung oder Verfeinerung von Ratingverfahren. Diese dienen neben bankinterner Risikosteuerung und Risikobepreisung vor allem als Grundlage zur Ermittlung der Eigenkapitalunterlegungen im Rahmen der ersten Säule von Basel II. Der zeitliche Vorlauf war insbesondere zur Erhebung und Auswertung umfangreicher Daten zu historischen Ausfallraten von Krediten erforderlich. Um jedoch die Komplexität der tatsächlichen bankinternen Entwicklungen, insbesondere der darin enthaltenen, vielfältigen Risiken adäquat abzubilden, genügt es nicht, historische Daten quantitativ auszuwerten. Vielmehr ist es erforderlich, Prozesse ganzheitlich, insbesondere bezüglich ihrer qualitativen Eigenschaften zu betrachten und ausreichende Kontroll- und Steuerungssysteme innerhalb der Kreditinstitute zu gewährleisten. Derartige Anforderungen werden insbesondere in der zweiten Säule von Basel II, dem so genannten Supervisory Review Process (SRP), aufgestellt. Im Zentrum der Umsetzung des SRP stehen auf nationaler Ebene die am 20. Dezember 2005 von der Bundesanstalt für Finanzdienstleistungsaufsicht (BaFin) veröffentlichten Mindestanforderungen an das Risikomanagement (MaRisk). Ergänzt werden die Vorgaben der Säulen I und II in einer dritten Säule durch Publizitätserfordernisse, um zusätzlich durch höhere Transparenz gegenüber den Marktteilnehmern letztlich ein besseres Risikomanagement innerhalb der Institute zu motivieren. Gleichzeitig wird dadurch eine unterstützende Selbstregulierung innerhalb der Kreditwirtschaft gesehen.

2009 veröffentlichte der Baseler Ausschuss seine ersten Konsultationsentwürfe zum neuen **Basel III**-Regelwerk. Nach intensiver Konsultation legte er Ende 2010 mit den Dokumenten „Basel III: A global regulatory framework for more resilient banks and banking systems" und „Basel III: International framework for liquidity risk measurement, standards and monitoring" den endgültigen Regelungstext vor.

Ziel dieses Beitrags ist es, ein grundlegendes Verständnis der gesamten Basel I, Basel II und Basel III-Thematik zu erhalten.

1.2.2 Von Basel I zu Basel II

1988 wurde am Sitz der Bank für Internationalen Zahlungsausgleich (BIZ) die Baseler Eigenkapitalvereinbarung, auch **Basel I** genannt, unterzeichnet. Das Abkommen wurde vom Baseler Ausschuss für Bankenaufsicht, dem 1974 gegründeten Gremium der G-10-Bankenaufsichtsbehörden, ausgearbeitet. Das erste Treffen des Gremiums erfolgte 1975. Als deutsche Mitglieder sind die BaFin und die Deutsche Bundesbank zu nennen.

Im Vordergrund von Basel I stand die Verbesserung der Stabilität des internationalen Finanzsystems durch möglichst internationale und global gültige Eigenkapitalvorschriften für Kreditinstitute. Als großer Erfolg ist zu werten, dass Basel I in über 100 Ländern in die nationale Bankengesetzgebung eingeflossen ist und somit zu einem weltweiten Standard geworden ist. Der Baseler Akkord von 1988 bildete sowohl die Grundlage für die 1989 verabschiedete EG-Solvabilitätsrichtlinie bzw. die EG-Eigenkapitalrichtlinie als auch für die nationale Umsetzung, u. a. im Grundsatz I.

Kernstück von Basel I war die wenig risikosensitive **Unterlegung von Kreditrisiken** mit Eigenkapital. Hierbei muss dass regulatorische Eigenkapital im Verhältnis zu den risikogewichteten Aktiva mindestens 8 Prozent betragen.

Bereits Mitte der 90er Jahre ist Basel I jedoch in die Kritik geraten, da die hierin abgebildeten Kreditrisiken einen modernen Bankbetrieb nicht mehr ausreichend repräsentierten und die Eigenkapitalunterlegung nicht hinreichend risikosensitiv war. Aufgrund der starken Ausweitung des Derivate- und Handelsgeschäfts der Banken wurden ergänzend Empfehlungen zur **Unterlegung auch der Marktpreisrisiken des Handelsbuches** veröffentlicht, die die EG als Kapitaladäquanzrichtlinie übernommen hat. Diese trat in den EG-Mitgliedsstaaten im Jahr 1998 in Kraft und wurde in Deutschland mit der 6. Novelle des Kreditwesengesetzes (KWG) und dem erweiterten Grundsatz I umgesetzt.

Weiterhin war unter Basel I, unabhängig von der Bonität des Kreditnehmers in einer Kreditnehmerklasse, ein gleicher Eigenkapitalanteil zu hinterlegen. So waren beispielsweise Kredite an Unternehmen, Freiberufler und Privatpersonen mit einem Anrechnungssatz (Risikogewicht) von 100 % mit Eigenkapital zu unterlegen. Für Kredite an Kreditinstitute galt ein Anrechnungssatz von 20 %, für Kredite an OECD-Staaten 0 %. Eine weitergehende Differenzierung – z. B. in Abhängigkeit der Bonität des Kreditnehmers – erfolgte nicht. Dies führte volkswirtschaftlich zu Verzerrungen und Schieflagen, da Kreditnehmer mit höheren Risiken nicht angemessen vom Risikostatus her mit Eigenkapital abgesichert waren.

Weitere **Kritikpunkte an Basel I** waren:

- Eingeschränkte Berücksichtigung von Sicherheiten und Garantien
- Fehlende Berücksichtigung von Laufzeiten und Portfolioeffekten
- Fehlende Berücksichtigung von neuen Techniken zur Kreditrisikominderung beispielsweise durch Kreditderivate.

Im Jahr 1999 legte der Baseler Ausschuss den ersten Entwurf einer **neuen Baseler Eigenkapitalübereinkunft** vor (1. Konsultationspapier, „A New Capital Adequacy Framework"). Die oben genannten Schwachpunkte sollten mit den neuen Regeln behoben werden. Bis zur Abnahme des endgültigen Rahmenwerkes im Juni 2004 erfolgte eine Vielzahl von Konsultationen zwischen der Aufsicht und der Kreditwirtschaft, um eine möglichst praxistaugliche und angemessene Regelungsbasis insbesondere in Hinblick auf Freiheitsgrade und Erleichterungen für kleinere Institute zu schaffen.

Zur monetären Auswirkungsschätzung wurden insgesamt fünf „Quantitative Impact Studies" (QIS) seitens der Aufsicht durchgeführt. Grundlagen zu den Konsultationen und Ergebnisse sind im Internet unter www.bis.org verfügbar. Als **Kernaussage der Aufsicht** steht – sowohl in Basel I als auch in Basel II – die im Mittel über alle Banken und Länder hinweg unveränderte Eigenkapitalunterlegung im Vordergrund. Durch die Kalibrierung der Verfahren ist eine spürbare Entlastung bei der Unterlegung mit Eigenkapital mit der Wahl höherwertiger Mess-Ansätze vorgesehen.

Letztlich sind am 1. Januar 2007 neue Eigenkapitalregelungen für Kreditinstitute in Deutschland in Kraft getreten. Mit der Änderung des KWG und der Groß- und Millionenkreditverordnung (GroMiKV) sowie dem **Erlass einer Solvabilitätsverordnung (SolvV)** im Dezember des Jahres 2006 wurden die Vorgaben der EG-Bankenrichtlinie (2006/48/EG) und der EG-Kapitaladäquanzrichtlinie (2006/49/EG) mittels CRD-Umsetzungsgesetz (CRD = Capital Requirements Directive) in nationales Recht umgesetzt (vgl. Abb. 1.2-1).

Die Baseler Säulen I und III wurden zum größten Teil in die SolvV aufgenommen, während die qualitativen Anforderungen der Säule II in Deutschland in den MaRisk umgesetzt wurden.

Die SolvV ersetzte den bisherigen Grundsatz I und konkretisierte die in § 10 KWG geforderte Angemessenheit der Eigenmittel der Institute. Obwohl sie zum 1. Januar 2007 in Kraft getreten ist, hatten die Kreditinstitute übergangsweise für maximal ein Jahr noch die Möglichkeit, den „alten" Grundsatz I anzuwenden.

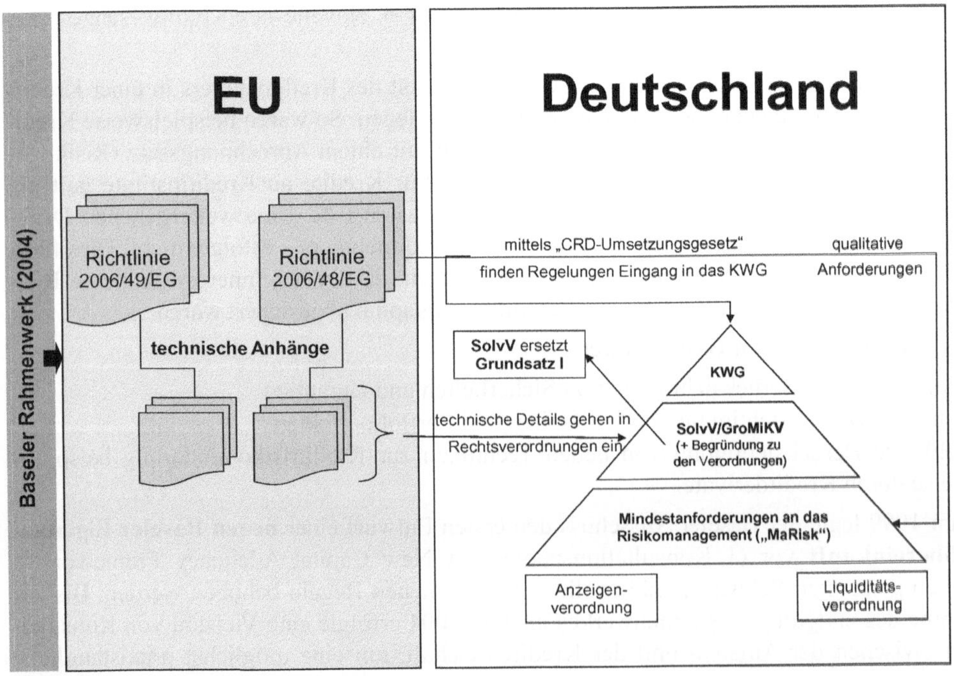

Abbildung 1.2-1: *Rechtliche Umsetzung von Basel II in Deutschland (Quelle: In Anlehnung an: DSGV).*

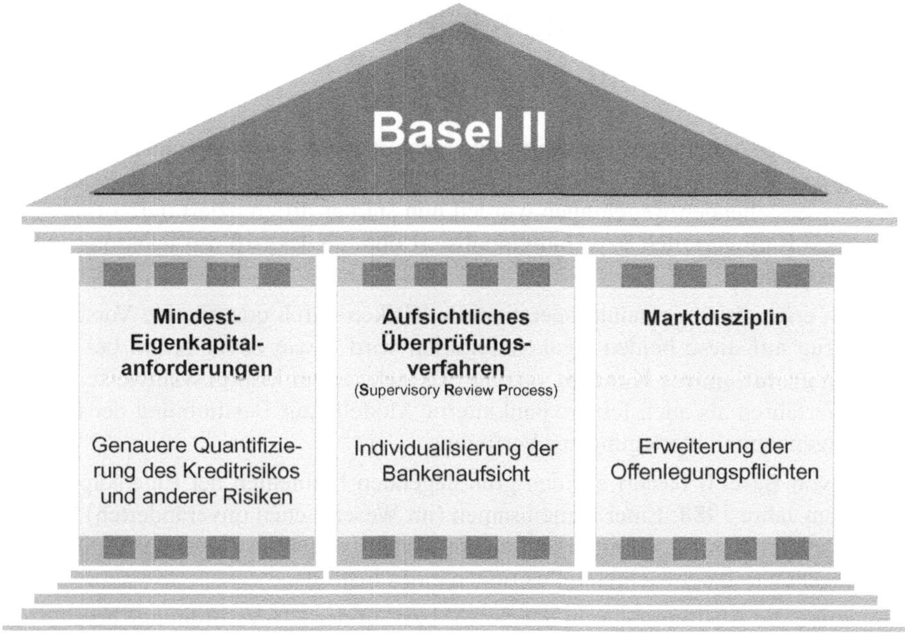

Abbildung 1.2-2: *Das „Drei-Säulen-Konzept" von Basel II (Quelle: Eigene Erstellung).*

Waren nach dem bisherigen Grundsatz I die aufsichtlichen Anforderungen vorwiegend auf quantitative Mindestkapitalstandards ausgerichtet, so wurden mit der Basel II-Umsetzung zwei zusätzliche Aspekte in den Fokus der Aufsicht gerückt: neben den modifizierten quantitativen Standards (Säule I) müssen Institute nunmehr auch die qualitativen Anforderungen des bankaufsichtlichen Überprüfungsprozesses (Säule II) und die erweiterten Offenlegungsstandards (Säule III) erfüllen (vgl. Abb. 1.2-2).

Wichtig dabei ist der **Zusammenhang der drei Säulen**, die nicht isoliert nebeneinander stehen sollen: Bestimmte, vor allem bankindividuelle Verfahren zur Ermittlung der notwendigen Eigenkapitalunterlegung (Säule I) darf ein Institut nur dann anwenden, wenn diese zuvor von der Aufsicht geprüft wurden (Säule II) und/oder das Institut die Finanzmärkte über die eingesetzten Systeme im Rahmen ihrer Publizität informiert hat (Säule III).

Mit der Umsetzung der „Basel III-Anforderungen" (ab 2013) sind die bisherigen nationalen Basel II-Umsetzungen im KWG, SolvV etc. zu großen Teilen wieder durch EU-Recht (z. B. Ausführungen in den entsprechenden Artikeln der EU-Richtlinie) ersetzt worden, so dass die folgenden Ausführungen – trotz ihres grundsätzlichen Bezuges zur SolvV – inhaltlich nahezu 1:1 ihre Gültigkeit behalten.

1.2.3 Basel II – Die erste Säule: Eigenkapitalanforderungen

Schon seit Jahrzehnten unterlagen Kreditinstitute quantitativen Eigenkapitalanforderungen im Hinblick auf das Adressenausfallrisiko bzw. seit 1998 auch für das Marktpreisänderungsrisiko. Die bisher bestehenden Regelungen wurden nun stärker differenziert durch Einbeziehung von externen Ratingurteilen bzw. individualisiert durch Rückgriff auf bankinterne Ratings der Kreditinstitute.

Zugleich wurden erstmals so genannte operationelle Risiken durch quantitative Vorschriften begrenzt. In Bezug auf diese beiden Risikokategorien wird – wie zuvor schon bei Marktpreisrisiken – ein **evolutionäres Konzept** verfolgt: Es stehen dem Institut wahlweise sowohl standardisierte Verfahren als auch feinere bankinterne Modelle zur Bestimmung der Risiken und damit der Eigenkapitalunterlegung zur Verfügung.

Die erste Säule von Basel II basiert auf den grundlegenden Elementen der Eigenkapitalvereinbarung aus dem Jahre 1988: Einer gemeinsamen (im Wesentlichen unveränderten) Definition der aufsichtsrechtlichen Eigenmittel und einem Mindestverhältnis (8 %) der Eigenmittel zu den eingegangenen risikogewichteten Positionen eines Instituts.

Basel II (respektive die Ausführungen in der SolvV bzw. in der EU-Verordnung) beschäftigt sich dementsprechend vor allem mit der genaueren Messung des Risikos. Der **Nenner der Gesamtkennziffer** zur Einhaltung der Eigenkapitalanforderungen besteht daher im Kern aus drei Teilen:

- Dem Gesamtanrechnungsbetrag für Adressrisiken,
- dem Anrechnungsbetrag für das operationelle Risiko und
- den Anrechnungsbeträgen für Marktpreisrisikopositionen.

Im Folgenden soll die grundsätzliche Systematik zur Bestimmung des Gesamtanrechnungsbetrages für Adressrisiken nach dem Kreditrisiko-Standardansatz (KSA) bzw. nach dem auf internen Ratings basierendem Ansatz (IRBA) näher erläutert werden. Kapitel 1.2.3.4 gibt dann weiteren Aufschluss über die Bestimmung des Anrechnungsbetrages für das operationelle Risiko.

1.2.3.1 Der Kreditrisiko-Standardansatz (KSA)

Zur Ermittlung der Eigenkapitalanforderungen für das Kreditrisiko im bisherigen Grundsatz I war nur ein sehr einfaches Standardverfahren vorgesehen: Je nach Art des Kreditnehmers wurde die Risikobestimmung auf Basis eines starren, von der Aufsicht vorgegebenen Bonitätsgewichtungsschemas durchgeführt. Individuelle Ausfallwahrscheinlichkeiten konnten dabei nicht herangezogen werden.

In der SolvV (respektive nach Einführung von Basel III in den Artikeln der EU-Verordnung, im Folgenden gleichzusetzen) wird dieses Verfahren durch zwei alternative Ansätze ersetzt: Institute können zum einen den **Kreditrisiko-Standardansatz (KSA)** anwenden, dessen Risikogewichte grundsätzlich an externe Bonitätseinschätzungen von Ratingagenturen anknüpfen. Zum anderen kann man zur Ermittlung der Risikogewichte erstmals einen risikosensitiveren Ansatz zur Bestimmung der Ausfallwahrscheinlichkeit einer Risikoposition wählen, den auf **internem Rating basierenden Ansatz (IRBA)**.

Der Gesamtanrechnungsbetrag für das Adressrisikopositionen ergibt sich aus der Ermittlung der risikogewichteten Positionswerte entweder nach dem KSA oder dem IRBA multipliziert mit dem Solvabilitätskoeffizienten von 8 % (vgl. Abb. 1.2-3).

Festzustellen ist, dass alle Adressrisikopositionen, die von einem IRB-Institut nicht gemäß den Regeln des IRBA berücksichtigt werden, KSA-Positionen bilden. Die Regelungen des KSA sind deshalb auch für zugelassene IRB-Institute im Sinne eines temporären oder dauerhaften Partial Use für bestimmte Portfolien von Relevanz. Die Bestimmung, dass 8 Prozent des risikogewichteten Positionswertes eines jeden Kredites mit Eigenkapital zu unterlegen sind, bleibt aber weiterhin bestehen.

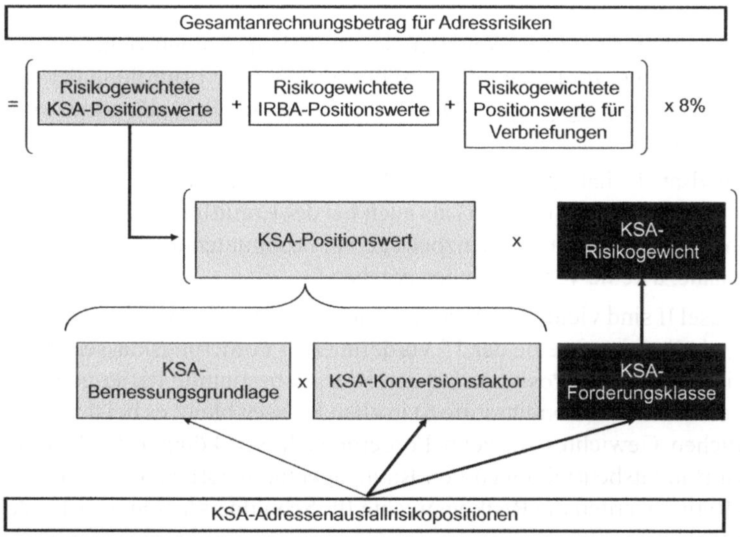

Abbildung 1.2-3: *Gesamtanrechnungsbetrag für Adressrisiken (Quelle: Eigene Erstellung).*

Tabelle 1.2-1: *Auf externen Ratings basierende KSA-Bonitätsgewichte (Quelle: Eigene Erstellung).*

Bonitätsstufen:	**1**	**2**	**3**	**4**	**5**	**6**
KSA-Forderungsklassen:	**zugeordnete KSA-Risikogewichte in %**					
Zentralregierungen	0	20	50	100	100	150
Regionalregierungen und örtliche Gebietskörperschaften	0/20	20/50	50/100	100	100	150
sonstige öffentliche Stellen	0/20	20/50	50/100	100	100	150
multilaterale Entwicklungsbanken	20	50	50	100	100	150
internationale Organisationen	kein externes Rating möglich					
Institute	20	50	50	100	100	150
Von Instituten emittierte gedeckte Schuldverschreibungen	10	20	50	50	50	100
Unternehmen	20	50	100	100	150	150
Mengengeschäft	kein externes Rating möglich					
durch Immobilien besicherte Positionen	kein externes Rating möglich					
Investmentanteile	20	50	100	100	150	150
Beteiligungen	kein externes Rating möglich					
Verbriefungen	20	50	100	350	1250	1250
sonstige Positionen	20	50	100	350	1250	1250
überfällige Positionen	kein externes Rating möglich					

Zu den KSA- oder IRBA-Positionen sind des Weiteren die ermittelten risikogewichteten Verbriefungspositionen hinzuzurechnen. Im Folgenden wird nur noch auf die Ermittlung der risikogewichteten KSA-Positionswerte eingegangen. Die Bestimmung der IRBA-Positionswerte wird in Kapitel 1.2.3.2 erläutert.

Im Vergleich zum Grundsatz I hat sich sowohl bei der Bestimmung der KSA-Bemessungsgrundlage (in der Regel der Buchwert) als auch bei der Ermittlung der Kreditkonversionsfaktoren insbesondere für Kreditäquivalenzbeträge bei bestimmten außerbilanziellen Adressenrisikopositionen nahezu keine Veränderungen ergeben.

Die **Neuerungen** gemäß Basel II sind vielmehr bei der Bestimmung des KSA-Risikogewichtes zu finden. Im KSA muss jede Position in eine der 15 vordefinierten Forderungsklassen eingeordnet werden. Je nach Risikogehalt der Position sind den Klassen bestimmte Risikogewichte zugeordnet. Für ungeratete Positionen (Bonitätsstufe 6) in allen Klassen bleibt es bei der festen Zuordnung eines einheitlichen Gewichtes. In zehn Forderungsklassen können die Institute alternativ auf die externen Bonitätsbeurteilungen von Ratingagenturen zurückgreifen. In Abhängigkeit vom externen Rating werden die Risikogewichte für Schuldnerklassen oder Forderungsarten verbindlich festgelegt.

Auf ausgewählte Aspekte zu einzelnen Forderungsklassen sei an dieser Stelle explizit hingewiesen:

- Zentralregierungen:
  Ungeratete Forderungen der Kreditinstitute an die Bundesrepublik Deutschland (BRD), rechtlich unselbständige Sondervermögen der BRD u. a. erhalten – wie unter Basel I auch – ein Bonitätsgewicht von 0 %. Risikogewichte von Drittstaaten dürfen nur dann übernommen werden, wenn diese Aufsichtsstandards anwenden, die den in den EG gültigen

gleichwertig sind. Liegt eine Bonitätsbeurteilung einer vom Institut benannten Ratingagentur vor, ermittelt sich das Risikogewicht durch die Zuordnung der Ratings auf bestimmte, aufsichtlich festgelegte Bonitätsstufen.

- Institute:
  Kurzfristige Forderungen an Kreditinstitute, die in Deutschland ihren Sitz haben, bekommen ein Risikogewicht von 20 %. Ungeratete Forderungen an Institute mit einer Restlaufzeit von drei Monaten oder weniger, die auf die jeweilige Landeswährung lauten und in dieser Währung refinanziert sind, erhalten ein Risikogewicht, das eine Stufe über dem für Forderungen an den Zentralstaat geltenden günstigeren Risikogewicht liegt. Von großem Interesse ist auch, dass unter bestimmten Voraussetzungen so genannte **Intragruppenforderungen**, d. h. gruppenangehörige Unternehmen einer Institutsgruppe bzw. Mitglieder desselben institutsbezogenen Sicherungssystems, von einer Eigenkapitalunterlegung ausgenommen werden können (Nullgewichtung).

- Unternehmen:
  Das niedrigste Risikogewicht für eine nicht geratete Forderung gegenüber einer Unternehmung ist 100 %. Jede Position, die keiner anderen Forderung eindeutig zugeordnet werden kann, wird ebenfalls dieser Klasse zugeschlagen. Liegt eine externe Ratingnote vor, so ermittelt sich das Risikogewicht durch Zuordnung des Ratings auf die aufsichtlich vorgegebenen Bonitätsstufen.

- Mengengeschäft:
  Dieser Forderungsklasse kommt eine besondere Bedeutung zu, da hierunter nicht nur das „klassische" Retail-/Mengengeschäft subsumiert wird. Der Klasse werden unverbriefte Positionen zugeordnet, die bestimmte Bedingungen zu erfüllen haben. Sie müssen von einer natürlichen Person, einer Gemeinschaft natürlicher Personen oder einem kleinen oder mittleren Unternehmen geschuldet sein. Zusätzlich müssen diese Positionen zu einem Forderungsportfolio mit ähnlichen Eigenschaften gehören, damit Diversifikationseffekte auftreten, die das Kreditausfallrisiko mindern und somit ein – im Vergleich zur Forderungsklasse Unternehmen – um 25 % vermindertes Risikogewicht von 75 % begründen lassen. Von großem Vorteil ist diese Regelung insbesondere für die mittelständische Wirtschaft, da unter Mengengeschäft im aufsichtsrechtlichen Sinne auch kleine und mittlere Unternehmen **bis zu einer Gesamtverschuldung von einer Million Euro** fallen können.

- Durch Immobilien besicherte Positionen:
  Wohnimmobilien als auch gewerbliche Immobilien werden im Allgemeinen eher als Sicherheiten angesehen. Von daher könnte man vermuten, dass sie bei der Eigenkapitalunterlegung eher als Kreditrisikominderungstechnik (vgl. Kapital 1.2.3.3) Berücksichtigung finden. Der Baseler Ausschuss hat diesen Finanzierungen aber eine eigene Klasse gewidmet. Für Wohnungsbaurealkredite – also innerhalb des 60 %-Anteils des Beleihungswertes – gilt ein ermäßigtes Risikogewicht von 35 % (im Grundsatz I noch 50 %). Positionen, die vollständig durch Grundpfandrechte an gewerbliche Immobilien im Inland abgesichert sind, erhalten ein Risikogewicht von unverändert 50 %. Ein externes Rating ist in dieser Forderungsklasse nicht vorgesehen.

- Verbriefungen:
  Zu beachten gilt hier, dass Verbriefungspositionen, für die kein externes Rating vorliegt, das Risikogewicht 1.250 % beträgt, was einem Eigenkapitalabzug gleich kommt. Liegt ein externes Rating vor, so bestimmt sich das Risikogewicht in Abhängigkeit von der Bonitätsbeurteilung, wobei lang- und kurzfristige Ratings unterschieden werden.
- Überfällige Positionen:
  Neu ist, dass Forderungspositionen, bei denen der zugrunde liegende Zahlungsanspruch an mehr als 90 aufeinander folgenden Tagen überfällig ist, ein Risikogewicht von 150 % erhalten. Unter bestimmten Bedingungen (z. B. bis zu einer Bagatellgrenze von 100 € oder bei Berücksichtigung von gebildeten Einzelwertberichtigungen) darf ein vermindertes Risikogewicht herangezogen werden.

Fazit

Da der KSA in weiten Teilen auf externen Ratings anerkannter Ratingagenturen basiert, ist eine notwendige Voraussetzung für die sinnvolle Anwendung des Ansatzes zunächst einmal die Existenz derartiger Ratings. Gegenüber dem US-amerikanischen Markt sind in Europa aber sogar größere Unternehmen nicht durchgängig geratet. Daher ist der KSA – national wie auch in Europa – nur bedingt geeignet, zumal kleine und mittelgroße Kreditinstitute, für die der KSA eine praktikable Vereinfachung darstellen könnte, Kredite auch primär nur an kleine und mittlere – und damit in der Regel nicht geratete – Unternehmen vergeben.

Das Standardverfahren des alten Grundsatz I hat zwar ausgedient; es wird aber in nur leicht modifizierter Weise durch den neuen KSA quasi weitergeführt. Aufgrund seiner eher geringen Komplexität wird der KSA eher für viele kleinere und mittlere Institute die bevorzugte Messmethode für Kreditrisiken sein. Nur eine geringe Anzahl von Instituten in Deutschland wird den risikosensitiveren IRBA anwenden, insbesondere große, international tätige Kreditinstitute.

1.2.3.2 Aufbau und Grundlagen des IRB-Ansatzes

Das erste Konsultationspapier des Baseler Ausschusses zur Überarbeitung der Baseler Eigenkapitalempfehlung sah zunächst vor, die Eigenkapitalunterlegung für das Kreditrisiko anhand der externen Ratings der Kreditnehmer zu bestimmen. Dagegen regte sich massiver Widerstand in der deutschen Kreditwirtschaft, die aufgrund der im Vergleich insbesondere zu den USA geringeren Verbreitung externer Ratings Wettbewerbsnachteile befürchtete. Daher wurde die ab dem zweiten Konsultationspapier vorgesehene Möglichkeit der Anwendung interner Ratingverfahren für Zwecke der Bemessung des Kreditrisikos und der bankaufsichtlichen Eigenkapitalanforderungen als entscheidende Neuerung und auch als der „größte deutsche Gewinn" bezeichnet.

Das zentrale Element des IRBA ist die **prognostizierte Ausfallwahrscheinlichkeit (Probability of Default oder kurz PD)** für einen Kreditnehmer als Ergebnis eines intern durchgeführten Ratings. Voraussetzung für die Anwendung des IRB und damit der bankinternen Ratingergebnisse für aufsichtsrechtliche Zwecke ist die ausdrückliche Genehmigung durch die Aufsicht nach eingehender Überprüfung. Das Kreditinstitut hat zahlreiche Mindestanforderungen an die Schätzung des Risikoparameters PD und an die gesamte Risikoschätzung zu erfüllen und permanent nachzuweisen.

Darüber hinaus bietet der IRBA die Möglichkeit, weitere Parameter institutsintern zu schätzen. Hierzu unterscheidet Basel II daher zwischen dem **Basis-IRBA** (interne Ermittlung nur der PD) und dem **Fortgeschrittenen IRBA**. Bei Letzterem schätzen die Institute neben der PD auch noch die Verlustquote bei Ausfall (Loss Given Default oder kurz LGD) und die Konversionsfaktoren (CCF) selbst. Die Voraussetzungen für die Anwendung dieser Variante sind vergleichsweise strikt, indem neben einer Vielzahl von speziellen Mindestanforderungen auch eine umfangreiche Datenhistorie vorgehalten werden muss.

Die Grundsystematik zur Bestimmung des Gesamtanrechnungsbetrages für Adressrisiken im IRBA entspricht vom Grundsatz her der Vorgehensweise der des KSA:

1. Ermittlung der Bemessungsgrundlage
2. Ermittlung eines ggf. notwendigen Konversionsfaktors (CCF)
3. Berechnung des IRBA-Positionswertes als Produkt aus Bemessungsgrundlage × CCF
4. Bestimmung des IRBA-Risikogewichtes auf Basis der Zuordnung zu einer IRBA-Forderungsklasse

Als **Bemessungsgrundlage** und **Positionswert** sind für bilanzielle Geschäfte grundsätzlich der Buchwert einer Adressenausfallposition zuzüglich der gebildeten Einzelwertberichtigung definiert (§§ 99 und 100 SolvV). Für außerbilanzielle Geschäfte ergibt sich der Positionswert aus der Gewichtung der Bemessungsgrundlage mit dem so genannten Konversionsfaktor, der im Basis-IRBA aufsichtlich vorgegeben ist. Im Fortgeschrittenen IRBA ist in Teilbereichen die eigene Schätzung des CCF möglich.

Im Gegensatz zum KSA gibt es im IRBA lediglich sieben **Forderungsklassen**:

- Zentralregierungen,
- Institute,
- Mengengeschäft (mit drei Unterklassen),
- Beteiligungen,
- Verbriefungen,
- Unternehmen und
- sonstige kreditunabhängige Aktva

Wie schon bei der Besprechung des KSA soll auch hier nur auf ausgewählte Aspekte zu einzelnen Forderungsklassen explizit hingewiesen sein.

Zum **Mengengeschäft** werden Forderungen an eine natürliche Person, eine Gemeinschaft natürlicher Personen und auch kleine und mittlere Unternehmen mit weniger als eine Million Euro Kreditvolumen (konsolidiert ohne Wohnimmobilien). Zusätzlich gilt zu beachten, dass das Positionen des Mengengeschäfts vom Institut in seiner Risikosteuerung im Zeitablauf konsistent und in ähnlicher Weise wie vergleichbare Positionen behandelt werden. Ferner müssen sie Teil einer erheblichen Anzahl ähnlich gesteuerter Risikopositionen sein. Unternehmenskredite, die diese Anforderungen nicht erfüllen werden der Forderungsklasse Unternehmen zugeordnet. Für Zwecke der Ermittlung des Risikogewichts werden noch drei weitere Unterklassen gebildet: Die qualifizierten revolvierenden Positionen (z. B. Kreditkartenforderungen), grundpfandrechtlich besicherte Positionen (Wohn- und Gewerbeimmobilien) und die sonstigen Positionen (Auffangklasse für das übrige Mengengeschäft).

Der Forderungsklasse **Unternehmen** sind neben den Forderungen an Unternehmen auch alle Positionen zuzuordnen, die keiner anderen Klasse zugeordnet werden können. Die Forderungen aus so genannten Spezialfinanzierungen (wie z. B. Projekt- und Objektfinanzierungen) fallen ebenfalls in diese Klasse.

Anders als bei den vorgenannten IRBA-Forderungsklassen basiert die Ableitung der Risikogewichte bei den **Verbriefungen** auch auf der Einschätzung externer Ratingagenturen.

Die Unterscheidung in unterschiedliche Forderungsklassen hat mehrere Gründe: Zum einen unterscheiden sich die Möglichkeiten der Parameterschätzung (vgl. Abb. 1.2-4), zum anderen unterscheiden sich die zu verwendende Risikogewichtsfunktion, bzw. die aufsichtsrechtlich vorgegebenen Korrelationen.

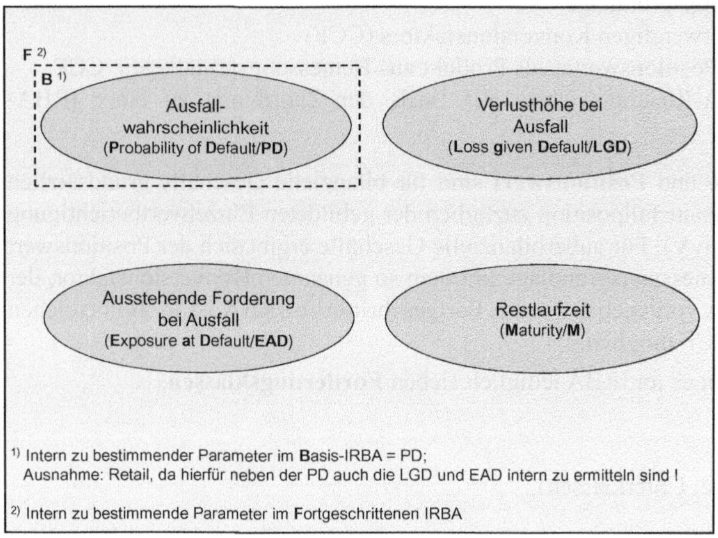

Abbildung 1.2-4: *Risikoparameter im IRBA (Quelle: Eigene Erstellung).*

Vier Risikoparameter zur Befüllung der Gewichtungsfunktionen

Grundsätzlich ist für jede Position – nach Zuordnung zu einer der Forderungsklassen – der „risikogewichtete IRBA-Positionswert" als das Produkt aus ihrem Positionswert und ihrem ratingabhängigen Bonitätsgewichtungsfaktor (Risikogewicht) zu ermitteln. Bei der Berechnung des Risikogewichts sind grundsätzlich vier Risikoparameter zu berücksichtigen (vgl. Abb. 1.2-4).

Die **Ausfallwahrscheinlichkeit** der Ratingkategorie des Kreditnehmers (**PD**) schätzt die Wahrscheinlichkeit, dass ein Kreditnehmer aus einer bankintern spezifizierten Ratungklasse in einem Zeitraum von einem Jahr ausfällt.

Die **Verlustquote bei Ausfall (LGD)** der Transaktion in % ist die Schätzung des durchschnittlichen Verlustes pro Einheit eines spezifischen Geschäftes bei Ausfall des Schuldners. Mit verschiedenen Positionen gegenüber einem Kontrahenten können demnach auch verschiedene LGD-Werte einhergehen. Im Basis-IRBA gibt die Aufsicht – mit Ausnahme des Mengengeschäfts – LGD-Werte vor (45 % für unbesicherte und 75 % für nachrangige Forderungen).

Der **Forderungsbetrag** bzw. die Inanspruchnahme bei Ausfall (Exposure at Default oder kurz **EAD**) entspricht dem vorne beschriebenen IRBA-Positionswert (Multiplikation der Bemessungsgrundlage mit dem so genannten Konversionsfaktor).

Die Rest-**Laufzeit** der Forderung (Maturity oder kurz **M**) ist im aufsichtlichen Formelwerk des Basis-IRBA zur Bestimmung des Risikogewichts integriert. Je länger die Restlaufzeit, desto höher ist c. p. das Kreditausfallrisiko.

Eigenkapitalunterlegungsnorm

Auf Basis der intern bestimmten bzw. der aufsichtlich vorgegebenen Parameter kann die Eigenkapitalerfordernis je Schuldner und Klasse mit Hilfe der ebenfalls aufsichtlich vorgegebenen Risikogewichtungsfunktionen berechnet werden. Dabei wird zwar in den IRBA-Forderungsklassen grundsätzlich auf die ausfallwahrscheinlichkeitsbasierten Risikogewichte abgestellt. Allerdings gibt es dazu eine Reihe von Ausnahmen und Besonderheiten. Beispielhaft sei an dieser Stelle auf die Spezialfinanzierungen und die Behandlung von Beteiligungen hingewiesen.

Verfügt ein Institut für den Bereich **Spezialfinanzierungen** über kein geeignetes und anerkanntes Schätzverfahren zur Bestimmung der PD, so darf es die Spezialfinanzierung einer von fünf aufsichtlich vorgegebenen Ratingklassen in Abhängigkeit von der Restlaufzeit zuordnen („Risk-weight slotting" oder auch Elementaransatz genannt). Die Risikogewichte sind dann wiederum aufsichtlich vorgegeben.

Für **Beteiligungen** existieren theoretisch drei verschiedene Verfahren zur Ableitung der Risikogewichte:

- PD/LGD-Ansatz
- Mittels interner Marktrisikomodelle
- Über die einfache Risikogewichtungsmethode.

Für die Zwecke der einfachen Risikogewichtungsmethode sind die Beteiligungen in drei Kategorien einzuordnen, welche dann wiederum ein festes Risikogewicht erhalten:

- 190 % für nicht an einer Börse gehandelte Beteiligungen (bei hinreichend diversifiziertem Beteiligungsportfolio),
- 290 % für börsengehandelte Beteiligungen,
- 370 % für sonstige Beteiligungspositionen.

Im Vergleich zum KSA, wo für Beteiligungen einheitlich das Risikogewicht von 100 % herangezogen wird, kommt es hier zu einer ggf. drastischen Erhöhung der Eigenkapitalunterlegungspflicht. Allerdings wurde den Instituten ein Übergangszeitraum bis zum 31.12.2017 eingeräumt, in dem die zum 1.1.2007 bestehenden Beteiligungspositionen (bei unterstellter unveränderter Beteiligungsquote) einen Bestandsschutz genießen und weiterhin mit 100 % gewichtet werden dürfen.

Fazit

Die Aufsicht ist ihrem Ziel, eine zeitgemäße Erfassung und Unterlegung von Kreditrisiken einzuführen, mit den stärker differenzierten Bonitätsgewichtungsfaktoren des IRBA ein gutes Stück näher gekommen. Aufgrund der Komplexität der Bankenlandschaft – national wie international – und der heute existenten Geschäftsvielfalt bestehen an vielen Stellen Sonderregelungen, welche insbesondere die praktische Umsetzbarkeit erschweren, aber auch die Verhältnismäßigkeit zwischen einzelnen Positionen verzerren.

1.2.3.3 Kreditrisikominderungstechniken

Die in den vorherigen Kapiteln beschriebene Eigenkapitalunterlegungserfordernis (gemäß KSA und IRBA) kann mit Hilfe von so genannten **Kreditrisikominderungstechniken (KRMT)** noch vermindert werden. Anzumerken ist dabei, dass sich im Vergleich zum alten Grundsatz I der Kreis der anrechenbaren Sicherheiten mit Inkrafttreten der SolvV erweitert hat. Einen Überblick über die grundsätzlich berücksichtigungsfähigen Sicherheiten sowohl im KSA als auch im Basis-IRBA gibt die Abb. 1.2-5.

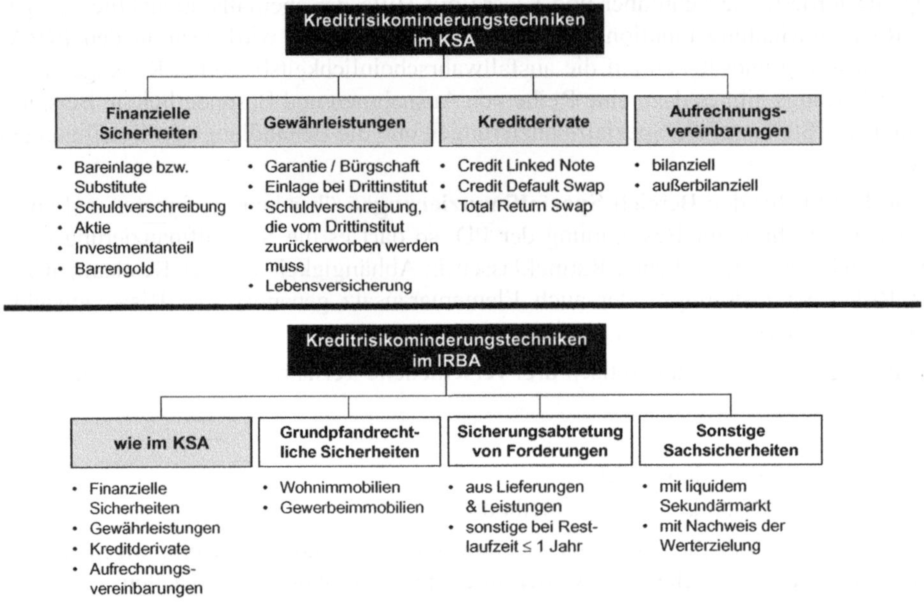

Abbildung 1.2-5: *Berücksichtigungsfähige Sicherheiten (Quelle: Eigene Erstellung).*

Die Abbildung verdeutlicht zugleich, dass einige Sicherungselemente nur im Basis-IRBA und nicht im KSA berücksichtigt werden dürfen. Dagegen gibt es im Fortgeschrittenen IRBA, in dem Institute die LGD selbst schätzen, grundsätzlich keine Beschränkungen bezüglich der Sicherheiten.

Die Nutzung von KRMT ist prinzipiell ein **Wahlrecht** von Basel II. Sowohl die Anrechnung von KRMT insgesamt als auch die Auswahl der einzelnen Sicherungsinstrumente ist den Instituten freigestellt. Sofern diese Techniken jedoch zur Entlastung der aufsichtlichen Eigenkapitalunterlegung beitragen sollen, sind neben den quantitativen Anrechnungsbestimmungen auch zahlreiche operationelle und prozessuale Anforderungen zu erfüllen, die hier nicht näher beschrieben werden. Der Einsatz von KRMT ist daher hinsichtlich seiner aufsichtsrechtlichen Auswirkungen einer Kosten-Nutzen-Analyse zu unterziehen. In diesem Zusammenhang sollten auch die betriebswirtschaftlichen Aspekte im Hinblick auf eine tatsächliche Minderung der Kreditrisiken für das Institut mit einbezogen werden. Der Umfang der Nutzung von KRMT ist damit Ergebnis einer institutsspezifischen Optimierungsbetrachtung.

Es sei noch darauf hingewiesen, dass Forderungen, die durch Wohn- oder Gewerbeimmobilien abgesichert sind, im KSA einer separaten Forderungsklasse mit reduzierten Risikogewichten („durch Immobilien besicherte Positionen") zugeordnet werden. Um Kredite dieser Forderungsklasse zuordnen zu dürfen, sind auch hier die entsprechenden Anerkennungsvoraussetzungen und Mindestanforderungen zu erfüllen.

Wendet ein Institut die Regelungen des IRBA an, so hat es die implementierten KRMT zur Zulassung durch die Aufsicht mit anzumelden.

Neu ist zudem, dass Sicherheiten und Garantien auch dann risikomindernd berücksichtigt werden dürfen, wenn Laufzeit- und/oder Währungsinkongruenzen zwischen Sicherheit und dem zugrunde liegenden Kredit bestehen.

Hinsichtlich der **Bestimmung des Wertansatzes von Sicherheiten** zwecks KRMT muss in zwei Dimensionen unterschieden werden. Zum einen hängt diese vom gewählten Ansatz zur Berechnung der Eigenmittelanforderungen (KSA vs IRBA) und zum anderen von der Sicherheitenart ab. In Abhängigkeit von dieser Kombination ergibt sich ein Sicherheitenwert, der anschließend für finanzielle Sicherheiten und Gewährleistungen nochmals bei Existenz von Inkongruenzen zur zu besichernden Adressrisikoposition anzupassen ist.

Im **KSA** stehen den Instituten bei der Anrechnung von finanziellen Sicherheiten zwei Ansätze zur Verfügung. Im **einfachen Ansatz** wird für den besicherten Teil des Kredits das Risikogewicht des Kreditnehmers durch das der jeweiligen Sicherheit ersetzt. Im **umfassenden Ansatz**, der im IRBA zwingend vorgeschrieben ist, wird der Forderungsbetrag um den angepassten Wert einer Sicherheit reduziert. Mögliche Wertänderungen von Forderung und Sicherheit im Zeitablauf werden dabei durch die Anwendung von Zu- und Abschlägen (so genannten „Haircuts") berücksichtigt. Diese Haircuts hängen unter anderem von der Art der Sicherheit, der angenommenen Haltedauer der zu Grunde liegenden Transaktion und der Neubewertungsfrequenz ab. Institute können aufsichtlich vorgegebene Haircuts verwenden. Es besteht aber auch die Möglichkeit, interne Schätzungen der Haircuts – bei Einhaltung bestimmter qualitativer und quantitativer Anforderungen – vorzunehmen.

Im **IRBA** wirken die Sicherheiten auf das Risikogewicht der besicherten Position. Aufgrund der Ableitung des Risikogewichts aus der intern prognostizierten PD und der aufsichtlich vorgegebenen LGD im Basis-IRBA ist die Verrechnung der Sicherheiten etwas komplexer als im KSA. Bei Garantien, Bürgschaften und Kreditderivaten kann man vereinfacht sagen, dass die Eigenmittelanforderung mit der PD des Bürgen und den für die Forderungsklasse des Bürgen definierte Risikogewichtungsfunktion berechnet wird. Alle anderen Sicherheitenarten wirken auf die LGD und reduzieren die aufsichtlich vorgegebene LGD (45 % für vorrangige und 75 % für nachrangige Forderungen). Der Vollständigkeit halber sei nochmals darauf hingewiesen, dass im Fortgeschrittenen IRBA der Effekt der Sicherheiten im Rahmen der eigenen Schätzung der Verlustparameter zu berücksichtigen ist.

Fazit

Letztlich war im Zuge der Umsetzung von Basel II von den Instituten nicht nur eine Entscheidung darüber gefordert, welche Sicherheitenarten künftig aufsichtlich in welchem Umfang angerechnet werden sollte. Auch die Prozesse und vor allem die Dokumentationen waren unter Berücksichtigung betriebswirtschaftlicher und aufsichtlicher Erfordernisse zu überprüfen und ggf. anzupassen.

1.2.3.4 Operationelle Risiken

Operationelle Risiken sind so alt wie das Kreditgewerbe selbst. Dennoch hat sich ein Bewusstsein für operationelle Risiken erst in den 90er Jahren des vergangenen Jahrhunderts gebildet. Mit Einführung der SolvV wird **erstmals** für das operationelle Risiken **separat** eine Eigenkapitalunterlegung gefordert, die bislang im alten Grundsatz I noch pauschal in den für Kreditrisiken geforderten 8 % abgedeckt wurde. Zur Messung stehen den Instituten grundsätzlich eine Bandbreite von unterschiedlichen Ansätzen zur Verfügung:

- Der Basisindikatoransatz,
- die Standardansätze sowie
- die fortgeschrittenen Ansätze.

Die nachfolgend beschriebenen, in ihrer Komplexität und Risikosensitivität sehr unterschiedlichen Methoden, stellen somit die Grundlage zur Berechnung der Kapitalanforderungen für operationelle Risiken dar. Die Banken werden – in Abhängigkeit von ihren Geschäften und den damit verbundenen Risiken – aufgefordert, sich entlang dieses Spektrums von einfacheren hin zu komplexeren und risikosensitiveren Ansätzen (bei gleichzeitig sinkender Eigenkapitalbelastung) zu bewegen und ihre Modelle zur Messung und Steuerung von operationellen Risiken weiterzuentwickeln. Insofern sind die verschiedenen Ansätze evolutionär konzipiert.

Basisindikatoransatz (BIA)

Der Basisindikatoransatz (BIA) stellt die einfachste Form zur Berechnung des aufsichtlich erforderlichen Eigenkapitals für das operationelle Risiko einer Bank dar. Dieser Ansatz ist vor allem für jene Banken vorgesehen, für die aufgrund ihrer Größe und Komplexität ihrer Geschäfte die Entwicklung bzw. Implementierung von sophistizierteren Ansätzen nur mit einem nicht zu rechtfertigenden Aufwand verbunden wäre.

Beim BIA beträgt die Eigenkapitalanforderung für das operationelle Risiko (aufsichtlich festgesetzt) 15 % (= **Alpha**) des relevanten Indikators. Maßgeblicher Indikator ist der Dreijahresdurchschnitt der Summe aus Nettozinserträgen und zinsunabhängigen Nettoerträgen, der so genannte **Bruttoertrag**. Der Dreijahresdurchschnitt wird auf der Grundlage der letzten drei Zwölfmonats-Beobachtungen, die jeweils am Ende des Geschäftsjahres erfolgen, errechnet. Solange keine geprüften Zahlen vorliegen, können Schätzungen verwendet werden. Ist der Bruttoertrag in einem der drei Beobachtungszeiträume negativ oder gleich Null, so wird dieser Wert nicht in die Berechnung des Dreijahresdurchschnitts einbezogen. Der maßgebliche Indikator ist die Summe der positiven Werte geteilt durch die Anzahl der positiven Werte.

Festzustellen ist, dass der BIA nur sehr bedingt zur Messung und Steuerung von operationellen Risiken geeignet ist. Das operationelle Risiko wird hierbei im Sinne der Risikoabsicherung pauschal geschätzt. Ein adäquates Risikomanagement im Sinne einer angemessenen Risikosteuerung findet kaum Berücksichtigung, da sich die Eigenkapitalanforderung nicht an den tatsächlichen operationellen Risiken orientiert, sondern sich nach der Höhe der Nettozinserträge und zinsunabhängigen Nettoerträge richtet. Unterstellt wird, dass sich höhere Erträge im Regelfall nur unter Inkaufnahme höherer (operationeller) Risiken erwirtschaften lassen. Ein Zurückführen ausschließlich auf operationelle Risiken erscheint jedoch nur eingeschränkt zulässig, eine Verbesserung der Ertragslage kann auch aus einem qualitativ verbesserten Risikomanagement resultieren. Insgesamt betrachtet bietet die Anwendung des

Basisindikatoransatzes durch die grobe Risikomessung kaum Anreize zur genaueren Auseinandersetzung mit den operationellen Risiken der Bank oder zur Verbesserung des Risikomanagements.

Standardansätze (STA und ASA)

Beim **Standardansatz (STA)** wird das potenzielle Risiko auf der Grundlage des dem betreffenden Geschäftsfeld zugeordneten relevanten Indikators mit einem dem Geschäftsfeld zugeordneten Prozentsatzes **Beta** abgeschätzt. Acht standardisierte Geschäftsfelder sind seitens der Aufsicht vorgegeben. Voraussetzung zur Anwendung des STA ist ein Mapping der Geschäftsfelder der Bank auf die bankaufsichtlich vorgegebenen acht Geschäftsfelder. Als Indikator für das operationelle Risiko in den einzelnen Geschäftsfeldern wird – wie beim BIA – der Dreijahresdurchschnitt des jeweils erwirtschafteten Bruttoertrages herangezogen. Die Eigenkapitalunterlegung für die einzelnen Geschäftsfelder ergibt sich wiederum durch die Multiplikation des Bruttoertrages mit einem für dieses Geschäftsfeld festgelegten Beta-Faktors von 12, 15 oder 18 %. Die Gesamteigenkapitalanforderung für das operationelle Risiko ergibt sich dann als Summe der Kapitalanforderungen für die acht Geschäftsfelder.

Auf Grund des bislang fehlenden Nachweises für einen signifikanten Zusammenhang zwischen Bruttoertrag und der Höhe des operationellen Risikos in bestimmten Geschäftfeldern kann nicht der Schluss gezogen werden, dass durch den verwendeten Indikator Bruttoertrag das den Geschäftsfeldern inhärente operationelle Risiko adäquat abgebildet wird. Der STA bietet insofern auch keine genaue Messung der operationellen Risiken, insbesondere weil keine institutsspezifischen Verlustdaten zu Grunde gelegt wurden.

Eine Sonderform des Standardansatzes stellt der **Alternative Standardansatz (ASA)** dar. Für die Anwendung durch ein Institut ist die Einhaltung bestimmter Voraussetzungen und eine Bewilligung durch die Aufsicht erforderlich. Die Berechnung der Eigenkapitalerfordernisse erfolgt im Gegensatz zum herkömmlichen STA wie folgt: Für die Geschäftsfelder Privatkunden- und Firmenkundengeschäft kann die Aufsicht einem Institut gestatten, einen alternativen Indikator zu verwenden. Bei dem für diese Geschäftsfelder maßgeblichen alternativen Indikator handelt es sich um einen normierten Volumensindikator, der dem 0,035-fachen Dreijahresdurchschnitt des jährlichen nominalen Bruttokreditvolumens entspricht.

Eine Kombination des BIA und des STA ist auf Antrag übergangsweise möglich. Von den international tätigen Banken erwartet die Aufsicht, dass sie mindestens den STA anwenden und – auf Grund der Schwachstellen der Methoden – möglichst schnell einen Übergang zu den fortgeschrittenen Methoden.

Fortgeschrittene Methoden

Die fortgeschrittenen Messansätze (Advanced Measurement Approaches, kurz **AMA**) sind im Wege der Einzelgenehmigung durch die Aufsicht anerkennungsfähig, sofern umfangreiche qualitative und insbesondere quantitative aufsichtliche Mindestanforderungen erfüllt werden. Obwohl in der SolvV keine konkreten Messansätze genannt wurden, können die AMA-Verfahren mindestens in **drei Kategorien** unterteilt werden.: Interner Bemessungsansatz, Verlustverteilungsansatz und Scorecard-Verfahren.

Beim **Internen Bemessungsansatz** wird auf Basis der institutsindividuellen Erfahrungen (ggf. ergänzt durch externe Daten) nicht nur nach Geschäftsbereichen, sondern auch nach der Art des operationellen Verlustes (z. B. Abschreibungen, Rechtskosten) unterschieden und dann die Höhe des erwarteten operationellen Verlustes geschätzt. Diese werden dann mit geeigneten Faktoren multipliziert und in eine Eigenkapitalanforderung derart skaliert, dass die Kapitalanforderung zur Abdeckung eines bestimmten Gesamtverlustes ausreicht. Die Gesamteigenkapitalanforderung ergibt sich als Summe der erwarteten und unerwarteten Verluste über alle Geschäftsfeld/Verlusttyp-Kombinationen.

Beim so genannten **Verlustverteilungsansatz** schätzt ein Institut auf Basis historischer Verlustdaten eine Verlustverteilungsfunktion für jedes Geschäftsfeld oder für jede Verlusttypkombination. Der unerwartete Verlust wird dabei direkt geschätzt und nicht aus einer unterstellten Relation zum erwarteten Verlust abgeleitet. Die Gesamtkapitalanforderung ergibt sich als Summe der Verluste aller Geschäftsfelder oder Verlusttypkombinationen.

Beim so genannten **Scorecard-Ansatz** wird eine Erstausstattung an Eigenkapital für operationelle Risiken auf übergeordneter Institutsebene oder auf Ebene einzelner Geschäftsfeld/Verlusttyp-Kombinationen festgelegt. Veränderungen des Risikoprofils und der Kontrollumgebung werden dann mit Hilfe der Scorecards, die Checklisten oder Fragebögen enthalten, erfasst. Die Anpassung der Eigenkapitalanforderung erfolgt auf der Grundlage der Auswertung der Scorecards.

Da fortgeschrittene Messansätze die individuellen Erfahrungen der Banken mit operationellen Risiken und die Ursachen dieser Risiken besser berücksichtigen, sind sie im Vergleich zu den einfacheren Ansätzen als grundsätzlich risikosensitiver bzw. risikoadäquater einzustufen. Die Institute werden durch den Einsatz dieser Verfahren im Rahmen von laufenden Analysen und Auswertungen zu einer aktiven Auseinandersetzung mit ihren operationellen Risiken veranlasst, somit können sich fortgeschrittene Verfahren sehr gut für die Risikosteuerung sowie das Risikomanagement eignen.

Fazit

Die analytischen Verfahren zur Quantifizierung operationeller Risiken befinden sich immer noch in einem frühen Entwicklungsstadium. Der Aufbau umfassender Verlustdatenbanken steht dabei im Vordergrund, um den Zusammenhang zwischen den operationellen Risiken und der Wahrscheinlichkeit und dem Umfang der daraus resultierenden Verluste abzubilden.

Die meisten kleineren und mittleren Institute in Deutschland werden insbesondere für aufsichtliche Zwecke den Basisindikatoransatz wählen. Die fortgeschrittenen Ansätze sind aufgrund der umfangreichen qualitativen und quantitativen Anforderungen eher von großen Instituten zu bewältigen.

1.2.4 Basel II – Der aufsichtsrechtliche Überprüfungsprozess (SRP)

Der aufsichtsrechtliche Überprüfungsprozess, der so genannte Supervisory Review Process (SRP), stellt eine wesentliche Neuerung bei der Überarbeitung der Baseler Eigenkapitalvereinbarung von 1988 dar. Im Rahmen der **zweiten Säule**, die als integraler Bestandteil des neuen Kapitalakkords gleichberechtigt neben den Mindestkapitalanforderungen und der Förderung der Markttransparenz steht, wird die Notwendigkeit einer qualitativen Bankenaufsicht besonders betont.

Die Aufsicht soll sicherstellen, dass Institute über eigene Verfahren zur Messung und Steuerung aller für sie relevanten Risiken verfügen und die aus Sicht des Instituts angemessene Kapitalausstattung ermitteln (Internal Capital Adequacy Assessment Process, kurz **ICAAP**). Die Aufsicht soll diese Verfahren regelmäßig überprüfen und frühzeitig eingreifen, wenn sie Schwächen feststellt (Supervisory Review and Evaluation Process, kurz **SREP**).

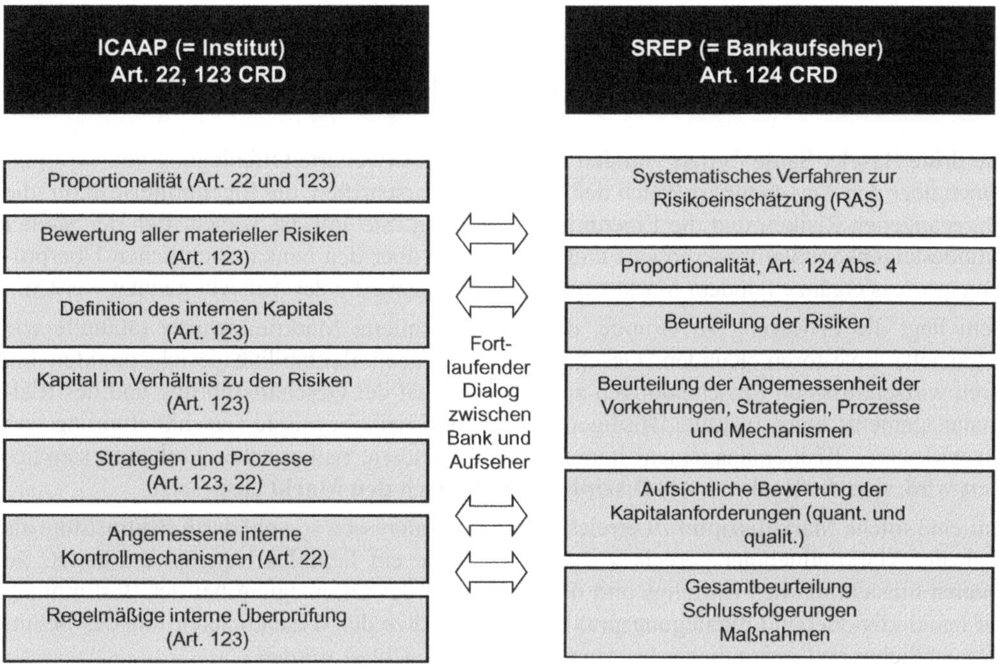

Abbildung 1.2-6: *Übersicht ICAAP/SREP gem.CRD I (Capital Requirements Directive) (Quelle: Eigene Erstellung).*

Das aufsichtliche Überprüfungsverfahren soll den Dialog zwischen Banken und Aufsehern fördern, da die institutseigenen Verfahren viel stärker als bisher zum Maßstab der aufsichtlichen Beurteilung werden. Letztlich bewertet die Aufsicht die Fähigkeit der Institute, ihre eingegangenen Risiken zu identifizieren, zu messen, zu steuern und zu überwachen. Die Aufsicht soll damit in die Lage versetzt werden, auf der Grundlage einer Gesamtbankbeurteilung Maßnahmen zu ergreifen, die – soweit nötig – über die Mindestkapitalanforderungen hinausgehen. Die Auswahl der jeweiligen Maßnahme, zum Beispiel verstärkte Überwachung der Institute oder Forderung einer höheren Eigenkapitalunterlegung, wird hierbei ins Ermessen der Aufsichtsinstanz gestellt, Letzteres allerdings eher als ultimo ratio.

Im Kontext der Vielfalt des deutschen Bankensystems ist der **Grundsatz der doppelten Proportionalität** der zweiten Säule von besonderer Bedeutung: Sowohl das Risikomanagement und die Bemessung des internen Kapitals auf der einen Seite als auch die Intensität und Häufigkeit der aufsichtlichen Überprüfung auf der anderen Seite müssen sich an der Größe, Komplexität und dem Risikogehalt des einzelnen Instituts und dessen Bedeutung für die Systemstabilität orientieren. Für die Intensität und Häufigkeit der aufsichtlichen Überprüfung wird zudem die Systemrelevanz als Kriterium vorgegeben.

Fazit

Die zweite Baseler Säule wird national im Wesentlichen durch die am 20. Dezember 2005 veröffentlichten Mindestanforderungen an das Risikomanagement (MaRisk) umgesetzt. Rechtliche Grundlage war hierfür § 25 a Abs. 1 KWG. Auf diese Rechtsnorm werden sich letztlich auch aufsichtsrechtliche Maßnahmen stützen, da die MaRisk selbst „nur" eine norminterpretierende Verwaltungsvorschrift der BaFin darstellen.

1.2.5 Basel II – Die dritte Säule: Marktdisziplin

Die dritte Baseler Säule fordert von den Instituten eine erweiterte Offenlegung von Informationen über den Anwendungsbereich der Eigenmittelvorschriften, die Eigenmittelstruktur, die eingegangenen Risiken und die Eigenmittelausstattung. Sie soll die Vorschriften der Säule I (Mindesteigenkapitalanforderungen) und der Säule II über den bankaufsichtlichen Überprüfungsprozess ergänzen, indem Marktmechanismen für Zwecke der Aufsicht genutzt werden.

Dem liegt die Erwartung zu Grunde, dass gut informierte Marktteilnehmer (aktuelle wie potenzielle Investoren, Kunden, Geschäftspartner) neben Rentabilitätsgesichtspunkten bei ihren wirtschaftlichen Entscheidungen auch die Qualität der Geschäftsführung und des Risikomanagements eines Instituts würdigen. Indem eine risikobewusste Geschäftsführung und ein wirksames Risikomanagement honoriert werden sowie risikoreiches Verhalten sanktioniert wird, sind die Banken einer **Disziplinierung durch den Markt** ausgesetzt.

Um eine solche Marktdisziplin zu erreichen und den Interessen sowohl der Kreditinstitute als auch der Marktteilnehmer gerecht zu werden, wurde ein flexibles Konzept erarbeitet. So können hinsichtlich des Umfangs und der Häufigkeit der Offenlegung bei der Bestimmung der bankindividuellen Offenlegungspraxis die Grundsätze der Wesentlichkeit und des Schutzes rechtlicher und vertraulicher Informationen berücksichtigt werden.

Die Offenlegung hat gemäß nationaler Umsetzung der Baseler Anforderungen jährlich zu erfolgen. Die BaFin kann in Einzelfällen häufigere Offenlegungen anordnen, insbesondere wenn dies aufgrund des Umfangs und der Struktur der Geschäfte sowie der Marktaktivität des Instituts angemessen ist. Die Offenlegung soll nach Maßgabe der Verfügbarkeit der Daten und der externen Rechnungslegung zeitnah erfolgen.

Die Informationen sind nach Ansicht der Aufsicht auf der institutseigenen Internetseite oder in einem anderen geeigneten Medium zu veröffentlichen. Wenn die Informationen bereits im Rahmen anderer rechtlicher Publizitätspflichten pflichtgemäß oder freiwillig offen gelegt wurden (z. B. im Rahmen der Veröffentlichung des Jahresabschlusses mit Bilanz, Gewinn- und Verlustrechnung, Anhang und Lagebericht) kann unter Verweis auf diese anderen Offenlegungsmedien die Veröffentlichung unterbleiben. Allerdings ist das Offenlegungsmedium stetig zu nutzen.

Als Offenlegungsanforderungen für alle Institute, also unabhängig von der Wahl eines Ansatzes zur Bestimmung der Risiken oder Einsatzes von Instrumenten, sind Angaben zu folgende Themenbereiche zu machen:

- Risikomanagement für einzelne Risiken
- Eigenmittelstruktur und Angemessenheit der Eigenmittelausstattung
- Adressenausfallrisiken

- Marktpreisrisiken
- Operationelle Risiken
- Beteiligungen im Anlagebuch
- Zinsänderungsrisiken im Anlagebuch
- Verbriefungen

Institute, die in der Säule I ihre risikogewichteten Positionswerte nach dem IRBA ermitteln, haben gemäß das von der Aufsicht zugelassene Verfahren oder die zu einem Verfahren genehmigten Übergangsregelungen offen zulegen. Nutzen Institute risikomindernde Sicherungsinstrumente sind nach § 336 Nr. 1 SolvV erläuternde Angaben über die Anwendung von Aufrechnungsvereinbarungen (Netting), die verwendeten Strategien und Verfahren sowie den Umfang zu machen.

Fazit

Der Wunsch nach mehr Offenlegung ist insofern verständlich, als den Instituten mehr Freiheiten bei der Risikobeurteilung zukommen sollen. Es ist aber zu berücksichtigen, dass diese umfangreichen Informationen in erster Linie für Bankanalysten und Insider von Interesse sind, während Kunden oder Konsumenten eher wenig damit anfangen können.

Oberste Prämisse der Säule 3 sollte aber immer ein Berichtswesen sein, das im Einklang mit der Größe des jeweiligen Instituts steht und Rücksicht auf ihren Einfluss auf die nationalen und internationalen Finanzmärkte nimmt.

1.2.6 Basel III – Eigenkapitalanforderungen

Als Kern des Basel III-Rahmenwerkes hat der Baseler Ausschuss für Bankenaufsicht die Definition des bankaufsichtsrechtlichen Eigenkapitals vollständig überarbeitet. Hauptzielsetzung war es, auch vor dem Hintergrund der Finanzkrise, die Qualität und damit insbesondere die Dauerhaftigkeit und Verlustteilnahmefunktion des bankaufsichtsrechtlichen Eigenkapitals zu stärken. Zudem soll mit den neuen Kapitaldefinitionen eine internationale Vereinheitlichung des bankaufsichtsrechtlichen Eigenkapitalbegriffs erreicht werden. Bislang wurden bestimmte Kapitalinstrumente den drei Kategorien Kernkapital, Ergänzungskapital und Drittrangmittel zugeordnet und somit das haftende Eigenkapital (= Summe aus Kern- und Ergänzungskapital) bestimmt. Das finale Baseler Rahmenwerk sieht nunmehr eine Aufteilung in **Hartes Kernkapital, Zusätzliches Kernkapital und Ergänzungskapital** vor. Die bisher für die Abdeckung von Marktrisiken anrechnungsfähigen Drittrangmittel entfallen künftig. Sie hatten bereits in der Vergangenheit zunehmend an Bedeutung verloren.

Welcher der drei genannten Kapitalkategorien ein Kapitalinstrument künftig zuzuordnen ist, hängt von der Erfüllung diverser Kriterien je Eigenkapitalkategorie ab. Dabei werden

- die effektive Kapitaleinzahlung,
- die Dauerhaftigkeit der Mittelbereitstellung,
- die Fähigkeit zur uneingeschränkten Verlustteilnahme und
- die Verhinderung obligatorischer Ausschüttungen

beurteilt. Die Kriterien für das harte und das zusätzliche Kernkapital lehnen sich stark an das Vorbild des Aktienkapitals (z. B. Stammaktien, Gewinnen, Rücklagen) an. Insgesamt findet eine Harmonisierung der Bedingungen für aufsichtsrechtliches Eigenkapital statt.

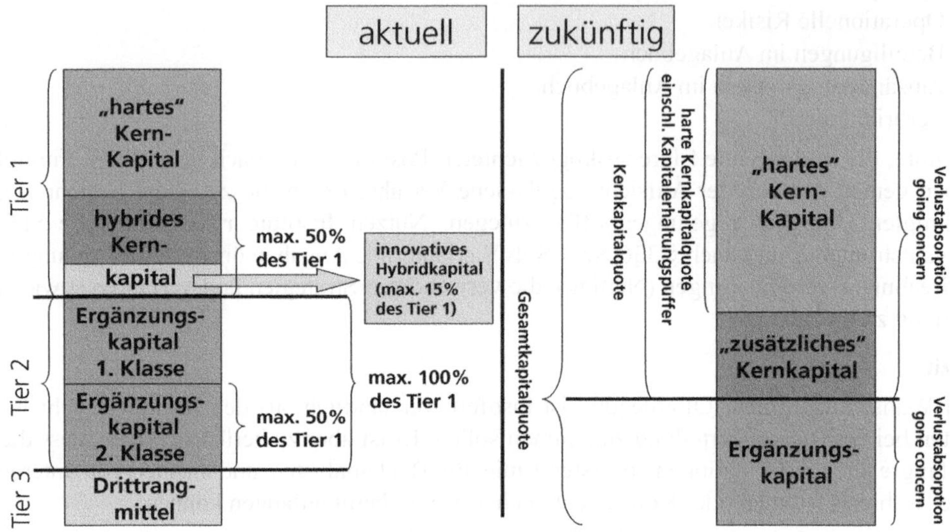

Abbildung 1.2-7: Die Zusammensetzung des Eigenkapitals nach Basel III (Quelle: Deutsche Bundesbank 2011)

Während das Kernkapital (Summe aus hartem und zusätzlichem Kernkapital) zur Fortführung des Geschäftsbetriebes (**Going-Concern-Prinzip**) beitragen sollen, dient das Ergänzungskapital zur Befriedigung von Gläubigeransprüchen für den Insolvenzfall bzw. den Fall der Nicht-Fortführung des Geschäftsbetriebes (**Gone-Concern-Prinzip**).

Gerade im Bereich des harten Kernkapitals führen die Basel III-Anforderungen zu einer deutlichen Erhöhung der Eigenkapital-Quantität. Es werden explizit Mindestquoten für die Kapitalklassen vorgegeben, wodurch die Kapitalstruktur der Banken für alle Marktteilnehmer transparenter gestaltet werden soll.

Einen Überblick über die schrittweise steigenden Kapitalanforderungen gibt Abb. 1.2-8.

Durch eine vollständige Überarbeitung von **Abzugs- bzw. Korrekturposten** erfährt die Berechnungssystematik für die regulatorischen Eigenmittel zusätzlich eine erhebliche Veränderung. Auf den ersten Blick geht es in den Regelungen um eine Vereinheitlichung der aufsichtlichen Vorgaben. Im Ergebnis stellen die neuen Abzugsregeln jedoch eine erhebliche Verschärfung dar, vor allem da die Abzüge nun fast ausschließlich vom harten Kernkapital vorgenommen werden. Nicht-konsolidierte Beteiligungen sind ähnlich wie bisher innerhalb des Finanzsektors (sog. Finanzbeteiligungen) bei Überschreiten von Schwellenwerten abzugspflichtig. Neue Abzugstatbestände bilden ein bestehender aktivischer Firmenwert (Goodwill), aktive latente Steuern und bestimmte Überschüsse aus leistungsorientierten betrieblichen Altersvorsorgeprogrammen. Zudem wurden die Abzugsregelungen für Minderheitenanteile im Fremdbesitz verschärft. Anders als bisher sehen die neuen Baseler Regelungen nun nicht mehr nur einen Abzug direkter Beteiligungen vor, sondern es sind auch indirekte und synthetische Positionen bei der Ermittlung der Abzugspositionen zu berücksichtigen. Dadurch werden Institute gezwungen, durch bestimmte Positionen bzw. Beteiligungskonstruktionen auf relevante Finanzbeteiligungen „durchzuschauen". Zielsetzung der Neuregelung ist es, jegliche Doppelbelegung von aufsichtsrechtlichem Eigenkapital zu vermeiden.

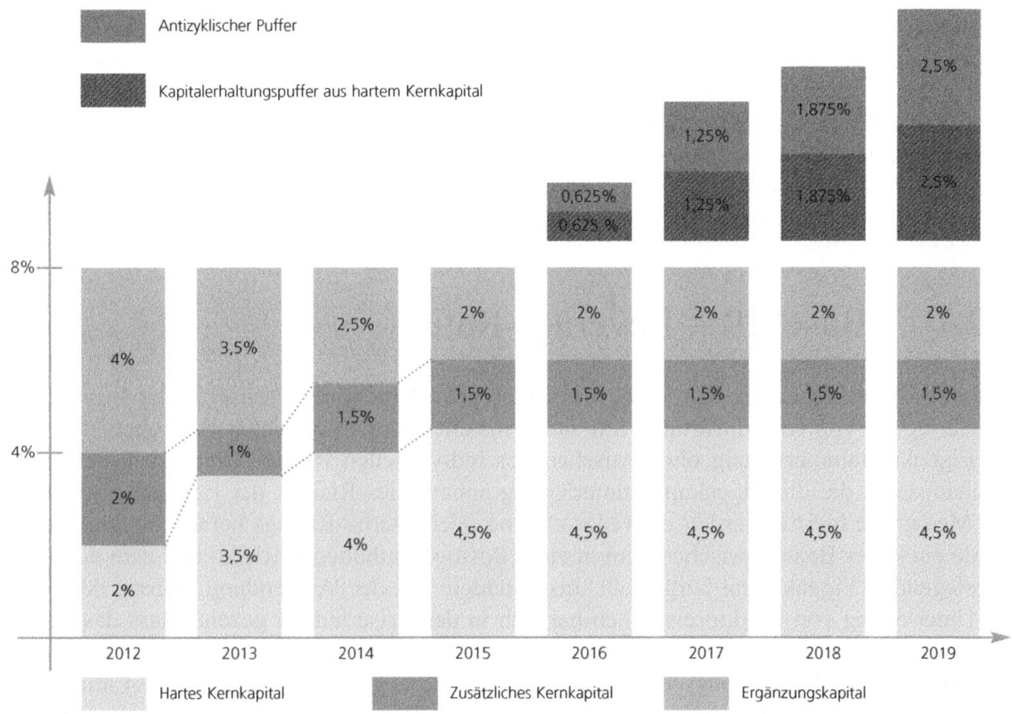

Abbildung 1.2-8: *Quantitative Anforderungen an das Eigenkapital nach Basel III (Quelle: Deutsche Bundesbank 2011)*

Die neuen Eigenkapitalanforderungen (ohne Berücksichtigung des Kapitalerhaltungspuffers) treten (vorbehaltlich des Umsetzungszeitplans auf EU-Ebene) stufenweise vom 1. Januar 2013 bis zum 1. Januar 2015 in Kraft.

In der Vergangenheit bestanden durch das Fehlen detaillierter **Offenlegungsanforderungen** und einheitlicher Begriffsdefinitionen Freiräume in der Darstellung der aufsichtlichen Eigenmittel sowie der daraus ermittelten und veröffentlichten Quoten. Zudem war ein Vergleich der veröffentlichten Zahlen aufgrund unterschiedlicher Rechnungslegungsvorschriften und unterschiedlicher Auslegungen und Anwendungen der Regelwerke nicht oder nur eingeschränkt möglich. Als Konsequenz aus der Krise hat sich der Baseler Ausschuss neben der Steigerung der Qualität des Kapitals und der Vereinfachung der Kapitalstruktur auf eine erhebliche Erweiterung der Offenlegungsanforderungen verständigt. Eine erhöhte Transparenz bei der Darstellung des regulatorischen Eigenkapitals soll auch die Marktdisziplin verbessern.

Neben den höheren Mindestkapitalanforderungen sehen die künftigen Anforderungen an die Eigenkapitalausstattung auch die Einführung so genannter **Kapitalpuffer** vor (vgl. Abb. 1.2-8). Hierbei handelt es sich einerseits um einen **Kapitalerhaltungspuffer**, der vollständig aus hartem Kernkapital besteht. Dieses Polster soll in erster Linie bewirken, dass ein Institut in Stressphasen nicht auf das Mindesteigenkapital zur Verlustdeckung zurückgreifen muss. Die aufsichtliche Folge einer Unterschreitung der Mindesteigenkapitalanforderungen wäre der Entzug der bankaufsichtlichen Zulassung. Wird dagegen der über die Mindesteigenkapitalanforderungen hinausgehende Kapitalerhaltungspuffer in Anspruch genommen, führt das nicht zur sofortigen Schließung des Instituts, sondern zu einer Beschränkung der Gewinnausschüttung.

Zusätzlich sehen die Baseler Regeln einen so genannten **antizyklischen Kapitalpuffer** vor. Dieser Puffer soll prozyklischen Auswirkungen bankaufsichtlicher Eigenkapitalanforderungen entgegenwirken und insbesondere eine ausreichende Versorgung der Wirtschaft mit Krediten sicherstellen. In Zeiten übermäßigen Kreditwachstums ist der antizyklische Puffer aufzubauen, was gleichermaßen die Kreditvergabe bremsen und der Bildung von Spekulationsblasen vorbeugen soll. In einer sich anschließenden Abschwungsphase kann mit Hilfe des Puffers die Kreditvergabe weiterhin gewährleistet werden.

1.2.7 Basel III – Leverage Ratio

Schon die Verabschiedung von Basel II brachte einen Paradigmenwechsel in der Eigenkapitalunterlegung von Kreditinstituten mit sich. Anstelle eines festgelegten Risikogewichts für die Eigenkapitalunterlegung ohne Ansehen des individuellen Risikos traten risikosensitive Mechanismen, die die Eigenkapitalunterlegung anhand des Risikos der Position festlegten. Als Messgröße hierfür werden entweder externe oder interne Ratings herangezogen. Damit wurde ein klarer Bezug zwischen dem in einer Position enthaltenen Risiko und dem dafür zu unterlegenden Eigenkapital hergestellt. Insbesondere bei der Verwendung interner Modelle zur Unterlegung von Marktpreisrisiken hat sich in der Krise jedoch gezeigt, dass das unterlegte Eigenkapital nicht ausreichte, um die unerwarteten Verluste abzudecken. Daher beschlossen die Staats- und Regierungschefs auf dem G-20 Gipfel 2009 in Pittsburgh die Einführung einer nicht-risikosensitiven bankaufsichtlichen Kennzahl zusätzlich zu den Eigenkapitalvorschriften nach Basel II. Diesen Beschluss hat der Baseler Ausschuss durch die Festlegung einer Leverage Ratio (Verschuldungskennziffer) umgesetzt. Diese Leverage Ratio soll nach dem Willen der Aufseher sicherstellen, dass – unabhängig von der risikosensitiven Eigenkapitalermittlung – ein bestimmtes bilanzielles Eigenkapital nicht unterschritten respektive die Fremdverschuldung des Instituts begrenzt wird.

Die **Leverage Ratio ist definiert als** Relation des bankaufsichtlichen Eigenkapitals im Verhältnis zur Summe der bilanziellen und außerbilanziellen Positionen. Sie muss von jedem Institut unabhängig vom nach Basel II gewählten Ansatz (Standardansatz oder IRB-Ansatz) ermittelt werden.

Die Leverage Ratio soll stufenweise **umgesetzt** werden. Nach einer aufsichtlichen Beobachtungsperiode (ab dem Jahr 2014), in der die Aufsicht auf Basis der ihr vorliegenden Daten die Entwicklung dieser Kennzahl analysiert, soll eine so genannte Parallelphase folgen. In dieser Zeit werden die Institute die Leverage Ratio berechnen und sie an die nationale Aufsichtsbehörde melden. Ab dem Jahr 2015 soll die Leverage Ratio ebenfalls im Rahmen der Offenlegungsanforderungen der Säule 3 veröffentlicht werden. Neben der Quote sollen auch die Exposures in einem noch zu bestimmenden Detaillierungsgrad offen zulegen sein. Die Leverage Ratio ist somit zunächst als Säule 2-Instrument ausgelegt. Die EU-Kommission ist aufgefordert, bis Ende 2016 einen Bericht vorzulegen. Dieser Bericht soll u. a. darüber Auskunft geben, ob:eine Leverage Ratio in Höhe von 3 % angemessen ist, Verbesserungen in der Berechnungsmethodik erforderlich sind, zur Ermittlung das Kernkapital oder nur das harte Kernkapital zugelassen sein soll bzw. die Verankerung als Säule 1 Instrument angemessen wäre.

1.2.8 Basel III – Liquiditätsanforderungen

Neben dem Vorhalten einer angemessenen Risikodeckungsmasse in Form des neu definierten Eigenkapitals ist nach Ansicht des Baseler Ausschusses die Sicherstellung der jederzeitigen Verfügbarkeit von Liquidität von großer Bedeutung. Aus diesem Grund wird erstmalig ein international harmonisierter Liquiditätsstandard mit dem Ziel eingeführt, die Widerstandsfähigkeit der Institute und des Finanzsektors gegenüber Liquiditätskrisen zu stärken. Bestandteil des neuen Baseler Rahmenwerks sind zwei Kennzahlen:

- Liquiditätsdeckungskennziffer (Liquidity Coverage Ratio – **LCR**)
- Stabile Refinanzierungskdennziffer (Net Stable Funding Ratio – **NSFR**)

Die Ziele beider Kennziffern sind grundsätzlich unterschiedlich. Letztlich sollen sie sich aber nach Intention der Aufsicht ergänzen. Die kurzfristige LCR soll sicherstellen, dass die Institute ihren Zahlungsverpflichtungen in einer definierten Stresssituation über einen Zeitraum von 30 Tagen nachkommen können. Die strukturelle Kennzahl NSFR dient der Sicherstellung einer fristengerechten Refinanzierung des Instituts über einen 1-Jahres-Horizont. Das **Baseler Regelwerk** sieht für beide Kennzahlen unterschiedliche Übergangsfristen vor. Die LCR soll ab 2015 verbindlich eingehalten werden. Die NSFR dagegen ab 2018. Der Aufsicht dienen die Zeiträume bis zur Umsetzung gleichermaßen als Beobachtungsphase.

Die Umsetzung der Baseler Vorgaben in europäisches Recht erfolgt durch eine **EU-Verordnung**. Auch hier ist eine stufenweise Einführung – von Beobachtung (LCR ab dem Jahr 2014; NSFR noch offen) bis hin zur festen Meldegröße (LCR ab dem 1.10.2015; NSFR noch offen) – vorgesehen. Im Vergleich zur Baseler Definition weist die inhaltliche Ausgestaltung der beiden Kennzahlen an einzelnen Stellen allerdings deutliche Unterschiede auf. Die Europäische Bankenaufsicht (EBA) wird an vielen Stellen der EU-Verordnung ermächtigt, zum Ende der jeweiligen Übergangsphasen verbindliche technische Standards zu entwerfen: Erst sie können den Instituten dann ermöglichen, vergleichbare Meldungen abzugeben. Die EU-Verordnung beschäftigt sich im Wesentlichen mit der kurzfristigen Liquiditätsdeckungsquote. Bei der NSFR sind lediglich zu meldende Teilkomponenten der Bilanzstruktur beschrieben.

Die Liquiditätsdeckungskennziffer (LCR) gemäß Basler Ausschuss

Die LCR dient der Sicherstellung der Zahlungsfähigkeit eines Instituts über einen Betrachtungshorizont von 30 Tagen unter Berücksichtigung eines von der Aufsicht vorgegebenen Stressszenarios. Bei den Szenarien werden institutsspezifische und marktweite Schocks unterstellt. Die Annahmen schließen beispielsweise. den Abfluss von Retaileinlagen, einen teilweisen Verlust von besicherten (kurzfristigen) Finanzierungen mit bestimmten Sicherheiten und Gegenparteien sowie die ungeplante Inanspruchnahme von zugesagten, aber nicht verwendeten Kredit- und Liquiditätsfaszilitäten, die das Institut für die Kunden bereitgestellt hat, ein. Die Kennzahl berechnet sich aus dem Bestand an hochliquiden Aktiva und den kurzfristigen Nettozahlungsmittelabflüssen.

Die **hochliquiden Aktiva** (bzw. der Bestand an lastenfreien erstklassigen liquiden Aktiva) sollen allgemein die Eigenschaft aufweisen, vor allem in Stressphasen unverzüglich bzw. in den nächsten 30 Tagen und ohne wesentliche Abschläge liquidierbar zu sein. Dies setzt voraus, dass ein Institut die Vermögenswerte ab dem ersten Tag der Stressperiode vorhalten muss. Die hochliquiden Aktiva müssen unbelastet sein, d. h. sie dürfen vom Institut weder explizit noch implizit zum Zwecke der Besicherung, Unterlegung oder Bonitätsverbesserung einer Transaktion verpfändet werden. Zusätzlich formuliert der Baseler Ausschuss Eigenschaften, die erstklassige liquide Aktiva in der Regel aufweisen sollten, um als solche anerkannt zu werden (z. B. geringes Kredit- und Marktrisiko, Leichtigkeit und Sicherheit der Bewertung oder aktiver und bedeutender Markt, Präsenz engagierter Marktmacher). Wertpapiere, die in den Bestand der hochliquiden Aktiva aufgenommen werden können, müssen zudem weitere Kriterien erfüllen, so z. B. dass der Emittent oder Schuldner dieser Wertpapiere kein Finanzinstitut oder verbundenes Unternehmen dieses Finanzinstituts sein darf oder dass die Wertpapiere an breiten, tiefen und funktionierenden Repo- oder Geldmärkten gehandelt werden, die sich durch einen niedrigen Konzentrationsgrad auszeichnen. Die Baseler Empfehlungen definieren die hochliquiden Aktiva durch eine Unterscheidung in Level-1- und Level-2-Aktiva. Zu den Level-1-Aktiva zählen Barmittel, Zentralbankguthaben (einschließlich Mindestreserve) und marktgängige bzw. handelbare Wertpapiere, d. h. Forderungen gegenüber Staaten, Zentralbanken und Gebietskörperschaften oder sonstiger öffentlicher Stellen. Zu den Level-2-Aktiva zählen marktgängige Wertpapiere mit einem Risikogewicht in Höhe von 20 % im Kreditrisiko-Standardansatz, Unternehmensanleihen (von Nichtbanken), gedeckte Schuldverschreibungen bzw. Covered Bonds. Die Anrechnung von Level-2-Aktiva ist auf 40 Prozent des Gesamtbestandes an hochliquiden Aktiva begrenzt. Die Anrechnung von Investmentfondsanteilen als hochliquide Aktiva ist im Baseler Rahmenwerk nicht geregelt und entfällt somit.

Dem Liquiditätspuffer wird ein saldierter Abfluss liquider Mittel (**Nettomittelabfluss**) unter Stress gegenübergestellt. Vor dem Hintergrund, dass ein Minimumpuffer hochliquider Aktiva in Höhe von 25 % garantiert sein soll, dürfen die Zahlungsmittelzuflüsse maximal 75 % der Zahlungsmittelabflüsse ausmachen. Zur Berechnung der erwarteten **Zahlungsmittelabflüsse** während des LCR-Stressszenarios für die nächsten 30 Kalendertage werden die ausstehenden Beträge verschiedener Kategorien oder Arten von Verbindlichkeiten oder außerbilanziellen Verpflichtungen mit den Wahrscheinlichkeiten ihres Abflusses bzw. Abrufs multipliziert. Die sog. Abflussrate oder Ziehungsquote gibt an, in welchem Umfang die jeweilige Position im Stressfall voraussichtlich beansprucht oder abgezogen wird und variiert folglich in Abhängigkeit vom Einlegertyp und Produkt. Zur Berechnung der erwarteten **Zahlungsmittelzuflüsse** werden die ausstehenden Beträge verschiedener Kategorien vertraglicher Forderungen mit den für das Szenario geltenden Wahrscheinlichkeiten ihres Zuflusses multipliziert, wobei der Gesamtbetrag auf 75 % der erwarteten Zahlungsmittelabflüsse begrenzt ist. Eine Doppelzählung ist nicht zulässig, so dass Vermögenswerte, die zum Bestand der hochliquiden Aktiva gerechnet werden, nicht auch noch als Zahlungsmittelzuflüsse erfasst werden können. Bei den verfügbaren Zahlungsmittelzuflüssen werden lediglich vertragliche Zuflüsse aus ausstehenden Forderungen, die keine Leistungsstörung aufweisen und für die innerhalb von 30 Tagen kein Zahlungsausfall zu erwarten ist. Vorzeitige Tilgungen von Krediten (nicht innerhalb von 30 Tagen fällig) und Rückzahlungen von Krediten ohne feste Rückzahlungstermine (beispielsweise revolvierende Kreditkartenforderungen) sind nicht als Zahlungsmittelzufluss zu berücksichtigen. Mögliche Zahlungsmitteleingänge aus Kreditlinien, Liquiditäts- oder sonstigen Faszilitäten bei anderen Kreditinstituten dürfen nicht angerechnet werden bzw. sind mit einer Zuflussrate in Höhe von 0 % zu belegen.

Die stabile Refinanzierungskennziffer (NSFR) gemäß Basler Ausschuss

Die NSFR soll ein tragfähiges Mindestmaß an stabiler Refinanzierung auf der Grundlage der Marktliquiditätseigenschaften der Vermögenswerte und der Geschäfte eines Instituts im Hinblick auf einen Zeithorizont von einem Jahr festlegen. Sie adressiert damit in erster Linie Fristeninkongruenzen zwischen dem Aktivgeschäft und der Refinanzierung. Die NSFR wird als Verhältnis zwischen dem Bestand an verfügbaren stabilen Refinanzierungsmitteln (Passiva) und der Höhe der erforderlichen stabilen Refinanzierung (Aktiva) definiert.

Unter **stabiler Refinanzierung („stable funding")** ist der Anteil jener Arten und Bestände an Eigen- und Fremdfinanzierungsmitteln zu verstehen, die erwartungsgemäß unter einem zeitlich ausgedehnten Stressszenario über einen einjährigen Zeithorizont zuverlässige Refinanzierungsquellen darstellen. Die Höhe der verfügbaren stabilen Refinanzierungsmittel errechnet sich als Summe aller Verbindlichkeiten und dem Eigenkapital. Gemäß Bilanzausweis werden sie verschiedenen Kategorien der verfügbaren stabilen Refinanzierung (Available Stable Funding – ASF) zugeordnet. Maßgeblich ist jeweils die Restlaufzeit der Verbindlichkeiten. Die Höhe des Gewichtungsfaktors orientiert sich an der dauerhaften Verfügbarkeit der Passiva. Demzufolge erhalten bspw. das regulatorische Eigenkapital (nach Abzügen) und Verbindlichkeiten mit einer Restlaufzeit von mindestens einem Jahr einen ASF-Faktor in Höhe von 100 %. Einlagen von Privatkunden und KMUs, die im Sinne der LCR-Anforderungen als „stabil" gelten, können mit 85 % ihres Wertes angerechnet werden. Dagegen erhalten kurzfristig zur Verfügung stehende Mittel von anderen Finanzinstituten eine Gewichtung in Höhe von 0 %. Die **erforderliche Höhe der Refinanzierungsmittel** leitet sich aus den Liquiditätseigenschaften der verschiedenen Vermögenswerte, der außerbilanziellen Eventualverbindlichkeiten und/oder der Geschäftsaktivitäten des betreffenden Instituts ab. Die Ermittlung des Nenners richtet sich an der Liquidierbarkeit der Aktiva sowie des Finanzierungsbedarfs außerbilanzieller Positionen aus. Diese Positionen werden mit einem sogenannten RSF-Faktor (Reliable oder Required Stable Funding-Faktor) gewichtet und anschließend addiert. Je einfacher ein Vermögensgegenstand im Stressfall liquidierbar ist, desto niedriger ist der jeweilige RSF-Faktor bzw. geringer ist die Erfordernis einer stabilen Refinanzierung. Hochliquide Aktiva, wie z. B. Barmittel oder Forderungen mit einer Restlaufzeit unter einem Jahr, erfordern keine stabile Refinanzierung (RSF-Faktor 0 %). Andererseits ist im Sinne der NSFR für Aktiva mit einer Restlaufzeit über einem Jahr ein RSF-Faktor von 100 % anzusetzen. Für außerbilanzielle Positionen bzw. potentielle außerbilanzielle Liquiditätsrisiken sollen die Institute eine Reserve stabiler Refinanzierungsmittel bilden. Obwohl für viele dieser Positionen keine direkte oder unmittelbare Refinanzierung notwendig ist, wird somit dem Fall vorgebeugt, dass in Stressphasen Liquiditätsabflüsse hervorgerufen werden.

Zusätzliche Beobachtungskennzahlen gemäß Basler Ausschuss

Neben den zuvor beschriebenen Kennzahlen „LCR" und „NSFR" sind künftig weitere Beobachtungs- bzw. Überwachungsinstrumente (Monitoring Tools) vorgesehen. Sie dienen der Aufsicht zur Identifikation von Liquiditätsrisiken. Die Instrumente fokussieren im Wesentlichen die Ablaufbilanz, lastenfreie Sicherheiten und bestimmte Marktindikatoren. Hierzu gehören im Einzelnen die vertragliche Ablaufbilanz, Konzentrationskennziffern, eine Liquiditätsdeckungskennzahl für bedeutende Fremdwährungen, Angaben zu verfügbaren lastenfreien Aktiva und weitere Marktindikatoren.

1.2.9 Basel III – Regelungen zu OTC-Derivaten

Die Finanzkrise legte auch eine Vielzahl struktureller Defizite auf die Marktinfrastruktur von nicht börslich gehandelten Derivaten („Over-the-Counter – OTC) offen. Die diesen Finanzinstrumenten innewohnenden Kontrahentenrisiken, deren ungenügende Besicherung sowie die Intransparenz bezüglich der gehaltenen Risikopositionen führen zu einer regulatorischen Neuausrichtung. Die Verrechnung über zentrale Kontrahenten, das sog. Central Counterparty (CCP) Clearing soll ein wirksames Instrument zur Beseitigung dieser Defizite werden. Die **European Market Infrastructure Regulation (EMIR)** regelt im Wesentlichen die künftige Organisation der Abrechnung über zentrale Kontrahenten. Derivatekontrakte, die wegen ihrer Standardisierung von der ESMA (European Securities and Markets Authority) als hierfür geeignet angesehen werden, müssen zukünftig über CCPs abgerechnet werden. Es ist damit zu rechnen, dass dies für ein Großteil der heute außerbörslich gehandelten Derivate zutrifft. Die aus EMIR resultierenden Änderungen betreffen im Wesentlichen die Clearingpflicht für „standardisierte" OTC-Derivate, das Risikomanagement bei weiterhin bilateral vereinbarten OTC-Derivaten, die Meldepflicht an Transaktionsregister für alle OTC-Derivate, die organisatorischen und aufsichtsrechtlichen Anforderungen an zentrale Kontrahenten und die organisatorischen und aufsichtsrechtlichen Anforderungen an Transaktionsregister.

Zusätzlich wird sich aufgrund der Vorgaben des Baseler Ausschusses **(Basel III) die Eigenkapitalunterlegung von Kontrahentenrisiken** ändern. Sowohl für zentral abgerechnete Derivate, unabhängig von der Handelsart (börslich oder OTC), als auch für weiterhin bilateral verrechnete OTC-Derivate steigen die Kapitalanforderungen an. Die Baseler Vorgaben wurden in der EU-Verordnung inhaltlich weitgehend übernommen. Die Baseler Rahmenvereinbarung sieht eine Eigenkapitalunterlegung des Risikos einer Bonitätsverschlechterung des Kontrahenten (Credit Value Adjustment – CVA), eine Eigenkapitalunterlegung für Handelspositionen gegenüber einem zentralen Kontrahenten (CCP) und eine Eigenkapitalunterlegung des Beitrags zum Ausfallfonds eines CCPs vor.

Fazit

„Der Wurf mag zuweilen nicht treffen,
aber die Absicht verfehlt nicht ihr Ziel."
Jean-Jacques Rousseau, 1712–1778,
französisch-schweizerischer Philosoph, Pädagoge und Komponist

Grundsätzlich sind die erweiterten (teilweise neuen) „Spielregeln" zu Basel III zu begrüßen. Allerdings sind vor allem Detailfragen, Wechselwirkungen und die Umsetzungsgeschwindigkeit eher fraglich.

Zudem stellt sich die Frage der grundsätzlichen Anwendbarkeit von Baseler Regeln. Der Baseler Ausschuss fokussiert seine Arbeit traditionell und von der Gründungsintention her auf große, international tätige Institute. Auch die unter Basel III verabschiedeten Regeln zielen auf die Behebung von Missständen, die insbesondere bei großen, börsennotierten Instituten zu beobachten waren. Im Gegensatz dazu waren kleine, auf Mittelstand und Privatkunden ausgerichtete Institute in der Krise nicht auffällig. Institute mit diesem Geschäftsmodell werden nun allerdings dieselben Regeln erfüllen müssen. Das erscheint nicht immer sinnvoll. Diese Gleichbehandlung verstößt gegen den Grundsatz „same business, same risk, same rules". Im Umkehrschluss bedeutet dieser Satz nämlich, dass gleiche Regeln nur dort angemessen sind, wo gleiches Risiko zu finden ist. Ungleiches ist auch ungleich zu behandeln. Zudem setzen die USA ihren seit Basel II eingeschlagenen Kurs fort: Basel III wird nur für ca. 15 Großbanken verbindlich sein. Kleine regionale Banken werden Basel III nicht anwenden müssen.

Kritisch zu sehen sind zudem die vielen Ermächtigungsklauseln zugunsten der europäischen Bankenaufsicht (EBA). Mit diesen Ermächtigungen bleiben die nationalen Aufsichtsbehörden künftig bei der Auslegung bankaufsichtlicher Normen außen vor. Das bedeutet, dass die Entwicklung des Bankaufsichtsrechts in sehr weiten Teilen noch stärker internationalisiert wird.

Literatur

Baseler Ausschuss für Bankenaufsicht (2010): Basel III: Ein globaler Regulierungsrahmen für widerstandsfähigere Banken und Bankensysteme (12/2010; aktuelle Fassung vom 1. Juni 2011)

Baseler Ausschuss für Bankenaufsicht (2010): Basel III: Internationale Rahmenvereinbarung über Messung, Standards und Überwachung in Bezug auf das Liquiditätsrisiko (12/2010)

Baseler Ausschuss für Bankenaufsicht (2004): Internationale Konvergenz der Kapitalmessung und Eigenkapitalanforderungen, überarbeitete Rahmenvereinbarung.

Deutsche Bundesbank (2011): Basel III – Leitfaden zu den neuen Eigenkapital- und Liquiditätsregeln für Banken.

Deutsche Bundesbank (2006): Die Umsetzung der neuen Eigenkapitalregelungen für Banken in deutsches Recht, in: Monatsberichte, 58. Jg., Nr. 12, S. 69–92.

Deutsche Bundesbank (2004): Neue Eigenkapitalanforderungen für Kreditinstitute, in: Monatsberichte, 56. Jg., Nr. 9, S. 75–100.

EU-Kommission: Proposal for a Regulation of the European Parliament and of the Council (Part 1–3) (CRR) in der Fassung vom 20. Juli 2011(EU-Verordnung – CRR)

EU-Kommission: Vorschlag für Richtlinie des Europäischen Parlaments und des Rates (CRD) in der Fassung vom 20. Juli 2011(EU-Richtlinie – CRD)

Matthias Kurfels

1.3 Mindestanforderungen an das Risikomanagement

Lernziele

Der Beitrag soll dem Leser

- einen kurzen Überblick über den Zweck und die Ausgestaltung der Mindestanforderungen an das Risikomanagement (MaRisk) geben, die die qualitativen bankaufsichtlichen Rahmenbedingungen in § 25a Absatz 1 KWG norminterpretierend auslegen, sowie
- spezielle Inhalte der MaRisk zum Kreditgeschäft und zur Steuerung von Adressenausfallrisiken vertiefen.

1.3.1 Einleitung

Die Mindestanforderungen an das Risikomanagement (MaRisk) setzen die zweite Säule des Baseler Regelungswerkes um, die sich mit den qualitativen Anforderungen an die Bankenaufsicht befassen. Während die Säule I quantitative Anforderungen enthält, die einheitliche Berechnungsverfahren für die Ermittlung von risikobehafteten Aktiva und die Mindestquote für deren Unterlegung mit haftendem Eigenkapital festlegen, enthält die Säule II qualitative Kriterien, in der die von jedem Institut selbst zu ermittelnde Risikosituation berücksichtigt wird und weitere (z. T. prozessuale) Anforderungen an die Risikosteuerung definiert werden. Diese zweite Säule ist in Deutschland über den § 25a KWG (Anforderungen an eine ordnungsgemäße Geschäftsorganisation) rechtlich implementiert worden. Die MaRisk legen den § 25a KWG für die Prüfungspraxis der Bankenaufsicht norminterpretierend aus. Sie wurden seit ihrem Erlass bis zum heutigen Zeitpunkt mehrmals novelliert, ergänzt und aktualisiert. Die aktuell gültige Fassung wurde von der BaFin am 14.12.2012 veröffentlicht und trägt die Rundschreibennummer 10/2012 (BA).

Die Säule II ist nötig, weil eine rein quantitative Betrachtung der Risikosituation einer Bank oder Sparkasse keinen Spielraum für die Berücksichtigung individueller Faktoren lässt. So ist es z. B. völlig egal, ob sich das Institut in einem prosperierenden Immobilienmarkt befindet oder aufgrund einer schlechten wirtschaftlichen Situation im Geschäftsgebiet enorme Abschläge bei der Verwertung von Kundenimmobilien hinnehmen muss. Auch spielt es keine Rolle, ob z. B. eine Bank aufgrund rückläufiger Bevölkerungszahlen Vertriebsrisiken ausgesetzt ist oder wie hoch das Zinsänderungsrisiko ist, weil diese Risiken (neben einigen weiteren) überhaupt nicht in der Säule I berücksichtigt werden.

Kernelement der MaRisk ist der ICAAP (Internal Capital Adaquacy Assessment Process), das bankinterne Verfahren zur Angemessenheit der Eigenkapitalausstattung. Dieses setzt die vom Institut anhand eigener Verfahren ermittelten Risiken ins Verhältnis zum Risikodeckungspotenzial. Das Ergebnis daraus ist die Risikotragfähigkeit, die anzeigt, ob die Risiken kleiner als das Risikodeckungspotenzial sind. Der ICAAP hat zwei ‚Garanten', nämlich

- die nachhaltigen Strategien, deren Umsetzung (hoffentlich) dafür sorgt, dass das Institut nur in angemessenem Umfang Risiken eingeht und dabei genügend Erträge erwirtschaft, um die künftig benötigten Risikodeckungsmassen zu generieren bzw. zu erhalten, und

- die Risikosteuerungs- und -controllingprozesse, die eine methodisch korrekte Ermittlung der Risiken und des Risikodeckungspotenzials gewährleisten.

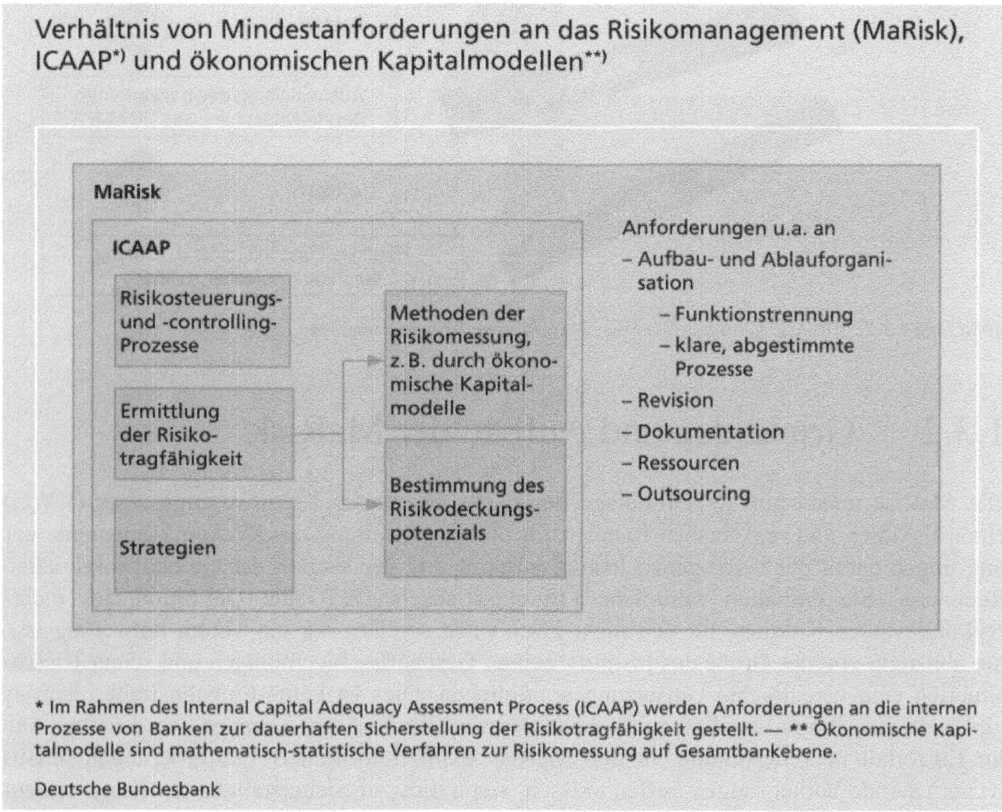

Abbildung 1.3-1: *Verhältnis der MaRisk zum ICAAP (Quelle: Deutsche Bundesbank, Monatsbericht 12/2007)*

Grundlage der Beurteilung der Risiken, an der sich die Ausgestaltung des Risikomanagementsystems (ICAAP) ausrichten soll, ist das Risikoprofil der Bank. Ebenso wird sich die Häufigkeit und die Intensität der Prüfungshandlungen durch die Aufsicht (Supervisory Review and Evaluation Process, SREP) daran orientieren. Während ein Institut seine Risiken intern identifizieren, bewerten und ein Risikoprofil erstellen muss, bedient sich auch die Bankenaufsicht eines eigenen Risikobeurteilungsverfahrens (Risk Assessment System, RAS). In Deutschland setzt die BaFin hierzu eine „Risikomatrix“ ein. Diese berücksichtigt neben der Einschätzung der Risikolage auch die Größe der Institute und den damit einhergehenden Einfluss auf die Stabilität der Finanzmärkte. Das Arrangement dieser Komponenten wird auch als doppelte Proportionalität bezeichnet (Abb. 1.3-2).

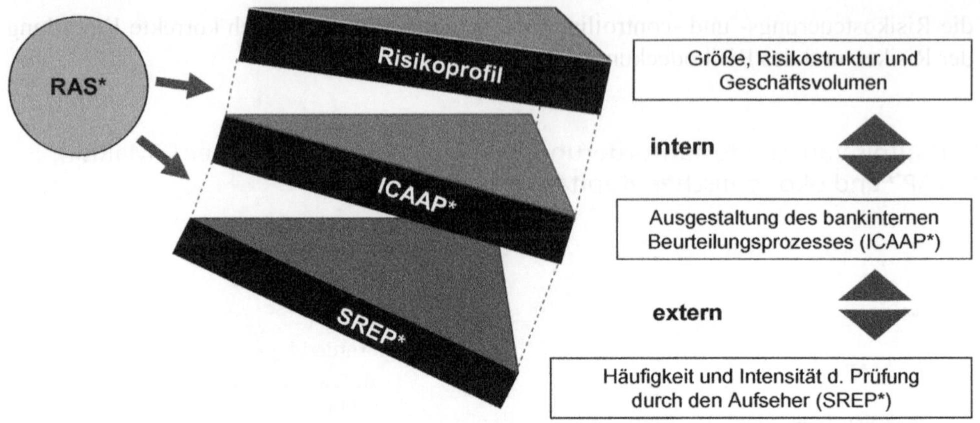

Abbildung 1.3-2: *Prinzip der doppelten Proportionalität in der Bankenaufsicht*

1.3.2 Grundidee und Aufbau der MaRisk

Die MaRisk geben auf der Grundlage des § 25a Abs. 1 des Kreditwesengesetzes (KWG) einen flexiblen und praxisnahen Rahmen für die Ausgestaltung des Risikomanagements vor und tragen damit der heterogenen Institutsstruktur und der Vielfalt der Geschäftsaktivitäten Rechnung. Sie enthalten zahlreiche Öffnungsklauseln (z. B. die Definition des nicht-risikorelevanten Kredites, für den nicht zwei Voten sondern nur ein Votum notwendig ist), die abhängig von der Größe des Instituts, seinen Geschäftsschwerpunkten und seiner Risikosituation cinc vereinfachte Umsetzung ermöglichen. Dies ist keine Einbahnstraße, denn es gibt auch eine Proportionalität nach oben (also verschärfte Anforderungen), so dass Institute im Einzelfall über bestimmte, in den MaRisk explizit formulierte Anforderungen hinaus weitergehende Vorkehrungen treffen müssen, wenn dies zur Sicherstellung der Angemessenheit und Wirksamkeit des Risikomanagements erforderlich sein sollte. Institute, die besonders groß sind oder deren Geschäftsaktivitäten durch besondere Komplexität, Internationalität oder eine besondere Risikoexponierung gekennzeichnet sind, müssen weitergehende Vorkehrungen im Bereich des Risikomanagements zu treffen als weniger große Institute mit weniger komplex strukturierten Geschäftsaktivitäten, die keine außergewöhnliche Risikoexponierung aufweisen.

Die MaRisk bestehen aus einem Allgemeinen Teil (mit ‚AT' abgekürzt) und einem Besonderen Teil (BT). Der Allgemeine Teil enthält Regelungen, die unabhängig von einzelnen Geschäfts- oder Risikoarten einzuhalten sind. Auch werden im Allgemeinen Teil Vorgaben gemacht, die dann im Besonderen Teil konkretisiert werden. Ein Beispiel dazu: In AT 4.3.2 Tz. 3 heißt es über die Risikoberichterstattung: „Die Geschäftsleitung hat sich in angemessenen Abständen über die Risikosituation berichten zu lassen. Die Risikoberichterstattung ist in nachvollziehbarer, aussagefähiger Art und Weise zu verfassen. Sie hat neben einer Darstellung auch eine Beurteilung der Risikosituation zu enthalten. In die Risikoberichterstattung sind bei Bedarf auch Handlungsvorschläge, z. B. zur Risikoreduzierung, aufzunehmen. Einzelheiten zur Risikoberichterstattung sind in BTR 1 bis BTR 4 geregelt." In BTR 1 Tz. 7 findet man dann konkrete Angaben darüber, welche Angaben der Adressrisikobericht mindestens umfassen sollte. Für die Marktpreis-, Liquiditäts- und opRisk-Berichterstattung sind in BTR 2 bis 4 ebenfalls spezifische Anforderungen dargelegt.

Der Allgemeine Teil ist wie folgt aufgebaut:

- **AT 1 Vorbemerkung**
- **AT 2 Anwendungsbereich**
  - AT 2.1 Anwenderkreis
  - AT 2.2 Risiken
  - AT 2.3 Geschäfte
- **AT 3 Gesamtverantwortung der Geschäftsleitung**
- **AT 4 Allgemeine Anforderungen an das Risikomanagement**
  - AT 4.1 Risikotragfähigkeit
  - AT 4.2 Strategien
  - AT 4.3 Internes Kontrollsystem
    - AT 4.3.1 Aufbau- und Ablauforganisation
    - AT 4.3.2 Risikosteuerungs- und -controllingprozesse
    - AT 4.3.3 Stresstests
  - AT 4.4 Besondere Funktionen
    - AT 4.4.1 Risikocontrolling-Funktion
    - AT 4.4.2 Compliance-Funktion
    - AT 4.4.3 Interne Revision
  - AT 4.5 Risikomanagement auf Gruppenebene
- **AT 5 Organisationsrichtlinien**
- **AT 6 Dokumentation**
- **AT 7 Ressourcen**
  - AT 7.1 Personal
  - AT 7.2 Technisch-organisatorische Ausstattung
  - AT 7.3 Notfallkonzept
- **AT 8 Anpassungsprozesse**
  - AT 8.1 Neu-Produkt-Prozess
  - AT 8.2 Änderungen betrieblicher Prozesse oder Strukturen
  - AT 8.3 Übernahmen und Fusionen
- **AT 9 Outsourcing**

Der Besondere Teil der MaRisk unterteilt sich in den BT1, der Anforderungen an das Interne Kontrollsystem (IKS) spezifiziert, und den den BT2, der die Anforderungen an die Interne Revision (die kein Teil des IKS sondern der Internen Kontrollverfahren (IKV) ist) aufzeigt. Der BT1 unterteilt sich wiederum in den BTO (Besonderer Teil Organisation), der die prozessualen Normen für das Kredit- und Handelsgeschäft beschreibt, und den BTR (Besonderer Teil Risiken), der sich den vier Hauptrisikoarten von Kreditinsttituten widmet. Damit weist der BT1 eine Zweidimensionalität auf, da sowohl die prozessualen als auch risikobezogenen Anforderungen beachtet werden müssen. Eine schematische Übersicht enthält die Abb. 1.3-3).

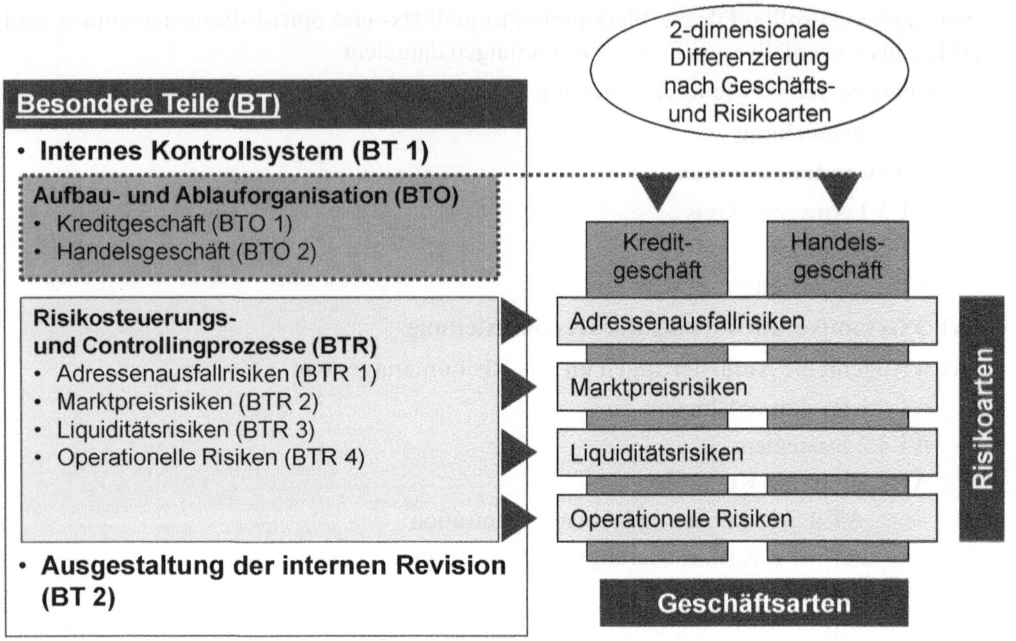

Abbildung 1.3-3: *Aufbau des Besonderen Teils (BT) der MaRisk*

1.3.3 Der Allgemeine Teil der MaRisk

Wie eingangs bei der Erläuterung des ICAAP geschildert, ist die Gewährleistung der Risikotragfähigkeit übergeordnetes Ziel der MaRisk. Sie soll sicherstellen, dass eingegangene Risiken angemessen durch Deckungsmassen abgeschirmt sind. Dazu sind in den MaRisk Grundsätze zur Identifikation, Beurteilung, Steuerung, Überwachung und Kommunikation der Risiken verankert.

1.3.3.1 Risikoinventur und Risikoprofil

Ausgangspunkt für das Risikomanagement ist die Risikoinventur, anhand der jedes Institut zu prüfen hat, welche Risiken die Vermögenslage (inklusive Kapitalausstattung), die Ertragslage oder die Liquiditätslage wesentlich beeinträchtigen können. Die Risikoinventur darf sich dabei nicht ausschließlich an den Auswirkungen in der Rechnungslegung sowie an formalrechtlichen Ausgestaltungen orientieren. Sie erfüllt im Wesentlichen zwei Zwecke: die Erstellung des Gesamtrisikoprofils und die Bestimmung der Wesentlichkeit jedes Risikos.

Das Gesamtrisikoprofil zeigt auf, welchen Risiken das Institut überhaupt ausgesetzt ist. So wird ein Institut, das weder Rohwaren noch Rohstoff-Titel (z. B. ETF's) im Bestand hat, in seinem Risikoprofil kein Rohwarenrisiko ausweisen. Wie das Risikoprofil ausgestaltet ist, überlässt die Bankenaufsicht jedem Institut selbst. Es ist nur wichtig, dass aus ihm alle Risiken hervorgehen und deutlich wird, welche Risiken davon als wesentlich betrachtet werden müssen, denn an die Wesentlichkeit eines Risikos knüpfen sich weitere prozessuale Anforderungen, so z. B.

- alle wesentlichen Risiken müssen durch Risikodeckungskapital abgedeckt sein,
- mit wesentlichen Risiken verbundene Risikokonzentrationen sind zu steuern,
- für alle wesentlichen Risiken sind Risikotoleranzen festzulegen,
- für alle wesentlichen Risiken ist ein Risikosteuerungsprozess einzurichten und
- für alle wesentlichen Risiken sind Stresstests durchzuführen.

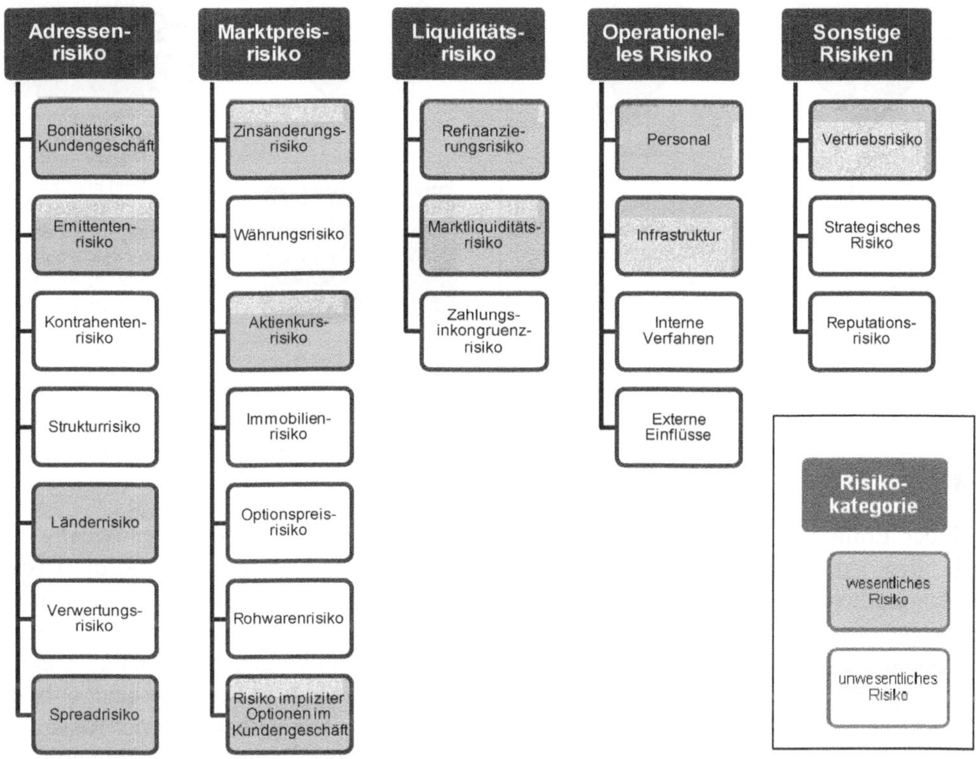

Abbildung 1.3-4: *Beispiel für ein Gesamtrisikoprofil mit Angabe der Wesentlichkeit von Risiken*

1.3.3.2 Risikotragfähigkeit

Auf der Grundlage des Gesamtrisikoprofils muss jedes Institut sicherstellen, dass seine wesentlichen Risiken (unter Berücksichtigung von Risikokonzentrationen) durch das Risikodeckungspotenzial permanent abgedeckt sind und damit die Risikotragfähigkeit gegeben ist. Zur Beantwortung der Frage, wie die Risiken innerhalb der Risikotragfähigkeitsberechnung berücksichtigt werden müssen, hat die Deutsche Bundesbank einen Entscheidungsbaum (s. Abb. 1.3-5) veröffentlicht. Daraus geht auch hervor, dass unwesentliche Risiken sowie wesentliche Risiken, bei denen eine Kapitalunterlegung methodisch nicht sinnvoll ist (z. B. Risiken aus Liquiditätsinkongruenzen) zwar nicht in der Risikotragfähigkeitsrechnung berücksichtigt werden müssen, dass für sie aber angemessene prozessuale Vorkehrungen getroffen werden müssen (z. B. durch eine Überwachung von spezifischen Kennzahlen).

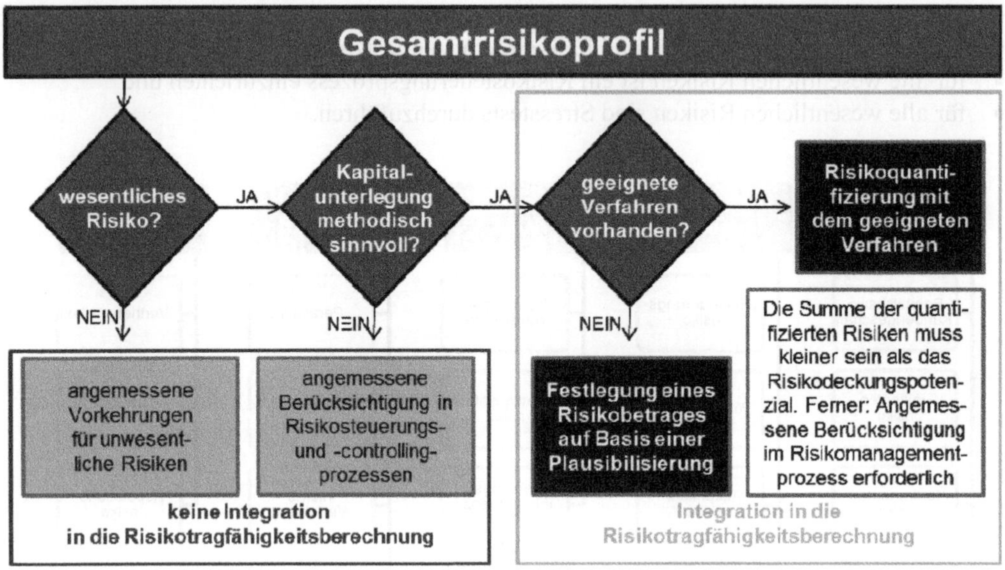

Abbildung 1.3-5: *Schema zur Ableitung der in der Risikotragfähigkeitsrechnung zu berücksichtigenden Risiken (Quelle: eigene Darstellung in Anlehnung an Monatsbericht Deutsche Bundesbank, September 2009)*

Bei der Ermittlung der Risikotragfähigkeit gilt zwar grundsätzlich die Methodenfreiheit, d. h., dass jedes Institut selbst entscheiden kann, wie es die Risiken misst und die Risikodeckungspotenziale bestimmt. Allerdings muss es die den Methoden und Verfahren zugrunde liegenden Annahmen nachvollziehbar begründen. Die Methodenfreiheit findet allerdings dort ihre Grenze, wo die internen Verfahren das aufsichtsrechtlich vorgegebene Ziel „Sicherstellung der Risikotragfähigkeit" nicht hinreichend zu gewährleisten in der Lage sind, d. h. den Intentionen der Bankenaufsicht widersprechen. Bei der Beurteilung bankinterner Risikotragfähigkeitsverfahren orientiert sich die Aufsicht (unter Berücksichtigung des Proportionalitätsprinzips) an den Geboten der Vollständigkeit der Risikoabbildung, der Konsistenz der Verfahren sowie dem Vorsichtsprinzip. Innerhalb dieses Rahmens kann die Methodenfreiheit ausgelebt werden.

Die zur Risikotragfähigkeitssteuerung eingesetzten Verfahren haben sowohl das Ziel der Fortführung des Instituts (sog. ‚going concern-Prinzip') als auch den Schutz der Gläubiger vor Verlusten aus ökonomischer Sicht (sog. ‚gone concern-Prinzip' oder ‚Liquidationsansatz') angemessen zu berücksichtigen. Ob ein Institut den Fortführungs- oder Liquidationsansatz wählt, bleibt ihm selbst überlassen; mit diesen Begriffen ist keine Wertung, sondern nur eine andere Art der Risikomessung verbunden. Die Liquidationsperspektive bedingt allerdings eine strengere Risikomessung und andere Art der Ermittlung von Risikodeckungsmassen mit sich.

	Going Concern	Liquidation
Prinzip	die Erfüllung bankaufsichtlicher Mindesteigenkapitalanforderungen (Säule I) ist auch nach Eintritt des Risikofalls gegeben	die Einhaltung bankaufsichtlicher Mindesteigenkapitalanforderungen (Säule I) ist nach Eintritt des Risikofalls nicht erforderlich, das Institut wird aufgelöst
Konsequenz Kapitalansatz im Risikoszenario	erforderliche Kapitalbestandteile zur Erfüllung der Säule I werden im Risikoszenario nicht zur Risikoabschirmung bereitgestellt	regulatorische Eigenmittel können (vollständig oder teilweise) zur Risikoabschirmung heran-gezogen werden
Umgang mit Gewinnen / Ergebnissen	der Plangewinn kann angesetzt werden, sollte aber immanente Risiken berücksichtigen (z.B. Absatzrisiko!)	nur bereits aufgelaufene Gewinnanteile können angesetzt werden, darüber hinaus nur, soweit ein entsprechender Veräußerungserlös im Liquidationsfall nachgewiesen werden kann*

* Gleiches gilt, wenn Positionen als RDP zur Risikoabdeckung angesetzt werden, die per se nur im Insolvenz- bzw. Liquidationsfall zum Verlustausgleich zur Verfügung stehen, was insbesondere auf typische nachrangige Verbindlichkeiten zutrifft.

Abbildung 1.3-6: *Gegenüberstellung wesentlicher Elemente des going concern-Ansatzes und des Liquidationsansatzes in der Risikotragfähigkeitsrechnung*

1.3.3.3 Strategien

Im Sinne einer langfristigen und zielgerichteten Banksteuerung werden Ziele und die zu ihrer Erreichung eingeschlagenen Wege in Strategien verankert. Kernstück ist die Geschäftsstrategie, die sich in den meisten Häusern nach Geschäftsfeldern gliedert. Die konsistent dazu ausgestaltete Risikostrategie orientiert sich meist an den Risikoarten, kann jedoch auch in die Geschäftsstrategie integriert werden. Die Strategien müssen Antworten auf zentrale Fragen der Institutssteuerung geben, die in Abb. 1.3-7 dargestellt sind.

Die Entwicklung von Strategien liegt in der originären Verantwortung des Vorstandes. Er hat konkrete Antworten auf die geschäftspolitischen Herausforderungen zu geben, denen das Kreditinstitut ausgesetzt ist. Dazu zählen vor allem die Ziele der Geschäftspolitik, die möglichst konkret formuliert sein müssen, damit ihre Erreichung (oder Verfehlung) erkannt und dokumentiert werden kann. Allgemeine Aussagen wie „Wir wollen in allen zukunftsträchtigen Geschäftsfeldern kontinuierlich wachsen“ oder „Wir wollen unsere Marktposition weiter ausbauen“ sind als Ziele im Sinne der MaRisk-Geschäftsstrategie ungeeignet. Ferner sind in der Geschäftsstrategie die Maßnahmen zu schildern, die zur Erreichung der Ziele erforderlich sind. Sämtliche Risiken, die sich aus den in der Geschäftsstrategie genannten Aktivitäten ergeben, müssen in der Risikostrategie näher beleuchtet werden. Auch hier gilt es, Ziele und Maßnahmen konkret zu benennen, z. B. „Begrenzung der Kredite in der Branche XYZ auf x Mio. € insgesamt bzw. y Mio. € je Kreditnehmereinheit“. Ferner ist darzulegen, wie die Risiken gemessen und gesteuert werden. Dies geschieht u. a. durch die Angabe der dazu verwendeten betriebswirtschaftlichen Instrumente, der wesentlichen Parameter (z. B. Konfidenzniveaus) und – im Falle wesentlicher Risiken – der Risikotoleranzen.

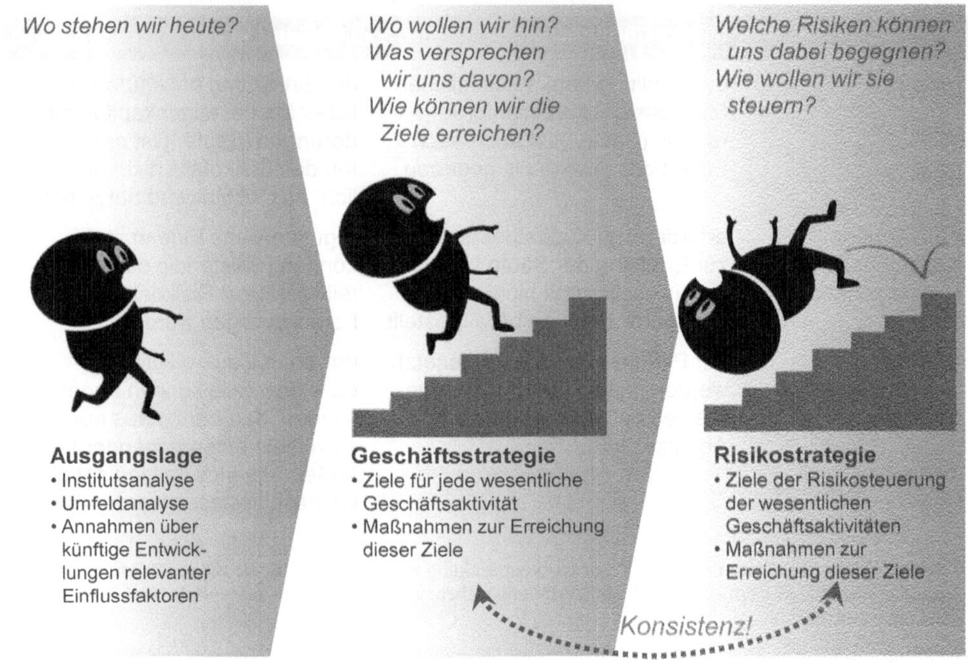

Abbildung 1.3-7: *Leitfragen für die Ausgestaltung der strategischen Ausgangslage, der Geschäftsstrategie und der Risikostrategie*

Die Strategien müssen vom Vorstand mit dem Aufsichts- bzw. Verwaltungsrat erörtert werden. Dieser überwacht auch die Strategieumsetzung im Rahmen des Strategiecontrollings.

1.3.3.4 Risikokonzentrationen

Als Risikokonzentrationen werden im Allgemeinen Risiken bezeichnet, die aus einer ungleichmäßigen Verteilung der Geschäftspartner in Kredit- oder sonstigen Geschäftsbeziehungen beziehungsweise aus sektoraler oder geographischer Geschäftsschwerpunktbildung entstehen und geeignet sind, so große Verluste zu generieren, dass die Solvenz eines Instituts gefährdet sein kann. Für Spezialbanken und regional tätige Kreditinstitute kann es sinnvoll sein, Kreditkonzentrationen bewusst einzugehen, um Informationsvorteile, zum Beispiel auf Grund der Ortsnähe, nutzen zu können. Allerdings hatten in den letzten 25 Jahren auch mehrfach Schieflagen von Banken ihren Ausgangspunkt in erhöhten Risikokonzentrationen. Eine effektive bankeigene Steuerung und Begrenzung dieser Risiken ist daher von großer Bedeutung.

In der Praxis des Adressrisikomanagements werden insbesondere folgende Konzentrationen unterschieden:

- **Größen**konzentrationen, also die Abhängigkeit von wenigen Kreditnehmern (bzw. wirtschaftlich verbundenen Unternehmen) mit großem Geschäftsvolumen;

- **Branchen**konzentrationen, also die Abhängigkeit von einzelnen Branchen, welche im eigenen Kreditportfolio übermäßig vertreten sind und
- **Geografische** Konzentrationen, also die indirekte Abhängigkeit von der wirtschaftlichen Entwicklung einer Region, in der die Kreditnehmer schwerpunktmäßig beheimatet sind.

Konzentrationen können jedoch nicht nur innerhalb einer Risikoart (z. B. Adressenrisiken) auftreten, sondern auch risikoartenübergreifend. In diesem Fall spricht man von Inter-Risikokonzentrationen (im Gegensatz zur Intra-Risikokonzentrationen, die nur eine Risikoart betreffen).

Es gibt keine aufsichtsrechtliche Vorschrift, die Risikokonzentrationen verbietet. Vielmehr geht es der Bankenaufsicht darum, diese Risiken zu identifizieren und zu steuern. Das können sowohl quantitative Instrumente (z. B. Limitsysteme, Ampelsysteme) aber auch qualitative Instrumente (z. B. regelmäßige Risikoanalysen) sein. In jedem Fall ist aber durch geeignete Maßnahmen zu gewährleisten, dass Risikokonzentrationen unter Berücksichtigung der Risikotragfähigkeit und der Risikotoleranzen wirksam begrenzt und überwacht werden.

1.3.3.5 Internes Kontrollsystem (IKS)

Das Interne Kontrollsystem ist aus prozessualer Sicht eine Kernanforderung der MaRisk. Die allgemeinen Aussagen dazu sind in AT 4.3 enthalten, spezielle Anforderungen im BTO und BTR.

Als „IKS" werden im Allgemeinen die von dem Management im Unternehmen eingeführten Grundsätze, Verfahren und Maßnahmen (Regelungen) verstanden, die auf die organisatorische Umsetzung der Entscheidungen des Managements

- zur Sicherung der Wirksamkeit und Wirtschaftlichkeit der Geschäftstätigkeit (einschließlich dem Schutz des Vermögens und der Verhinderung sowie Aufdeckung von Vermögensschädigungen),
- zur Ordnungsmäßigkeit und Verlässlichkeit der internen und externen Rechnungslegung und
- zur Einhaltung der für das Unternehmen maßgeblichen rechtlichen Vorschriften

gerichtet sind[5].

Zum IKS gehören sowohl aufbauorganisatorische Aspekte (z. B. die Funktionstrennung in Kredit-Markt und Kredit-Marktfolge) als auch ablauforganisatorische Regelungen (z. B. die Anforderungen an eine regelmäßige Überprüfung der Werthaltigkeit von Sicherheiten). Damit das IKS seinen Zweck erfüllen kann, sind verschiedene Anforderungen daran zu knüpfen, die in Abb. 1.3-8 dargestellt sind.

Die Bedeutung des IKS darf nicht unterschätzt werden, denn schon im Jahr 1998 hat der Baseler Bankenausschuss in einem Grundsatzpapier zum IKS dargelegt, dass „solide interne Kontrollen für die umsichtige Geschäftsführung bei den Banken und für die Förderung der Stabilität des gesamten Finanzsystems von wesentlicher Bedeutung sind". Außerdem führte er in diesem Dokument aus: „Ein System wirksamer interner Kontrollen ist ein wesentliches Führungsinstrument einer Bank und bildet die Grundlage für einen sicheren und soliden Bankbetrieb. Darüber hinaus trägt ein solches System dazu bei, dass die Zielsetzungen einer

---

[5] Definition in Anlehnung an den IDW-Prüfungsstandard 261

Bank eingehalten werden, dass die Bank die langfristig angestrebte Rentabilität erreicht und dass verlässliche Finanz- und Managementberichtssysteme bestehen. Es kann auch die Einhaltung von Gesetzen und Vorschriften sowie von Geschäftspolitik, Projekten, internen Vorschriften und Verfahren erleichtern und das Risiko unerwarteter Verluste oder eines Rufschadens für die Bank verringern."

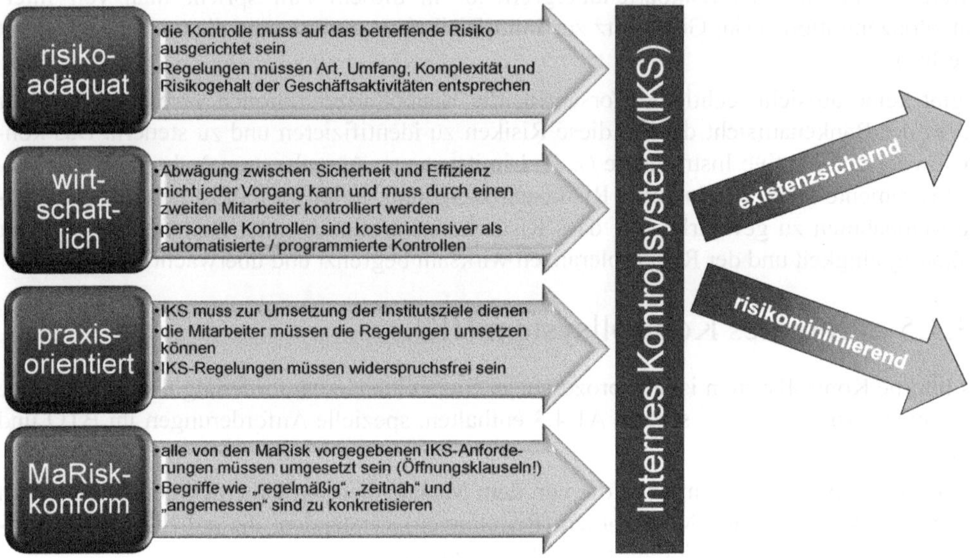

Abbildung 1.3-8: *Anforderungen und Auswirkungen des IKS*

1.3.4 Controlling und Management der Adressenausfallrisiken

In diesem Kapitel werden die Rahmenbedingungen für das Kreditgeschäft sowie für das Controlling und Management der Adressrisiken beschrieben.

1.3.4.1 Adressrisikostrategie

Mit dem Fokus auf die Geschäftsstrategie beginnt auch die Adressrisikostrategie als Teil einer Risikogesamtstrategie mit einer vollständigen Bestandsaufnahme der mit dem Kreditgeschäft verbundenen Risiken unter Berücksichtigung aller derzeitigen und geplanten Kreditaktivitäten. Insbesondere sind, unter Berücksichtigung von Risikokonzentrationen, Risikotoleranzen für die als wesentlich identifizierten Adressrisikoarten festzulegen.

Zu den Aspekten, die bei der Formulierung einer solchen Teilstrategie zu beachten sind, gehören

- die Portfoliostruktur (Größenklassen, Konzentrationen, Kreditarten, Branchen, Ratings usw.),

- die Institutsstruktur (geschäftspolitische Ausgangssituation, Risikotragfähigkeit, IT-Ausstattung, Mitarbeiterkapazitäten) und
- sonstige Aspekte (wie z. B. Planungshorizont und regelmäßige Überprüfung).

Der erste Schritt zur Ableitung einer Adressrisikostrategie umfasst die Analyse der Ausgangssituation. Hierbei können folgende Inhalte von Interesse sein:

- Analyse der geschäftspolitischen Ausgangsituation (interne Einflussfaktoren)
- wirtschaftliche Ausgangsituation und Wettbewerbssituation (Umfeldanalyse / externe Einflussfaktoren)
- Darstellung der im eigenen Haus verfügbaren Ressourcen zur Kreditvergabe
- Darstellung des Verhältnisses zwischen dem haftenden Eigenkapital eines Instituts und seinen gewichteten Risikoaktiva (Säule I)
- aktuelle Risikosituation
- Analyse der Entwicklung des Kreditportfolios in der Vergangenheit und der Zukunftserwartungen

Die Risikoidentifizierung auf Portfolioebene setzt die richtige Identifikation und Aggregation der Risiken auf Einzelgeschäftsebene voraus. Dazu sind unter anderem die für das Adressenausfallrisiko eines Engagements bedeutsamen Aspekte herauszuarbeiten und zu beurteilen. Neben dem klassischen Kreditrisiko sind die Branchen- und Länderrisiken als auch Kontrahentenrisiken sowie bestehende Risikokonzentrationen einzubinden. Aus der Analyse der Ausgangsituation wird dann die Strategie abgeleitet.

Wie detailliert die Segmentierungskriterien für die Adressrisikostrategie definiert werden, hängt weiterhin von der Art und dem Umfang der Kreditgeschäfte ab. Jedoch erscheint es sinnvoll, bereits hier eine Verbindung zwischen Kundengeschäft und Eigengeschäft herzustellen und so tatsächlich alle mit Adressrisiken behafteten Positionen strategisch zu erfassen. Dabei kann es auch vorkommen, dass im Eigenhandelsgeschäft bewusst Risiken eingegangen werden, die es im Kundengeschäft zu vermeiden gilt. Wichtig ist jedoch, dass eine solche Entscheidung der Risikokapitalallokation entsprechend dokumentiert und dadurch eine Konsistenz zwischen den Teilstrategien sowie zur Gesamtstrategie gewahrt wird.

Die Strategie sollte klar erkennen lassen, ob von einem Wachstum, einem gleich bleibenden oder von einem kleiner werdenden Kreditportfolio ausgegangen wird. Ausgehend von dieser grundsätzlichen Aussage erfolgt dann die Darstellung der Entwicklung in den einzelnen Segmenten. Die Gliederung ist dabei analog zu den bereits bei der Analyse des Kreditportfolios dargestellten Kriterien vorzunehmen.

Als Ergebnis dieser Planungen innerhalb der Adressenrisikostrategie erhält man den aktuellen Zustand des Portfolios hinsichtlich Kreditarten, Größenklassen, Branchenverteilung und Risikoklassifizierung. Die Abweichung des aktuellen Portfolios vom geplanten Portfolio gilt es dann zu minimieren. Dabei kommen verschiedene Instrumente zum Einsatz, die schlüssig ineinander greifen. Diese können sein:

- Auswahl des richtigen Produktmixes,
- Konditionsgestaltung und Bonitätsziele,
- Mitarbeiterschulungen und/oder
- Kreditverbesserungsmaßnahmen.

Im Rahmen der turnusmäßigen Strategieüberprüfung wird analysiert, inwiefern die Ziele erreicht wurden und wodurch Abweichungen verursacht wurden. Einfluss auf die Zielerreichung der Strategie können zum Beispiel folgende Faktoren ausüben:

- Änderung der volkswirtschaftliche Rahmenbedingungen (allgemein und regional),
- Änderung der steuerlichen und gesetzlichen Rahmenbedingungen,
- Konkurrenzsituation des Kreditinstituts (Konditionen und Produkte der Wettbewerber),
- Entwicklung der Bonität und der Investitionsbereitschaft der Unternehmen,
- Änderungen im Zielvereinbarungssystem des Instituts (beachte auch AT 7.1,Tz. 4),
- Änderungen im Personalbestand und in der Geschäftsleitung.

Generell lassen sich Einflussfaktoren auf den Zielerreichungsgrad in externe und interne Faktoren unterteilen. Letztere werden immer dann zu Abweichungen führen, wenn deren Auswirkungen auf die Zielgrößen nur unzureichend analysiert wurden. Interne Maßnahmen sollten somit nur in Ausnahmefällen zu einer nachträglichen Anpassung der Strategie führen. Dagegen sind Änderungen externer Faktoren (z. B. gesetzliche Rahmenbedingungen) vom Kreditinstitut nur bedingt beeinflussbar. Hier gilt es im Rahmen der turnusmäßigen Analyse Maßnahmen zu definieren, die die entstanden Lücke zwischen den veränderten Rahmenbedingungen und der strategischen Planung wieder schließen helfen.

1.3.4.2 Adressrisikosteuerung

Ein System zur Steuerung der Adressenausfallrisiken kann nicht isoliert betrachtet werden, sondern ist im Kontext des gesmaten Steuerungssystems des Instituts zu sehen. Die Steuerung der Adressenausfallrisiken kann an mehreren Punkten ansetzen, die auf Einzelgeschäftsebene oder auf Gesamtbankebene ansetzen:

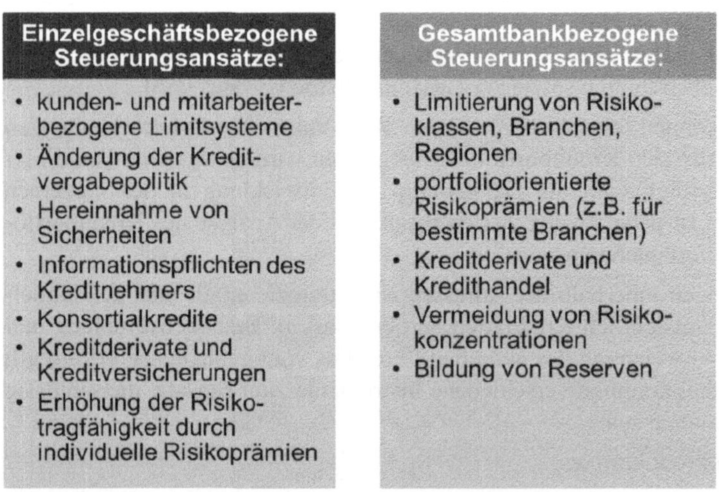

Abbildung 1.3-9: *Anforderungen und Auswirkungen des IKS*

Ein weiterer wichtiger Punkt der Adressenrisikosteuerung, auf den an dieser Stelle eingegangen werden soll, ist die Pflicht der Geschäftsleitung, sich einen Überblick über die Risikosituation zu verschaffen. Für die Adressenausfallrisiken bedeutet dies, dass mindestens vierteljährlich in nachvollziehbarer und aussagekräftiger Art und Weise ein Risikobericht zu erstellen ist. Dieser hat gemäß BTR 1 Tz. 7 MaRisk eine Darstellung der wesentlichen strukturellen Merkmale des Kreditgeschäfts und eine Beurteilung der Risikosituation zu enthalten die bei Bedarf um Handlungsvorschläge ergänzt werden kann:

a) die Entwicklung des Kreditportfolios, z. B. nach Branchen, Ländern, Risikoklassen und Größenklassen oder Sicherheitenkategorien, unter besonderer Berücksichtigung von Risikokonzentrationen,
b) den Umfang der vergebenen Limite und externen Linien; ferner sind Großkredite und sonstige bemerkenswerte Engagements (z. B. Problemkredite von wesentlicher Bedeutung) aufzuführen und gegebenenfalls zu kommentieren,
c) gegebenenfalls eine gesonderte Darstellung der Länderrisiken,
d) bedeutende Limitüberschreitungen (einschließlich einer Begründung),
e) den Umfang und die Entwicklung des Neugeschäfts,
f) die Entwicklung der Risikovorsorge des Instituts,
g) getroffene Kreditentscheidungen von wesentlicher Bedeutung, die von den Strategien abweichen und
h) Kreditentscheidungen im risikorelevanten Kreditgeschäft, die Geschäftsleiter im Rahmen ihrer Krediteinzelkompetenz beschlossen haben, soweit diese von den Voten abweichen, oder wenn sie von einem Geschäftsleiter getroffen werden, der für den Bereich Marktfolge zuständig ist.

1.3.5 Anforderungen an die Kreditprozesse

1.3.5.1 Allgemeine organisatorische Anforderungen

Gemäß AT 5 MaRisk hat das Kreditinstitut sicherzustellen, dass die Geschäftsaktivitäten auf Grundlage von Organisationsrichtlinien betrieben werden und gemäß AT 6 MaRisk sind alle Aktivitäten, die zur Erfüllung der MaRisk notwendig sind, nachvollziehbar zu dokumentieren. Kommt es in der Praxis zu Problemen in der Umsetzung organisatorischer Anforderungen lassen sich dafür oft folgende Ursachen finden:

- Mitarbeiter halten sich nicht an die vorgegebenen Arbeitsanweisungen bzw. Organisationsrichtlinien,
- Organisationsrichtlinien fehlen, sind veraltet bzw. werden nicht regelmäßig überprüft,
- Organisationsrichtlinien widersprechen sich teilweise bzw. sind mehrdeutig,
- Wesentliche Arbeitsschritte in der Kreditbearbeitung sind nicht dokumentiert,
- Kreditakten sind unübersichtlich oder unvollständig,
- Es bestehen unklare Kompetenzregelungen,
- Bagatellgrenze bei Überziehungen im risikorelevanten Geschäft ist zu hoch bzw. zu pauschal,
- Keine bzw. unklare Funktionstrennung auf Ebene der Geschäftsleitung.

Ein wichtiger Aspekt der MaRisk innerhalb des IKS, der zur Vermeidung operationeller Risiken dient, ist der Grundsatz der Funktionstrennung. Deshalb wird auf diesen im Folgenden näher eingegangen.

1.3.5.2 Funktionstrennung

Maßgeblicher Grundsatz für die Ausgestaltung der Prozesse im Kreditgeschäft ist die klare aufbauorganisatorische Trennung der Bereiche Markt und Marktfolge bis einschließlich der Ebene der Geschäftsleitung (BTO 1.1, Tz. 1). Gerade auf Ebene der Geschäftsleitung kommt es in der Praxis bei gegenseitiger Vertretung manchmal zu einer Verletzung dieser Anforderung. Von welchen Bereichen und Funktionen die Bereiche Markt und Handel aufbauorganisatorisch zu trennen sind, wird in BTO Tz. 3 aufgezählt. Daneben existieren weitere Punkte, in denen bestimmte Funktionen nicht von den Bereichen Markt und Handel ausgeübt werden dürfen:

- In die Entscheidung, ob es sich um Geschäftsaktivitäten in neuen Produkten oder auf neuen Märkten handelt ist ein vom Markt bzw. vom Handel unabhängiger Bereich einzubinden (AT 8 Tz. 2)
- Funktionen des Marktpreisrisikocontrollings sind bis einschließlich der Ebene der Geschäftsleitung von Bereichen zu trennen, die die Positionsverantwortung tragen (BTO Tz. 4).
- Das Rechnungswesen, insbesondere die Aufstellung der Kontierungsregeln sowie die Entwicklung der Buchungssystematik, ist in einer vom Markt und Handel unabhängigen Stelle anzusiedeln (BTO Tz. 7).
- Wesentliche Rechtsrisiken sind grundsätzlich in einer vom Markt und Handel unabhängigen Stelle (z. B. der Rechtsabteilung) zu überprüfen (BTO Tz. 8).
- Für Kreditentscheidungen im risikorelevanten Kreditgeschäft sind zwei zustimmende Voten der Bereiche Markt und Marktfolge notwendig (BTO 1.1 Tz. 2).
- Bei Handelsgeschäften sind Kontrahenten- und Emittentenlimite durch eine Votierung aus dem Bereich Marktfolge festzulegen (BTO 1.1 Tz. 3).
- Die Überprüfung bestimmter, unter Risikogesichtspunkten festzulegender Sicherheiten ist außerhalb des Bereiches Markt durchzuführen. Diese Zuordnung gilt auch für die Entscheidung über die Risikovorsorge bei bedeutenden Engagements (BTO 1.1 Tz. 7).
- Falls bei einem Engagement (z. B. im Rahmen von Individualvereinbarungen) von den Standardtexten abgewichen werden soll, ist, soweit unter Risikogesichtspunkten erforderlich, vor Abschluss des Vertrages die rechtliche Prüfung durch eine vom Bereich Markt unabhängige Stelle notwendig (BTO 1.2 Tz. 12).

Alle übrigen Prozesse bzw. Teilprozesse können im Ermessen der Kreditinstitute dem Bereich Markt oder einem marktunabhängigen Bereich zugeordnet werden (z. B. die Kreditbearbeitung). Dabei sollte so weit wie möglich auf ineffiziente Doppelarbeiten verzichtet werden.

Auch beim Einsatz von IT-gestützten Verfahren ist die Funktionstrennung durch entsprechende Verfahren und Schutzmaßnahmen sicherzustellen (BTO, Tz. 9). Dennoch kommt es in der Praxis immer wieder dadurch zu Beanstandungen durch die Aufsicht, dass die IT-Strukturen (insbesondere Systemzugangs- und Benutzerberechtigungen) nicht ausreichend an die Funktionstrennung angepasst wurden.

1.3.5.3 Votierung im risikorelevanten Kreditgeschäft

Die MaRisk treffen eine Unterscheidung zwischen risikorelevanten Geschäften, für die bei Kreditentscheidungen zwei unabhängige Voten von Markt und Marktfolge erforderlich sind, und nicht risikorelevanten Geschäften, bei denen ein Votum ausreichend sein kann.

Welches Kreditgeschäft als risikorelevant angesehen wird, liegt grundsätzlich im Ermessen des jeweiligen Kreditinstituts. Die Abgrenzung zwischen risikorelevantem und nicht-risikorelevantem Kreditgeschäft sollte sich am Risikogehalt der Geschäfte, deren Umfang und der Institutsgröße – also letztlich am Risikobeitrag der Geschäfte – orientieren. Zu den nicht risikorelevanten Kreditgeschäften dürfte z. B. regelmäßig das standardisierte Mengengeschäft zu rechnen sein.

Die Beurteilung der Risikorelevanz hat unmittelbar Auswirkungen auf den Votierungsprozess bei Kreditentscheidungen. Ein Votum bezeichnet eine Stellungnahme von Markt oder Marktfolge zu einer Kreditvorlage. Eine Kreditentscheidung ist dagegen die Entscheidung über die Gewährung bzw. Nicht-Gewährung eines Kredites. Votum und Kreditentscheidung werden in den meisten Fällen durch eine Person ausgeübt, können aber auch getrennt erfolgen.

Im Rahmen seiner Einzelkompetenz kann weiterhin jeder Geschäftsleiter eigenständige Kreditentscheidungen treffen und Kundenkontakte wahrnehmen, solange die aufbauorganisatorische Trennung davon unberührt bleibt und, soweit dies unter Risikogesichtspunkten erforderlich sein sollte, das „Zwei-Voten-Prinzip“ eingehalten wird (BTO 1.1, Tz. 5).

Kontrahenten- und Emittentenlimite für Handelsgeschäfte sind durch eine Votierung aus dem Bereich Marktfolge festzulegen. Solange die Votierung nicht vom Handel wahrgenommen wird, bleibt es demnach weitgehend dem Kreditinstitut überlassen, wo die letztendliche Entscheidungskompetenz angesiedelt wird. Für jedes Kreditgeschäft muss im Vorfeld auf Basis eines Kreditbeschlusses ein Limit eingeräumt werden (BTR 1, Tz. 2). Dies gilt gemäß BTR 1 Tz. 3 auch für Kontrahentenlimite bei Handelsgeschäften, sofern diese nicht Zug um Zug angeschafft werden oder bei ihnen keine entsprechende Deckung besteht.

Darüber hinaus sind bei Handelsgeschäften grundsätzlich auch Emittentenlimite einzurichten (BTR 1, Tz. 4). Vor jeder Limiteinräumung muss grundsätzlich eine Bonitätsprüfung vorgenommen werden, da sich die Limithöhe an der Bonität orientieren muss. Grundlage der Bonitätsüberprüfung sind neben den Ratings einschlägiger Ratingagenturen auch eigene Analysen. Die Verwendung externer Bonitätseinschätzungen enthebt das Institut nicht von seiner Verpflichtung, sich ein Urteil über das Adressenausfallrisiko zu bilden und dabei eigene Erkenntnisse und Informationen in die Entscheidung einfließen zu lassen.

Handelt es sich bei risikorelevanten Kreditengagements um Problemkredite oder um Kredite in sog. Abbauportfolien, kann auf ein Marktvotum verzichtet werden. Ein marktunabhängiges Votum wird bei diesen Engagements immer für erforderlich gehalten (BTO 1.2.5, Tz. 1).

Die aufbauorganisatorische Trennung zwischen Markt und Marktfolge ist insofern nur für Kreditgeschäfte maßgeblich, bei denen unter Risikogesichtspunkten zwei Voten erforderlich sind. Die sonstigen Anforderungen an die Kreditprozesse (BTO 1.2) müssen dennoch angemessen umgesetzt werden.

Weiterhin hat das Kreditinstitut eine klare und konsistente Kompetenzordnung für Entscheidungen im Kreditgeschäft festzulegen. Für den Fall voneinander abweichender Voten sind in der Kompetenzordnung Entscheidungsregeln zu treffen. Der Kredit ist in diesen Fällen abzulehnen, oder zur Entscheidung auf eine höhere Kompetenzstufe zu verlagern (Eskalationsverfahren) (BTO 1.1 Tz. 6).

1.3.5.4 Prozesse zur Kreditbearbeitung

Über alle Unternehmensgrößenklassen und Branchen hinweg spielt die klassische Unternehmensfinanzierung über Bankkredite auch weiterhin eine herausragende Rolle. Deshalb hat die BaFin in den MaRisk detaillierte Anforderungen an die Prozesse gestellt. In diesem Zusammenhang sind die folgenden Prozesse einzurichten:

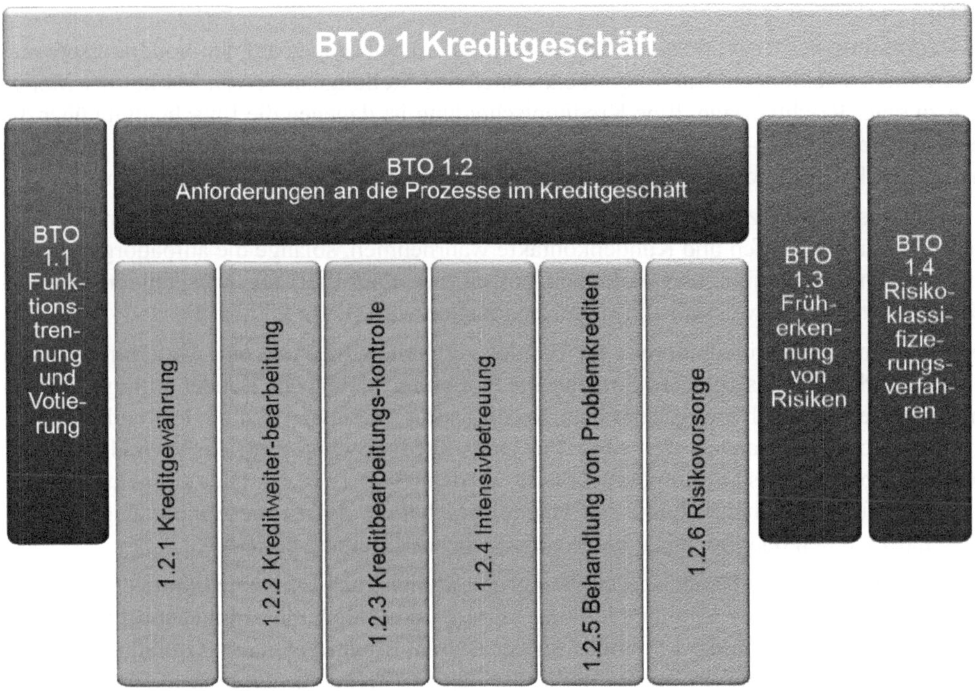

Abbildung 1.3-10: *Übersicht der prozessualen Anforderungen an das Kreditgeschäft gemäß BTO 1 MaRisk*

Der BTO 1.2 umfasst Anforderungen zu folgenden Prozessen:

- Kreditgewährung: alle erforderlichen Arbeitsabläufe bis zur Bereitstellung des Kredits, zur Vertragserfüllung oder Einrichtung einer Linie,
- Kreditweiterbearbeitung: Kreditverwendungskontrolle, laufende Beurteilung des Adressenausfallrisikos und turnusmäßige Überprüfung der Werthaltigkeit von Sicherheiten,
- Kreditbearbeitungskontrolle: Einrichtung von prozessunabhängigen Kontrollen für die Kreditgewährung und die Kreditweiterbearbeitung,
- Intensivbetreuung: besondere Beobachtung von Engagements nach vorher festgelegten Kriterien,

- Problemkreditbearbeitung: Festlegung von Kriterien, ab wann ein Kredit abzugeben ist, Prüfung der Sanierungswürdigkeit und -fähigkeit anhand eines externen Sanierungskonzeptes und ggf. Sanierung und
- Risikovorsorge: zeitnahe Ermittlung und Fortschreibung der Risikovorsorge nach vorher festgelegten Kriterien.

In der Praxis liegt der Schwerpunkt der Marktfolge in der quantitativen Kreditanalyse. Entsprechende Analysen des Marktbereichs werden plausibilisiert und ggf. ergänzt. Abhängig vom Risikogehalt haben im Rahmen von Kreditentscheidungen als auch turnusmäßige oder anlassbezogene Beurteilungen der Risiken eines Engagements mithilfe eines Risikoklassifizierungsverfahrens zu erfolgen. Generell gilt, dass zwischen Risikoklassifizierung und Konditionsgestaltung ein sachlich nachvollziehbarer Zusammenhang bestehen sollte. Nachfolgend wird auf einige Elemente der Kreditprozesse näher eingegangen.

1.3.5.5 Früherkennung von Risiken

Die MaRisk fordern, dass alle wesentlichen Risiken im Kreditgeschäft frühzeitig erkannt, vollständig erfasst und in angemessener Weise dargestellt und überwacht werden. Konkrete Verfahren für diese Steuerung werden dabei nicht vorgegeben. Seitens der Aufsicht wird hier derzeit eine rein handelsrechtliche Steuerung als ausreichend erachtet.

Das Verfahren zur Früherkennung von Risiken gemäß BTO 1.3 dient insbesondere der rechtzeitigen Identifizierung von Kreditnehmern, bei deren Engagements sich erhöhte Risiken abzuzeichnen beginnen. Damit sollen die Kreditinstitute in die Lage versetzt werden, in einem möglichst frühen Stadium Gegenmaßnahmen einleiten zu können. Die dafür zu entwickelnden Frühwarnindikatoren müssen in der Lage sein, das sich abzeichnende Risiko möglichst frühzeitig identifizieren zu können.

Den Kreditinstituten bleibt freigestellt, bestimmte Arten von Kreditgeschäften oder Kreditgeschäfte unterhalb bestimmter Größenordnungen von der Anwendung des Verfahrens zur Früherkennung von Risiken auszunehmen. Dadurch wird der Tatsache Rechnung getragen, dass die Implementierung eines solchen Verfahrens mit einem erheblichen Aufwand verbunden ist. Die Funktion der Früherkennung von Risiken kann auch in ein Risikoklassifizierungsverfahren integriert werden (BTO 1.3, Tz. 3).

Ein System zur Früherkennung von Risiken muss also in der Lage sein, potenzielle Risiken permanent und frühzeitig sowohl für Einzelengagements als auch auf Portfolioebene richtig zu erkennen. Dazu gehört auch die Integration in ein Reportingsystem und die Ableitung von konkreten Steuerungsmaßnahmen.

Lange bevor es in einem Unternehmen tatsächlich zur Zahlungsunfähigkeit oder Überschuldung kommt, sind bereits Signale erkennbar, die auf ein erhöhtes Risikopotential hindeuten. Je eher Signale erkannt werden, desto besser ist es möglich wirksame Steuerungsmaßnahmen zu ergreifen. Erst durch eine funktionierende Risikofrüherkennung kombiniert mit einer vorausschauenden Risikosteuerung ist eine zeitnahe Erkennung und Steuerung der Risiken möglich.

Folgende Tabelle zeigt einige **Kriterien**, die **als Frühwarnindikatoren** geeignet sein können.

	Quantitative Kriterien	Qualitative Kriterien
unternehmensbezogene Kriterien	• deutliche Verschlechterung der Bilanzkennziffern (Eigenkapitalquote, Anlageverhältnis, Rückstellungen, Kreditorenlaufzeit, Lagerdauer, Liquidität, etc.) • deutliche Verschlechterung der GuV-Kennziffern (Umsatzentwicklung, Cashflow, Abschreibungen, Zinsaufwand, etc.) • Kontodaten (nicht genehmigte Überziehungen, Rückstände bei Zins- und Tilgungsleistun-gen, Pfändungen, Scheck- oder Lastschriftrückgaben)	• Verzicht auf Skontoabzug • Veränderungen im Auskunftsverhalten • Nachfolgeregelung • Vorhandensein eines Controllings • Abhängigkeiten von Kunden oder Lieferanten • Managementwechsel • Knowhow der Geschäftsleitung • (öffentliche) Berichterstattung
externe Kriterien	• Kennzahlen zur Einschätzung der Marktsituation und Branchenkonjunktur • Ratingveränderungen	• politische und steuerliche Rahmenbedingungen • öffentliche Berichterstattung • Naturereignisse

Abbildung 1.3-11: *Kriterien für die Risikofrüherkennung (Aufzählung nur beispielhaft, kein Anspruch auf Vollständigkeit)*

Für die ad-hoc-Berichterstattung bedeutet dies, dass auch diese bereits zu einem Zeitpunkt einsetzen muss, wenn Steuerungsmaßnahmen noch ihre Wirkung entfalten können. Welche Maßnahmen bei Bekanntwerden von Risiken ergriffen werden, kann und sollte bereits im Vorfeld definiert werden. Bei Handelsgeschäften kann dies zum Beispiel zum Verkauf, zu Absicherungsmaßnahmen, zur besonderen Beobachtung oder zur Beschaffung weiterer Informationen führen. Für Engagements im Kundenkreditgeschäft kann beispielsweise in einem ersten Schritt eine Überprüfung des Ratings erfolgen, es kann weiterhin festgelegt werde, dass ein Gespräch mit der Geschäftsleitung des Unternehmens geführt werden muss, woraus dann weitere Maßnahmen abgeleitet werden. Parallel zu der Betreuung des Engagements ist ein eventueller Wertberichtigungsbedarf zu ermitteln und laufend fortzuschreiben.

1.3.5.6 Intensivbetreuung und Problemkredite

Selbst bei einem sehr ausgereiften Verfahren zur Risikofrüherkennung lassen sich Schieflagen einzelner Kreditengagements nicht vollständig verhindern. Durch intensive Betreuung eines in die Krise geratenen Unternehmens lassen sich jedoch die Ausfallkosten der Bank minimieren.

Werden im Rahmen der Risikofrüherkennung bzw. laufenden Überwachung der Kreditengagements Warnsignale festgestellt, ist zu entscheiden, ob das entsprechende Engagement einer intensiveren Betreuung bedarf bzw. aus dem Marktbereich herauszulösen und der Problemkreditbearbeitung zu übertragen ist.

Im Regelfall werden Engagements an die Problemkreditbearbeitung abgegeben, bei denen die Intensivbetreuung bisher nicht zum gewünschten Erfolg geführt hat. Bei der Entscheidung, ob die Intensivbetreuung durch Mitarbeiter des Marktbereichs wahrgenommen wird oder ob auch diese Engagements außerhalb des Marktbereichs betreut werden, ist zu berücksichtigen, dass bereits mit der Intensivbetreuung ein erhöhter Arbeitsaufwand verbunden ist, der zulasten der Betreuung der anderen Engagements geht.

In der Sanierungsabteilung geht es dann entweder um die Wiederherstellung der Kapitaldienstfähigkeit oder um die schnelle Beendigung des Kreditengagements bei Minimierung des eigenen Abschreibungsaufwands. Demzufolge beginnt die Aufnahme der Intensivbetreuung und der Problemkreditbearbeitung mit einer Bestandsaufnahme der wirtschaftlichen Situation und der Liquidität des Kreditnehmers.

Die Beurteilung, ob ein Unternehmen sanierungsfähig und -würdig ist, hat auf Basis eines vom Kunden vorzulegenden Sanierungskonzeptes zu erfolgen. Dazu wird der Unternehmer seinen Beitrag in Form eines Businessplans oder einer Individualvereinbarung leisten müssen. Auf jeden Fall sollte jeweils eine klar umrissenc Vorgehensweise existieren, die Zielsetzungen, Maßnahmen und Zeitplan enthält. Sofern einzelne Maßnahmen nicht zu dem erwarteten Ziel geführt haben, muss darüber hinaus zeitnah geprüft werden, ob die Sanierung trotzdem fortgeführt werden kann. Gerade für den Fall des Verfehlens gesetzter Ziele sollten schon vorab Folgeauswirkungen definiert worden sein. Bei der Sanierung bedeutender Engagements sollte beispielsweise das Verfehlen solcher Ziele ad hoc an den Vorstand berichtet werden um gegebenenfalls auch abzustimmen wie weiter verfahren werden soll. Die Umsetzung des Sanierungskonzepts sowie die Auswirkungen der Maßnahmen sind vom Kreditinstitut zu überwachen (BTO 1.2.5, Tz. 3).

Entscheidet sich das Kreditinstitut gegen die Sanierung, muss in einem sog. Abbaukonzept bzw. Abwicklungskonzept die weitere Vorgehensweise festgelegt werden. Insbesondere für Engagements, die sich in der Problemkreditbearbeitung befinden, gilt, dass das Institut jederzeit in der Lage sein sollte, den aktuellen Wertberichtigungsbedarf zu beziffern. Dazu sind Einzelwertberichtigungen unverzüglich zu bilden und laufend fortzuschreiben. Unabhängig von der ad-hoc-Berichterstattung ist die Geschäftsleitung regelmäßig, jedoch mindestens vierteljährlich, über die Entwicklung der Risikovorsorge zu informieren (BTR 1 Tz. 7).

Derzeit wird davon ausgegangen, dass nach dem Prinzip der zweckmäßigen Umsetzung der Prozessanforderungen an Kreditgeschäfte die Anforderungen an die Intensivbetreuung und Problemkreditbearbeitung aufgrund der fehlenden (direkten) Einflussmöglichkeiten nicht auf Handelsgeschäfte zu übertragen sind.

Zusammenfassung

Die MaRisk füllen den Internal Capital Adequacy Process (ICAAP) im Rahmen der zweiten Säule von Basel II aus und setzen diesen in deutsches Recht um. Übergeordnete Zielsetzung ist die Gewährleistung der Risikotragfähigkeit. Leitgedanke ist die interne Proportionalität als Verhältnis zwischen Risikoprofil der Bank und der Ausgestaltung des Risikomanagements.

Die MaRisk sind modular aufgebaut. In einem allgemeinen Teil (AT) werden übergeordnete Leitlinien für das Risikomanagement definiert. Der Besondere Teil konkretisiert das interne Kontrollverfahren, welches einerseits Anforderungen das interne Kontrollsystem (AT 4.3 bzw. BT1) und Anforderungen an die interne Revision (AT 4.4.3 bzw. BT2) beinhaltet. Der Besondere Teil setzt sich aus organisatorischen Anforderungen (BTO) und risikobezogenen Anforderungen (BTR) zusammen. Ersterer enthält eine Vielzahl von Anforderungen an die prozessuale Ausgestaltung des Kreditgeschäfts.

Literaturhinweise

BaFin: Rundschreiben 10/2012 (BA) – Mindestanforderungen an das Risikomanagement – MaRisk vom 14.12.2012

BIZ / Basler Ausschuss für Bankenaufsicht: Rahmenkonzept für Interne Kontrollsysteme in Banken, September 1998

Deutsche Bundesbank: Zum aktuellen Stand der bankinternen Risikosteuerung und der Bewertung der Kapitaladäquanz im Rahmen des aufsichtlichen Überprüfungsprozesses, Monatsbericht Dezember 2007

Deutsche Bundesbank: Änderung der neugefassten EU-Bankenrichtlinie und EU-Kapitaladäquanzrichtlinie sowie Anpassung der Mindestanforderungen an das Risikomanagement, Monatsbericht September 2009

Deutsche Bundesbank: Aufsichtliche Beurteilung bankinterner Risikotragfähigkeitskonzepte, veröffentlicht am 7. Dezember 2011

Institut der Wirtschaftsprüfer in Deutschland e. V.: Prüfungsstandard Nr. 261 – Feststellung und Beurteilung von Fehlerrisiken und Reaktionen des Abschlussprüfers auf die beurteilten Fehlerrisiken

Kapitel 2
Bankinterne Ratingverfahren

Heinrich Rommelfanger

2.1 Ratingmethoden

Lernziele

Der Credit Rating Analyst soll

- die Wirkungsweise ausgewählter mathematisch-statistischer Verfahren zur Aggregation von Inputinformationen zu einem Ratingurteil verstehen,
- die Bildung der Ratingklassen und die Berechnung der Ausfallswahrscheinlichkeiten erfassen,
- den Aufbau von Expertensystemen kennen lernen,
- die Modellierung linguistischer Bewertungen mittels Fuzzy-Intervalle und die Fuzzy-Inferenz kapieren,
- die Vor- und Nachteile der verschiedenen Verfahren gegeneinander abwägen können.

2.1.1 Einleitung

Schon seit über 20 Jahren werden von Banken Software-Systeme benutzt, die die komplexen Kreditvergabeentscheidungen unterstützen. Da in der Vergangenheit nur Ja/Nein-Entscheidungen zu fällen waren, bestanden diese Systeme im wesentlichen aus einer Bonitätsbewertung auf der Basis von Informationen aus dem Rechnungswesen unter Beachtung von Branchenvergleichsdaten. Als Modelltyp wurde überwiegend die Lineare Multivariate Diskriminanzanalyse eingesetzt; allerdings kamen auch vereinzelt Expertensysteme zum Einsatz, wie z. B. das Codex-System der Commerzbank AG. Darüber hinaus gehende Unternehmensinformationen wie Aussagen über Management-Qualitäten, Marktumfeld u. a., die zusätzliche Aussagen über die Bestandsfestigkeit eines Unternehmens geben könnten, wurden normalerweise bei Bedarf vom Kreditsachbearbeiter ergänzend „per Hand“ verarbeitet. Allerdings wurden ab Mitte der 90er Jahre auch schon einfache Fuzzy-Expertensysteme zur Überarbeitung des auf der materiellen Kreditwürdigkeit basierenden Ersturteils verwendet, wie z. B. das Bonitätsbewertungssystem der Deutschen Bundesbank belegt.

Seit der Verabschiedung der Rahmenvereinbarung zur Eigenkapitalunterlegung für Kreditinstitute, kurz Basel II genannt, durch den Baseler Ausschuss für Bankenaufsicht haben Banken seit 01.01.2007 die Möglichkeit, die Eigenkapitalunterlegung von Krediten risikoadäquat zu gestalten, wenn sie Kreditnehmer entsprechend ihrer Bonität in Ratingklassen einteilen.

Wegen der geringen Verbreitung externer Ratings außerhalb des angelsächsischen Raums wurde den Banken erlaubt, interne Ratings bei der Ermittlung der aufsichtlichen Eigenkapitalanforderungen zugrunde zu legen. Dabei müssen die internen Ratingverfahren bestimmten Mindestanforderungen genügen, um die Zulassung seitens der nationalen Aufsichtsbehörde zu erhalten. Diese Anforderungen beziehen sich u. a. auf die Auswahl der berücksichtigten Kennzahlen und die Prognosegüte der internen Ratingsysteme. Ein Credit-Rating soll unter Einbeziehung aller verfügbaren Unternehmensinformationen eine Aussage über die Bestandsfestigkeit eines Unternehmens geben, ausgedrückt in der Wahrscheinlichkeit für den Ausfall eines Unternehmens in einem vorgegebenen Zeitraum. Dieser komplexe Aggregationsprozess kann bei Beachtung von Kosten- und Objektivitätsgesichtspunkten im Massengeschäft nur mit Unterstützung von quantitativen Ratingmethoden durchgeführt werden. Um ein Ratingergebnis einschätzen zu können, ist es daher nötig, dass ein Credit Rating Analyst die Eigenschaften und die Verfahrensabläufe der wichtigsten Aggregationsmethoden kennen lernt und deren Vor- und Nachteile beurteilen kann.

Die derzeit verwendeten mathematisch-statistische Verfahren, wie Lineare Multivariate Diskriminanzanalyse, Regressionsanalytische Verfahren (Logit, Probit), Clusteranalyse benötigen definitionsgemäß metrisch skalierte Inputdaten und sind daher nicht geeignet, die über die Jahresabschlussbilanzen hinausgehenden „weichen“ Einflussfaktoren adäquat zu berücksichtigen. Andererseits zeigen die Erfahrungen von Kreditexperten, die auch mehrfach durch empirischen Untersuchungen bestätigt wurden, dass gerade die qualitativen Faktoren (soft facts), wie z. B. fachliche Qualität des Managements, unternehmerische Mentalität, Nachfolgereglung, Mitarbeiterzufriedenheit, Markstellung, bei der Einteilung in Ratingklassen besonders wichtig sind. Sowohl zur Verbesserung der Qualität der Bonitätsbeurteilung als auch aus Kostengründen ist es erforderlich, auch die Bewertung der qualitativen Faktoren nicht der subjektiven Einschätzung eines Sachbearbeiter zu überlassen sondern ein automatisiertes Verfahren zu verwenden, das in der Lage ist, diese wichtigen Unternehmensinformationen nachvollziehbar zu beurteilen und zu einem Gesamturteil zu verdichten. Hierzu eignen sich zurzeit wohl nur Fuzzy-Logik basierte Expertensysteme, da diese in der Lage sind, das Entscheidungsverhalten von Experten realitätsnah abzubilden, und neben quantitativen Daten auch linguistische Bewertungen adäquat verarbeiten können.

2.1.2 Mathematisch-statistische Ratingverfahren

Aus Platzgründen werden in diesem kurzen Beitrag nur mathematisch-statistische Verfahren im engeren Sinne behandelt. Auf die Darstellung von Punktwertverfahren (Scoring-Methoden) und Neuronaler Netze wird verzichtet, da erstere einem strengeren theoretischen Anspruch nicht genügen und letztere von den Kreditsachbearbeitern als „Black Boxes“ nicht akzeptiert werden. Auch Entscheidungsbaumverfahren werden in dieser Einführung nicht behandelt, obwohl diese Systeme leicht verständlich, gut interpretierbar und einfach in der Praxis anzuwenden sind. Begründet wird dieser Schritt mit dem Hinweis, dass die Konstruktion eines Entscheidungsbaumes ein höchst komplexes kombinatorisches Problem ist und das derzeit kein geeignetes Softwaretool zur Erstellung von Entscheidungsbäumen existiert. Die im Handel erhältlichen Statistikpakete führen nur zu stark suboptimalen Bäumen, da hier die Festlegung der Reihenfolge der Fragen von der Erklärungskraft der Merkmale in Voranalysen (z. B. mittels univariaten Diskriminanzanalysen) abhängt oder subjektiv vorgegeben wird. Um der vorgegebenen Seitenbeschränkung zu genügen, wird auch nicht näher auf die Univariate Diskriminanzanalyse eingegangen, obwohl diese bei der empirischen Auswahl der Bonitätskennzahlen eine wichtige Rolle spielt.

Der Zielsetzung entsprechend werden in dieser Einführung in die Wirkungsweise von quantitativen Credit-Ratingverfahren nur die einfacheren Modellausführungen besprochen. Bzgl. der komplexeren Ansätze und der dazugehörigen Schätzverfahren wird auf die das DVFA-Postgraduierten-Programm „Certified Credit Analyst“ (CCrA) und einschlägige Literatur, vgl. Backhaus et al. (2000), 162–197; Fahrmeir et al. (1996), 425–435. Kraft (1997) verwiesen.

2.1.2.1 Lineare Multivariate Diskriminanzanalyse

Die Diskriminanzanalyse ist eine Methode zur ***Analyse von Gruppenunterschieden***, bei der eine Grundgesamtheit anhand aussagefähiger Merkmale in (möglichst überschneidungsfreie) Gruppen eingeteilt wird. Bei der ***Linearen Multivariaten Diskriminanzanalyse*** (LMD) werden ***simultan*** mehrere Merkmalsvariable berücksichtigt, die durch Linearkombination zu einer einzigen Variablen zusammengefasst werden.

Diese ***Diskriminanzfunktion*** (***Trennfunktion***) hat allgemein die folgende Form:

$$Y = b_0 + b_1 x_1 + b_2 x_2 + \ldots + b_J x_J \,.$$

Dabei ist Y die nominal skalierte Diskriminanzvariable, x_j die metrisch skalierte Merkmalsvariable j (j = 1, 2, …, J), b_j der reellwertige ***Diskriminanzkoeffizient*** zur Merkmalsvariable j und b_0 eine konstante reelle Zahl.

Eine Aufgabe der Diskriminanzanalyse beim Credt-Rating besteht zunächst darin, die Parameter b_j der Diskriminanzfunktion so zu schätzen, dass sich eine möglichst optimale Trennung zwischen solventen und insolventen Unternehmen ergibt. Die Zuordnung zu einer Ratingklassen erfolgt dann auf Basis des errechneten ***Diskriminanzmaßes*** Z, das definiert ist als der Abstand des Ratingobjektes von der Diskriminanzfunktion, vgl. dazu Abb. 2.1-1.

Zur Durchführung der Diskriminanzanalyse wird ein vorliegender Datensatz zunächst zufällig in eine ***Lernstichprobe*** und eine ***Teststichprobe*** zerlegt, die jeweils nochmals aufgeteilt werden in die Mengen A (solvente Unternehmen) und B (insolvente Unternehmen). Mit der Lernstichprobe werden die Diskriminanzkoeffizienten bestimmt; der Teststichprobe dient zur Validierung des Ratingsystems.

Die LMD lässt sich einfach durchführen, wenn in den Mengen A und B die folgenden drei Bedingungen erfüllt sind:

- Die Merkmalskennzahlen sind normalverteilt; $N(\overline{X}_j^A,\ s_j^A)$ und $N(\overline{X}_j^B,\ s_j^B)$; $j = 1,\ldots,J$
- Die Kennzahlen sind voneinander unabhängig.
- Die Varianzen der Kennzahlen sind gleich groß: $s^2 = \mathrm{Var}(X_j^A) = \mathrm{Var}(X_j^B),\ \ j = 1,\ldots,J$.

  (***Varianzhomogenität***). Diese Bedingung lässt sich durch Normierung der Kennzahlen erreichen, indem man z. B. die Standartabweichung aller Kennzahlen auf 1 normiert durch die Substitution $\hat{X}_j^A = \dfrac{X_j^A}{s_j^A}$ bzw. $\hat{X}_j^B = \dfrac{X_j^B}{s_j^B}$.

Unter diesen Annahmen führt die Linearkombination

$$Y = b_0 + b_1 X_1 + b_2 X_2 + \ldots + b_J X_J$$

mit beliebigen Koeffizienten b_j zu den ebenfalls normalverteilten Diskriminanzvariablen Y_A und Y_B, die beschrieben werden durch den Erwartungswerte

$$\overline{Y}_A = E(Y_A) = b_0 + b_1 \overline{X}_1^A + b_2 \overline{X}_2^A + \ldots + b_J \overline{X}_J^A \text{ bzw.}$$

$$\overline{Y}_B = E(Y_B) = b_0 + b_1 \overline{X}_1^B + b_2 \overline{X}_2^B + \ldots + b_J \overline{X}_J^B$$

und die gemeinsame Varianz $s_A^2 = s_B^2 = \mathrm{Var}(Y_A) = \mathrm{Var}(Y_B) = (b_1 + b_2 + \cdots + b_J) \cdot s^2$.

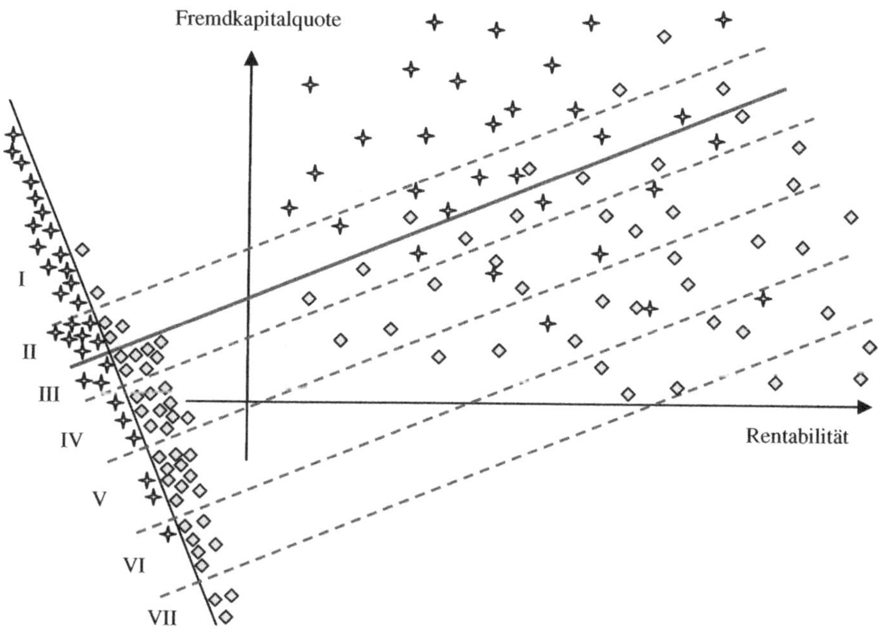

Abbildung 2.1-1: *Lineare Multivariate Diskriminanzanylyse*

In Abb. 2.1-2 lässt sich das Prinzip der Ratingklassenbildung gut erkennen. Ausgehend von der berechneten Diskriminanzfunktion werden die Ratingklassen definiert durch ihre Abstände von der Diskriminanzfunktion. Basiert die Klasseneinteilung nur auf der Bewertung von Jahresabschlussbilanzen, dann ist es gängige Praxis, die direkt neben der Diskriminanzfunktion liegenden Klassen (hier II und III) als „Grauzone" zu bezeichnen und die endgültige Bewertung erst durch Hinzunahme weiterer Bonitätkriterien festzulegen.

Die Gewichte b_j sind nun so zu schätzen, dass sich die Diskriminanzvariablen Y_A und Y_B maximal unterscheiden.

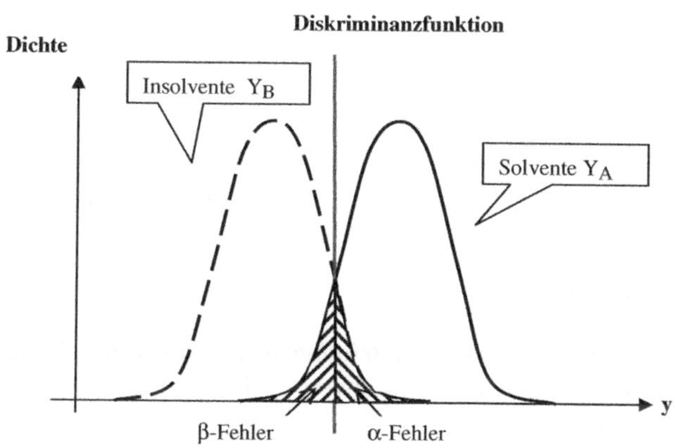

Abbildung 2.1-2: *Normalverteilte Diskriminanzvariable Y_A und Y_B*

Definitionsgemäß weisen normalverteilte Zufallsvariablen auf der Menge der reellen Zahlen positive Dichten auf und sind daher nie punktfremd. Der **α-*Fehler*** gibt den Anteil der tatsächlich kranken Unternehmen an, die aufgrund ihres Kennzahlenwertes als gesund angesehen werden können. Der **β-*Fehler*** gibt den Anteil der tatsächlich gesunden Unternehmen an, die aufgrund ihres Kennzahlenwertes als krank einzustufen sind, vgl. Abb. 2.1-2.

Durch Verschieben der Diskriminanzfunktion kann die α-β-Fehlerkombination verändert werden. Dabei kann das Ziel verfolgt werden, die Gesamtzahl der Fehler zu minimieren. Ein anderes Ziel wäre die Minderung der Kosten, die durch eine Fehlklassifizierung hervorgerufen werden. Dabei führt der α-Fehler zu Ausfallkosten, da Kreditnehmer den Kredit nicht mehr zurückzahlen können, und der β-Fehler zu Opportunitätskosten für den entgangenen Gewinn, da der Kredit nicht vergeben wird. Sind dann die Ausfallkosten höher als die Opportunitätskosten, so müsste der α-Fehler zu Lasten des β-Fehler verringert werden.

Als Maß für die Unterschiedlichkeit von zwei Gruppen reicht die Distanz der Erwartungswerte $|\bar{Y}_A - \bar{Y}_B|$ nicht aus, da die α- und β-Fehler auch von der Varianz der Verteilungen abhängen. Ein besseres Maß der Diskriminanz für die Gruppen A und B erhält man deshalb durch die zusätzliche Berücksichtigung der Streuung der Diskriminanzvariablen. Wählt man die Standardabweichung s als Maß für die Streuung einer Gruppe, so bietet sich als ein geeignetes Diskriminanzmaß an:

$$U = \frac{|\bar{Y}_A - \bar{Y}_B|}{s} \quad \text{oder} \quad U^2 = \frac{(\bar{Y}_A - \bar{Y}_B)^2}{s^2}.$$

Die optimale Diskriminanzfunktion Y zwischen den Teilmengen A und B der Lernstichprobe erhält man dann durch Maximierung des das Diskriminanzmaß U bzw. U^2 über der Lernstichprobe.

Vorteile der linearen multivariaten Diskriminanzanalyse:

- Es ist ein relativ einfaches Verfahren, das zu guten Diskriminanzergebnissen führt.
- Die Diskriminanzkoeffizienten b_i sind gut betriebswirtschaftlich interpretierbar.

Nachteile der linearen multivariaten Diskriminanzanalyse:

- Es sind die vorstehend genannten restriktiven Voraussetzungen zu erfüllen, die in der Praxis kaum für alle Kennzahlen vorliegen.
- Um die Bedingung der Unkorreliertheit zu erfüllen, dürfen nicht zu viele Kennzahlen verwendet werden.
- Da die Kenzahlen metrisch skaliert sein müssen, lassen sich „weiche“ Inputfaktoren nicht direkt berücksichtigen. Sie müssen durch aufwändige Methoden, z. B. mittels Lancaster-Skalierung, in annähernd metrisch skalierte Daten transformiert werden.

2.1.2.2 Logistische Regression

Ausgangspunkt der Logistischen Regression ist ein ***ökonometrisches Regressionsmodell***, bei dem für jede einzelne Variable die Abweichungen vom Mittelwert in dem Störterm zusammengefasst sind

$$Y_i{}^* = b_0 + b_1 x_{i1} + b_2 x_{i2} + \ldots + b_J x_{iJ} + U_i = z_i + U_i$$

mit Y_i^* = nicht beobachtete Variable beim i-ten Objekt,
x_{ij} = Ausprägung der Merkmalsvariable j (j = 1, 2, …, J) beim i-ten Objekt,
b_j = Koeffizient der j-ten unabhängigen Variable, b_0 = Konstantes Glied.
U_i = Störterm, der eine logistische Verteilung aufweist

Die dichotome latente Variable y_i („Insolvenzgefährdung") nimmt die beiden Werte 1 („insolvenzgefährdet") oder 0 („nicht insolvenzgefährdet") an. Beobachtet wird nun

$$y_i = \begin{cases} 1 & \text{falls } Y_i^* > 0 \\ 0 & \text{sonst} \end{cases}.$$

Die Wahrscheinlichkeit für $y_i = 1$ ist dann

$$\begin{aligned} P_i &= \text{Prob } [y_i = 1] - \text{Prob } [Y_i^* < 0] = \text{Prob } [U_i > -(b_0 + b_1 x_{i1} + \ldots + b_J x_{iJ})] \\ &= 1 - F[-\ (b_0 + b_1 x_{i1} + \ldots + b_J x_{iJ})], \end{aligned}$$

wobei F die kumulierte Verteilungsfunktion der Störvariablen U_i ist.

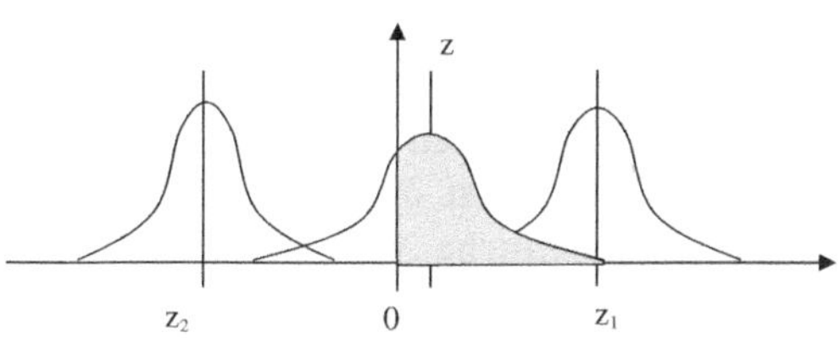

Abbildung 2.1-3: *Verschiedene Y_i^*-Verteilungen*

Weist U_i eine symmetrische Dichtefunktion auf, so lässt sich P_i vereinfachend schreiben als:

$$P_i = \text{Prob}\,[y_i = 1] = F(b_0 + b_1 x_{i1} + \ldots + b_J x_{iJ}).$$

Diese Symmetrieeigenschaft ist für die unterstellte ***logistische Verteilung*** gegeben, da deren kumulierte Verteilungsfunktion definiert ist als:

$$P_i = F(z_i) = \frac{e^{z_i}}{1 + e^{z_i}} = \frac{1}{1 + e^{-z_i}} \quad \text{mit} \quad z_i = b_0 + b_1 x_{i1} + b_2 x_{i2} + \ldots + b_J x_{iJ}.$$

Die zugehörige Dichtefunktion ähnelt der bekannten Gaußschen Glockenkurve der Normalverteilung. Eine Änderung der Konstanten b_0 führt zu einer horizontalen Verschiebung der Kurve von $F(z_i)$. Eine Erhöhung der Koeffizienten b_j führt zu einem steileren Verlauf.

Der Name ***„logistische Verteilung"*** leitet sich ab aus dem Zusammenhang

$$\log \frac{P_i}{1 - P_i} = \log \frac{F(z_i)}{1 - F(z_i)} = z_i = b_0 + b_1 x_{i1} + b_2 x_{i2} + \ldots + b_J x_{iJ}$$

„Logistic Probability Unit". Man spricht daher auch von ***Logit-Modellen***.

Da die Werte y_i Realisierungen eines binomialen Prozess mit der Wahrscheinlichkeit P_i sind, ist die Likelihoodfunktion, die gemeinsame Wahrscheinlichkeitsverteilung der Stichprobe $(y_1, y_2, \ldots, y_n)$ gleich

$$L = \prod_{y_i = 1} P_i \cdot \prod_{y_i = 0} (1 - P_i).$$

Im Rahmen eines Maximum-Likelihood-Schätzverfahren sind die Parameter b_j iterativ so zu bestimmen, dass diese Wahrscheinlichkeit maximal ist. Da der Logarithmus eine monoton steigende Funktion ist, lässt sich diese Berechnung vereinfachen durch Maximierung von

$$\ln L = \sum_{y_i=1} \ln P_i + \sum_{y_i=0} \ln(1-P_i) = -\sum_{y_i=1} \ln(1+e^{-z_i}) - \sum_{y_i=0} z_i \,.$$

Vorteile der Logistischen Regression

- Da die Kennzahlen der einzelnen Unternehmen direkt in die Bewertung eingehen, sind keine Verteilungsannahmen für die einzelnen Kennzahlen nötig. Weil für alle Merkmalsausprägungen einer Firma ein gemeinsamer Fehlerterm benutzt wird, ist die Bedingung einer logistischen Verteilung oder auch einer Normalverteilung (Probit-Model) dieses Fehlerterms leichter erfüllbar.
- Da jedem Unternehmen direkt seine Ausfallswahrscheinlichkeit zugeordnet wird, ist die Einteilung in Ratingklassen und die Definition der Ratingklassen durch Ausfallswahrscheinlichkeitsintervalle sehr einfach.
- Dieses Verfahren lieferte bei mehreren empirischen Untersuchungen gute Ergebnisse und ist daher die aktuell favorisierte Methode beim Aufbau neuer Ratingverfahren.

Nachteile der Logistischen Regression

- Da die b_j nun die Änderung des Logit der abhängigen Variablen bei einer Änderung einer unabhängigen Variablen um eine Einheit darstellen, ist die Überprüfung der geschätzten Klassifikationsfunktion auf betriebswirtschaftliche Widerspruchsfreiheit nicht so einfach wie bei der LMD.
- Zur der in der Literatur zu findenden Behauptung, dass die Merkmalsvariablen bei der logistischen Regression ein beliebiges Skalenniveau aufweisen können, ist festzustellen, dass dies **maßtheoretisch falsch** ist. Eine lineare Gleichung verlangt metrisch skalierte und unkorrelierte Daten. Um die Parameter b_j sinnvoll interpretieren zu können, müssen die Maßstäbe für die einzelnen Variablen vergleichbar sein und die gleiche Dimension aufweisen.

2.1.2.3 Clusteranalysen

Mit dem Sammelname „Clusteranalyse“ bezeichnet man mathematisch-statistische Verfahren, mit deren Hilfe eine Menge von Objekten zu homogenen Teilmengen (Klassen, Cluster) gruppiert werden kann. Die Klassenbildung erfolgt dabei so, dass Objekte mit möglichst ähnlichen Eigenschaften in einer Klasse zusammengefasst und „unähnliche“ Objekte unterschiedlichen Klassen zugeordnet werden. Eine Klasse ist hierbei Element einer ***Partition*** $P = \{P_1, \dots, P_c\}$, d. h. die Gesamtmenge wird in paarweise disjunkte, nicht-leere Teilmengen zerlegt. Im Gegensatz zur LMD und logistischer Regression, bei denen zunächst nur eine Trennung in solvente und insolvente Klassen erfolgt und darauf aufbauend weitere Unterklassen konstruiert werden, ist die Clusteranalyse das geeignete Instrumentarium um Ratingklassen zu bilden und inhaltlich zu interpretieren. Da eine Aufteilung der Kunden in Ratingklassen erst mit Basel II notwendig wird, sind Clusteranalyse basierte Credit-Ratingsysteme erst in der Entwicklung. Favorisiert werden dabei Vektor Support-Algorithmen.

Die Ermittlung einer Partition läuft generell nach dem folgenden Schema ab:

Um eine Menge von n Objekten in Cluster zu partitionieren, sind zunächst Merkmale festzulegen, die für die Verwandtschaft zweier Objekte ausschlaggebend sind oder diese möglichst eindeutig im Kontext der jeweiligen Zielsetzung der Klassifizierung diskriminieren. Die Anzahl der Merkmale sollte nicht zu groß sein, um zu vermeiden, dass diese miteinander korreliert sind.

Der Anwender hat dann für jedes Objekt O_j, i = 1, ..., n, einer Menge E die Ausprägungen der Merkmale M_j, j = 1, ..., f, zu quantifizieren; diese werden durch m_{ij} symbolisiert. Die sich so ergebende n × f-Matrix **M** wird als ***Datenmatrix*** bezeichnet.

$$
\begin{array}{ccccccc}
 & M_1 & M_2 & & M_f & & \text{Merkmal} \\
M = & \left(\begin{array}{c} m_{11} \\ m_{21} \\ \vdots \\ m_{n1} \end{array}\right. & \begin{array}{c} m_{12} \\ m_{22} \\ \vdots \\ m_{n2} \end{array} & \begin{array}{c} \dots \\ \dots \\ \vdots \\ \dots \end{array} & \left.\begin{array}{c} m_{1f} \\ m_{2f} \\ \vdots \\ m_{nf} \end{array}\right) & \begin{array}{c} O_1 \\ O_2 \\ \\ O_n \end{array} & \begin{array}{c} \text{Objekt} \\ \text{Objekt} \\ \vdots \\ \text{Objekt} \end{array}
\end{array}
$$

Im nächsten Schritt ist für jedes Objektpaar O_k und O_l ein **Proximitätsmaß**, d. h. ein Ähnlichkeits- oder Distanzwert, zu ermitteln, das unter Einbeziehung sämtlicher relevanter Merkmale M_j die Ähnlichkeit bzw. die Verschiedenheit der Objektpaare repräsentiert. Da die meisten Verfahren mit Distanzen arbeiten, wird hier die Darstellung auf diesen Typ beschränkt. Bezeichnet $\mathbf{m}_i$ den Merkmalsvektor $(m_{i1}, m_{i2}, \dots, m_{if})$, so wird ein Distanzwert zwischen zwei Objekten O_k und O_l mittels einer Distanzfunktion d berechnet, die den Merkmalsvektoren m_k und m_l eine reelle Zahl zuordnet: $d_{kl} = d(\mathbf{m}_k, \mathbf{m}_l)$. Distanzmaße sind nicht-negativ und erfüllen die so genannte Dreiecksungleichung $d_{kl} \le d_{kr} + d_{rl}$.

Die wichtigsten Proximitätsmaße sind die Spezialfälle der L_q ***-Distanz*** bzw. ***Minkowski-Metrik*** $d_{kl} = [\sum_{j=1}^{f} | m_{kj} - m_{lj} |^q]^{\frac{1}{q}}$, wobei q eine natürliche Zahl größer oder gleich eins ist.

Von größter praktischer Relevanz ist die ***euklidische Distanz***, bei der q = 2 gewählt wird.

Ist ein Entscheidungsträger in der Lage, die unterschiedlicher Wichtigkeit der Merkmale durch Gewichte zu bewerten, so kann als Proximitätsmaß die gewichtete euklidischen Distanz: $d_{kl} = [\sum_{j=1}^{f} g_j(m_{kj} - m_{lj})^2]^{\frac{1}{2}}$ verwendet werden.

Die mit einer subjektiven Festlegung der Gewichte verbundene Gefahr, dass die Ergebnisse der Clusteranalyse dadurch vom Anwender manipuliert werden, ist relativ gering einzuschätzen, da ein Nutzer der Clusteranalyse im Regelfall kein Interesse daran haben wird, Ergebnisse bewusst zu verzerren.

Nach Auswahl eines Proximitätsmaßes ist die Datenmatrix M in eine ***Distanzmatrix*** D zu überführen:

$$
\begin{array}{c} \\ D = \end{array}
\begin{array}{c}
\begin{array}{cccc} O_1 & O_2 & & O_n \end{array} \\
\begin{pmatrix}
d_{11} & d_{12} & \cdots & d_{1n} \\
d_{21} & d_{22} & \cdots & d_{2n} \\
\vdots & \vdots & \vdots & \vdots \\
d_{n1} & d_{n2} & \cdots & d_{nn}
\end{pmatrix}
\end{array}
\begin{array}{c} \\ O_1 \\ O_2 \\ \\ O_n \end{array}
$$

Im nächsten Schritt ist dann ein geeigneter Clusteralgorithmus zu wählen. In der Praxis werden überwiegend hierarchische Verfahren zur Bildung der Cluster verwendet, wobei zwischen agglomerativen und divisiven Verfahren unterschieden wird.

Ausgangspunkt ***divisiver Verfahren*** ist ein Gesamtcluster, das alle Elemente enthält. Die Cluster werden dann schrittweise in kleinere Cluster zerlegt. Da divisive Verfahren im Vergleich zu agglomerativen Varianten in der Regel zu schlechteren Ergebnissen führen und rechenaufwendiger sind, werden sie in der Praxis kaum verwendet.

Im Gegensatz dazu geht man bei ***agglomerativen Algorithmen*** davon aus, dass jedes Objekt anfangs einen Cluster bildet. Diese Anfangspartition wird dann schrittweise modifiziert, indem die Cluster sukzessiv zu größeren Aggregaten zusammengefasst werden.

Im Einzelnen sind die nachfolgenden Schritte durchzuführen:

1. Auswahl eines Proximitätsmaßes und eines hierarchisch-agglomerativen Verfahren.
2. Berechnung der Distanzen zwischen den Clustern.
3. Ermittlung der Cluster P_k und P_l, die zueinander die minimale Distanz aufweisen. Existieren bei einem Iterationsschritt mehrere minimale Distanzen, so lässt der Algorithmus offen, welche dieser Cluster fusioniert werden sollen. Will man nicht willkürlich entscheiden, können zusätzliche Unterscheidungsmerkmale herangezogen werden.
4. Verschmelzung des Clusterpaars P_k und P_l zum Agglomerat P_q und Ersetzung der Cluster P_k und P_l durch das neue Cluster P_q.
5. Berechnung der Proximitäten zwischen dem neuen Cluster P_q und den verbleibenden Klassen P_r, $r = 1, \ldots, c \mid r \neq k, l$.

Das Verfahren endet, wenn die gewünschte Anzahl an Clustern erreicht ist; dies ist spätestens nach $n - 1$ Iterationen der Fall.

Die einzelnen Varianten agglomerativen Clusterverfahren unterscheiden sich in den Schritten 3 und 5 des Algorithmus in der Definition des Begriffs „minimale Distanz“ (Schritt 3) und bei der Neuberechnung der Proximitäten (Schritt 5).

Beispielhaft wird hier das ***Ward-Verfahren*** genauer beschrieben, da es normalerweise in Anwendungen die besten Resultate liefert. Hier wird für jedes Cluster P_z, $z = 1, \ldots, c$, zunächst der ***Clustercentroid*** berechnet, der die Klasse P_z repräsentiert und definiert ist als Vektor der Mittelwerte aller Merkmalsausprägungen der Elemente von P_z:

$$\bar{u}_z = \frac{1}{n_z} \sum_{O_i \in P_z} m_i, \; n_z \text{ ist hierbei die Anzahl der Objekte des Clusters } P_z.$$

Dann berechnet man die Gesamtvarianz: $w(P) = \sum_{z=1}^{c} \sum_{O_i \in P_z} | m_i - \bar{u}_z |^2$.

Beim ***Ward-Verfahren*** agglomeriert man jene Cluster, die zu einem minimalen Anstieg der Gesamtvarianz führen. Der Zuwachs der Gesamtvarianz Δw , der sich bei der Fusion zweier Cluster P_k und P_l ergibt, lässt sich bestimmen als $\Delta w(P_k, P_l) = \frac{n_k n_l}{n_k + n_l} | \bar{u}_l - \bar{u}_k |^2$.

Im nächsten Iterationszyklus wird dann wieder die Gesamtvarianz als Summe der Intraclustervarianzen berechnet und jenes Clusterpaar fusioniert, das zum geringsten Zuwachs der Gesamtvarianz führt, usw.

Da man oft nicht genau weiß, wie viele Cluster gebildet werden sollen, kann man als optische Hilfe die einzelnen Ergebnisse des Algorithmus mittels eines so genannten ***Dendogramms*** grafisch aufbereiten, in das die Anstiege der Gesamtvarianz im Prozessablauf dargestellt werden. Aus den metrischen Abständen der Hierarchieebenen lassen sich Rückschlüsse auf die Clusterstrukturen ziehen. Beispielsweise deuten sprunghafte Veränderungen der Proximitäten bei der Aggregation darauf hin, dass die zuletzt fusionierten Cluster relativ wenige Gemeinsamkeiten aufweisen und daher ein heterogenes Aggregat bilden. Zudem lassen sich Ausreißerobjekte daran erkennen, dass sie erst relativ spät einem Cluster zugeordnet werden. Bleibt die Anzahl der Elemente eines Clusters über einen weiten Bereich der Distanzskala konstant, so kann das entsprechende Cluster als wohlsepariert angesehen werden.

Da bei hierarchisch-agglomerativen Verfahren einmal gebildete Cluster nicht wieder aufgelöst werden können, muss damit gerechnet werden, dass die Clusterbildung nicht optimal ist. Mittels ***partitionierender Verfahren*** kann dann die Klassenbildung verbessert werden.

Zu den gebräuchlichsten partitionierender Verfahren zählt die ***Austauschmethode***, bei der nach der Ermittlung einer Anfangspartition mit c Clustern ein Element aus einem Cluster entfernt und einer anderen Klasse zugefügt wird. Daraufhin ist für die betreffenden Cluster ein benutzerdefiniertes Gütekriterium, z. B. ein Homogenitäts- bzw. Heterogenitätsmaß, neu zu berechnen. Anschließend wird das Element nach und nach den verbleibenden c-2 Clustern zugefügt und die Berechnung der jeweiligen Gütekriterien durchgeführt. Schließlich wird jene Partition übernommen, die zur größten Verringerung der Heterogenität führt. Das Verfahren endet, wenn alle Elemente überprüft sind. Die ermittelte Lösung konvergiert dabei lediglich gegen ein lokales Optimum, da pro Iterationsschritt nur ein Objekt ausgetauscht wird.

Die vorstehend behandelten klassischen Clusterverfahren sind bei höher-dimensionalen Grundgesamtheiten viel zu zeitaufwändig und auch schlecht überschaubar. Insbesondere durch die Entwicklung schneller Elekronischer Datenverarbeitungssysteme haben sich die ***Fuzzy-C-Means-Verfahren*** in der Anwendung als überlegen erwiesen.

Dabei werden zunächst beliebig die vorgesehene Anzahl an Clusterzentren festgelegt und die Zugehörigkeiten der Objekte zu allen Clustern berechnet. Die Zuordnung der Objekte zu den Clustern erfolgt dann nach den Minimal-Distanzen zu den festgelegten Zentren.

Dann werden zu den so gebildeten Clustern die Clustercentroide berechnet und erneut für alle Objekte die Distanzen zu den Centroiden berechnet. Bei diesem iterativen Verfahren wird die Gesamtsumme der Distanzen (Zugehörigkeitswerte) zu den Clustercentroiden schrittweise verkleinert. [Bezdek 1981]

Vorteile von Clusteranalysen

- Es werden direkt (Rating)klassen gebildet, die sich über die Merkmalsausprägungen inhaltlich interpretieren lassen.

Nachteile von Clusteranalysen

- Eine direkte Ermittlung von Proximitäten zwischen Objekten ist definitionsgemäß nur bei metrisch skalierten Merkmalen möglich, es existieren aber Hilfskonstruktionen, um auch mit ordinal skalierten oder nominal skalierten Attributen arbeiten zu können.

2.1.3 Fuzzy-Expertensysteme

Komplexe Entscheidungsfragen und Probleme mit unvollständigen Informationen lassen sich zumeist nicht hinreichend genau in Form eines mathematischen Systems modellieren. Oft führen die getroffenen Annahmen zu einer zu starken Vereinfachung des Modells oder für realistischere Modelle fehlen geeignete Lösungsverfahren. Im Gegensatz dazu sind Menschen in der Lage, auch komplizierte Fälle befriedigend zu lösen, und Personen die über anerkanntes Know-How auf einem bestimmten Wissensgebiet verfügen, werden als Experten bezeichnet. Eine Idee vor ca. 25 Jahren war es, anstelle des Problemgegenstandes das Entscheidungsverhalten von Experten zu modellieren.

2.1.3.1 Expertensysteme

Expertenwissen basiert normalerweise nicht auf einer strengen theoretischen Fundierung, es besteht vielmehr aus heuristischen Vorgehensweisen und Regeln, die der Experte bei seiner Entscheidungsfindung verwendet. In einem Expertensystem wird deshalb versucht, dem Konzept der Künstlichen Intelligenz folgend, intelligentes Problemlösungsverhalten von Menschen nachzubilden.

Allgemein versteht man heutzutage unter einem Expertensystem ein wissensbasiertes Informationssystem, das

- Fakten- und Erfahrungswissen der Experten von meist heterogener Struktur für ein definiertes Anwendungsgebiet repräsentiert,
- bei der Akquirierung und Veränderung dieses Wissens hilft,
- für konkrete Fälle daraus Schlüsse zieht und
- diese dem Anwender erklärt und dokumentiert.

Um für eine spezielle Problemstellung, z. B. ein Credit Rating, das Entscheidungsverhalten von Experten nachzubilden zu können, müssen zunächst Experten identifiziert werden, die über das benötigte Fach- und Erfahrungswissen verfügen. Durch Befragung und Beobachtung von Experten kann dann eine Wissensbasis aufgebaut werden; dabei wird das problemspezifische Expertenwissen in eine für den Computer verarbeitbare Form transformiert.

In der ***Wissensbasis***, dem Kern eines jeden Expertensystems, werden die verschiedenen Arten an Wissen so abgelegt, dass sie möglichst klar und leicht in ihrem Wesen erkennbar sind und Struktur erhaltend repräsentiert werden. Das Wissen resultiert häufig aus Erfahrung und wird zumeist über individuelle Wenn-Dann-Regeln (Modus Ponens-Regeln) dargestellt, wobei normalerweise mehrere Prämissen miteinander konjunktiv verknüpft sind, vgl. Tab. 2.1-1.

Über die ***Inferenzkomponente*** werden dann aus der Wissensbasis Schlussfolgerungen für konkrete Einzelfälle abgeleitet. Die Verarbeitung von Merkmalsausprägungen erfolgt zumeist mittels regelbasierter Aggregation. Die Inferenzkomponente steuert die Abarbeitung der Regeln und prüft anhand der Daten, ob die Voraussetzungen zur Anwendung einer Regel zutreffen. Ist eine solche Regel gefunden, wird die Schlussfolgerung dieser Regel aktiviert. Diese Vorgehensweise bietet einen sehr flexiblen Weg zur Aggregation von Kennzahlen, da hier keine feste Proportionalität der Unterziele auf das Oberziel vorausgesetzt wird, wie dies bei mathematischen Aggregationsformeln i. a. notwendig ist. Ein weiterer bedeutender Vorteil dieser regelbasierten Verknüpfung ist, dass die Skalierungen der Eingangsgrößen keine Rolle spielen, da alle Merkmale in verbale Beurteilungen, z. B. „niedrig", „mittel", „gut", transformiert werden. Unterschiedlich skalierte Merkmale werden so vergleichbar gemacht.

In der Behandlung von Mehrzielentscheidungen ist es „standard of arts", dass das Zielsystem hierarchisch aufgebaut ist, wobei – bedingt durch die begrenzten Fähigkeiten des menschlichen Gehirns- darauf zu achten ist, dass bei jedem Einzelschritt möglichst nicht mehr als 3 Subaspekte zu einem Oberziel verknüpft werden. Dieser Zielaufbau kann „Bottom Up" oder „Top Down" erfolgen. Im Falle einer Kreditwürdigkeitsbewertung macht das letztere Vorgehen mehr Sinn, da komplexe oder nicht direkt messbare Ziele „verschärft" werden können, indem man sie durch ein hierarchisches System aus Unterkategorien oder Teilaspekten detaillierter beschreibt. Bei Credit-Ratings liegt eine informationale Unschärfe vor, denn es ist bei der praktischen Handhabung unmöglich oder nur mit unzumutbarem Aufwand machbar, alle benötigten Informationen zu sammeln und zu einem Gesamturteil zu aggregieren. Auch ist die Kreditwürdigkeit eines Unternehmens und auch einige Unteraspekte nur qualitativ bewertbar und man versucht daher, sie mittels quantitativ fassbarer Hilfsgrößen, z. B. mittels Bilanzkennzahlen, genauer zu beschreiben. Ein Beispiel hierzu ist die Zielhierarchie „Materielle Kreditwürdigkeit" in Abb. 2.1-4.

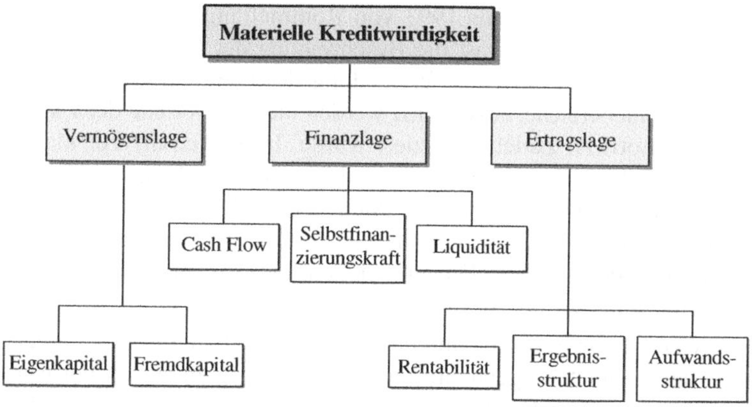

Abbildung 2.1-4: *Hierarchisches Bewertungssystem „Materielle Kreditwürdigkeit"*

Diese Beurteilungshierarchie „Materielle Kreditwürdigkeit“ in Abb. 2.1-4 wird noch ergänzt durch eine zusätzliche vierte Zielebene mit zwanzig Jahresabschlusskennzahlen. Z. B. fließen in das Analysefeld „Eigenkapital“ die Beurteilungen der Kennzahlen „EK-Quote I“, „EK-Quote II“ und „Sachanlagendeckungsgrad“ ein.

Die wissensbasierte Aggregation erfolgt dann in einem „Bottom Up“-Ansatz, wobei die bewerteten Merkmale auf der Eingangsebene mittels Regeln und/oder Operatoren stufenweise zu einem Gesamturteil auf der obersten Ebene verdichtet werden.

Ein Manko der ersten Expertensysteme war, dass die linguistischen Bewertungen durch klassische Intervalle beschrieben wurden. Dies führt einerseits dazu, dass Werte innerhalb eines Intervalls gleich bewertet werden, auch wenn sie sich stark unterscheiden; und dass andererseits relativ kleine Änderungen an den Intervallgrenzen zu einer anderen Bewertung führen können. Erschwerend kommt hinzu, dass ein Experte kaum in der Lage ist, die Klassengrenzen ausreichend zu begründen; die Einteilung wird stets zu einem hohen Grad subjektiv beeinflusst sein. Eine „bessere“ Klassifizierung ließe sich zwar durch eine Erhöhung der Anzahl der Intervalle erreichen. Dies hätte aber bei Verwendung der regelbasierten Aggregation zur Folge, dass die Zahl der benötigten Verarbeitungsregeln überproportional wachsen und damit auch das Risiko ansteigen würde, dass der Experte nicht mehr in der Lage ist, die Regeln inhaltlich zu begründen.

2.1.3.2 Fuzzy-Modellierung

Einen Ausweg aus diesem Dilemma bieten die ab 1981 entwickelten Expertensysteme zur Steuerung technischer Prozesse, die unter dem Sammelnahmen ***„Fuzzy Control“*** mittlerweile weltweit eingeführt und als besonders leistungsfähig anerkannt sind. Für viele Benutzer unbewust, hat diese Technik Einzug in viele Bereiche des täglichen Lebens gehalten. In modernen Kameras und Camcordern sorgen Fuzzy-Chips dafür, dass Brennweiten und Belichtung richtig eingestellt werden und dass die Aufnahmen nicht verwackeln. Staubsauger und Waschmaschinen werden „elektronisch gesteuert“, was in Deutschland lediglich eine Umschreibung für Fuzzy Control-Steuerung ist. Diese Fuzzy-Expertensysteme werden auch vielfältig eingesetzt zur Steuerung chemischer und technischer Prozesse, u. a. auch in der Robotersteuerung.

Die Idee, das Grundprinzip dieser technischen Expertensysteme auch in Entscheidungs- und Bewertungsproblemen zu nutzen, wurde erstmals 1993 von Rommelfanger artikuliert, vgl. Rommelfanger (1993, 1999). Der Kerngedanke ist die Beschreibung der linguistischen Bewertungen in Form von Fuzzy-Intervallen und die Verwendung der Fuzzy-Inferenz bei der Aggregation der einzelnen Hierarchiebereiche. Ausgenutzt werden hier die Vorteile der ***Fuzzy-Mengen-Theorie***, die 1965 von Lotfi A. Zadeh publiziert wurde. Im Gegensatz zur klassischen Mengendefinition, bei der jedes Element entweder eindeutig in einer Menge enthalten oder nicht enthalten ist, können bei einer Fuzzy-(Teil-)Menge die Elemente auch nur zu einem gewissen Grad der betrachteten Menge angehören. Dieser Grad wird dann durch den so genannten Zugehörigkeitswert repräsentiert. Die übliche zweidimensionale Logik wird dabei auf eine unendlich dimensionale Logik erweitert.

In Fuzzy-Expertensystemen werden zur Beschreibung der einzelnen verbalen Beurteilungen, wie z. B „niedrig“, „mittel“ und „hoch“, so genannte Fuzzy-Intervalle gebildet. Dabei werden die scharfen Intervallgrenzen dahingehend „aufgeweicht“, dass der Experte zunächst klassische Intervalle definiert, die er eindeutig als „niedrig“, „mittel“ und „hoch“ bewerten würde. Die Bereiche zwischen den Intervallen mit eindeutiger Zuordnung werden dann mittels monoton steigender bzw. fallender Zugehörigkeitsfunktionen überbrückt, wobei diese im Allgemeinen unterschiedliche Formen haben können. Obgleich empirische Untersuchungen ergeben haben, dass s-förmige Zugehörigkeitsfunktionen das menschliche Beurteilungsverhalten besonders gut beschreiben, werden in dieser Einführung zum leichteren Verständnis lineare Zugehörigkeitsfunktionen verwendet, vgl. Abb. 2.1-5.

Bei der Ermittlung der Zugehörigkeitsfunktionen sollte sowohl Experten- als auch Datenwissen genutzt werden. Dabei muss zunächst ein geeigneter Vergleichsmaßstab für die Beurteilung eines Unternehmens gefunden werden, in der Praxis sind dies z. B. Unternehmen gleicher Größe oder gleicher Rechtsform. In Abb. 2.1-5 wird ein Ansatz vorgestellt, der sich an Quartilwerten der zugehörigen Branche orientiert.

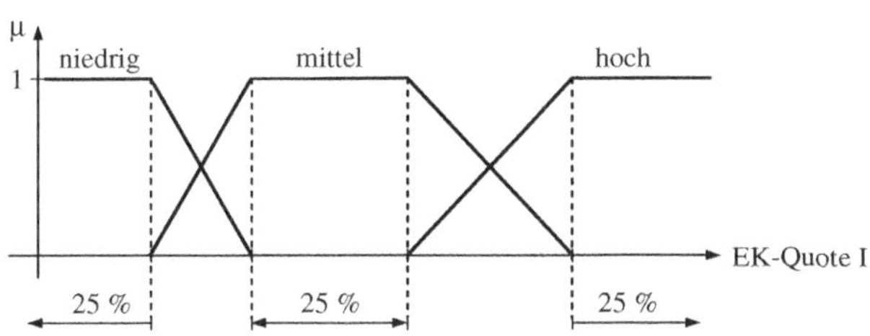

Abbildung 2.1-5: *Empirische Ermittlung der Zugehörigkeitsfunktionen*

Diese standardisierte Vorgehensweise ist jedoch nicht in allen Fällen sinnvoll. Bei Kennzahlen, die eine Aussage über den wirtschaftlichen Erfolg eines Unternehmens zulassen, z. B. Rentabilitätskennzahlen, ist neben einer relativen auch eine absolute Kennzahlenbeurteilung notwendig, in dem Sinne, dass für die Zugehörigkeit zu einer Beurteilungsklasse gewisse Mindestbedingungen erfüllt werden müssen, vgl. Flach; Rommelfanger (2002).

2.1.3.3 Fuzzy-Inferenz

Die Vorgehensweise der Fuzzy-Inferenz wird anhand eines Beispielunternehmens (EK-Quote I 11,19 %; EK-Quote II 37,58 %; Sachanlagendeckungsgrad 138,49 %) für den Analysebereiche „Eigenkapital" veranschaulicht. Die aus den Kennzahlenausprägungen ermittelten Zugehörigkeitswerte für die einzelnen Urteilsklassen sind in der Tabelle in Abb. 2.1-6 angegeben.

Danach weist die Kennzahl „EK-Quote I" einen Zugehörigkeitswert von 0,66 in die Klasse „niedrig" und einen Zugehörigkeitswert von 0,34 in die Klasse „mittel" auf. Die Kennzahl „EK-Quote II" wird als „eindeutig mittel" klassifiziert. Die Kennzahlenausprägungen werden durch den dargestellten ***Fuzzifizierungsprozess*** intuitiv nachvollziehbar in eine verbale Form transformiert, die eine regelbasierte Weiterverarbeitung ermöglicht.

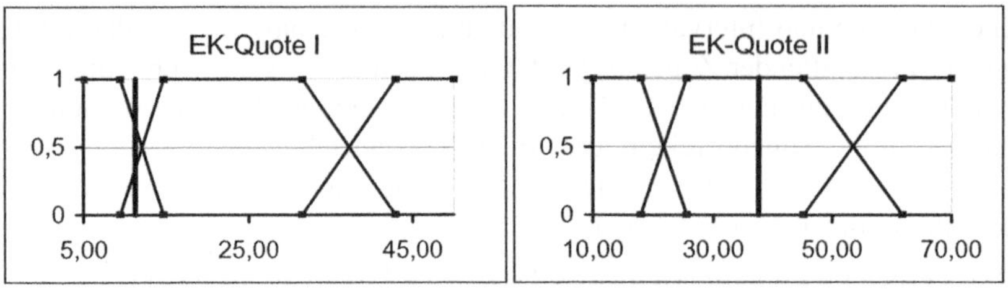

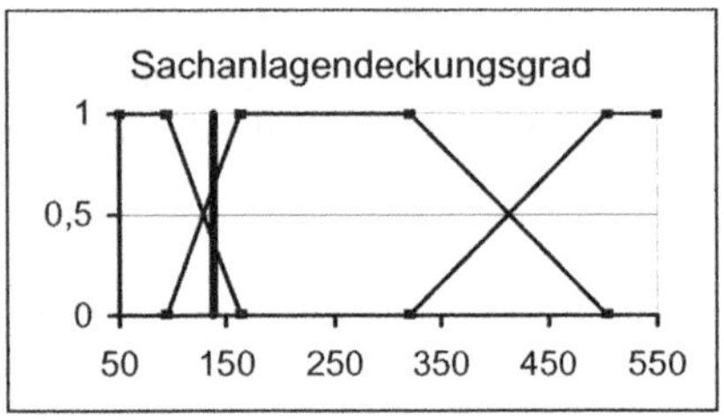

Tabelle der Zugehörigkeitswerte			
Kennzahl	Bewertung		
	niedrig	mittel	hoch
EK-Quote I	0,66	0,34	0
EK-Quote II	0	1	0
Deckungsgrad	0,36	0,64	0

Abbildung 2.1-6: *Subaspekte des Analysefelds „Eigenkapital"*

In Tab. 2.1-1 ist der Regelsatz für das Beurteilungsfeld „Eigenkapital" dargestellt, zu jeder Beurteilungsklasse der einzelnen Kennzahlen wird der entsprechende Zugehörigkeitswert angegeben. Um den Experten einen größeren Differenzierungsspielraum bei der Regelbeurteilung zu geben, wurden für die Beurteilung des Eigenkapitals neben den Kategorien „schlecht", „mittel" und „gut" noch vier weitere Abstufungen eingeführt.

Expertenregeln werden nur für die Fälle formuliert, in denen alle Ausprägungen mit dem Zugehörigkeitsgrad 1 erfüllt sind. Ihnen ist nach Ansicht des Experten die in der entsprechenden Regel als „Output" genannte verbale Bewertung zuzuordnen. Die übrigen Fälle, in denen wenigstens eine „Input"-Kennzahl einen Zugehörigkeitswert kleiner als 1 aufweist, werden keine zusätzlichen Regeln formuliert, sondern man unterstellt, dass die vorliegenden Regeln auch auf benachbarte Zustände angewendet werden dürfen, allerdings mit geringerer Stringenz. Die Regeln werden damit „aufgeweicht", mit der Folge, dass nun gleichzeitig mehrere Regeln in abgeschwächter Form zum Tragen kommen dürfen.

Wir bezeichnen nun mit DOF (***Degree of Fulfilment***) den ***Grad der Übereinstimmung*** mit der Zustandsbeschreibung der der In- und Outputvariablen des Regelblocks, so lassen sich die DOFs der Inputvariablen an den entsprechenden Zugehörigkeitsfunktionen ablesen, vgl. Abb. 2.1-6.

Zur Bestimmung des DOFs der Outputwerte wird üblicherweise der Minimum-Operator verwendet. Er hat den wesentlichen Vorzug, dass nur wenige Regeln mit positivem DOF übrig bleiben, während z. B. bei der Verwendung von kompensatorischen Operatoren fast alle Regeln positive DOFs aufweisen, was zumeist eine „mittlere" Bewertung der übergeordneten Zielgröße zur Folge hat. Alle Regeln mit einem positiven Übereinstimmungsgrad beschreiben demnach die vorliegende Situation zumindest teilweise zutreffend und müssen deshalb in die Ableitung eines unscharfen Urteils einbezogen werden. Im betrachteten Beispiel bleiben somit die vier Regeln 14, 15, 23, 24 übrig, vgl. Tab. 2.1-1.

Tabelle 2.1-1: *Regelsatz Eigenkapital*

egel	EK-Q I	μ	EK-Q II	μ	Deckungsg.	μ	EK	μ
1	h	0,00	h	0,00	h	0,00	g	0,00
2	h	0,00	h	0,00	m	0,64	g	0,00
3	h	0,00	h	0,00	n	0,36	g	0,00
4	h	0,00	m	1,00	h	0,00	g–	0,00
5	h	0,00	m	1,00	m	0,64	g	0,00
6	h	0,00	m	1,00	n	0,36	g–	0,00
7	h	0,00	n	0,00	h	0,00	m–	0,00
8	h	0,00	n	0,00	m	0,64	m	0,00
9	h	0,00	n	0,00	n	0,36	m–	0,00
10	m	0,34	h	0,00	h	0,00	g–	0,00
11	m	0,34	h	0,00	m	0,64	g	0,00
12	m	0,34	h	0,00	n	0,36	g–	0,00
13	m	0,34	m	1,00	h	0,00	m	0,00
14	m	0,34	m	1,00	m	0,64	m+	0,34
15	m	0,34	m	1,00	n	0,36	m	0,34
16	m	0,34	n	0,00	h	0,00	s	0,00
17	m	0,34	n	0,00	m	0,64	s+	0,00
18	m	0,34	n	0,00	n	0,36	s	0,00
19	n	0,66	h	0,00	h	0,00	m–	0,00
20	n	0,66	h	0,00	m	0,64	m	0,00
21	n	0,66	h	0,00	n	0,36	m–	0,00
22	n	0,66	m	1,00	h	0,00	s+	0,00
23	n	0,66	m	1,00	m	0,64	m–	0,64
24	n	0,66	m	1,00	n	0,36	s+	0,36
25	n	0,66	n	0,00	h	0,00	s	0,00
26	n	0,66	n	0,00	m	0,64	s	0,00
27	n	0,66	n	0,00	n	0,36	s	0,00

Tabelle 2.1-1 zeigt, dass die Beurteilung „mittel" durch zwei aktivierte Regeln erfolgt. Da es wenig überzeugend ist, lediglich die Regel mit dem höchsten DOF zu wählen, und bei einer Addition der DOF-Werte sich ein Wert größer als 1 einstellen kann, wird zur Berechnung des Gesamterfüllungsgrades die Verwendung der algebraischen Summe empfohlen:

$$DOF_{mittel} = [1 - (1 - 0{,}34) \cdot (1 - 0{,}34)] = 0{,}56.$$

Die Fuzzy-Beurteilung des Analysebereichs „Eigenkapital" wird dann bei Verwendung der so genannten Max-Prod-Inferenz (Maximum-Produkt-Inferenz) durch die in Abb. 2.1-7 dargestellte Fuzzy-Menge präsentiert. Das Ergebnis kann interpretiert werden als: „Das Eigenkapital ist als mittel minus zu bewerten". Durch Einsatz eines so genannten Defuzzifizierungsverfahren ließe sich das Fuzzy-Ergebnis zwar auf eine Zahl reduzieren, dies hätte allerdings den Nachteil, dass die Informationen über die Streuung der Bewertung verloren gehen würde.

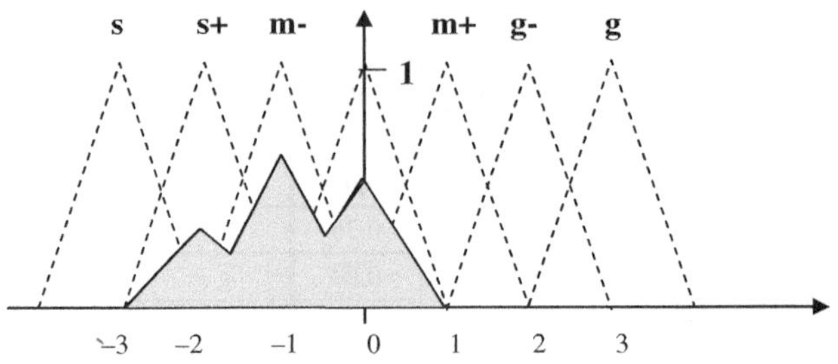

Abbildung 2.1-7: *Fuzzy-Beurteilung des Analysefelds „Eigenkapitals"*

Führt man eine analoge Aggregation für jedes Beurteilungsfeld schrittweise von der untersten bis zur obersten Hierarchieebene durch, so erhält man abschließend ein Urteil für das Oberziel „Materielle Kreditwürdigkeit". In der nachfolgenden Abb. 2.1-8 wird die gesamte Beurteilungshierarchie dargestellt; die Höhe der einzelnen Balken entspricht dabei dem Zugehörigkeitswert der einzelnen Bewertungsklassen:

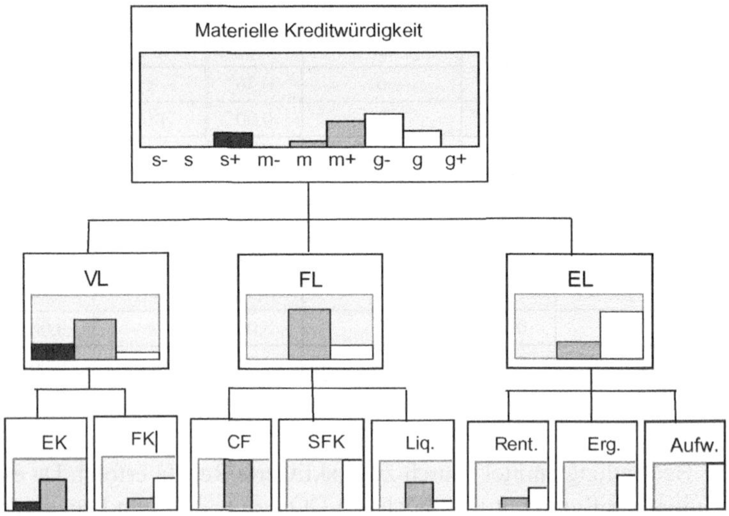

Abbildung 2.1-8: *Hierarchische Beurteilung der materiellen Kreditwürdigkeit*

Im vorliegenden Beispiel ist die „Materielle Kreditwürdigkeit" in Form einer Fuzzy-Menge beschrieben, die wohl als „mittel plus" zusammengefasst werden kann. Dies hat den Vorteil, dass ein differenziertes Urteil über den Analysebereich abgegeben werden kann. Allerdings ist dieser hohe Informationsgehalt mit dem Nachteil verbunden, dass daraus nicht automatisch eine eindeutige Handlungsanweisung folgt. Es existieren aber so genannte Defuzzifizierungsverfahren, mit denen man das Fuzzy-Urteil auf eine einzige Zahl reduzieren kann.

Vorteile von Fuzzy-Expertensystemen

- Selten vorhandenes Wissen wird gesichert, vervielfältigt und einem größeren Anwenderkreis zugänglich gemacht.
- Durch effiziente Nutzung vorhandenen Wissens lässt sich eine Produktivitätssteigerung bzw. Kosteneinsparung erzielen.
- Die Beurteilung komplexer Sachgebiete wird bezüglich ihrer Objektivität und Konsistenz verbessert, besonders dann, wenn mehrere Experten an der Entwicklung des wissensbasierten Systems beteiligt sind.
- Durch die hohe Transparenz und Nachvollziehbarkeit des Entscheidungsprozesses werden das Verständnis und die Akzeptanz von Seiten des Anwenders gesteigert.
- Die Formulierung von Expertenregeln dient (auch) der Selbstreflektion des Experten.
- Die Nachvollziehbarkeit des Entscheidungsprozesses ermöglicht es dem Anwender, begründete Änderungen vorzunehmen, so dass ein kontinuierlicher Verbesserungsprozess gewährleistet wird.
- Es können beliebig skalierte Merkmale verarbeitet werden. Fuzzy-Expertensysteme sind daher der ideale Weg zur Verwertung „weicher Faktoren“.

Nachteil von Fuzzy-Expertensystemen

- Die Güte eines Expertensystems hängt von dem Wissen der Experten ab. Daher sollte neben dem Erfahrungswissen auch stets Datenwissen beim Aufbau des Systems Verwendung finden. Auch sollten Expertensysteme empirisch überprüft werden.

Zusammenfassung

Werden mathematisch-statistische Methoden zum Aufbau von Credit Ratingsystemen verwendet, so müssen die „soft facts“ in einem zweiten Schritt ergänzend verarbeitet werden. Dies geschieht heute zumeist noch durch subjektive Bewertung des Kreditsachbearbeiters oder anhand simpler Bewertungsverfahren. Um die gestiegenen Anforderungen von Basel II zu erfüllen und auch aus Kostengründen sollte auch dieser Teil mithilfe künstlicher Intelligenz automatisiert werden. Hier bieten sich die Fuzzy-Expertensysteme als Ergänzung oder auch als ganzheitlicher Ansatz an. Mittlereile existieren auch leistungsfähige Softwaretools zur Erstellung ausdrucksstarker Expertensysteme.

Übungsaufgaben und Lösungshinweise

Übungsaufgabe 1

Nehmen Sie Stellung zu der Behauptung: „Mathematisch-statistische Ratingverfahren verwenden ausschließlich objektives Datenwissen wogegen die Expertsysteme sich auf das subjektive Wissen von Experten beschränken“.

Übungsaufgabe 2

Warum steigt bei Verwendung des Ward-Clusterverfahrens bei jedem Aggregationsschritt die Gesamtvarianz weiter an?

Übungsaufgabe 3

Welche Voraussetzungen müssen vorliegen, um – wie bei der LMD und der Logistischen Regression – Variablen durch eine lineare gewichtete Addition zu aggregieren?

Lösungsschlüssel zu Übungsaufgabe 1

Diese Extremaussagen sind beide falsch. Auch bei dem Aufbau mathematisch-statistischer Ratingverfahren kommt Erfahrungswissen von Experten in großem Maße zum Einsatz, z. B. bei der Auswahl und Definition der verwendeten Kennzahlen. Andererseits reicht es nicht aus, beim Aufbau eines Expertensystems sich auf das Wissen von Experten zu beschränken. So sollte bei der Definition der linguistischen Bewertungen Branchenvergleichsdaten aus Unternehmensdatenbanken eingesetzt werden und grundsätzlich sind auch Expertensystemen anhand von Lern- und Testdaten zu tunen und zu validieren.

Lösungsschlüssel zu Übungsaufgabe 2

Beim Ward-Clusterverfahren ist die Gesamtvarianz definiert als Summe der Abstände der einzelnen Objekte von ihren Clustercentroiden. Bei der Verschmelzung zweier Cluster sind im neuen Cluster die Abstände zum neuen Centroid bei den meisten Objekten größer als die Abstände zu den entsprechenden Centroiden der Ausgangscluster.

Lösungsschlüssel zu Übungsaufgabe 3

Mathematische Operatoren wie Addition und Multiplikation setzen metrisch skalierte Größen voraus. Die Linearität beinhaltet darüber hinaus die Unabhängigkeit der Variablen und einen konstanten proportionalen Einfluss auf das Oberziel. In Anwendungen muss zusätzlich darauf geachtet werden, dass eine Addition auch Sinn macht, d. h. die Variablen müssen vergleichbare physikalische Dimensionen aufweisen und auch die Skalierungseinheiten sollten zur besseren Interpretation der Gewichtsparameter äquivalent sein. Z. B. lassen sich vier Variablen, die in km, Stunden, Sekunden und Euro gemessen sind, nicht einfach miteinander addieren.

Literaturempfehlungen

Backhaus, K.; Erichson, B.; Plinke, W. et al. (2000) Multivariate Analysemethoden, Heidelberg, Berlin: Springer-Verlag, 162–197.

Bezdek, J.C. (1981) Pattern recognition with fuzzy objective function algorithms, New York: Plenum Press

Flach, J.; Rommelfanger, H. (2002) Fuzzy-Logik-basiertes Bonitätsräting, in: Oehler, A. (Hrsg.) Kreditrisikomanagement, Stuttgart: Schäffer-Poeschel Verlag, 1–33.

Fahrmeir, L.; Hamerle, A.; Tutz, G. (1996) Multivariate statistische Verfahren, Berlin, New York: Gruyter-Verlag, 425–435.

Kraft, M. (1997) Der Ansatz der Logistischen Regression und seine Interpretation. ZfB 67 625–641.

Rommelfanger, H. (1993) Fuzzy Logik basierte Verarbeitung von Expertenregeln, in: OR-Spektrum 1993, Heidelberg, Berlin: Springer Verlag, 31–42.

Rommelfanger, H. (1999) Fuzzy Logic-Based Processing of Expert Rules Used for Checking the Credit Solvency of Small Business Firms or for Supporting Analytic Procedures of Auditors, in: Ribeiro R.R. et al. (Eds.) Soft Computing in Financial Engineering, Heidelberg, Berlin: Springer Verlag, 371–387.

Laura Auria und Markus Bingmer

2.2 Die Bonitätsanalyse der Deutschen Bundesbank im Rahmen des Europäischen Sicherheiten-Rahmenwerks für geldpolitische Operationen

Lernziele

In diesem Beitrag werden dem Leser die wesentlichen Elemente der Bonitätsanalyse der Deutschen Bundesbank vermittelt. Diese ist eine der zugelassenen „Rating“ Quellen zur Bewertung der Notenbankfähigkeit von nicht marktfähigen Sicherheiten für geldpolitische Operationen im Eurosystem.

Es werden zunächst die wesentlichen Elemente des Rahmenwerks für Bonitätsbeurteilungen im Eurosystem („Eurosystem Credit Assessment Framework“, ECAF) vorgestellt. Im ECAF sind Prozeduren, Regeln und Techniken definiert, um die Anforderungen des Eurosystems nach hohen Kreditstandards für alle notenbankfähigen Sicherheiten aller teilnehmenden Staaten sicherzustellen. Dabei wird besonders auf die Rolle der Kreditforderungen geachtet, deren Anwendung als Sicherheit bei geldpolitischen Operationen das Hauptmotiv der Bonitätsanalyse der Deutschen Bundesbank darstellt. Im Anschluss werden die Bestandteile des Bonitätsanalysesystems der Deutschen Bundesbank vorgestellt.

2.2.1 Einleitung

Im Rahmen geldpolitischer Operationen des Eurosystems gewähren nationale Notenbanken den Geschäftspartnern des Eurosystems (gebietsansässigen Kreditinstituten) **Refinanzierungs- und Innertageskredite, welche mit ausreichenden Sicherheiten zu unterlegen sind**. Um das Eurosystem gegen Verluste abzusichern, die Gleichbehandlung der Geschäftspartner zu gewährleisten sowie die Effizienz und Transparenz der Geschäfte zu verbessern, müssen notenbankfähige Sicherheiten bestimmte Voraussetzungen und insbesondere hohe Bonitätsanforderungen erfüllen.

Notenbankfähige Sicherheiten können sowohl marktfähige Sicherheiten (in Form von Wertpapieren) als auch nicht marktfähige Sicherheiten (insbesondere in Form von Kreditforderungen) sein.[1] Nur die Liste marktfähiger notenbankfähiger Sicherheiten wird auf der EZB-Homepage veröffentlicht. Die Liste notenbankfähiger Schuldner von Kreditforderungen in Deutschland ist nur für die Geschäftspartner der Bundesbank einsehbar.[2] Zulässige Emittenten der Wertpapiere können Zentralbanken, die öffentliche Hand, der private Sektor sowie inter- und supranationale Institutionen sein. Als zulässige Schuldner der Kreditforderungen kommen sowohl die öffentliche Hand (die sogenannten „Pubic Sector Entities“, PSEs), inter- und supranationale Institutionen als auch Unternehmen des nicht finanziellen Sektors in Frage. In der sogenannten „Single List“, mit Gültigkeit im gesamten Eurosystem für sämtliche Refinanzierungs- und Innertageskredite aller Geschäftspartner, wurden Anfang 2007 die Zulassungskriterien und das Sicherheitenverzeichnis eurosystemweit vereinheitlicht. Seit 2012 erfolgt jedoch mit einem Additional Credit Claims (ACC) Framework eine Renationalisierung der Anforderungen an die Sicherheiten, insbesondere an die Kreditforderungen. Hier

---

1 Im einheitlichen Rahmenwerk für notenbankfähige Sicherheiten werden derzeit folgende Arten nicht marktfähiger Sicherheiten herangezogen: Diese sind Kreditforderungen und nicht marktfähige Schuldtitel, die mit hypothekarischen Darlehen an Privatkunden besichert wurden („Retail Mortgage-Backed Debt instruments“, RMBDs) sowie Termineinlagen und Cash Collateral.

2 Nur marktfähige Sicherheiten eignen sich für endgültige Käufe bzw. Verkäufe, während alle Sicherheiten für befristete Transaktionen geeignet sind.

legt jede Notenbank selbst die Zulassungskriterien für – zum regulären Rahmenwerk zusätzliche – Sicherheiten fest und trägt selbst das Ausfallrisiko.

Notenbankfähige Sicherheiten können sowohl marktfähige Sicherheiten in Form von Wertpapieren als auch nicht marktfähige Sicherheiten insbesondere in Form von Kreditforderungen sein.

Der folgende Aufsatz befasst sich mit den wesentlichen Aspekten der Bonitätsanalyse der Deutschen Bundesbank als eine der im Eurosystem zugelassenen Quellen für die Bewertung der Notenbankfähigkeit von Unternehmen aus dem nicht finanziellen Bereich. Es werden zunächst die Grundelemente des Rahmenwerks für Bonitätsbeurteilungen im Eurosystem (ECAF) vorgestellt. Dieses stellt den organisatorischen und rechtlichen Rahmen dar, mit dem die Qualitätssicherung der Kreditausfallrisikoanalyse im Eurosystem – unter anderem auch der Bonitätsanalyse der Deutschen Bundesbank – gewährleistet wird.[3] Im Anschluss daran werden die Bestandteile des Bonitätsanalysesystems der Deutschen Bundesbank vorgestellt.

2.2.2 Bonität und Bewertung von Sicherheiten im Eurosystem

2.2.2.1 Bonitätsanforderungen an notenbankfähige Sicherheiten im Eurosystem

Als Schwellenwert für hohe Bonitätsanforderungen bzw. für die Notenbankfähigkeit – und somit für die Nutzung als Sicherheit im Rahmen der Geldpolitik – galt bis zum 14. Oktober 2008 eine Bonitätseinstufung entsprechend einem **Rating von „Single A“**. Dies entspricht bei Standard & Poor's und bei Fitch Ratings einem Rating von mindestens A- bzw. bei Moody's einem A3. Als Äquivalent zu einem „Single A“-Rating wurde vom Eurosystem eine Ausfallwahrscheinlichkeit von 0,10 % über einen Zeithorizont von einem Jahr erachtet, vorbehaltlich einer regelmäßigen Überprüfung dieses Wertes. Dabei umfasst die **Ausfalldefinition** alle Ausfallereignisse nach **§ 178 der Capital Requirement Regulation** (CRR).[4]

---

3 Siehe hierzu für detaillierte Informationen bezüglich des Europäischen Sicherheitenrahmens: Europäische Zentralbank, „Durchführung der Geldpolitik im Euro-Währungsgebiet, Allgemeine Regelung für die geldpolitischen Instrumente und Verfahren des Eurosystems“ (**GenDoc**), gültig ab 1. Januar 2012, Kapitel 6, https://www.ecb.europa.eu/pub/pdf/other/gendoc201109de.pdf?255f786500225ec6bd009b6bab24af83, sowie Europäische Zentralbank, Guideline of the ECB of 12 March 2014 amending Guideline ECB/2011/14 on monetary policy instruments and procedures of the Eurosystem (ECB/2014/10), OJ L 166, 5.6.2014, S. 33, unter https://www.ecb.europa.eu/ecb/legal/pdf/oj_jol_2014_166_r_0008_en_txt.pdf.

4 Siehe Amtsblatt der Europäischen Union, vom 27.6.2013, L 176/112 unter: http://eur-lex.europa.eu/LexUriServ/LexUriServ.do?uri=OJ:L:2013:176:0001:0337:DE:PDF.
Ausfallmeldungen gemäß CRR § 178 werden durch die Bonitätsanalyse aus dem deutschen Kreditregister (Groß- und Millionenkredit-Evidenzzentrale) entnommen. Für die relevanten Regelung des Meldeverfahrens siehe hierzu: Großkredit- und Millionenkreditverordnung (GroMiKV) – Verordnung über die Erfassung, Bemessung, Gewichtung und Anzeige von Krediten im Bereich der Großkredit- und Millionenkreditvorschriften des Kreditwesengesetzes unter http://www.bafin.de/SharedDocs/Aufsichtsrecht/DE/Verordnung/GroMiKV_ba.haml sowie

Als Reaktion auf die Finanzmarktkrise und die damit verbundene Liquiditätsknappheit bei den Kreditinstituten kam es zu einer Ausweitung des Sicherheitenrahmens. Zunächst befristet bis zum 31.12.2010 wurde der Bonitätsschwellenwert für notenbankfähige Sicherheiten auf BBB- nach Fitch Ratings und Standard & Poor's bzw. Baa3 nach Moody's abgesenkt, wobei dann höhere Bewertungsabschläge erhoben wurden. Diesem neuen **Bonitätsschwellenwert von „Tripple B"** entspricht eine zulässige Einjahres-Ausfallwahrscheinlichkeit von 0,40 %. Durch diese Ausweitung des Sicherheitenrahmens waren die Geschäftsbanken während der Krise weniger vom Interbankenmarkt abhängig und konnten sich stattdessen mit Sicherheiten von entsprechender Bonität, welche als „temporary eligible" bezeichnet wurden, bei der Zentralbank refinanzieren. Inzwischen wurde die Laufzeit der Absenkung des Bonitätsschwellenwertes auf unbegrenzte Zeit verlängert und die Bewertungsabschläge wurden angepasst.[5]

Ab Februar 2012 wurde zusätzlich zum regulären Eurosystem Credit Assessment Framework (ECAF) das Additional Credit Claim (ACC) Framework im Rahmen der Maßnahmen zur temporären Ausweitung der Verfügbarkeit an Sicherheiten für geldpolitische Operationen aufgrund der Finanzmarktkrise geschaffen. Im ACC Framework legt jede Notenbank selbst die Zulassungskriterien fest und trägt selbst das Ausfallrisiko. Der ACC-Rahmen erlaubt damit den nationalen Zentralbanken auch Kreditforderungen als Sicherheiten zu akzeptieren, die nicht den allgemeinen ECAF-Notenbankfähigkeitskriterien entsprechen (z. B. höhere Ausfallwahrscheinlichkeit, Leasingforderungen, Pools von Kreditforderungen, Fremdwährungen, zusätzliche Ratingquellen). Erhöhte Bewertungsabschläge berücksichtigen das gesteigerte Risiko. Das ACC-Framework wird jedoch durch die Deutsche Bundesbank nicht gebraucht, weil deutsche Kreditinstitute derzeit nicht an einem Sicherheitenmangel leiden.

Betrachtet man die Zusammensetzung der hinterlegten Sicherheiten auf Eurosystem Basis (siehe Abb. 2.2-1), zeigt sich, dass die nicht marktfähigen Sicherheiten (zum Großteil Kreditforderungen an Unternehmen aus dem nicht finanziellen Bereich oder an PSE und seit 2008 Termineinlagen) mit einem in den letzten zwei Jahren stabilen Anteil von einem Viertel den größten Anteil abdecken. Während der Finanzmarktkrise weitete sich jedoch ihr Anteil erheblich.

Prüfungsberichtsverordnung (PrüfbV) unter http://www.bafin.de/SharedDocs/Aufsichtsrecht/DE/Verordnung/PruefbV.html und Gesetz über das Kreditwesen (KWG), § 14.
Für die Aggregationsproblematik aller Ausfallereignisse bei verschiedenen Kreditinstituten seitens einer Notenbank siehe hierzu: M. Bingmer, L. Auria (2013), The Implementation of the Basel II Default Definition by Credit Risk Assessment Systems: An Analysis of Possible Aggregation Procedures, in Global Credit Review, Vol. 3, World Scientific Publishing Company and Risk Management Institute, NUS, Singapur, S. 43–55.

5 Für genauere Angaben bezüglich der Bewertungsabschläge siehe: GenDoc – Absatz 6.4.

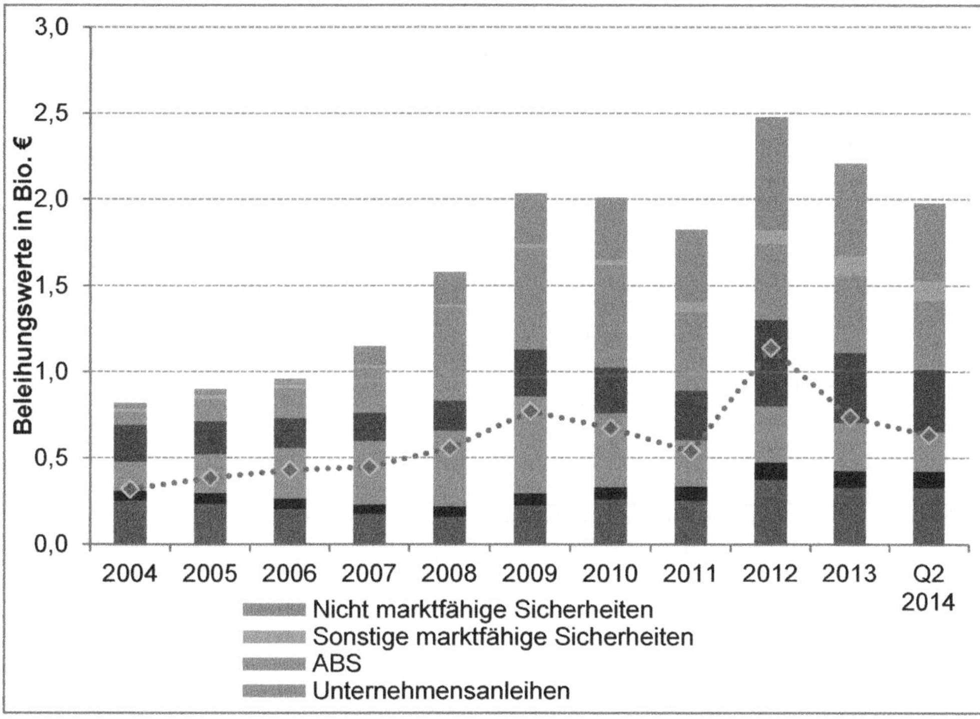

Abbildung 2.2-1: *Sicherheiten-Nutzung im Eurosystem: Aufschlüsselung nach Art der Sicherheit (inkl. Kreditforderungen) (Quelle: Eurosystem Daten[6])*

2.2.2.2 Bewertung von marktfähigen und nicht marktfähigen Sicherheiten

Das sogenannte „**Eurosystem Credit Assessment Framework**" (**ECAF**) soll sicherstellen, dass die Anforderungen des Europäischen Systems der Zentralbanken (Eurosystem) nach hohen Kreditstandards für alle notenbankfähigen Sicherheiten – sowohl die marktfähigen als auch die nicht marktfähigen – durch genau definierte Prozeduren, Regeln und Techniken für deren Bonitätsbeurteilung erfüllt werden. Im ECAF werden **vier verschiedene Bonitätsbeurteilungsquellen zugelassen** und die entsprechenden Zulassungskriterien spezifiziert. Ihre wesentlichen Merkmale werden in nachstehender Tabelle zusammengefasst. Eine Veröffentlichung über die anerkannten Ratingquellen befindet sich auf der Homepage der Europäischen Zentralbank.[7]

---

6 Siehe auch Europäische Zentralbank, Eurosystem, „Jahresbericht 2013", http://www.ecb.europa.eu/pub/pdf/annrep/ar2013de.pdf.

7 Siehe hierzu: http://www.ecb.int/paym/coll/risk/ecaf/html/index.en.html.

Das sogenannte „**Eurosystem Credit Assessment Framework“ (ECAF**) soll sicherstellen, dass die Anforderungen des Europäischen Systems der Zentralbanken (Eurosystem) nach hohen Kreditstandards für alle notenbankfähigen Sicherheiten – sowohl die marktfähigen als auch die nicht marktfähigen – durch genau definierte Prozeduren, Regeln und Techniken für deren Bonitätsbeurteilung erfüllt werden.

Tabelle 2.2-1: *Zugelassene Ratingquellen*

	ECAI „External Credit Assessment Institution“	ICAS „Internal Credit Assessment System“	IRB „Internal Rating Based System“	RT „Ratingtool“
Anbieter	Externe Ratingagenturen	Nationale Zentralbanken	Geschäftspartner	Externe Anbieter
Verfahren	Analyseverfahren der jeweiligen Ratingagentur	Internes Bonitätsanalyseverfahren	Von den Geschäftspartnern selbst entwickelte interne Ratingverfahren	Vom Anbieter entwickeltes Ratingtool
Bedingung für die Anerkennung	Zulassung durch die ESMA	Zulassung durch das Eurosystem	Zulassung durch die Bankenaufsicht	Kreditinstitut beantragt RT-Zulassung bei zuständiger Zentralbank
Bemerkungen	Alle anerkannten ECAI’s können herangezogen werden	Zur Zeit beurteilen sieben ICASs die Notenbankfähigkeit von Unternehmen	„Due diligence inspections“ durch das Risiko Controlling der jeweiligen Nationalbank	Eurosystem bewertet, ob die Zulassungsbedingungen erfüllt sind

Grundsätzlich müssen alle Bonitätsbeurteilungsquellen **Genauigkeit, Konsistenz und Vergleichbarkeit** aufweisen. Die Geschäftspartner müssen sich auf eine Ratingquelle für mindestens ein Jahr festlegen, denn es darf kein Ranking der zu beurteilenden Unternehmen nach verschiedenen Ratingquellen geben. Das sogenannte „Rating-Hopping“ ist nicht gestattet, d. h. es kann nicht ohne Weiteres die Ratingquelle gewechselt werden. Dies ist nur nach begründetem Antrag bei der zuständigen nationalen Zentralbank möglich.

Externe Ratingagenturen (ECAI) müssen formal von der entsprechenden EU-Aufsichtsbehörde für die Euroländer zugelassen sein. Das von ihnen erstellte Rating kann von Kreditinstituten zur Bestimmung der Risikogewichtung gemäß der Eigenkapitalrichtlinie von Basel II bzw. III verwendet werden. Grundsätzlich sind bestimmte Voraussetzungen von den Ratingagenturen zu erfüllen, wie beispielsweise die Verfügbarkeit von Informationen über die Beurteilungen, genaue Angaben zum Vergleich und zur Einstufung der Beurteilungen in die Ratingstufen des ECAF sowie Angaben zum Bonitätsschwellenwert. Zugelassene Ratingagenturen sind Fitch Ratings, Moody’s, Standard & Poor’s und DBRS.

Interne Bonitätsanalyseverfahren der nationalen Zentralbanken (ICAS) bestehen bei der Deutschen Bundesbank sowie bei der Banca d’Italia, Banco de Espana, Banque de France, Banka Slovenije, National Bank of Belgium und Oesterreichischen Nationalbank. Zusätzlich verfügt die Central Bank and Financial Services Authority of Ireland über ein

Bonitätsbeurteilungsverfahren für nicht marktfähige Schuldtitel, die mit hypothekarischen Darlehen an Privatkunden besichert werden („Retail Mortgage-Backed Debt instruments", RMBDs). Neue beantragte interne Bonitätsanalyseverfahren weiterer nationaler Zentralbanken müssen einen Zulassungs- und Validierungsprozess durch das Eurosystem durchlaufen.

Von den Geschäftsbanken selbst entwickelte Ratingverfahren (IRB) erhalten nach erfolgreicher Prüfung durch die zuständige nationale Bankenaufsichtsbehörde die Berechtigung, ihr Verfahren für Eigenkapitalzwecke zu verwenden. Geschäftspartner, die beabsichtigen, ihr IRB-System für die Ermittlung der Notenbankfähigkeit eines Schuldners zu nutzen, müssen zusätzlich die Berechtigung dazu von der zuständigen Nationalbank einholen. Diese greift grundsätzlich auf das Urteil der Bankenaufsichtsbehörde zurück. Generell müssen die Geschäftsbanken bereit sein, Informationen zur Verfügung zu stellen, z. B. mit welchem Verfahren den Schuldnern Ausfallwahrscheinlichkeiten zugeordnet werden, welche Ratingstufen bestehen und wie hoch die für die Festlegung der Ratingstufen verwendeten Einjahres-Ausfallwahrscheinlichkeiten sind. Seitens des Eurosystems besteht ein Leistungsüberwachungsverfahren für die von den Geschäftsbanken selbst entwickelten Ratingverfahren.

Ratingtools externer Anbieter (RT) dienen ebenfalls dazu, die Bonität von Schuldnern anhand geprüfter Abschlüsse zu beurteilen. Um diese Tools als ECAF-Ratingquelle zuzulassen, bedarf es eines formellen Antrages (von einem Geschäftspartner oder von dem RT selbst) bei der zuständigen Zentralbank. Die Anbieter der Ratingtools müssen sich vertraglich verpflichten, das Leistungsüberwachungsverfahren des Eurosystems zu akzeptieren, wonach das Eurosystem über jedes Kreditereignis zu informieren ist und die erforderliche Infrastruktur zur Performancekontrolle des Verfahrens zu schaffen und zu unterhalten ist. Zugelassene Anbieter von Rating Tools sind im Eurosystem zurzeit die Creditreform Rating AG (Deutschland) und die Cerved Group (Italien).

Die Leistungsüberwachung im Eurosystem erfolgt in Form eines Ampelansatzes („**Traffic Light Approach", TLA)**, dem sich alle anerkannten Anbieter von Ratingquellen unterziehen müssen. Dafür ist es erforderlich, seitens des Verfahrenanbieters einen konstant gehaltenen Pool („Static Pool") zulässiger Schuldner zusammen zu stellen. Dann wird die Einstufung bzw. die erwartete Ausfallwahrscheinlichkeit der Schuldner im Zwölfmonatszeitraum mit der tatsächlichen realisierten Ausfallrate in den jeweiligen notenbankfähigen Bonitätskategorien verglichen. **In Abhängigkeit von der Größe des „Static Pools" sind Ausfallraten definiert, anhand derer eine Zuordnung zu dem „Monitoring Level" oder „Trigger Level" des TLA vorgenommen wird.** Liegt die realisierte Ausfallrate unter dem für den „Monitoring Level" festgelegten Wert, so befindet sich ein Anbieter mit seinem Verfahren im **Grünbereich**. Der **Gelbbereich** ist definiert mit einer realisierten Ausfallrate zwischen den jeweiligen Grenzwerten der Größenklasse für „Monitoring Level" und „Trigger Level". Sollte die realisierte Ausfallrate über dem jeweiligen Wert für den „Trigger Level" liegen, dann ist der **Rotbereich** erreicht. In einer Mehrjahresbeurteilung sollte der Gelbbereich nicht mehr als ein Mal innerhalb von fünf Jahren überschritten werden. Weicht die beobachtete Ausfallrate deutlich ab, kann es zu einer Korrektur der Bonitätsschwellenwerte für das betreffende System kommen. Die Grenzwerte der jeweiligen Bereiche werden auf der Basis klassischer statistischer Testverfahren ermittelt.

Verstößt ein Bonitätsbeurteilungssystem gegen die Einjahres- oder Mehrjahresbeurteilungsregelungen über mehrere Jahre hinweg und ist keine Leistungsverbesserung zu beobachten, oder verstößt es gegen die Regelungen vom ECAF, so kann dieses vom Rahmenwerk für Bonitätsbeurteilungen im Eurosystem vorläufig oder endgültig ausgeschlossen werden.

2.2.3 Kreditforderungen als notenbankfähige Sicherheiten

Kreditforderungen unterscheiden sich von den marktfähigen Sicherheiten in den folgenden Punkten: Sie weisen keine einheitliche, standardisierte Dokumentation auf. Des Weiteren verfügen sie normalerweise über kein externes Rating und werden meist nicht gehandelt. Insofern ist auch ein Sekundärmarkt kaum gegeben. Aus diesen Unterschieden resultiert die Vorgabe spezifischer Notenbankkriterien sowie die Vorgabe weiterer gesetzlicher Vorschriften, die die Überprüfung der Existenz der Forderungen, die Benachrichtigung der Schuldner, die Weitergabe von Informationen über den Schuldner und das Prozedere bezüglich Einreichung oder auch Verwertung von Kreditforderungen regeln. Auch wird zur Beurteilung der Kreditforderungen ein besonderes Bonitätsanalyseverfahren erforderlich und die Maßnahmen zur Risikokontrolle variieren im Vergleich zu marktfähigen Sicherheiten. Selbst die Einreichung dieser nicht marktfähigen Sicherheiten verläuft nach einem modifizierten Verfahren.

Kreditforderungen unterscheiden sich von den marktfähigen Sicherheiten in den folgenden Punkten: Sie weisen keine einheitliche standardisierte Dokumentation auf. Des Weiteren verfügen sie normalerweise über kein externes Rating und werden meist nicht gehandelt. Insofern ist auch ein Sekundärmarkt kaum gegeben.

2.2.3.1 Zulassungskriterien für Kreditforderungen

Die Anforderungen an notenbankfähige Kreditforderungen sind sowohl formal als auch inhaltlich definiert.[8] Die Forderungen müssen auf jeden Fall auf Euro lauten. Für die Einreichung bei der Deutschen Bundesbank ist zurzeit ein Mindestbetrag von 10.000 Euro vorgegeben. Für eine grenzüberschreitende Nutzung notenbankfähiger Sicherheiten im Eurosystem (Cross-Border Use) beträgt der Mindestbetrag 500.000 Euro. Die zu Grunde liegenden Kredite müssen auf Basis eines Rechtssystems aus einem Mitgliedsland des Euro-Währungsgebietes gewährt sein. Die zuvor beschriebenen Bonitätsanforderungen sind eine wesentliche Voraussetzung. **Über die Notenbankfähigkeit einer Kreditforderung wird anhand der Bonität des entsprechenden Schuldners entschieden.**

2.2.3.2 Vorteile aus der Bewertung von Wirtschaftsunternehmen durch die Bundesbank

Für Kreditinstitute besteht durch Einreichung von Kreditforderungen eine Alternative zur Nutzung marktfähiger Sicherheiten beim Notenbankkredit. Kreditinstitute haben somit mehr Flexibilität bei der Disposition ihrer Sicherheiten. Insofern sind steigende Refinanzierungsbedürfnisse leichter zu bewältigen. Gerade vor dem Hintergrund der Finanzmarktturbulenzen war ein

---

[8] Siehe hierzu auch http://www.ecb.europa.eu/paym/coll/standards/nonmarketable/html/index.en.html.

deutlicher Anstieg der eingereichten Kreditforderungen zwischen 2007 und 2009 auf Eurosystem Ebene (siehe Abb. 2.2-1) und auch in Deutschland (siehe Abb. 2.2-2) zu beobachten.

Die Existenz eines internen Bonitätsbeurteilungsverfahrens bei der Bundesbank trägt ebenfalls zur Ausweitung der alternativen Ratingquellen im ECAF Rahmenwerk bei. Durch den Aufbau alternativer interner Ratingkapazitäten im Eurosystem, kann einer möglichen Liquiditätsknappheit während der Finanzkrise entgegengesteuert werden. Selbst Kreditinstitute ohne ein eigenes IRBA-Verfahren haben damit Zugang zum Notenbankkredit. Dabei können sie auch Kreditforderungen an kleinere Unternehmen einreichen, die über kein externes Rating verfügen.

Das KEV-Verfahren (**K**reditforderungen – **E**inreichung und **V**erwaltung) bietet den Geschäftspartnern eine schnelle, flexible und komfortable Nutzung der Kreditforderungen als Sicherheit im Rahmen einer elektronischen Plattform an. Insgesamt führt das Verfahren zu hoher Kundenakzeptanz und -nutzung. Parallel zum Beleihungswert der Kreditforderungen ist auch die Anzahl der KEV-Teilnehmer signifikant angestiegen.

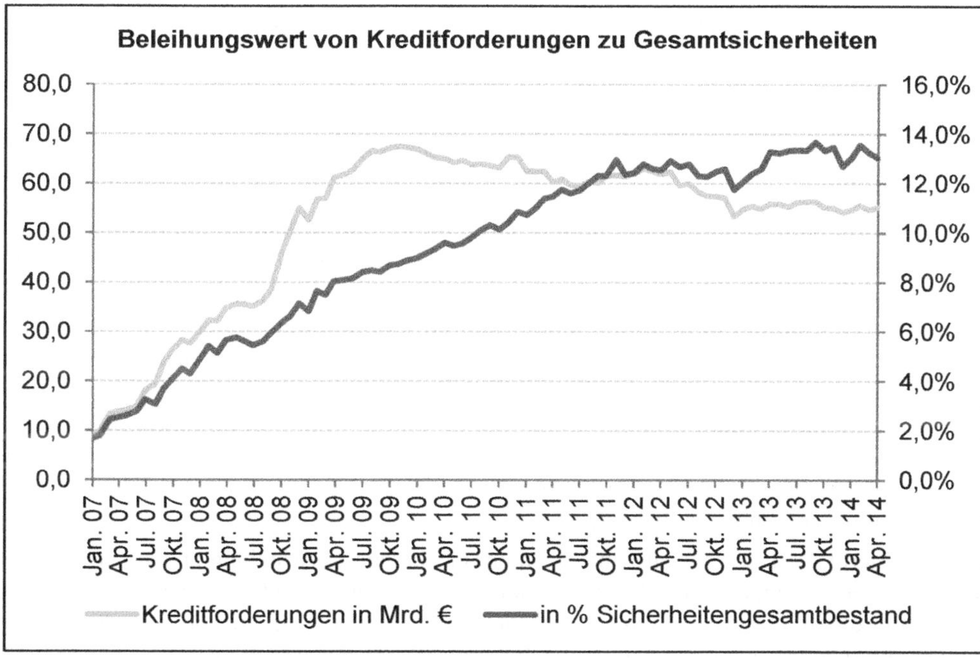

Abbildung 2.2-2: *Anteil der Kreditforderungen am Sicherheitengesamtbestand aller deutschen Geschäftspartner (Quelle: Deutsche Bundesbank)*

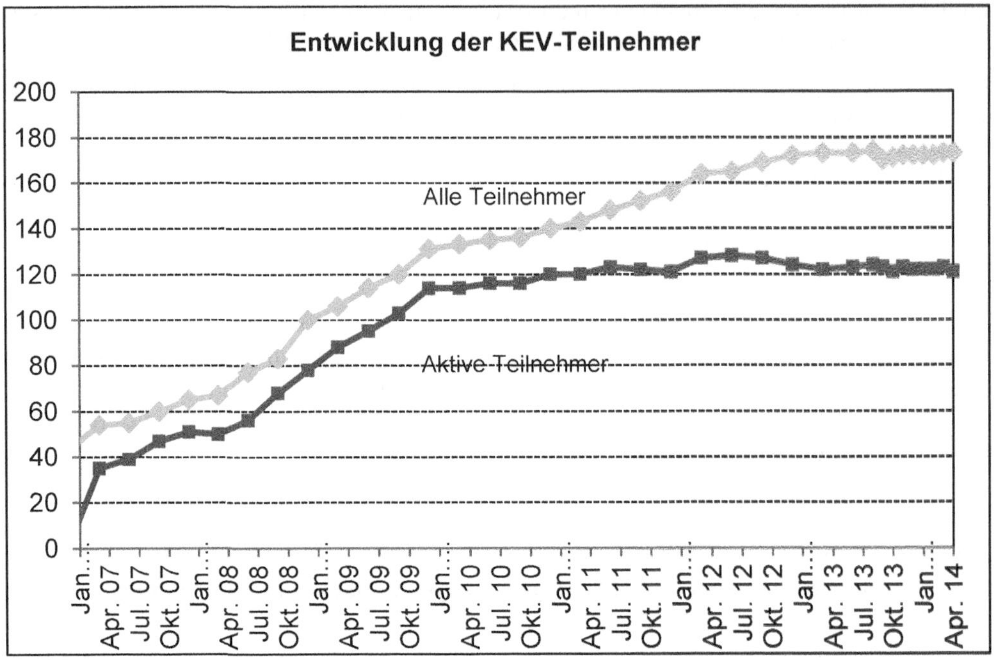

Abbildung 2.2-3: *Entwicklung der Anzahl der teilnehmenden Geschäftspartner am KEV-Verfahren, Januar 2007 – April 2014 (Quelle: Deutsche Bundesbank)*

Deutsche Wirtschaftsunternehmen wurden bislang nahezu ausschließlich auf Basis des Bonitätsanalyseverfahrens der Deutschen Bundesbank ausgewertet. Voraussetzung dafür ist die Einreichung der letzten beiden Jahresabschlüsse durch das betreffende Unternehmen. Weiteres Informationsmaterial bzw. Vertragsunterlagen im Rahmen besonderer Geschäftsvorfälle sowie Daten zur aktuellen Geschäftsentwicklung sollten vom Unternehmen ebenfalls zur Verfügung gestellt werden. Allen interessierten Unternehmen steht die Bonitätsanalyse gebührenfrei offen. Die Bewertung der Unternehmen erfolgt dezentral durch die regional zuständige Hauptverwaltung der Deutschen Bundesbank. Den Unternehmen wird die Möglichkeit gegeben, die Jahresabschlussunterlagen persönlich zu übergeben und zu erläutern bzw. die Auswertungsergebnisse zu besprechen.

Eine detaillierte Analyse zeigt die unternehmensspezifische Entwicklung anhand errechneter Kennzahlen im Dreijahres-Vergleich. Sie kann interessierten Unternehmen als hilfreiche Informationsquelle zur Auswertung der betriebsindividuellen Stärken und Schwächen dienen. Der darin enthaltene Branchenvergleich ermöglicht eine Einschätzung der eigenen Position im Marktumfeld mittels eines Indikators, der die individuellen Unternehmensdaten in das Verhältnis zur Branche bzw. Umsatzgrößenklasse setzt.

2.2.4 Die Bonitätsanalyse der Deutschen Bundesbank

Ziel der Bonitätsanalyse ist es, eine Aussage über die Ausfallwahrscheinlichkeit eines Unternehmens zu treffen. Dies erfolgt auf Basis von verfügbaren Informationen mittels Einstufung dieses Unternehmens in eine Rangstufe aus einer zuvor vorgegebenen Ratingskala. Dabei basiert die Bonitätsanalyse der Deutschen Bundesbank auf einem zweistufigen Verfahren. In der ersten Stufe wird eine rechnerische Bonitätseinstufung auf der Basis statistischer Modelle erzeugt. In der zweiten Stufe erfolgt eine Analyse mittels zusätzlicher und aktuellerer quantitativer sowie qualitativer Informationen, bevor im Anschluss die finale Bonitätseinstufung festgelegt wird.

> Ziel der Bonitätsanalyse ist es, auf Basis von verfügbaren Informationen über ein Unternehmen eine Aussage über seine Ausfallwahrscheinlichkeit zu treffen.

2.2.4.1 Erste Stufe der Bonitätsanalyse: Die Modellmethodik

Die aktuelle Modellmethodik der Bonitätsanalyse der Deutschen Bundesbank, im Folgenden auch „Konsensus Verfahren" genannt, wurde von der Oesterreichischen Nationalbank in Kollaboration mit der Wirtschaftsuniversität Wien entwickelt und war ursprünglich zur Bonitätsbeurteilung von IFRS-Jahresabschlüssen deutscher und österreichischer Konzerne konzipiert.[9] Es handelt sich um große am Kapitalmarkt orientierte Konzerne, welche sehr geringe Ausfallraten aufweisen. Klassische Ratingverfahren benötigen jedoch eine Mindestanzahl an Ausfällen, um statistisch signifikante Rückschlüsse auf die betriebswirtschaftlichen Zusammenhänge führen zu können. In solchen Fällen von „Low-Default" Daten kann jedoch ein Ratingmodell entwickelt werden, wenn ausreichend externe Ratings zur Verfügung stehen. Diese externen Ratings werden dabei als Proxy für das Ausfall/Nicht-Ausfall Ereignis herangezogen.

Das Konsensus Verfahren hat dadurch als **zu erklärende („endogene") Variable** nicht das binäre Ausfall-/Nicht-Ausfall Ereignis sondern eine kontinuierliche Variable mit mehreren Ausprägungen (von nun an als „Score" bezeichnet), welche der gewogenen mittleren Bonitätseinstufung der Unternehmen auf dem Markt entspricht. Man kann sich darunter den Score Wert vorstellen, auf den sich die Marktteilnehmer im „Konsens" einigen.[10]

Tatsächlich berücksichtigt die Score Berechnung, dass jeder Rater sein eigenes Ratingsystem verwendet, welches sich hinsichtlich der Kalibrierung von den anderen Ratingsystemen unterscheidet. Manche Ratingsysteme sind beispielsweise konservativer kalibriert als andere. Die Tendenz von der Marktmeinung in eine bestimmte Richtung abzuweichen, wird hier als „Bias" bezeichnet.

---

[9] Siehe hierzu: Deutsche Bundesbank, Das Common Credit Assessment System (CoCAS) zur Prüfung der Notenbankfähigkeit von Wirtschaftsunternehmen im Eurosystem, Monatsbericht Januar 2014.

[10] Für die Methodik siehe: K. Hornik, R. Jankowitsch, C. Leitner, M. Lingo, S. Pichler und G. Winkler (2010), A latent variable approach to validate credit rating systems. In D. Rösch und H. Scheule, editors, Model Risk in Financial Crises, S. 277–296. Risk Books, London

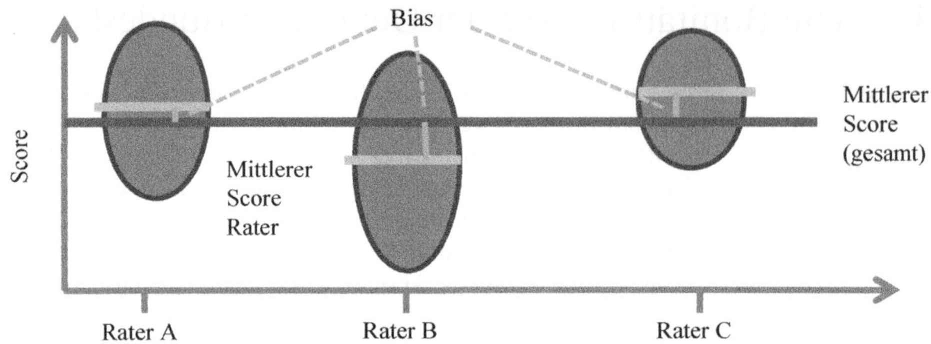

Abbildung 2.2-4: Visualisierung des Bias der einzelnen Rater

Als erklärende („exogene") Variablen werden in dem Bonitätsbeurteilungsmodell Kennzahlen verwendet, die aus den Jahresabschlüssen der Unternehmen abgeleitet sind. Es ergibt sich folgender funktionaler Zusammenhang:

$$Score = f(Kennzahl_1, Kennzahl_2, \cdots, Kennzahl_k)$$

Der Score fasst somit die über ein Unternehmen relevanten verfügbaren quantitativen Informationen in ein metrisches Merkmal zusammen. Die Auswahl der Modellkennzahlen basiert auf unterschiedlichen Kriterien. Bei der Kennzahlenselektion wird ein Kennzahlenkatalog mit über 60 Kennzahlen berücksichtigt. Das Modell mit der Kennzahlenkombination wird gewählt, das am besten verschiedene Zielfunktionen erfüllt. Dabei spielen neben statistischen Schwerpunkten (Signifikanz, Prognosegüte, Robustheit) auch betriebswirtschaftliche Aspekte (Plausibilität, Interpretierbarkeit, Aussagekraft) eine Rolle.

Das Konsensus Verfahren hat als zu erklärende „endogene" Variable nicht das binäre Ausfall-/Nicht-Ausfall Ereignis sondern eine kontinuierliche Variable mit mehreren Ausprägungen. Als erklärende „exogene" Variablen werden in dem Bonitätsbeurteilungsmodell Kennzahlen verwendet.

Angenommen, dass der Zusammenhang zwischen Kennzahlen $X_1, X_2, \cdots, X_k$ und dem Score $\tilde{S}_i$ linear ist – was im Rahmen der Kennzahlenselektion empirisch überprüft wird – so kann dies mit einem linearen Regressionsmodell dargestellt werden. Dieses ist von folgender Form:

$$\tilde{S}_i = \alpha_0 + \alpha_1 X_{i1} + \alpha_2 X_{i2} + \cdots + \alpha_k X_{ik} + \varepsilon_i \,.$$

Dabei stellt ε den normalverteilten Fehlerterm dar. Der Index *i* durchläuft alle Unternehmen, die für die Schätzung des jeweiligen Modells herangezogen werden relevant sind. Die Parameter $\alpha_0, \alpha_1, \cdots, \alpha_k$ des Modells werden üblicherweise mit der Methode der Kleinsten Quadrate geschätzt, was in diesem Fall identisch mit der Maximum-Likelihood Methode ist.

Um sich diese Vorgehensweise besser zu verdeutlichen, stelle man sich das einfachste lineare Regressionsmodell vor: Ein Modell mit nur einer Kennzahl

$$\tilde{S}_i = \alpha_0 + \alpha_1 X_{i1} + \varepsilon_i \,.$$

Der für dieses Modell relevante Datensatz beinhaltet nur zwei Variablen: den aus dem 1. Schritt bestimmten Konsensus Score $\tilde{S}_i$ und eine Kennzahl X_{i1}. Diese Daten können als Punktwolke dargestellt werden, wobei jeder Punkt einen Jahresabschluss mit zugehörigem Kennzahlen- und Konsensus Score Wert repräsentiert. Mögliche Zusammenhänge zwischen diesen beiden Variablen werden daraus sofort ersichtlich (vgl. Abb. 2.2-5).

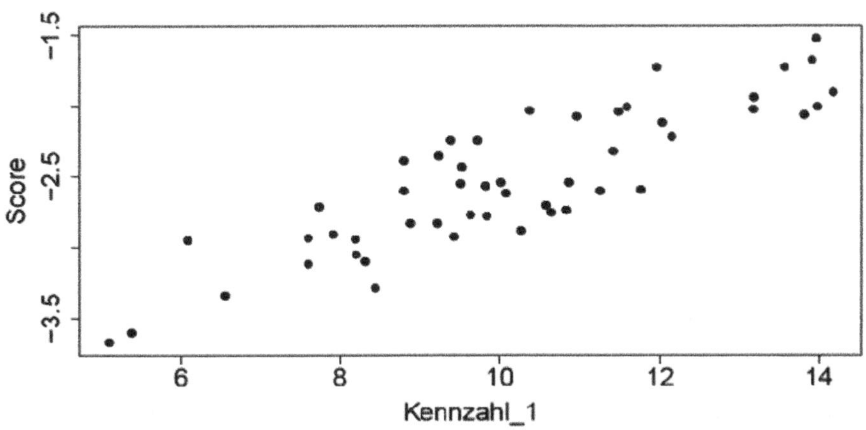

Abbildung 2.2-5: *Daten-Beispiel für ein Regressionsmodell (Quelle: Deutsche Bundesbank. Visualisierung der Daten eines Regressionsmodells mit nur einer Kennzahl.)*

In diesem Beispiel gibt es einen linearen Zusammenhang zwischen Kennzahl und Score. Je größer die Kennzahl, desto größer auch der Score Wert (was gleichbedeutend mit einer höheren geschätzten Ausfallwahrscheinlichkeit ist).

Die Modellprognose des Regressionsmodells ist von der Form

$$\hat{S}_i = \hat{\alpha}_0 + \hat{\alpha}_1 X_{i1}$$

und entspricht somit einer Geradengleichung. Die Frage, wie man die Parameter des Modells schätzen sollte, lässt sich damit umformulieren in die Frage: Wie sollte die Gerade durch die in Abb. 2.2-5 gezeigte Punktwolke gelegt werden? Die Antwort lautet: So dass der Modellfehler möglichst klein wird. In linearen Regressionsmodellen wird der Fehler üblicherweise definiert als die Summe der quadrierten Abweichungen der Punkte von der Geraden (vgl. Abb. 2.2-6). Es gibt eine eindeutige Parameterkombination, die den so definierten Fehler minimiert.

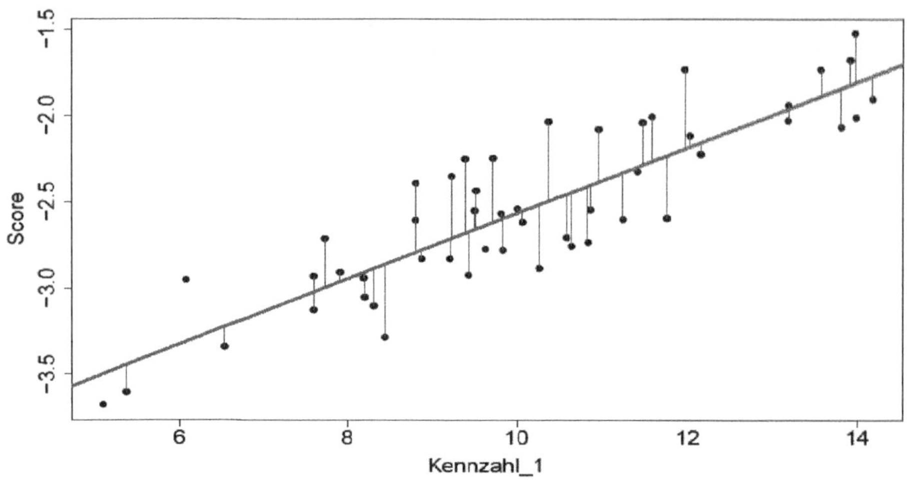

Abbildung 2.2-6: *Beispiel einer Regressionsgerade (Quelle: Deutsche Bundesbank. Die Regressionsgerade minimiert die Summe der quadratischen Abweichungen zwischen geschätzten Konsensus Score und Modellprognose.)*

Es ist durchaus möglich, dass der Markt die Ausfallwahrscheinlichkeit der Unternehmen insgesamt falsch eingeschätzt hat. Während eine zu konservative Einschätzung unter einer risikoaversen Sicht unproblematisch ist, ist das Gegenteil bei einer zu optimistischen Einstufung der Fall. In solchen Situationen muss die geschätzte Marktmeinung korrigiert werden. Die Notwendigkeit der Durchführung dieser Korrektur wird einmal jährlich im Rahmen der Modellkalibrierung für jedes Modell separat überprüft. Dies erfolgt mittels eines Vergleiches der durch das Modell erwarteten Ausfallrate mit der tatsächlich empirisch beobachteten Ausfallrate.

Im laufenden Geschäft hat man die Modellparameter $\hat{\alpha}_0, \hat{\alpha}_1, \cdots, \hat{\alpha}_k$ bereits geschätzt. Die Kennzahlen $X_1, X_2, \cdots, X_k$ werden aus dem vorliegenden Jahresabschluss ermittelt. So lässt sich auf der Basis der unteren Gleichung eine Prognose $\hat{S}_i$ des Scores für Unternehmen i bestimmen und somit eine erste Einstufung:

$$\hat{S}_i = \hat{\alpha}_0 + \hat{\alpha}_1 X_{i1} + \hat{\alpha}_2 X_{i2} + \dots + \hat{\alpha}_k X_{ik} .$$

IFRS Modell

Die Deutsche Bundesbank verwendet für nach IFRS bilanzierende Konzerne ein eigenes Modell mit sechs Kennzahlen (siehe Abb. 2.2-7):

$$\hat{S}_i = \hat{\alpha}_0 + \hat{\alpha}_1 X_{i1} + \hat{\alpha}_2 X_{i2} + \hat{\alpha}_3 X_{i3} + \hat{\alpha}_4 X_{i4} + \hat{\alpha}_5 X_{i5} + \hat{\alpha}_6 X_{i6}$$

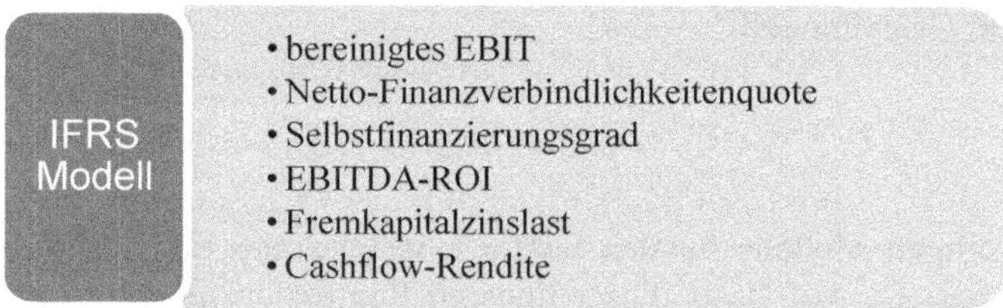

Abbildung 2.2-7: *Kennzahlen im Modell der Deutschen Bundesbank für nach IFRS bilanzierende Konzerne. (Quelle: Deutsche Bundesbank[11])*

HGB Modelle

Für nach dem HGB bilanzierende Unternehmen und Konzerne wird eine verschachtelte Methodik verwendet, die auf einem Grund- und mehreren Sektormodellen basiert. Das Grundmodell verwendet vier Kennzahlen, ist für alle Unternehmen identisch und ist ähnlich aufgebaut wie das IFRS Modell:

$$\hat{S}_i = \hat{\alpha}_{0,G} + \hat{\alpha}_{1,G} Y_{i1} + \hat{\alpha}_{2,G} Y_{i2} + \hat{\alpha}_{3,G} Y_{i3} + \hat{\alpha}_{4,G} Y_{i4}$$

Jedes Unternehmen wird anschließend auf Basis seiner Wirtschaftszweigklassifikation genau einer von elf Branchen zugeordnet. Nach dem HGB konsolidierte Abschlüsse werden einem Konzernmodell zugeteilt, so dass sich insgesamt zwölf Sektormodelle ergeben (vgl. Abb. 2.2-8).

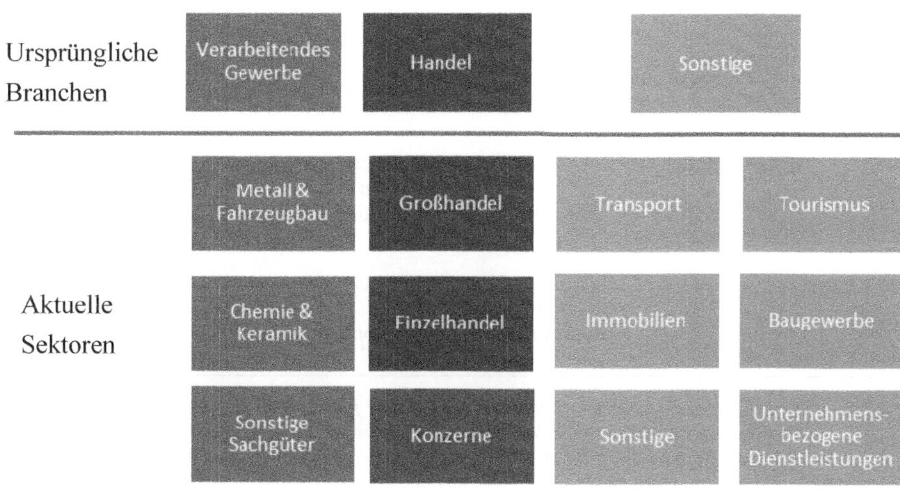

Abbildung 2.2-8: *Aufteilung der Sektormodelle der Deutschen Bundesbank für nach HGB bilanzierende Unternehmen und Konzerne. (Quelle: Deutsche Bundesbank. Aufteilung der drei ursprünglich verwendeten Branchen in die jetzigen zwölf Sektoren. Die nach dem HGB bilanzierenden Konzerne werden in einem eigenen Modell berücksichtigt.)*

---

[11] Siehe http://www.bundesbank.de im Abschnitt „Aufgaben" → „Geldpolitik" → „Notenbankfähige Sicherheiten" → „Downloads": Faltblatt, „Bonitätsanalyse der Deutschen Bundesbank für Konzerne, die nach International Financial Reporting Standards (IFRS) bilanzieren" für das IFRS Modell.

Die Prognose des Scores aus dem Grundmodell

$$\hat{G}_i = \hat{\alpha}_{0,G} + \hat{\alpha}_{1,G} Y_{i1} + \hat{\alpha}_{2,G} Y_{i2} + \hat{\alpha}_{3,G} Y_{i3} + \hat{\alpha}_{4,G} Y_{i4}$$

ist eine Input Variable des jeweiligen Modells für den Sektor j, welches aus drei weiteren sektorspezifischen Kennzahlen besteht. Auf Basis dieser linearen Regressionsmodelle kann der prognostizierte Score $\hat{S}_i$ des Unternehmens bestimmt werden:

$$\hat{S}_i = \hat{\alpha}_{0,j} + \hat{\alpha}_{1,j} X_{i1,j} + \hat{\alpha}_{2,j} X_{i2,j} + \hat{\alpha}_{3,j} X_{i3,j} + \hat{\alpha}_{4,j} G_i$$

Der große Vorteil dieser Konstruktion ist, dass durch das Grundmodell Unternehmen aus verschiedenen Sektoren vergleichbar bleiben und sich Klassifikationsänderungen bei einem Wechsel der Sektor-Eingliederung eines Unternehmens in Grenzen halten. Zudem reduziert sich durch die Aufteilung in Grund- und Sektormodellen die maximale Anzahl von Modellkennzahlen, welche die Analysten beherrschen müssen (vgl. Abb. 2.2-9 für eine Auswahl an Kennzahlen).

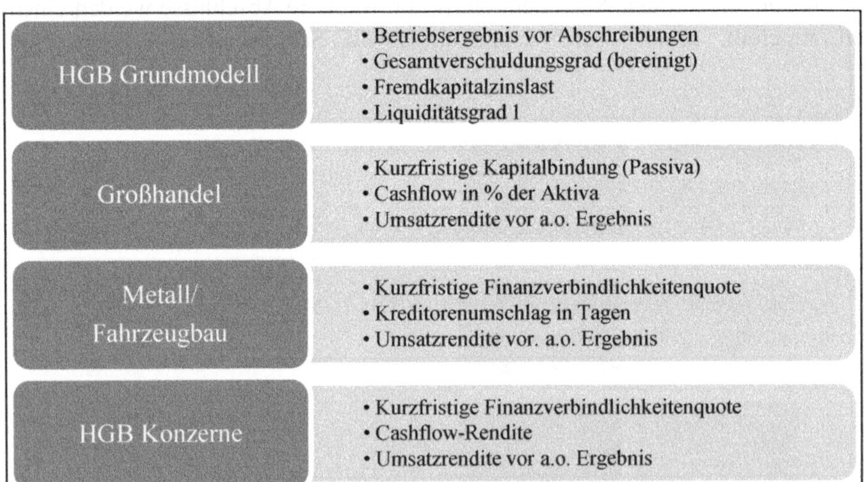

Abbildung 2.2-9: *Kennzahlen im Modell der Deutschen Bundesbank für nach HGB bilanzierende Unternehmen und Konzerne. (Quelle: Deutsche Bundesbank. Auswahl an Modellen mit dazugehörigen Kennzahlen, die für nach HGB bilanzierende Unternehmen und Konzerne verwendet werden.*[12]

Ein weiterer Vorteil dieser Modellklasse besteht darin, dass das Modell im Vergleich zu komplexeren Methoden für den Analysten gut verständlich ist und die einzelnen Berech-

12 Siehe hierzu auch http://www.bundesbank.de im Abschnitt „Aufgaben" → „Geldpolitik" → „Notenbankfähige Sicherheiten" → „Downloads" folgendes Dokument: Faltblatt, „Bonitätsanalyse der Deutschen Bundesbank" für die HGB Modelle.

nungsschritte nachvollzogen werden können. Gleichzeitig wird dem Analysten besser bewusst, wo die Grenzen des jeweiligen Modells sind und welche Sondereffekte evtl. nicht abgebildet werden, so dass er diese in seiner eigenen quantitativen und qualitativen Analyse berücksichtigen kann.

2.2.4.2 Zweite Stufe der Bonitätsanalyse: Nachbearbeitung durch die Analysten

Nach Durchlaufen des jeweiligen Modells der Bonitätsanalyse wird systemseitig ein Score ermittelt und die Ergebnisse liegen den Analysten in den Hauptverwaltungen anhand verschiedener Auswertungsergebnisse vor. Die Score-Werte werden in 18 verschiedene Ratingklassen unterteilt (vgl. Tab. 2.2-2), welchen jeweils eine mittlere Ausfallwahrscheinlichkeit („Probability of Default" (PD)) zugeordnet ist. Die Ratingklassen sind wiederum in Rangstufen 1 bis 8 eingeteilt.

Die Nachbearbeitung der systemseitigen Ergebnisse in Form einer manuellen Analyse erfolgt in den Hauptverwaltungen der Deutschen Bundesbank. Dabei können die Analysten ein Unternehmen anhand zusätzlicher quantitativer oder qualitativer Informationen höher- bzw. herabstufen. Unter den zusätzlichen quantitativen Informationen spielen ergänzende Kennzahlen eine wichtige Rolle, welche im Modell keine Berücksichtigung fanden, sowie die Ergebnisse der Kapitalflussrechnung.

Zusätzlich werden unternehmensspezifische Verhältnisse wie z. B. Konzernzugehörigkeit oder sonstige Abhängigkeiten analysiert. Mittels eines Konzernregelwerks werden Einstufungen und Ausfallereignisse innerhalb von Gruppen miteinander verknüpft. Unter den qualitativen Informationen spielen Informationen über Management, Rechtsform, Unternehmensgröße, aber auch wirtschaftliche Lage in der jeweiligen Branche eine wichtige Rolle. Außerdem werden aktuelle Entwicklungen wie z. B. Pressemeldungen, Ausfallmeldungen von Kreditinstituten, Insolvenzmeldungen, oder zusätzliche Informationen aus einem Gespräch mit dem Unternehmen berücksichtigt.[13]

Das abschließende Bonitätsurteil wird ebenfalls auf der Skala von 1 bis 8 abgebildet und kann vom systemseitigen Urteil abweichen. Grundsätzlich ist die Einstufung als notenbankfähig bis ein Jahr nach Urteilsfestlegung gültig, kann aber bei Vorliegen positiver Informationen auf zwei Jahre nach Bilanzstichtag ausgeweitet werden. Wird kein aktueller Jahresabschluss vorgelegt, wird das Urteil zurückgenommen.

> Nach Durchlaufen des jeweiligen Modells der Bonitätsanalyse wird systemseitig ein Score ermittelt. Die Score-Werte sind unterteilt in 18 verschiedene Ratingklassen und haben eine mittlere Ausfallwahrscheinlichkeit zugeordnet. Das abschließende Bonitätsurteil nach Analyse kann vom systemseitigen Urteil abweichen.

[13] Vgl. hierzu: Deutsche Bundesbank, Das Common Credit Assessment System (CoCAS) zur Prüfung der Notenbankfähigkeit von Wirtschaftsunternehmen im Eurosystem, Monatsbericht Januar 2014.

Tabelle 2.2-2: *Bonitätseinstufungen der Deutschen Bundesbank und der im Eurosystem zugelassenen externen Ratingagenturen. (Quelle: Deutsche Bundesbank)*

		Deutsche Bundesbank	S&P langfristig	FITCH langfristig	Moody's langfristig	DBRS langfristig
Investment Grade	notenbankfähig PD ≤ 0,1 %	1	AAA	AAA	Aaa	AAA
		2+	AA+	AA+	Aa1	AA (high)
		2	AA	AA	Aa2	AA
		2–	AA–	AA–	Aa3	AA (low)
		3+	A+	A+	A1	A (high)
		3	A	A	A2	A
		3–	A–	A–	A3	A (low)
	notenbankfähig 0,1 % < PD ≤ 0,4 %	4+	BBB+	BBB+	Baa1	BBB (high)
		4	BBB	BBB	Baa2	BBB
		4–	BBB–	BBB–	Baa3	BBB (low)
Non-Investment Grade	nicht notenbankfähig	5+	BB+	BB+	Ba1	BB (high)
		5	BB	BB	Ba2	BB
		5–	BB–	BB–	Ba3	BB (low)
		6+	B+	B+	B1	B (high)
		6	B	B	B2	B
		6–	B–	B–	B3	B (low)
		7	CCC+	CCC+	Caa1	CCC
		7	CCC	CCC	Caa2	CC
		7	CCC–	CCC–	Caa3	C
		7	CC	CC	Ca	
		7		C	C	
		8	SD/D	RD/D		D

2.2.5 Darstellung und Kommunikation der Ergebnisse der Bonitätsanalyse

Die Ergebnisse der Bonitätsbeurteilung werden übersichtlich in einem **Faktenblatt** und einer **Kapitalflussrechnung** präsentiert und nur den bewerteten Unternehmen unter Einhaltung der Datenschutzbestimmungen zur Verfügung gestellt. Seitens der Deutschen Bundesbank besteht über die regional zuständigen Hauptverwaltungen das Angebot, die Analyse-Ergebnisse zu besprechen und im Dialog unternehmensspezifische Sachverhalte aufzunehmen und in der finalen Bonitätseinstufung zu berücksichtigen.

Die Ergebnisse der Bonitätsbeurteilung werden im Faktenblatt mit einer Darstellung der Modell-Kennzahlen sowie ergänzender Kennzahlen präsentiert. Dies erfolgt im Mehrjahresvergleich unter Hinzuziehung von Branchenkennzahlen. Zusätzlich wird eine Zusammenstellung der Kapitalflussrechnung den Unternehmen zur Verfügung gestellt.

Für nach nationalem Recht (HGB) bilanzierende Unternehmen liefert die Bundesbank den Unternehmen eine **Kapitalflussrechnung** mit den Bereichen „Laufende Geschäftstätigkeit", „Investitionstätigkeit" und „Finanzierungstätigkeit" gemäß eigener Abgrenzung, die von der Bundesbank und der Oesterreichischen Nationalbank in Zusammenarbeit entwickelt wurde. Dies weil nicht alle nach HGB bilanzierende Unternehmen verpflichtet sind, innerhalb des Jahresabschlusses eine Kapitalflussrechnung zu erstellen. In der Kapitalflussrechnung werden die Werte der letzten drei Jahre aufgezeigt, woraus sich dann ein verdichtetes Bild der Finanzströme von Umsatz-, Investitions- und Finanzierungsprozessen ergibt. Diese sind dargestellt und aufgebaut nach gängigen Ansätzen der Cashflow-Analyse.

Beim Cashflow aus laufender Geschäftstätigkeit wird ausgehend vom Jahresüberschuss/-fehlbetrag unter Berücksichtigung von Veränderungen bei Positionen wie z. B. Forderungen/Verbindlichkeiten aus Lieferungen und Leistungen, Vorräten, Rückstellungen sowie Ab- und Zuschreibungen die Liquidität dargestellt, welche im laufenden Betrieb freigesetzt wird bzw. für diesen benötigt wurde. Bei der Darstellung des Cashflow aus laufender Geschäftstätigkeit wird das Jahresergebnis nicht nur um solche Werte korrigiert, welche keinen liquiditätsmäßigen Mittelzufluss bzw. Mittelabfluss darstellen, sondern es werden auch Positionen berücksichtigt, die einen direkten Bezug zur Geschäftstätigkeit des Unternehmens/Konzerns haben.[14] Es wird dabei erkennbar, welche liquide Mittel aus dem Umsatzprozess – nach Absorption durch Forderungsaufbau und -abbau (Forderungen aus Lieferungen und Leistungen bzw. sonstige Forderungen) noch verbleiben für den sonstigen Aktiva-Erwerb im Investitionsbereich (Aufbau von Anlagevermögen bzw. Finanzierungstätigkeit).

Im Cashflow aus der Investitionstätigkeit erfolgt eine Darstellung der Investitionen unter Berücksichtigung der Erlöse aus dem Abgang vom Anlagevermögen bzw. der Freisetzung von Liquidität aus Desinvestitionen.

Im Cashflow aus der Finanzierungstätigkeit wird die Finanzierung des Unternehmens durch Eigenkapital bzw. Finanzverbindlichkeiten und Konzernverrechnungen (ohne Forderungen/Verbindlichkeiten aus Lieferungen und Leistungen) sowie sonstiger langfristiger Verbindlichkeiten dargestellt.

Die aus der Kapitalflussrechnung resultierenden Cashflow Größen sind somit für alle bewerteten Unternehmen einheitlich definiert und dadurch auch vergleichbar. Die Kapitalflussrechnung ist nicht nur ein wichtiges Tool für die Berechnung des Cashflows als Eingangsgröße mehrerer Kennzahlen sondern auch ein wichtiges Analyse-Instrument für die Nachbearbeitung durch die Analysten bei den Hauptverwaltungen der Bundesbank.

[14] Quelle: Deutsche Bundesbank, Das Common Credit Assessment System (CoCAS) zur Prüfung der Notenbankfähigkeit von Wirtschaftsunternehmen im Eurosystem, Monatsbericht Januar 2014.

Faktenblatt

DEUTSCHE BUNDESBANK EUROSYSTEM

Unternehmen	Muster AG
Sitz	Musterhausen
Branche	Herst. v. sonst. anorgan. Grundst. u. Chemikalien
Sektormodell	Chemie/Keramik/Tabak
Bilanzstichtag	31.12.2013
Datum	27.11.2014

Modell-Kennzahlen[1]	31.12.2013			31.12.2012		
	Unter-nehmen	Branche Median[2]	Indikator[3]	Unter-nehmen	Branche Median[2]	Indikator[3]
Betriebserg. v. Abschreibungen	1.155.000	1.863	++	1.400.000	1.601	++
Gesamtverschuldungsgrad (ber.)	43,47	55,7	+	31,20	43,7	+
Fremdkapitalzinslast	1,31	3,1	++	1,19	2,7	++
Liquiditätsgrad 1	3,87	9,1	-	3,03	12,7	-
Nettoverschuldungsquote (ber.)	20,78	6,3	-	10,03	0,0	-
kurzfr. Kapitalbindung (Passiva)	12,08	8,5	-	12,12	6,9	-
Umsatzrendite vor a.o. Ergebnis	11,97	4,2	++	12,22	4,0	++
Rangstufe[4]	3-	notenbankfähig				

Ergänzende Kennzahlen im 3-Jahres-Vergleich[1]	31.12.2013			31.12.2012			31.12.2011		
	Unter-nehmen	Branche Median[2]	Indikator[3]	Unter-nehmen	Branche Median[2]	Indikator[3]	Unter-nehmen	Branche Median[2]	Indikator[3]
Umsatzveränderung	1,98	0,5	o	6,54	1,5	+	4,14	12,3	-
Betriebserg. v. Abschr. - ROI	3,09	12,5	--	3,55	12,3	--	5,02	16,2	--
Betriebsrendite	2,97	4,8	-	4,09	4,8	o	7,33	6,5	o
Cashflow Rendite	42,20	6,9	++	11,64	7,3	+	42,81	7,1	++
Cashflow in % des Anlageverm.	44,27	23,2	+	9,76	21,4	-	34,73	21,1	+
Schuldentilgungsfähigkeit	42,11	30,3	o	10,38	39,4	-	33,65	37,8	o
Debitorenumschlag	60,54	32,0	--	59,57	34,0	--	63,22	30,0	--
Zinsdeckung	821,05	326,8	+	831,66	254,5	++	463,59	406,4	o
Eigenkapitalquote bereinigt	29,13	34,8	o	26,63	41,6	--	24,14	43,6	-
Kurzfr. Verbindlichkeitenquote	42,21	28,1	-	56,02	19,0	--	62,13	19,8	--

Cashflow	31.12.2013	31.12.2012	31.12.2011
Cashflow - lfd. Geschäftstätigkeit	9.902.000	2.679.000	9.247.000
Cashflow - Investitionstätigkeit	-2.066.000	-1.241.000	-7.075.000
Cashflow - Finanzierungstätigkeit	-7.885.000	-1.589.000	-1.895.000

1. Alle Kennzahlenangaben in % mit Ausnahme der Kennzahlen Betriebsergebnis vor Abschreibungen (in TEUR) und Debitoren- / Kreditorenumschlag (in Tagen).

2. Branchenmedian nach Umsatzgrößenklassen in Abhängigkeit von der Anzahl der berücksichtigten Unternehmen. Branchenvergleich basierend auf der statistischen Systematik der Wirtschaftszweige in der Europäischen Gemeinschaft (NACE Rev. 2). Datenbasis für Branchenvergleich:

Jahr	Branche	Umsatzgrößenklasse
2013	20.1	Alle Größenklassen
2012	20.13	Alle Größenklassen
2011	20.13	Alle Größenklassen

3. Indikator (Vergleich mit den Quintilswerten der Branche).

Kennzahlenhypothese "je größer desto besser": Unterhalb des 1 Quintils "--", zwischen dem 1 und dem 2. Quintil "-", zwischen dem 2. und dem 3. Quintil "o", zwischen dem 3. und dem 4. Quintil "+", oberhalb des 4. Quintils "++".

Kennzahlenhypothese "je kleiner desto besser": Unterhalb des 1 Quintils "++", zwischen dem 1 und dem 2. Quintil "+", zwischen dem 2. und dem 3. Quintil "o", zwischen dem 3. und dem 4. Quintil "-", oberhalb des 4. Quintils "--".

4. Rangstufen gem. Bundesbank-Klassifikation: Rangstufe 1bis 4- entspricht "notenbankfähig"; Rangstufe 5+ bis 8 entspricht "nicht notenbankfähig".

Abbildung 2.2-10: *Das Faktenblatt. (Quelle: Deutsche Bundesbank)*

Kapitalflussrechnung		Kapitalfluss in Tsd. Euro im Geschäftsjahr Mittelherkunft (+) / Mittelverwendung (-)		
		12.2013	12.2012	12.2011
Laufende Geschäftstätigkeit				
Umsatzerlöse	(+)	65.587.000	68.361.000	67.178.000
Eigene Erzeugnisse. Aktivierte Eigenleistungen	(-/+)	0	30.000	161.000
Personalaufwand	(-)	-9.170.000	-9.200.000	-8.156.000
Materialaufwand	(-)	-49.675.000	-51.227.000	-50.872.000
Zinsaufwendungen	(-)	-2.135.000	-1.943.000	-1.527.000
Zinserträge	(+)	538.000	382.000	431.000
Beteiligungserträge, Ergebnisübernahmen	(-/+)	8.807.000	9.998.000	7.935.000
Übrige Aufwendungen	(-)	-13.619.000	-12.990.000	-13.241.000
Übrige Erträge	(+)	4.287.000	4.673.000	4.139.000
= Gewinn (+) / Verlust (-) vor Steuern		4.620.000	8.084.000	6.048.000
Steuern vom Einkommen u./o. Ertrag	(-/+)	-1.542.000	-1.704.000	-2.630.000
Ertrag/Aufwand aus lat. Steuern	(+/-)	0	0	0
= Jahresüberschuss (+) / -fehlbetrag (-)		3.078.000	6.380.000	3.418.000
Abschreibungen	(+)	1.618.000	1.496.000	1.311.000
Zuschreibungen	(-)	-4.000	0	0
Erlöse aus Abgang Anlagevermögen	(-)	0	0	0
Restbuchwertabgang	(+)	11.948.000	2.103.000	395.000
Vorräte	(Zun.-/Abn.+)	100.000	2.000	-568.000
davon Veränderungen eigene Erzeugnisse	(Zun.-/Abn.+)	0	30.000	161.000
Forderungen aus Lieferungen und Leistungen	(Zun.-/Abn.+)	-2.481.000	2.196.000	-298.000
Sonstige Forderungen	(Zun.-/Abn.+)	-182.000	220.000	707.000
Rückstellungen	(Zun.+/Abn.-)	790.000	-1.082.000	3.977.000
Verbindlichkeiten aus Lieferungen und Leistungen	(Zun.+/Abn.-)	147.000	-507.000	464.000
Sonstige kurzfristige Verbindlichkeiten	(Zun.+/Abn.-)	530.161	138.000	427.000
davon Veränderung erhaltene Anzahlungen	(Zun.+/Abn.-)	20.000	-32.000	-12.000
Korrekturposten	(+/-)	0	0	0
= Cashflow aus laufender Geschäftstätigkeit		15.544.161	10.946.000	9.833.000
Investitionstätigkeit				
Investitionen	(-)	-22.397.000	-12.151.000	-12.049.000
Erlöse aus Abgang Anlagevermögen	(+)	0	0	0
Korrekturposten	(+/-)	0	0	0
= Cashflow aus der Investitionstätigkeit		-22.397.000	-12.151.000	-12.049.000
Finanzierungstätigkeit				
Eigenmittel	(Zun.+/Abn.-)	-1.874.161	-1.646.000	-1.400.000
Finanzverbindlichkeiten	(Zun.+/Abn.-)	0	-14.000	-10.000
davon kurzfristig	(Zun.+/Abn.-)	400.000	-14.000	-10.000
Konzernverbindlichkeiten	(Zun.+/Abn.-)	13.367.000	12.076.000	1.533.000
davon kurzfristig	(Zun.+/Abn.-)	7.232.000	2.031.000	-456.000
Konzernforderungen	(Zun.-/Abn.+)	-219.000	-7.747.000	-352.000
Sonstige langfristige Verbindlichkeiten	(Zun.+/Abn.-)	-119.000	107.000	34.000
Korrekturposten	(+/-)	0	0	0
= Cashflow aus der Finanzierungstätigkeit		11.154.839	2.776.000	-195.000
Zahlungswirksame Veränderungen des Finanzmittelfonds		4.302.000	1.571.000	-2.411.000
Finanzmittelbestand am Jahresanfang		6.977.000	5.406.000	7.817.000
Finanzmittelbestand am Jahresende		11.279.000	6.977.000	5.406.000

Abbildung 2.2-11: *Die Kapitalflussrechnung. (Quelle: Deutsche Bundesbank)*

In der Kapitalflussrechnung werden die Werte der letzten drei Jahre aufgezeigt, woraus sich dann ein verdichtetes Bild der Finanzströme von Umsatz-, Investitions- und Finanzierungsprozessen ergibt. Diese sind dargestellt und aufgebaut nach gängigen Ansätzen der Cashflow-Analyse.

2.2.6 Fazit und Ausblick

Die Bonitätsanalyse der deutschen Bundesbank hat als primäres Ziel die Feststellung der Notenbankfähigkeit von Wirtschaftsunternehmen, deren Kreditforderungen durch die Geschäftspartner der Deutschen Bundesbank als (nicht marktfähige) Sicherheiten für geldpolitische Operationen herangezogen werden können. Dabei ist die Bundesbank eine der für geldpolitische Zwecke im Eurosystem zugelassenen Ratingquellen und unterliegt somit dem ECAF Rahmenwerk, welches die Prozeduren, Regeln und Verfahren für die Beurteilung der Notenbankfähigkeit von Sicherheiten festlegt.

Für die Ermittlung der Bonität der Unternehmen stützt sich die Bundesbank auf ein zweistufiges Verfahren, das teils systematisiert durch mathematische Prozesse, teils durch die manuelle Analyse der dezentral organisierten Hauptverwaltungen erfolgt. Der Kern der Bonitätsanalyse wird durch ein sogenanntes Konsensus Verfahren durchgeführt. Die dem zugrunde liegenden Modelle versuchen nicht, das binäre Ausfall/Nicht-Ausfall Ereignis anhand von Kennzahlen vorherzusagen, sondern einen kontinuierlichen Score aus allen vorhandenen Ratingquellen. Das statistische Modell liefert zwar robuste und gut interpretierbare Ergebnisse, es ist jedoch in der Auswahl der heranzuziehenden Informationen bzw. Kennzahlen eingeschränkt. Zum Beispiel dürfen diese nicht untereinander korrelieren und sollten mit der Ausfallwahrschcinlichkeit über alle Bonitätseinstufungen hinweg monoton verbunden sein. Im Rahmen der Analyse werden ergänzende quantitative und qualitative Informationen berücksichtigt und die Ratingeinstufung des Unternehmens wird gegebenenfalls angepasst.

Abschließend lässt sich festhalten, dass die Bonitätsanalyse der Deutschen Bundesbank auch einem Prozess des Wandels unterliegen muss. Als Teil des Europäischen Rahmenwerks für Kreditausfallrisikoanalyse ist die Bonitätsanalyse der Deutschen Bundesbank ständigen Anpassungsanforderungen unterstellt, welche auf ihre Gestaltung einen direkten Einfluss insbesondere in Richtung Harmonisierung ausüben. Zudem werden durch neue nationale Gesetze auch neue Anpassungsanforderungen an die Bonitätsanalyse gestellt. Dies führt dazu, dass dieses Papier als Bestandsaufnahme des aktuellen Bonitätsanalyseverfahrens zu betrachten ist, dieses jedoch in einen dynamischen Entwicklungs- und Verbesserungsprozess eingebunden ist.

Literaturverzeichnis

M. Bingmer, L. Auria (2013), The Implementation of the Basel II Default Definition by Credit Risk Assessment Systems: An Analysis of Possible Aggregation Procedures, in Global Credit Review, Vol. 3, World Scientific Publishing Company and Risk Management Institute, NUS, Singapur, S. 43–55.

Deutsche Bundesbank, Das Common Credit Assessment System (CoCAS) zur Prüfung der Notenbankfähigkeit von Wirtschaftsunternehmen im Eurosystem, Monatsbericht Januar 2014.

Deutsche Bundesbank, Die Bonitätsanalyse der Deutschen Bundesbank, Faltblatt unter: http://www.bundesbank.de/Redaktion/DE/Downloads/Aufgaben/Geldpolitik/bonitaetsanalyse_kurzuebersicht.pdf?__blob=publicationFile.

Deutsche Bundesbank, Bonitätsanalyse der Deutschen Bundesbank für Konzerne, die nach International Financial Reporting Standards (IFRS) bilanzieren, Faltblatt unter: http://www.bundesbank.de/Redaktion/DE/Downloads/Aufgaben/Geldpolitik/bonitaetsanalyse_ifrs.pdf?__blob=publicationFile .

Europäische Union, Amtsblatt vom 27.6.2013, L 176/112 unter: http://eur-lex.europa.eu/LexUriServ/LexUriServ.do?uri=OJ:L:2013:176:0001:0337:DE:PDF.

Europäische Zentralbank, Eurosystem, „Jahresbericht 2013“, http://www.ecb.europa.eu/pub/pdf/annrep/ar2013de.pdf.

Broschüre „Bonitätsunternehmen der Deutschen Bundesbank“, http://www.bundesbank.de/download/gm/gm_broschuere_bonitaetsunternehmen.pdf.

Europäische Zentralbank, „Durchführung der Geldpolitik im Euro-Währungsgebiet, Allgemeine Regelung für die geldpolitischen Instrumente und Verfahren des Eurosystems“ (GenDoc), gültig ab 1. Januar 2012, Kapitel 6, https://www.ecb.europa.eu/pub/pdf/other/gendoc201109de.pdf?255f786500225ec6bd009b6bab24af83, sowie Europäische Zentralbank, Guideline of the ECB of 12 March 2014 amending Guideline ECB/2011/14 on monetary policy instruments and procedures of the Eurosystem (ECB/2014/10), OJ L 166, 5.6.2014, S. 33, unter https://www.ecb.europa.eu/ecb/legal/pdf/oj_jol_2014_166_r_0008_en_txt.pdf .

K. Hornik, R. Jankowitsch, C. Leitner, M. Lingo, S. Pichler und G. Winkler (2010), A latent variable approach to validate credit rating systems. In D. Rösch und H. Scheule, editors, Model Risk in Financial Crises, S. 277–296. Risk Books, London.

Großkredit- und Millionenkreditverordnung (GroMiKV) – Verordnung über die Erfassung, Bemessung, Gewichtung und Anzeige von Krediten im Bereich der Großkredit- und Millionenkreditvorschriften des Kreditwesengesetzes, http://www.bafin.de/SharedDocs/Aufsichtsrecht/DE/Verordnung/GroMiKV_ba.haml.

Prüfungsberichtsverordnung (PrüfbV), http://www.bafin.de/SharedDocs/Aufsichtsrecht/DE/Verordnung/PruefbV.html.

Emanuel Eckrich und Jan-Henning Trustorff

2.3 Ratingentwicklung und -validierung

Lernziele

Der Beitrag soll dem Leser

- einen Überblick über die regulatorischen Anforderungen der Capital Requirement Regulations (CRR) geben, die für die Verwendung bankinterner Ratingmodelle und des auf internen Ratings basierenden (IRB) Ansatzes zur Ermittlung der Eigenkapitalanforderung maßgeblich sind.
- die wichtigsten Schritte und Techniken der Modellentwicklung erläutern. Dabei werden alternative Modellansätze vorgestellt, die Techniken der Stichprobenbildung beschrieben und die wesentlichen Elemente der univariaten Analyse sowie die Auswahl und Aufbereitung geeigneter Modellkennzahlen diskutiert.
- Grundlagen und Methoden der Validierung qualitativer und quantitativer Ratingmodelle vermitteln. Dabei werden die verschiedenen Dimensionen der Validierung besprochen und geeignete Methoden zur Beurteilung der Leistungsfähigkeit interner Ratingmodelle vorgestellt.

2.3.1 Einleitung

2.3.1.1 Aufgabe und Zielsetzung bankinterner Ratingverfahren

Ratingverfahren sind die innerhalb einer Bank eingesetzten Methoden, Modelle und Verfahrenstechniken, um das Kreditrisiko eines Kreditnehmers zu quantifizieren. **Ratingmodelle** beschreiben hierbei den Zusammenhang zwischen der Ausfallwahrscheinlichkeit und den individuellen Ausprägungen ausgewählter Risikotreiber des Kreditnehmers. Die **Ausfallwahrscheinlichkeit** (Probability of Default – PD) ist regulatorisch gemäß Art. 4 (1) Nr. 54 CRR definiert als Wahrscheinlichkeit des Ausfalls einer Gegenpartei im Laufe eines Jahres. Über eine Ratingskala werden PDs in Ratingklassen zusammengefasst. Das **Rating** ist hierbei ein ordinalskaliertes Ordnungskriterium zur Beurteilung der Bereitschaft sowie der rechtlichen und wirtschaftlichen Fähigkeit eines Kreditnehmers, seine vertraglichen Zahlungsverpflichtungen vollständig und rechtzeitig zu erfüllen.

Sofern die Bank über eine entsprechende aufsichtliche Genehmigung verfügt, können im Rahmen des **Internal Rating Based Approach** (IRBA) interne Ratingmodelle zur Schätzung von Risikoparametern für die Bemessung der Eigenkapitalunterlegung verwendet werden. Die entsprechende Genehmigung wird durch die Aufsichtsbehörde auf Ebene des jeweiligen Ratingsystems erteilt. Der Begriff des **Ratingsystems** umfasst alle Methoden, Prozesse, Kontrollen, Datenerhebungs- und IT-Systeme, die zur Beurteilung von Kreditrisiken, zur Zuordnung von Risikopositionen zu Bonitätsstufen oder -pools sowie zur Quantifizierung von Ausfall- und Verlustschätzungen für eine bestimmte Risikopositionsart dienen (Art. 142 (1) Nr. 1 CRR). Es ist damit deutlich weiter gefasst als das Ratingverfahren.

2.3.1.2 Regulatorische Anforderungen

Bei Verwendung interner Verfahren zur Schätzung von Risikoparametern oder zur Zuordnung von Kreditnehmern zu Risikopools muss eine Vielzahl regulatorischer Anforderungen erfüllt werden. Maßgeblich ist dabei die Verordnung (EU) Nr. 575/2013, die auch als Capital Requirement Regulation (CRR) bezeichnet wird. Die Anforderungen für eine Anwendung des auf internen Ratings basierenden Ansatzes zur Ermittlung der Eigenkapitalanforderung sind in Kapitel 3 Art. 142 ff. CRR geregelt. Für die Verwendung von internen Ratingmodellen müssen die eingesetzten statistischen oder algorithmischen Schätzverfahren eine hohe Prognosegüte aufweisen und dürfen keine systematischen Fehler beinhalten, um eine unverzerrte Ermittlung der Eigenmittelanforderung zu gewährleisten (Art. 174 CRR). Dabei sind alle relevanten Informationen durch eine sinnvolle Auswahl an erklärenden Modellvariablen zu berücksichtigen, die sich auf Basis einer hinreichend qualitätsgesicherten und repräsentativen Datenbasis als aussagekräftig erwiesen haben. Die modellierten Schätzungen sind durch individuelle Kontrollen und Beurteilungen zu ergänzen und ihre Aussagekraft durch eine laufende Validierung regelmäßig zu überprüfen.

Die laufende Validierung muss mindestens jährlich auf Basis möglichst langer Zeithistorien und gemäss intern dokumentierter Standards erfolgen (Art. 185 CRR). Darüber hinaus sind die internen Ratingverfahren und die Einhaltung interner und regulatorischer Anforderungen mindestens jährlich durch die unabhängige Innenrevision zu überprüfen (Art. 191 CRR).

Die für die Entwicklung, Umsetzung und Validierung der Ratingsysteme zuständige Kreditiriskoüberwachungsheinheit muss grundsätzlich von anderen Funktionen für die Eröffnung und Verlängerung von Risikopositionen unabhängig und unmittelbar der Geschäftsleistung unterstellt sein (Art. 190 CRR).

Übergreifende Verantwortwortung für die internen Schätzungen und eingesetzen Ratingverfahren trägt die Unternehmensführung. Sie muss über ausreichende Detailkenntnisse verfügen und sich regelmäßig über die Leistungsfähigkeit des Ratingverfahrens und die laufende Entwicklungsarbeit zur Behebung von Modellschwächen informieren, um eine ordnungsgemässe Funktionsweise der eingesetzten Verfahren sicherzustellen. (Art. 189 CRR).

Um die Zuverlässigkeit der internen Schätzungen und die Einhaltung der regulatorischen Anforderung unabhängigen Dritten nachweisen zu können, sind alle wesentlichen Komponenten des eingesetzten Ratingverfahrens sowie die Modellentwicklung und -validierung entsprechend zu dokumentieren (Art. 175, 188 CRR).

2.3.2 Entwicklung bankinterner Ratingverfahren

2.3.2.1 Prozess der Modellentwicklung

Der Prozess der Ratingmodellentwicklung umfasst in der Regel folgende fünf Schritte:

1. **Konzeption:** Im Rahmen der Konzeptionsphase wird der überggeordnete **Modellansatz** definiert, der zur Modellierung des Ratings verwendet werden soll; die gängigen Modellansätze, wie z. B. mathematisch-statistische Modelle, werden in den folgenden Abschnitten näher beschrieben. Des Weiteren werden die **Informationsbereiche** festgelegt, die in der Ratingmodellierung abgebildet werden. Beispiele sind Jahresabschlussinformationen, Zahlungsverkehrsverhalten oder Kreditauskunfteiinformationen. Für jeden Informationsbereich werden anschliessend **Kennzahlen** bestimmt, die als Inputvariable in das Modell aufgenommen werden. Beispiele sind

die Eigenkapitalrendite, die relative Limitausnutzung oder die Dauer des Zahlungsverzugs bei anderen Gläubigern.

2. **Stichprobenbildung:** Die Stichprobenbildung dient der Erzeugung des zur Ratingmodellentwicklung notwendigen Datensatzes aus der Kundengruppe, auf die das fertig Ratingmodell später angewendet werden soll. Hierfür ist die **Definition des Zielportfolios** von zentraler Bedeutung, Anschließend wird für jeden Kunden in der Stichprobe der **Ausfallstatus** bestimmt, d. h. ob und wann ein Ausfall des Kunden unter Basel-III-Gesichtspunkten vorgelegen hat. Abschließend ist eine **Qualitätssicherung** und gegebenenfalls **Bereinigung** der ermittelten Stichprobe durchzuführen.
3. **Univariate Analyse:** Die **univariate Analyse** bezieht sich auf die Analyse der in Schritt 1 definierten Kennzahlen unter Anwendung der Daten der in Schritt 2 bestimmten Stichprobe. Hierbei wird die grundsätzliche Eignung der Kennzahlen zur Verwendung im Ratingmodell geprüft. Aus der Überprüfung können sich Notwendigkeiten zur **Transformationen der Kennzahlen**, d. h. Änderung der Kennzahlendefinition, bzw. **Behandlung von Datendefekten**, z. B. Ausreißern oder fehlenden Werten, ergeben.
4. **Modellschätzung:** Nachdem in Schritt 1 der übergeordnete Modellansatz festgelegt wurde, folgt im Rahmen der Modellschätzung die **Wahl des spezifischen Modellierungsverfahrens**. Zu den Modellierungsverfahren mathematisch-statistischer Modellansätze zählen beispielsweise lineare Diskriminanzanalysen, logistische Regression oder Support Vector Machines. Des Weiteren werden aus den im vorangegangenen Schritt 3 analysierten Kennzahlen die **erklärenden Variablen selektiert**, d. h. die Kennzahlen mit der besten Prognosegüte bezüglich der Ausfallwahrscheinlichkeit. Abschließend erfolgt die **Schätzung der Modellparameter**, d. h. der Gewichte der Einzelvariablen zur Bestimmung der Ausfallwahrscheinlichkeit.
5. **Modellvalidierung:** Abschließend ist das entwickelte Ratingmodell durch eine systematische Modellvalidierung zu überprüfen. Regelmäßig umfasst dies die Überprüfung der **Trennschärfe und der Kalibrierung**, d. h. der Fähigkeit, Kunden bezüglich ihres Ausfallrisikos zu differenzieren und das individuelle Ausfallrisiko möglichst genau zu quantifizieren. Sofern dies innerhalb des gewählten Modellansatzes bzw. Modellierungsverfahrens möglich ist, werden ebenfalls die **statistische Signifikanz** sowie die **ökonomische Plausibilität** des Modells überprüft. Gegebenenfalls ergibt sich aus der Validierung die Notwendigkeit, Teilschritte oder auch die gesamte Entwicklung zu wiederholen.

2.3.2.2 Überblick über die Modellansätze

Grundsätzlich können folgende Modellansätze unterschieden werden:

- Heuristische Modelle
- Mathematisch-statistische Modelle
- Kausalanalytische Modelle

In der Ratingpraxis werden häufig Mischformen der drei Ansätze eingesetzt, wobei heuristische Modelle üblicherweise mit einem der beiden anderen Modellansätze kombiniert werden.

Heuristische Modelle stellen Verfahren dar, bei denen basierend auf Erfahrungswerten und Experteneinschätzungen Kreditnehmer mit Hilfe eines Scores direkt Ratingklassen zugeordnet werden. Den Ratingklassen sind wiederum Ausfallwahrscheinlichkeiten zugewiesen. Der Score kann hierbei auf Basis quantitativer als auch qualitativer Informationen erzeugt werden, wobei die Auswahl und Gewichtung der Informationen in der Regel nicht empirisch fundiert erfolgt, sondern expertenbasiert. Zu den heuristischen Modellen zählen z.B klassische Ratingbögen, Experten- oder Fuzzy-Logic-Systeme.

Klassische Ratingbögen versuchen die Ratingeinschätzung eines Experten nachzubilden. **Shadow-Ratingverfahren** sind vergleichbar mit klassischen Ratingbögen bilden jedoch die Ratingeinschätzungen externer Ratingagenturen nach. **Expertensysteme** fokussieren auf die Nachbildung der menschlichen Problemlösungsfähigkeit und werden dem Bereich der „Künstlichen Intelligenz" zugeordnet. Sie verwenden eine datenbankgestützte Wissensbasis, aus der sie Bonitätseinschätzungen ableiten. **Fuzzy-Logic-Systeme** als Spezialform der Expertensysteme erlauben darüberhinaus, Unschärfen in den Experteneinschätzungen zu berücksichtigen.

Mathematisch-statistische Modelle beschreiben den Zusammenhang zwischen der Ausfallwahrscheinlichkeit eines Kunden und verschiedenen Risikotreibern auf Basis empirisch beobachteter Daten. Die Zusammenhänge werden in einer mathematischen Funktion aggregiert und häufig in eine exakte Ausfallwahrscheinlichkeit transformiert. Das Rating ergibt sich schließlich durch Zuordnung von Intervallen der Ausfallwahrscheinlichkeit zu einer Ratingskala und Zuweisung der Ratingklasse, in deren PD-Intervall die exakt berechnete PD fällt.

Kausalanalytische Modelle zur Bonitätsanalyse stützen sich auf ökonomische bzw. finanzwirtschaftliche Theorien, um die Ausfallwahrscheinlichkeit zu modellieren. Eine Überprüfung der unterstellten Zusammenhänge anhand empirischer Daten, d. h. insbesondere von tatsächlichen Ausfallbeobachtungen, erfolgt im Unterschied zu mathematisch-statistischen Modellen nicht. Die kausalanalytisch ermittelte PD wird jedoch ebenfalls auf Ratingklassen projiziert, um ein Rating abzuleiten. Zu den kausalanalytischen Modellen zählen z. B. Optionspreismodelle oder Cashflow-Simulationen. Sie eignen sich inbesondere für Kundensegmente, für die keine ausgefallenen Kunden beobachtet wurden oder bei denen es sich um Spezialfinanzierungen handelt. Für Spezialfinanzierungen werden beispielsweise die objektbezogenen Zahlungsströme als wesentlicher Risikotreiber modelliert, um die Wahrscheinlichkeit eines Zahlungsausfalls simulationsbasiert abzuleiten.

Die Wahl des Modellansatzes hängt im Wesentlichen vom betrachteten **Kundensegment** und von der zur Verfügung stehenden **Datenbasis** ab. Für Kundensegmente mit einer geringen Anzahl an Kunden bzw. Ausfallbeobachtungen eigenen sich qualtitative Scoringmodelle besser als mathematisch-statistische Verfahren. Bei Kundensegmenten mit einer hohen Anzahl an Kunden bzw. Ausfällen werden dagegen überwiegend mathematisch-statistische Verfahren eingesetzt.

Die nachfolgende Grafik veranschaulicht beispielhaft den Zusammenhang zwischen Kundensegmenten und mathematisch-statistischen bzw. qualitativen Modellansätzen ergänzt um die Dimensionen „Grad der Automatisierung" und „Verwendete Informationen".

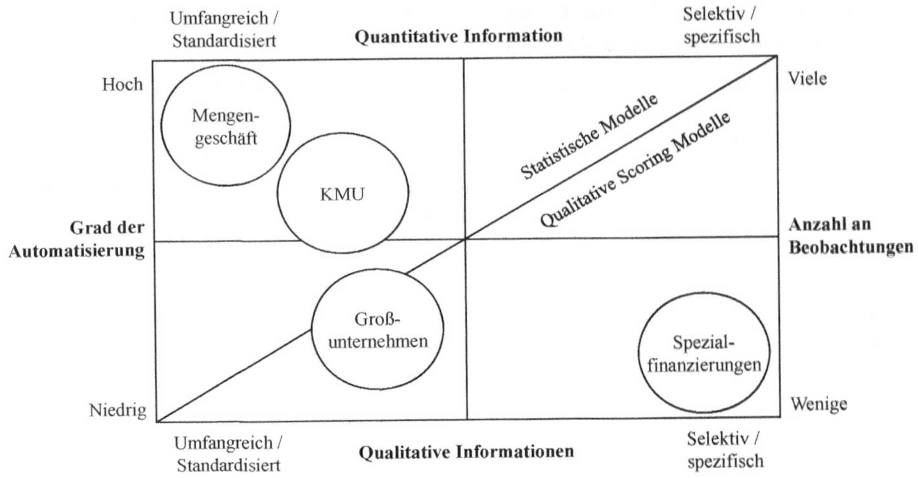

Abbildung 2.3-1: *Modellierungsansätze in Abhängigkeit vom betrachteten Kundensegment*

Mathematisch-statistische Modelle werden demnach insbesondere für das **Mengengeschäft** im Privatkundensegment sowie **kleine und mittlere Unternehmen (KMU)** eingesetzt, bei denen die Anzahl an Kunden bzw. Ausfällen eine empirische Modellierung erlaubt. Aufgrund des breiten, relativ unspezifischen Anwendungsbereichs kommen unterschiedlichste Informationsbereiche zur Anwendung. Zur Ratingermittlung werden überwiegend quantitative Informationen, wie z. B. Finanzkennzahlen oder Kennzahlen des Kontoverhaltens, verwendet. Um eine effiziente Ratingerstellung zu gewährleisten, werden die Informationen standardisiert und z. B. über Bilanzgliederungsschemata oder definierte Transaktionskennzahlen erhoben. Die Ratingermittlung erfolgt im Wesentlichen automatisiert ohne tiefgreifende Einflussmöglichkeiten durch den Ratingersteller auf das Ratingergebnis.

Für kleinere Segmente mit wenigen Kunden und Ausfallinformationen wie **Großunternehmen** bzw. **Spezialfinanzierungen** kommen üblicherweise qualitative Scoringmodelle zum Einsatz. Die Informationen, die innerhalb des Ratings von Großunternehmen verwendet werden, sind ähnlich umfangreich wie für Privatkunden und KMU. Gleichwohl finden qualitative Informationen verstärkt Eingang in die Ratingermittlung. Hierdurch können Expertenwissen und -einschätzungen besser berücksichtigt werden, die der Komplexität von Großunternehmen Rechnung tragen. Um subjektiven Einfluss von Experteneinschätzungen zu reduzieren und die Vergleichbarkeit zu erhöhen, ist auf eine Objektivierung und Standardisierung der eingegebenen Informationen zu achten, z. B. durch die Verwendung von Ratingrichtlinien und -vorgaben. Der überwiegend niedrige Grad der Automatisierung in diesen Segmenten folgt aus der üblicherweise vorhandenen Möglichkeit das modellgenerierte Ratingergebnis zu überstimmen. Für Spezial- und Projektfinanzierungen kommen aufgrund der besonderen Kundengruppen und Finanzierungszwecke spezifischere Informationen zum Einsatz, die den Anwendungsbereich standardisierter Ratingmodelle stark einschränken. Neben qualitativen Scoringmodellen werden für Spezialfinanzierungsportfolios auch cashflow-basierte Simulationsmodelle eingesetzt, welche die Ausfallwahrscheinlichkeit kausalanalytisch herleiten.

2.3.2.3 Mathematisch-statistische Ratingmodelle

Anwendung von Methoden des statistischen Lernens

Der Begriff des statistischen Lernens bezeichnet eine Vielzahl von Methoden, mit deren Hilfe bekannte Daten interpretiert und daraus Prognosen für neue unbekannte Daten abgeleitet werden können. Anwendungsbeispiele für statistische Lernverfahren sind unter anderem:

- Prognose von Wahlergebnissen, Produktabsatz, Marktpotential etc.
- Spamfilter für E-Mail-Nachrichten
- Diagnose von Krankheiten
- Entwicklung sich selbst steuernder Systeme für Flugzeuge oder Autos
- Text- oder Gesichtserkennungssoftware
- Insolvenzprognose und Kreditwürdigkeitsprüfung

Statistisches Lernen kann sowohl in einer so genannten überwachten Form als auch unüberwacht erfolgen. Von **überwachtem Lernen** wird gesprochen, wenn zu jeder Beobachtung in einer Lernstichprobe neben der Ausprägung der erklärenden Variable, x_p mit $p = 1, ..., P$, ebenfalls die Ausprägung der zu erklärenden Variable, y_i *mit* $i = 1, ..., I$, bekannt ist.

Beispiele für Methoden, die im Rahmen des überwachten statistischen Lernens angewendet werden, sind u. a. klassische Ansätze der **linearen Regression** sowie der **logistischen Regression** als auch jüngere Verfahren wie die **Support Vector Machines**.

Von **unüberwachtem Lernen** wird hingegen gesprochen, wenn zu jeder Beobachtung in einer Lernstichprobe lediglich die Ausprägung der erklärenden Variable, x_p, bekannt ist. Unbekannt hingegen ist die Ausprägung der zu erklärenden Variable y_i. Es steht demnach keine Information zur Verfügung, was prognostiziert werden soll. Hieraus leitet sich das Ziel des unüberwachten Lernens ab, aus den zur Verfügung stehenden Daten Muster und Beziehungen zwischen erklärenden Variablen zu erkennen. Die aus dem unüberwachten Lernen erlangten Erkenntnisse können z. B. zur Segmentierung der Daten (Clustering) oder zur Reduktion der Anzahl der erklärenden Variablen (Dimensionsreduktion) verwendet werden.

Die Ratingmodellentwicklung wird grundsätzlich dem Feld des überwachten Lernens zugeordnet, da in der Regel Informationen zu y_i, d. h. dem Ausfallzustand der Beobachtungen bzw. einem Zielrating, welches modelliert werden soll, vorliegen. Methoden des unüberwachten Lernens können unterstützend eingesetzt werden, um z. B. aus der Gesamtzahl an zur Verfügung stehenden erklärenden Variablen eine Selektion der wesentlichen Risikotreiber vorzunehmen.

Mathematische-statistische Methoden des überwachten Lernens beschreiben einen Zusammenhang zwischen einer Anzahl an erklärenden Variablen, $X_1, X_2, ..., X_p$, und einer zu erklärenden Variable Y.

Mathematisch lässt sich dies darstellen als:

$$Y = f(X) + e$$

mit $X = X_1, X_2, ..., X_P$.

Die Funktion $f(X)$ beschreibt dabei den datenerzeugenden Prozess von Y in Abhängigkeit aller in X enthaltenen Informationen. Die Variable e bezeichnet einen Fehlerterm, der nur noch zufällige Abweichungen zwischen Y und $f(X)$ enthält. Ziel ist es, den unbekannten datenerzeugenden Prozess durch die Funktion *f(X)* bestmöglich zu approximieren, sodass der Fehlerterm minimiert und auf eine zufällige Komponente reduziert wird.

Wie die Funktion *f(X)* bestimmt wird, hängt u. a. davon ab, welcher Zweck mit dem zu entwickelnden Modell verfolgt werden soll. Man unterscheidet dabei folgende Modellziele:

- **Prognose**: Das Modell dient dazu, zukünftige Beobachtungen, y_i, von Y zuverlässig auf Basis korrespondierender Beobachtungen von x_i zu prognostizieren.
- **Inferenz**: Das Modell dient dazu, die Beziehung zwischen erklärender Variable und zu erklärender Variable besser zu verstehen bzw. eine unterstellte theoretische Beziehung zu überprüfen.

Mathematisch-statistische Ratingmodelle werden häufig als Black-Box-Verfahren bezeichnet, bei denen die Interpretierbarkeit der Funktion *f()* zu Gunsten der Prognosefähigkeit in den Hintergrund tritt. Dennoch dürfen Aspekte der Inferenz bei der Ratingmodellentwicklung nicht außer Acht gelassen werden, da sowohl aus Anwender- als auch aus gesetzlicher Sicht, z. B. im Bezug auf die Vorgaben des § 34 Abs. 4 Bundesdatenschutzgesetztes (BDSG), erhöhte Anforderungen an die Nachvollziehbarkeit des Zustandekommens und die Bedeutung der Ratings gestellt werden. Zudem sollen über die Ratingmodelle teilweise ökonomische oder betriebswirtschaftliche Zusammenhänge bzw. Hypothesen abgebildet werden.

Die Interpretierbarkeit des Ratingmodells wird nicht unerheblich durch den gewählten Ansatz zur Bestimmung der Funktion *f()* beeinflusst. Unterschieden wird hierbei in parametrische und nicht-parametrische Ansätze.

Parametrische Modellierungsansätze unterstellen eine bestimmte funktionale Form für *f()*. Hierdurch reduziert sich das Problem der Bestimmung einer beliebigen, möglicherweise vieldimensionalen Funktion zu einem Problem der Bestimmung der optimalen Parameter einer bekannten Funktion, z. B. der $p + 1$ Parameter $b = (b_0, \ldots, b_P)$ in der linearen Funktion der Form

$$f(X) = b_0 + b_1 X_1 + b_2 X_2 + \ldots + b_p X_p \,.$$

Nachteil dieses Ansatzes ist, dass der unterstellte funktionale Zusammenhang den tatsächlichen Zusammenhang, wie er sich aus den zur Verfügung stehenden Daten ergibt, unter Umständen nicht oder nur unzureichend approximiert.

Nicht-parametrische Modellierungsansätze hingegen verzichten auf a-priori getroffene Annahmen bezüglich der funktionalen Form von *f()*, sondern suchen eine beliebige Funktion, die bestmöglich an die vorliegenden Daten angepasst ist. Hierdurch lassen sich bessere Prognoseleistungen erzielen. Durch die Flexibilität der Modellierung bestehen jedoch die Gefahren der Überanpassung an die vorliegende Datenstruktur sowie der fehlenden Interpretierbarkeit.

Im Rahmen des statistischen Lernens werden des Weiteren Regressions- von Klassifikationsproblemen unterschieden. Gemeinhin bezeichnen **Regressionsprobleme** Situationen, in denen versucht wird, eine quantitative Variable zu prognostizieren. Quantitative bzw. metrische Variablen lassen sich als Zahlen darstellen und Rangordnungen sowie Abstände zwischen einzelnen Zahlen sinnvoll interpretieren. Beispiele sind Jahresabschlusszahlen, Kontoumsatz, Alter etc.

Die Prognose einer qualitativen Variable wird dagegen als **Klassifikationsproblem** bezeichnet. Qualitative Variablen weisen lediglich eine Unterteilung in Klassen bzw. Kategorien auf. Die Abstände zwischen den einzelnen Kategorien können jedoch nicht sinnvoll interpretiert werden. Die Zustände der Ausfallvariable „ausgefallen“ und „nicht ausgefallen“ lassen sich beispielsweise unterscheiden, können aber nicht sinnvoll in eine (Abstands-)Relation zueinander gesetzt werden.

Die Ratingmodellentwicklung beinhaltet sowohl Klassifikations- als auch Regressionsprobleme. Erstes drückt sich in der Fähigkeit des Modells aus, kreditwürdige und nicht kreditwürdige Kunden korrekt zu klassifizieren, während die korrekte Schätzung der Ausfallwahrscheinlichkeit als Regressionsproblem aufgefasst werden kann. Hierbei zeigt sich ein wesentlicher Vorteil der logistischen Regression, die sowohl eine Unterscheidung kreditwürdiger und nicht kreditwürdiger Kunden (Klassifikation) als auch die Schätzung einer Ausfallwahrscheinlichkeit (Regression) ermöglicht.

Bedeutung und Verfahren der Stichprobenbildung

Neben der Wahl des Modellierungsansatzes bestimmen die zur Modellentwicklung zur Verfügung stehenden Daten (Entwicklungsstichprobe) die Leistungsfähigkeit des Modells. Ausgangspunkt der Stichprobenbildung ist die Definition des **Zielportfolios**, auf dem das Ratingmodell angewendet werden soll. Die zur Abgrenzung des Zielportfolios gegenüber anderen Portfolios gewählten Kriterien sollten eine möglichst **eindeutige, objektive und zeitstabile Zuordnung** von Kunden zu dem Portfolio ermöglichen. Üblicherweise werden hierzu Kundenmerkmale verwendet wie z. B. Privatkunden, Selbstständige, Unternehmen etc. Unter Umständen bietet es sich an, die Kundenmerkmale um weitere Kriterien zu ergänzen. Beispiele sind sowohl geografische Kriterien als auch eine Unterscheidung nach Industrien oder Größenklassen z. B. anhand des Umsatzes.

Bei der Kundensegmentierung ist zwischen Spezifität und Breite des Anwendungsbereichs abzuwägen. Einerseits sollte das Zielportfolio eine möglichst homogene Kundengruppe abbilden und eine Vermischung z. B. sehr unterschiedlicher Industrien oder Geschäftsmodelle, wie Finanzinstitute und Nicht-Finanzinstitute, vermieden werden. Andererseits führt eine starke Kundendifferenzierung zu sehr kleinen Stichproben, die sich nachteilig auf die Stabilität der Modellschätzung auswirken können. Gleichzeitig führt eine übermäßige Segmentierung zu einer Vielzahl an Modellen und einem unangemessenen Aufwand für die Modellpflege.

Nach der Definition des Zielportfolios wird der **Zeitraum festgelegt**, aus dem Daten für die Ratingmodellentwicklung verwendet werden. Hierbei sind insbesondere auch die Anforderungen bezüglich der Mindestdatenhistorie gemäß Art. 180 CRR zu beachten. Darüber hinaus verlangt Art. 180 CRR in Verbindung mit Art. 4 (1) Nr. 54 CRR die Schätzung einer Einjahresausfallwahrscheinlichkeit ausgehend vom langfristigen Durchschnitt der jährlichen Ausfallquoten.

Aus dem festgelegten Zeitraum ist anschließend das **relevante Lebendportfolio zu selektieren** und ein Datensatz zu erzeugen, so dass jedem enthaltenen Kunden eine 12-Monats-Ausfallbeobachtung zugeordnet werden kann. Der einfachste und gebräuchlichste Ansatz ist in der nachfolgenden Grafik dargestellt.

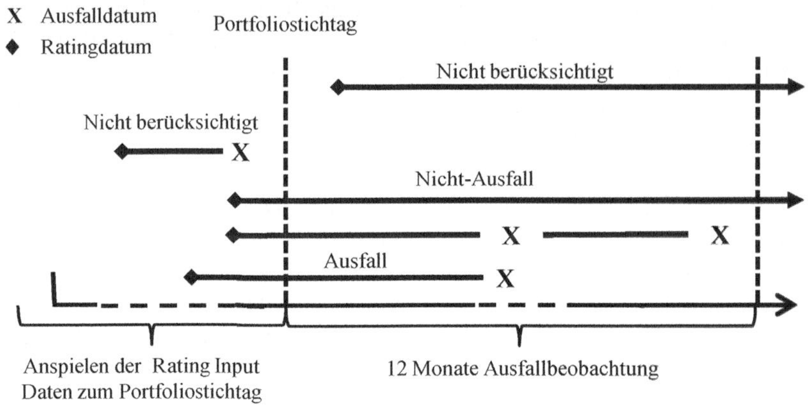

Abbildung 2.3-2: *Selektion des relevanten Lebendportfolios*

Zunächst wird ein **Portfoliostichtag** definiert, zu dem der Lebendbestand des Zielportfolios ermittelt wird. Alle Kunden, die zu diesem Datum bereits ausgefallen sind, werden von der weiteren Betrachtung ausgeschlossen. Gleiches gilt für Kunden, die erst nach dem Portfoliostichtag in das Zielportfolio aufgenommen wurden. Für Kunden, die das Zielportfolio innerhalb der zwölf Monate nach dem Portfoliostichtag verlassen, kann eine Gewichtung entsprechend ihrer Verweildauer vorgenommen werden.

Im nächsten Schritt erfolgt das **Anspielen der Ratinginputdaten**, d. h. die Ausprägungen der erklärende Variablen, die für die Modellentwicklung in Betracht gezogen werden sollen. Abschließend wird für jeden Kunden die Information ermittelt, ob der Kunde innerhalb von zwölf Monaten nach dem Portfoliostichtag ausgefallen ist und ein entsprechender **Ausfallindikator** an die Daten gespielt. Sofern für einen ausgefallenen Kunden mehrere Ausfälle innerhalb der Beobachtungsperiode aufgetreten sind, wird für die Zwecke der eigentlichen Ratingmodellentwicklung nur ein Ausfall gezählt. Mehrfachausfälle werden jedoch üblicherweise in der abschließenden Kalibrierung des fertigen Ratingmodells berücksichtigt.

In Abhängigkeit von der Größe des Zielportfolios empfiehlt es sich mehrere Portfoliostichtage zu definieren, um die für eine Modellentwicklung zur Verfügung stehende Datenbasis zu vergrößern und die Stabilität der Modellschätzung zu verbessern.

Im Bezug auf die Modellqualität unterliegt die Modellentwicklung einem Zielkonflikt, dem so genannten **Bias-Variance-Trade-off**. Der Begriff **Bias** bezeichnet den Approximationsfehler, der sich aus der Anwendung eines notwendigerweise vereinfachenden Modells für möglicherweise komplexe reale Zusammenhänge ergibt. **Variance** hingegen bezeichnet, wie stark sich ein spezifisches Ratingmodell ändert, wenn es auf einer anderen Stichprobe entwickelt würde.

Modellverfahren mit einer hohen Anpassungsfähigkeit an die vorhandenen Daten weisen einen geringen Approximationsfehler (Bias) auf, geringfügige Änderungen der Entwicklungsstichprobe können jedoch zu ausgeprägten Modelländerungen und einer hohen Variance führen. Mit zunehmender Variance steigt auch die Gefahr einer **Überanpassung** des Modells an die Entwicklungsdaten. Ein überangepasstes Modell erreicht auf dem Entwicklungsdatensatz eine sehr hohe Prognosegüte, die jedoch auf neuen, unbekannten Daten (z. B. zu einem anderen Portfoliostichtag) deutlich abfällt. Aufgrund ihrer Flexibilität sind insbesondere nicht-parametische Modellansätze anfällig für Überanpassungen.

Die Herausforderung der Modellentwicklung ist es, ein Modell zu identifizieren, das sowohl Bias als auch Variance möglichst minimiert. Ein wichtiges Hilfsmittel hierbei sind so genannte Samplingstrategien. Die **Samplingstrategien** bezeichnen unterschiediche Vorgehensweisen, um die Gesamtstichprobe in Teilstichproben zu unterteilen, auf denen das Modell trainiert und getestet wird. Durch die Unterscheidung von Trainings- und Teststichprobe kann die Leistungsfähigkeit des Ratingmodells auf von der Entwicklung unabhängigen Datensätzen kontrolliert werden. Die am häufigsten verwendeten Samplingstrategien sind die Kreuzvalidierung und das Bootstrapping.

Bei der **Kreuzvalidierung** wird ein Teil des Gesamtdatensatzes von der Entwicklung ausgeschlossen und für den unabhängigen Test des entwickelten Modells verwendet. Die Bildung unabhängiger Teststichproben wird auch als Hold-Out-Sampling bezeichnet. Übliche Relationen für Trainings- und Validierungsdatensätze sind 70 % zu 30 % oder 80 % zu 20 %. Dieser **Validation Set Approach** genannte Ansatz ist die allgemeinste Form der Kreuzvalidierung und in nachfolgender Grafik dargestellt.

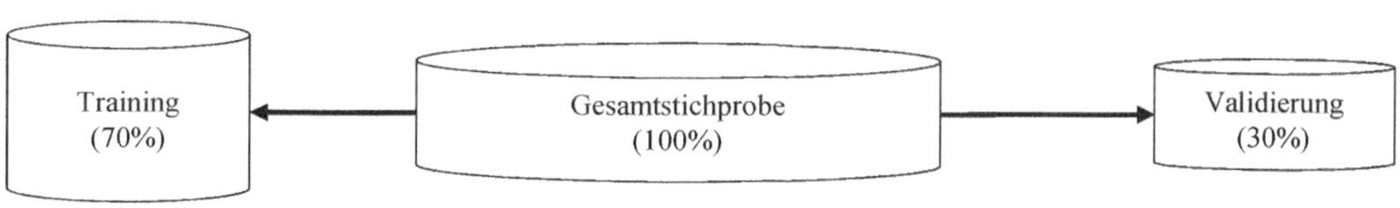

Abbildung 2.3-3: *Validation Set Approach*

Bei der Kreuzvalidierung im engeren Sinne wird die Datenbasis in k gleich große Teilstichproben geteilt. Zur Modellentwicklung werden anschließend jeweils nur $k - 1$ Unterstichproben verwendet und eine Validierung bzw. Überprüfung auf Überanpassung auf dem jeweils ausgeschlossenen Untersample k durchgeführt. In k Wiederholungen kann die Modellentwicklung auf jeder Teilstichprobe überprüft werden. Die Modellgüte wird schließlich durch die mittlere Modellgüte über die Validierungssamples gemessen und erlaubt somit eine Kontrolle der Modelanpassung auf mehreren unabhängigen Stichproben. Nachfolgende Darstellung veranschaulicht den Ansatz grafisch.

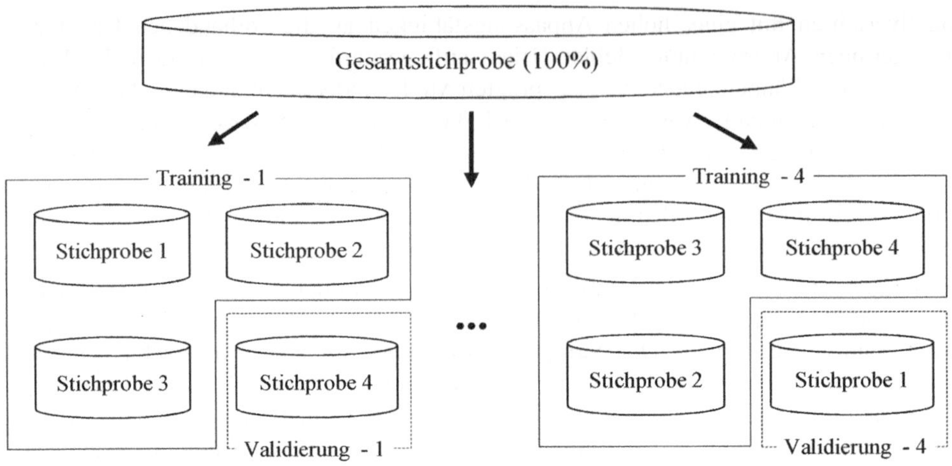

Abbildung 2.3-4: *Kreuzvalidierung*

Ist der Gesamtdatensatz sehr klein, kann sich das Ausschließen von Daten zu Testzwecken nachteilig auf die Modellqualität auswirken. Unter Umständen ist eine Trennung in Trainings- und Validierungsstichproben überhaupt nicht möglich. Ein möglicher Lösungsansatz ist das sogenannte **Bootstrapping,** das auf eine Unterteilung in Trainings- und Teststichprobe verzichtet und stattdessen die Gesamtstichprobe für Entwicklungs- und Testzwecke zufällig variiert. Dazu werden aus der Gesamtstichprobe durch **zufälliges Ziehen mit Zurücklegen** n neue Gesamtstichproben gebildet, die sich leicht voneinander unterscheiden und auf denen die Modellentwicklung jeweils durchgeführt wird. Durch einen Vergleich der n Modelle ist ein Rückschluss auf Bias und Variance der Modellschätzung möglich. Die nachfolgende Grafik stellt den Bootstrapping-Ansatz dar.

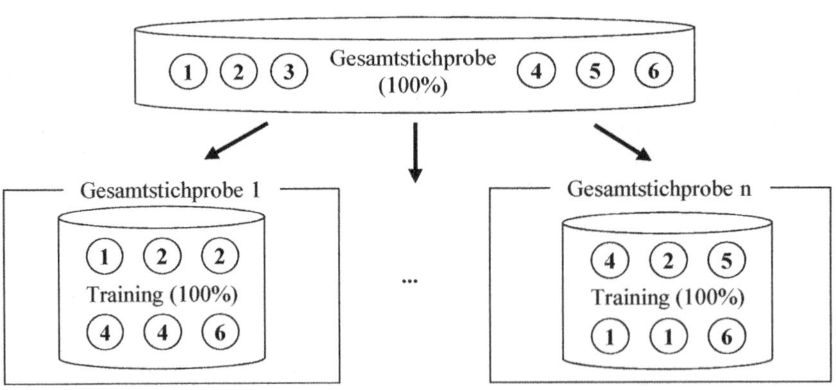

Abbildung 2.3-5: *Bootstrapping*

Analyse und Auswahl der Modellvariablen

Nach der Definition der Entwicklungsstichprobe und Wahl der Samplingstrategie sind mögliche Modellkennzahlen zu definieren und eine **Potentialliste** aller Kennzahlen aufzustellen, die das Gesamtspektrum aller als relevant erachteten Informationen abdecken. Zur Ermittlung der Kennzahlen können unterschiedlichste Quellen herangezogen werden. Beispiele sind Expertenbefragungen, Literaturstudien, bestehende Ratingmodelle etc. Zu jeder Kennzahl ist ebenfalls eine ökonomische Ausfallhypothese zu formulieren, die den erwarteten Zusammenhang zwischen Kennzahlenausprägungen und Ausfallwahrscheinlichkeit beschreibt und der späteren ökonomischen Plausibilisierung des Modells dient.

Durch eine Zuordnung der Kennzahlen zu semantischen Gruppen entsprechend der jeweils addressierten Informationsbereiche können die Kennzahlen der Potentialliste auf eine priorisierte Auswahl reduziert und die vollständige Berücksichtigung aller relevanten Informationsbereiche im finalen Modell später überprüft werden.

In der sich anschliessenden **univariaten Analyse** werden die qualitativen und quantitativen Kennzahlen anhand beschreibender Statistiken ausgewertet und ihre individuelle Prognosegüte beurteilt. Ziel der univariaten Analyse ist es, geeignete Inputvariablen für das Ratingmodell zu ermitteln. Die nachfolgende Tabelle veranschaulicht die wesentlichen Statistiken, die im Rahmen der univariaten Analyse einer quantitativen Variable erhoben werden. Hierzu gehören die Anzahl und der Anteil fehlender Werte bzw. des Wertes Null, Statistiken wie Mittelwert und Standardabweichung sowie Perzentile der Kennzahlenverteilung. Die deskriptiven Statistiken erlauben Rückschlusse auf das Ausreißerverhalten, Vollständigkeit sowie Qualität und Aussagekraft der Daten.

Tabelle 2.3-1: *Deskriptive Statistiken der univariaten Analyse*

Ausfall	N	N_{UW}	% UW	N_{FW}	% FW	N_{NWI}	% NW	μ	σ
Nein	9986	1129	11 %	130	1 %	5	0.1 %	0.124	0.213
Ja	98	81	83 %	6	6 %	2	2.0 %	0.011	0.135
Gesamt	10084	1210	11 %	136	1 %	44	0.4 %	0.123	0.213

Ausfall	MIN	Q1	Q5	Q25	Median	Q75	Q95	Q99	MAX
Nein	−415.1 %	−19.3 %	−2.9 %	4.4 %	8.9 %	16.2 %	38.4 %	76.9 %	873.9 %
Ja	−30.4 %	−30.4 %	−19.8 %	−6.1 %	2.1 %	7.1 %	19.4 %	81.9 %	81.9 %
Gesamt	−415.1 %	−19.9 %	−3.1 %	4.4 %	8.9 %	16.2 %	38.3 %	76.9 %	873.9 %

UW: Unterschiedliche Werte; FW: Fehlende Werte; NW: Nullwerte; σ: Standardabweichung; μ: Mittelwert

Auf Basis der empirschen Beobachtungen lassen sich die zu den einzelnen Kennzahlen postulierten Ausfallhypothesen überprüfen. Nachfolgende Grafik veranschaulicht die Verteilung einer Profitabilitätskennzahl getrennt nach ausgefallenen und nicht ausgefallenen Kunden sowie den Zusammenhang zwischen Kennzahlenausprägung und Ausfallwahrscheinlichkeit. Erwartungsgemäß weisen ausgefallene Kunden eine niedrigere Profitabilität auf. Die Ausfallwahrscheinlichkeit sinkt mit steigender Profitabilität. Es fällt auf, dass die Ausfallwahrscheinlichkeit in einem mittleren Bereich der Profitabilität lokal ansteigt. Solche Auffälligkeiten sollten entsprechend überprüft werden. Eine mögliche Erklärung könnte ein mit der Profitabilität ansteigendes Risikoprofil sein.

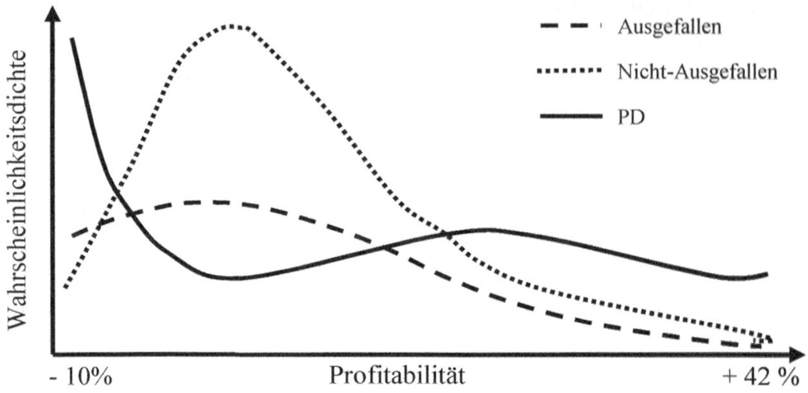

Abbildung 2.3-6: *Verteilung einer Profitabilitätskennzahl getrennt nach ausgefallenen und nicht ausgefallenen Kunden sowie Zusammenhang zur PD*

Nach Abschluss der univariaten Analysen wird eine **Datenaufbereitung** durchgeführt, mit der festgestellte Datendefekte behandelt werden. Zu den gängigen Maßnahmen gehören die **Behandlung fehlender Werte** sowie von Extremwerten, d. h. **Ausreißern,** und die **Transformation von Variablen**. Nachfolgende Tabelle gibt eine Übersicht über mögliche Ansätze zur Behandlung von fehlenden Werten.

Tabelle 2.3-2: *Ansätze zur Behandlung fehlender Werte*

	Methodik	Vorteil (+) / Nachteil (-)
Vollständige Elimination	▪ Datensatz mit fehlendem Kennzahlenwert wird ausgeschlossen	(-) Signifikanter Informationsverlust, da Datensatz vollständig verloren geht (-) Nicht praxistauglich (+) Einfache Methode
Teilweise Elimination	▪ Datensatz mit fehlendem Kennzahlenwert wird nur von Berechnungen ausgeschlossen, bei denen das Attribut mit fehlender Informationen von Bedeutung ist	(-) Informationsverlust, da Datensatz für bestimmte Berechnungen nicht zur Verfügung steht (-) Kaum praxistauglich (+) Einfache Methode
Prognose	▪ Der fehlende Wert wird durch ein Prognosemodell (Regressionsschätzung, Entscheidungsbaumverfahren) aus den verfügbaren Daten geschätzt ▪ Der fehlende Wert wird aus der Verteilung der Kennzahl geschätzt (Median, Mittelwert)	(-) Unzuverlässig bei hoher Anzahl an fehlenden Werten (-) Schätzung eines weiteren Prognosemodells notwendig (+) Relativ einfach und zuverlässig bei ausreichender Anzahl an verfügbaren Werten (+) Informationsverlust wird minimiert
Kategorisierung	▪ Behandlung der Ausprägung „fehlender Wert" als eigenständige Kategorie	(-) Informationsverlust bei intervallskalierten Variablen, die in ordinalskalierte Kategorien umgewandelt werden (+) Fehlende Werte können eine Ausfallindikation darstellen und werden explizit berücksichtigt

Datenpunkte, die deutlich von den restlichen Werten in der Stichprobe abweichen, werden als Ausreißer bezeichnet. Die Definition einer Ausreißerabweichung ist eine primär subjektive Entscheidung. Diese kann jedoch durch eine Vielzahl an Methoden objektiviert werden, in dem beispielsweise Werte ausserhalb eines definierten Verteilungsperzentils als Ausreißer definiert werden.

Extremwerte sollten im Rahmen der Modellentwicklung entsprechend behandelt werden, um eine verzerrte Schätzung des Modells und eine Anpassung an die Extremwerte zu vermeiden. Darüber hinaus können Extremwerte auch die ökonomische Plausibilität einer Kennzahl konterkarieren und auf mögliche Eingabe- und technische Fehler in der Datenerzeugung hindeuten. Desweiteren sind Extermwerte haufig auch Anzeichen eines inhomogenen Zielportfolios. In diesem Fall könnten die Ausreißer durch eine angepasste Portfoliodefinition oder eine separate Modellierung im Ratingmodell behandelt werden.

Der einfachste Ansatz zur Behandlung von Ausreißern ist der Auschluss aus der Entwicklungsstichprobe. Bei dieser als **Trimming** bezeichneten Methode gehen jedoch notgedrungen Informationen verloren, so dass in der Praxis häufig die so genannte Winsorisierung vorgezogen wird. Bei der **Winsorisierung** werden keine Beobachtungen ausgeschlossen, sondern

- die Extremwerte auf Ober- bzw. Untergrenzen gesetzt oder
- die Werte an den Verteilungsrändern geringer gewichtet.

Die Wahl der Winsorisierungsgrenzen und die Parametrisierung einer Gewichtungsfunktion folgen aus der Interpretation der univariaten Analyse. Ein übliches Vorgehen besteht darin, die unteren und / oder oberen fünf Prozent der Beobachtungen zu winsorisieren.

Sofern für eine Kennzahl ein nicht-linearer Zusammenhang beobachtet wurde, kann eine nicht-lineare Transformation der Kennzahl sinnvoll sein, um diese in einem linearen Modellansatz verwenden zu können. Durch die Transformation der Kennzahl werden **nicht-lineare Zusammenhänge in lineare überführt** und damit für entsprechende Modellansätze anwendbar gemacht. Beispiele für solche Transformationen sind die Verwendung von **Absolutwerten oder natürlichen Logarithmen** anstatt der ursprünglichen Werte. Bei Anwendung nicht-linearer Transformationen besteht jedoch in Abhängigkeit der Komplexität der Transformation auch die Gefahr einer Überanpassung.

Nach Abschluss der beschriebenen Schritte ist die Potentialliste auf die wesentlichen Kennzahlen einzuschränken. Neben qualitativen Kriterien wie Datenqualität, univariate Trennschärfe oder Bestätigung der Ausfallhypothese im Rahmen einer manuellen Selektion, können die Variablen ebenfalls mittels statistischer Verfahren ausgewählt werden. Hierzu eingesetzte Verfahren werden unterschieden in die Bereiche

- Selektion,
- Schrumpfung und
- Dimensionsreduktion.

Im Rahmen der **Selektion** werden Kennzahlen sukzessive in das Gesamtmodell aufgenommen oder aus diesem ausgeschlossen. Die Entscheidung, Variablen aufzunehmen oder auszuschließen, wird dabei mit Hilfe von statistischen Tests getroffen. Nach Abschluss der automatischen Variablenselektion muss das ausgewählte Modell jedoch unbedingt auf Vollständigkeit der adressierten Informationsbereiche und ökonomische Plausibilität überprüft werden.

Es werden drei Selektionsansätze unterschieden. Bei der **Forward Selection** werden Variablen sukzessive nach absteigender Relevanz für die Modellgüte in das Modell aufgenommen. Es werden solange Variablen in das Modell aufgenommen bis keine statistisch signifikante Verbesserung durch Aufnahme einer zusätzlichen Variable mehr erreicht werden kann. Über die **Backward Selection** werden hingegen solange Variablen ausgeschlossen bis nur noch statistisch signifikante Variablen im Modell verbleiben. Beiden Ansätzen ist gemein, dass sie relativ effizient zu einer statistisch signifikanten Kennzahlenauswahl führen, jedoch nicht sicherstellen, dass das beste Modell aus allen möglichen Kennzahlenkombinationen gewählt wurde. Die **Stepwise Selection** stellt eine Kombination der beiden zuvor genannten Verfahren dar und soll deren Defizite reduzieren.

Bei der **Schrumpfung** werden im Gegensatz zur Selektion keine Variablen ausgeschlossen. Stattdessen werden im Ratingmodell die **Kennzahlengewichte gegen null** geschrumpft. Zu den bekanntesten Methoden gehören die **Ridge Regression** und die **Lassomethode**. Auf eine detailliertere Beschreibung der Methoden soll an dieser Stelle verzichtet werden.

Dies gilt ebenfalls für Methoden zur **Dimensionsreduktion**, die die Anzahl an Kennzahlen reduzieren, indem die ***p*** **Kennzahlen in einen *M*-dimensionalen Unterraum projiziert** werden, wobei gilt $M < p$. Bekannte Vertreter dieser Methoden sind die **Hauptkomponentenanalyse** (Principal Components Analysis, PCA) und die **Partial-Least-Squares-Methode**.

2.3.3 Validierung bankinterner Ratingverfahren

2.3.3.1 Dimensionen der Validierung

Banken sind gemäß Art. 174 und 185 CRR regulatorisch verpflichtet ihre Ratingsysteme regelmäßig zu validieren. Die Validierung bezeichnet den gesamten Prozess der Überprüfung des Ratingsystems. Dies umfasst neben der quantitativen Validierung des Ratingmodells auch qualitative und prozessorientierte Validierungsaktivitäten.

Die maßgeblichen Kriterien der **quantitativen Validierung** eines Ratingsystems sind

- **Trennschärfe:** die Fähigkeit kreditwürdige und nicht kreditwürdige Kunden zu unterscheiden,
- **Kalibrierung:** die Übereinstimmung von prognostizierter PD und beobachteter Ausfallrate und
- **Plausibilität der Ratingverteilung.**

In der **qualitativen Validierung** wird untersucht, ob der gewählte Modellansatz für den **Anwendungszweck** und das **Zielportfolio** geeignet ist und ob das Ratingsystem durch neuere Verfahren verbessert werden kann. Des Weiteren wird die **ökonomische Plausibilität und Interpretierbarkeit des Modells** beurteilt sowie die **Vollständigkeit der berücksichtigten Informationen** und die **Qualität der verwendeten Daten** hinsichtlich Relevanz, Vollständigkeit, Richtigkeit und Granularität überprüft.

Die **Prozessvalidierung** konzentriert sich auf die **Einbindung der Ratingverfahren in die Kreditprozesse**. Dies umfasst die **korrekte Anwendung des Ratingmodells** entsprechend seines definierten Anwendungsbereichs und die korrekte Erfassung der notwendigen Ratinginputdaten. Gegenstand der Prozessvalidierung ist auch die **Analyse von Ratingüberstimmungen.** Hohe Überstimmungsquoten können auf tatsächliche Modelldefizite, aber auch auf eine geringe Modellakzeptanz und Schulungs- bzw. Informationsbedarf auf Anwenderseite hindeuten.

Quantitative, qualitative und prozessorientierte Validierung stehen nebeneinander und bilden die horizontale Dimension der Validierung. Vertikal lässt sich Validierung in die Ebenen

- Portfolio,
- Ratingklasse,
- PD bzw. Score und
- Kennzahl

untergliedern.

Auf der **Portfolioebene** wird überprüft, ob die im Mittel **erwartete Ausfallwahrscheinlichkeit und die beobachtete Ausfallhäufigkeit** hinreichend genau übereinstimmen. Ist dies nicht der Fall, muss das Ratingmodell gegebenenfalls neu auf die Portfolioausfallrate kalibriert werden. Sofern es die Datenverfügbarkeit erlaubt, kann die Kalibrierung auch mit Hilfe von Teilportfolios auf granularer Ebene überprüft werden.

Bei hinreichend großen Portfolios ist eine Analyse der Kalibrierung auf **Ratingklassenebene** sinnvoll. Neben einer angemessenen Kalibrierung innerhalb der einzelnen Ratigklassen sollte auch die **Verteilung der Ratingklassen** plausibel sein und keine untypischen Konzentrationen oder Sprünge aufweisen.

Die **Trennschärfe** eines Ratingmodells lässt sich sowohl auf Ratingklassenebene als auch auf PD- oder Score-Ebene beurteilen. Bei der Aggregation von Kunden mit unterschiedlichen Ausfallwahrscheinlichkeiten zu Ratingklassen entsteht jedoch ein Informationsverlust. Die auf Ratingklassenebene gemessene Trennschärfe ist wegen der geringeren Differenzierung grundsätzlich geringer als die Trennschärfe auf Basis der PD- oder Score-Schätzung.

Validierungen auf **Kennzahlenebene** sind unter Umständen notwendig, um die Ursache von **Ratingmodelldefiziten** auf einer der übergeordneten Ebenen zu ermitteln. Grundsätzlich sind Trennschärfe- und Kalibrierungsanalysen ebenfalls auf Kennzahlenebene durchführbar. Mit Hilfe regelmäßiger Kennzahlenanalysen lassen sich mögliche Portfolioveränderungen oder Fehler in der Datenerzeugung frühzeitig erkennen.

2.3.3.2 Validierung mathematisch-statistischer Ratingmodelle

Überprüfung der Klassifikationsgüte

Die Trennschärfe beschreibt die Klassifikationsgüte eines Ratingverfahrens, also die Fähigkeit kreditwürdige und nicht kreditwürdige Kunden zu unterscheiden. Je trennschärfer ein Ratingmodell, desto besser beschreibt der ermittelte PD- oder Score-Wert die tatsächliche Kreditwürdigkeit eines Kunden. Ausgefallenen Kunden wird tendenziell eine höhere PD oder ein schlechterer Score zugewiesen als nicht-ausgefallenen Kunden.

Für eine eindeutige Klassifikation und Unterscheidung in kreditwürdige und nicht kreditwürdige Kunden ist ein Trennwert festzulegen, der bestimmt, ab welcher PD oder welchem Score ein Kunde als nicht kreditwürdig abgelehnt wird. Dieser Trennwert wird auch als **Cut-off** bezeichnet. Die Wahl des Cut-offs hat Einfluss auf zwei Fehler, die während der Kreditentscheidung auftreten können:

- **Fehler 1. Art**: Anteil der fälschlich als nicht-ausgefallen klassifizierten Kreditnehmer
- **Fehler 2. Art**: Anteil der fälschlich als ausgefallen klassifizierten Kreditnehmer

Nachfolgende Darstellung veranschaulicht die beiden Fehler grafisch.

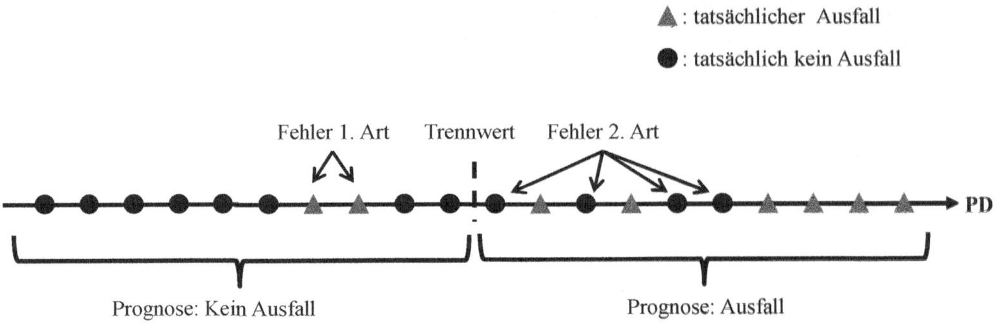

Abbildung 2.3-7: *Fehler 1. Art und Fehler 2. Art*

Mit Hilfe einer sogenannten Kontingenztafel lassen sich die Fehler 1. Art und Fehler 2. Art für das oben dargestellte Beispiel berechnen.

Tabelle 2.3-3: *Kontingenztabelle*

		Realisation	
		Ausfall	**Kein Ausfall**
Prognose	**Ausfall**	Richtig Positiv (RP): 6	Falsch Positiv (FP): 4
	Kein-Ausfall	Falsch Negativ (FN): 2	Richtig Negativ (RN): 8

Ein korrekt prognostizierter Ausfall wird als „richtig positiv“ bezeichnet. Ein korrekt als nicht ausgefallen vorhergesagter Kunde wird hingegen als „richtig negativ“ klassifiziert.

Aus den Angaben in Tab. 2.3-3 lassen sich folgende Kennzahlen berechnen:

- Fehler 1. Art = Falsch-Negativ-Rate = FN / (RP + FN) = 2 / (6 + 2) = 25 %
- Fehler 2. Art = Falsch-Positiv-Rate = FP / (FP + RN) = 4 / (4 + 8) = 33 %
- Sensitivität = Richtig-Positiv-Rate = RP / (RP + FN) = 6 / (6 + 2) = 75 %
- Spezifität = Richtig-Negativ-Rate = RN / (RN + FP) = 8 / (8 + 4) = 67 %

Die Fehler 1. Art und Fehler 2. Art variieren in Abhängigkeit vom gewählten Cut-off. Wird ein niedriger Cut-off gewählt, werden weniger Kunden als kreditwürdig klassifiziert als bei höherem Cut-off. Damit ist der Anteil der fälschlicherweise als nicht kreditwürdig klassifizierten Kunden und damit der Fehler 2. Art höher. Umgekehrt ist bei höherem Cut-off der Fehler 1. Art höher.

Die Receiver-Operating-Characteristic-Kurve (ROC-Kurve) beschreibt die Fehler 1. und 2. Art in Abhängigkeit alternativer Cut-off-Werte und ermöglicht die Ableitung eines cut-off-unabhängigen Trennschärfemaßes.

Die ROC-Kurve ist der geometrische Ort aller Kombinationen von Fehler 2. Art und 1-Fehler 1. Art (Sensitivität) über alle möglichen Cut-Off-Werte. Der Fehler 2. Art wird hierbei auf der X-Achse und die Sensitivität (1-Fehler 1. Art) auf der Y-Achse abgetragen. Dazu werden die Kunden zunächst gemäß Score oder PD sortiert. Der Ursprung der ROC-Kurve entspricht einem Cut-off, bei dem alle Kunden als kreditwürdig und somit alle Ausfälle falsch und alle Nicht-Ausfälle richtig klassifiziert werden. In diesem Fall gilt Fehler 1. Art = 1 (Sensitivität = 0) und Fehler 2. Art = 0. Durch sukzessive Verschiebung des Cut-Offs sinkt der Fehler 1. Art (steigt die Sensitivität) und der Fehler 2. Art steigt an. Aus der Berechnung von Fehler 2. Art und Sensitivität für alternative Cut-Off-Punkte ergeben sich die Punkte der ROC-Kurve.

Nachfolgend ist die Konstruktion einer ROC-Kurve mit dem Rating als Sortiervariable dargestellt.

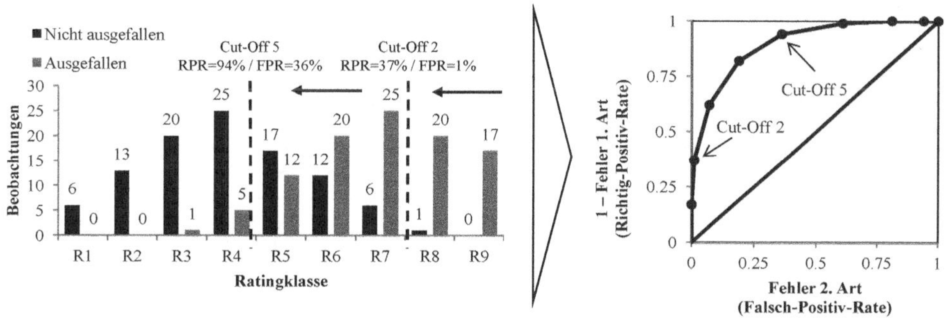

Abbildung 2.3-8: *Konstruktion der ROC-Kurve*

Bei einem Ratingmodell ohne Trennschärfe verläuft die ROC-Kurve entlang der Winkelhalbierenden. Bei perfekter Trennschärfe würde die ROC-Kurve zunächst entlang der Y-Achse ansteigen bis die 1 erreicht wird, da eine Variation des Cut-Offs zunächst den Fehler 1. Art senkt, ohne dass es zu einem Anstieg des Fehlers 2. Art kommt. Erst wenn alle ausgefallenen Kunden abgetragen wurden und der Fehler 1. Art sein Minimum von 0 erreicht hat, führt eine weitere Verschiebung des Cut-Offs zu einem Anstieg des Fehlers 2. Art und die ROC-Kurve strebt vom Punkt (0,1) zum Punkt (1,1).

Je höher die Trennschärfe eines Ratingmodells, desto weiter entfernt sich die ROC-Kurve von der Winkelhalbierenden. Die Fläche unterhalb der ROC-Kurve kann als Trennschärfemaß interpretiert werden und wird auch als Area Under the Curve (AUC) bezeichnet. Aufgrund der Einheitsquadratdarstellung beträgt die AUC bei einem perfekten Model 1 und bei einem zufälligen Modell 0.5.

Alternativ wird Trennschärfe auch über den so genannten Gini-Koeffizienten bestimmt, der durch

$$Gini = 2 \cdot AUC - 1,$$

aus der AUC ermittelt werden kann.
Die AUC kann als Wahrscheinlichkeit interpretiert werden, dass die vom Ratingmodell prognostizierte Bonität eines zufällig gezogenen ausgefallenen Kunden schlechter ist, als die prognostizierte Bonität eines zufällig gezogenen nicht ausgefallenen Kundens.
Paarungen aus einem ausgefallenen und einem nicht ausgefallenen Kunden, für die gilt $PD_{ausgefallen} > PD_{nicht\ ausgefallen}$, werden als konkordant bezeichnet. Paarungen, für die dies nicht gilt, werden diskordant ($PD_{ausgefallen} < PD_{nicht\ ausgefallen}$) und unentschieden ($PD_{ausgefallen} = PD_{nicht\ ausgefallen}$) genannt. Um die AUC zu berechnen, sind alle möglichen Paarungen aus

ausgefallenen und nicht ausgefallenen Kunden entsprechend in konkordant, diskordant oder unentschieden zu gruppieren. Die AUC ergibt sich als Verhältnis der konkordanten und unentschiedenen Paarungen zu den Gesamtpaarungen gemäß

$$AUC = \frac{(Anzahl\ konkordant + 0{,}5 \cdot Anzahl\ unentschieden)}{Gesamtanzahl}$$

Aus diesem Zusammenhang ergibt sich die alternative Bezeichnung für die AUC als Coefficient of Concordance (COC). Die Anzahl der als unentschieden gruppierten Paare wird hierbei mit 0,5 gewichtet, um zu verdeutlichen, dass das Modell für diese Kunden zu keinem eindeutigen Ergebnis kommt und Kunden mit einer Wahrscheinlichkeit von 0,5 nicht richtig klassifiziert werden.
Die Berechnung der verschiedenen Paarungen wird in der folgenden Tabelle verdeutlicht:

Tabelle 2.3-4: *Berechnungsbeispiel AUC / Coefficient of Concordance*

			Anzahl an Paarungen			
	Nicht ausgefallen (NA)	Ausgefallen (A)	**Konkordant $PD_A > PD_{NA}$**	**Diskordant $PD_A < PD_{NA}$**	**Unentschieden $PD_A = PD_{NA}$**	Insgesamt
R1	6	0	600	0	0	
R2	13	0	1300	0	0	
R3	20	1	1980	61	20	
R4	25	5	2350	180	125	
R5	17	12	1394	228	204	
R6	12	20	744	140	240	
R7	6	25	222	25	150	
R8	1	20	17	0	20	
R9	0	17	0	0	0	
Total	**100**	**100**	**8607**	**634**	**759**	**10000**

Die Anzahl an Paarungen pro Ratingklasse bestimmt sich für

- konkordante Paare als Anzahl nicht ausgefallener Kunden in der Ratingklasse multipliziert mit der Anzahl aller ausgefallenen Kunden mit schlechterem Rating als die betrachtete Ratingklasse,
- diskordante Paare als Anzahl ausgefallener Kunden in der Ratingklasse multipliziert mit der Anzahl aller nicht ausgefallenen Kunden mit besserem Rating als die betrachtete Ratingklasse und
- unentschiedene Paare als Anzahl nicht ausgefallener Kunden in der Ratingklasse multipliziert mit der Anzahl aller ausgefallenen Kunden mit demselben Rating wie die betrachtete Ratingklasse.

Im Beispiel ergibt sich somit eine AUC = (8.607 + 0,5 · 759) / 10.000 = 0,899. Das Ratingmodell besitzt eine hohe Trennschärfe, da sich die AUC nahe 1 befindet.
Die Trennschärfe eines Ratingmodells sollte nicht allein auf Basis der eindimensionalen AUC-Größe beurteilt werden, sondern immer auch den Verlauf der zugrundeliegenden ROC

Kurve berücksichtigen. Ferner ist zu beachten, dass die AUC stark stichprobenabhängig ist und unter Umständen deutlich in Abhängigkeit vom Stichprobenumfang und der Anzahl an Ausfällen schwanken kann. Dementsprechend sind Trennschärfevergleiche für alternative Modelle streng genommen nur auf Basis derselben Stichprobe aussagekräftig.

Statistisches Backtesting der Kalibrierung

Die Güte der Kalibrierung wird durch eine möglichst geringe Abweichung zwischen der durch das Ratingmodell prognostizierten Ausfallwahrscheinlichkeit und der tatsächlich beobachteten Ausfallrate bestimmt. Diese ex-post Überprüfung wird auch als Backtesting bezeichnet.

Für das Backtesting werden für jeden Kunden die prognostizierte PD und die Information über den Ausfallstatus innerhalb des Prognosehorizonts bestimmt. Anschließend werden alle Kunden gemäß ihres Ratings gruppiert und die Ausfälle pro Ratingklasse gezählt.[15]

Die mit der PD zu vergleichende Ausfallrate einer Ratingklasse berechnet sich als

$$Ausfallrate = \frac{Anzahl\ Ausfälle}{Anzahl\ aller\ Kunden}$$

Die Ausfallrate wird auch auch als **Observed Default Frequency (ODF)** bezeichnet. Aus der PD und der Anzahl aller Kunden innerhalb der Ratingklasse kann die erwartete Anzahl an Ausfällen

$$m = PD \cdot Anzahl\ aller\ Kunden$$

berechnet werden.

Die Anzahl der Ausfälle und damit die Ausfallrate sind unter Umständen Schwankungen unterworfen, die zu einer Abweichung zur erwarteten Anzahl an Ausfällen bzw. der PD führen. Ziel des statistischen Backtesting ist es, mit Hilfe **statistischer Tests** signifikante Abweichungen von erwarteter und realisierter Anzahl an Ausfällen festzustellen. Statistische Tests prüfen, ob die Nullhypothese „Die erwartete Anzahl an Ausfällen auf Basis der PD stimmt mit der tatsächlichen Anzahl an Ausfällen überein“ zugunsten der Alternativhypothese „Die erwartete Anzahl an Ausfällen auf Basis der PD stimmt mit der tatsächlichen Anzahl an Ausfällen nicht überein“ mit einer bestimmten Irrtumswahrscheinlichkeit (Signifikanzniveau) verworfen werden kann.

Für den Test wird eine Wahrscheinlichkeitsverteilung unterstellt, die beschreibt, mit welcher Wahrscheinlichkeit bei gegebener Anzahl an Kunden und PD eine bestimmte Anzahl an ausgefallenen Kunden beobachtet wird. Ein einfacher Test der Kalibrierung der PD kann unter Annahme unkorrelierter Ausfallereignisse auf Basis der Standard-Normalverteilung erfolgen. Die Annahme der Normalverteilung stellt eine zulässige Approximation der eigentlich zu verwendenden Binomialverteilung dar, sofern unter Berücksichtigung der PD eine ausreichende Anzahl an Kunden zur Verfügung steht. Als Faustregel für die Anwendung gilt:

$$Anzahl\ Kunden \cdot PD \cdot (1 - PD) \geq 9\ .$$

Für die Durchführung des Tests ist zunächst ein so genanntes Konfidenzniveau festzulegen. Je höher das Konfidenzniveau gewählt wird, desto geringer ist die Wahrscheinlichkeit, dass die Nullhypothese irrtümlich abgelehnt wird. Standardmäßig wird ein Konfidenzniveau von

---

15 Backtestingberechnungen können sowohl auf Ratingklassenebene als auch auf Portfolioebene durchgeführt werden.

95 % gewählt, d. h. mit einer Wahrscheinlichkeit von weniger als 5 % wird irrtümlich von einer Fehlkalibrierung des Ratingmodells ausgegangen.

Für die Durchführung des Tests wird die Standardabweichung der erwarteten Ausfälle benötigt, die sich unter der Annahme einer Standard-Normalverteilung gemäß

$$s = \sqrt{PD \cdot (1 - PD) \cdot Anzahl\ Kunden}$$

bestimmt.

Sofern die Ungleichung

$$|Beobachtete\ Ausfälle - m| > \Phi^{-1}\left(\frac{q+1}{2}\right) \cdot s$$

erfüllt ist, kann die Nullhypothese abgelehnt und von einer signifikanten Fehlkalibrierung des Ratingmodells zum Konfidenzniveau q ausgegangen werden.

Φ^{-1} ist die inverse kumulierte Verteilungsfunktion der Standard-Normalverteilung, wobei q das gewählte Konfidenzniveau bezeichnet. Der zu $(q + 1) / 2$ korrespondierende Wert, der so genannte z-Wert, kann aus einer Standard-Normalverteilungstabelle, wie unten dargestellt, abgelesen werden.

Tabelle 2.3-5: *Standard-Normalverteilungswerte für alternative Konfidenzniveaus*

	(*q* + 1) / 2									
	0,65	**0,7**	**0,75**	**0,8**	**0,85**	**0,9**	**0,95**	**0,975**	**0,99**	**0,995**
z-Wert	0,385	0,524	0,674	0,842	1,036	1,282	1,645	1,960	2,326	2,576

Bei einem Konfidenzniveau von 95 % ergibt sich wegen (0,95 + 1) / 2 = 0,975 beispielweise ein z-Wert von 1.96.

Im Folgenden wird der oben beschriebene Test anhand eines Beispiels erläutert. Die Anzahl an Kunden in der Ratingklasse betrage 10.000. Die prognostizierte PD betrage 0,81 %. Das Konfidenzniveau betrage 95 %. Daraus ergeben sich

$$m = 0{,}0081 \cdot 10000 = 81$$

und

$$s = \sqrt{0{,}0081 \cdot (1 - 0{,}0081) \cdot 10000} = 8{,}96$$

Hieraus folgt die Testungleichung

$$|Beobachtete\ Ausfälle - 81| > 1{,}96 \cdot 8{,}96$$

Aufgrund der Ganzzahligkeit der Ausfälle kann die Nullhypothese zum Konfidenzniveau von 95 % abgelehnt werden, sofern die Anzahl der beobachteten und der erwarteten Ausfälle um mehr als 17 Beobachtungen voneinander abweichen bzw., wenn weniger als 64 oder mehr als 98 Ausfälle in der Ratingklasse beobachtet werden.

2.3.3.3 Validierung qualitativer Scoringmodelle

Für Portfolios, in denen qualitative Scoringmodelle zum Einsatz kommen, liegen üblicherweise keine oder zu wenige Ausfalldaten vor, um eine der oben beschriebenen Validierungsansätze anzuwenden. Dennoch besteht auch in solchen Fällen die Möglichkeit, die Validität des Scoringmodells empirisch zu überprüfen.

Qualitative Scoringmodelle bilden in der Regel die Ratingeinschätzung interner Experten oder extener Ratingagenturen nach. Zur Validierung dieser Modellansätze wird deshalb die Übereinstimmung des Modellratings mit der internen bzw. externen Ratingeinschätzung überprüft. Ein geeignetes Instrument sind so genannte **Hit Rates**. Hit Rates messen die Trefferquoten auf Basis der Ratingabweichung in Ratingstufen wie die nachfolgende Grafik verdeutlicht.

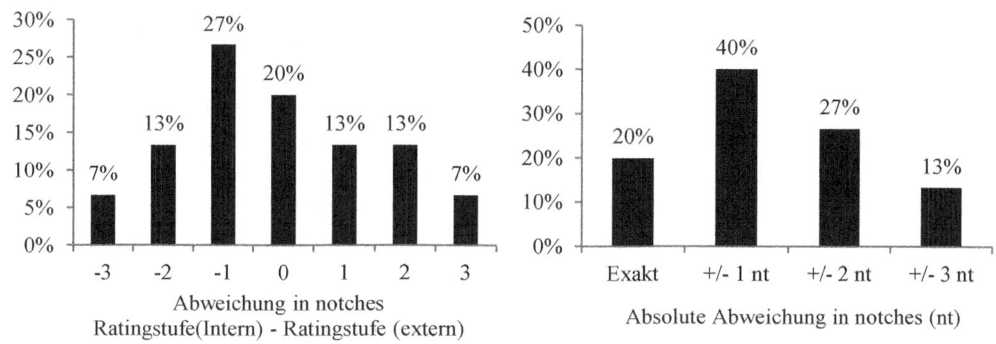

Abbildung 2.3-9: *Hit Rates*

Die Zielvariable qualitativer Scoringmodelle verfügt typischerweise über mehr als zwei Ausprägungskategorien. Die Trennschärfemaße AUC und Gini-Koeffizient lassen sich nicht direkt für diese Modelle anwenden, da sie eine binäre Zielvariable unterstellen (ausgefallen / nicht ausgefallen) Ein Verallgemeinerung auf Basis der Rangkorrelation erlaubt jedoch auch für diese Modelle eine Beurteilung der Prognosegüte. Die **Rangkorrelation** misst die Assoziation zwischen internem und externem Rating. Hierzu müssen zunächst alle Ratingpaare (i, j) gebildet werden, bei denen die Beobachtung i ein besseres internes Experten- oder externes Rating als Beobachtung j besitzt. Anschließend werden die Paare in drei Kategorien eingeteilt:

- Paar (i, j) ist **konkordant**, wenn das Modellrating von i besser als das von j ist
- Paar (i, j) ist **diskordant**, wenn das Modellrating von i schlechter als das von j ist
- Paar (i, j) ist **unentschieden**, wenn die Modellratings von i und j gleich sind

Basierend auf den Anzahlen an konkordanten, diskordanten und unentschiedenen Paaren, N_k, N_d und N_u, lassen sich folgende Rangkorrelationskoeffizienten bilden:

$$C - Index = (N_k + 0{,}5 \cdot N_u) / (N_k + N_d + N_u)$$

$$Somers' \, D = (N_k - N_d) / (N_k + N_d + N_u)$$

Im Fall zweier Ratingklassen (Ausfall und Nicht-Ausfall) entspricht der C-Index dem AUC/COC und Somers' D dem Gini-Koeffizienten.

Zusammenfassung

Die Verwendung bankinterner Ratingmodelle zur Ermittlung der Eigenkapitalanforderungen unterliegt strengen regulatorischen Anforderungen. Neben einer hohen Genauigkeit der intern Schätzungen und einer umfangreichen und qualitätsgesicherten Datenhistorie für die Modellentwicklung, müssen die internen Ratingsysteme regelmäßig unabhängig überprüft und validiert werden. Die Entwicklung, Umsetzung und Validierung der internen Modelle muss unabhängig von der Geschäftssteuerung sein und wird letztendlich durch die Geschäftsführung verantwortet.

Die Ratingmodellentwicklung beginnt mit der Wahl eines geeigneten Modellansatzes. Mathematisch-statistische Modelle eignen sich insbesondere bei einer umfangreichen Datenbasis und einer hinreichend großen Anzahl an Ausfallbeobachtungen wie sie typischerweise bei Retail- und KMU-Portfolios gegeben ist. Expertenbasierte Modelle finden insbesondere bei Spezialfinanzierungen und Großunternehmen Anwendung, um der üblicherweise geringeren Datenbasis sowie der hohen Komplexität und Spezifität der Kreditnehmer gerecht zu werden. Der Wahl des Modellansatzes folgt die Definition eines homogenen Zielportfolios und die geeignete Bildung von Entwicklungs- und Trainingsstichproben, bei der Samplingstrategien wie Kreuzvalidierung und Bootsrappingverfahren zum Einsatz kommen, um eine gute Approximation der empirischen Daten und gleichzeitig eine hohe Generalisierungsfähigkeit des Ratingmodells sicherzustellen. In der univariaten Analyse werden anschließend mögliche Kennzahlen mit Hilfe deskriptiver Statistiken untersucht. Sie liefert Anhaltspunkte für die Auswahl geeigneter Inputvariablen und eventuell notwendige Transformationen und Datenbereinigungen, um die unverzerrte Schätzung eines Modells sicherzustellen, das alle relevanten Informationsbereiche berücksichtigt.

Ratingmodelle werden sowohl quantitativ als auch qualitativ und aus Prozesssicht validert. Methoden zur Validierung mathematisch-statistischer Ratingmodelle sind beispielsweise die AUC und die ROC-Kurve zur Beurteilung der Klassifikationsleistung eines Modells oder statistische Testverfahren zur Überprüfung der Übereinstimmung von prognostizierter und realisierter Ausfallrate. Die ökonomische Plausibilisierung oder auch die Analyse des Überstimmungsverhaltens sind Gegenstand der qualitativen Validierung. Bei expertenbasierten Ratingmodellen, die aufgrund einer geringen Anzahl an Ausfallbeobachtungen interne oder externe Ratings nachbilden, kann die Leistungsfähigkeit durch eine qualitative Validierung und eine Analyse von Trefferquoten beurteilt werden.

Literaturhinweise

Engelmann / Rauhmeier (2011): The Basel II Risk Parameters, 2. Auflage, Springer, Berlin.

Fritz et al. (2002): Scoring and validating techniques for credit risk rating systems, in Credit Ratings, Risk books, London.

James et al. (2013): An Introduction to Statistical Learning with Applications in R, 4. Auflage, Springer, New York.

Henking et al. (2006): Statistische Grundlagen, Methoden und Modellierung, Springer, Berlin

Kapitel 3
Kreditanalyse – Kernaufgabe des bankinternen Unternehmensratings

Jörg Baetge, Thorsten Melcher und Aydin Celik[1]

3.1 Möglichkeiten und Grenzen von Bilanzratings nach dem BilMoG

[1] Die Autoren danken Herrn Dr. Matthias Schmidt, für die Mitwirkung an dem Beitrag „Möglichkeiten und Grenzen von Bilanzratings nach dem Bilanzrechtsmodernisierungsgesetz" in der vorherigen Auflage. Die Autoren geben ausschließlich ihre persönliche Meinung wieder.

3.1.1 Einleitung

Die individuellen Ziele eines jeden Unternehmens lassen sich auf die beiden zentralen Unternehmensziele, nämlich „Geld verdienen" und „Verdienstquelle sichern" zurückführen. Das Management muss das Kapital, das die Anteilseigner dem Unternehmen zur Verfügung gestellt haben, angemessen verzinsen. Das heißt, das Unternehmen muss für die Anteilseigner Geld verdienen. Des Weiteren muss der Bestand der Verdienstquelle, also der Bestand des Unternehmens, gesichert sein, um künftig mit dem Unternehmen Geld verdienen zu können. Diese beiden zentralen, ökonomischen Unternehmensziele können je nach Interessenlage der Anteilseigner bzw. des Managements unterschiedlich gewichtet sein. Während ein kurzfristig orientierter Anteilseigner hohe Ausschüttungen fordert und somit das Ziel „Geld verdienen" höher gewichtet, bevorzugt ein langfristig orientierter Eigenkapitalgeber eine Gewinnthesaurierung und somit eine Stärkung der Eigenkapitalbasis des Unternehmens. Der letztgenannte Anteilseigner gewichtet somit das Unternehmensziel „Verdienstquelle sichern" stärker als das Unternehmensziel „Geld verdienen". Vielfach versucht das Management, einen stetig wachsenden Jahresüberschuss zu erzielen und dementsprechend den Anteilseignern eine stetig wachsende Dividende zu zahlen. Allerdings werden Unternehmen regelmäßig, z. B. aufgrund von Unternehmensver- oder -zukäufen, aber auch aufgrund von externen Ereignissen, die nicht durch das Unternehmen beeinflusst werden können, schwankende Ergebnisse erzielen. Das Management wird daher versuchen, die Unternehmensergebnisse mit Hilfe von bilanzpolitischen Maßnahmen in seinem Sinne, d. h. ergebnisglättend, zu gestalten. Im Geschäftsbericht wird den Stakeholdern somit nicht die tatsächliche wirtschaftliche Lage, sondern eine den Managementzielen entsprechend verzerrte wirtschaftliche Lage vermittelt.

Die tatsächliche wirtschaftliche Lage, d. h. die tatsächliche Ertrags-, Finanz- und Vermögenslage ist indes für die Jahresabschlussadressaten (Eigen- und Fremdkapitalgeber, Mitarbeiter, Kunden und Lieferanten), den Abschlussprüfer und vor allem für den Kreditanalysten von Interesse, um die Bonität des Unternehmens zu beurteilen. Die Bonität des Unternehmens beeinflusst wiederum die Höhe der Kapitalkosten für aufgenommenes Kapital. Erst ein gutes Ratingergebnis (Mapping) versetzt das Management in eine gute Verhandlungsposition, um die Höhe der Zinssätze für das aufgenommene bzw. das aufzunehmende Fremdkapital vermindern zu können bzw. um die von den Eigenkapitalgebern erwartete Rendite, die sich am Unternehmensrisiko orientiert, zu minimieren. Für die Kapitalgeber steht neben einer attraktiven Rendite vor allem die Sicherheit des überlassenen Kapitals im Vordergrund. So verlangt das Schutzbedürfnis der Kapitalgeber, dass die kapitalaufnehmenden Unternehmen objektiv beurteilt werden, um sowohl Risiken vor der Investitionsentscheidung als auch nach der Hergabe des Kapitals frühzeitig zu erkennen.[2] Um den Ansprüchen der Kapitalgeber, aber auch des Managements, gerecht zu werden, sind Bilanzratingtools als probate Instrumente entwickelt worden, die den Abschlussprüfer, die Kapitalgeber, die Lieferanten und nicht zuletzt die Kreditanalysten bei ihrer Arbeit unterstützen (sollen).

Insgesamt haben die **Banken**, die **Kreditnehmer** und **Dritte**, **wie Kunden und Lieferanten**, ein **hohes Interesse an** einer **objektiv ermittelten Bonität** der Unternehmen. Das Interesse an der Bonität der Unternehmen und die Gefahr, dass Unternehmen versuchen, sich besser darzustellen als sie tatsächlich sind, gibt dem Kreditanalysten seine Aufgabe vor. Er

---

2 Vgl. Baetge/Melcher/Thun, Bilanzratings bei der Vergabe hybrider Finanzinstrumente, S. 300.

muss versuchen, die Bonität des zu beurteilenden Unternehmens mit hinreichender Sicherheit anhand der Jahresabschlussdaten und anhand der sonstigen zur Verfügung stehenden Unterlagen objektiv zu beurteilen. Dazu muss das Beurteilungsinstrumentarium so gewählt werden, dass das überlassene Kapital bestmöglich geschützt werden kann. Um die kapitalaufnehmenden Unternehmen objektiv zu beurteilen, muss sich der Kreditanalyst neben der Frage nach dem „richtigen" Instrument der Jahresabschlussanalyse[3] vor allem die Frage nach identifizierbaren bilanzpolitischen und sachverhaltsgestaltenden Maßnahmen im Jahresabschluss stellen. Durch das Bilanzrechtsmodernisierungsgesetz (BilMoG), die größte Bilanzrechtsreform seit 25 Jahren, wurde das HGB umfassend modifiziert. Das BilMoG stellt den Bilanzanalytiker vor neue Herausforderungen: Einerseits wurden zwar viele bilanzpolitisch nutzbare Wahlrechte und Ermessensspielräume abgeschafft, andererseits wurden neue explizite und faktische Wahlrechte geschaffen.[4]

Sowohl die Verwendung von Bilanzratingsystemen als auch die Korrektur bilanzpolitischer und sachverhaltsgestaltender Maßnahmen erfordern nach gründlichen Zusatzanalysen der Jahresabschlüsse und der sonstigen vorgelegten Unterlagen eine „Rückrechnung" der ergriffenen Schönungen. Dies setzt sehr gute Kenntnisse bzgl. der Leistungsfähigkeit von Bilanzratingsystemen und viel Erfahrung in der Rechnungslegung beim Kreditanalysten voraus.

Wir werden deshalb in Abschnitt 3.1.2 die klassischen Instrumente der Jahresabschlussanalyse und in Abschnitt 3.1.3 die modernen Instrumente der Jahresabschlussanalyse skizzieren. Dazu werden wir in Abschnitt 3.1.3 neben der Multivariaten Diskriminanzanalyse, der Künstlichen Neuronalen Netzanalyse und der Logistischen Regression speziell auf das Bilanzratingsystem Moody's KMV RiskCalc™ eingehen. Weiterhin zeigen wir in Abschnitt 3.1.4, wie die Qualität der Bilanzbonitätsbeurteilung durch Zusatzanalysen wesentlich verbessert werden kann. In Abschnitt 3.1.5 gehen wir kurz auf einige bedeutsame Bilanzrechtsänderungen durch das BilMoG ein sowie auf deren Auswirkungen auf die Verwendung der in Abschnitt 3.1.3 vorgestellten modernen Instrumente der Jahresabschlussanalyse.

Die Teilnehmer am DVFA-Ausbildungsprogrammm zum „Certified Credit Analyst" sollen nach dem Studium dieses Beitrags

- die Instrumente der „traditionellen" und der „modernen" Jahresabschlussanalyse kennen,
- den Zweck und die Vorteile von Bilanzratingsystemen einschätzen können und
- wissen, wie moderne Bilanzratingsysteme arbeiten. Zudem sollen die Teilnehmer lernen, dass Bilanzratingsysteme zwar ein Hilfsmittel für die Arbeit des Kreditanalysten darstellen, dass aber nur mit qualitativen Zusatzanalysen das statistisch ermittelte Ratingergebnis abgesichert werden kann.

---

3 Im Schrifttum wird die Jahresabschlussanalyse meist als Bilanzanalyse bezeichnet. Obwohl dieser Terminus den Bereich der Analyse verengt, da der Jahresabschluss neben der Bilanz auch die GuV und den Anhang enthält (außerdem wird bei der Jahresabschlussanalyse auch der nicht zum Jahresabschluss gehörige Lagebericht analysiert), werden auch wir nachfolgend die Termini „Bilanzanalyse" und „Jahresabschlussanalyse" synonym verwenden.

4 Vgl. ausführlich zum BilMoG: Solmecke, Auswirkungen des Bilanzrechtsmodernisierungsgesetzes (BilMoG) auf die handelsrechtlichen Grundsätze ordnungsmäßiger Buchführung sowie Baetge/Kirsch/Solmecke, Auswirkungen des BilMoG auf die Zwecke des handelsrechtlichen Jahresabschlusses, S. 1211–1222.

3.1.2 Klassische Instrumente der Jahresabschlussanalyse

Für die Kreditgeber ist es von besonderer Bedeutung, sich aus den Jahresabschlüssen und aus den vorgelegten Zusatzinformationen ein möglichst objektives Urteil über die Bonität eines Unternehmens zu bilden. Dazu sind bei der Jahresabschlussanalyse nicht nur die Bestandsgrößen der Bilanz, sondern auch die Stromgrößen der Gewinn- und Verlustrechnung und die Angaben im Anhang und im Lagebericht zu verarbeiten. Die Urteilsbildung verlangt vom Kreditanalysten den Einsatz von Instrumenten der Jahresabschlussanalyse, um entscheidungsrelevante Informationen über die gegenwärtige wirtschaftliche Lage und über die künftige wirtschaftliche Entwicklung des Unternehmens zu gewinnen.[5]

Die Fähigkeit eines Unternehmens, das **dichotome Unternehmensziel** (Geld verdienen und Verdienstquelle sichern) zu erreichen, kann der Bilanzanalytiker am besten anhand der im Jahresabschluss erfassten wirtschaftlichen Lage, d. h. anhand der Ertrags-, Finanz- und Vermögenslage des Unternehmens beurteilen.[6] Dazu muss der Bilanzanalytiker bei der klassischen Bilanzanalyse aus der Fülle denkbarer Kennzahlen diejenigen auswählen, mit denen die wirtschaftliche Lage des Unternehmens seines Erachtens am besten beurteilt werden kann.[7] Für jede ausgewählte Kennzahl ist eine betriebswirtschaftlich plausible Arbeitshypothese aufzustellen, mit der die Vermutung darüber anzugeben ist, ob ein hoher Wert der Kennzahl ein solventes oder ein insolvenzgefährdetes Unternehmen signalisiert. In einem weiteren Schritt können für jede gebildete Kennzahl ein Zeitvergleich, ein Betriebsvergleich und/oder ein Soll-Ist-Vergleich vorgenommen werden. Die mit Hilfe der Kennzahlenvergleiche gewonnenen Teilurteile über die Ertrags-, Finanz- und Vermögenslage eines Unternehmens müssen dann aufgrund der Kenntnisse und Erfahrungen des Bilanzanalytikers zu einem abschließenden Gesamturteil über die wirtschaftliche Lage des Unternehmens verdichtet werden.[8]

Da eine Vielzahl von Kennzahlen mit unzähligen Variationsmöglichkeiten existiert, muss der Bilanzanalytiker aufgrund seiner persönlichen Erfahrung aus diesen Kennzahlen die für die Beurteilung der wirtschaftlichen Lage des Unternehmens aussagefähigsten Kennzahlen auswählen, gewichten und zu einem Gesamturteil zusammenfassen. Dabei entsteht in der Regel die Schwierigkeit, dass die Kennzahlen zu widersprüchlichen Teilurteilen führen.

Zudem werden die meisten Kennzahlen aus Gründen der Einfachheit meist ohne bilanzpolitikkonterkarierende Maßnahmen konstruiert, wie das beispielsweise bei der Eigenkapitalquote – mit der Definition „Eigenkapital durch Gesamtkapital" – der Fall ist. Deshalb wird das bei der klassischen Bilanzanalyse gebildete Gesamturteil oft erheblich durch Bilanzpolitik verfälscht. Insgesamt werden also bei der klassischen Bilanzanalyse die **zentralen Grundsätze der Bilanzanalyse**, nämlich das Objektivierungsprinzip, das Neutralisierungsprinzip und das Ganzheitlichkeitsprinzip, nicht hinreichend beachtet. Das **Objektivierungsprinzip** verlangt, dass die Kennzahlen nicht aufgrund der subjektiven Erfahrung des Kreditanalysten

5 Vgl. Baetge/Stellbrink, Früherkennung von Unternehmenskrisen mit Hilfe der Bilanzanalyse, S. 213.
6 Vgl. Baetge/von Keitz/Wünsche, Bilanzbonitäts-Rating von Unternehmen, S. 479.
7 Vgl. Baetge, Die Früherkennung von Unternehmenskrisen anhand von Abschlusskennzahlen, S. 2281.
8 Vgl. Baetge/Baetge/Kruse, Grundlagen moderner Verfahren der Jahresabschlussanalyse, S. 1371.

gebildet werden dürfen, sondern mit objektiven Verfahren auf der Basis eines ausreichend großen Datensatzes von Jahresabschlüssen gesunder und kranker Unternehmen ausgewählt, gewichtet und zusammengefasst werden sollten. Gemäß dem **Neutralisierungsprinzip** müssen bilanzpolitische Maßnahmen des zu beurteilenden Unternehmens so weit wie möglich mit Hilfe sogenannter „intelligenter" Kennzahlen konterkariert werden. Als „intelligente" Kennzahlen bezeichnen wir solche, mit denen sachverhaltsgestaltende Maßnahmen, sogenanntes financial engineering, und Bilanzpolitik, also die Ausnutzung von faktischen Wahlrechten und Ermessensspielräumen im Sinne der Ziele des Bilanzierenden, neutralisiert werden. Damit der Kreditanalyst die wirtschaftliche Lage eines Unternehmens richtig beurteilen kann, muss er außerdem das **Ganzheitlichkeitsprinzip** beachten. Dieses besagt, dass alle Kennzahlen herangezogen werden, die die wirtschaftliche Lage des Unternehmens wesentlich charakterisieren.[9]

Bei der klassischen Bilanzanalyse werden die zentralen Grundsätze der Bilanzanalyse, nämlich das Objektivierungsprinzip, das Ganzheitlichkeitsprinzip und das Neutralisierungsprinzip, nicht hinreichend beachtet.

Mit den „modernen" Instrumenten der Jahresabschlussanalyse wird versucht, die Nachteile der „klassischen" Jahresabschlussanalyse zu kompensieren, um den genannten Grundsätzen der Bilanzanalyse besser gerecht zu werden.

3.1.3 Moderne Instrumente der Jahresabschlussanalyse

Bei der „modernen" Bilanzanalyse wurde ursprünglich vor allem die lineare multivariate Diskriminanzanalyse (MDA) angewendet.[10] In neuerer Zeit werden die Künstliche Neuronale Netzanalyse (KNNA) sowie die Logistische Regression (LR) als noch leistungsfähigere mathematisch-statistische Verfahren zur Analyse von Jahresabschlüssen verwendet.[11] Diese mathematisch-statistischen Verfahren nehmen dem Kreditanalysten die subjektiven Teilentscheidungen zur Auswahl, Gewichtung und Zusammenfassung der Kennzahlen ab, indem sie auf der Basis einer sehr großen Zahl von Jahresabschlüssen von gesund gebliebenen Unternehmen und von später insolvent gewordenen – also kranken – Unternehmen eine nachvollziehbare und empirisch abgestützte Auswahl, Gewichtung und Zusammenfassung der Kennzahlen sicherstellen.

3.1.3.1 Die Multivariate Diskriminanzanalyse

Mit der MDA ist es dem Kreditanalysten möglich, Unternehmen anhand von Jahresabschlusskennzahlen in die Gruppe der gesunden und in die Gruppe der kranken Unternehmen einzuordnen. Die MDA wurde bereits im Jahr 1968 von *Altman* angewendet. Auf diese Weise versuchte er, Unternehmen mit Hilfe von Jahresabschlusskennzahlen als „gesund" oder als „krank" zu klassifizieren. Dies geschieht bei der MDA, wie dem Wort „multivariat" bereits

9 Vgl. Baetge/Kirsch/Thiele, Bilanzanalyse, S. 586 f.
10 Vgl. Altman, Financial Ratios, Discriminant Analysis and the Prediction of Corporate Bankruptcy, S. 589–609.
11 Vgl. Baetge/Zülch/Melcher, Vermögenslage, in: Wirtschaftslexikon – Das Wissen der Betriebswirtschaftslehre, S. 6010 f.

zu entnehmen ist, nicht anhand einzelner Jahresabschlusskennzahlen, sondern anhand mehrerer Jahresabschlusskennzahlen.[12] Denn eine einzige Jahresabschlusskennzahl kann keinesfalls die gesamte wirtschaftliche Lage, also die Ertrags-, Finanz- und Vermögenslage, eines Unternehmens im Sinne des Ganzheitlichkeitsprinzips abbilden.

Um die MDA im Rahmen der Unternehmensbeurteilung anwenden zu können, wird eine große Zahl von Jahresabschlüssen solventer Unternehmen und später insolvent gewordener Unternehmen benötigt. Diese Jahresabschlüsse sind auf zwei Stichproben, nämlich auf die Lernstichprobe und auf die Kontrollstichprobe, zu verteilen. Anschließend wird die MDA in drei Schritten durchgeführt.

- Im *ersten Schritt* wird die Diskriminanzfunktion ermittelt. Dazu werden aus jedem Jahresabschluss die Werte der zuvor definierten und berechneten Kennzahlen in das MDA-Programm eingegeben. Mit Hilfe aller Kennzahlenwerte ermittelt man mit der MDA, welche Kennzahlen aus dem ursprünglich sehr großen Kennzahlenpool in welcher Gewichtung die Unternehmen der Lernstichprobe am besten in solvente und insolvenzgefährdete trennen. Für jedes Unternehmen kann anhand der folgenden – hier als linear angenommenen – Diskriminanzfunktion in ihrer allgemeinen Form der Diskriminanzwert (D-Wert) berechnet werden.

$$D = a_0 + a_1 \cdot x_1 + a_2 \cdot x_2 + \ldots + a_m \cdot x_m$$

Legende:
D = Diskriminanzwert
a_i = Regressionskoeffizient (i = 1, …, n)
x_i = Kennzahlenwert (i = 1, …, n)

Abbildung 3.1-1: *Formel zur Berechnung des Diskriminanzwertes*

- Im *zweiten Schritt* wird der kritische Trennwert (Cut-off) ermittelt, der die Gruppen der solventen und der (drei Jahre später) insolventen Unternehmen voneinander trennt. Alle Unternehmen, deren D-Wert größer ist als der kritische Trennwert, werden als „solvent" bezeichnet, alle anderen Unternehmen werden als „insolvenzgefährdet" bezeichnet.
- Im *dritten Schritt* der MDA wird die ermittelte Diskriminanzfunktion an den Datensätzen der möglichst großen Kontrollstichprobe getestet. In der Regel bewährt sich die ermittelte Diskriminanzfunktion mit ihrem Trennwert an der Kontrollstichprobe. Andernfalls ist eine neue Berechnung der Diskriminanzfunktion vorzunehmen.[13]

Die lineare MDA kann indes nur angewendet werden, sofern die folgenden Voraussetzungen erfüllt sind: **Die Kennzahlenausprägungen müssen normalverteilt, multivariat trennfähig und linear unabhängig sein**. Trotz einiger bei der Analyse festgestellter Verstöße gegen diese Voraussetzungen haben *Niehaus*, *Feidicker* und *Hüls* bei ihren Analysen festgestellt, dass die Ergebnisse der linearen MDA sehr robust sind, d. h. die Trennergebnisse auch in der Kontrollstichprobe sehr gut sind, selbst wenn die genannten Voraussetzungen in praxi nicht erfüllt sind.[14]

---

12 Vgl. Backhaus et al., Multivariate Analysemethoden, S. 188 f.

13 Zum Ablauf einer linearen multivariaten Diskriminanzanalyse vgl. Hüls, Früherkennung insolvenzgefährdeter Unternehmen, S. 169–178.

14 Vgl. Niehaus, Früherkennung von Unternehmenskrisen, S. 133–141; Feidicker, Kreditwürdigkeitsprüfung, S. 142 sowie Hüls, Früherkennung insolvenzgefährdeter Unternehmen, S. 121.

3.1.3.2 Die Künstliche Neuronale Netzanalyse

Die Künstliche Neuronale Netzanalyse (KNNA) bietet mit einer nicht-linearen Trennung die Möglichkeit, das Risiko der irrtümlichen Fehlklassifikation eines Unternehmens im Vergleich zur MDA weiter zu reduzieren, indem statt einer linearen Trenngeraden eine nichtlineare Trennfunktion ermittelt wird.[15] Künstliche Neuronale Netze (KNN) sind ein Abbild biologischer neuronaler Netze. Sie bilden ein System zur Informationsverarbeitung und werden sowohl zur Lösung von Problemen in den naturwissenschaftlichen Disziplinen als auch bei der Früherkennung von Unternehmenskrisen eingesetzt.[16]

Ein KNN besteht ähnlich wie ein biologisch neuronales Netz aus einer begrenzten Zahl von Zellen (Neuronen), die in mehreren Schichten angeordnet und miteinander verbunden sind. Informationen, die in das KNN eingegeben werden, werden durch das Netz geleitet, in den Schichten verarbeitet und abschließend wird das berechnete Ergebnis ausgegeben, wie Abb. 3.1-2 an einem einfachen Beispiel verdeutlicht.[17]

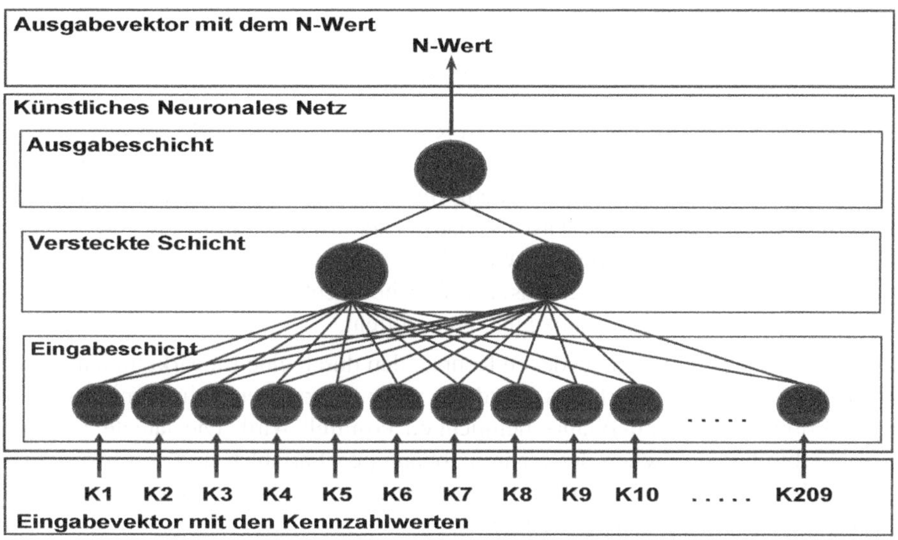

Abbildung 3.1-2: *Aufbau eines KNN*

Wird die KNNA bei der modernen Jahresabschlussanalyse eingesetzt, besteht die Netzeingabe aus den Kennzahlenausprägungen und die Netzausgabe ist ein Wert, den wir als „neuronalen Netzwert" (N-Wert) bezeichnen. Der N-Wert wird mit einer Kette von Funktionen berechnet, deren Variablen Jahresabschlusskennzahlen und deren Konstanten die ermittelten

---

[15] Zur Bilanzbonitätsanalyse mit Künstlichen Neuronalen Netzen, vgl. z. B. Uthoff, Erfolgsoptimale Kreditwürdigkeitsprüfung auf der Basis von Jahresabschlüssen und Wirtschaftsauskünften mit Künstlichen Neuronalen Netzen; Heitmann, Beurteilung der Bestandsfestigkeit von Unternehmen mit Neuro-Fuzzy; Baetge/Hüls/Uthoff, Früherkennung der Unternehmenskrise sowie Baetge/Kirsch/Thiele, Bilanzanalyse, S. 552.

[16] Zu betriebswirtschaftlichen Anwendungen neuronaler Netze vgl. Corsten/May, Neuronale Netze in der Betriebswirtschaft sowie Backhaus et al., Multivariate Analysemethoden, S. 533–539 und Backhaus/Erichson/Weiber, Fortgeschrittene Multivariate Analysemethoden, S. 293–340.

[17] Vgl. Zell, Simulation Neuronaler Netze, S. 73 f.

(heuristisch optimierten) Verbindungsgewichte sind. Analysen im Bereich der Früherkennung von Unternehmenskrisen mit Hilfe von Jahresabschlusskennzahlen haben dabei ergeben, dass Drei-Schichten-Netze mit einer Eingabeschicht, einer versteckten Schicht und einer Ausgabeschicht die besten Klassifikationsergebnisse liefern.[18] Welche Kennzahlen zur Beurteilung eines Unternehmens heranzuziehen sind und wie diese Kennzahlen zu gewichten sind, lernt das KNN anhand von Jahresabschlusskennzahlen aus einer großen repräsentativen Zahl von Jahresabschlüssen von kranken (später insolvent gewordenen) und gesunden Unternehmen. Ein Vorteil der KNNA gegenüber anderen Verfahren der modernen Bilanzanalyse besteht darin, dass die KNNA die am Ende von Abschnitt 3.1.3.1 genannten Voraussetzungen der MDA nicht erfüllen muss und dass sie auch nicht-lineare Zusammenhänge mit sehr gutem Erfolg abbilden kann. Ein weiterer Vorteil besteht darin, dass neben quantitativen Daten auch qualitative Daten, etwa Informationen über rechtliche und wirtschaftliche Rahmenbedingungen des Unternehmens, simultan verarbeitet werden können.[19] Empirische Analysen haben gezeigt, dass die Klassifikationsergebnisse der KNNA stets besser waren als die mit der gleichen Lernstichprobe auf der Basis anderer Verfahren, wie der MDA, ermittelten Klassifikatoren.[20]

3.1.3.3 Die Logistische Regressionsanalyse

Wie mit der MDA wird auch mit der Logistischen Regressionsanalyse (LR) ein Zusammenhang zwischen einer abhängigen Variablen und mehreren unabhängigen Variablen untersucht.[21] Da die LR im Gegensatz zur MDA unempfindlich gegenüber der Verwendung von nicht normalverteilten Merkmalen ist, wird sie häufig der MDA aufgrund der geringeren Anwendungsvoraussetzungen vorgezogen.[22] Weiterhin ist die LR vor allem dazu geeignet, eine Gesamturteilsbildung im Sinne einer Ausfallwahrscheinlichkeit, basierend auf geschätzten Gruppenzugehörigkeitswahrscheinlichkeiten, zu ermitteln.

Bei der LR werden zunächst die verschiedenen Kennzahlen durch eine Linearkombination zu der latenten Variablen „z“ aggregiert, aus der dann in einem zweiten Schritt mittels einer logistischen Funktion die (Ausfall-)Wahrscheinlichkeit ermittelt wird. Die latente Variable stellt damit die Verbindung zwischen der binären abhängigen Variablen und den beobachteten unabhängigen Variablen dar. Die Ausfallwahrscheinlichkeit lässt sich allgemein mit dem logistischen Regressionsansatz wie folgt definieren:

---

18 Vgl. Krause, Kreditwürdigkeitsprüfung mit Neuronalen Netzen, S. 170–174; Rehkugler/Poddig, Bilanzanalyse, S. 15.

19 Vgl. Uthoff, Erfolgsoptimale Kreditwürdigkeitsprüfung auf der Basis von Jahresabschlüssen und Wirtschaftsauskünften mit Künstlichen Neuronalen Netzen, S. 266–272.

20 Vgl. z. B. Jerschensky, Messung des Bonitätsrisikos von Unternehmen, S. 157 m. w. N.

21 Zur ausführlichen Darstellung des Verfahrens der logistischen Regression vgl. Backhaus et al., Multivariate Analysemethoden, S. 249–302.

22 Vgl. Hartmann-Wendels et al., Externes Rating für mittelständische Unternehmen – Nutzung der logistischen Regressionsanalyse für ein Ratingsystem im Praxiseinsatz, S. 146; Press/Wilson, Choosing between Logistic Regression and Discriminant Analysis, S. 699.

$$p(Ausfall) = \frac{1}{1+e^{-z}} \quad \text{mit } z = a_0 + \sum_{i=1}^{n} a_i \cdot x_i$$

Legende:
p = Ausfallwahrscheinlichkeit
z = (latente Variable, Einflussstärke)
n = Zahl der Merkmale
a_i = Regressionskoeffizienten (i = 1, …, n)
x_i = Kennzahlenwerte (i = 1, …, n)

Abbildung 3.1-3: *Definition der Ausfallwahrscheinlichkeit bei der LR*

Die Vorteile der LR gegenüber anderen Verfahren der modernen Jahresabschlussanalyse sind vor allem die hohe Transparenz sowie die einfache Interpretierbarkeit des Ansatzes und der ermittelten Ergebnisse. Mithilfe der LR sind verschiedene Modelle zur Analyse von Unternehmen auf Basis von Jahresabschlussdaten entwickelt worden. Im Folgenden stellen wir als Beispiel für ein Instrument der modernen Jahresabschlussanalyse Moody's KMV RiskCalc vor, das gemeinsam von der Baetge & Partner GmbH & Co. Auswertungszentrale KG und Oliver, Wyman & Company auf der Basis des Baetge-Bilanz-Rating (BBR)[23] entwickelt wurde.[24]

3.1.3.4 Moody's KMV RiskCalc als ein Instrument der modernen Jahresabschlussanalyse

Als ein modernes Verfahren der Bilanzbonitätsanalyse hat sich Moody's KMV RiskCalc (RiskCalc) in der praktischen Anwendung durchgesetzt. Dieses moderne Verfahren der Bilanzanalyse ist – wie gesagt – eine Weiterentwicklung des Baetge-Bilanz-Rating (BBR). Mit Hilfe der KNNA wurde das BBR im Jahr 1995 am Institut für Revisionswesen der Westfälischen Wilhelms-Universität Münster in Zusammenarbeit mit der Baetge & Partner GmbH & Co. Auswertungszentrale KG entwickelt. Für die Entwicklung des BBR standen 11.427 Jahresabschlüsse zur Verfügung, wovon 10.515 Jahresabschlüsse von solventen und 912 Jahresabschlüsse von später insolvent gewordenen Unternehmen stammten.[25] Der Entwicklung des BBR lag zuerst ein Kennzahlenkatalog mit 259 Kennzahlen zugrunde. Nachdem bei Voranalysen 50 Kennzahlen aufgrund von Hypothesenverstößen zu eliminieren waren, wurden durch zahlreiche Lern-, Test- und Validierungsphasen und durch den Einsatz diverser Pruning-Methoden optimale Kennzahlenkombinationen identifiziert und kombiniert.[26] Im Jahr 2001 wurde das erste deutsche RiskCalc-Modell für Moody's entwickelt. Der Entwicklungs- und Validierungsdatenbestand des deutschen RiskCalc-Modells umfasste mehr als 100.000 HGB-Jahresabschlüsse. Um das RiskCalc-Modell dabei optimal an den künftigen Anwendungsbereich anzupassen, wurden bei der Entwicklung von RiskCalc ausschließlich

23 Vgl. Baetge/Krause/Uthoff, Wirtschaftsinformatik 1996, S. 275.

24 Zum RiskCalc vgl. z. B. Escott/Glormann/Kocagil, Moody's RiskCalc™ für nicht-börsennotierte Unternehmen: Das deutsche Modell; Baetge/Kirsch/Thiele, Bilanzanalyse, S. 550 f.; Gleißner/Füser, Leitfaden Rating, Basel II: Rating Strategien für den Mittelstand, S. 40–42.

25 Vgl. Baetge/Thun, Bilanzbonitätsrating eines technologieorientierten Unternehmens, S. 163.

26 Vgl. Baetge/Baetge/Kruse, Einsatzmöglichkeiten eines modernen Bilanzratings in der Wirtschaftsprüfer- und Steuerberaterpraxis, S. 1919; Baetge/Thun, Bilanzbonitätsrating eines technologieorientierten Unternehmens, S. 164.

Jahresabschlüsse von Unternehmen berücksichtigt, die eine jährliche Gesamtleistung von mindestens 0,5 Mio. Euro erreichten, nicht staatsabhängig waren, nicht zur Finanzdienstleistungsbranche gehörten, konzernunabhängig waren und keine reinen Besitz- oder Betriebsgesellschaften oder Bauträger waren.[27]

Diese Einschränkungen sind besonders bedeutsam. Denn bspw. sind Banken und Versicherungen hoheitlich reguglierte Unternehmen, die stärker als andere Unternehmen verpflichtet sind, umfassende und detaillierte Informationen zu ihrer wirtschaftlichen Lage aufzubereiten. Während Banken nach §§ 340–340o HGB sowie gemäß dem KWG und den Regelwerken des Baseler Ausschuss für Bankenaufsicht berichtspflichtig sind, müssen Versicherungsunternehmen nach §§ 341–341p HGB sowie gemäß dem VAG und nach dem Aufsichtsregime Solvency I und II ihre Solvabilität alljährlich gegenüber der BaFin (Bundesanstalt für Finanzdienstleistungsaufsicht) darlegen und diese auch unterjährig gewährleisten. Ab dem 01.01.2016 müssen Versicherungsunternehmen gemäß Solvency II neben noch umfassenderen Berichtspflichten auch eine ökonomische Bilanz aufstellen. Zudem unterscheiden sich die Jahresabschlüsse von Banken und Versicherungen erheblich von denen anderer Unternehmen. Die zugehörigen Regleungen finden sich u. a. in den zuvor angegebenen §§ des HGB, aber auch in den ergänzenden und konkretisierenden Gesetzen sowie den teilweise weitreichenden regulatorischen Vorgaben. Diese Besonderheiten führen dazu, dass eine Vergleichbarkeit mit anderen, nicht-regulierten Unternehmen kaum gegeben ist. Eine mathematisch-statistische Auswertung wie bei Nicht-Banken und Nicht-Versicherungen ist auch deshalb nicht möglich, weil die Grundgesamtheit der Banken und Versicherungen erheblich geringer ist als in anderen Branchen und es für eine solche Auswertung keine hinreichend große Zahl an Insolvenzen gibt.

Die länderspezifische Entwicklung des deutschen RiskCalc-Modells erfolgte dabei in drei Schritten.[28] Ähnlich der Entwicklung des BBR wurden in einem ersten Schritt 200 Kennzahlen univariat auf ihre Eignung untersucht, solvente Unternehmen von insolvenzgefährdeten Unternehmen zu trennen und Hypothesenkonformität zu gewährleisten. Die Vergleichbarkeit der Werte der untersuchten Kennzahlen wurde durch geeignete mathematische Transformationen sichergestellt. Die im ersten Schritt zur Trennung der solventen von den insolventen Unternehmen als geeignet klassifizierten Kennzahlen wurden im zweiten Schritt anhand des empirisch-statistischen Verfahrens, der Logistischen Regressionsanalyse, hinsichtlich ihrer besonderen Trennfähigkeit bzgl. solventer und insolventer Unternehmen bewertet. Danach verblieben neun Kennzahlen, die als Kombination in einem ganzheitlichen logistischen Modell besonders gut dazu geeignet sind, solvente von insolvenzgefährdeten Unternehmen zu trennen. Nachdem die optimale Gewichtung dieser neun Kennzahlen ermittelt worden war, ließen sich Gesamtwerte (Scorewerte) berechnen, die in einem dritten Schritt in Ausfallwahrscheinlichkeiten (Probabilities of Default ≡ PD) transformiert wurden. Um die Handhabung der RiskCalc-Ergebnisse dabei noch einfacher zu gestalten, wurden alle ermittelten PD aufgrund beobachteter historischer Ausfallraten den bekannten Moody's Ratingklassen zugeordnet (beispielsweise entspricht eine Ein-Jahres-PD von 0,66 % in der RiskCalc-Version 3.2 der Klassifikation Baa3.pd). Abschließend wurde das deutsche Ris-

27 Vgl. Baetge/von Keitz/Wünsche, Bilanzbonitäts-Rating von Unternehmen, S. 488; Baetge/Melcher/Thun, Bilanzratings bei der Vergabe hybrider Finanzinstrumente, S. 304.

28 Vgl. Escott/Glormann/Kocagil, Moody's RiskCalc™ für nicht-börsennotierte Unternehmen: Das deutsche Modell, S. 8 f.

kCalc-Modell an den spezifischen Anwendungsbereich der nicht-börsennotierten deutschen Unternehmen angepasst, wobei Branchenbesonderheiten berücksichtigt wurden. RiskCalc berechnet die PD sowohl für einen Ein-Jahres-Zeitraum als auch für einen Fünf-Jahres-Zeitraum. Das RiskCalc wurde zunächst von Moody's in Lizenz von Baetge & Partner sowie Oliver, Wyman & Co. genutzt und wurde 2009 an Moody's veräußert.

Die folgende Übersicht stellt die in RiskCalc Version 3.2 verwendeten Kennzahlen mit ihren jeweiligen Definitionen und den zugehörigen Arbeitshypothesen dar.[29]

Diese neun Kennzahlen des RiskCalc decken die sieben Informationsbereiche des Jahresabschlusses ab, nämlich die Kapitalbindung, die Verschuldung, die Kapitalstruktur, die Finanzkraft, die Rentabilität, die Aufwandsstruktur (vor allem der Personalaufwand) und das Wachstum. Die Mehrzahl dieser Kennzahlen berücksichtigt und neutralisiert zwar einen Großteil der bilanzpolitischen und sachverhaltsgestaltenden Maßnahmen eines Unternehmens, aber auch RiskCalc kann nicht sämtliche bilanzpolitischen Maßnahmen neutralisieren. Daher werden in Abschnitt 3.1.4 die erforderlichen Zusatzanalysen besprochen. Die Zusammenhänge des deutschen RiskCalc-Modells (Version 3.2) veranschaulicht die folgende Abbildung.

Informationsbereich	**Kennzahl**	**Definition**	**Hypothese**[30]
Kapitalbindung	Kapitalbindungsdauer	((Akzepte + Verbindlichkeiten aus Lieferungen und Leistungen) · 360) / Umsatz	I > S
Verschuldung	Fremdkapitalstruktur	(Akzepte + Verbindlichkeiten aus Lieferungen und Leistungen + Bankverbindlichkeiten) / (Fremdkapital − erhaltene Anzahlungen)	I > S
	Liquidität	Flüssige Mittel / Kurzfristiges Fremdkapital	I < S
Kapitalstruktur	Eigenkapitalquote	(Eigenkapital − immaterielles Anlagevermögen)/ (Bilanzsumme − immaterielles Anlagevermögen − flüssige Mittel − Grundstücke und Bauten)	I < S
Finanzkraft	Finanzkraft	Cashflow / (Fremdkapital − erhaltene Anzahlungen)	I < S
Rentabilität	EBITD-ROI	(Jahresergebnis + Zinsaufwendungen + Steuern vom Einkommen und Ertrag + Abschreibungen) / Bilanzsumme	I < S
	Umsatzrentabilität	Ordentliches Betriebsergebnis / Umsatz	I < S
Aufwandsstruktur	Personalaufwandsquote	Personalaufwand / Umsatz	I > S
Wachstum	Umsatzwachstum	(Umsatz der aktuellen Periode − Umsatz der Vorperiode) / Umsatz der Vorperiode	

Abbildung 3.1-4: *Kennzahlen Moody's KMV RiskCalcTM Germany v3.2*

29 Vgl. Escott/Glormann/Kocagil, Moody's RiskCalc™ für nicht-börsennotierte Unternehmen: Das deutsche Modell, S. 8–11.

30 Die Arbeitshypothese I > S (I < S) bedeutet, dass insolvenzgefährdete Unternehmen (I) bei der betrachteten Kennzahl durchschnittlich einen höheren (niedrigeren) Wert erzielen als solvente Unternehmen (S).

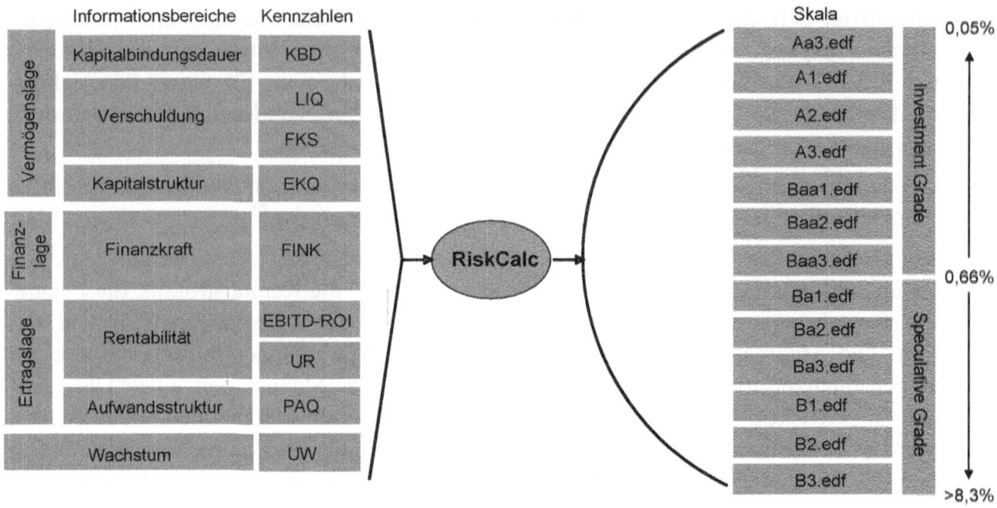

Abbildung 3.1-5: *Das deutsche RiskCalc-Modell v3.2*

Die neun Kennzahlen des RiskCalc decken die sieben Informationsbereiche des Jahresabschlusses ab, die ihrerseits ein Bild der Ertrags-, Finanz- und Vermögenslage zeichnen.

Angelehnt an die international etablierte Ratingskala von Moody's differenziert die RiskCalc-Ratingskala zwischen 13 mit Aa3.pd bis B3.pd bezeichneten Ratingklassen. Liegt die 1-Jahres-Ausfallwahrscheinlichkeit unter einem Wert von 0,66 %, ergibt sich als implizites Rating ein Aa3.pd bis Baa3.pd. Diese Unternehmen zeichnen sich durch eine – für deutsche Unternehmen – überdurchschnittliche Bonität aus (Investment Grade). Unternehmen aus den Ratingklassen von Ba1.pd bis B3.pd weisen eine Ausfallwahrscheinlichkeit von größer 0,66 Prozent bis größer 8,3 Prozent innerhalb von einem bzw. fünf Jahren auf (Speculative Grade). Bei ihnen ist die Bonität durchschnittlich oder unterdurchschnittlich. Eine Investition in ein Unternehmen mit einem Rating von Ba1.pd oder schlechter birgt folglich ein als „speculative" bezeichnetes Risiko, das eingesetzte Kapital zu verlieren. Hier sollte eine Investition daher nur bei spekulativen Investitionsabsichten erfolgen und durch einen höheren Zinssatz (mit entsprechender Risikoprämie) vergütet werden.

3.1.4 Verbesserung der Jahresabschlussanalyse durch Zusatzanalysen

Bilanzratings dienen dazu, den Kreditanalysten bei der Bonitätsbeurteilung von Unternehmen zu unterstützen.[31] Indes können Unternehmen mithilfe bilanzpolitischer Maßnahmen die Darstellung der wirtschaftlichen Lage im Jahresabschluss beeinflussen. Ein Unternehmen

31 Vgl. Baetge/Manolopoulos, Bilanzratings zur Beurteilung der Unternehmensbonität – Entwicklung und Einsatz des BBR Baetge-Bilanz-Rating im Rahmen des Benchmarking, S. 351.

betreibt Bilanzpolitik mit der Absicht, „die Rechtsfolgen des Jahresabschlusses und das Verhalten der Informationsempfänger entsprechend den Zielen der Unternehmenspolitik zu beeinflussen.“[32] Voraussetzung für Bilanzpolitik ist, dass der Gesetzgeber durch gesetzliche Wahlrechte oder Ermessenspielräume diese Bilanzierungsweisen ausdrücklich oder unausgesprochen erlaubt. Da außerdem viele Sachverhalte frei gestaltet werden können, sind auch bilanzpolitisch motivierte Sachverhaltsgestaltungen (financial engineering) an der Tagesordnung. Je nachdem, wie das Unternehmen wirtschaftlich dasteht und welche Ziele das Management mit dem Jahresabschluss verfolgt, wird das Top-Management diese Spielräume unterschiedlich ausnutzen. Das Top-Management hat u. U. ein Interesse daran, in bestimmten Jahren ein möglichst schlechtes Ergebnis auszuweisen, z. B. wenn ein neuer CEO die Verantwortung für den Jahresabschluss übernimmt.[33] Das **Big Bath Accounting** bietet einem neuen Manager die Möglichkeit, die bisherigen Manager für ein schlecht-„gerechnetes“ Ergebnis „verantwortlich zu machen“ und eine aufgrund der daraus resultierenden Erfolgssteigerung im Folgejahr als sein eigenes Verdienst darzustellen. Dagegen besteht für das Top-Management eines Unternehmens, das nach den Grundsätzen ordnungsmäßiger Buchführung einen Jahresfehlbetrag erzielen würde, gegebenenfalls der Anreiz, dieses Ergebnis zu schönen. Ein entgegengesetzter Anreiz mag für Manager bestehen, die bereits einige Zeit eine Führungsposition in einem Unternehmen innehaben und deren Verträge zur Verlängerung anstehen: Diese Manager werden versuchen, ein möglichst positives Ergebnis auszuweisen, um ihren Vertrag möglicherweise zu verbesserten Konditionen zu verlängern. Im Normalfall muss der Kreditanalyst den Wunsch der für die Aufstellung des Jahresabschlusses verantwortlichen Manager in Betracht ziehen, dass sie weder negativ noch (besonders) positiv auffallen wollen und dass das Unternehmen, wenn es ihm gut geht, eher konservativ bilanziert, d. h. stille Rücklagen bildet und wenn es ihm schlecht geht, eher stille Rücklagen still auflöst, um die schlechte Lage zu verbergen.

Bei der Bilanzanalyse ist zwischen individueller bzw. subjektiver und empirisch-statistischer, d. h. objektiver Bilanzanalyse zu unterscheiden. Die **individuelle bzw. subjektive Bilanzanalyse** erfasst die vom zu analysierenden Unternehmen vorliegenden Jahresabschluss- und sonstigen Detailinformationen und wertet sie so aus, dass das Unternehmen entsprechend seinen individuellen Gegebenheiten beurteilt wird. Dabei steht der **Zeitvergleich** für dieses Unternehmen im Vordergrund. Der Zeitvergleich erhöht die Aussagekraft gegenüber der einperiodigen Betrachtung, da bilanzpolitische Instrumente, die in einer bestimmten Periode aufgrund der individuellen Unternehmensziele eingesetzt wurden, in den folgenden Perioden entgegengesetzt wirken. Beispielsweise könnte ein Unternehmen den Geschäfts- oder Firmenwert zur Wertuntergrenze bewerten, um so stille Reserven zu bilden. Da dadurch die Abschreibungen in den Folgejahren zwangsläufig niedriger sein werden, werden die stillen Reserven still aufgelöst. Der Zwei- oder Mehrjahresvergleich ermöglicht also eine bessere Analyse. Der Vorteil dieser mehrperiodigen Betrachtung eines Unternehmens ist also, dass einmalige, außerordentliche Ereignisse leichter erkannt und dementsprechend berücksichtigt werden können.[34] Nachteile der individuellen Bilanzanalyse sind, dass durch den Zeitvergleich lediglich Veränderungen sichtbar gemacht werden, die Ursachen dieser Veränderungen, aber auch deren Auswirkungen auf die Bestandsfestigkeit des Unternehmens,

---

32 Vgl. Kropff, Sinn und Grenzen von Bilanzpolitik, S. 184.

33 Sogenanntes „Big Bath Accounting“, vgl. Levitt, abrufbar unter http://www.sec.gov/news/speech/speecharchive/1998/spch220.txt.

34 Vgl. Küting/Weber, Die Bilanzanalyse, S. 48.

werden nicht sichtbar. Wegen der fehlenden Möglichkeit des Betriebsvergleichs im Sinne eines objektiven Benchmarkvergleichs – wie bei der empirisch-statistischen Bilanzanalyse – besteht die Gefahr, dass der Kreditanalyst bei der individuellen Bilanzanalyse bestimmte bilanzpolitische Maßnahmen nicht erkennt bzw. nicht erkennen kann und somit nicht die reale, sondern nur die „vorgetäuschte" Entwicklung der wirtschaftlichen Lage des Unternehmens für richtig hält.[35]

Eine individuelle Bilanzanalyse ermöglicht einen Zeitvergleich für ein Unternehmen. Bilanzpolitische Maßnahmen heben sich im Zeitablauf häufig auf, weiterhin können einmalige Ereignisse bei der individuellen Bilanzanalyse erkannt und bei der Beurteilung des Unternehmens berücksichtigt werden.

Anders als bei der individuellen Bilanzanalyse steht bei der **empirisch-statistischen Bilanzanalyse** der (großzahlige) **zwischenbetriebliche Vergleich** von vielen Unternehmen im Vordergrund. Denkbar ist ein Vergleich mit einem oder mehreren Unternehmen derselben Branche oder ein Vergleich mit dem Branchendurchschnitt, auch wenn hierbei keine ideale Vergleichbarkeit der Unternehmen gegeben ist. Denn zwei Objekte sind nur dann ideal miteinander vergleichbar, wenn sich alle ihre Merkmale bis auf eines gleichen, d. h. wenn sie strukturgleich sind. Bei der empirisch-statistischen Bilanzanalyse werden zwar auch die individuellen Anhang- und sonstigen Informationen eines jeden Unternehmens erfasst, aber die Jahresabschluss-Daten werden so ausgewertet und die Jahresabschluss-Kennzahlen so gebildet, dass jedes Unternehmen in der gleichen Art und Weise mit sogenannten „intelligenten" Kennzahlen beurteilt wird. Im Idealfall werden im Betriebsvergleich Unternehmen miteinander verglichen, die innerhalb derselben Geschäftsjahre auf denselben Märkten mit derselben Technologie tätig sind. Aber selbst bei struktur**un**gleichen Unternehmen ist ein empirisch-statistischer Betriebsvergleich möglich, wenn branchenunabhängige Kennzahlen, z. B. Kapitalbindungskennzahlen, verwendet werden. Auch wenn Idealfall des Vergleichs von strukturgleichen Unternehmen in der Realität nicht anzutreffen ist, ist der Betriebsvergleich in einer Branche i. d. R. von großer Aussagekraft für die Bilanzanalyse. Denn ein Betriebsvergleich und ein Benchmarking zeigen die spezifischen Stärken und Schwächen eines Unternehmens gegenüber dem Wettbewerber bzw. gegenüber ähnlichen Unternehmen der Branche und geben Anlass zur Frage nach den Ursachen der Unterschiede.[36]

Ein empirisch-statistisch gestütztes Bilanzrating ermöglicht ein standardisiertes, objektives, aktuelles und skaliertes Urteil über die Bonität eines Unternehmens.

Damit kann der Kreditanalyst auf der Basis des Jahresabschlusses des Unternehmens Rückschlüsse auf die Fähigkeit des Unternehmens ziehen, seine finanziellen Verpflichtungen vollständig und fristgerecht zu erfüllen. Indes erfordert ein Bilanzrating mehr als die reine Übernahme der Bilanz- und GuV-Posten aus den vorgelegten Jahresabschlüssen in das Ratingsystem. Entsprechend erfordert ein Bilanzrating von dem Kreditanalysten Erfahrung und Intuition, um möglichen Korrektur- und Simulationsbedarf aus den vorgelegten Unterlagen zu erkennen, oder, wie *Leffson* es formulierte, „Fingerspitzengefühl für ökonomische Sachverhalte".[37]

---

35 Vgl. Leffson, Bilanzanalyse, S. 111.
36 Vgl. Baetge/Kirsch/Thiele, Bilanzanalyse, S. 173 ff.
37 Vgl. Leffson, Bilanzanalyse, S. 209 f.

Die im Bonitätsklassifikator von RiskCalc enthaltenen **„intelligenten" Kennzahlen konterkarieren bzw. neutralisieren** bereits **eine große Zahl bilanzpolitischer Maßnahmen** und wirken deshalb bilanzpolitikneutralisierend. **So neutralisiert RiskCalc** bspw. folgende Sachverhaltsgestaltungen:

- Unternehmen haben bei der Wahl der Abschreibungsmethode, der Nutzungsdauer und der Festlegung des Restverkauferlöses erhebliche Ermessenspielräume. Um dem **bilanzpolitischen Potential von Abschreibungen** entgegenzuwirken, stellt RiskCalc verstärkt auf Cashflow-Größen ab. Der Cashflow eines Unternehmens ist aussagekräftiger als der Jahresüberschuss, weil in die Berechnung des Cashflows nur liquiditätswirksame Erträge und Aufwendungen eingehen. Der Cashflow neutralisiert weitgehend bilanzpolitische Maßnahmen, wie erfolgswirksame Abschreibungen bzw. Zuschreibungen oder die erfolgswirksame Bildung oder die Bildung oder Auflösung von Rückstellungen.[38]
- Unternehmen können kurz vor dem Abschlussstichtag bilanzpolitische Maßnahmen ergreifen, die lediglich darauf abzielen, die wirtschaftliche Lage des Unternehmens positiver darzustellen als sie tatsächlich ist. Beispielsweise können Unternehmen eine bessere Liquidität am Bilanzstichtag ausweisen, indem sie kurz vor dem Bilanzstichtag kurzfristiges Fremdkapital aufnehmen, wobei die Verbindlichkeiten nur wenige Tage nach dem Bilanzstichtag zurückgezahlt werden. Dieses sogenannte **Window-Dressing** ist möglich, da die Bilanz eine Momentaufnahme der wirtschaftlichen Lage des Unternehmens am Bilanzstichtag darstellt. Die wirtschaftliche Lage kann daher durch solche bilanzschönenden Maßnahmen am Bilanzstichtag positiver dargestellt werden, als sie tatsächlich ist, ohne dass die Bilanzstruktur des Unternehmens tatsächlich dauerhaft verbessert wird. Dem **Window-Dressing wird** bei den empirisch-statistischen Methoden **entgegengewirkt**, indem die liquiden Mittel bei der Ermittlung der Eigenkapitalquote von der Bilanzsumme abgezogen werden. Das heißt, es wird unterstellt, dass die liquiden Mittel zur Rückzahlung der (teuersten) Verbindlichkeiten genutzt werden.
- Unternehmen können ihre Eigenkapitalquote, also das Verhältnis ihres Eigenkapitals zu ihrem Gesamtkapital, sachverhaltsgestaltend verbessern, wenn sie die Höhe des Gesamtkapitals beeinflussen, indem sie ihre Grundstücke und Bauten verkaufen und anschließend zurückmieten und den Verkaufserlös zur Rückzahlung von Verbindlichkeiten nutzen. Dadurch wird das Gesamtkapital des Unternehmens verringert. Um solche sogenannten **Sale-and-Lease-Back-Maßnahmen** zu konterkarieren, werden die Grundstücke und Bauten im Nenner der Eigenkapitalquote von der Bilanzsumme abgezogen.

Indes kann ein empirisch-statistisch ermitteltes Bilanzrating-System, so auch RiskCalc, keinen hundertprozentigen Schutz vor allen bilanzpolitischen und sachverhaltsgestaltenden Maßnahmen bieten. Deshalb ist stets der Kreditanalyst gefordert, den geprüften Jahresabschluss kritisch auf weitere bilanzpolitische und sachverhaltsgestaltende Maßnahmen zu prüfen.[39]

Als Indikatoren für weitere bilanzpolitische Maßnahmen bzw. bilanzpolitisch motivierte Sachverhaltsgestaltungen können dem Kreditanalysten u. a. gesamtwirtschaftliche, branchenspezifische, unternehmensinterne, rechtlich-politische oder wissenschaftlich-technische Veränderungen dienen, die sich negativ auf die zukünftige wirtschaftliche Lage des betrach-

---

38 Vgl. Baetge/Kirsch/Thiele, Bilanzanalyse, S. 129, 199; Baetge/Thun, Bilanzpolitik und Bilanz-Rating, S. 334.

39 Vgl. Baetge/Brüggemann, Bonitätsanalyse als Teil des Kreditrisikomanagements, S. 580.

teten Unternehmens auswirken (können). Im Rahmen einer **Inventur der Risiken** muss der Kreditanalyst darüber hinaus qualitative Faktoren berücksichtigen.

Weiterhin erfassen Unternehmen häufig einmalige (hohe) Erträge aus dem Verkauf von Unternehmensteilen, Unternehmenssparten und sonstigem Anlagevermögen bzw. aus der Auflösung von Rückstellungen als sonstige betriebliche Erträge. Da solche Erträge aber nicht nachhaltig sind, sollte in diesen Fällen mit einem Bilanzbonitätsklassifikator, z. B. mit RiskCalc, simulativ berechnet werden, ob und wieweit die Ausfallwahrscheinlichkeit für das Unternehmen differiert, wenn die einmaligen und nicht nachhaltigen Erfolgsbestandteile in den außerordentlichen Ergebnisbereich „umgebucht" werden bzw. wenn die aufgelösten Rückstellungen in voller Höhe „fiktiv" zurückgebucht werden.

Der Kreditanalyst muss in diesem Fall entsprechende Buchungssätze formulieren und bei seinen Simulationen mit dem Bilanzratingtool darauf achten, dass die Lage des Unternehmens weder zu positiv noch zu negativ dargestellt wird. Aus dem ursprünglichen Jahresabschluss und den Buchungssätzen ergeben sich eine veränderte Bilanz und GuV, die als Grundlage für eine Simulation mit dem Bilanzratingsystem und damit für ein modifiziertes Mapping dienen.[40]

3.1.5 Beachtung von ausgewählten Änderungen des BilMoG bei der Bilanzanalyse

3.1.5.1 Die Zielsetzung des BilMoG

Durch das BilMoG ist das HGB zu einer – vor allem für kleine und mittelständische Unternehmen – einfachen und kostengünstigen Alternative zur IFRS-Rechnungslegung fortentwickelt worden.[41] Hierfür wurden unzeitgemäße Wahlrechte eliminiert und das Informationsniveau von handelsrechtlichen Jahresabschlüssen angehoben.[42] Diese Ziele stehen in engem Zusammenhang mit dem Zweck der Bilanzanalyse, nämlich entscheidungsrelevante Informationen zu gewinnen, um mit diesen Informationen Entscheidungen zu fundieren oder zu verbessern.[43]

Anders als die IFRS enthielt das HGB a. F. zahlreiche explizite Wahlrechte. Explizite Wahlrechte sind vom Gesetzgeber eingeräumte Handlungsalternativen, deren Ausübung einen klareren Blick in den Jahresabschluss verhindern.[44] Ursprünglich sollte den Unternehmen durch diese Wahlrechte ermöglicht werden, ihre Bilanzierungsweisen an die individuellen Gegebenheiten anzupassen. Allerdings wurde die zwischenbetriebliche Vergleichbarkeit von Jahresabschlüssen durch die explizit eingeräumten Wahlrechte erschwert, sodass die Strei-

---

40 Vgl. Baetge/Brüggemann, Bonitätsanalyse als Teil des Kreditrisikomanagements, S. 581.

41 Vgl. BR-Drucksache 344/08, S. 65; BT-Drucksache 16/12407, S. 1.

42 Vgl. BR-Drucksache 344/08, S. 69.

43 Vgl. Baetge/Kirsch/Thiele, Bilanzanalyse, S. 1; Baetge/Schmidt, Das BilMoG – Erleichterung oder Erschwernis für die Bilanzanalyse?, S. 172.

44 Vgl. Baetge/Schmidt, Das BilMoG – Erleichterung oder Erschwernis für die Bilanzanalyse?, S. 172. Vgl. zur Abgrenzung zwischen expliziten Wahlrechten, faktischen Wahlrechten und Ermessensspielräumen Ziesemer, Rechnungslegungspolitik in IAS-Abschlüssen, S. 23–26.

chung dieser Wahlrechte durch das BilMoG aus der Perspektive eines Bilanzanalysten zu begrüßen ist.[45]

In der Folge werden bedeutsame Bilanzrechtsänderungen durch das BilMoG, nämlich die Bilanzierung von Rückstellungen, von selbst geschaffenen immateriellen Vermögensgegenständen des Anlagevermögens sowie des Geschäfts- oder Firmenwerts, kurz vorgestellt und die Konsequenzen für die (moderne) Bilanzanalyse diskutiert. Anschließend werden die Auswirkungen des BilMoG auf die Verwendung von modernen Bilanzratingtools kurz zusammengefasst.

3.1.5.2 Bewertung von Rückstellungen

Gemäß § 253 Abs. 1 Satz 2 HGB n. F. sind Rückstellungen mit ihrem nach vernünftiger kaufmännischer Beurteilung notwendigen Erfüllungsbetrag anzusetzen. Dies bedeutet, dass – anders als nach HGB a. F. – künftige Preis- und Kostensteigerungen in die Bewertung von Rückstellungen einzubeziehen sind. Hieraus ergibt sich ein erheblicher bilanzpolitischer Spielraum, welchen der Bilanzanalyst berücksichtigen muss. Darüber hinaus sind Rückstellungen mit einer Restlaufzeit von mehr als einem Jahr gemäß § 253 Abs. 2 Satz 1 HGB n. F. mit dem ihrer Restlaufzeit entsprechenden durchschnittlichen Marktzinssatz der vergangenen sieben Jahre abzuzinsen. Die zu verwendenden Zinssätze werden von der Deutschen Bundesbank ermittelt und veröffentlicht.

Die durch das BilMoG modifizierte Rückstellungsbewertung ermöglicht zwar eine den tatsächlichen Verhältnissen besser entsprechende Vermittlung der wirtschaftlichen Lage eines Unternehmens, allerdings birgt die Berücksichtigung künftiger Preis- und Kostensteigerungen erhebliches bilanzpolitisches Potenzial. Positiv hervorzuheben ist indes die Objektivierung der Kapitalisierungszinssätze durch die entsprechende Veröffentlichung der Bundesbank.

Die durch das BilMoG modifizierte Rückstellungsbewertung wirkt sich nicht auf die Verwendung des in Abschnitt 3.1.3 dieses Beitrags vorgestellten Bilanzratingtools, RiskCalc, aus. Die Rückstellungsbewertung bot den Bilanzierenden auch in der alten Fassung des HGB erheblichen bilanzpolitischen Spielraum, sodass RiskCalc vor allem auf Cashflow-Größen zurückgreift. Der Cashflow eines Unternehmens ist – wie gesagt – aussagekräftiger als der Jahresüberschuss, weil in die Berechnung des Cashflows nur liquiditätswirksame Erträge und Aufwendungen eingehen. Der Cashflow ist somit weitgehend unempfindlich gegen bilanzpolitische Maßnahmen, wie die erfolgswirksame Bildung oder Auflösung von Rückstellungen.[46]

3.1.5.3 Selbst erstellte immaterielle Vermögensgegenstände des Anlagevermögens

Gemäß § 248 Abs. 2 Satz 1 HGB n. F. dürfen die in der Entwicklungsphase eines selbst geschaffenen immateriellen Vermögensgegenstands des Anlagevermögens anfallenden Herstellungskosten aktiviert werden (explizites Wahlrecht). Für Forschungsaufwendungen besteht gemäß § 255 Abs. 2 HGB n. F. ein Aktivierungsverbot. Die neu geschaffene Möglichkeit, selbst geschaffene immaterielle Vermögensgegenstände zu aktivieren, soll das Informations-

---

[45] Vgl. ausführlich zu den gestrichenen expliziten Wahlrechten Baetge/Schmidt, Das BilMoG – Erleichterung oder Erschwernis für die Bilanzanalyse?, S. 172–174.

[46] Vgl. Baetge/Kirsch/Thiele, Bilanzanalyse, S. 129, 199; Baetge/Thun, Bilanzpolitik und Bilanz-Rating, S. 334.

niveau von handelsrechtlichen Jahresabschlüssen erhöhen und vor allem kleinen Unternehmen und Start-Ups die Kapitalbeschaffung erleichtern, da das immaterielle Vermögen bei diesen Unternehmen häufig den größten Teil des Vermögens ausmacht.[47]

Die Möglichkeit, selbst geschaffene immaterielle Vermögensgegenstände zu aktivieren, wirkt sich erheblich auf die Arbeit des Bilanzanalytikers aus. Die Vermögens- und die Ertragslage werden – abhängig von der (Nicht-)Ausübung des Wahlrechts – beeinflusst. Sofern die Entwicklungskosten von selbst geschaffenen immateriellen Vermögensgegenständen aktiviert werden, sinken die Aufwendungen in der betreffenden Periode. In den Folgeperioden steigen die Aufwendungen, da die aktivierten immateriellen Vermögensgegenstände über ihre Nutzungsdauer abgeschrieben werden müssen. Die Bestimmung der Nutzungsdauer und der Abschreibungsmethode bieten den Bilanzierenden erhebliche bilanzpolitische Spielräume, weil die immateriellen Vermögensgegenstände – anders als das Sachanlagevermögen – naturgemäß keiner physischen Abnutzung unterliegen. Schließlich stellt die vorzunehmende Abgrenzung zwischen Forschungs- und Entwicklungsaufwendungen ein faktisches Wahlrecht dar. Daher beeinträchtigt die Möglichkeit, die Entwicklungskosten von selbst geschaffenen immateriellen Vermögensgegenständen nunmehr zu aktivieren, sowohl die zwischenbetriebliche als auch die zeitliche Vergleichbarkeit von Jahresabschlüssen und zwar nicht nur im Jahr des Erstansatzes, sondern auch in den Folgejahren.[48]

Auf die Verwendung von modernen Bilanzratingtools wirkt sich diese Bilanzrechtsänderung indes nicht aus. Denn in den vorgestellten Bilanzratingtools wurden bereits durch entsprechende Kürzung der Kennzahlenbestandteile von Anfang an immaterielle Vermögensgegenstände aus den zu analysierenden Jahresabschlüssen eliminiert.

3.1.5.4 Geschäfts- oder Firmenwert

Gemäß § 246 Abs. 1 Satz 4 HGB n. F. gilt der Geschäfts- oder Firmenwert nunmehr qua Fiktion als zeitlich begrenzt nutzbarer Vermögensgegenstand und ist somit aktivierungspflichtig. Die betriebsgewöhnliche Nutzungsdauer eines Geschäfts- oder Firmenwerts soll gemäß § 285 Nr. 13 HGB n. F. einen Zeitraum von fünf Jahren nicht überschreiten.

Vor dem BilMoG konnte der Geschäfts- oder Firmenwert gemäß § 255 Abs. 4 HGB a. F. entweder aktiviert werden oder als Aufwand in der GuV berücksichtigt werden oder im Konzernabschluss mit dem Eigenkapital verrechnet werden. Daher ist das durch das BilMoG neu geschaffene Aktivierungsgebot aus der Sicht des Bilanzanalytikers ein Fortschritt, weil durch das Aktivierungsgebot die Jahresabschlüsse besser verglichen werden können.[49]

Aufgrund der Abschaffung des Wahlrechts des § 255 Abs. 4 HGB a. F. wäre es denkbar, den Geschäfts- oder Firmenwert in der Bilanzanalyse differenzierter zu betrachten und diesen nicht automatisch mit dem Eigenkapital des zu analysierenden Unternehmens zu verrechnen.[50] Obwohl die Aussagekraft der Bilanzposition GoF durch das BilMoG deutlich verbes-

---

[47] Vgl. BR-Drucksache 344/08, S. 75.

[48] Vgl. Baetge/Klönne/Schumacher, Herausforderungen bei Financial Due Diligence-Untersuchungen aufgrund des BilMoG, S. 832.

[49] Vgl. Baetge/Schmidt, Das BilMoG – Erleichterung oder Erschwernis für die Bilanzanalyse?, S. 177.

[50] Vgl. Göllert, Problemfelder der Bilanzanalyse, S. 1774.

sert wurde, bestehen nach wie vor erhebliche Ermessensspielräume, sodass fraglich ist, ob die Bilanzanalysten der Werthaltigkeit eines Geschäfts- oder Firmenwerts trauen werden. Vielmehr ist zu erwarten, dass der Geschäfts- oder Firmenwert im Rahmen von Bilanzanalysen weiterhin mit dem Eigenkapital verrechnet wird, so wie dies bei den in Abschnitt 3.1.3 dieses Beitrags vorgestellten modernen Bilanzratingtools vorgenommen wird.

3.1.5.5 Latente Steuern

Bis zum Inkrafttreten des BilMoG wurden latente Steuern nach dem GuV-orientierten Timing-Konzept behandelt. Hierbei wurden handels- und steuerrechtliches Ergebnis gegenübergestellt und zeitliche Ergebnisdifferenzen durch latenten Steueraufwand/-ertrag sowie korrespondierende Bilanzposten ausgeglichen.[51] Mit dem BilMoG wurde ein konzeptioneller Wechsel hin zum Bilanz-orientierten Temporary-Konzept vollzogen, welches das Ziel verfolgt, einen möglichst „richtigen“ Vermögensausweis in der Bilanz zu gewährleisten.[52]

Latente Steuern entstehen dann, wenn temporäre Differenzen zwischen handelsrechtlichen und steuerlichen Wertansätzen von Bilanzposten bestehen, deren Abbau zu Steuerent- bzw. -belastungen führt. Passive latente Steuern **müssen** (§ 274 Abs. 1 Satz 1), aktive latente Steuern **dürfen** (§ 274 Abs. 1 Satz 2) angesetzt werden. Das Wahlrecht bzgl. des Ansatzes von aktiven latenten Steuern muss einheitlich für den gesamten Aktivüberhang ausgeübt werden.[53] Dieser ist bei Kapitalgesellschaften gem. § 268 Abs. 8 Satz 2 ausschüttungsgesperrt, wodurch dem Gläubigerschutz Rechnung getragen werden soll.

Steuerliche Verlustvorträge sind gem. § 274 Abs. 1 Satz 4 grundsätzlich nur zu berücksichtigen, soweit die Verlustvorträge voraussichtlich innerhalb der nächsten fünf Jahre verrechnet werden. Diese Regelung bietet bilanzpolitische Ermessensspielräume, da das zukünftige Erfolgspotential des Unternehmens beurteilt werden muss. Vor allem wenn in der Vergangenheit nicht nachhaltig Gewinne erzielt wurden, ist eine hohe Wahrscheinlichkeit des künftigen Ausgleichs nachzuweisen.[54] Latenten Steuern, die aus steuerlichen Verlustvorträgen resultieren, kommt zudem eine gewisse Signalwirkung zu. So weist ein Anstieg dieser auf eine verschlechterte Ertragslage des Unternehmens hin. Wird das Aktivierungswahlrecht für aktive latente Steuern bei Verlustvorträgen indes nicht genutzt, kann dies ein Indiz dafür sein, dass das Unternehmen nicht erwartet, innerhalb der nächsten fünf Jahre ausreichend Gewinne zu erzielen, um diese mit den Verlustvorträgen verrechnen zu können.

Der Bilanzanalytiker hat überdies zu berücksichtigen, dass ein saldierter Ausweis latenter Steuern zu einer verminderten Bilanzsumme und folglich zu einer höheren Eigenkapitalquote und einem höheren Return on Investment (ROI) führt als ein nicht saldierter Ausweis. Dieser Effekt ist zu eliminieren, wenn die Eigenkapitalquote oder der ROI ermittelt wird.

---

51 Vgl. Baetge/Kirsch/Thiele, Bilanzen, S. 544.
52 Vgl. Baetge/Kirsch/Thiele, Bilanzen, S. 547.
53 Vgl. Küting/Seel, Latente Steuern im neuen Bilanzrecht, S. 924.
54 Vgl. Baetge/Kirsch/Thiele, Bilanzen, S. 555.

3.1.5.6 Auswirkungen des BilMoG auf die modernen Bilanzratingtools

Mit dem BilMoG hat der Gesetzgeber zahlreiche explizite Wahlrechte aus dem HGB eliminiert. Hierdurch wurde die Vergleichbarkeit der handelsrechtlichen Jahresabschlüsse erhöht. Gleichzeitig hat der Gesetzgeber indes neue, faktische Wahlrechte und Ermessensspielräume geschaffen. Diese faktischen Wahlrechte erschweren die Bilanzanalyse, da sich in diesen Fällen erneut eine Bandbreite möglicher Werte für den anzusetzenden Wert eines Vermögensgegenstands oder einer Schuld ergeben. Für den Bilanzanalysten ist – allein aus dem Jahresabschluss – nicht erkennbar, wie ein bestimmter angesetzter Wert ermittelt wurde und wie verlässlich dieser Wert ist. Daher muss der Bilanzanalyst möglichst auf erläuternde Anhangangaben zurückgreifen, sofern der zu analysierende Jahresabschluss einen solchen enthält.

Auf die Verwendbarkeit des BBR und von Moody's KMV RiskCalc™ hat das BilMoG keine erkennbaren, wesentlichen Auswirkungen. Bei der Entwicklung dieser Ratingtools haben sich die bilanzpolitikneutralisierende Kennzahlen als die trennschärfsten herausgestellt. Dennoch sollten diese Bilanzratingtools, sobald genügend BilMoG-Jahresabschlüsse vorliegen, die vor einer Insolvenz liegen, mit empirisch-statistischen Verfahren überprüft und gegebenenfalls angepasst werden.[55]

3.1.6 Fazit

Der Geschäftsbericht eines Unternehmens, der neben dem Jahresabschluss den Lagebericht und den sogenannten Imageteil enthält, ist von zentraler Bedeutung für die Beurteilung des Unternehmens im Rahmen eines Credit Ratings. Der geprüfte Geschäftsbericht liefert – in den Grenzen der zulässigen Bilanzpolitik und der bilanzpolitisch motivierten Sachverhaltsgestaltung – verlässliche Informationen, da er den Grundsätzen ordnungsmäßiger Buchführung folgend erstellt und geprüft wurde. Indes bieten sich dem bilanzierenden Unternehmen zahlreiche bilanzpolitische Möglichkeiten, die wirtschaftliche Lage des Unternehmens entsprechend den individuellen Wünschen des Top-Managements darzustellen. Der Abschlussprüfer kann solche Maßnahmen nicht unterbinden. Bilanzpolitische Maßnahmen lassen sich aber durch empirisch-statistisch ermittelte Ratingverfahren weitgehend neutralisieren. Ein verlässliches Bilanzrating ist somit ein essenzieller Bestandteil eines umfassenden Credit Ratings.

Innerhalb dieses Beitrages wurde zunächst die traditionelle Jahresabschlussanalyse von der modernen Jahresabschlussanalyse abgegrenzt. Mithilfe der sogenannten modernen Verfahren der Jahresabschlussanalyse wurden Verfahren geschaffen, die die zentralen Prinzipien der Bilanzanalyse, nämlich das Objektivierungsprinzip, das Neutralisierungsprinzip und das Ganzheitlichkeitsprinzip, erfüllen. Ein Beispiel für ein solches Verfahren ist Moody's KMV RiskCalc™. Zwar verwendet Moody's KMV RiskCalc™ sogenannte „intelligente" Kennzahlen, die bilanzpolitische Maßnahmen neutralisieren, dennoch ist auch hierbei noch das

[55] Die neuen Regeln sind für Geschäftsjahre, welche nach dem 31.12.2009 begonnen haben, verpflichtend anzuwenden.

Fingerspitzengefühl des Kreditanalysten gefordert und er muss sich vergewissern, dass möglichst keine Negativmerkmale des Unternehmens unentdeckt bleiben. Der Kreditanalyst sollte im Rahmen einer unternehmensindividuellen Bilanzanalyse einen Zeitvergleich für mehrere Jahre durchführen. Dabei kann er ggf. bilanzpolitische Maßnahmen erkennen, die sich im Zeitablauf ausgleichen. Dagegen ermöglichen empirisch-statistisch gestützte Bilanzratingverfahren einen zwischenbetrieblichen Vergleich und einen Vergleich mit dem Branchendurchschnitt bzw. mit anderen Branchenkennwerten, z. B. best practice-Werte. Solche Betriebsvergleiche geben Hinweise auf die Stärken und Schwächen des betrachteten Unternehmens im Vergleich zu den anderen Branchenunternehmen und weiteren Wettbewerbern und ermöglichen es, die Ursachen dieser Stärken und Schwächen zu analysieren. Schließlich kann der Kreditanalyst mit Bilanzratingverfahren, wie RiskCalc, unterschiedliche Szenarien simulieren, indem er z. B. einmalige Erträge aus der Auflösung von Rückstellungen von den sonstigen betrieblichen Erträgen auf außerordentliche Erträge „umbucht" und mit diesem korrigierten Jahresabschluss ein aussagefähigeres Bilanzrating ermittelt.

Durch das BilMoG wurden explizite Wahlrechte aus dem HGB eliminiert, aber gleichzeitig neue, faktische Wahlrechte geschaffen. Diese sind für den Bilanzanalysten schwieriger zu erkennen als explizite Wahlrechte, sodass das Fingerspitzengefühl des Bilanzanalysten nunmehr noch stärker gefordert ist.

Bilanzratingmodelle sind die Grundlage für ein leistungsfähiges, rationelles Kreditrisikomanagement. Auf der Basis der Erstellung eines Bilanzratings, verbunden mit einer zusätzlichen Analyse von „Negativmerkmalen", kann ein Kreditanalyst mit hinreichender Sicherheit ein Urteil über die Bonität des Unternehmens abgeben.

Übungsaufgaben

Übungsaufgabe 1

Nennen und erläutern Sie die Vorteile und die Nachteile der modernen Instrumente der Jahresabschlussanalyse gegenüber den klassischen Instrumenten der Jahresabschlussanalyse.

Übungsaufgabe 2

Erläutern Sie, ob und wieweit Abschreibungen bilanzpolitisches Potenzial bieten und wie mögliche dementsprechende Bilanzpolitik durch den Bilanzanalytiker neutralisiert bzw. konterkariert werden kann.

Übungsaufgabe 3

Erläutern Sie, wie sich die subjektive Bilanzanalyse von der objektiven Bilanzanalyse unterscheidet.

Lösungshinweise zu den Übungsaufgaben

Übungsaufgabe 1

Die Gesamturteile über Unternehmen, die mit den Instrumenten der **klassischen Jahresabschlussanalyse** erstellt werden, sind stets subjektiv, häufig in sich widersprüchlich, vergangenheitsorientiert und von den Erfahrungen des jeweiligen Analysten abhängig. Mit den **modernen Instrumenten der Jahresabschlussanalyse** wird indes versucht, die Nachteile der Instrumente der klassischen Jahresabschlussanalyse zu kompensieren, um den zentralen Grundsätzen der Bilanzanalyse (Objektivierungs-, Ganzheitlichkeits- und Neutralisierungsprinzip) besser gerecht zu werden. Den „modernen" Verfahren der Jahresabschlussanalyse liegen mathematisch-statistische Methoden zugrunde, z. B. die multivariate Diskriminanzanalyse oder die Künstliche Neuronale Netzanalyse oder die logistische Regression. Diese Verfahren ersetzen die subjektiven Entscheidungen des Kreditanalysten zur Auswahl, Gewichtung und Zusammenfassung der Kennzahlen, denn die modernen Verfahren der Bilanzanalyse „treffen die Entscheidungen" auf Basis einer großen Zahl von Jahresabschlüssen von gesunden Unternehmen und von später insolvent gewordenen Unternehmen. Die modernen Verfahren liefern also eine objektive Auswahl, Gewichtung und Zusammenfassung der Kennzahlen.

Übungsaufgabe 2

Vermögensgegenstände des Anlagevermögens, deren Nutzung zeitlich begrenzt ist, sind gemäß § 253 Abs. 2 Satz 1 HGB um planmäßige **Abschreibungen** zu vermindern. Das bilanzierende Unternehmen hat bei der Wahl der Abschreibungsmethode, der Nutzungsdauer und der Festlegung des Restverkaufserlöses eines Vermögensgegenstandes erhebliche Ermessensspielräume und darf bei Angabe und Erläuterung von Unstetigkeiten der Abschreibungsparameter im Anhang diese sogar ändern. Wird ein Vermögensgegenstand beispielsweise degressiv abgeschrieben, so werden die um den vermuteten Restverkaufserlös korrigierten Anschaffungs- bzw. Herstellungskosten in den ersten Jahren der Nutzungsdauer stärker abgeschrieben als gegen Ende der Nutzungsdauer. Die so gebildeten stillen Reserven lösen sich indes zwangsläufig in den Folgeperioden wieder auf.

Übungsaufgabe 3

Die **„subjektive" Bilanzanalyse** erfasst die vorliegenden Jahresabschlüsse und ergänzende Detailinformationen des zu analysierenden Unternehmens und wertet diese so aus, dass jedes Unternehmen individuell beurteilt wird. Dabei steht der Zeitvergleich für dieses Unternehmen im Vordergrund, während der zwischenbetriebliche Vergleich mit anderen Unternehmen wegen der Individualität der Analyse weniger geeignet ist. Bei der als **„objektiv"** bezeichneten **Bilanzanalyse** werden zwar auch die individuellen Anhang- und sonstigen Informationen eines jeden Unternehmens erfasst, aber die Auswertung der JA-Daten und die JA-Kennzahlenbildung werden mit einer Computer-Software vorgenommen, so dass jedes Unternehmen auf gleiche Art und Weise beurteilt wird. Dabei wird nicht die möglichst individuelle Beurteilung versucht, sondern auf die beste Vergleichbarkeit zwischen verschiedenen Unternehmen abgestellt.

Literaturempfehlungen

Baetge, Jörg, Die Früherkennung von Unternehmenskrisen anhand von Abschlusskennzahlen, in: DB 2002, S. 2281–2287.

Baetge, Jörg/Kirsch, Hans-Jürgen/Thiele, Stefan, Bilanzanalyse, 2. Auflage, Düsseldorf, 2004.

Baetge, Jörg/Klönne, Henner/Schumacher, Kai, Herausforderungen bei Financial Due Dilligence-Untersuchungen aufgrund des BilMoG, in: DB 2011, S. 829–836.

Baetge, Jörg/Schmidt, Andreas, Das BilMoG – Erleichterung oder Erschwernis für die Bilanzanalyse?, in: Rau, Fritz/Merk, Peter, Kapitalmarkt in Theorie und Praxis: Festschrift zum 50-jährigen Jubiläum der DVFA, S. 171–186, Hamburg 2010.

Baetge, Jörg/Schmidt, Matthias/Hater, André, Determinanten einer Unternehmenskrise, in: Thierhoff, Michael/Müller, Renate/Illy, Thomas/Liebscher, Marc, Handbuch Unternehmenssanierung, S. 41–107, erscheint Ende 2011.

Literaturverzeichnis

Altman, Edward, Financial Ratios, Discriminant Analysis and the Prediction of Corporate Bankruptcy, in: The Journal of Finance, Malden, 1968, S. 589–609.

Backhaus, Klaus/Erichson, Bernd/Weiber, Rolf, Fortgeschrittene Multivariate Analysemethoden, 2. Auflage, Berlin, 2013.

Backhaus, Klaus u. a., Multivariate Analysemethoden, 13. Auflage, Berlin u. a. 2011.

Baetge, Jörg, Die Früherkennung von Unternehmenskrisen anhand von Abschlusskennzahlen, in: DB, Düsseldorf, 2002, S. 2281–2287.

Baetge, Jörg/Baetge, Kai/Kruse, Ariane, Grundlagen moderner Verfahren der Jahresabschlussanalyse, in: DStR, München, Berlin, Frankfurt a.M., 1999, S. 1371–1376.

Baetge, Jörg/Baetge, Kai/Kruse, Ariane, Einsatzmöglichkeiten eines modernen Bilanzratings in der Wirtschaftsprüfer- und Steuerberaterpraxis, in: DStR, München, Berlin, Frankfurt a.M., 1999, S. 1919–1924.

Baetge, Jörg/Brüggemann, Benedikt, Bonitätsanalyse als Teil des Kreditrisikomanagements, in: Rolfes, B. (Hrsg.), Herausforderung Bankmanagement – Entwicklungslinien und Steuerungsansätze, Frankfurt a. M, 2006, S. 569–588.

Baetge, Jörg/Hüls, Dagmar/Utthoff, Carsten, Früherkennung der Unternehmenskrise, in: Forschungsjournal Westfälische Wilhelms-Universität Münster, Münster, 1995, S. 21–29.

Baetge, Jörg/Kirsch, Hans-Jürgen/Thiele, Stefan, Bilanzen, 12. Auflage, Düsseldorf, 2012.

Baetge, Jörg/Kirsch, Hans-Jürgen/Thiele, Stefan, Bilanzanalyse, 2. Auflage, Düsseldorf, 2004.

Baetge, Jörg/Kirsch, Hans-Jürgen/Solmecke, Henrik, Auswirkungen des BilMoG auf die Zwecke des handelsrechtlichen Jahresabschlusses, in: Die Wirtschaftsprüfung 2009, S. 47–64.

Baetge, Jörg/Manolopoulos, Peter Rüdiger, Bilanzratings zur Beurteilung der Unternehmensbonität – Entwicklung und Einsatz des BBR Baetge-Bilanz-Rating im Rahmen des Benchmarking, in: Die Unternehmung, Zürich, 1999, S. 351–371.

Baetge, Jörg/von Keitz, Isabel/Wünsche, Benedikt, Bilanzbonitäts-Rating von Unternehmen, in: Büschgen, Hans/Everling, Oliver (Hrsg.), Handbuch Rating, 2. Auflage, Wiesbaden, 2007, S. 475–496.

Baetge, Jörg/Klönne, Henner/Schumacher, Kai, Herausforderungen bei Financial Due Dilligence-Untersuchungen aufgrund des BilMoG, in: DB 2011, S. 829–836.

Baetge, Jörg/Melcher, Thorsten/Thun, Christian, Bilanzratings bei der Vergabe hybrider Finanzinstrumente, in: Everling, Oliver (Hrsg.), Certified Rating Analyst, 2008, S. 299–323.

Baetge, Jörg/Schmidt, Andreas, Das BilMoG – Erleichterung oder Erschwernis für die Bilanzanalyse?, in: Rau, Fritz/Merk, Peter, Kapitalmarkt in Theorie und Praxis: Festschrift zum 50-jährigen Jubiläum der DVFA, S. 171–186, Hamburg 2010.

Baetge, Jörg/Thun, Christian, Bilanzbonitätsrating eines technologieorientierten Unternehmens, in: Everling, Oliver/Riedel, Sven-Matthias/Weimerskirch, Pierre (Hrsg.), Technology-Rating, Wiesbaden, 2000, S. 159–186.

Baetge, Jörg/Zülch, Henning/Melcher, Thorsten, Vermögenslage, in: Wirtschaftslexikon – Das Wissen der Betriebswirtschaftslehre, Stuttgart, 2006, S. 6010 f.

Baetge, Jörg/Stellbrink, Jörn, Früherkennung von Unternehmenskrisen mit Hilfe der Bilanzanalyse, in: Controlling, München, 2005, S. 213–222.

Corsten, Hans/May, Constantin, Neuronale Netze in der Betriebswirtschaft, Wiesbaden, 1996.

Escott, Phil/Glormann, Frank/Kocagil, Ahmet, Moody's RiskCalc™ für nicht-börsennotierte Unternehmen: Das deutsche Modell. Abrufbar unter: https://riskcalc.moodysrms.com/us/research/crm/720441.pdf, zuletzt abgerufen am 25.8.2014.

Feidicker, Markus, Kreditwürdigkeitsprüfung, Düsseldorf, 1992.

Gleißner, Werner/Füser, Karsten, Leitfaden Rating – Basel II: Rating Strategien für den Mittelstand, 2. Auflage, München, 2003.

Göllert, Kurt, Problemfelder der Bilanzanalyse, DB 2009, S. 1773–1778.

Hartmann-Wendels, Thomas u. a., Externes Rating für mittelständische Unternehmen – Nutzung der logistischen Regressionsanalyse für ein Ratingsystem im Praxiseinsatz, in: DB, Düsseldorf/Frankfurt a.M., 2004, S. 145–150.

Heitmann, Christian, Beurteilung der Bestandsfestigkeit von Unternehmen mit Neuro-Fuzzy, Frankfurt a.M. u. a., 2002.

Hüls, Dagmar, Früherkennung insolvenzgefährdeter Unternehmen, Düsseldorf, 1995.

Jerschensky, Andreas, Messung des Bonitätsrisikos von Unternehmen, Düsseldorf, 1998.

Krause, Clemens, Kreditwürdigkeitsprüfung mit Neuronalen Netzen, Düsseldorf, 1993.

Kropff, Bruno, Sinn und Grenzen von Bilanzpolitik, in: Baetge, Jörg (Hrsg.), Der Jahresabschluß im Widerstreit der Interessen, Düsseldorf, 1983, S. 179–211.

Küting, Karlheinz/Seel, Christoph, Die Ungereimtheiten der Regelungen zu latenten Steuern im neuen Bilanzrecht, in DB 2009, S. 922–925.

Küting, Karlheinz/Weber, Claus-Peter, Die Bilanzanalyse, 10. Auflage, Stuttgart, 2012.

Leffson, Ulrich, Bilanzanalyse, 3. Auflage, Stuttgart, 1984.

Levitt, Arthur, The Numbers Game, abrufbar unter: http://www.sec.gov/news/speech/speecharchive/1998/spch220.txt, zuletzt abgerufen am 25.08.2014.

Niehaus, Hans-Jürgen, Früherkennung von Unternehmenskrisen, Düsseldorf, 1987.

Press, James/Wilson, Sarah, Choosing Between Logistic Regression and Discriminant Analysis, in: Journal of the American Statistical Association, Alexandria, 1978.

Rehkugler, Heinz/Poddig, Thorsten, Bilanzanalyse, 4. Auflage, München/Wien, 1998.

Solmecke, Henrik, Auswirkungen des Bilanzrechtsmodernisierungsgesetzes (BilMoG) auf die handelsrechtlichen Grundsätze ordnungsmäßiger Buchführung, Düsseldorf, 2009.

Uthoff, Carsten, Erfolgsoptimale Kreditwürdigkeitsprüfung auf der Basis von Jahresabschlüssen und Wirtschaftsauskünften mit Künstlichen Neuronalen Netzen, Stuttgart, 1997.

Zell, Andreas, Simulation Neuronaler Netze, Bonn u. a., 1994.

Harald Kessler

3.2 Internationale Rechnungslegung und Abschlussanalyse

Lernziele

Der Beitrag soll dem Leser

- die Herausforderungen einer vergleichenden Analyse von Abschlüssen aufzeigen, die auf unterschiedlichen Rechnungslegungskonzepten basieren;
- die konzeptionellen Unterschiede zwischen der Rechnungslegung nach HGB und IFRS sowie deren Auswirkungen auf die Darstellung der Vermögens-, Finanz- und Ertragslage verdeutlichen;
- am Beispiel der Bilanzierung selbst erstellter immaterieller Vermögenswerte darlegen, wie durch Anpassungsmaßnahmen die Auswirkungen unterschiedlicher Rechnungslegungsvorschriften auf zentrale abschlussanalytische Kennzahlen eliminiert werden können;
- die erweiterten Möglichkeiten der Analyse des in Finanzanlagen gehaltenen betriebsfremden Vermögens skizzieren, die sich aufgrund der Zeitwertbewertung nach IFRS eröffnen;
- am Beispiel der Bewertung von Pensionsverpflichtungen die Grenzen einer vergleichenden Analyse von HGB- und IFRS-Abschlüssen aufzeigen.

3.2.1 Einleitung

„Bewerten heißt vergleichen“[56]. Dieses griffige Grundprinzip der Unternehmensbewertung gilt in gleicher Weise für die Abschlussanalyse. Die gängigen Kennzahlen zur Beurteilung der Liquiditäts- oder Ertragslage eines Unternehmens sind für sich betrachtet überwiegend aussagelos. Erklärungskraft erlangen sie erst durch einen Vergleich. Der (innerbetriebliche) **Zeitvergleich** verdeutlicht, wie sich bestimmte zahlenmäßig erfasste Sachverhalte bei einem Beurteilungsobjekt zu unterschiedlichen Zeitpunkten darstellen bzw. im Zeitablauf entwickeln. Der **zwischenbetriebliche Vergleich** betrachtet demgegenüber identische Kennzahlen bei unterschiedlichen Unternehmen, um Schlussfolgerungen aus der relativen Beurteilung des zu analysierenden Unternehmens zu einem oder mehreren Vergleichsobjekten zu ziehen. Eine Sonderform stellt der Soll-Ist-Vergleich dar, bei dem es darum geht, die für das Analyseobjekt ermittelten Kennzahlen an unternehmensspezifischen oder übergreifenden (z. B. branchenspezifischen) Sollwerten zu spiegeln[57].

Die vorwiegend von Großunternehmen favorisierte Rechnungslegung nach International Financial Reporting Standards (IFRS)[58] beeinflusst die vergleichende Analyse nachhaltig[59]. Tendenziell aussagekräftiger wird der Zeitvergleich. Anders als die Rechnungslegungsvorschriften des HGB kennen die IFRS nur wenige Wahlrechte. Aufgrund eines sehr strengen Stetigkeitsgebots hat ihre Ausübung im Zeitablauf zudem einheitlich zu erfolgen. Kommt

---

56 Moxter, Grundsätze ordnungsmäßiger Unternehmensbewertung, Wiesbaden 1983, S. 79.

57 Zu den Ausprägungen einer vergleichenden Analyse vgl. Küting/Weber, Die Bilanzanalyse, 10. Aufl., Stuttgart 2012, S. 68 ff.

58 Zu den bilanziellen Implikationen einer Rechnungslegungsumstellung vgl. Kessler/Leinen/Strickmann, Fallstudie zur Umstellung auf die IFRS-Rechnungslegung, Herne/Berlin 2005; zu ihren Auswirkungen aus empirischer Sicht vgl. Leker/Mahlstedt/Kehrel, KoR 2008, S. 379 ff.

59 Zur Problematik einer international vergleichenden Jahresabschlussanalyse vgl. grundlegend Küting/Harth/Leinen, WPg 2001, S. 681 ff.; Küting/Harth/Leinen, WPg 2001, S. 861 ff.

es in Ausnahmefällen zu einem Stetigkeitsbruch (z. B. bei Änderungen von Bilanzierungsvorschriften), sehen die Regelungen in IAS 8.14 ff. im Regelfall eine rückwirkende Anpassung der Rechnungslegung und zusätzliche Erläuterungen zu den Auswirkungen der Methodenänderung vor. Diese Darstellung erlaubt dem Analysten, die Entwicklung von Kennzahlen auch bei Brüchen in der Rechnungslegung verlässlicher zu beurteilen als nach HGB.

Als problematisch erweist sich indes der zwischenbetriebliche Vergleich. Ursächlich hierfür ist in erster Linie das Nebeneinander von Abschlüssen nach HGB und IFRS. Die IAS-Verordnung vom 19. Juli 2002 verpflichtet ausschließlich kapitalmarktorientierte Mutterunternehmen dazu, ihren Konzernabschluss nach IFRS aufzustellen (vgl. Abb. 3.2-1). Konzernabschlüsse nicht kapitalmarktorientierter Mutterunternehmen dürfen in Deutschland aufgrund des an die Unternehmen in § 315a Abs. 3 HGB weitergegebenen Mitgliedstaatenwahlrechts entweder nach HGB oder nach IFRS aufgestellt werden. Die für die Gewinnausschüttung relevanten und als Anknüpfungspunkt für die Besteuerung dienenden Einzelabschlüsse sind dagegen ausnahmslos nach HGB zu erstellen. Ungeachtet dieser Verpflichtung dürfen Kapitalgesellschaften nach § 325 Abs. 2a HGB ihrer Offenlegungspflicht durch einen (zusätzlich aufzustellenden) Abschluss nach internationalen Grundsätzen nachkommen.

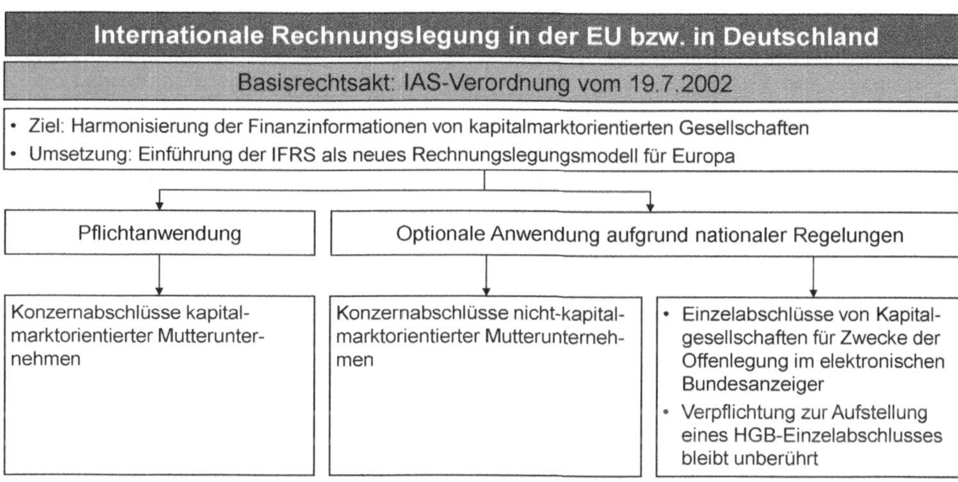

Abbildung 3.2-1: *Obligatorische und optionale Rechnungslegung nach IFRS*

Die Problematik des zwischenbetrieblichen Vergleichs von HGB- und IFRS-Bilanzierern resultiert aus der unterschiedlichen Zielrichtung der beiden Rechnungslegungskonzepte, die sich in teilweise deutlich divergierenden Bilanzierungs-, Bewertungs- und Ausweisvorschriften niederschlägt. Ein unmittelbarer Vergleich der nach HGB und IFRS ermittelten Kennzahlen ist damit im Allgemeinen nicht möglich. Ein Mittel zur Herstellung der Vergleichbarkeit kann in der partiellen Überleitung des einen Rechnungslegungskonzepts bzw. der auf dieser Grundlage ermittelten Kennzahlen in das jeweils andere Konzept gesehen werden.

Soweit es um den Vergleich nach IFRS bilanzierender Unternehmen geht, ist aufgrund des erwähnten weitgehenden Verzichts der IFRS auf Ansatz-, Bewertungs- und Ausweiswahlrechte für einen zwischenbetrieblichen Vergleich eine Aufbereitung der Abschlüsse grundsätzlich verzichtbar. Eröffnen sich den Unternehmen alternative Darstellungsmöglichkeiten, verpflichten die IFRS die Unternehmen vielfach dazu, im Anhang ergänzende Informationen zu berichten. Sie erlauben es, eine Brücke von der einen Darstellungsform zur anderen zu schlagen.

Das Nebeneinander von HGB- und IFRS-Abschlüssen erschwert insbesondere den zwischenbetrieblichen Vergleich, da die traditionellen Kennzahlen zur Analyse der Finanz- und Erfolgslage durch die abweichenden Rechnungslegungsvorschriften unterschiedlich beeinflusst werden. Unternehmensvergleiche auf Basis eines identischen Rechnungslegungskonzepts sind nach IFRS aufgrund des weitgehenden Fehlens von Wahlrechten tendenziell einfacher möglich.

Internationale Abschlüsse bereiten aus Sicht der Abschlussanalyse aber nicht nur Probleme. Sie bieten aufgrund der stärker informationsorientierten Rechnungslegungsvorschriften sowie umfangreicher Anhangsinformationen auch weitergehende Analysemöglichkeiten. Das setzt Kenntnisse voraus, wie die aus der HGB-Welt nicht bekannte Berichterstattung zu deuten und auszuwerten ist.

Der Beitrag kann die aufgezeigten Implikationen der zunehmenden Verbreitung nach internationalen Grundsätzen aufgestellter Abschlüsse für die Analyse nur beispielhaft erläutern. Zum grundlegenden Verständnis zeigt er zunächst die konzeptionellen Unterschiede zwischen der Rechnungslegung nach HGB und jener nach IFRS sowie die sich daraus ergebenden (sichtbaren) Auswirkungen auf die Abschlüsse auf (vgl. nachfolgend 3.2.2). Im Anschluss erläutert er am Beispiel der Bilanzierung selbst erstellter immaterieller Vermögenswerte die notwendigen Schritte zur Überbrückung von Rechnungslegungsunterschieden bei der Kennzahlenbildung (vgl. 3.2.3). Anhand der Marktbewertung von Finanzinstrumenten zeigt der Beitrag in Abschnitt 3.2.4 erweiterte Möglichkeiten der Abschlussanalyse nach IFRS auf, die sich dem Analysten bei nach HGB bilanzierenden Unternehmen aufgrund der vorsichtsgeprägten Bewertungsvorschriften und fehlender Anhangsangaben verschließen. Ungeachtet der zunehmenden Annäherung der nationalen Bilanzierungsvorschriften an die IFRS bestehen weiterhin zahlreiche Unterschiede in der Rechnungslegung, die durch Aufbereitungsmaßnahmen nicht zu überbrücken sind. Mit der Bewertung von Pensionsverpflichtungen erläutert der Beitrag einen solchen Sachverhalt, der zudem das Abschlussbild und zentrale Kennzahlen in Abhängigkeit vom gewählten Rechnungslegungsmodell stark beeinflussen kann (vgl. 3.2.5).

Die Auswahl der Beispiele stellt mit dem Eigenkapital und dem Jahreserfolg zentrale Kennzahlen der Abschlussanalyse für Zwecke der Kreditvergabe und für das Rating in den Vordergrund. Ausgeblendet bleibt die Weiterverarbeitung der entsprechenden Aufbereitungs- und Analyseergebnisse bis hin zur Ableitung eines Gesamturteils für das untersuchte Unternehmen.

3.2.2 Konzeptionelle Unterschiede zwischen HGB und IFRS

3.2.2.1 Kontinentaleuropäisches versus angelsächsisches Rechnungslegungsverständnis

Nach HGB und dem in zahlreichen Staaten Kontinentaleuropas vorherrschenden Verständnis liegt die Rechnungslegung von Unternehmen im öffentlichen Interesse. Mit ihr verfolgt der Gesetzgeber einen Schutzzweck. Dieser besteht darin, diejenigen Personen, die in finanzieller Hinsicht mehr oder weniger von der Erhaltung der betrieblichen Substanz und Zahlungsfähigkeit eines Unternehmens abhängig sind, vor Vermögensschädigungen zu schützen. Verkürzt wird dieser Zweck der Handelsbilanz gemeinhin mit dem Schlagwort **‚Gläubigerschutz‘** verbunden[60].

Gläubigerschutz strebt der Gesetzgeber indirekt durch die Verpflichtung des Kaufmanns zur periodischen **Selbstinformation** über seine wirtschaftlichen Verhältnisse an. Unter anderem soll er durch die jährliche Rechnungslegung einen Gewinn ermitteln, den er dem Unternehmen entziehen kann, ohne Ansprüche Dritter zu gefährden. Während bei Einzelunternehmen und Personenhandelsgesellschaften der nach HGB ermittelte Gewinn nur eine Richtgröße für die Entnahmen darstellt, begrenzt er bei Kapitalgesellschaften die **Ausschüttungsmöglichkeiten** an die Gesellschafter.

Rechnungslegung nach HGB wendet sich demnach zuvorderst an den Kaufmann selbst bzw. die Unternehmensleitung. Bei publizitätspflichtigen Unternehmen tritt die Information Außenstehender über die wirtschaftlichen Verhältnisse des Unternehmens hinzu, ohne jedoch auf die Art der Gewinnermittlung zurückzuwirken.

Die Ermittlung eines unbedenklich ausschüttungsfähigen Betrags verleiht dem HGB-Abschluss einen primär vergangenheitsorientierten Charakter. Das Ziel, den Gläubigern eine Mindesthaftungssubstanz zu sichern, verlangt dabei nach einer **vorsichtigen Vermögens- und Gewinnermittlung**. Ermessensspielräume des Bilanzierenden werden aus Gründen der Nachvollziehbarkeit der Rechnungslegung weitgehend zurückgedrängt. Soweit eine Offenlegungspflicht für HGB-Abschlüsse besteht, sind im Anhang Erläuterungen zur Bilanzierung zu geben. Aufgrund der relativ einfachen Bilanzierungs- und Bewertungskonzeption ist der Erläuterungsumfang begrenzt.

International herrscht ein grundlegend abweichendes Rechnungslegungsverständnis vor. Ziel eines IFRS-Abschlusses ist es, den Adressaten **entscheidungsnützliche Informationen** zur Verfügung zu stellen. Diese sollen sie in die Lage versetzen, durch Auswertung des Abschlusses und unter Heranziehung anderweitiger Informationen über das Unternehmen fundierte Entscheidungen – etwa über eine Beteiligung an dem Unternehmen oder über eine Kreditgewährung – zu treffen. Das Ziel der Entscheidungsnützlichkeit der Rechnungslegung glaubt der Standardsetter, das International Accounting Standards Board (IASB), einerseits durch die Vermittlung von Informationen über künftige **Cashflows** zu verwirklichen. Zum

---

60 Vgl. grundlegend zum Schutzzweck der Handelsbilanz Kammann, Stichtagsprinzip und zukunftsorientierte Bilanzierung, Köln 1988, S. 40 ff.

anderen verknüpfen die Standards die externe Rechnungslegung in vielfältiger Weise mit dem internen Berichtswesen und Steuerungssystem. Die Übernahme gesellschaftsrechtlicher oder steuerrechtlicher Aufgaben wie die Ausschüttungs- und Steuerbemessung lassen sich mit dieser Konzeption nicht vereinbaren. Die Aufgabe des IFRS-Abschlusses erschöpft sich daher in der Informationsfunktion.

Die Ausrichtung des IFRS-Abschlusses am Ziel der Vermittlung entscheidungsnützlicher Informationen führt zu einer deutlich stärker zukunftsgerichteten Bilanzierung. Um die Relevanz der Informationen für die Adressaten zu gewährleisten, nimmt das IASB Ermessensspielräume bei der Anwendung der Rechnungslegungsvorschriften (z. B. aufgrund notwendiger Schätzungen künftiger Entwicklungen) bewusst in Kauf[61]. Dem Vorsichtsprinzip kommt allenfalls untergeordnete Bedeutung zu. In erster Linie geht es darum, möglichst neutral und umfassend über die wirtschaftlichen Verhältnisse eines Unternehmens zu berichten. Dazu gehören nicht zuletzt aufgrund der teilweise komplexen Abbildungsvorschriften ausführliche Erläuterungen im Anhang.

Mit dem im Jahr 2009 in Kraft getretenen Bilanzrechtsmodernisierungsgesetz (BilMoG) hat der Gesetzgeber die handelsrechtliche Rechnungslegung an die IFRS angenähert und die Informationsfunktion des Jahresabschlusses aufgewertet[62]. Erreicht wurde dieses Anliegen insbesondere durch die Aufhebung von Wahlrechten sowie durch zusätzliche Ausweis- und Angabepflichten. Ungeachtet der veränderten Zielgewichtung betont der Gesetzgeber den unveränderten Schutzzweck der handelsrechtlichen Rechnungslegung. Anders als nach IFRS dienen HGB-Abschlüsse der Ausschüttungsbemessung und als Ausgangspunkt für die steuerliche Gewinnermittlung. Die Konservierung der Grundhaltung sichert den primär vergangenheitsorientierten Charakter des HGB-Abschlusses und die ihm immanente vorsichtige Vermögens- und Gewinnermittlung. Die Aufwertung der Informationsfunktion und die mit ihr verbundene Akzentverschiebung der Rechnungslegungszwecke haben in der Folge allerdings zu teilweise geänderten Auslegungen des Bilanzrechts geführt, in denen sich eine weniger vorsichtige, dafür stärker zukunftsorientierte Bilanzierung und Bewertung widerspiegelt.

Abbildung 3.2-2 fasst die wesentlichen konzeptionellen Unterschiede zwischen dem angelsächsischen und dem kontinentaleuropäischen Rechnungslegungsverständnis zusammen.

3.2.2.2 Auswirkungen auf die Rechnungslegung

Die erläuterten konzeptionellen Unterschiede zwischen der gläubigerschutzorientierten Rechnungslegung nach HGB und der entscheidungsorientierten Unternehmensberichterstattung nach IFRS treten in allen Teilbereichen der Bilanzierung, vom Ansatz bis zur Erläuterung, zu Tage (vgl. Abb. 3.2-3).

---

61 Zur Problematik der sich daraus ergebenden bilanzpolitischen Spielräume für die Abschlussanalyse vgl. Küting, DB 2006, S. 2753 ff.

62 Vgl. Kessler, in: Kessler/Leinen/Strickmann (Hrsg.), Handbuch BilMoG, 2. Aufl., Freiburg/Berlin/München 2010, S. 48 ff.

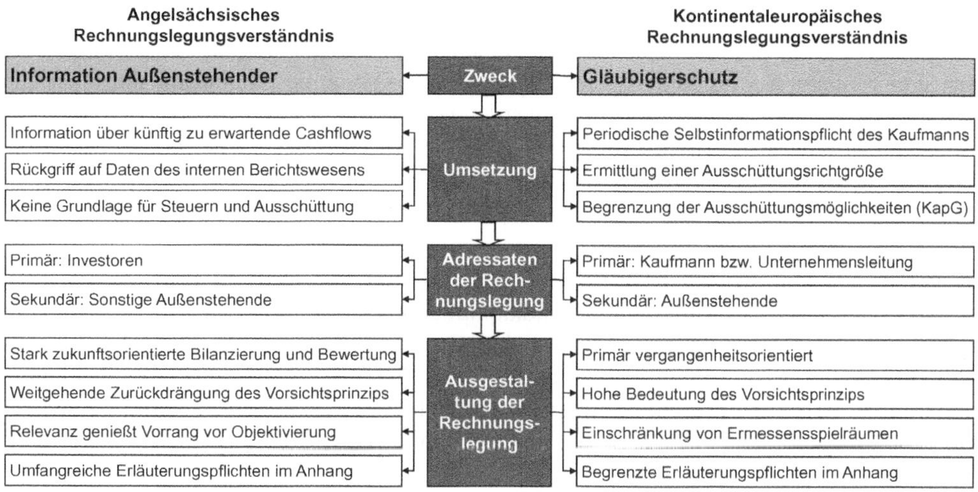

Abbildung 3.2-2: *Angelsächsisches und kontinentaleuropäisches Rechnungslegungsverständnis im Vergleich*

Abbildung 3.2-3: *Auswirkungen der unterschiedlichen Rechnungslegungskonzepte im Überblick*

In der Frage des **Bilanzansatzes** zeichnet sich die Rechnungslegung nach IFRS durch die umfassendere Aktivierung von Vermögenswerten aus. Bilanziert werden Nutzenpotenziale, die Mindesteinzahlungserwartungen des Managements zum Ausdruck bringen. Darunter finden sich auch selbst erstellte immaterielle Vermögenswerte (vgl. IAS 38)[63] und erwartete Steuervorteile aus der künftigen Nutzung von steuerlichen Verlustvorträgen (vgl. IAS 12). Mit der Aufnahme eines bedingten Wahlrechts zur Aktivierung von Entwicklungskosten und eines erweiterten Konzepts der Steuerlatenzierung hat sich der deutsche Gesetzgeber insoweit den internationalen Bilanzierungsvorstellungen angenähert.

Der **Schuldenbegriff** der IFRS ist einerseits restriktiver als jener nach HGB. Der Grund liegt im Verbot reiner Aufwandsrückstellungen, denen keine Außenverpflichtung zugrunde liegt

[63] Vgl. hierzu den unter Gliederungspunkt 3.2.3 dargestellten Analyseansatz.

(IAS 37). Ihre Bildung ist in einem handelsrechtlichen Abschluss in zwei Fällen zulässig und geboten. Das betrifft unterlassene Aufwendungen für Instandhaltungen, die innerhalb der ersten drei Monate des Folgejahres, und unterlassene Abraumbeseitigungen, die innerhalb des folgenden Geschäftsjahres nachgeholt werden (vgl. § 249 Abs. 1 Satz 2 Nr. 1 HGB). Die Möglichkeit, stoßweise anfallende Ausgaben (z. B. rechtlich nicht verpflichtende Generalüberholungen, Sicherheitsinspektionen oder Großwartungen) über mehrere Geschäftsjahre verteilt als Aufwand zu erfassen, ist in Angleichung der handelsrechtlichen Rechnungslegung an internationale Standards gestrichen worden.

Andererseits können sich bei Abschlüssen nach IFRS im Vergleich zu HGB-Abschlüssen Verschiebungen zwischen Eigen- und Fremdkapital ergeben. Verantwortlich hierfür ist der in IAS 32 verankerte *settlement approach*, der überlassenen Finanzmitteln, die mit einer potenziellen Rückzahlungsverpflichtung verbunden sind, Schuldcharakter zuweist. Bestimmte kündbare bzw. befristete Mittelüberlassungen sind allerdings den eigenen Mitteln gleichgestellt, womit insbesondere Diskrepanzen im Eigenkapitalausweis bei Personenhandelsgesellschaften reduziert werden[64].

Die **Bewertung** von Vermögenswerten und Schulden erfolgt nach IFRS in weiten Teilen weniger vorsichtig als nach HGB. Das ist dem Informationsgedanken des Abschlusses geschuldet, mit dem gezielte Unterbewertungen nicht zu vereinbaren sind. So lässt das IASB Zeitwertbewertungen über die Anschaffungskosten hinaus zu oder schreibt diese vor. Das gilt etwa für bestimmte Finanzinstrumente (IAS 39) oder für als Finanzinvestition gehaltene Immobilien (IAS 40)[65]. Das HGB sieht demgegenüber eine mit dem Realisationsprinzip brechende *fair value*-Bewertung nur punktuell vor. Eine Zeitwertbewertung über die Anschaffungskosten ordnet es zum einen für Vermögensgegenstände an, die nach § 246 Abs. 2 HGB mit Schulden aus Altersversorgungsverpflichtungen oder vergleichbaren langfristig fälligen Verpflichtungen zu verrechnen sind (vgl. § 253 Abs. 1 Satz 4 HGB), zum anderen für Finanzinstrumente des Handelsbestands von Kreditinstituten und Finanzdienstleistungsinstituten (vgl. § 340e Abs. 3 HGB). Auch die Umrechnung kurzfristiger Fremdwährungsforderungen und -verbindlichkeiten zum Devisenkassamittelkurs (vgl. § 256a HGB) kann zum Ausweis unrealisierter Erfolge führen.

Bei Schulden neigen die Vorschriften der IFRS zu einer realistischen Erfassung des erwarteten künftigen Mittelabflusses. Das schließt bei Rückstellungen Prognosen künftiger Entwicklungen ebenso ein wie eine Abzinsung längerfristiger Verpflichtungen (IAS 37). Auch in diesem Punkt hat das BilMoG die zuvor bestehenden Unterschiede zu den IFRS deutlich reduziert. Das gilt insbesondere für Pensionsrückstellungen, die aufgrund des Einbezugs erwarteter Gehalts- und Rentensteigerungen realistischer bewertet werden als zuvor. Ein weitreichendes Übergangswahlrecht erlaubt den Unternehmen allerdings, die Anpassung der Rückstellungsbewertung über bis zu 15 Jahre zu verteilen[66].

---

64 Zur Eigenkapitalbilanzierung bei Personenhandelsgesellschaften vgl. Rückle, IRZ 2008, S. 227 ff.

65 Vgl. zu den Anwendungsfällen einer *Fair Value*-Bewertung nach IFRS und ihrer Bedeutung für die Abschlussanalyse Wagenhofer, IRZ 2006, S. 31 ff.; Kirsch, Der Schweizer Treuhänder 2006, S. 216 ff.

66 Zur handelsrechtlichen Bewertung von Rückstellungen und zu den Übergangsregelungen vgl. Kessler, in: Kessler/Leinen/Strickmann (Hrsg.), Handbuch BilMoG, 2. Aufl., Freiburg/Berlin/München 2010, S. 321 ff. Zum Ausweis im handelsrechtlichen Jahresabschluss vgl. Kessler, in: Kessler/Leinen/Strickmann (Hrsg.), Handbuch BilMoG, 2. Aufl., Freiburg/Berlin/München 2010, S. 385 ff. Zur Bilanzierung und Bewertung von Altersversorgungsverpflichtungen vgl. grundlegend Harth, in: Kessler/Leinen/Strickmann (Hrsg.), Handbuch BilMoG, 2. Aufl., Freiburg/Berlin/München 2010, S. 318 ff. u. 348 ff.

Erkennbar auf die Gläubigerschutzorientierung des HGB zurückzuführen ist das Verbot, unrealisierte Gewinne auszuweisen[67]. Es soll die von einer Ausschüttung unsicherer Vermögensmehrungen ausgehende Gefahr für das Haftungsvermögen vermeiden. Die IFRS sehen demgegenüber in mehreren Fällen die Erfassung von Wertsteigerungen vor ihrer Realisation vor. Zu nennen ist etwa die **Gewinnrealisation** bei Fertigungsaufträgen nach der *Percentage-of-Completion*-Methode (vgl. IAS 11). Danach ist der Gewinn aus einem kundenspezifischen Auftrag nicht erst im Zeitpunkt der Abnahme oder Fertigstellung des Werks zu erfassen, sondern verteilt während des Abwicklungszeitraums nach Maßgabe des jeweiligen Leistungsfortschritts. Der deutsche Gesetzgeber hat sich unter Hinweis auf das Realisationsprinzip ausdrücklich gegen die Übernahme dieser bilanziellen Abrechnungsmethode in das HGB entschieden. Er erachtet erläuternde Angaben im Anhang als ausreichend, um der Gefahr einer verzerrten Darstellung der Ertragslage zu begegnen[68]. Weitere Beispiele für den Ausweis unrealisierter Gewinne nach IFRS liefern die als Wahlrecht ausgestaltete Zeitwertbewertung von als Finanzanlage gehaltenen Immobilien (vgl. IAS 40) und durchgängige Umrechnung von Fremdwährungsforderungen und -verbindlichkeiten zum Stichtagskurs (vgl. IAS 21). Während im HGB die Anschaffungs- oder Herstellungskosten die Obergrenze zur Immobilienbewertung bilden, enthält § 256a HGB eine beschränkte Ausnahme vom Anschaffungswert- und Realisationsprinzip bei der Fremdwährungsumrechnung. Auf fremde Währung lautende Vermögensgegenstände und Verbindlichkeiten mit einer Restlaufzeit von bis zu einem Jahr sind für Zwecke der Folgebewertung auch dann mit dem Devisenkassamittelkurs umgerechnet werden, wenn sich aus der Umrechnung ein Währungsgewinn ergibt[69].

Verstärkt werden die Periodisierungsunterschiede durch die streng verwertungsorientierte **Verlusterfassung** nach IFRS. Ob das Vermögen eines Unternehmens an Wert verloren hat, lässt sich nach der Philosophie der IFRS nicht anhand von Wiederbeschaffungskosten ermitteln. Vergleichsmaßstab ist der am Markt realisierbare Nettoveräußerungspreis (z. B. bei Vorratsgütern) bzw. – bei langfristigen Vermögenswerten – der höhere betriebsinterne Nutzen des jeweiligen Vermögenswerts. Soweit letzterer im Wege einer Einzelbewertung nicht zu ermitteln ist, favorisieren die IFRS die Bildung größerer Bewertungseinheiten (*cash generating units*) für Zwecke der Werthaltigkeitsprüfung (vgl. IAS 36). Da bei dieser Bewertung auf aggregierter Ebene Kompensationseffekte zwischen den Vermögenswerten und ein originärer Geschäftswert als wertbildender Faktor Berücksichtigung finden, sind in einem IFRS-Abschluss Wertminderungen des Vermögens tendenziell niedriger auszuweisen als nach der streng einzelwertorientierten und die Wiederbeschaffungskosten fokussierenden Bewertung nach HGB.

Aus analytischer Sicht nachteilig erscheinen vordergründig die nur rudimentären Vorgaben der IFRS zum **Ausweis** des Vermögens, der Schulden und des Eigenkapitals. Anders als nach HGB (vgl. §§ 266, 275 HGB) existieren insbesondere keine standardisierten Gliederungsschemata für Bilanz und Gewinn- und Verlustrechnung. In der Bilanzierungspraxis wirkt sich dieses Regelungsdefizit indes kaum aus, da diese Rechenwerke üblicherweise hoch aggre-

---

67 Eine Ausnahme stellt die Equity-Bewertung von Anteilen an assoziierten Unternehmen nach § 312 HGB dar. Da für sie das Anschaffungswertprinzip nicht gilt, kann sie zu Wertansätzen über den Anschaffungskosten führen.

68 Vgl. BT-Drucks. 16/10067, S. 38.

69 Abweichend vom Wortlaut des § 256a Satz 2 HGB wird teilweise ein Wahlrecht zum Ausweis unrealisierter Gewinne aus der Umrechnung kurzfristiger Vermögensgegenständen und Verbindlichkeiten angenommen; vgl. Kessler/Veldkamp in: Bertram/Brinkmann/Kessler/Müller (Hrsg.), Haufe HGB Kommentar, 4. Aufl., Freiburg u. a. 2013, § 256a, Rz. 21;

giert dargestellt und Detailinformationen zu einzelnen Posten im Anhang aufbereitet werden. Die **Erläuterungen** zu den einzelnen Rechenwerken eines IFRS-Abschlusses gehen – wie erwähnt – deutlich über den Berichtsumfang nach HGB hinaus. Als Beispiele für sehr tiefgehende und aus analytischer Sicht wertvolle Zusatzinformationen sind die Angaben zur Bilanzierung von Pensionsverpflichtungen und zu Finanzinstrumenten zu nennen.

> Die Zielsetzung der IFRS, den Abschlussadressaten entscheidungsnützliche Informationen zu vermitteln, führt im Vergleich zur Rechnungslegung nach HGB zu einer Zurückdrängung des Vorsichtsprinzips. Damit einher geht i.d.R der Ausweis eines höheren Nettovermögens und ein tendenziell früherer Ausweis von Gewinnen. Aufgrund der teilweise komplexen Rechnungslegungsvorschriften kommt der Analyse der ausführlichen Anhangsberichterstattung eine erhebliche Bedeutung zu.

3.2.3 Überbrückung von Rechnungslegungsunterschieden

3.2.3.1 Vorbemerkung

Um unabhängig vom verwendeten Rechnungslegungsmodell vergleichbare Kennzahlen zu ermitteln, liegt der Gedanke nahe, HGB- und IFRS-Abschlüsse in normierte Abschlüsse überzuleiten, in denen Rechnungslegungsunterschiede durch Aufbereitungsmaßnahmen wie Umbewertungen und Umgliederungen angeglichen werden[70]. Dieses Konzept der **Strukturbilanz** hat sich bei der Analyse von HGB-Abschlüssen seit langem etabliert, um Auswirkungen einer unterschiedlichen Ausübung von Wahlrechten auf das Abschlussbild zu korrigieren (z. B. Aktivierung latenter Steuern, Ausweis von öffentlichen Investitionszuschüssen) oder um bestimmte Sachverhalte in der bilanziellen Abbildung zu normieren (z. B. Verrechnung von Geschäfts- oder Firmenwerten mit dem Eigenkapital)[71].

Bei einer vergleichenden Analyse von HGB- und IFRS-Abschlüssen stößt dieses Instrument an seine Grenzen. In zahlreichen Fällen erlauben die verfügbaren Informationen nicht, die unterschiedliche Darstellung von Sachverhalten nach den beiden Rechnungslegungskonzepten zu vereinheitlichen[72]. Das gilt etwa für die Fragen der Gewinnrealisation, der Niederstbewertung oder der Rückstellungsbilanzierung.

In anderen Bereichen der Rechnungslegung stehen die für eine Angleichung der Abschlüsse benötigten Informationen zumindest weitgehend zur Verfügung. Angesprochen ist die Aktivierung selbst erstellter immaterieller Vermögenswerte, die Neubewertung des Sach- oder immateriellen Anlagevermögens sowie – in Grenzen – die Zeitwertbewertung bestimmter Finanzinstrumente. Mit Blick auf die praktische Bedeutung der Aktivierung von Entwicklungskosten und die mit ihrer Behandlung verbundenen erheblichen Beurteilungsspielräume

---

[70] Vgl. zum Folgenden auch Kessler, PiR 2010, S. 36 ff.

[71] Vgl. grundlegend hierzu Küting/Weber, Die Bilanzanalyse, 10. Aufl., Stuttgart 2012, S. 82 ff.

[72] Zu den Möglichkeiten und Grenzen einer Angleichung von Rechnungslegungsunterschieden zwischen HGB- und IFRS-Abschlüssen mittels einer Strukturbilanz vgl. Küting/Wohlgemuth, DStR 2004, Beihefter 3, Heft 48, S. 2 ff.

soll anhand dieser Thematik illustriert werden, wie sich mittels des Instruments der Strukturbilanz die unterschiedlichen Auswirkungen auf zentrale bilanzanalytische Kennzahlen eliminieren lassen.

Die nachfolgend dargestellte Aufbereitungsmaßnahme dient zum einen einem besseren Vergleich von HGB- und IFRS-Abschlüssen. Zwar sind die handelsrechtlichen Aktivierungsvoraussetzungen für selbst geschaffene immaterielle Vermögensgegenstände (vgl. § 248 Abs. 2 Satz 1, § 255 Abs. 2a HGB) denjenigen nach IAS 38 nachempfunden. Angesichts des Ansatzwahlrechts und zahlreicher Ermessensspielräume ist eine einheitliche Bilanzierungspraxis jedoch nicht zu erwarten. Eine solche Aufbereitung bietet sich zum anderen an, um bei IFRS-Bilanzierern Auswirkungen aus der unterschiedlichen Ausübung von Beurteilungsspielräumen bei der Aktivierung selbst erstellter immaterieller Vermögenswerte auf das Abschlussbild zu eliminieren. Nachfolgend werden die Unterschiede in der bilanziellen Behandlung selbst erstellter immaterieller Vermögenswerte nach HGB und IFRS herausgearbeitet sowie deren Auswirkungen auf die Steuerlatenzierung dargestellt (vgl. 3.2.3.2). Der sich anschließende Abschnitt erläutert die Grundidee der Aufbereitung (vgl. 3.2.3.3). Die praktische Umsetzung der Aufbereitungsmaßnahme ist sodann am Beispiel des IFRS-Konzernabschlusses von BMW dargestellt (vgl. 3.2.3.4). Abschnitt 3.2.3.5 schließt mit einem Praxisvergleich der Entwicklungskostenbilanzierung in der Automobilbranche.

3.2.3.2 Bilanzierung selbst erstellter immaterieller Vermögenswerte nach IFRS

Bedingte Aktivierungspflicht nach IFRS

Während nach HGB selbst geschaffene immaterielle Vermögensgegenstände des Anlagevermögens unter bestimmten Voraussetzungen angesetzt werden dürfen (vgl. § 248 Abs. 2 Satz 1 HGB)[73], verpflichten die IFRS zu einer Aktivierung bestimmter Aufwendungen, die in der Phase der Entwicklung eines immateriellen Vermögenswerts anfallen[74]. Die **Entwicklungsphase** ist gekennzeichnet durch die planvolle Umsetzung von Forschungsergebnissen oder anderem Wissen in neue oder beträchtlich verbesserte Materialien, Vorrichtungen, Produkte, Verfahren, Systeme oder Dienstleistungen. Sie endet mit der Aufnahme der kommerziellen Produktion oder Nutzung (vgl. IAS 38.8 i. V. m. IAS 38.57 ff.). Als typische Beispiele für Entwicklungsmaßnahmen nennt der Standard:

- Entwurf, Konstruktion, Testen von Prototypen und Modellen
- Entwurf von Werkzeugen u.Ä.
- Entwurf, Konstruktion, Betrieb einer nicht kommerziell nutzbaren Pilotanlage
- Entwurf, Konstruktion, Testen einer Alternative für neue Materialien, Vorrichtungen u.Ä.

Ein **Aktivierungsverbot** besteht für **Forschungskosten**. Der Begriff Forschung steht für Aktivitäten, die auf die Erlangung neuer wissenschaftlicher oder technischer Erkenntnisse gerichtet sind, jedoch keinen unmittelbaren Bezug zu einem aktivierungsfähigen Vermögenswert aufweisen.

---

[73] Vgl. van Hall/Kessler, in: Kessler/Leinen/Strickmann (Hrsg.), Handbuch BilMoG, 2. Aufl., Freiburg/Berlin/München 2010, S. 176 ff.

[74] Zur Bilanzierung und Bewertung von immateriellen Vermögenswerten nach IFRS vgl. Bieg/Hossfeld/Kussmaul/Waschbusch, StB 2006, S. 130 ff.

Aufwendungen innerhalb der Entwicklungsphase eines immateriellen Vermögenswerts sind nur zu aktivieren, wenn das Unternehmen bestimmte Nachweise erbringen kann (vgl. IAS 38.57 ff. und Abb. 3.2-4)[75]. Diese betreffen primär die technische und wirtschaftliche Realisierbarkeit des Vorhabens. Sie führen dazu, dass bei Vorhaben mit hohen Risiken (z. B. im Pharmabereich) eine Aktivierung von Entwicklungskosten regelmäßig ausscheidet[76].

Aktivierung selbst erstellter immaterieller Vermögenswerte nach IFRS

Geforderte Nachweise	Praktische Umsetzung
Technische Realisierbarkeit der Fertigstellung des Vermögenswerts für interne Nutzung oder Verkauf	Z.B. Konstruktionsplan, Prototyp
Absicht zur Fertigstellung und Nutzung bzw. zum Verkauf des Vermögenswerts	Z.B. Investitionsplan, Werbung für das Produkt
Fähigkeit, den immateriellen Vermögenswert zu nutzen oder zu veräußern	Z.B. Beantragung von Schutzrechten, Nachfrage von Kunden
Art des voraussichtlichen künftigen Nutzenzuflusses	Existenz eines Marktes, Nachweis des internen Nutzens gemäß IAS 36
Verfügbarkeit von Ressourcen für die Entwicklung und Nutzung bzw. den Verkauf des Vermögenswerts	Unternehmensplan, Absichtserklärungen von Fremdkapitalgebern
Bewertbarkeit während der Entwicklung (zurechenbare Ausgaben)	Geeignetes Kostenrechnungssystem

Abbildung 3.2-4: *Nachweiserfordernisse für die Aktivierung selbst erstellter immaterieller Vermögenswerte nach IFRS*

Generell ausgeschlossen von einer Aktivierung sind selbst geschaffene Markennamen, Drucktitel, Verlagsrechte, Kundenlisten sowie ihrem Wesen nach ähnliche Rechte und Werte (vgl. IAS 38.63 f.).

Bewertung

Als aktivierungspflichtig beurteilte selbst erstellte immaterielle Vermögenswerte sind mit ihren **Herstellungskosten** anzusetzen. Diese umfassen alle dem Vermögenswert direkt zurechenbaren Aufwendungen, die erforderlich sind, um diesen zu entwickeln, herzustellen und um ihn in einen gebrauchsfähigen Zustand zu versetzen (IAS 38.66). Neben den Lohnkosten der an der Entwicklung beteiligten Mitarbeiter sowie etwaigen Materialkosten fallen darunter insbesondere Registrierungsgebühren zum Schutz des Vermögenswerts.

Soweit die aktivierten selbst erstellten immateriellen Vermögenswerte eine begrenzte Nutzungsdauer aufweisen, sind sie vom Zeitpunkt ihrer Nutzungsfähigkeit an planmäßig abzuschreiben. Die **Abschreibung** erfolgt üblicherweise nach der linearen Methode über den Zeitraum ihres voraussichtlichen Einsatzes im Unternehmen (vgl. IAS 38.97 ff.).

---

75 Vgl. weiterführend auch Christian/Kern, PiR 2014, S. 168 ff.

76 Zu den bilanzpolitischen Beurteilungsspielräumen bei der Aktivierung selbst erstellter immaterieller Vermögenswerte und ihren Auswirkungen auf zentrale Kennzahlen der Abschlussanalyse vgl. Wohlgemuth, IFRS: Bilanzpolitik und Bilanzanalyse, Berlin 2007, S. 110 ff.

Bei Hinweisen auf eine **Wertminderung** eines immateriellen Vermögenswerts (z. B. verbessertes Konkurrenzprodukt, technischer Fortschritt) ist die Notwendigkeit einer außerplanmäßigen Wertkorrektur des Vermögenswerts zu prüfen. Immaterielle Vermögenswerte, die sich am Abschlussstichtag noch in der Entwicklung befinden, sind unabhängig von etwaigen Anzeichen für eine Wertminderung zu überprüfen.

Nach IFRS sind Aufwendungen, die im Zuge der Entwicklung bestimmter immaterieller Vermögenswerte anfallen, bei Nachweis der technischen und wirtschaftlichen Realisierbarkeit des Vorhabens sowie seiner verlässlichen Bewertbarkeit zu aktivieren. Handelsrechtlich besteht ein Aktivierungswahlrecht.

Exkurs: Latente Steuern

Lässt die für das Unternehmen relevante Steuerrechtsordnung wie beispielsweise in Deutschland (vgl. § 5 Abs. 2 EStG) eine Aktivierung selbst erstellter immaterieller Vermögenswerte nicht zu, sind für im IFRS-Abschluss aktivierte Aufwendungen passive latente Steuern anzusetzen. Das beruht auf folgender Überlegung: Entsprechend der Rechnungslegungsphilosophie nach IFRS bringt der Ansatz der immateriellen Vermögenswerte eine künftige Mindesteinzahlungserwartung zum Ausdruck. Das Management erwartet aus der Nutzung des Vermögenswerts mithin einen Mittelzufluss mindestens in Höhe der aktivierten Beträge. Realisiert sich diese Einzahlungserwartung, fällt steuerlich ein entsprechender Gewinn an, der Steuerzahlungen auslöst. Diese Verpflichtung zur **künftigen Steuerzahlung** ist im IFRS-Abschluss als latente Steuerverbindlichkeit auszuweisen.

Latente Steuern nehmen damit im Ergebnis jene Steuerwirkungen vorweg, die voraussichtlich eintreten werden, wenn sich die im IFRS-Abschluss angesetzten Buchwerte der Vermögenswerte und Schulden realisieren. Übersteigt das im IFRS-Abschluss ausgewiesene Vermögen über jenem für steuerliche Zwecke ermittelten, sind latente Steuerschulden zu berücksichtigen. Im umgekehrten Fall ist eine latente Steuerforderung in Höhe der Steuerentlastung zu aktivieren, die für den Zeitpunkt zu erwarteten ist, an dem sich der Bilanzierungs- oder Bewertungsunterschied zwischen dem IFRS-Abschluss und der Steuerbilanz ausgleichen wird.

Latente Steuern sind regelmäßig auf der Grundlage der am Stichtag **gültigen Steuersätze** zu bilden (vgl. IAS 12.47 ff.). Bei Kapitalgesellschaften mit Sitz in Deutschland sind die Körperschaftsteuer, die Gewerbesteuer und der Solidaritätszuschlag zu berücksichtigen. Sind Steuersatzänderung für den Zeitraum der Umkehr der Bilanzierungs- und Bewertungsunterschiede zwischen Handels- und Steuerbilanz bereits beschlossen, hat die Steuerlatenzierung ausnahmsweise anhand dieser geänderten Steuersätze zu erfolgen. Unabhängig von ihrer Fristigkeit ist eine **Abzinsung** latenter Steuern nicht zulässig (vgl. IAS 12.53).

Im Ergebnis stellt die Erfassung latenter Steuern somit sicher, dass bei der Bilanzierung und Bewertung nach IFRS stets auch die damit verbundenen steuerlichen Wirkungen Beachtung finden. Das heißt, ein nach IFRS im Vergleich zur steuerlichen Gewinnermittlung ausgewiesenes Mehrvermögen wird ebenso wie ein höherer Ertrag bereits heute mit jenen Steuern belastet, die voraussichtlich anfallen werden, wenn das Vermögen bzw. der Ertrag zu einem späteren Zeitpunkt steuerlich zu berücksichtigen sein werden. Im Falle eines Mindervermögens bzw. nach IFRS vorgezogenen Aufwands gilt Entsprechendes mit umgekehrten Vorzeichen[77].

> Latenten Steuern kommt im IFRS-Abschluss die Aufgabe zu, die steuerlichen Wirkungen zu antizipieren, die sich bei der Realisation der angesetzten Buchwerte in der Zukunft ergeben. Ein Mehr- oder Mindervermögen im Vergleich zur Steuerbilanz ist damit per Saldo jeweils auf Nachsteuerbasis erfasst.

3.2.3.3 Grundidee einer Überleitung

Unterschiede in der Aktivierung selbst erstellter immaterieller Vermögenswerte wirken sich auf die Höhe des bilanzierten Vermögens, die Höhe des Eigenkapitals und auf den Jahreserfolg aus. Aktiviert ein Unternehmen Aufwendungen für immaterielle Vermögenswerte, wird der Jahreserfolg entlastet, das angesetzte Vermögen und das Eigenkapital steigen an. Die planmäßige oder außerplanmäßige Abschreibung der aktivierten Beträge in der Folgezeit kehrt diesen Effekt wieder um.

Um die Auswirkungen aus der unterschiedlichen Behandlung von Aufwendungen für immaterielle Vermögenswerte zu eliminieren, liegt es nahe, Aktivierungen und deren Folgen (Abschreibungen) rückgängig zu machen. Die Vereinheitlichung der Abschlüsse erfolgt mithin unter der Annahme eines **fiktiven Aktivierungsverbots**. Die Umsetzung dieses Gedankens erfordert folgende Anpassungen:

- Verrechnung des zu Beginn des Jahres aktivierten Betrags für selbst erstellte immaterielle Vermögenswerte mit dem Eigenkapital
- Behandlung der im Geschäftsjahr aktivierten Aufwendungen für selbst erstellte immaterielle Vermögenswerte als Aufwand
- Stornierung der Abschreibungen auf selbst erstellte immaterielle Vermögenswerte

Diese Maßnahmen eliminieren die Auswirkungen der Aktivierung selbst erstellter immaterieller Vermögenswerte auf den Jahreserfolg und das Eigenkapital vor Steuern. Eine Nachsteuerbetrachtung muss zusätzlich die (latenten) Steuereffekte bereinigen, die aus der abweichenden Behandlung der betreffenden Aufwendungen im IFRS-Abschluss und in der Steuerbilanz resultieren. Diese dargestellten Aufbereitungsschritte zeigt das folgende Praxisbeispiel.

> Um die Auswirkungen einer unterschiedlichen Behandlung von Aufwendungen zur Herstellung immaterieller Vermögenswerte auf das Abschlussbild für Zwecke einer vergleichenden Analyse zu eliminieren, sind die zu Beginn des Jahres aktivierten Beträge mit dem Eigenkapital zu verrechnen. Veränderungen der aktivierten Beträge während der Periode sind erfolgswirksam zu stornieren. In beiden Fällen bedarf es zusätzlich einer Korrektur der korrespondierenden latenten Steuereffekte.

[77] Zu den Möglichkeiten, Rechnungslegungsunterschiede zwischen HGB und IFRS für Zwecke einer vergleichenden Abschlussanalyse durch Auswertung der Angaben zu latenten Steuern zu überbrücken, vgl. Baetge/Beermann, BB 2000, S. 2088 ff.

3.2.3.4 Praxisbeispiel

Bei BMW stellt sich die Entwicklung der immateriellen Vermögenswerte im Geschäftsjahr 2013 wie folgt dar:

	Anschaffungs- und Herstellungskosten						
in Mio. €	1.1.2013[1]	Anpassung[2]	Kursdifferenzen	Zugänge	Umbuchungen	Abgänge	**31.12.2013**
Entwicklungskosten	8.488	-	-	1.744	-	565	**9.667**
Geschäfts- oder Firmenwert	374	-	-	-	-	-	**374**
Übrige Immaterielle Vermögenswerte	1.008	-	–6	473	-	22	**1.453**
Immaterielle Vermögenswerte	**9.870**	**-**	**–6**	**2.217**	**-**	**587**	**11.494**

		Abschreibungen				Buchwerte	
in Mio. €	1.1.2013[1]	Lfd. Jahr	Erfolgsneutrale Veränderung	Abgänge	**31.12.2013**	**31.12.2013**	31.12.2012
Entwicklungskosten	4.141	1.069	-	565	**4.645**	**5.022**	4.347
Geschäfts- oder Firmenwert	5	-	-	-	**5**	**369**	369
Übrige Immaterielle Vermögenswerte	516	178	-	18	**665**	**788**	491
Immaterielle Vermögenswerte	**4.662**	**1.247**	**-**	**583**	**5.316**	**6.179**	**5.207**

Abbildung 3.2-5: *Entwicklung des immateriellen Vermögens bei BMW im Geschäftsjahr 2013*[78]

Das Eigenkapital von BMW beträgt laut Konzernbilanz 35.643 Mio. €[79]. In der Konzern-Gewinn- und Verlustrechnung weist BMW Forschungs- und Entwicklungskosten in Höhe von 4.117 Mio. € aus. Der inländische kumulierte Ertragsteuersatz ist mit 30,5 % angegeben.

Wie sich aus Abb. 3.2-5 ergibt, beträgt der Buchwert der zum 31.12.2013 bei BMW aktivierten Entwicklungskosten 5.022 Mio. €. Im Geschäftsjahr 2013 hat BMW zusätzliche Entwicklungskosten in Höhe von 1.744 Mio. € aktiviert. Die Abschreibungen belaufen sich in 2013 auf 1.069 Mio. €. Sie sind innerhalb der Konzern-Gewinn- und Verlustrechnung in den Umsatzkosten ausgewiesen. Da die zu Anschaffungs- und Herstellungskosten ausgebuchten ehemals aktivierten Entwicklungskosten dem Betrag der ausgebuchten Abschreibungen entsprechen (565 Mio. €), resultierte aus dem Abgang von Entwicklungskosten kein Aufwand.

Ausgehend von diesen Daten ermittelt sich unter der Annahme eines Aktivierungsverbots für selbst erstellte immaterielle Vermögenswerte nach dem unter 3.2.3.3 aufgezeigten Überleitungsschema ein **Konzerneigenkapital** von BMW von 32.153 Mio. € (vgl. Abb. 3.2-6). Es liegt um 10 % unter dem im IFRS-Abschluss ausgewiesenen Eigenkapital.

[78] Vgl. Geschäftsbericht BMW AG 2013, S. 122 f.

[79] Alle Angaben sind dem Geschäftsbericht der BMW AG für 2013 entnommen.

Ableitung des angepassten Konzerneigenkapitals bei BMW (Angaben in Mio €)

Eigenkapital laut Bilanz	35.643
– Aktivierte Entwicklungskosten per 31.12.2013	-5.022
+ Auflösung passiver latenter Steuern	1.532
= Eigenkapital nach Eliminierung von Entwicklungskosten	32.153

Abbildung 3.2-6: *Konzerneigenkapital von BMW bereinigt um aktivierte selbst erstellte immaterielle Vermögenswerte*

Relativ gering beeinflusst ist der **Konzernjahreserfolg** vom bedingten Aktivierungsgebot für selbst erstellte immaterielle Vermögenswerte nach IFRS (vgl. Abb. 3.2-7). Im Geschäftsjahr 2013 übersteigen die neu aktivierten Entwicklungskosten die Abschreibungen auf selbst erstellte immaterielle Vermögenswerte. Das hat die aktivierten Entwicklungskosten bei BMW per Saldo um 675 Mio. €erhöht. Dieser Ertrag ist zu kürzen um die darauf gebildeten passiven latenten Steuern in Höhe von 206 Mio. €. Per Saldo ist danach der Konzernjahreserfolg durch die Aktivierung von Entwicklungskosten um 469 Mio. € erhöht worden.

Ableitung des angepassten Konzernjahreserfolgs bei BMW (Angaben in Mio €)

Jahreserfolg nach Steuern laut GuV		5.240
im Geschäftsjahr aktivierte Entwicklungskosten	1.744	
– Abschreibung Entwicklungskosten	-1.069	
– Abgänge (abzüglich kumulierte Abschreibungen)	0	
= Erfolgswirksame Veränderung der Entwicklungskosten in 2013	675	
- Bildung passiver latenter Steuern	-206	
= Veränderung der Entwicklungskosten in 2013 nach Steuern	469	-469
= Jahreserfolg nach Eliminierung von Entwicklungskosten		4.771

Abbildung 3.2-7: *Konzernjahreserfolg von BMW bereinigt um aktivierte selbst erstellte immaterielle Vermögenswerte*

Alle Berechnungen gehen von in Deutschland angefallenen aktivierten Entwicklungskosten aus. Soweit das nicht der Fall ist, können sich aufgrund abweichender ausländischer Ertragsteuern Auswirkungen auf die latenten Steuern ergeben.

3.2.3.5 Vergleichende Betrachtung von HGB- und IFRS-Abschlüssen

Notwendigkeit einer Aufbereitung

Nach HGB dürfen selbst geschaffene immaterielle Vermögensgegenstände des Anlagevermögens mit ihren Herstellungskosten – den bei ihrer Entwicklung anfallenden Aufwendungen – aktiviert werden. Abgesehen von dieser Ausgestaltung als Bilanzierungswahlrecht lehnt sich die handelsrechtliche Aktivierungsnorm eng an die Vorschriften der IFRS an[80].

---

80 Vgl. Lüdenbach/Hoffmann, Beihefter zu DStR 2007, S. 6. A. A. wohl Hennrichs, DB 2008, S. 539 f.

Wird das Aktivierungswahlrecht ausgeübt[81], erscheint die am Beispiel von BMW erläuterte Aufbereitung für Zwecke eines zwischenbetrieblichen Vergleichs von Unternehmen einer Branche entbehrlich. Allerdings lassen die erheblichen Beurteilungsspielräume bei Aktivierung und Bewertung des immateriellen Vermögens nach HGB und IFRS eine einheitliche Bilanzierungspraxis nicht erwarten[82]. Diese Spielräume ergeben sich beispielsweise aus der Frage, ob das Entwicklungsvorhaben mit hoher Wahrscheinlichkeit zu Ende geführt und somit der immaterielle Vermögensgegenstand entstehen wird. Nur wenn sie bejaht werden kann, kommt die Aktivierung von Herstellungskosten für den zu schaffenden Vermögensgegenstand in Betracht. Mit Blick auf die inhaltliche Anlehnung der handelsrechtlichen Regelung an den IFRS liegt es nahe, die Aktivierungsprüfung an den Merkmalen des IAS 38.57 auszurichten[83].

Die Erfüllung dieser Kriterien ist in hohem Maße von der Branche und dem Geschäftsmodell der Unternehmen abhängig[84]. Das hat erhebliche Auswirkungen auf den Umfang der Aktivierung selbst geschaffener Vermögensgegenstände. Verstärkt wird diese Problematik durch die zusätzlich geforderte Trennbarkeit von Forschungs- und Entwicklungsphase. Ob dieser Aktivierungsvoraussetzung entsprochen werden kann, hängt vom Prozessverlauf und seiner Dokumentation durch das Unternehmen ab. Folgen die beiden Phasen streng sequentiell im Sinne des „Wasserfall-Modells", bereitet ihre Unterscheidung keine besonderen Schwierigkeiten. Demgegenüber stellt ein alternierender Prozessverlauf im Sinne des „*Extreme-Programming*-Modells", bei dem Forschungs- und Entwicklungsaktivitäten wiederkehrend aufeinanderfolgen, erhöhte Anforderungen an das Projektcontrolling, um zu einer Aktivierung selbst geschaffener immaterieller Vermögenswerte zu gelangen[85]. Eine vergleichende Betrachtung mehrerer Abschlüsse wird durch diese sehr unterschiedlich auf die einzelnen Unternehmen wirkenden Aktivierungsbedingungen und die bei ihrer Prüfung bestehenden Beurteilungsspielräume „ungemein erschwert"[86].

Unternehmensvergleich in der Automobilbranche

Wie unterschiedlich die Aktivierung selbst geschaffener immaterieller Vermögenswerte auch innerhalb einer Branche ausfallen kann, verdeutlicht ein Unternehmensvergleich in des Automobilsektors[87]. So zeigen sich bei den IFRS-Bilanzierern BMW, Daimler, Porsche und VW

---

81 Die Ausübung unterliegt dem Grundsatz der Ansatzstetigkeit; vgl. Bertram, in: Bertram/Brinkmann/Kessler/Müller (Hrsg.), Haufe Kommentar, 4. Aufl., Freiburg u. a. 2013, § 248 Rz. 37.

82 Zu den bilanzpolitischen Beurteilungsspielräumen bei der Aktivierung selbst erstellter immaterieller Vermögenswerte und ihren Auswirkungen auf zentrale Kennzahlen der Abschlussanalyse vgl. Wohlgemuth, IFRS: Bilanzpolitik und Bilanzanalyse, Berlin 2007, S. 110 ff.

83 Vgl. van Hall/Kessler, in: Kessler/Leinen/Strickmann (Hrsg.), Handbuch BilMoG, 2. Aufl., Freiburg/Berlin/München 2010, S. 176 ff.; Hoffmann/Lüdenbach, NWB Kommentar Bilanzierung, 5. Aufl., Herne 2014, § 255, Rz. 192 ff.; im Ergebnis ähnlich Bertram, in: Bertram/Brinkmann/Kessler/Müller (Hrsg.), Haufe HGB Kommentar, 4. Aufl., Freiburg u. a. 2013, § 248, Rz. 13.

84 Vgl. Bertram, in: Bertram/Brinkmann/Kessler/Müller (Hrsg.), Haufe Kommentar, 4. Aufl., Freiburg u. a. 2013, § 248, Rz. 20; Eppinger/Hägele/Orterer, IRZ 2013, S. 421 ff.; Behrendt-Geisler/Weißenberger, KoR 2012, S. 56 ff.; Hitz, IRZ 2007, S. 319; Hüttche, StuB 2008, S. 167.

85 Vgl. Hoffmann, in: Lüdenbach/Hoffmann, Haufe IFRS-Kommentar, 12. Aufl., Freiburg u. a. 2014, § 13, Rz. 28 und 41; Hoffmann/Lüdenbach, NWB Kommentar Bilanzierung, 5. Aufl., Herne 2014, § 255, Rz. 206 ff.

86 Hoffmann, in: Lüdenbach/Hoffmann, Haufe IFRS-Kommentar, 12. Aufl., Freiburg u. a. 2014, § 13, Rz 35.

87 Zur Bedeutung von Forschungs- und Entwicklungskosten in der Automobilindustrie aus empirischer Sicht vgl. auch Eiselt/Bindick, PiR 2009, S. 72 ff.; Petersen/Zwirner/Busch, PiR 2010, S. 7.

teilweise erhebliche Abweichungen bei der Aktivierungsquote für Entwicklungskosten[88]. Sie setzt den Anteil der im Geschäftsjahr aktivierten Entwicklungskosten ins Verhältnis zu den insgesamt angefallenen Forschungs- und Entwicklungskosten. Wie sich aus Abb. 3.2-8 ergibt, lag die Aktivierungsquote von BMW in den Geschäftsjahren 2007 und 2008 (42,4 %/42,7 %) mehr als sechs Mal so hoch wie diejenige von Porsche (5,2 %/6,8 %). Daimler (25,7 %/31,3 %) und VW (29,4 %/37,4 %) wiesen ebenfalls deutlich höhere Quoten als Porsche auf, blieben aber signifikant hinter dem relativen Aktivierungsumfang bei BMW zurück. Dieses Verhältnis änderte sich bis zum Geschäftsjahr 2010 grundlegend. Zwar blieben die Kennzahlen von Daimler und VW weiter deutlich hinter der Aktivierungsquote bei BMW zurück. Während aber die Aktivierungsquoten von BMW (34,3 %), Daimler (28,5 %) und VW (26,9 %) im Vergleich zu den Geschäftsjahren 2008 und 2009 sanken, wies Porsche mit 67,9 % in 2010 eine mehr als doppelt so hohe Aktivierungsquote wie die anderen Automobilkonzerne im Durchschnitt auf. Die Verzehnfachung der Aktivierungsquote aus dem Geschäftsjahr 2008 wird man nicht (allein) einer gestiegenen Bedeutung der Entwicklungskosten bei Porsche zuschreiben können. Wie den Erläuterungen des Konzernanhangs des Geschäftsjahrs 2010 von Porsche zum Vorjahresvergleich zu entnehmen ist, resultierte der Anstieg vielmehr auf einer abweichenden Einschätzung der Realisierbarkeit der Entwicklungsprojekte:

„Die Quote von Investitionen in aktivierungspflichtige Entwicklungskosten im Verhältnis zu den gesamten Forschungs- und Entwicklungsleistungen (ohne Abschreibungen) stieg in der Berichtsperiode von 30 % auf 68 % an. Gemäß IAS 38 gelten die Voraussetzungen zur Aktivierung von Entwicklungskosten spätestens im Zeitpunkt der technischen Realisierbarkeit als erfüllt. Auf Grund neuer Rahmenbedingungen und vor allem durch eine verminderte Abhängigkeit von Lieferanten als Folge eines gemeinsamen Beschaffungsvertrags mit der Volkswagen AG war die technische Realisierbarkeit für in der Berichtsperiode laufende Entwicklungsprojekte bereits zu einem früheren Zeitpunkt gegeben.“[89]

Von 2010 auf 2011 sanken die relativen Aktivierungsumfänge von BMW, Daimler und VW. Zwar wies BMW (28,8 %) weiterhin eine höhere Aktivierungsquote als Daimler (26,2 %) und VW (23,4 %) auf, der Abstand zwischen den Quoten der drei Unternehmen hat sich jedoch im Vergleich zu den Vorjahren deutlich verringert. Demgegenüber blieb die Aktivierungsquote von Porsche mit 67,3 % im Vergleich zu 2010 nahezu konstant und wesentlich über den Quoten der anderen Automobilunternehmen. Im Geschäftsjahr 2012 näherten sich

88 Alle Angaben sind bei der BMW AG, der Daimler AG und der VW AG den jeweiligen Geschäftsberichten der Geschäftsjahre 2007 bis 2013 entnommen. Die Werte von Porsche beziehen sich auf die Geschäftsberichte der Porsche SE für die Geschäftsjahre 2006/2007, 2007/2008 und 2008/2009. Im Geschäftsjahr 2008/2009 wurde (seit dem 5. Januar 2009) in den Konzernabschluss der Porsche SE die Volkswagen AG und ihre Tochtergesellschaften als Teilkonzern im Wege der Vollkonsolidierung einbezogen. Die Angaben zu Porsche beziehen sich aber auf Porsche ohne den VW-Teilkonzern (größtenteils im Geschäftsbericht getrennt angegeben). Die Angaben zu Porsche im Jahr 2010 sind dem IFRS-Konzernabschluss der Porsche AG für das Geschäftsjahr vom 1.8.2009 bis 31.07.2010 entnommen. Die Angaben zu Porsche in den Jahren 2011 und 2012 beziehen sich auf die jeweiligen IFRS-Konzernabschlüsse der kalenderjahrgleichen Geschäftsjahre 2011 und 2012. Für das Geschäftsjahr 2013 lag zum Zeitpunkt der Erstellung des Beitrags kein verwertbarer IFRS-Konzernabschluss der Porsche AG vor.

89 Konzernabschluss Porsche AG für das Geschäftsjahr vom 1.8.2009 bis 31.07.2010, Konzernanhang Rz. 11 ‚Entwicklung der immateriellen Vermögenswerte‘.

die Aktivierungsquoten von BMW (27,6 %), Daimler (26,3 %) und VW (27,6 %) weiter an. BMW und VW wiesen sogar auf eine Nachkommastelle gerundet den gleichen relativen Aktivierungsumfang auf. Weiterhin wesentlich höher lag jedoch die Aktivierungsquote von Porsche. Mit 51,6 % reduzierte sie sich im Vergleich zu 2011 (67,3 %) jedoch deutlich. Ob die Verminderung – gegenläufig zur Erhöhung im Jahr 2010 – auf einer erneut abweichenden Einschätzung der Realisierbarkeit der Entwicklungsprojekte beruht, ist dem Konzernabschluss der Porsche AG für 2012 nicht zu entnehmen.

Im Jahr 2012 noch auf ähnlich hohem Niveau, liegt die Aktivierungsquote von Daimler (24,2 %) in 2013 nunmehr um mehr als 10 %-Punkte unter den Aktivierungsquoten von BMW (36,4 %) und VW (34,4 %). Letztere sind im Vorjahresvergleich nicht gefallen sondern deutlich auf ein vergleichbares hohes Niveau gestiegen[90].

Aktivierungsquoten für Entwicklungskosten				
Geschäftsjahr	BMW	Daimler	Porsche	VW
2007	42,4%	25,7%	5,2%	29,4%
2008	42,7%	31,3%	6,8%	37,4%
2009	44,4%	30,8%	30,5%	33,7%
2010	34,3%	28,5%	67,9%	26,9%
2011	28,8%	26,2%	67,3%	23,4%
2012	27,6%	26,3%	51,6%	27,6%
2013	36,4%	24,2%	-	34,4%

Abbildung 3.2-8: *Aktivierungsquoten von Automobilkonzernen im Zeitvergleich*

Die Bedeutung der Entwicklungskosten bei Porsche wird auch durch den Blick in die entsprechenden Gewinn- und Verlustrechnungen bestätigt. Porsche weist in 2007 bis 2012 eine deutlich höhere Forschungs- und Entwicklungsintensität (Verhältnis der im Geschäftsjahr angefallenen Forschungs- und Entwicklungskosten zum Umsatz[91]) auf als die Wettbewerber (vgl. Abb. 3.2-9).[92] Die höheren Kennzahlenwerte bei Porsche dürften sich in erster Linie aus dem Fehlen von Volumenmodellen erklären: Die Aufwendungen für die Innovationen müssen daher über einen deutlich geringeren Umsatz amortisiert werden. Im Geschäftsjahr 2013 steigerten sich die Forschungs- und Entwicklungsintensitäten bezogen auf die Segmentumsätze bei BMW und VW im Vorjahresvergleich zum Geschäftsjahr 2012. Ursächlich dafür sind bei VW und BMW gestiegene Forschungs- und Entwicklungskosten. Bei BMW ist die Intensitätssteigerung zudem durch einen Rückgang der Segmentumsätze bedingt.

---

90 Für das Geschäftsjahr 2013 lag zum Zeitpunkt der Erstellung des Beitrags kein verwertbarer IFRS-Konzernabschluss der Porsche AG vor.

91 Nach dem Entsprechungsprinzip (vgl. Küting/Weber, Die Bilanzanalyse, 10. Aufl., Stuttgart 2012, S. 52 f.) wird nur der Umsatz der jeweiligen Produktionssegmente betrachtet. Die Vergleichbarkeit ist dennoch aufgrund der unternehmensindividuellen Segmentabgrenzungen eingeschränkt.

92 Für das Geschäftsjahr 2010 gilt dies in abgeschwächtem Maße.

Forschungs- und Entwicklungsintensitäten				
Geschäftsjahr	BMW	Daimler	Porsche	VW
2007	7,4%	4,6%	10,5%	4,9%
2008	7,6%	5,1%	12,7%	5,7%
2009	6,9%	6,2%	11,3%	6,2%
2010	6,3%	5,6%	7,6%	5,5%
2011	6,5%	5,9%	9,6%	5,0%
2012	6,9%	5,6%	9,4%	5,6%
2013	8,5%	5,2%	–	6,8%

Abbildung 3.2-9: *Forschungs- und Entwicklungsintensitäten von Automobilkonzernen im Zeitvergleich*

Beurteilungsspielräume ergeben sich nicht nur beim Aktivierungsumfang, sondern auch bei der Abschreibung der aktivierten Entwicklungskosten. Sie kommen in den unterschiedlichen Abschreibungsquoten der Unternehmen zum Ausdruck (vgl. Abb. 3.2-10). Die Kennzahl ermittelt sich als Verhältnis der Jahresabschreibung auf aktivierte Entwicklungskosten zu den historischen Herstellungskosten der zum Jahresabschlussstichtag aktivierten Entwicklungskosten. Da alle Unternehmen immaterielle Vermögenswerte planmäßig linear abschreiben, lassen die teilweise divergierenden Kennzahlenwerte auf unterschiedliche Nutzungsdauerschätzungen für die aktivierten Entwicklungsprojekte schließen.

Abschreibungsquoten für aktivierte Entwicklungskosten				
Geschäftsjahr	BMW	Daimler	Porsche	VW
2007	13,1%	12,1%	12,8%	11,5%
2008	13,4%	8,3%	13,0%	9,6%
2009	14,1%	8,2%	11,7%	9,4%
2010	13,8%	7,8%	12,1%	10,2%
2011	14,4%	8,0%	7,3%	8,8%
2012	13,3%	9,1%	9,0%	9,1%
2013	11,1%	9,6%	–	9,8%

Abbildung 3.2-10: *Abschreibungsquoten aktivierter Entwicklungskosten von Automobilkonzernen im Zeitvergleich*

Wie die Kennzahlenanalyse verdeutlicht, haben selbst bei Inanspruchnahme des handelsrechtlichen Aktivierungswahlrechts für selbst geschaffene immaterielle Vermögensgegenstände Aufbereitungsmaßnahmen für Zwecke einer vergleichenden Analyse ihre Berechtigung. Die aufgezeigten Abweichungen dürfen allerdings nicht monokausal als Ergebnis einer ermessensabhängigen Auslegung der Aktivierungs- und Bewertungsvorschriften für immaterielle Vermögensgegenstände gedeutet werden. Teilweise liegen bei den Unternehmen auch unterschiedliche tatsächliche Verhältnisse vor, die sich auf die Bilanzierung von Entwicklungskosten auswirken. Da der Aktivierungsumfang auch eine Funktion des Entwicklungsrisikos ist, sind beispielsweise bei einem Engagement in der Formel 1 niedrigere Aktivierungsquoten zu erwarten als bei Herstellern, die nicht mit vergleichbaren Entwicklungsaufwendungen belastet sind. Auch Sachverhaltsgestaltungen können die Kennzahlen beeinflussen. Zu denken ist etwa an das Ausmaß, in dem die einzelnen Unternehmen das Outsourcing betreiben.

Mit der aufgezeigten Aufbereitungsmaßnahme werden auch diese im Geschäftsmodell begründeten Divergenzen in der Bilanzierung eliminiert. Für die Gesamtbeurteilung des Unternehmens kann es hilfreich sein, die in der jeweiligen Strategie angelegten Unterschiede losgelöst von der reinen Kennzahlenanalyse gesondert zu würdigen.

Besonderheiten der Aufbereitung von Bilanzen kleiner Kapitalgesellschaften nach HGB

Der am Beispiel von BMW erläuterte Aufbereitungsansatz erfordert Informationen über die Höhe der am Abschlussstichtag angesetzten selbst geschaffenen immateriellen Vermögensgegenstände sowie über die erfolgswirksame Veränderung des Buchwerts im laufenden Geschäftsjahr. Diese Angaben sind dem Anlagengitter (HGB) bzw. der im Anhang darzustellenden Entwicklung des immateriellen Vermögens (IFRS) zu entnehmen.

Kleine Kapitalgesellschaften sind nach § 274a Nr. 1 HGB von der Aufstellung eines Anlagengitters befreit. Der Buchwert der selbst geschaffenen immateriellen Vermögensgegenstände lässt sich bei ihnen regelmäßig auch nicht der Bilanz entnehmen. Zwar sieht das Gliederungsschema ihren gesonderten Ausweis vor (vgl. § 266 Abs. 2 A.I.1 HGB). § 266 Abs. 1 Satz 3 HGB erlaubt kleinen Kapitalgesellschaften allerdings die Aufstellung einer verkürzten Bilanz, in der die mit arabischen Zahlen bezeichneten Posten nicht aufgeführt werden müssen. Da sie zudem von der Angabepflicht des § 285 Nr. 22 HGB ausgenommen sind, ergibt sich der Betrag der im Geschäftsjahr aktivierten Entwicklungskosten auch nicht aus dem Anhang.

Damit lassen sich bei kleinen Kapitalgesellschaften die im handelsrechtlichen Jahresabschluss aktivierten Entwicklungskosten nur indirekt über die Höhe der Ausschüttungssperre bestimmen. § 285 Nr. 28 HGB verpflichtet alle Kapitalgesellschaften, den wegen Aktivierung selbst geschaffener immaterieller Vermögensgegenstände ausschüttungsgesperrten Betrag im Anhang anzugeben. Er stimmt überein mit dem Saldo aus aktivierten Entwicklungskosten und den für sie gebildeten passiven latenten Steuern bzw. Steuerrückstellungen[93]. Die Division dieses Betrags durch (1 − Steuersatz) liefert den Buchwert der selbst geschaffenen immateriellen Vermögensgegenstände. Der Steuersatz muss ggf. geschätzt werden, da kleine Kapitalgesellschaften auch von der Angabepflicht des § 285 Nr. 29 HGB befreit sind. Die Differenz zu dem zum Ende des Vorjahrs nach dem gleichen Schema ermittelten Buchwert liefert die Veränderung der aktivierten Entwicklungskosten im laufenden Geschäftsjahr. Erbringt die Kapitalgesellschaft ihre Entwicklungsleistungen ganz überwiegend im Euroraum, spiegelt die indirekt ermittelte Zu- bzw. Abnahme der selbst geschaffenen immateriellen Vermögensgegenstände zugleich die Beeinflussung des Jahreserfolgs wider.

Bei Kleinstkapitalgesellschaften i. S. d. 267a HGB, die von der Erleichterungsvorschrift des § 326 Abs. 2 HGB Gebrauch machen, ist mangels einer Offenlegungspflicht für den Anhang eine Aufbereitung nicht möglich.

---

93 Kleine Kapitalgesellschaften sind von den Vorschriften über latente Steuern befreit (vgl. § 274a Nr. 5 HGB). Wenden sie diese nicht freiwillig an, sind die verpflichtet, für nicht abwendbare Steuermehrbelastungen aus der Umkehr zeitlicher Bilanzierungs- und Bewertungsunterschiede zur Steuerbilanz Steuerrückstellungen zu bilden.

3.2.4 Umfassendere Analysemöglichkeiten

3.2.4.1 Vorbemerkung

Die im Vergleich zur handelsrechtlichen Rechnungslegung erheblich größere Informationsfülle eines IFRS-Abschlusses erlaubt vielfach tiefer gehende Analysen als ein HGB-Abschluss. Das gilt zum Beispiel für das betriebsfremde Vermögen, namentlich für die Finanzanlagen[94]. Ihre verbreitete Bewertung zum beizulegenden Zeitwert deckt stille Rücklagen auf, die anhand der Eigenkapitalveränderungsrechnung sowie der Anhangsinformationen nachvollzogen werden können. Das erlaubt eine genauere Abschätzung des am Abschlussstichtag als Haftungssubstanz zur Verfügung stehenden Nettovermögens[95].

Der nachfolgende Abschnitt gibt einen Überblick über die Bewertungsmodelle für finanzielle Vermögenswerte und erläutert die Methodik der Marktbewertung (vgl. 3.2.5.2). Darauf aufbauend stellt Abschnitt 3.2.5.3 einen Ansatz zur Beurteilung der im IFRS-Abschluss berichteten Auswirkungen der Marktbewertung von Finanzanlagen vor. Dieser wird sodann anhand eines Beispiels aus der aktuellen Berichtspraxis umgesetzt (vgl. 3.2.5.4).

3.2.4.2 Bewertung finanzieller Vermögenswerte

IAS 39.9[96] unterscheidet vier Kategorien finanzieller Vermögenswerte[97], nämlich

- bis zur Endfälligkeit zu haltende Investments, kurz Fälligkeitswerte (*held-to-maturity-investments*)
- Kredite und Forderungen (*loans and receivables*),
- zur Veräußerung verfügbare finanzielle Vermögenswerte, kurz veräußerbare Werte (*available-for-sale financial assets*) und
- finanzielle Vermögenswerte, die erfolgswirksam zum beizulegenden Zeitwert bewertet werden, kurz Handelswerte (*financial assets at fair value through profit or loss*).

Bedeutung kommt dieser Kategorisierung in erster Linie für die Folgebewertung zu: Mit ihr ist zugleich das auf den betreffenden finanziellen Vermögenswert anzuwendende Bewertungsmodell festgelegt (vgl. Abb. 3.2-11).

Die Kategorisierung finanzieller Vermögenswerte orientiert sich einerseits an den objektiven Merkmalen des finanziellen Vermögenswerts, andererseits an der subjektiven Verwendungsabsicht des Bilanzierenden. Sie hat im Zugangszeitpunkt zu erfolgen. Spätere Umklassifizie-

---

94 Entsprechendes gilt für als Finanzanlagen gehaltene Immobilien; vgl. hierzu Eckes/Fentz/Flick/Weigel, Bilanzanalyse-Kommentar nach IFRS, 2. Aufl., Heidelberg 2009, S. 166 ff.

95 Kritisch zur *fair value*-Bewertung Ballwieser/Küting/Schildbach, BFuP 2004, S. 529 ff.; Bieg/Bofinger/Küting/Kußmaul/Waschbusch/Weber, DB 2008, S. 2549 ff.; dagegen Böcking/Flick, DB 2009, S. 185 ff.; abwägend aus Kapitalmarktsicht Kaiser, in: Weber/Lorson/Pfitzer/Kessler/Wirth (Hrsg.), Berichterstattung für den Kapitalmarkt, FS Küting, Stuttgart 2009, S. 73 ff.

96 Für Geschäftsjahre, die am oder nach dem 1. Januar 2018 beginnen, ersetzt der am 24. Juli 2014 vom IASB veröffentlichte IFRS 9 *Finanzinstrumente* den gültigen Standard IAS 39. Eine freiwillige vorzeitige Anwendung ist zulässig. Das gilt bisher nicht für Bilanzierende eines Mitgliedsstaates der Europäischen Union. Die Übernahme des IFRS 9 für die Anwendung in Europa (Endorsement-Verfahren) steht noch aus. Zu IFRS 9 im Überblick vgl. z. B. Deloitte, Erläuterungen zu IFRS 9, abrufbar unter http://www.iasplus.com/de/standards/ifrs/ifrs9; Fischer, PiR 2014, S. 282 ff.; Gehrer/Krakuhn/Schüz, IRZ 2014, S. 385 ff. Die folgenden Ausführungen beziehen sich auf den aktuellen Stand des IAS 39.

97 Vgl. Wenk/Straßer, PiR 2010, S. 103.

rungen sind nur eingeschränkt zulässig (vgl. IAS 39.50 ff.). Für bestimmte Vermögenswerte sind sie ausgeschlossen (z. B. Kredite und Forderungen, Derivate[98], designierte Handelswerte), für andere nur bei Vorliegen mehr oder weniger restriktiver Bedingungen erlaubt (z. B. objektive Handelswerte)[99].

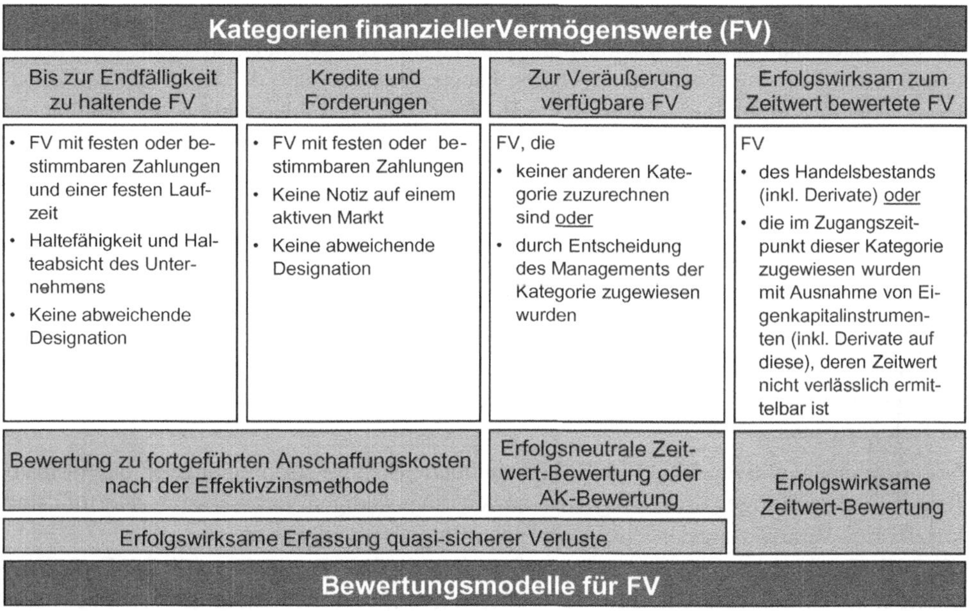

Abbildung 3.2-11: Kategorisierung und Bewertung finanzieller Vermögenswerte

Fälligkeitswerte

Die bis zur Endfälligkeit zu haltenden finanziellen Vermögenswerte zeichnen sich durch feste oder bestimmbare Zahlungen sowie eine feste Laufzeit aus. Diese Anforderungen kennzeichnen sie wie die Kredite und Forderungen als Fremdkapitalinstrumente. Eigenkapitalinstrumente wie Aktien oder GmbH-Anteile fallen nicht darunter. Die Abgrenzung von den Krediten und Forderungen besteht regelmäßig in der Notiz an einem aktiven Markt. Zudem muss das Unternehmen die Absicht und Fähigkeit haben, die Fälligkeitswerte bis zur Endfälligkeit zu halten. Ob das der Fall ist, bestimmt sich nach tatsächlichen und rechtlichen Umständen. Gegen eine Halteabsicht können etwa eine angespannte Liquiditätssituation des Unternehmens oder der Wunsch des Managements sprechen, auf sich ändernde Rahmenbedingungen (z. B. Zinsniveau, Währungsparitäten, Anlagealternativen, Finanzierungsmöglichkeiten) durch Aufgabe des Investments reagieren zu können (vgl. IAS 39.AG16, .AG23). Auch eigene Kündigungsrechte stehen einer Einstufung von finanziellen Vermögenswerten als Fälligkeitswerte entgegen. Ein Kündigungsrecht des Emittenten ist dagegen nur schädlich, wenn bei seiner Ausübung eine Rückzahlung deutlich unter den fortgeführten Anschaffungskosten droht (vgl. IAS 39.AG16, .AG18).

---

98 Das gilt nicht für die nachträgliche Verwendung von Derivaten als Sicherungsinstrumente; vgl. IAS 39.50 A(a), (b).

99 Vgl. näher hierzu Eckes/Flick/Weigel, in: Eckes/Fentz/Flick/Hoeren/Totzek/Weigel (Hrsg.), Bilanzanalyse-Kommentar nach IFRS, 2. Aufl., Heidelberg 2009, S. 265 ff.

Vorzeitige Veräußerungen oder Umklassifizierungen sind sanktionsbewehrt. Sie begründen die Verpflichtung, die entsprechende Kategorie vollständig durch Einstufung der finanziellen Vermögenswerte in eine andere Kategorie (i. d. R. zur Veräußerung verfügbare finanzielle Vermögenswerte) aufzulösen. Zudem darf das Unternehmen in den folgenden beiden Geschäftsjahren keine Finanzinstrumente als *held-to-maturity* einstufen (vgl. IAS 39.9). Vorzeitige Veräußerungen sind ausnahmsweise unschädlich, wenn sie in zeitlicher Nähe zur Endfälligkeit oder nach planmäßiger Rückzahlung nahezu des vollständigen Investments erfolgen oder ihren Grund in einem isolierten Vorgang haben, der außerhalb der Kontrolle des Unternehmens liegt und einmaliger Natur ist (z. B. drastische Verschlechterung der Bonität des Emittenten, signifikant nachteilige Änderungen der Steuergesetzgebung oder aufsichtsrechtliche Veräußerungszwänge; vgl. IAS 39.AG22).

Typische Beispiele für Fälligkeitswerte sind Bundesobligationen und Industrieschuldverschreibungen mit fester oder variabler Verzinsung, nicht dagegen ewig laufende Schuldverschreibungen mit Zinszahlungen über einen unbestimmten Zeitraum.

Kredite und Forderungen

Kredite und Forderungen sind definiert als finanzielle Vermögenswerte mit festen oder bestimmbaren Zahlungen. Vier alternative Negativmerkmale schließen eine Zuweisung zu dieser Kategorie aus:

- Notiz auf einem aktiven Markt (z. B. börsennotierte Schuldverschreibungen); dann Einstufung in eine der übrigen drei Kategorien, soweit die jeweiligen Voraussetzungen erfüllt sind
- kurzfristige Veräußerungsabsicht; dann Einstufung als Handelswert
- die volle Rückzahlung ist aus anderen Gründen als dem Bonitätsverfall des Emittenten unsicher (z. B. Genussrechte mit Verlustbeteiligung); dann Einstufung als einheitliches Instrument als zur Veräußerung verfügbar oder Behandlung als strukturiertes Produkt (Fremdkapitalinstrument mit eingebettetem Derivat)
- Designation in eine andere Kategorie

Übliche Beispiele für finanzielle Vermögenswerte dieser Kategorie sind Forderungen aus Lieferungen und Leistungen, gewährte Darlehen und Bankguthaben.

Fälligkeitswerte sowie Kredite und Forderungen sind im Zugangszeitpunkt zum beizulegenden Zeitwert zuzüglich direkt zurechenbarer Transaktionskosten zu bewerten. Die Folgebewertung erfolgt zu fortgeführten Anschaffungskosten nach der Effektivzinsmethode. Das Anliegen der Effektivzinsmethode besteht darin, während der Laufzeit des finanziellen Vermögenswerts einen periodischen Zinsertrag zu erfassen, der die effektive Verzinsung des jeweils gebundenen Kapitals widerspiegelt. In die Berechnung des effektiven Zinsertrags gehen neben der Nominalverzinsung die Transaktionskosten, ein etwaiges Agio oder Disagio sowie alle sonstigen zwischen den Parteien vereinbarten Entgelte und Gebühren ein, die Zinscharakter haben. Abweichungen zwischen dem so ermittelten jährlichen Zinsertrag und den nominellen Zinszahlungen sind in der Fortschreibung des Zugangswerts des finanziellen Vermögenswerts zu berücksichtigen.

Dieses Bewertungsmodell führt zu vergleichbaren Ergebnissen wie die Behandlung der betreffenden finanziellen Vermögenswerte nach HGB. Unter abschlussanalytischen Gesichtspunkten, insbesondere im Hinblick auf den zwischenbetrieblichen Vergleich, ist es daher unproblematisch.

Handelswerte

Zur Kategorie der erfolgswirksam zum beizulegenden Zeitwert bewerteten finanziellen Vermögenswerte gehören einerseits die objektiven Handelswerte. Sie umfassen finanzielle Vermögenswerte, die in erster Linie mit der Absicht der kurzfristigen Weiterveräußerung erworben werden, oder die Teil eines einheitlich gemanagten Portfolios sind, für das sich eine Handelsabsicht nachweisen lässt. Auch Derivate, die nicht in eine Sicherungsbeziehung eingebunden sind und nicht den Regeln des *Hedge-Accounting* unterliegen, rechnen zu den Handelswerten. Andererseits nimmt diese Kategorie finanzielle Vermögenswerte auf, für die das Management im Zugangszeitpunkt die *fair value*-Option ausgeübt hat (gewillkürter Handelsbestand). Diese Möglichkeit eröffnet IAS 39 allerdings nur für bestimmte strukturierte Produkte (vgl. IAS 39.11(a)) und zur Erhöhung der Relevanz der Abschlussinformationen in zwei näher definierten Fällen[100].

Veräußerbare Werte

Die Kategorie der zur Veräußerung verfügbaren Finanzinstrumente umfasst als Auffangposten alle finanziellen Vermögenswerte, die keiner der anderen drei Kategorien zuzurechnen sind. Dazu zählen in erster Linie Eigenkapitalinstrumente, aber auch Fremdkapitalinstrumente, die nicht den Anforderungen für eine Einstufung als Fälligkeitswerte oder Kredite und Forderungen genügen. Ferner umfasst die Kategorie jene Finanzinstrumente, die die Voraussetzungen für eine Zurechnung zu einer der ersten beiden Kategorien erfüllen, aber nach dem Willen des Managements als zur Veräußerung verfügbar klassifiziert werden.

Veräußerbare Werte sind im Zugangszeitpunkt zum beizulegenden Zeitwert zuzüglich etwaiger Transaktionskosten zu bewerten (IAS 39.43)[101]. Auch für die Folgebewertung ist der beizulegende Zeitwert der primäre Bewertungsmaßstab. Wertänderungen der Finanzinstrumente sind allerdings erfolgsneutral im *other comprehensive income* als Teil des Eigenkapitals zu berücksichtigen[102]. Die Zeitwertänderungen werden entweder im Zeitpunkt des Abgangs der Anteile oder – soweit der beizulegende Zeitwert unter den um Amortisationen und Rückzahlungen fortgeführten Zugangswert gesunken ist – im Fall einer Wertminderung erfolgswirksam (vgl. hierzu die nachfolgenden Ausführungen).

Ausgenommen von der *fair value*-Bewertung sind Eigenkapitalinstrumente, die über keinen notierten Marktpreis verfügen und deren beizulegender Zeitwert auch nicht anderweitig verlässlich ermittelbar ist. Für sie ist eine Anschaffungskostenbewertung vorgesehen. Entsprechendes gilt für Derivate auf solche Eigenkapitalinstrumente.

Wertminderungen

Mit Ausnahme der erfolgswirksam zum beizulegenden Zeitwert bewerteten Finanzinstrumente sind alle finanziellen Vermögenswerte zum Ende eines jeden Berichtszeitraums auf eine mögliche Wertminderung hin zu überprüfen (vgl. IAS 39.58 ff.). Eine Wertminderung liegt vor, wenn ein finanzieller Vermögenswert infolge des Eintritts eines bestimmten Ereignisses künftig niedrigere Cashflows erwarten lässt als ursprünglich angenommen. Wertmin-

---

[100] Zum einen geht es um die Reduzierung von Inkonsistenzen im *mixed measurement model*, zum anderen um die Anpassung der externen Rechnungslegung an eine für Steuerungszwecke praktizierte Portfoliobewertung auf *fair value*-Basis; vgl. IAS 39.9.

[101] Näher zur *fair value*-Option Löw/Blaschke, BB 2005, S. 1727 ff.

[102] Das gilt nicht für Gewinne und Verluste aus der Währungsumrechnung bei monetären Posten und Wertminderungen. Sie sind erfolgswirksam im Abschluss zu erfassen; vgl. IAS 39.55(b) i. V. mit IAS 39.AG83.

derungen führen zur erfolgswirksamen Erfassung eines Verlusts in der Gewinn- und Verlustrechnung bzw. Gesamtergebnisrechnung. Dieser ermittelt sich bei den zu fortgeführten Anschaffungskosten bewerteten finanziellen Vermögenswerten als Differenz zwischen dem Buchwert und dem unter Rückgriff auf den ursprünglichen Effektivzinssatz berechneten Barwert der künftigen Cashflows (vgl. IAS 39.63). Bei den zur Veräußerung verfügbaren Instrumenten ist ein bislang erfolgsneutral im Eigenkapital erfasster kumulierter Verlust in das Jahresergebnis zu übernehmen (vgl. IAS 39.67 f.).

Fällt zu einem späteren Stichtag die Wertminderung objektiv weg, ist bei Forderungen und Krediten, bei Fälligkeitswerten sowie bei den als zur Veräußerung verfügbar klassifizierten Fremdkapitalinstrumenten der erfasste Verlust ganz oder teilweise durch eine erfolgswirksame Zuschreibung zu stornieren (vgl. IAS 39.65,.70). Bei Eigenkapitalinstrumenten der Kategorie *available for sale* sieht IAS 39.69 dagegen nur eine erfolgsneutrale Anpassung des beizulegenden Zeitwerts vor.

Sonderfall: Derivate in Sicherungsbeziehungen

Eine besondere Behandlung erfahren nach IAS 39 Derivate, die das Unternehmen zur Absicherung gegen *fair value*- oder Cashflow-Änderungen aus bestimmten risikobehafteten Grundgeschäften einsetzt[103]. Diese Finanzinstrumente gehören keiner der oben erläuterten vier Kategorien an. Derivate, die Schwankungen des beizulegenden Zeitwerts von Vermögenswerten, Schulden oder von Ansprüchen oder Verpflichtungen aus schwebenden Geschäften kompensieren sollen, unterliegen den allgemeinen Bewertungsregeln für Handelswerte. Ihre Bewertung erfolgt mithin durchgängig erfolgswirksam zum beizulegenden Zeitwert.

Besondere Bewertungsvorschriften gelten demgegenüber für Derivate, mit denen sich das Unternehmen gegen das Risiko einer ungünstigen Änderung künftiger Zahlungsströme aus Vermögenswerten, Schulden, bestimmten schwebenden Geschäften und hochwahrscheinlichen Transaktionen absichert[104]. Darunter fallen etwa Devisentermingeschäfte, die das Risiko währungsbedingt sinkender Verkaufspreise aus Absatzgeschäften in fremder Währung reduzieren oder ausschließen sollen. Zwar werden auch diese Derivate zum beizulegenden Zeitwert bewertet. Der das Risiko aus dem Grundgeschäft effektiv kompensierende Teil der Zeitwertänderung ist allerdings zunächst erfolgsneutral im Eigenkapital zu „parken“, während der ineffektive Teil in das Jahresergebnis eingeht. Der Eigenkapitalposten ist erfolgswirksam aufzulösen, wenn und soweit sich die abgesicherten Cashflows aus dem Grundgeschäft als Aufwendungen oder Erträge in der Gewinn- und Verlustrechnung niederschlagen (vgl. IAS 39.95 ff.). Auf diese Weise ist ein Ausgleich der gegenläufigen Erfolgseffekte aus dem Grund- und Sicherungsgeschäft gewährleistet. Bezogen auf das erwähnte Beispiel eines Devisentermingeschäfts bedeutet das: Bis zur Realisierung des Umsatzes aus dem Absatzgeschäft sind – 100%ige Effektivität der Sicherungsbeziehung vorausgesetzt – die währungsinduzierten *fair value*-Änderungen des Devisentermingeschäfts im Eigenkapital zu erfassen. Zeitgleich mit der Einbuchung des Umsatzes aus dem Absatzgeschäft ist der unrealisierte Währungsgewinn oder -verlust aus dem Devisentermingeschäft in die Gewinn- und Verlustrechnung zu übernehmen. Im Ergebnis wird auf diese Weise ein gegen Währungsschwankungen immunisierter Umsatz ausgewiesen.

---

103 Zur Verbreitung des *Hedge Accounting* bei deutschen und schweizerischen Nichtbanken vgl. Glaum/Klöcker, KoR 2008, S. 329 ff.

104 Vgl. grundlegend Nguyen, IRZ 2007, S. 299 ff.

Zur Veräußerung verfügbar gehaltene finanzielle Vermögenswerte sind nach IFRS mit wenigen Ausnahmen zum beizulegenden Zeitwert anzusetzen. Die Bewertung ist erfolgsneutral und schlägt sich in einer gesonderten Rücklage im Eigenkapital nieder. Lediglich Wertminderungen führen zur Erfassung eines Abschreibungsaufwands. Bei der Veräußerung der Vermögenswerte werden die bis dahin unrealisierten Bewertungserfolge erfolgswirksam. Eine erfolgsneutrale Zeitwertbewertung ist ebenfalls für Derivate vorgesehen, mit denen sich das Unternehmen gegen das Risiko von Cashflow-Schwankungen absichert.

3.2.4.3 Analyseansatz

Im Mittelpunkt des darzustellenden Analyseansatzes stehen die von einem Unternehmen als Kapitalanlage gehaltenen finanziellen Vermögenswerte, die – nicht zuletzt aufgrund der Verwertungsbeschränkungen für die bis zur Endfälligkeit zu haltenden Investments – überwiegend der Kategorie ‚zur Veräußerung verfügbar' zugewiesen werden. Dank der für sie angeordneten Zeitwertbewertung lässt sich dem IFRS-Abschluss nicht nur der aktuelle (Markt-)Wert dieser Finanzanlagen entnehmen. Auch ihre Wertentwicklung im Zeitablauf und die Anlageerfolge werden transparent[105].

Erster Ansatzpunkt zur Analyse dieser Investments sind die nach IFRS 7 geforderten Angaben zu den Buchwerten und zu den beizulegenden Zeitwerten der vom Unternehmen gehaltenen Finanzinstrumente nach Bewertungskategorien. Sie verdeutlichen den Anteil der veräußerbaren Werte am Gesamtvermögen und damit ihre wirtschaftliche Bedeutung.

Die Auswirkungen der Zeitwertbewertung auf die Darstellung der Vermögenslage lässt die Eigenkapitalveränderungsrechnung erkennen. Sie zeigt die Entwicklung des Saldos aus unrealisierten Gewinnen und Verlusten vom Beginn bis zum Ende der Berichtsperiode sowie des Vorjahrs. Positive Rücklagenbeträge sind Ausdruck von Wertsteigerungen der finanziellen Vermögenswerte, eine negative Rücklage signalisiert eingetretene Wertverluste zum Stichtag, die allerdings nach Einschätzung des Managements nicht zu einem endgültigen Ausfall von Cashflows führen werden.

Die in der Eigenkapitalveränderungsrechnung geforderte Aufteilung der Nettovermögensänderungen auf die Gesellschafter des Mutterunternehmens und die nicht kontrollierenden Gesellschafter (Minderheiten) verdeutlicht zudem, welche Anteile der unrealisierten Wertänderungen bei veräußerbaren Werten auf die beiden Gesellschaftergruppen des Konzerns entfallen.

Die Entwicklung der unrealisierten Erfolge aus der Marktbewertung von zur Veräußerung verfügbaren finanziellen Vermögenswerten in der Eigenkapitalveränderungsrechnung lässt nicht erkennen, auf welchen Ursachen sie beruht. So kann die Zunahme des Eigenkapitalpostens ihren Grund sowohl in einem gestiegenen Marktwert der Anlagen haben als auch in einer Verlustrealisation durch Verkauf von Finanzinstrumenten sowie der Erfassung einer Wertminderung. Entsprechendes gilt für eine Abnahme des *other comprehensive income*. Ob sich dahinter ein gesunkener Zeitwert oder die Realisation eines zuvor erfassten unrealisierten Gewinns verbirgt, ergibt sich aus der Eigenkapitalveränderungsrechnung nicht. Informationen hierzu enthalten die Gesamtergebnisrechnung oder der Anhang. IAS 1.92 verpflichtet nämlich dazu, die Überführung von bislang unrealisierten Erfolgen aus dem *other comprehensive income* in das Jahresergebnis (*reclassifications*) separat darzustellen.

105 Zur Bedeutung der erfolgsneutral erfassten *fair value*-Änderungen bei börsennotierten Unternehmen in Deutschland vgl. Müller/Reinke, PiR 2008, S. 258 ff.

Die Angabe der realisierten Erfolge aus veräußerbaren Werten ist für die Beurteilung der Ertragslage von Bedeutung[106]. Da die steuerliche Behandlung dieser Aufwendungen und Erträge sehr stark differieren kann, liegt eine Vor- und Nachsteuerbetrachtung nahe. In der Gesamtergebnisrechnung dürfen die Veränderungen der einzelnen Komponenten des *other comprehensive income* vor oder nach Steuern angegeben werden[107]. Der auf diese Veränderungen entfallende Steuereffekt ist im Anhang oder in der Gesamtergebnisrechnung gesondert zu berichten (vgl. IAS 1.90). Eine Pflicht, die Steuern auf die unrealisierten und realisierten Veränderungen der einzelnen Komponenten des *other comprehensive income* aufzuteilen, ergibt sich aus der betreffenden Bestimmung nicht. Einige Unternehmen stellen diese Information freiwillig zur Verfügung.

Die Zeitwertbewertung von Finanzinstrumenten beeinflusst auch die Höhe des ausgewiesenen Eigenkapitals. Die Qualität des bilanziellen Nettovermögens ist differenziert zu beurteilen. Zu unterscheiden ist zunächst zwischen (durch Veräußerung) realisierten[108] und unrealisierten Vermögensmehrungen. Letztere sind tendenziell unsicherer. Das gilt weniger im Hinblick auf das Risiko ihrer Verflüchtigung als vielmehr unter dem Gesichtspunkt der Verlässlichkeit ihrer Ermittlung. Als Haftungsmasse für Kreditgeber ist etwa eine Aktie, die zu 50 gekauft wurde und auf 100 gestiegen ist, nicht mehr oder weniger wertvoll als die gleiche Aktie, die zu 100 gekauft wurde[109].

Aufgrund nur begrenzt verfügbarer Marktpreise wird sich der beizulegende Zeitwert jedoch vielfach nur über Bewertungsmodelle approximieren lassen. Ob bei einer Veräußerung der so ermittelte Wert tatsächlich realisiert werden könnte, bleibt ungewiss. Diesem Umstand trägt die Berichtspflicht in IFRS 13.93(b) Rechnung. Sie verlangt für alle in der Bilanz zum beizulegenden Zeitwert bewerteten Finanzinstrumente die Angabe, welcher Stufe innerhalb der *fair value*-Hierarchie gemäß IFRS 13.76 ff. der Wertansatz zuzurechnen ist. Der Standard unterscheidet drei Stufen:

- auf aktiven Märkten für identische Finanzinstrumente notierte Preise
- Bewertungen unter Rückgriff auf andere direkt oder indirekt am Markt beobachtbare Inputfaktoren
- Bewertungen, die nicht am Markt beobachtbare Inputfaktoren verwenden

Eine weitere Unterscheidung betrifft die unrealisierten Vermögensänderungen aus der Zeitwertbewertung von zur Veräußerung verfügbaren finanziellen Vermögenswerten und Derivaten, die Teil eines Cashflow-*Hedge* sind. Sie sind in einem Eigenkapitalposten zusammengefasst. Aus abschlussanalytischer Sicht haben beide Effekte eine **unterschiedliche Qualität**. Während Zeitwertsteigerungen bei zur Veräußerung verfügbaren finanziellen Vermögenswerten auf einen tatsächlichen Anstieg des Nettovermögens schließen lassen, zeigt der Wertanstieg des in einen Cashflow-*Hedge* eingebundenen Derivats nur die halbe Wahrheit. Da nur der effektive Teil der Werterhöhung des Derivats in der Rücklage erfasst wird, muss in diesem Fall das abgesicherte Grundgeschäft in gleicher Höhe einen Wertverlust erlitten haben. Der Anstieg der Rücklage indiziert insoweit mithin nur eine **scheinbare Nettovermögenszunahme**. Inwieweit die in der Rücklage erfassten Zeitwertänderungen zur Veräußerung

---

106 Zu den Komponenten des *other comprehensive income*, ihrem Stellenwert in der Bilanzierungspraxis und zu ihrer Bedeutung für die Erfolgsanalyse vgl. Lachnit/Müller, DB 2005, S. 1637 ff.

107 Vgl. IAS 1.91 und das erläuternde Beispiel in IAS 1.IG6.

108 Die IFRS behandeln teilweise auch Wertänderungen am ruhenden Vermögen als realisiert. Das gilt etwa für solche bei Handelswerten.

109 Bei diesem Vergleich bleiben Steuereffekte unberücksichtigt.

verfügbare finanzielle Vermögenswerte oder Cashflow-Hedges betreffen, ist durch Auswertung der Anhangsinformationen zu ergründen[110].

> Die Eigenkapitalveränderungsrechnung gibt Auskunft über die Geschäftsjahresentwicklung des Marktwerts der zur Veräußerung gehaltenen finanziellen Vermögenswerte. Um die effektive Veränderung des Nettovermögens aus der Zeitwertbewertung von finanziellen Vermögenswerten zu ermitteln, müssen die Auswirkungen aus der Bewertung der als Sicherungsinstrumente dienenden Derivate eliminiert werden. Die hierzu notwendigen Informationen sind dem Anhang zu entnehmen.

3.2.4.4 Praxisbeispiel

Der Anhang des IFRS-Konzernabschlusses von E.ON zum 31.12.2010 enthält die in Abb. 3.2-12 wiedergegebenen Informationen zu den Buchwerten und beizulegenden Zeitwerten finanzieller Vermögenswerte nach Bewertungskategorien.

Buchwerte, Fair Values und Bewertungskategorien nach Klassen im Anwendungsbereich des IFRS 7 zum 31. Dezember 2013

in Mio €	Buchwerte	Summe Buchwerte im Anwendungsbereich des IFRS 7	Bewertungskategorien gemäß IAS 39[1)]	Fair Value	Anhand von Börsenkursen ermittelt	Von Marktwerten abgeleitet
Beteiligungen	1.966	1.966	AfS	1.966	120	422
Finanzforderungen und sonstige finanzielle Vermögenswerte	5.159	5.021		5.263	106	204
Forderungen aus Finanzierungsleasing	*725*	*725*	*n/a*	*725*	*106*	*204*
Sonstige Finanzforderungen und finanzielle Vermögenswerte	*4.434*	*4.296*	*LaR*	*4.538*	-	-
Forderungen aus Lieferungen und Leistungen und sonstige betriebliche Vermögenswerte	22.917	21.314		21.314	1.878	3.318
Forderungen aus Lieferungen und Leistungen	*14.246*	*14.246*	*LaR*	*14.246*	-	-
Derivate ohne Hedging-Beziehungen	*5.122*	*5.122*	*HfT*	*5.122*	*1.878*	*2.959*
Derivate mit Hedging-Beziehungen	*359*	*359*	*n/a*	*359*	-	*359*
Sonstige betriebliche Vermögenswerte	*3.190*	*1.587*	*LaR*	*1.587*	-	-
Wertpapiere und Festgeldanlagen	7.092	7.092	AfS	7.092	6.468	624
Zahlungsmittel und Zahlungsmitteläquivalente	4.027	4.027	AfS	4.027	3.993	34
Zahlungsmittel, die einer Verfügungsbeschränkung unterliegen	639	639	AfS	639	638	-
Zur Veräußerung gehaltene Vermögenswerte	1.031	204	AfS	204	73	131
Summe Vermögenswerte	**42.831**	**40.263**		**40.505**	**13.276**	**4.733**

Abbildung 3.2-12: *Angaben zur Bedeutung finanzieller Vermögenswerte im IFRS-Abschluss von E.ON*[111]

Unter dem Aspekt der Zeitwertbewertung sind unter den veräußerbaren Werten vor allem die Beteiligungen (1.966 Mio. €) sowie die Wertpapiere und Festgeldanlagen (7.092 Mio. €) von Interesse. Die für Letztere ermittelten beizulegenden Zeitwerte weisen einen relativ hohen

110 § 254 HGB sieht ebenfalls besondere Abbildungsregeln für Bewertungseinheiten vor. Anders als nach IFRS führen diese bei Cashflow-Hedges jedoch nicht zu einer Beeinflussung des Eigenkapitalausweises; vgl. zur Abbildung von Cashflow Hedges nach HGB Cassel/Kessler, in: Bertram/Brinkmann/Kessler/Müller (Hrsg.), Haufe HGB Bilanz Kommentar, 5. Aufl., Freiburg u. a. 2014, § 254 HGB, Rz. 40 ff.; Hoffmann/Lüdenbach, NWB Kommentar Bilanzierung, 5. Aufl., Herne 2014, § 254 HGB, Rz. 115 ff.

111 Vgl. E.ON SE, Geschäftsbericht 2013, S. 176.

Verlässlichkeitsgrad auf: Rund 91 % sind anhand von Börsenkursen ermittelt. In den übrigen Fällen wurden die *fair values* aus Marktwerten abgeleitet. Der Anteil der marktbasiert bewerteten Beteiligungen liegt demgegenüber bei „lediglich“ rund 28 %. 72 % des Gesamtbuchwerts wurden im Wege einer reinen *mark-to-model*-Bewertung ermittelt. Sie hat im Geschäftsjahr 2013 Wertsteigerungen ergeben, die zu einer Erhöhung des *other comprehensive income* um 242 Mio. € geführt haben (vgl. Abb. 3.2-13).

Herleitung Fair-Value-Stufe 3 (durch Bewertungsmethoden ermittelt)

in Mio €	Stand zum 1. Januar 2013	Käufe (inklusive Zugängen)	Verkäufe (inklusive Abgängen)	Abwicklung	Gewinne/ Verluste in der GuV	Umgliederungen in Stufe 3	Umgliederungen aus Stufe 3	Gewinne/ Verluste im OCI	Stand zum 31. Dezember 2013
Beteiligungen	1.323	59	-229	-	-13	42	-	242	1.424
Derivative Finanzinstrumente	97	38	-25	7	13	-	-	-	130
Summe	**1.420**	**97**	**-254**	**7**	**0**	**42**	**0**	**242**	**1.554**

Abbildung 3.2-13: *Mittels Bewertungsmethoden ermittelte beizulegende Zeitwerte von Finanzinstrumenten bei E.ON*[112]

Bei Beteiligungen mit einem Buchwert von 19 Mio. € hat E.ON mangels verlässlich schätzbarer Cashflows auf eine Zeitwertbewertung verzichtet[113]. Sie sind – soweit keine Wertminderungen erfasst wurden – zu Anschaffungskosten bilanziert.

Wie sich aus der Eigenkapitalveränderungsrechnung von E.ON (vgl. Abb. 3.2-14) ergibt, weist der Konzern für das Geschäftsjahr 2013 ein auf die Gesellschafter des Mutterunternehmens entfallendes positives *other comprehensive income* aus weiterveräußerbaren Wertpapieren von 391 Mio. € aus.

Entwicklung des Konzerneigenkapitals

in Mio €	…	Veränderung kumuliertes Other Comprehensive Income: Differenz aus der Währungsumrechnung	Weiterveräußerbare Wertpapiere	Cashflow Hedges	…	Anteile ohne beherrschenden Einfluss	Summe
Stand zum 1. Januar 2013[1)]		**-614**	**810**	**-343**		**3.862**	**38.820**
Veränderung Konsolidierungskreis						-944	-944
Zurückgekaufte/verkaufte eigene Anteile							14
Kapitalerhöhung						41	41
Kapitalherabsetzung						-31	-31
Gezahlte Dividenden						-251	-2.348
Anteilserhöhung						25	-35
Saldo Zu-/Abgänge aus der Umgliederung im Zusammenhang mit Put-Optionen						-65	-65
Comprehensive Income		-2.128	391	51		278	933
Konzernüberschuss						*368*	*2.510*
Other Comprehensive Income		*-2.128*	*391*	*51*		*-90*	*-1.577*
Neubewertung von leistungsorientierten Versorgungsplänen						*33*	*232*
Veränderung kumuliertes Other Comprehensive Income		*-2.128*	*391*	*51*		*-123*	*-1.809*
Stand zum 31. Dezember 2013		**-2.742**	**1.201**	**-292**		**2.915**	**36.385**

Abbildung 3.2-14: *Auszug aus der Konzerneigenkapitalveränderungsrechnung von E.ON*[114]

112 Vgl. E.ON SE, Geschäftsbericht 2013, S. 178.
113 Vgl. E.ON SE, Geschäftsbericht 2013, S. 177.

Auf welche Vorgänge dieses *other comprehensive income* zurückgeht, verdeutlicht die Gesamtergebnisrechnung (vgl. Abb. 3.2-15). Danach ist der beizulegende Zeitwert der veräußerbaren Werte im Geschäftsjahr 2013 um 531 Mio. € gestiegen. Dem stehen ergebniswirksame Reklassifizierungen i.H. von −163 Mio. € entgegen.

Aufstellung der im Konzerneigenkapital erfassten Erträge und Aufwendungen des E.ON-Konzerns		
in Mio €	2013	2012[1)]
Konzernüberschuss	**2.510**	**2.613**
Neubewertung von leistungsorientierten Versorgungsplänen	504	-1.869
Neubewertung von leistungsorientierten Versorgungsplänen at equity bewerteter Unternehmen	-12	-
Ertragsteuern	-260	515
Posten, die nicht in den Gewinn und Verlust umgegliedert werden	**232**	**-1.354**
Cashflow Hedges	112	-316
Unrealisierte Veränderung	*124*	*-237*
Ergebniswirksame Reklassifizierung	*-12*	*-79*
Weiterveräußerbare Wertpapiere	368	14
Unrealisierte Veränderung	*531*	*100*
Ergebniswirksame Reklassifizierung	*-163*	*-86*
Währungsumrechnungsdifferenz	-1.296	461
Unrealisierte Veränderung	*-1.347*	*506*
Ergebniswirksame Reklassifizierung	*51*	*-45*
At equity bewertete Unternehmen	-972	-14
Unrealisierte Veränderung	*-628*	*-14*
Ergebniswirksame Reklassifizierung	*-344*	-
Ertragsteuern	-21	77
Posten, die anschließend möglicherweise in den Gewinn oder Verlust umgegliedert werden	**-1.809**	**222**
Summe der direkt im Eigenkapital erfassten Erträge und Aufwendungen	**-1.577**	**-1.132**
Summe der erfassten Erträge und Aufwendungen (Summe Comprehensive Income)	**933**	**1.481**
Anteil der Gesellschafter der E.ON SE	*655*	*1.083*
Anteile ohne beherrschenden Einfluss	*278*	*398*

Abbildung 3.2-15: *(Verkürzte) Gesamtergebnisrechnung von E.ON*[115]

Per Saldo ist das *other comprehensive income* durch die Marktbewertung weiterveräußerbarer Wertpapiere um 368 Mio. € erhöht worden.. Der Betrag von 368 Mio. € ist nicht unmittelbar vergleichbar mit der in der Eigenkapitalveränderungsrechnung dargestellten Entwicklung des kumulierten *other comprehensive income.* Zum einen handelt es sich um Vorsteuerangaben, zum anderen können die in der Gesamtergebnisrechnung ausgewiesenen Veränderungen auch die auf nicht kontrollierende Gesellschafter entfallenden Effekte enthalten.

Die Nachsteuerveränderung des *other comprehensive income* aus Veräußerungswerten ist dem Anhang des IFRS-Abschlusses von E.ON zu entnehmen. Sie beläuft sich auf 394 Mio. € (vgl. Abb. 3.2-16). Per Saldo haben die Marktbewertung weiterveräußerbarer Wertpapiere und die Abgänge somit zu einem Steuerertrag von 26 Mio. € geführt. Er setzt sich zusammen aus den passiven latenten Steuern, die für die zusätzliche zu versteuernde temporäre Differenz aus dem Anstieg der Marktwerte zu bilden waren, und der Auflösung der für die veräußerten Wertpapiere ursprünglich gebildeten latenten Steuern.

114 Vgl. E.ON SE, Geschäftsbericht 2013, S. 102 f.

115 Vgl. E.ON SE, Geschäftsbericht 2013, S. 97.

Ertragsteuern auf Bestandteile des Other Comprehensive Income						
	2013			2012		
in Mio €	vor Ertrag-steuern	Ertrag-steuern	nach Ertrag-steuern	vor Ertrag-steuern	Ertrag-steuern	nach Ertrag-steuern
Cashflow Hedges	112	-25	87	-316	101	-215
Weiterveräußerbare Wertpapiere	368	26	394	14	-59	-45
Währungsumrechnungsdifferenz	-1.296	-22	-1.318	461	35	496
Neubewertung von leistungsorientierten Versorgungsplänen	504	-261	243	-1.869	515	-1.354
At equity bewertete Unternehmen	-984	1	-983	-14	-	-14
Summe	**-1.296**	**-281**	**-1.577**	**-1.724**	**592**	**-1.132**

Abbildung 3.2-16: *Ertragsteuern auf Bestandteile des other comprehensive income bei E.ON*[116]

In welchem Umfang der per Saldo ausgewiesene Steuerertrag von 26 Mio. € auf Reklassifizierungen und Zeitwertänderungen der weiterveräußerbaren Wertpapiere zurückgeht, lässt der Abschluss von E.ON nicht erkennen. Eine solche Zusatzinformation liefert beispielsweise EnBW. Der Konzern hat im Geschäftsjahr 2013 ein *other comprehensive income* aus zur Veräußerung verfügbaren finanziellen Vermögenswerten von 36,3 Mio. € berichtet. Der Betrag setzt sich aus (per Saldo) unrealisierten Wertsteigerungen von 149,8 Mio. € und realisierten Veräußerungsgewinnen von −113,6 Mio. € zusammen. Die auf diese Teilbeträge entfallenden und im *other comprehensive income* erfassten latenten Steuern sind im Anhang gesondert aufgeführt (vgl. Abb. 3.2-17 und 3.2-18).

Mio. €[1]	2013			2012		
...	Vor Steuern	Steuer-aufwand/ -ertrag	Nach Steuern	Vor Steuern	Steuer-aufwand/ -ertrag	Nach Steuern
Zur Veräußerung verfügbare finanzielle Vermögenswerte	149,8	-0,8	149,0	267,2	-33,9	233,3
...						

Abbildung 3.2-17: *Steuereffekte der unrealisierten Wertänderung von veräußerbaren Werten bei EnBW*[117]

Mio. €[1]	2013			2012		
...	Vor Steuern	Steuer-aufwand/ -ertrag	Nach Steuern	Vor Steuern	Steuer-aufwand/ -ertrag	Nach Steuern
Zur Veräußerung verfügbare finanzielle Vermögenswerte	-113,5	11,3	-102,2	-97,3	12,8	-84,5
...						

Abbildung 3.2-18: *Steuereffekte aus ergebniswirksamen Umklassifizierungen für veräußerbare Werte bei EnBW*[118]

116 Vgl. E.ON SE, Geschäftsbericht 2013, S. 131.
117 Vgl. EnBW, Konzernabschluss 2013, S. 43.
118 Vgl. EnBW, Konzernabschluss 2013, S. 43.

Die Nachsteuerveränderung des *other comprehensive income* aus weiterveräußerbaren Wertpapieren laut Gesamtergebnisrechnung von E.ON in Höhe von 394 Mio. € stimmt nicht mit dem in der Eigenkapitalveränderungsrechnung für die Gesellschafter des Mutterunternehmens angegebenen Betrag in Höhe von 391 Mio. € überein. Die Veränderung des *other comprehensive income* aus weiterveräußerbaren Wertpapieren entfällt somit nicht komplett auf die Gesellschafter der E.ON SE, sondern in Höhe von 3 Mio. € auf nicht kontrollierende Anteile.

Abschließend seien noch die Eigenkapitalauswirkungen der Marktbewertung von Finanzinstrumenten näher betrachtet. Wie sich aus der Gesamtergebnisrechnung ergibt, hat die *fair value*-Bewertung von veräußerbaren Werten das Konzerneigenkapital von E.ON um die im Geschäftsjahr 2013 berücksichtigte unrealisierte Wertsteigerung von 531 Mio. € vor Steuern erhöht. Die Reklassifizierung ist eigenkapitalneutral, da sie in gleicher Höhe zum Ausweis eines Ertrags in der Gewinn- und Verlustrechnung geführt hat. Geht man von einer latenten Steuerbelastung des unrealisierten Gewinns von 1,5 % aus[119], hat die Zeitwertbewertung der als zur Veräußerung gehalten klassifizierten Wertpapiere das Eigenkapital von E.ON im Geschäftsjahr 2013 um rund 1,5 %[120] erhöht. Da die Bewertung der Wertpapiere – wie eingangs erwähnt – ganz überwiegend auf Börsenpreisen beruht oder aus Marktpreisen abgeleitet wurde, weist die ermittelte Zunahme des Nettovermögens eine hohe Verlässlichkeit auf.

Das im E.ON-Konzernabschluss ausgewiesene Eigenkapital ist ferner durch die Zeitwertbewertung von Handelswerten und Derivaten beeinflusst, die Teil einer Sicherungsbeziehung sind. Die Zeitwertbewertung der von E.ON für Cashflow-*Hedges* eingesetzten Derivate hat das Konzerneigenkapital im Geschäftsjahr 2013 um 124 Mio. € vor Steuern erhöht. Diese Eigenkapitalzunahme korrespondiert mit einer in der Bilanz nicht erfassten gleich hohen gegenläufigen Wertentwicklung der abgesicherten Grundgeschäfte. Für Zwecke einer Kennzahlenanalyse sollte die unrealisierte Werterhöhung der Derivate aus der Eigenkapitalgröße eliminiert werden. Im vorliegenden Fall ist der Effekt relativ gering. Das muss nicht so sein. So hat etwa VW im Geschäftsjahr 2013 unrealisierte Wertsteigerungen von für Cashflow-*Hedges* eingesetzte Sicherungsinstrumente vor Steuern in Höhe von 2.521 Mio. € erfolgsneutral im *other comprehensive income* erfasst[121].

Wie sich aus Abb. 3.2-12 ergibt, weist E.ON zudem Derivate ohne *Hedge*-Beziehung im Umfang von 5.122 Mio. € als finanzielle Vermögenswerte und 4.786 Mio. €[122] als finanzielle Verbindlichkeiten aus. Hierbei handelt es sich um *Commodity*-, Devisen- und Zinsderivate. Welcher Teil dieser Buchwerte auf die erfolgswirksame *fair value*-Bewertung zurückgeht, lässt sich dem Abschluss nicht entnehmen. Dazu wären Informationen erforderlich, in welchem Umfang E.ON Derivate mit positivem oder negativem beizulegenden Zeitwert erworben hat. Nach der Aufstellung der einzelnen Arten von Derivaten im Anhang des Konzernab-

---

119 30 % Steuerbelastung bezogen auf 5 % der Bemessungsgrundlage; vgl. § 8b Abs. 2, 3 KStG. *Fair value*-Änderungen bei Finanzinstrumenten, die der vollen Steuerbelastung unterliegen, werden vernachlässigt.

120 Wertsteigerung nach Steuern (523 Mio. € = 98,5 % von 531 Mio. €)/Eigenkapital vor Wertsteigerung nach Steuern (35.862 Mio. € = 36.385 Mio. € – 523 Mio. €)

121 Vgl. VW AG Geschäftsbericht 2013, S. 170.

122 Vgl. E.ON SE, Geschäftsbericht 2013, S. 176.

schlusses setzt E.ON auch Optionen ein[123]. Sie haben stets einen von null verschiedenen Zugangswert[124].

Für die Frage nach der Qualität des ausgewiesenen Nettovermögens ist dieser Aspekt nicht von Bedeutung. Die Derivate repräsentieren echtes Vermögen und echte Schulden. Interessanter ist die Frage, wie die beizulegenden Zeitwerte ermittelt wurden[125]. Wie Abb. 3.2-13 zeigt, unterlagen per Saldo Derivate mit einem Buchwert von 130 Mio. € einer reinen *mark-to-model*-Bewertung. Der Saldo setzt sich zusammen aus Derivaten mit einem positiven Marktwert von 285 Mio. € (vgl. Abb. 3.2-12) und Derivaten mit einem negativen Marktwert von 155 Mio. €[126]. Gemessen am Gesamtbestand der Derivate ist das ein relativ kleiner Anteil.

3.2.5 Grenzen einer vergleichenden Abschlussanalyse

3.2.5.1 Vorbemerkung

In den vergangenen Jahren ist eine zunehmende Konvergenz von nationaler und internationaler Rechnungslegung zu beobachten. Ursächlich hierfür ist zum einen das Bemühen der Standardsetzer, Wahlrechte bei der Abbildung von Bilanzierungssachverhalten zu beseitigen[127]. Zudem hat der Gesetzgeber des HGB im Jahr 2009 mit dem BilMoG die handelsrechtliche Rechnungslegung durch eine zumeist vereinfachte Adaption international vorherrschender Bilanzierungskonventionen stärker an den Informationsinteressen der Abschlussadressaten ausgerichtet. Aus abschlussanalytischer Sicht ist diese Annäherung der Rechnungslegungsmodelle zu begrüßen, da sie die Vergleichbarkeit von Abschlüssen erhöht.

Wie bereits das Beispiel der Entwicklungskostenaktivierung gezeigt hat, führen die Beseitigung von Wahlrechten und die Angleichung von Abbildungsvorschriften nicht in allen Fällen zu einer vergleichbaren Darstellung betrieblicher Vorgänge in den Abschlüssen der Unternehmen. Ein weiteres Gebiet, auf dem bisweilen deutliche Verwerfungen zwischen der Rechnungslegung nach HGB und IFRS sichtbar werden, ist die Pensionsbewertung. Zwar haben sich auch hier die beiden Rechnungslegungsmodelle durch einen neuen Standard des IASB und die Änderung der handelsrechtlichen Bewertungsvorschriften deutliche aufeinander zubewegt. Von den verbliebenen Unterschieden zwischen den Abbildungsregeln können jedoch – nicht zuletzt aufgrund der teilweise großen Bedeutung von Pensionsverpflichtungen in der Praxis – signifikante Auswirkungen auf die Darstellung der Vermögens-, Finanz- und Ertragslage ausgehen. Anders als bei der Aktivierung selbst geschaffener immaterieller Vermögenswerte sind die Möglichkeiten, durch eine Aufbereitung der Abschlüsse die Vergleich-

123 Vgl. E.ON SE, Geschäftsbericht 2013, S. 175.

124 Auch die Analyse der in der Gewinn- und Verlustrechnung ausgewiesenen Aufwendungen und Erträge aus Derivaten (vgl. E.ON SE, Geschäftsbericht 2013, S. 127) führt in diesem Punkt nicht weiter, da in den betreffenden Positionen nicht nur Bewertungserfolge, sondern auch durch Veräußerung realisierte Erfolge enthalten sind.

125 So auch Kaiser, in: Weber/Lorson/Pfitzer/Kessler/Wirth (Hrsg.), Berichterstattung für den Kapitalmarkt, FS Küting, Stuttgart 2009, S. 98.

126 Vgl. hierzu die Angaben zur Bewertungsbasis der unter den Verbindlichkeiten ausgewiesenen Derivate in E.ON SE, Geschäftsbericht 2013, S. 176.

127 Vgl. zum Folgenden auch Kessler, PiR 2010, S. 72 ff.

barkeit von Kennzahlen zu erhöhen, bei der Pensionsbewertung eng begrenzt. Das kann es erforderlich machen, bei der Analyse von Unternehmen den Verpflichtungen aus Pensionszusagen außerhalb der Kennzahlenrechnung besondere Aufmerksamkeit zu schenken.

Der nachfolgende Abschnitt skizziert die Bewertungs- und Ausweisvorschriften der IFRS für Pensionsverpflichtungen (vgl. 3.2.5.2) und stellt diesen die Abbildungsvorschriften nach HGB gegenüber (vgl. 3.2.5.3). Abschnitt 3.2.5.4 erläutert die Auswirkungen des vereinfachten Bewertungsansatzes nach HGB und zeigt anhand eines praktischen Beispiels auf, wie diese näherungsweise abgeschätzt werden können.

3.2.5.2 Bewertung und Ausweis leistungsorientierter Pensionszusagen nach IFRS

Grundlagen der Verpflichtungsbewertung

Erteilt ein Unternehmen seinen Mitarbeitern Versorgungszusagen für den Fall des altersbedingten Ausscheidens, für die es selbst einstehen muss, liegt eine leistungsorientierte Pensionsverpflichtung vor. Derartige Pensionsverpflichtungen sind gemäß IAS 19.67 ff. **nach versicherungsmathematischen Grundsätzen** zu bewerten. Das heißt, die bis zum Abschlussstichtag wirtschaftlich entstandene Verpflichtung ist zu ermitteln unter Berücksichtigung

- biometrischer Wahrscheinlichkeiten (Sterbe-, Invalidisierungs- und Verheiratungswahrscheinlichkeiten),
- unternehmensspezifischer Fluktuationsraten und
- geschätzter künftiger Gehalts- und Rentensteigerungen.

Zudem fordert der Standard eine Abzinsung des jeweiligen Verpflichtungsbetrags unter Heranziehung der jeweiligen Rendite laufzeitäquivalenter erstrangiger Industrieobligationen (vgl. IAS 19.57(a)(ii) i. V. m. IAS 19.83 ff.). Sonderregelungen bestehen für den Fall rückwirkender Zusagen oder nachträglicher Zusageerhöhungen sowie für die Abgeltung zugesagter Pensionen (vgl. IAS 19.57(c)(ii) i. V. m. IAS 19.99 ff.). Sie sind nicht zu vertiefen[128].

Dem Anliegen eines möglichst realistischen **Schuldenausweises** entspricht es, die relevanten Bewertungsparamter einer Pensionsverpflichtung nach den jeweiligen Verhältnissen am Abschlussstichtag neu zu bestimmen. Diese Verfahrensweise liefert zu jedem Stichtag den aktuellen Barwert der vom Unternehmen in der Zukunft zu leistenden Zahlungen, um die von den Arbeitnehmern erdienten Versorgungsansprüche zu erfüllen. Diese stichtagsorientierte Verpflichtungsbewertung führt zu einer aus abschlussanalytischer Sicht unicht unbedenklichen Volatilität. Ändern sich die Bewertungsparameter im Zeitablauf, kann die passivierte Pensionsverpflichtung stark schwanken. Unter dem Blickwinkel eines zutreffenden Schuldenausweises mag man diese Volatilität in Kauf nehmen, da sie die jeweilige Wertänderung der Schulden widerspiegelt. Bei der **Erfolgsanalyse** kann sie sich hingegen als hinderlich erweisen. Erfolgte die Anpassung des Wertansatzes – entsprechend den allgemei-

[128] Vgl. weiterführend Rhiel, in: Lüdenbach/Hoffmann, (Hrsg.): Haufe IFRS-Kommentar, 9. Aufl., Freiburg u. a. 2011, § 22, Rz. 46.

nen Regeln für die Rückstellungsbewertung – erfolgswirksam, führte sie zum Ausweis erheblicher Bewertungserfolge in der Gewinn- und Verlustrechnung, die den Einblick in die Ertragslage des Unternehmens verzerren können. Zur Verdeutlichung: Im Lufthansa-Konzern hat die Neubewertung der Pensionsverpflichtungen zum 31.12.2013 im Vergleich zum vorangegangenen Stichtag 31.12.2012 zu einem Anpassungsbedarf von –694 Mio. € geführt. Für das Jahr zuvor wird eine gegenläufige Bewertungskorrektur von 2,23 Mrd. € berichtet (vgl. Abb. 3.2-19). Die Beträge liegen absolut jeweils deutlich über dem Jahresegebenis des Konzerns vor Steuern von 545 Mio. € (2013) bzw. 1.296 Mio. € (2012).[129] Bewertungserfolge in dieser Dimension stören die Analyse der operativen Performance des Konzerns nachhaltig.

Entwicklung des Barwerts der Pensionsverpflichtungen

in Mio. €	**2013**	2012
Stand 01.01.	15 021	12 919
Laufender Dienstzeitaufwand	605	476
Zinsaufwand	487	508
Nachzuverrechnender Dienstzeitaufwand / Effekte aus Kürzungen	–12	3
Effekte aus Abgeltungen	–2	–348
Neubewertungen		
Versicherungsmathematische Gewinne/Verluste aus Änderungen der demografischen Annahmen	2	–
Versicherungsmathematische Gewinne/Verluste aus Änderungen der finanziellen Annahmen	–694	2 296
Erfahrungsbedingte Anpassungen	–157	11
Währungsumrechnungsdifferenzen	–46	11
Veränderungen im Konsolidierungskreis	–	–
Beiträge zum Plan – Arbeitnehmer	32	61
Rentenzahlungen	–360	–435
Abgeltungszahlungen	–16	–525
Sonstige*	139	44
Stand 31.12.	**14 999**	**15 021**

Abbildung 3.2-19: *Entwicklung der Pensionsrückstellungen Planvermögens im Lufthansa-Konzern in den Geschäftsjahren 2012 und 2013*[130]

Um das Durchschlagen der allein durch Parameteränderungen hervorgerufenen Schwankungen von Pensionsverpflichtungen auf den Jahreserfolg zu vermeiden, sieht der Standard eine **zweistufige Verfahrensweise** bei der bilanziellen Fortschreibung von Pensionsverpflichtungen vor.[131] Zunächst ist der für die Berichtsperiode erwartete Anstieg des Barwerts der Leis-

---

129 Vgl. Deutsche Lufthansa AG, Geschäftsbericht 2013, S. 133, 175.

130 Vgl. Lufthansa AG, Geschäftsbericht 2013, S. 174.

131 Die folgenden Ausführungen beziehen sich auf die im Jahr 2011 vom IASB veröffentlichte Neufassung des IAS 19. Sie war für Geschäftsjahre, die am oder nach dem 01.01.2013 beginnen, erstmals anzuwenden. Mit ihr hat das IASB die bis dahin zulässigen unterschiedlichen Behandlungsmöglichkeiten für Schätzungsänderungen zu Gunsten der nachstehend erläuterten Verfahrensweise aufgegeben. Vgl. zur Vorgängerregelung die Vorauflage, S. 213 ff.; weiterführend m. w. N. Mehlinger/Seeger, BB 2011, S. 1771 ff., Pellens/Obermüller/Riemenschneider, KoR 2011, S. 561 ff.

tungsverpflichtungen aus Pensionszusagen nach Maßgabe der mit den einzelnen Mitarbeitern getroffenen Vereinbarungen zu schätzen. In diese **Schätzung** gehen die Erwartungen über Fluktuationsraten, Sterbewahrscheinlichkeiten, Gehalts- und Rentensteigerungen sowie über andere bewertungsrelevante zukünftige Bedingungen ein. In Höhe des erwarteten Barwerts der im Geschäftsjahr neu erworbenen Anwartschaften zuzüglich der Aufzinsung des Barwerts der Pensionsverpflichtung zu Beginn der Periode ist ein Aufwand in der Gewinn- und Verlustrechnung zu erfassen (vgl. IAS 19.66 ff.). Die auf diese Weise fortgeschriebene Pensionsverpflichtung ist sodann zum jeweiligen Abschlussstichtag **neuzubewerten**. Zu diesem Zweck überprüft das Unternehmen die der Verpflichtungsbewertung bislang zugrunde gelegten Annahmen und passt diese gegebenenfalls an die Stichtagsverhältnisse an. Derartige Anpassungen können z. B. aufgrund geänderter Fluktuationserwartungen, der Veröffentlichung aktualisierter Richttafeln, einer Neueinschätzung von Gehalts- und Rententrends oder einer Änderung des Abzinsungszinssatzes notwendig werden.

In dem Maße, wie der neubewertete Verpflichtungsbetrag den Buchwert der passivierten Schuld übersteigt, liegt ein versicherungsmathematischer Verlust, im umgekehrten Fall ein versicherungsmathematischer Gewinn vor. Die **Neubewertungserfolge** sind sofort durch eine entsprechende Korrektur des bilanziellen Wertansatzes zu berücksichtigen. Sie schlägt sich nicht in der Gewinn- und Verlustrechnung nieder, sondern ist **erfolgsneutral** im sonstigen Ergebnis (*other comprehensive income*) zu berücksichtigen (vgl. IAS 19.120(c)).

Die zweistufige Bewertungstechnik sei anhand eines vereinfachten **Beispiels** verdeutlicht, das keine Steuereffekte berücksichtigt: Zu Beginn des Geschäftsjahrs 01 weist U Pensionsverpflichtungen von 2.000 aus. Für das laufende Geschäftsjahr erwartet U einen Anstieg der Schuld aus neu erworbenen Anwartschaften der Pensionsberechtigten und aus der Aufzinsung des bereits passivierten Verpflichtungsbetrags um 200. Um diesen Erhöhungsbetrag sind die Pensionsverpflichtungen bei gleichzeitiger Erfassung eines entsprechenden Aufwands in der Gewinn- und Verlustrechnung fortzuschreiben. Ergibt die Neubewertung der Pensionsverpflichtungen zum Ende des Geschäftsjahrs eine Schuld von 2.500, ist der erfolgswirksam fortgeschriebene Verpflichtungsbetrag entsprechend zu korrigieren. Im Gegenzug erfasst U einen erfolgsneutralen Aufwand von 300 im sonstigen Ergebnis.

Behandlung von Planvermögen

Es entspricht einer verbreiteten Praxis, das zur Erfüllung von Pensionsverpflichtungen benötigte Vermögen ganz oder teilweise auf **externe Rechtsträger** (z. B. auf einen Treuhänder) zu übertragen. Darf dieses Vermögen ausschließlich für Pensionszahlungen verwendet werden und ist es dem Zugriff anderer Gläubiger entzogen, sieht IAS 19.8 i. V. m. IAS 19.113 in der bilanziellen Darstellung den **Abzug** dieses (Plan-)Vermögens **vom Verpflichtungsbetrag** vor[132].

Ähnlich wie die Veränderung der Pensionsverpflichtung ist auch die Wertentwicklung des Planvermögens zweistufig zu erfassen. Der in der Gewinn- und Verlustrechnung zu berücksichtigende Ertrag ermittelt sich als Produkt aus dem beizulegenden Zeitwert des Planvermögens und dem Abzinsungszinssatz nach den Verhältnissen zu Beginn der Periode (vgl.

132 Zur Problematik einer vergleichenden Analyse von Unternehmen mit externer und interner Finanzierung von Pensionsverpflichtungen vgl. Sellhorn, Pensionsverpflichtungen in der Rechnungslegung, abrufbar unter http://www.boeckler.de/pdf/mbf_pensionsverpflichtungen_im_ja.pdf, S. 59 ff.

IAS 19.125).[133] Zum Ende der Berichtsperiode ist das Planvermögen neuzubewerten. Abweichungen zwischen dem aufgezinsten Buchwert und dem aktuellen beizulegenden Zeitwert des Vermögens führen zu einer entsprechenden erfolgsneutralen Anpassung des Buchwerts über das sonstige Ergebnis.

Die teilweise erfolgswirksame und teilweise erfolgsneutrale Erfassung von Wertänderungen des Planvermögens dient dem gleichen Zweck wie die zweistufige Fortschreibung der Pensionsverpflichtungen: Im Interesse einer zutreffenden Vermögensermittlung soll das Planvermögen zu jedem Abschlussstichtag mit seinem beizulegenden Zeitwert angesetzt werden. Um eine zu starke Beeinflussung des Jahresergebnisses durch Wertschwankungen des Planvermögens zu vermeiden, sieht der Standard nur die Erfassung einer **normalisierten Rendite** in der Gewinn- und Verlustrechnung vor, während die **Differenz** zur tatsächlichen Wertentwicklung erfolgsneutral **im Eigenkapital** berücksichtigt wird. Wie sich dieser Fortschreibungsansatz in der Praxis auswirkt, sei erneut am Beispiel des Lufthansa-Konzerns verdeutlicht:

Beispiel: Im Geschäftsjahr 2013 (2012) hat Lufthansa einen Zinsertrag aus Planvermögen von 300 Mio. € (318 Mio. €) in der Gewinn- und Verlustrechnung erfasst (vgl. Abb. 3.2-20). Dieser Ertrag ermittelt sich durch Aufzinsung des zu Beginn des jeweiligen Geschäftsjahrs vorhandenen Planvermögens mit dem Diskontierungszinssatz. Der tatsächliche Wertzuwachs war in beiden Jahren deutlich höher. Die Neubewertung des Planvermögens ergab im Geschäftsjahr 2013 (2012) einen Mehrertrag von 213 Mio. € (440 Mio. €). Diese über den kalkulierten Zinsertrag hinausgehende Vermögensmehrung hat – gekürzt um Ertragsteuereffekte – das im Konzernabschluss von Lufthansa ausgewiesene Eigenkapital erhöht.

Entwicklung des beizulegenden Zeitwerts des Planvermögens

in Mio. €	**2013**	2012
Stand 01.01.	9 177	8 186
Zinsertrag	300	318
Neubewertungen		
Ertrag aus Planvermögen ohne bereits in den Zinsen enthaltene Beträge	213	440
Währungsumrechnungsdifferenzen	−38	9
Veränderungen im Konsolidierungskreis	–	–
Beiträge zum Plan – Arbeitgeber	712	730
Beiträge zum Plan – Arbeitnehmer	32	61
Rentenzahlungen	−111	−82
Abgeltungszahlungen	−16	−522
Verpflichtungsbezogene Verwaltungskosten	−3	−3
Sonstige*	17	40
Stand 31.12.	**10 283**	**9 177**

Abbildung 3.2-20: *Entwicklung des Planvermögens im Lufthansa-Konzern in den Geschäftsjahren 2012 und 2013*[134]

[133] Die gegenläufigen Erfolge aus der Aufzinsung des Planvermögens und der Pensionsverpflichtung sind in saldierter Form als Nettozinsen auf die Nettoschuld aus leistungsorientierten Versorgungszusagen in der Gewinn- und Verlustrechnung auszuweisen; vgl. IAS 19.120(b).

[134] Vgl. Lufthansa AG, Geschäftsbericht 2013, S. 175.

Als nachteilig erweist sich am zweistufigen Fortschreibungskonzept für Pensionsverpflichtungen allerdings das fehlende Recycling der im Eigenkapital erfassten Beträge (anders US-GAAP; vgl. ASC 715-30-35-18 ff.). Da sie niemals zu Aufwand oder Ertrag werden, schlägt sich nicht der volle Pensionsaufwand in der Gewinn- und Verlustrechnung nieder. Dieser Bruch mit dem Kongruenzprinzip beeinträchtigt nicht nur die Vergleichbarkeit mit Unternehmen, die nach HGB bilanzieren. Er stört auch bei der Unternehmensbewertung, da aus der Gewinn- und Verlustrechnung nicht mehr die gesamten Aufwendungen des Unternehmens hervorgehen und demzufolge auch die Cashflow-Ableitung unvollständig bleibt.

Zum Ausweis der Aufwendungen und Erträge aus der Altersversorgung in der Gewinn- und Verlustrechnung enthält IAS 19 keine Vorgaben (vgl. IAS 19.134). Das erlaubt es beispielsweise, den gesamten Pensionsaufwand im Betriebsergebnis zu erfassen. Alternativ ist ein Ausweis der Aufzinsungsbeträge im Finanzergebnis denkbar. Diese Darstellungsfreiheit überrascht, da aus abschlussanalytischer Sicht, namentlich für Zwecke der Erfolgsspaltung, der Abgrenzung des (ordentlichen) Betriebsergebnisses vom (ordentlichen) Finanzergebnis eine gewichtige Bedeutung zukommt. Das Regelungsdefizit wird jedoch durch zwei Umstände entschärft:

- Zum einen sind nach IAS 19.141 die Bestandteile des Pensionsaufwands in den diversen Überleitungsrechnungen im Anhang gesondert aufzuführen.
- Zum anderen favorisiert die Bilanzierungspraxis eine am wirtschaftlichen Charakter der Aufwendungen ausgerichtete Zuweisung der einzelnen Komponenten des Pensionsaufwands zum Betriebs- oder Finanzergebnis[135].

Ob dieser Trend durch den Wunsch nach einer besseren Information der Abschlussadressaten motiviert ist oder in dem Bestreben wurzelt, das EBIT als weit verbreitete Kennzahl der Performancemessung zu verbessern, sei dahingestellt. Im Interesse einer aussagekräftigen Erfolgsanalyse ist diese Tendenz jedenfalls zu befürworten.

Um starke Schwankungen des Jahreserfolgs infolge der zukunftsorientierten Bewertung von Pensionsverpflichtungen und der Zeitwertbewertung des zu ihrer Deckung gebildeten Planvermögens zu vermeiden, sehen die IFRS eine zweistufige Fortschreibung der jeweiligen Buchwerte vor. In einem ersten Schritt sind der nach den Verhältnissen zu Beginn des Geschäftsjahrs zu erwartende Zuwachs an Pensionsansprüchen und die kalkulierte Verzinsung des Planvermögens zu bestimmen. Diese geschätzten Wertänderungen erfasst das Unternehmen als Aufwand bzw. Ertrag in der Gewinn- oder Verlustrechnung. Eine Neubewertung zum Ende des Geschäftsjahrs zeigt, wie sich die beiden Komponenten der in der Bilanz auszuweisenden Nettoschuld aus Pensionszusagen tatsächlich entwickelt haben. Der Unterschiedsbetrag zur erwarteten Wertentwicklung ist erfolgsneutral über das sonstige Ergebnis auszugleichen.

IAS 19 enthält keine konkreten Ausweisvorschriften für den Nettoaufwand aus Pensionszusagen in der Gewinn- und Verlustrechnung. Die Bilanzierungspraxis neigt dazu, die das Betriebs- und Finanzergebnis betreffenden Erfolgskomponenten getrennt auszuweisen.

135 Schon vor Jahren haben etwa Linde und MLP den Ausweis in der Gewinn- und Verlustrechnung durch Umgliederung der zuvor im Betriebsergebnis erfassten Aufzinsungsbeträge in das Finanzergebnis angepasst; vgl. Linde AG, Geschäftsbericht 2006, S. 113; MLP AG, Geschäftsbericht 2007, S. 139.

3.2.5.3 Bewertung und Ausweis leistungsorientierter Pensionszusagen nach HGB

Pensionsverpflichtungen sind nach § 253 Abs. 1 Satz 2 HGB zum notwendigen Erfüllungsbetrag anzusetzen. Diese Bewertungsanweisung sieht in Übereinstimmung mit IAS 19 die bilanzielle Vorwegnahme erwarteter Gehalts- und Rentenänderungen vor[136]. Erst das im Jahr 2009 in Kraft getretene BilMoG hat zu dieser Angleichung der Pensionsbewertung an internationale Standards geführt. Zuvor war es üblich, Rückstellungen nach den Preis- und Kostenverhältnissen am Abschlussstichtag zu bewerten. Da der durch die neuen Bewertungsvorschriften vielfach aufgetretene Fehlbetrag der Rückstellung darf ratierlich bis zum 31.12.2024 zugeführt werden darf (vgl. Art. 67 Abs. 1 EGHGB), werden die Pensionsrückstellungen allerdings in zahlreichen Bilanzen auf Jahre hinaus weiterhin unterdotiert sein[137]. Bei Kapitalgesellschaften und diesen gleichgestellten Personenhandelsgesellschaften kann der Fehlbetrag dem Anhang entnommen werden (vgl. Art. 67 Abs. 2 EGHGB).

Eine zweite Parallele besteht bei der bilanziellen Behandlung von Vermögensgegenständen, die ausschließlich der Erfüllung von Schulden aus Altersversorgungsverpflichtungen dienen und dem Zugriff aller übrigen Gläubiger entzogen sind (Deckungsvermögen). Sie sind nach § 253 Abs. 1 Satz 4 HGB zum beizulegenden Zeitwert anzusetzen und kürzen die zu bildende Pensionsrückstellung[138]. Kleinere Unterschiede zur Regelung nach IAS 19 bestehen in der Frage, welche Vermögenswerte sich als Plan- bzw. Deckungsvermögen qualifizieren.[139]

Trotz der partiellen Adaption international vorherrschender Bilanzierungsgrundsätze sind HGB- und IFRS-Abschlüsse im Hinblick auf die Abbildung von leistungsorientierten Versorgungszusagen nur eingeschränkt vergleichbar. Das hat mehrere Gründe. Zu nennen sind zum einen die Ansatzwahlrechte für mittelbare Pensionsverpflichtungen sowie für mittelbare oder unmittelbare ähnliche Verpflichtungen nach Art. 28 Abs. 1 EGHGB. Diese Sonderbehandlung ist nach IFRS unbekannt. IAS 19 unterscheidet weder zwischen unmittelbaren und mittelbaren Verpflichtungen noch kennt der Standard Ansatzwahlrechte[140].

Signifikante Abweichungen können sich auch bei der Bewertung von Pensionsverpflichtungen nach HGB und IFRS ergeben. Der wesentliche Grund liegt in den unterschiedlichen Zinssätzen für die Abzinsung der künftigen Versorgungszahlungen. Handelsrechtlich ist ein der Restlaufzeit der ungewissen Verbindlichkeit entsprechender durchschnittlicher Marktzins zu wählen, der von der Deutschen Bundesbank nach der Rückstellungsabzin-

136 Vgl. BT-Drucks. 16/10067, S. 52.

137 Zur bilanzpolitischen Bedeutung des Übergangswahlrechts vgl. Petersen/Zwirner/Künkele, Bilanzanalyse und Bilanzpolitik nach BilMoG, Herne 2009, S. 235 f.

138 Die gleiche Behandlung sieht § 253 Abs. 2 Satz 2 HGB für vergleichbare langfristig fällige Verpflichtungen vor; zu den Anwendungsfällen der Vorschrift vgl. Harth, in: Kessler/Leinen/Strickmann (Hrsg.), Handbuch BilMoG, 2. Aufl., Freiburg/Berlin/München 2010, S. 360 ff. Zu den Auswirkungen der Umstellung auf die Regelungen zum BilMoG vgl. Büttner/Lorson/Melcher, KoR 2009, S. 461 ff.

139 Vgl. Noodt, in: Bertram u. a. (Hrsg.): Haufe HGB Bilanz Kommentar, 5. Aufl, Freiburg 2014, § 246 HGB, Rz. 104 ff.

140 Vgl. Rhiel, in: Lüdenbach/Hoffmann, (Hrsg.): Haufe IFRS-Kommentar, 9. Aufl., Freiburg u. a. 2011, § 22, Rz. 5 f.

sungsverordnung[141] monatlich für Fristigkeiten von 1 bis 50 Jahre ermittelt und veröffentlicht wird[142]. Bei Altersversorgungsverpflichtungen erlaubt § 253 Abs. 2 Satz 2 HGB aus Vereinfachungsgründen die Abzinsung mit einem durchschnittlichen Marktzinssatz, „der sich bei einer angenommenen Restlaufzeit von 15 Jahren ergibt"[143]. Zum 31.12.2013 hat die Bundesbank diesen Zinssatz mit 4,88 % festgestellt.

Die Vorgabe einheitlicher Diskontierungssätze liegt im Interesse vergleichbarer Jahresabschlüsse. Sie fördert insbesondere den zwischenbetrieblichen Vergleich. Die Barwertermittlung mit einem längerfristigen Durchschnittszinssatz vermeidet zudem starke Schwankungen der Rückstellungen von Jahr zu Jahr und die mit ihnen verbundenen, die Erfolgsanalyse behindernden Einflüsse auf das Jahresergebnis.

Auch IAS 19 sieht mit der Rendite erstrangiger Industrieanleihen auf den ersten Blick eine klare Anweisung zur Wahl des Abzinsungssatzes vor. Da es sich um einen Stichtagszins handelt, sind deutliche Abweichungen zur Pensionsbewertung nach HGB nicht ausgeschlossen. So haben große deutsche Unternehmen Pensionsverpflichtungen in ihren IFRS-Abschlüssen zum 31.12.2013 durchschnittlich mit 3,5 % abgezinst.[144] Dieser Wert liegt um rund 1,4 %-Punkte unter dem nach HGB zum gleichen Stichtag anzuwendenden Durchschnittszinssatz. Welche Auswirkungen Abweichungen beim Zinssatz auf den passivierten Verpflichtungsbetrag haben können, wird am Beispiel von Lufthansa deutlich. Bei einem um 0,5 %-Punkte niedrigeren Abzinsungszinssatz wären die Pensionsverpflichtungen im Konzern um 1,44 Mrd. höher auszuweisen gewesen.[145] Auch auf den Jahreserfolg wirkt sich die unterschiedliche Zinssatzwahl aus, da sie die Höhe des Aufwands aus der jährlichen Aufzinsung des Verpflichtungsbarwerts beeinflusst.

Anders als IAS 19 sieht § 275 Abs. 5 Satz 1 HGB eine klare Regelung für den Ausweis der Aufwendungen aus Pensionszusagen in der Gewinn- und Verlustrechnung vor. Der jährliche Aufwand aus der Aufzinsung der passivierten Pensionsverbindlichkeiten ist unter dem Posten ‚Zinsen und ähnliche Aufwendungen' im Finanzergebnis auszuweisen[146]. Nach § 246 Abs. 2 Satz 2 HGB sind zudem Erträge und Aufwendungen aus einem von der Pensionsrückstellung abzusetzenden Deckungsvermögen mit den Aufwendungen und Erträgen aus der Abzinsung der Rückstellung zu verrechnen. Von den Mitarbeitern im Geschäftsjahr durch ihre Arbeitsleistungen zusätzlich erworbeneAnwartschaften auf Versorgungszahlungen belasten demgegenüber das Betriebsergebnis.

---

141 Abrufbar unter http://www.gesetze-im-internet.de/r_ckabzinsv/index.html.

142 Vgl. http://www.bundesbank.de/Navigation/DE/Statistiken/Geld_und_Kapitalmaerkte/Zinssaetze_und_Renditen/Abzinsungssaetze/Tabellen/tabellen.html

143 Zu den Grenzen des Vereinfachungswahlrechts vgl. Bertram/Kessler, in: Bertram/Brinkmann/Kessler/Müller (Hrsg.), Haufe HGB Bilanz Kommentar, 2. Aufl., Freiburg u. a. 2010, § 253 HGB, Rz. 139 f.

144 Vgl. hierzu die Bestandsaufnahme zu den Bewertungsparametern im Jahresabschluss von Aon Hewitt, abrufbar unter http://www.aon.com/germany/publikationen/human-resources/rechnungszins.jsp.

145 Vgl. Lufthansa AG, Geschäftsbericht 2013, S. 176 sowie Abb. 3.2-21 in Abschnitt 3.2.5.3.

146 Entsprechendes gilt für Erträge aus der Abzinsung der Pensionsverpflichtung. Dieser Fall dürfte bei Pensionsrückstellungen eher theoretischer Natur sein. Nach Hoffmann/Lüdenbach, NWB Kommentar Bilanzierung, 2. Aufl., Herne 2011, § 275 HGB, Rz. 43, soll die Aufzinsung von Pensionsrückstellungen nicht in den Anwendungsbereich des § 277 Abs. 5 Satz 1 HGB fallen; dagegen Gelhausen/Fey/Kämpfer, Rechnungslegung und Prüfung nach dem Bilanzrechtsmodernisierungsgesetz, Düsseldorf 2009, Abschn. I, Tz. 90 f.

Mit dem BilMoG hat der Gesetzgeber die handelsrechtliche Bewertung von Pensionsverpflichtungen an die IFRS angenähert. Eine Vergleichbarkeit der Wertansätze ist dennoch nicht unbedingt zu erwarten. Die Gründe hierfür liegen erstens in der Übergangsvorschrift, die es erlaubt, die bei der Erstanwendung der neuen Bewertungsregeln festgestellten Fehlbeträge über 15 Jahre zu amortisieren. Zudem bestehen handelsrechtlich nach wie vor Ansatzwahlrechte für bestimmte Verpflichtungen aus Altersversorgungsplänen. Schließlich können sich signifikante Bewertungsunterschiede durch die abweichenden Abzinsungszinssätze nach HGB und IFRS ergeben.

Für den Ausweis der Aufwendungen und Erträge aus Altersversorgungsplänen enthält das HGB klare Vorgaben, die dem Konzept der Erfolgsspaltung folgend zwischen Komponenten des Betriebs- und Finanzergebnisses unterscheiden.

3.2.5.4 Berücksichtigung abweichender Ansatz- und Bewertungsvorschriften in der Abschlussanalyse

Die Vergleichbarkeit der Pensionsbilanzierung nach HGB und IFRS lässt sich noch am ehesten im Hinblick auf die in Ausübung eines Passivierungswahlrechts nicht angesetzten Schulden erreichen. Da Kapitalgesellschaften die Fehlbeträge im Anhang anzugeben haben (vgl. Art. 28 Abs. 2, Art. 67 Abs. 2 EGHGB), können diese in die Strukturbilanz eingepflegt werden. Dazu ist der Fehlbetrag zum Ende des Vorjahrs erfolgsneutral gegen die Gewinnrücklagen einzubuchen. Veränderungen der nicht in der Bilanz ausgewiesenen Rückstellungen können durch das Neuentstehen, den Wegfall oder die Tilgung von Verpflichtungen, durch Konsolidierungskreisänderungen oder durch Währungseffekte verursacht sein. Diese sich teilweise kompensierenden Entwicklungen lassen sich anhand der Anhangsinformationen regelmäßig nicht trennen. Daher kann die Fortschreibung des Rückstellungsbetrags in der für analytische Zwecke aufbereiteten Bilanz nur pragmatisch erfolgen. Fehlen nähere Informationen zu den Ursachen der Änderung des nicht passivierten Verpflichtungsbetrags, liegt es nahe, Zunahmen erfolgswirksam, Abnahmen dagegen erfolgsneutral zu erfassen. Da die handelsrechtlichen Passivierungswahlrechte zu steuerlichen Ansatzverboten führen, sind für die Anpassungsmaßnahmen latente Steuern zu berücksichtigen.

Eine weitaus größere praktische Bedeutung kommt dem Einfluss unterschiedlicher Diskontierungszinssätze auf die Höhe der ausgewiesenen Pensionsverpflichtungen zu. Sie beeinträchtigen nicht nur – wie dargestellt (vgl. 3.2.5.3) – den zwischenbetrieblichen Vergleich von Unternehmen mit abweichendem Rechnungslegungsmodell. Auch die vergleichende Analyse von IFRS-Abschlüssen kann unter den teilweise deutlich auseinandergehenden Schätzungen des Abzinsungszinssatzes leiden. Wie die Untersuchung von Aon Hewitt zeigt, lagen in der Vergangenheit teilweise mehr als 100 Basispunkte zwischen dem höchsten und niedrigsten Abzinsungszinssatz in IFRS-Abschlüssen großer deutscher Unternehmen.[147]

Der betragsmäßige Einfluss unterschiedlicher Diskontierungssätze auf die Höhe der ausgewiesenen Pensionsverpflichtungen lässt ich aus externer Sicht nicht exakt quantifizieren. Bei nach IFRS bilanzierenden Unternehmen liefert immerhin die obligatorische Sensitivitätsana-

[147] Vgl. hierzu die Bestandsaufnahme zu den Bewertungsparametern im Jahresabschluss von Aon Hewitt, abrufbar unter http://www.aon.com/germany/publikationen/human-resources/rechnungszins.jsp.

lyse Anhaltspunkte zur Abschätzung des Einflusses unterschiedlicher Diskontierungszinssätze. Das sei erneut am Beispiel von Lufthansa verdeutlicht (vgl. Abb. 3.2-21).

Veränderung der versicherungsmathematischen Annahmen

	Auswirkung auf die leistungsorientierte Verpflichtung zum 31.12.2013 in Mio. €	Veränderung in %
Barwert der Verpflichtung*	14 999	–
Zinssatz		
Erhöhung um 0,5 Prozentpunkte	13 748	–8,3
Minderung um 0,5 Prozentpunkte	16 434	+9,6
Gehaltstrend		
Erhöhung um 0,5 Prozentpunkte	15 310	+2,1
Minderung um 0,5 Prozentpunkte	14 700	–2,0
Rententrend		
Erhöhung um 0,5 Prozentpunkte	15 677	+4,5
Minderung um 0,5 Prozentpunkte	14 376	–4,2

* Barwert der Verpflichtung unter Anwendung der Annahmen entsprechend den Tabellen „Versicherungsmathematische Annahmen".

Abbildung 3.2-21: *Sensitivitätsanalyse zur Bewertung der Pensionsverpflichtungen von Lufthansa*[148]

Den Barwert der Pensionsverpflichtungen zum 31.12.2013 von 14.999 Mio. € hat Lufthansa unter Anwendung verschiedener länderspezifischer Diskontierungszinssätze ermittelt, die sich zwischen 2,25 % (Schweiz) und 4,85 % (USA) bewegen. Der ganz überwiegende Teil der Verpflichtungen entfällt auf deutsche Gesellschaften, für die ein Abzinsungszinssatz von 3,75 % zur Anwendung kam.[149] Die Deutsche Telekom hat demgegenüber zur Bewertung von inländischen Pensionsverpflichtungen einen Zinssatz von 3,29 % herangezogen. Um abzuschätzen, um welchen Betrag die Pensionsverpflichtungen von Lufthansa höher ausgefallen wären, wenn die Gesellschaft den um 0,46 %-Punkte niedrigeren Abzinsungszinssatz der Deutschen Telekom verwendet hätte, hilft ein Blick in die Sensitivitätsanalyse. Sie liefert für einen um 0,5 %-Punkte niedrigeren Abzinsungszinssatz einen um 1,44 Mrd. € höheren Verpflichtungsbetrag. Obwohl dieses Ergebnis durch unterschiedliche Faktoren beeinflusst wird – unter anderem durch die Altersstruktur der Pensionsberechtigten und die geografische Verteilung der Verpflichtungen – und ohne Genauigkeitsverlust nicht interpoliert werden kann, fördert es die Vergleichbarkeit der auf unterschiedlichen Annahmen basierenden Wertansätze deutlich.

Die Ergebnisse der Sensitivitätsanalyse eignen sich – jedenfalls im Grundsatz – auch dazu, auf abweichende Abzinsungszinssätze zurückgehende Bewertungsunterschiede bei Pensionsverpflichtungen zwischen HGB- und IFRS-Abschlüssen zu überbrücken. Das verdeutlicht ein Vergleich der Pensionsrückstellungen im Jahres- und Konzernabschluss von Lufthansa. Die nach handelsrechtlichen Grundsätzen ermittelten Rückstellungen gibt Lufthansa mit

148 Vgl. Lufthansa AG, Geschäftsbericht 2013, S. 176.
149 Vgl. Lufthansa AG, Geschäftsbericht 2013, S. 176.

7,00 Mrd. € an.[150] Nach IFRS belaufen sich die leistungsorientierten Verpflichtungen in Deutschland auf insgesamt 11,51 Mrd. €.[151] Der Bewertungsunterschied von 4,51 Mrd. € ist in erster Linie auf Zinssatzunterschiede zurückzuführen. Während die Abzinsung im IFRS-Konzernabschluss mit einem Zinssatz von 3,75 % erfolgte, liegt der handelsrechtlichen Barwertermittlung ein Diskontierungssatz von 4,89 % zugrunde. Rechnet man das Ergebnis der Sensitivitätsanalyse hoch, ergibt die Zinssatzdifferenz von 1,14%-Punkten einen Barwertunterschied von 3,28 Mrd. €. Die verbleibende Differenz von 1,23 Mrd. € dürfte in erster Linie mit einem unterschiedlichen Mengengerüst der inländischen Pensionsverpflichtungen im handelsrechtlichen Jahresabschluss und im Konzernabschluss von Lufthansa zu erklären sein. Das wäre der Fall, wenn neben dem Mutterunternehmen auch deutsche Tochterunternehmen von Lufthansa ihre Mitarbeitern Altersversorgungsleistungen zugesagt hätten. Ob dem so ist, lässt sich durch einen Blick in die handelsrechtlichen Jahresabschlüsse der Tochterunternehmen leicht überprüfen. Sofern deren Veröffentlichung nach § 264 Abs. 3 HGB unterbleibt, sind die betreffenden Informationen beim Unternehmen zu erfragen.

Die bilanziellen Wertansätze von Pensionsverpflichtungen werden zusätzlich durch Beurteilungsspielräume bei der Schätzung künftiger Gehalts- und Rentensteigerungen beeinflusst[152]. Da diese Parameter sowohl nach IFRS (vgl. IAS 19.144) als auch nach HGB (vgl. § 285 Nr. 24, § 314 Abs. 1 Nr. 16 HGB) offenzulegen sind, können unterschiedliche Annahmen über die künftigen Entwicklungen qualitativ als eine Ursache abweichender Bilanzansätze von Pensionsverpflichtungen identifiziert werden. Soweit sich für möglich gehaltene Schätzungsänderungen signifikant auf die Höhe der passivierten Schulden aus Altersversorgungsverpflichtungen auswirken, sind die betreffenden Parameter in die Sensitivitätsanalyse einzubeziehen. Das erlaubt eine grobe Quantifizierung der Auswirkungen abweichender Zukunftsannahmen.[153] Anders als beim Abzinsungszinssatz können unterschiedliche hohe Gehalts- und Rentensteigerungsraten sachlich begründet sein. In diesem Fall ist auf die Eliminierung der auf sie zurückgehenden Bewertungsunterschiede zu verzichten.

Die in HGB- und IFRS-Abschlüssen ausgewiesenen Nettoverpflichtungen aus Altersversorgungszusagen sind aufgrund der ihrer Bewertung zugrunde gelegten unterschiedlichen Annahmen vielfach nur sehr eingeschränkt vergleichbar. Insbesondere die Wahl des Abzinsungszinssatzes kann den bilanziellen Wertansatz im zweistelligen Prozentbereich beeinflussen. Da die Pensionsverpflichtungen vielfach einen erheblichen Anteil an der Gesamtfinanzierung von Unternehmen haben, können sich diese Wertunterschiede signifikant auf zahlreiche bilanzanalytische Kennzahlen auswirken. Mit Hilfe der in IFRS-Abschlüsse enthaltenen Sensitivitätsanalyse lässt sich der Bewertungseinfluss des Abzinsungssatzes zumindest grob abschätzen und die Vergleichbarkeit der Wertansätze verbessern. Hinsichtlich der weiteren Grundannahmen der Pensionsbewertung (z. B. Gehalts- und Rentensteigerungen) ist zunächst zu prüfen, ob die Unterschiede sachlich begründet sind, bevor der Versuch unternommen wird, die Auswirkungen abweichender Paramenter unter Rückgriff auf die Ergebnisse der Sensitivitätsanalyse näherungsweise zu eliminieren.

---

150 Vgl. Lufthansa AG, Jahresabschluss 2013, S. 11.

151 Vgl. Lufthansa AG, Geschäftsbericht 2013, S. 174.

152 Zu den Auswirkungen einer unterschiedlichen Einschätzung des zukünftigen Entgelttrends auf die auszuweisende Verpflichtungshöhe vgl. Müller/Reinke/Weller, PiR 2008, S. 353.

153 Bewertungseinflüsse aufgrund der Wahl unterschiedlicher Tafeln für biometrische Wahrscheinlichkeiten sind dagegen auch in ihrer Richtung regelmäßig nicht abzuschätzen.

Zusammenfassung

(1) Aufgrund europäischer Vorgaben müssen kapitalmarktorientierte Mutterunternehmen ihren Konzernabschluss nach IFRS aufstellen. Für Einzelabschlüsse sind dagegen die Rechnungslegungsvorschriften des HGB verbindlich. Das Nebeneinander der durch eine stark abweichende Rechnungslegungsphilosophie gekennzeichneten HGB- und IFRS-Abschlüsse stellt für die Abschlussanalyse eine Herausforderung dar. Als schwierig erweist sich insbesondere der zwischenbetriebliche Vergleich, da die konzeptionellen Rechnungslegungsunterschiede zwischen HGB und IFRS die gängigen Kennzahlen nachhaltig beeinflussen.

(2) Während die Rechnungslegung nach HGB im Interesse des Gläubigerschutzes die Ermittlung eines vorsichtig bemessenen, ausschüttungsfähigen Gewinns anstrebt, soll ein IFRS-Abschluss seinen Adressaten Informationen vermitteln, die für ihre finanziellen Entscheidungen nützlich sind. Letzteres verlangt eine stärker zukunftsorientierte Bilanzierung, ein Zurückdrängen des Vorsichtsprinzips und eine enge Verzahnung mit dem internen Berichtswesen. Im Ergebnis führt dies zu einer Rechnungslegung, die einerseits durch eine umfassendere, realitätsnähere Vermögensdarstellung und einen tendenziell früheren Gewinnausweis gekennzeichnet ist, andererseits jedoch zu einer volatileren Eigenkapitaldarstellung neigt und aufgrund der Vielzahl an Beurteilungsspielräumen ein erhöhtes Unsicherheitspotenzial birgt.

(3) Eine Möglichkeit, die Vergleichbarkeit der nach HGB und IFRS ermittelten Kennzahlen zu erhöhen, besteht darin, die in sie eingehenden Daten um die Auswirkungen wesentlicher Rechnungslegungsunterschiede zu bereinigen. Dieser Ansatz wurde am Beispiel der Rückgängigmachung von Aktivierungen selbst erstellter immaterieller Vermögenswerte illustriert. Zur Ermittlung des um diese Aktivierungen bereinigten Eigenkapitals sind die Buchwerte der Vermögenswerte vom ausgewiesenen Eigenkapital in Abzug zu bringen. Gegenläufig wirkt sich die Anpassung der latenten Steuern aus. Der bereinigte Jahreserfolg ermittelt sich, indem die Veränderung des Buchwerts der selbst erstellten immateriellen Vermögenswerte im Geschäftsjahr erfolgswirksam storniert wird. Auch insoweit ist der gegenläufige Sekundäreffekt aus der Korrektur der latenten Steuern zu berücksichtigen. Wie die vergleichende Betrachtung der Entwicklungskostenbilanzierung in der Automobilbranche zeigte, ist eine Aufbereitung der Abschlüsse auch bei Wahrnehmung des bedingten Ansatzwahlrechts durch HGB-Bilanzierer für einen aussagefähigen zwischenbetrieblichen Vergleich in vielen Fällen notwendig.

(4) Aufgrund der größeren Informationsfülle erlauben IFRS-Abschlüsse teilweise tiefer gehende Analysen als nach HGB erstellte Abschlüsse. Das gilt etwa für den Umfang des in Finanzanlagen investierten Vermögens, dessen Wertentwicklung im Zeitablauf und die erzielten Anlageerfolge. Da erhebliche Teile dieser Investments nach IFRS erfolgsneutral zum beizulegenden Zeitwert bewertet werden, sind unrealisierte Wertsteigerungen und Werteinbußen der Eigenkapitalveränderungsrechnung zu entnehmen. Bei der abschlussanalytischen Würdigung der Marktbewertung von Finanzinstrumenten ist darauf zu achten, dass Zeitwertänderungen von Derivaten, die der Absicherung des Unternehmens gegen künftige Cashflow-Risiken dienen, keine effektiven Nettovermögensmehrungen zum Ausdruck bringen. Sie kompensieren vielmehr eine gegenläufige Wertänderung des abgesicherten Grundgeschäfts. Zudem sind die Auswirkungen von Realisationen und Wertminderungen gesondert

zu erfassen. Das macht eine ergänzende Auswertung der Anhangsberichterstattung zur Marktbewertung von Finanzinstrumenten unumgänglich.

(5) Nicht in allen Fällen lässt sich durch Aufbereitungsmaßnahmen eine unmittelbare Vergleichbarkeit der nach HGB und IFRS erstellten Abschlüsse herstellen. Einen für die Abschlussanalyse bedeutenden Sachverhalt, der trotz einer Konvergenz der Rechnungslegungsvorschriften weiterhin sehr unterschiedliche bilanzielle Auswirkungen zeitigen kann, stellen Pensionszusagen dar. Angesprochen sind damit weniger die verbliebenen Ansatzwahlrechte für bestimmte Verpflichtungen nach HGB. Die betreffenden Schulden lassen sich durch Auswertung der Anhanginformationen eindeutig identifizieren und in einer Strukturbilanz berücksichtigen. Eine größere Herausforderung für die Abschlussanalyse bereitet die unterschiedliche Bewertung von Pensionsverpflichtungen nach HGB und IFRS sowie teilweise auch innerhalb des Rechnungslegungsmodells der IFRS dar. Verantwortlich hierfür sind in erster Linie der Barwertermittlung zugrunde gelegte abweichende Abzinsungszinssätze. Ihre Auswirkung auf die Höhe des Wertansatzes der Schulden lässt sich näherungsweise anhand der in IFRS-Abchlüssen obligatorischen Sensitivitätsanalyse abschätzen.

Literaturhinweise

Baetge, Jörg/Beermann, Thomas: Vergleichende Bilanzanalyse von Abschlüssen nach IAS/ US GAAP und HGB, in: BB 2000, S. 2088 ff.

Ballwieser, Wolfgang/Küting, Karlheinz/Schildbach, Thomas: Fair value – erstrebenswerter Wertansatz im Rahmen einer Reform der handelsrechtlichen Rechnungslegung, BFuP 2004, S. 529 ff.

Behrendt-Geisler, Anneke/Weißenberger, Barbara E.: Branchentypische Aktivierung von Entwicklungskosten nach IAS 38 – Eine empirische Analyse von Aktivierungsmodellen, KoR 2012, S. 56 ff.

Bertram, Klaus/Brinkmann, Ralph/Kessler, Harald/Müller, Stefan: Haufe HGB Kommentar, 4. Aufl., Freiburg u. a. 2013

Bieg, Hartmut/Bofinger, Peter/Küting, Karlheinz/Kußmaul, Heinz/Waschbusch, Gerd/Weber, Claus-Peter: Die Saarbrücker Initiative gegen den Fair Value, Der Betrieb 2008, S. 2549 ff.

Bieg, Hartmut/Hossfeld, Christopher/Kussmaul, Heinz/Waschbusch, Gerd: Bilanzierung und Bewertung von immateriellen Vermögenswerten und Sacheinlagen nach IFRS, StB 2006, S. 130 ff.

Blecher, Christian: Die Regelungen des IAS 19 zu Pensionsverpflichtungen – Eine Beispielanalyse, KoR 2008, S. 754 ff.

Böcking, Hans-Joachim/Flick, Caroline: Die Saarbrücker Initiative gegen den Fair Value – Erwiderung, DB 2009, S. 185 ff.

Büttner, Kerstin/Lorson, Peter/Melcher, Winfried: Bilanzierung von Pensionsverpflichtungen und Planvermögen nach BilMoG, KoR 2009, S. 461 ff.

Christian, Dieter/Kern, Veronika: Aktivierung von Entwicklungskosten und Phasentrennung nach IAS 38 – Bilanzpolitische Fragestellungen und Auslegung der Vorschriften, PiR 2014, S. 168 ff.

Deloitte, Erläuterungen zu IFRS 9, Stand: Oktober 2013, abrufbar unter: http://www.iasplus.com/de/standards/ifrs/ifrs9

Eckes, Burkhard/Fentz, Volker/Flick, Peter/Weigel, Wolfgang: Bilanzanalyse-Kommentar nach IFRS, 2. Aufl., Heidelberg 2009

Eiselt, Andreas/Bindick, Friedericke: Empirische Analyse von Forschungs- und Entwicklungsaktivitäten am Beispiel der europäischen Automobilindustrie, PiR 2009, S. 72 ff.

Eppinger, Christoph/Hägele, Katja/Orterer, Sabrina: Praxisprobleme bei der Bilanzierung von selbst erstellten immateriellen Vermögenswerten nach IAS 38 – Abgrenzungsproblematik Forschungs- oder Entwicklungsphase?, IRZ 2013, S. 421 ff.

Fischer, Daniel T.: IFRS 9: Veröffentlichung der vollständigen Fassung, PiR 2014, S. 282 ff.

Gehrer, Judith/Krakuhn, Joachim/Schüz, Peter: IFRS 9 *Financial Instruments* – die finale Fassung im Überblick, IRZ 2014, S. 385 ff.

Gelhausen, Hans-Friedrich/Fey Gerd/Kämpfer, Georg: Rechnungslegung und Prüfung nach dem Bilanzrechtsmodernisierungsgesetz, Düsseldorf 2009

Glaum, Martin/Klöcker, André: Hedge Accounting nach IAS 39 in der Praxis, KoR 2008, S. 329 ff.

Hennrichs, Joachim: Immaterielle Vermögensgegenstände nach dem Entwurf des Bilanzrechtsmodernisierungsgesetzes (BilMoG), DB 2008, S. 537 ff.

Hitz, Jörg-Markus: Capitalize or expense? – Recent evidence on the accounting for intangible assets under IAS 38 by Stoxx 200 firms, IRZ 2007, S. 319 ff.

Hoffmann, Wolf-Dieter/Lüdenbach Norbert, NWB-Kommentar Bilanzierung, 5. Aufl., Herne 2014

Hüttche, Tobias: Bilanzierung selbst erstellter immaterieller Vermögensgegenstände des Anlagevermögens im Lichte des BilMoG, StuB 2008, S. 163 ff.

Kammann, Evert: Stichtagsprinzip und zukunftsorientierte Bilanzierung, Köln 1988

Kessler, Harald: Abschlussanalyse nach IFRS und HGB – Grundlagen und immaterielles Vermögen, PiR 2010, S. 33 ff.

Kessler, Harald: Abschlussanalyse nach IFRS und HGB – Eliminierung der Auswirkungen von Wahlrechten bei Pensionsverpflichtungen, PiR 2010, S. 72 ff.

Kessler, Harald: Internationale Abschlussanalyse – Marktbewertung von Finanzinstrumenten, PiR 2010, S. 157 ff.

Kessler, Harald/Leinen, Markus/Strickmann, Michael: Fallstudie zur Umstellung auf die IFRS-Rechnungslegung, Herne/Berlin 2005

Kessler, Harald/Leinen, Markus/Strickmann, Michael (Hrsg.): Handbuch BilMoG, 2. Aufl., Freiburg/Berlin/München 2010

Kirsch, Hanno: Neu- und Zeitbewertung im langfristigen Vermögen nach IFRS aus Sicht der Jahresabschlussanalyse, in: Der Schweizer Treuhänder 2006, S. 216 ff.

Küting, Karlheinz: Der Stellenwert der Bilanzanalyse und Bilanzpolitik im HGB- und IFRS-Bilanzrecht, in: DB 2006, S. 2753 ff.

Küting, Karlheinz/Harth, Hans-Jörg/Leinen, Markus: Fehlende Vergleichbarkeit von Jahresabschlüssen als Hindernis einer internationalen Jahresabschlussanalyse?, WPg 2001, S. 681 ff.

Küting, Karlheinz/Harth, Hans-Jörg/Leinen, Markus: Anmerkungen zur international vergleichenden Jahresabschlussanalyse, WPg 2001, S. 861 ff.

Küting, Karlheinz/Kessler, Harald/Keßler, Marco: Das Bilanzrechtsmodernisierungsgesetz (BilMoG): Moderne Bilanzierungsvorschriften für die betriebliche Altersversorgung?, WPg 2008, S. 494 ff.

Küting, Karlheinz/Reuter, Michael: Werden stille Reserven in Zukunft (noch) stiller? – Machen die IFRS die Bilanzanalyse überflüssig oder weitgehend unmöglich?, in: BB 2005, S. 706 ff.

Küting, Karlheinz/Weber, Claus-Peter: Die Bilanzanalyse, 10. Aufl., Stuttgart 2012

Küting, Karlheinz/Weber Claus-Peter (Hrsg.): Handbuch der Rechnungslegung – Einzelabschluss, 5. Aufl., Stuttgart 2002 ff.

Küting, Karlheinz/Wohlgemuth, Frank: Möglichkeiten und Grenzen der internationalen Bilanzanalyse, Beihefter 3 in Deutsches Steuerrecht 2004, Heft 48

Lachnit, Laurenz/Müller, Stefan: Other comprehensive income nach HGB, IFRS und US-GAAP – Konzeption und Nutzung im Rahmen der Jahresabschlussanalyse, in: DB 2005, S. 1637 ff.

Leker, Jens/Mahlstedt, Dirk/Kehrel, Uwe: Auswirkungen der IFRS-Rechnungslegungsumstellung auf das Jahresabschlussbild, KoR 2008, S. 379 ff.

Löw, Edgar/Blaschke, Silke: Verabschiedung des Amendment zu IAS 39 Financial Instruments: Recognition and Measurement – The Fair Value Option, BB 2005, S. 1727 ff.

Lüdenbach, Norbert/Hoffmann, Wolf-Dieter: Die langen Schatten der IFRS über der HGB-Rechnungslegung, Beihefter zu Heft 50, DStR 2007, S. 3 ff.

Lüdenbach, Norbert/Hoffmann, Wolf-Dieter, (Hrsg.): Haufe IFRS-Kommentar, 12. Aufl., Freiburg/München/Berlin/Würzburg 2013

Mehlinger, Christian/Seeger, Norbert: Der neue IAS 19: Auswirkungen auf die Praxis der Bilanzierung von Pensionsverpflichtungen – Update zu BB 2010, 1523 ff., BB 2011, S. 1771 ff.

Moxter, Adolf: Grundsätze ordnungsmäßiger Unternehmensbewertung, Wiesbaden 1983

Müller, Stefan/Reinke, Jens: Other Comprehensive Income nach IFRS im DAX, MDAX und SDAX – Empirische Analyse von erfolgsneutral erfassten Erträgen und Aufwendungen im Berichtsjahr 2006 bzw. 2005/2006, PiR 2008, S. 258 ff.

Müller, Stefan/Reinke, Jens/Weller, Niels: Empirische Analyse der Bilanzierung von Pensionsverpflichtungen bei IFRS-Anwendern im DAX30, MDAX und SDAX, PiR 2008, S. 351 ff.

Nguyen, Tristan: Hedge Accounting: Bilanzierung von Sicherungsgeschäften nach IAS 39, IRZ 2007, S. 299 ff.

Pellens, Bernhard/Obermüller, Philipp/Riemenschneider, Sebastian: Reform der Bilanzierung von leistungsorientierten Pensionsverpflichtungen nach IFRS: Der IAS 19 revised im Überblick, KoR 2011, S. 561 ff.

Petersen, Karl/Zwirner, Christian/Busch, Julia: Forschung und Entwicklung in der Rechnungslegungspraxis, Empirische Analyse in der Automobilbranche, PiR 2010, S. 7 ff.

Petersen, Karl/Zwirner, Christian/Künkele, Kai-Peter, Bilanzanalyse und Bilanzpolitik nach BilMoG, Herne 2009

Rückle, Dieter: Das Eigenkapital der Personengesellschaften – Aktuelle Bilanzierungsprobleme nach IFRS und Ausblick, IRZ 2008, S. 227 ff.

Sellhorn, Thorsten: Pensionsverpflichtungen in der Rechnungslegung, Betriebswirtschaftliche Handlungshilfe im Auftrag der Hans-Böckler-Stiftung, Stand: März 2007, abrufbar unter http://www.boeckler.de/pdf/mbf_pensionsverpflichtungen_im_ja.pdf.

Wagenhofer, Alfred: Fair Value-Bewertung im IFRS-Abschluss und Bilanzanalyse, IRZ 2006, S. 31 ff.

Weber, Claus-Peter/Lorson, Peter/Pfitzer, Norbert/Kessler, Harald/Wirth, Johannes (Hrsg.): Berichterstattung für den Kapitalmarkt, Festschrift für Karlheinz Küting zum 65. Geburtstag, Stuttgart 2009

Wenk, Marc Oliver/Straßer, Frank: Neuregelung der Bilanzierung von Finanzinstrumenten (IFRS 9), PiR 2010, S. 102 ff.

Wohlgemuth, Frank: IFRS: Bilanzpolitik und Bilanzanalyse, Berlin 2007

Harald Krehl, Stefan Strobel, David Sonius

3.3 Analyse und Planung von Geschäftsmodellen

Lernziele

Der vorliegende Beitrag möchte dem Leser eine Einführung in die Theorie und Praxis des Umgangs mit Planungsdaten von Unternehmen geben. Im Vordergrund steht die Frage der Analyse und Beurteilung vorgelegter Planungsrechnungen zur Darstellung der wirtschaftlichen Lage eines Unternehmens. Der hier gewählte Blickwinkel orientiert sich damit insbesondere an der Bonitätsbeurteilung aus der Sicht kreditvergebender Stellen.

Zur Durchdringung des Themengebietes Planungsrechnungen sollen neben planungsrelevanten Begriffen auch Dimensionen von Planungsarten betrachtet werden. In einem zweiten Schritt werden Geschäftsmodelle und Planungsrechnungen als zwei Seiten einer Medaille vorgestellt, denn mit den Zahlen beurteilen wir eigentlich immer die Geschäftsmodelle, die hinter den Zahlen stehen. Abschließend werden dem Leser anhand eines Planungssystems ausgewählte Sachverhalte mithilfe einer praktischen Anwendung veranschaulicht.

3.3.1 Einleitung

Die Beschäftigung mit Fragen zukünftiger Entwicklungen und Bedingungen gilt als einer der wichtigsten Themenbereiche in Wissenschaft und Praxis. In der Bonitätsanalyse gilt die Tatsache dass ein Unternehmen plant und darüber hinaus plausible Ergebnisse der Planung vorlegen kann, als ein wichtiges Element der Bonitätsbeurteilung. Gleichzeitig limitieren Plandaten über die Beurteilung der Kapitaldienstgrenze auch die Höhe der Kreditvergabe. Beim Lesen dieser Lektüre ist stets zu berücksichtigen, dass die Beschäftigung mit der wirtschaftlichen Lage der Zukunft immer noch als eine Domäne großer Unternehmen gilt. Der Mittelstand plant nicht, er geht intuitiv vor. Derartige Aussagen sind zahlreich zu finden. Was Simon 1986 beschrieb gilt auch heute noch:

„..mit dem Begriff Planung sind in Deutschland sehr ambivalente Gefühle verbunden: auf der einen Seite ist der Deutsche wie immer fasziniert von allem, was mit technischer Perfektion und hoher Systematik abläuft (und wird versuchen, Planungssysteme eben gerade mit diesem Anspruch zu verwirklichen), und andererseits meinen doch viele Unternehmen, dass Planungssysteme einen Luxus darstellen, der bestenfalls den Zufall durch den Irrtum ersetzt."[154]

Die vermeintlichen Gegensatzpaare in der Diskussion um Planungen sind Vorbestimmung und Intuition, Einengung und Freiheit, Starrheit und Flexibilität, Irrtum und Zufall sowie Langsamkeit und Schnelligkeit. Es ist zu vermuten, dass in allen Wortpaaren ein Teil Wahrheit verborgen ist, die Wahrheit selbst aber verborgen bleibt. Kann man die Zukunft planen im Sinne von Vorherbestimmen? Die Antwort darauf ist leicht. Die Zukunft lässt sich nicht festlegen, denn dann wäre Sie gleichzeitig Vergangenheit. Man kann aber sehr wohl über zukünftige Situationen diskutieren und auch über Wege, wie man zukünftige Situationen erreichen oder auch vermeiden kann.[155]

---

[154] Simon, H.: Strukturwandel meistern durch Unternehmensplanung. Gesprächsforum Mittelstand. Vortrag von Dr. Harald Simon. Partner bei Roland Berger & Partner Gesellschaft für Strategische Planung mbH. Hrsg.: Deutsche Bank AG, Frankfurt a.M., 1986, S. 2

[155] O.V.: Leitfaden Finanz- und Erfolgsplanung für ein Jahr. Hrsg.: Deutsche Bank AG. Frankfurt a.M. 1985, Vorwort.

„Solide Planung ist die beste Grundlage für eine geniale Improvisation."

Dieser Satz umreißt in aller Kürze worauf es bei der Planung ankommt – inklusive der Planung von Abläufen, Finanzströmen und Erträgen in Unternehmen. Eine richtig verstandene Planung will keine Prophezeiung sein, also kein Versuch, die Zukunft exakt vorherzusagen; sie will auch nicht die Handlungsfreiheit einschränken und zu verfrühten Entscheidungen zwingen. Im Gegenteil: Eine solide, systematische Planung lässt Zusammenhänge und gegenseitige Beziehungen der verschiedenen Einflussgrößen auf die Zukunftsentwicklungen deutlich sichtbar werden. Sie schafft das nötige Wissen um das, was sein könnte, und gibt damit Ansatzpunkte und Beurteilungshilfen für die zu treffenden Entscheidungen.

Buchegger kommt zur Einschätzung, dass auf technischem Gebiet die Gültigkeit von Prognosen eher schlecht ist. Er schätzt, dass sich in der Vergangenheit lediglich 20 % der technischen Voraussagen als richtig erwiesen haben.[156] Allerdings darf dabei nicht vergessen werden, dass Buchegger hier von 20 % richtiger Prognosen spricht, die die Welt verändert haben. Ökonomische Prognosen sind nicht unbedingt besser als technische Prognosen.

Harford [157] zeigt in einer Zusammenfassung mit dem Namen „Die Entzauberung der Experten" und „die Historie des Versagens" wie falsch Experten in ihren Vorhersagen sind und wie schnell heute vermeintliche Spitzenunternehmen ein paar Jahre später wirtschaftlich versagen. Auch die jährlichen Konjunkturprognosen für das Wirtschaftswachstum der Bundesrepublik treffen nur selten die Realität.[158]

Aus diesen Betrachtungen können wir dreierlei lernen:

Vergiss nie, dass die Zukunft etwas mit Dynamik zu tun hat.
Glaube nie, dass Deine Kunden wissen was sie morgen wollen. [159]
Vergiss nie deinen eigenen Verstand.

Oder mit Iwao Isomura:[160]

„Our current success is the best reason to change the things".

---

156 Buchegger, O.: Prognosen. www.praxilogie.de/prognosen.html. Zitiert am 10.06.2008.

157 Harford, T.: Trial and Error. Warum nur Niederlagen zum Erfolg führen. Hamburg. 2012. S. 16–26.Er bezieht sich darin auf die Studien von Philip Tetlock (1984) beim Thema Experten und nennt vor allem auch das Beispiel Peters und Waterman (1982) beim Thema erfolgreiche Unternehmen. (Thomas J. Peters, Robert H. Waterman: Auf der Suche nach Spitzenleistungen. Was man von den bestgeführten US-Unternehmen lernen kann. Frankfurt am Main. 2003.) Von den 43 Firmen die Peters und Watermann als Beispiel für erfolgreiche Firmen heranziehen und daraus Strategieschlüsse ziehen, befanden sich 2 Jahre später 14 in ernsten finanziellen Schwierigkeiten. Das hatte die Business Week herausgefunden (Oop's Oops. Who's excellent now? 5.11.1984).

158 Schmid, K.-P.: Falsch gerechnet. In: Zeit Online, 20.10.2005. http://www.zeit.de/2005/43/Prognose-Qual_ . Zitiert am 10.06.2008.

159 Besonders drastische Beispiele dafür benennt Tim Harford wenn er zeigt dass gerade die Marktführer den Fehler begehen neue Technologien deshalb zu unterschätzen, weil diese im ersten Marktstadium noch wenig wettbewerbsfähig erscheinen. Die Stammkunden der Marktführer finden dies auch und bestärken die Marktführer bei ihrer Fehleinschätzung. Dann werden neue Technologien doch wettbewerbsfähig und die Stammkunden schwenken schnell um. Für die Marktführer ist eine Reaktion oft nicht mehr möglich. Vgl. Harford, T.: Trial and Error. Op. Cit. S. 342 ff..

160 Koch, A., Schneider, R.: op. cit., S. 5.

Oder mit Dwight D. Eisenhower (1890–1969)

„In preparing for battle, I have always found that plans are useless but planning is indispensable“.

Zusammenfassend lassen sich drei Leitsätze ableiten

1. Zukunft ist nicht bestimmbar aber diskutierbar.
2. Die Diskussion um zukünftige Situationen schafft die Grundlage für Intuitionen, die den zukünftigen Erfolg ausmachen.
3. Planen heißt diskutieren nicht dirigieren.

3.3.2 Unternehmensplanung – Begriffe zur Klärung

Planung an sich ist nicht eindeutig fassbar. Zunächst wird allgemein unter **Planung die zielgerichtete Diskussion oder Beschäftigung mit der Zukunft** verstanden. Diese Beschäftigung richtet sich bei Unternehmen auf das Unternehmen im Inneren sowie auf den relevanten Eigenschaftsraum, der das Unternehmen umgibt. Konkret ist Planung dann eine Diskussion und Beschäftigung mit möglichen Entwicklungen des inneren und äußeren Eigenschaftsraumes des Unternehmens und deren Auswirkungen auf das Unternehmen. Unterscheidet man weiterhin aktive – also gestalterisch durch das Unternehmen gewollte Entwicklungen – von passiven – also durch das Unternehmen nicht beeinflussbaren Entwicklungen –, so wird die Gesamtbetrachtung schon deutlich komplexer.

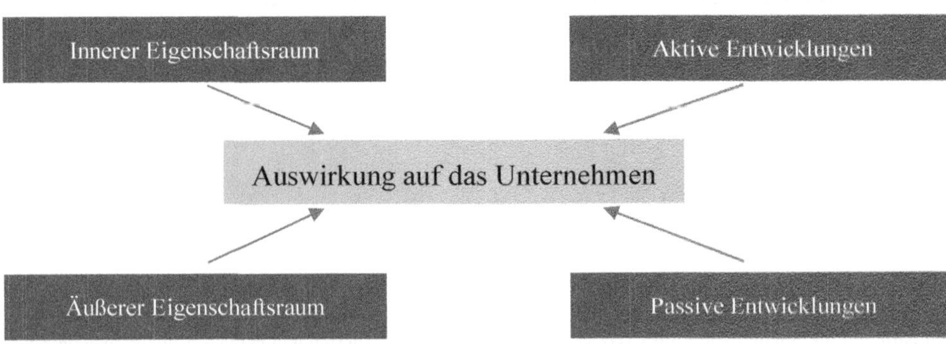

Abbildung 3.3-1: *Planung als Diskussion möglicher Entwicklungen.*

Die Diskussion um alle betrachteten zukünftigen Entwicklungen schafft dann die Grundlage für Intuitionen, die den zukünftigen Erfolg des Unternehmens ausmachen. Die Abbildung angenommener zukünftiger Entwicklungen und deren Auswirkungen auf das Unternehmen in ökonomische Größen nennen wir **Planungsrechnungen**. Planbilanzen, Planliquiditätsrechnungen, Planerfolgsrechnungen sind also streng genommen keine Planung, sondern das

Ergebnis von Planungen. **Prognosen** sind in dieser Auffassung Methoden der Planung.[161] Budgetrechnungen sind streng genommen keine Planung und auch keine Planungsrechnungen.[162] Das **Budget** ist die verbindliche Fixierung eines Planungsansatzes für die Mitglieder des Unternehmens und Ausgangsbasis für das Controlling des Unternehmens. Die Budgetierung stellt das Ergebnis, sowohl des Planungsprozesses als auch der Fixierung der Planungsannahmen für einen bestimmten Zeitraum dar. Als rollierende Planung verstanden beginnt der Planungsprozess mit der Diskussion um zukünftige Entwicklungen stets von neuem.

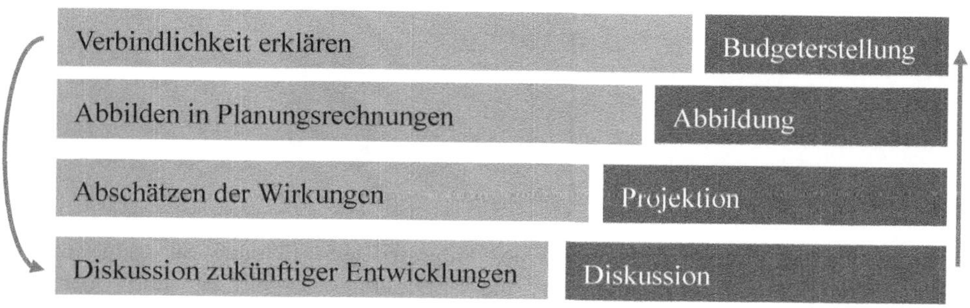

Abbildung 3.3-2: *Von der Diskussion zum Budget.*

Das Formulieren und Handeln, um **Ziele** zu setzen und zu erreichen, wie „Ausrichtung auf Kernkompetenzen“, „Wandel zum Systempartner“, „Just in time player“, etc. ist Ausdruck **diskutierter Zukunftsperspektiven**. „Wo wollen wir uns in zehn Jahren sehen?“. „Wo liegen unsere Zukunftspotentiale in zehn Jahren?“. Dies sind Kernfragen **strategischer Planungsdiskussionen**. Verabschiedete und gelebte Strategien sind dann Wege, um Ziele zu erreichen. Von **Hauschildt**[163] lernen wir, dass Ziele einerseits angestrebte Zustände der zukünftigen Realität sind, die es zu erreichen gilt. Andererseits lernen wir, dass eben diese Ziele nicht gegeben sind, sondern sich im Alternativenraum ständig wandeln können. Planung ist also immer auch eine Diskussion um die Ziele, die wir erreichen wollen. Der Begriff Strategie leitet sich vom Griechischen ab und bedeutet so viel wie „Heer führen“. Der „gute“ Heerführer ist derjenige, der Ziele, Strategien und Operationen den inneren und äußeren Umfeldbedingungen optimal anzupassen vermag. Die strategische Aufgabe ist weitaus schwieriger zu meistern, als dies von manchen Presseberichten im Falle der vermeintlichen Erklärung strategischer Fehler großer Krisenfälle suggeriert wird.[164]

---

161 In der Literatur wird demgegenüber auch zwischen Planung und Prognose unterschieden. Für Egger, Winterheller sind beabsichtigte Werte Planwerte und Prognosen eher wahrscheinliche Werte. Vgl. Egger, A., Winterheller, M.: Kurzfristige Unternehmensplanung. Budgetierung. Wien, 1989. S. 75.

162 Abweichend bei Egger, Winterheller. Die Budgetierung wird mit der Planung im engeren Sinne als Wertvorgabe gleichgesetzt. Egger, A., Winterheller, M.: Kurzfristige Unternehmensplanung. Budgetierung. Wien, 1989. S. 49.

163 Hauschildt, J.: Entscheidungsziele. Zielbildung in innovativen Entscheidungsprozessen: theoretische Ansätze und empirische Prüfung. Tübingen. 1977.

164 Vgl.: Krehl, H.: Die Erkennbarkeit der Strategiekrise durch Organe der Kapitalgesellschaft und deren Abschlussprüfer. In: KSI 6/13. S. 2–7.

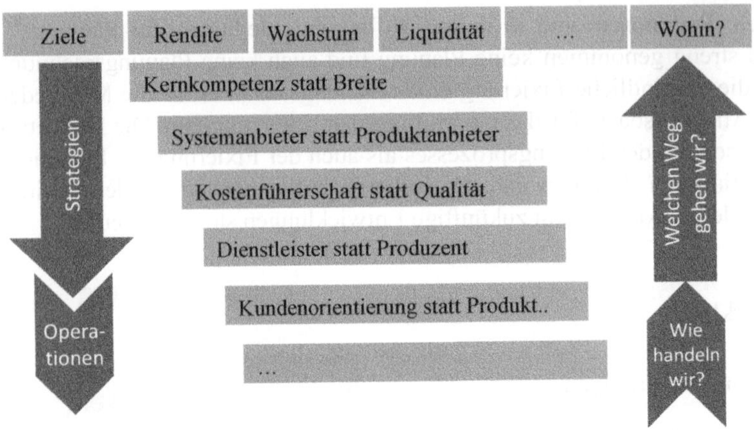

Abbildung 3.3-3: *Ziele, Strategien und operatives Handeln.*

Strategien sind nicht einfach Ausdruck einer längerfristigen Planung an sich, sondern vielmehr Ausdruck des Ringens um die Erzielung derzeitiger und künftiger Wettbewerbsvorteile. Wir erreichen langfristig bestimmte Ziele nur durch das Erreichen von **Wettbewerbsvorteilen**. Strategien als Führungssystem sind schließlich auch Ausdruck zeitlicher Entwicklungen.[165] Die Abbildung zeigt die Entwicklung einzelner Stufen von Planungs- und Führungssystemen.

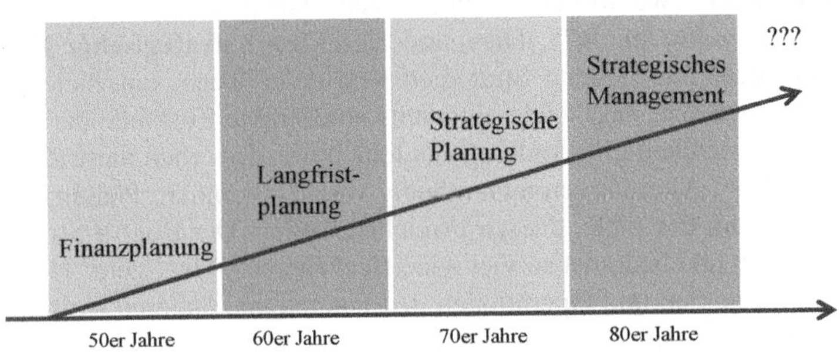

Abbildung 3.3-4: *Planungsbegriffe in der zeitlichen Entwicklung.*

3.3.3 Dimensionen von Planungsarten

Gibt es ein Planungsverfahren für alle Planungsprobleme? Diese Frage muss eindeutig verneint werden. Unterschiedliche Planungsanlässe, verschiedene Planungsgrundlagen und Adressaten sowie der Planenden selbst sprechen **gegen ein allgemeingültiges umfassendes Planungssystem**. Was für ein Unternehmen richtig sein kann, scheitert an den vielfältigen Problemstellungen, mit denen es Unternehmen im Praxiseinsatz zu tun haben. Je nach

165 Ammann, A. S.: Strategisches Management im Forstbetrieb. Dissertation Zürich 2003. S. 31. Umfassend bei Welge, M. K., Al-Laham, A.: Strategisches Management. Grundlagen-Prozess-Implementierung. Wiesbaden 2012. S. 11–14.

Zwecksetzung sind unterschiedliche Vorgehensweisen, Ziele und Berechnungen als Planungsvarianten durchzuführen.

Um die Vielfalt und Individualität abbilden zu können, werden in der Praxis zur Erstellung von **Planungsrechnungen** überwiegend Tabellenkalkulationsprogramme wie MS-Excel entweder vollständig oder zumindest für Teilpläne eingesetzt. Standardprogramme ergänzen die individuellen Bedürfnisse meist in der Weise, dass den individuellen Plänen ein Rahmen zur Berechnung der Planabschlüsse zur Seite gestellt wird. Folgende Determinanten können im Rahmen der Planung von Unternehmen diskutiert werden.

Integrationsgrad	Vorgehen	Unsicherheit
Anlass	Adressat	Inhalt
Umsetzungsnähe	Verbindlichkeit	Koppelung
Aussage	Präzision	Formalisierung
Richtung	Taktung	Fortführung

Abbildung 3.3-5: *Planungsdeterminanten.*

Der **Integrationsgrad** bezeichnet die sachliche und zeitliche Abstimmung einzelner Teilpläne zueinander und deren Abbildung in einem Gesamtplan. **Integrierte Planungen** berücksichtigen stets Erfolgswirkungen, Bilanzwirkungen und Finanzwirkungen, sodass grundsätzlich jede Planungseingabe einen Planabschluss ermöglicht. Der **Anlass** bezeichnet die Zwecksetzung der Planung. Nach wie vor überwiegen im Mittelstand ganz spezielle Zwecksetzungen, die nicht den Normalfall der Unternehmensentwicklung abbilden. Die **Umsetzungsnähe** beschreibt den Planungshorizont. Die Umsetzungsnähe, bezogen auf die erwartete Wirkung, ist bei der strategischen Planung deutlich langfristiger als bei der operativen Planung. Die **Aussage** zeigt, welche Art von betriebswirtschaftlichen Informationen von der Planungsrechnung erwarten werden darf. Die **Richtung** zeigt die grundsätzliche Vorgehensweise für Planungsannahmen. Top Down Ansätze gehen vom Ziel zum Mittel, Bottom Up Planungen gehen vom Mittel zum Ziel. Das **Vorgehen** bezeichnet den Prozess oder die Art und Weise, wie Konsequenzen aus der Planung gezogen werden. Zunächst werden die Rahmenbedingungen sowie die eigenen Stärken und Schwächen diskutiert. Werden hieraus die quantitativen Konsequenzen abgeleitet, dann folgt der Überzeugung die Zahl. Umgekehrt folgt der Zahl die Überzeugung. Der **Adressat** nennt denjenigen, für den die Planungsrechnung erstellt wird. Grundsätzlich wird gefordert, dass die Planung zunächst für das Unternehmen selbst intern erstellt wird. Die „Realität" zeigt aber, dass Planungen im Mittelstand meist anlassbezogen (→ Kauf, Verkauf, Kreditgespräch, Scheidung …) und damit oft für „Externe" erstellt werden. Die **Verbindlichkeit** bezeichnet den Grad an normativer Forderung, der an die Planungsrechnung gestellt wird. Die **Präzision** nennt den Anspruch an Detailgenauigkeit, mit der die Planungsrechnung arbeitet. Zwei Gegensatzpaare sind dabei zu unterscheidenden – kausale und detaillierte Planungsrechnungen, sowie simulationsbasierte und eher pauschale Planungsmodelle. *Kausale Modelle*, meist Bottom Up aufgebaut, arbeiten mit umfangreichen Ursache-/Wirkungsketten. Der Vorteil dieser Modelle liegt in der rechentechnischen Genauigkeit der Planung. Das ist aber auch gleichzeitig ihr größter Nachteil. Liegen die geplanten detaillierten Voraussetzungen nicht vor, führt die vermeintliche Plangenauigkeit zu teilweise erheblichen Planungsfehler. Franz Josef Straus wird die Einschätzung zugeschrieben: *„Besser ungenau und richtig, als genau und falsch."* Aber auch *Simulationsmodelle* können problematisch sein. Ein Beispiel dafür sind die zahlreichen, meist simulationsbasierten Markt- und Umsatzeinschätzungen der IT-Blase Anfang der 2000'er Jahre. Die richtige Balance für die Präzision zu finden ist einer der „Keyfactors" der Unternehmensplanung überhaupt. **Dort präzise zu sein wo es nötig ist und pauschal zu bleiben wo es möglich ist** wird zu einer der Hauptforderungen, um eine valide Planung zu erstellen. Der Begriff **Taktung** beschreibt die zeitlichen Intervalle der Planung. Liquiditätsplanungen sind dabei mindestens auf Wochenbasis zu erstellen. Erfolgs- und Finanzpläne dagegen können auf Monatsbasis oder Jahresbasis erstellt werden. Strategische Planungsansätze arbeiten ausschließlich in Jahresintervallen Alle Planungen sind unsicher, insoweit gibt es keinen Unterschied. Gefragt ist an dieser Stelle, wie die Planung auf die **Unsicherheit** reagiert bzw. die Unsicherheit in die Planung integriert ist. Die in der Praxis angewandten Planungsmodelle lassen sich in die zwei Arten unterscheiden – *deterministische Planungen*[166] sowie *wahrscheinlichkeitsbasierte Planungen*[167] unterscheiden. Die Unterschiede in den Aussagen lassen sich wie folgt beschreiben:

1. *Wenn wir den Umsatz um x % erhöhen und die Kosten um y % senken, werden wir einen Gewinn in Höhe von z Euro erhalten. (deterministisches Planungsmodell)*
2. *Wenn wir mit einem Umsatzanstieg von maximal x_1 % rechnen und von mindestens x_2 % ausgehen und mit einem Kostenanteil am Umsatz im Mittel von y_1 % mit einer mittleren Abweichung von y_2 % rechnen, dann werden wir in 80 % aller Möglichkeiten einen Gewinn in Höhe von z Euro erhalten. (wahrscheinlichkeitsorientiertes Planungsmodell)*

Die Einbeziehung der Unsicherheit in einem wahrscheinlichkeitsorientierten Modell bringt keinesfalls eine vollkommen verlässliche Schätzung. Zwei Festlegungen sind für die Validität der Schätzung maßgebend. Die Form der Wahrscheinlichkeitsverteilung die unterstellt wird und die Parameter für die Verteilung, die der Planende schätzt. Schätzt der Planende die Parameter aus der Erfahrung der Vergangenheit und gelten diese nicht für die Zukunft, dann wird die Schätzung falsch.[168] Der **Inhalt** der Planung beschreibt Art und Umfang der Pläne die aufgestellt werden. Für eine integrierte Planung sind mindestens bestimmte Teilpläne aufzustellen. Die **Koppelung** beschreibt einerseits die sachliche und andererseits die zeitliche Verknüpfung der einzelnen Planungsparameter. Koppelungen schaffen Abhängigkeiten deren mathematische Ausprägungen sehr komplex erscheinen können. Mit dem Begriff **Formalisierung** wird die Lösungsart des Planungsmodells beschrieben. Die analytische Lösung führt zu einer formelhaften Planungsrechnung. Die stochastische Lösung führt zu statistisch abgeleiteten Aussagen. Die simulationsbasierte Lösung zeigt mögliche Wege in lose gekoppelten Prozessen. Die **Fortführung** oder Fortführbarkeit beschreibt ob eine Planung rollierend oder nicht rollierend ist.

---

166 Deterministische Planungen arbeiten mit genau einer Möglichkeit je Planung oder Planungsalternative. Insoweit sind auch Planungen mit den Zuständen „worst-case", „real-case" und „best-case" deterministische Planungen, die aus der Menge aller Möglichkeiten genau drei Möglichkeiten beschreiben, um drei Ergebnisse zu erhalten.

167 Demgegenüber beschreiben wahrscheinlichkeitsbasierte Planungen zahlreiche Möglichkeiten um einen Zustand zu erreichen. Wahrscheinlichkeitsbasierte Planung benennen die Eintrittswahrscheinlichkeit bestimmter Zustände zwischen Null und Eins.

168 Diese Tatsache kann am Beispiel verbriefter Produkte in der Finanzkrise sehr gut nachvollzogen werden. Eine Tranche mit AAA ist eben nur so sicher, wie das Modell das gerechnet hat. Selbst wenn die Verteilungsform zur Schätzung richtig war, die Parameter der Verteilung, geschätzt aus Vergangenheitsdaten waren es nicht.

3.3.4 Geschäftsmodell und Planungsrechnung – zwei Seiten einer Medaille

3.3.4.1 Kreditanalyse – Analyse der Zukunftsfähigkeit

Die bisherigen Abschnitte zeigen die Komplexität und Vielfältigkeit, die sich mit dem Thema Planung ergibt. Genauso vielfältig sind die Darstellungen und das Verständnis von Planung oder Planungsdaten denen sich ein Kreditanalyst in der Kreditentscheidung gegenüber sieht. In der Praxis erhält ein Kreditanalyst **höchst unterschiedliche Arten von Plandaten**. Diese reichen von einfachen Absatz-, Erfolgs- oder BWA-Zukunftsdaten, aus denen sich lediglich eine Absichtserklärung ergibt, über Planungsrechnungen mit bereits erreichten Zahlen im ersten Planungsjahr, bis hin zu integrierten Planungsrechnungen mit erreichtem unterjährigen Istzustand und plausiblen Begründungen aus Annahmen der Entwicklung des Geschäftsmodells.

Zielsetzung der Kreditanalyse ist es, eine Antwort auf die Frage zu geben, ob das kreditsuchende Unternehmen die bisherigen und zukünftigen Zahlungsverpflichtungen termingenau erfüllen kann. In der Bilanzanalyse wird diese Frage auch als Einschätzung der **Kapitaldienstfähigkeit** bezeichnet. Die Antwort muss mit einer hinreichenden Genauigkeit bzw. mit der gebotenen Sachkenntnis erfolgen. Dabei stehen dem Analysten die verschiedensten Instrumente – z. B. Ratingmodelle – zur Verfügung.

Im Unterschied zur Jahresabschlussanalyse handelt es sich bei der Analyse von Planungsdaten um Daten, bei deren Erzeugung Ausgangdaten und Zukunftsannahmen eine entscheidende Rolle spielen. Aus Ausgangsdaten und Annahmen für die Zukunft werden Planungen erstellt, die letztlich in einem ökonomischen Abbildungsprozess, der Planungsrechnung, in Planbilanzen, Planerfolgsrechnungen und Plankapitalflussrechnungen überführt werden. Fasst man den Prozess im Ideal zusammen, dann lässt sich Unternehmensplanung als eine *Vorhersage des zukünftigen Geschäftsmodells und dessen Überführung in die ökonomischen Größen einer Planungsrechnung (→ Ertrag, Aufwand, Einzahlungen, Auszahlungen, Aktiva und Passiva)* definieren.

Die Begriffe **Geschäftsmodell und Planungsrechnung** eines Unternehmens sind also nichts anderes als **zwei Seiten einer Medaille**. Das Geschäftsmodell beschreibt die reale Welt der Güterströme, die Planungsrechnung dagegen die ökonomische Welt der Güterströme. Folgen wir dem bisherigen Gedankengang, wird deutlich, dass eine Kreditentscheidung immer auch eine Entscheidung über die **Zukunftsfähigkeit des Geschäftsmodells** eines Unternehmens ist. Bei der Analyse von Plandaten gibt der Kreditanalyst also immer auch eine Antwort auf die Frage nach der Zukunftsfähigkeit des Geschäftsmodells ab.

Wir wollen im Folgenden die beiden Seiten der Zukunftsfähigkeit eines Unternehmens, die Analyse des Geschäftsmodells und die Analyse der Planungsrechnung näher beschreiben. Wir sind uns dabei der Differenz zwischen theoretisch notwendiger Darstellung und praktischen Möglichkeiten in der Kreditpraxis durchaus bewusst. Der interessierte Kreditanalyst mag diese Darstellung als Grundlage für die Praxis verstehen.

3.3.4.2 Merkmale eines Geschäftsmodells

Den Begriff Geschäftsmodell, Geschäftskonzept, Business Model oder Business Case finden wir in zahlreichen Bereichen betriebswirtschaftlichen Handelns.[169] Die Formulierung des Geschäftsmodells ist auch für langjährig bestehende Unternehmen nicht immer leicht. Wer aber sein Geschäftsmodell nicht zu formulieren versteht, der kennt auch sein Unternehmen nicht richtig. Insoweit ist die Kenntnis des eigenen Modells auch ein Maß für die Fähigkeit eines Unternehmens strategische Entscheidungen treffen zu können. In diesem Sinne ist es richtig, aus der fehlenden Kenntnis seines eigenen Geschäftsmodells ein Risiko im Sinne der Bestandsfestigkeit des Unternehmens abzuleiten.

„Das Geschäftskonzept ist die Planung der ökonomischen Verwertung eines Geschäftsfelds und beinhaltet die gedankliche Vorwegnahme der Herstellung und Vermarktung einer Leistung."[170] Mit dem Geschäftsmodell beschreibt ein Unternehmen[171]

1. *den Nutzen (Nutzen = Produkt des Unternehmens + Bedürfnis des Kunden), den es seinen Kunden oder Wertschöpfungspartnern vermittelt,*[172]
2. *die Art und Weise (Wertschöpfungskette), wie der Nutzen für die Kunden erzeugt wird und*
3. *warum und in welcher Weise die Kunden für den erlangten Nutzen Geld an das Unternehmen zahlen sollen.*

Willer skizziert dann die Kernfragen zur Analyse eines Geschäftsmodells, wie folgt:

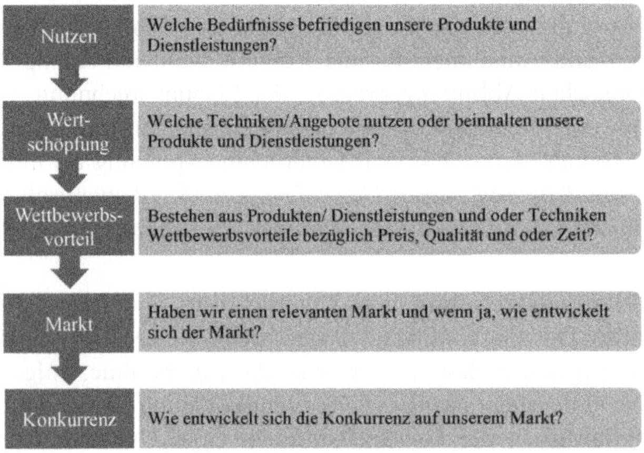

Abbildung 3.3-6: *Kernfragen zur Analyse eines Geschäftskonzepts.*[173]

[169] Beispiele finden sich bei der Vergabe von Ratingurteilen (vgl. RS Rating Services AG als generelle Überlebenfähigkeit), im Prüfungsansatz der Wirtschaftsprüfer ISA 315) oder bei Existenzgründungen.

[170] Willer, P.: Die formale Qualität des Businessplans als Indikator für den Markterfolg eines Geschäftskonzepts – Eine empirische Analyse. Dissertation, Nürnberg 2006. S. 27.

[171] Vgl.: Stähler, P.: Geschäftsmodelle in der digitalen Ökonomie. Merkmale, Strategien und Auswirkungen. Zürich 2002. S. 41 ff..

[172] Im Sinne Pfeiffers die Funktion des Produktes aus Sicht des Kunden. Vgl. Pfeiffer, W., Weiß, E., Volz, Th., Wettengl, St.: Funktionalmarkt-Konzept zum strategischen Management prinzipieller technologischer Innovationen. Göttingen 1997. S. 8–10. Mit dem Beispiel des Scließsystemes als Funktion im Gegensatz zum mechanischen Schlüsselhersteller als Begriff.

Dies sind die Kernfragen, die sich jedem Unternehmen stellen. Die Analyse beginnt stets mit den **Bedürfnissen (→ Nutzen)** potentieller Kunden und des potentiellen Marktes. *Welche Bedürfnisse wurden und werden von Kunden gesehen?* Der Analytiker wird hier kritisch nach generellen Änderungen in Struktur und Entwicklung der Bedürfnisse der Kunden fragen. Ein Beispiel dafür ist der Getränkemarkt im Bereich Bier. Die Bedürfnisse der Kunden des deutschen Biermarktes unterliegen aktuell einem starken Wandel zu (alkoholfreien) Bierderivaten. Zur Ausweitung der Produktion reiner Bierprodukte, wird der Analytiker unter dem Eindruck sich wandelnder Bedürfnisse deutlich nach Begründungen fragen.

Bedürfnisse können durch unterschiedliche **Technologien oder Angebote** gedeckt werden. Die vom Unternehmen eingesetzte **Technologie oder das** konkrete **Angebot zur Bedürfnisdeckung** macht dann erst das Produkt oder die Dienstleistung aus. Die Kombination aus Bedürfnisdeckung und Technologie/Angebot muss sich im Markt bewähren und möglichst Wettbewerbsvorteile erzeugen. Im Idealfall schafft sich ein Unternehmen durch Innovationen einen neuen Markt mit den entsprechenden **Wettbewerbsvorteilen** des „Ersten und Einzigen“.[174] Der Analytiker wird mindestens fordern, dass keine gravierenden Wettbewerbsnachteile entstehen. Ein Beispiel zu unterschiedlichen Technologien/Angeboten sind die Speichertechniken im EDV Bereich. Das Bedürfnis zur Speicherung digitaler Daten wächst stetig. Aber die Technologie bzw. das Angebot der Speicherung hat sich über die Jahre enorm verändert. Damit einher gingen für schnelle Anbieter erhebliche Wettbewerbsvorteile. Aktuell wird das Bedürfnis nach Speicherung digitaler Daten mit dem Begriff „Cloud“ verknüpft. Das Beispiel zeigt auch, dass Kundenbedürfnisse sehr oft von Wettbewerbern „geweckt“ werden. Die Frage nach Bedürfnissen und deren Entwicklung fordert also nicht nur eine Kundensicht sondern auch eine Wettbewerbssicht. Insoweit reicht eine dauerhafte Einbindung von Kundenwünschen nicht aus. Manch ein Kunde weiß erst was er will, wenn er von der Konkurrenz mitgeteilt bekommt was er wollen könnte. Die Frage der Bedürfnisdeckung durch bestimmte Technologien und Leistungen ist damit eng verknüpft mit der Frage der **Innovationen** oder der **Innovationsfähigkeit** eines Unternehmens.[175]

---

[173] Eigene Darstellung in Anlehnung an Willer, P.: Businessplan und Markterfolg eines Geschäftskonzepts. Wiesbaden 2007. S. 29.

[174] Zum Wettbewerbsfaktor Zeit und dessen Bedeutung im Zeitablauf vgl.: Kaluzza, B.: Zeitmanagement. In: Corsten, H. (Hrsg.). Lexikon der Betriebswirtschaftslehre. München, Wien. 1995. S. 1064–1071. Da der Faktor Zeit eng mit dem Faktor Innovationen zusammen hängt, sei hier auf die Literatur von Gemünden, Ritter, Voigt, Wettengl und anderen, zu Einflussfaktoren, insbesondere des Innovationsnetzwerks auf den Faktor Zeit als Wettbewerbsvorteil verwiesen.

[175] Mit anderen Worten es bedarf einer systematischen Auseinandersetzung mit dem Thema Innovation, Zeit, Wettbewerbsvorteil und Erfolg. Werner Pfeiffer hat bereits in den 70'er Jahren darauf hingewiesen, dass „Produkte nicht vom Himmel fallen.“ Er geht von einer Zeitfalle für die Nachahmer von Technologien aus die dadurch entsteht, dass eine gewisse Zeitkonstanz für die Nachahmer von Innovationen besteht. Pfeiffer, W.: Zur Notwendigkeit strategischer Vorsteuerung von Innovationsprozessen, in: Franke, J. (Hrsg.): Betriebliche Innovation als interdisziplinäres Problem, Stuttgart 1985. S. 124–133.

Welche neuen Technologien/Leistungen kann das Unternehmen demnächst oder in naher Zukunft anbieten oder gibt es etwa Technologien/Leistungen die ganz neue Märkte ermöglichen?

Welche neuen/zukünftigen Technologien bedrohen unsere Produktlösungen und welche Antwort hat das zu analysierende Unternehmen darauf?

An die Einschätzung der Zukunftsfähigkeit von Produkten und Dienstleistungen bezogen auf den Nutzen zur Bedürfnisdeckung schließt sich die Frage des **relevanten Marktes** an. *Haben wir einen relevanten Markt im Sinne relevanter Kunden und wie entwickelt sich dieser Markt in der Zukunft?* Der Analytiker wird hier aufmerksam die Struktur und die Entwicklung der Nachfrager beobachten. Ein Beispiel findet sich im Nahrungsmittelsektor. Die Produzenten standen hier zunächst einer Vielzahl von Kunden (→ dem kleinen Lebensmitteleinzelhandel) gegenüber. Heute besteht die Nachfragestruktur aus vergleichsweise wenigen Nachfragern, mit extrem starker Marktmacht.[176] Auch Unternehmen der Zulieferindustrie für Automobilhersteller kennen dieses Problem. Manches Unternehmen hätte hier einen relevanten Markt, die „Marktplayer" lassen das Unternehmen aber nicht „mitspielen" und bauen entsprechende Eintrittsbarrieren auf. [177] Die Frage nach dem relevanten Markt hat also neben der Frage nach der **allgemeinen Nachfrageentwicklung** mindestens noch zwei zusätzliche Komponenten, **die Zeit und die Macht**. Manchmal ist die Zeit für eine Technologie noch nicht gekommen. Die Kunden sind, aus welchen Gründen auch immer, noch nicht bereit ein bestimmtes Produkt zu kaufen. Andere Unternehmen besitzen nicht die Macht ihre Produkte am Markt zu platzieren.

Die Kernfragen schließen mit der Frage nach der **Konkurrenz- oder Wettbewerbssituation** auf den relevanten Märkten ab. Die entscheidende Frage aus Sicht eines Analytikers ist die Frage nach der **erzielbaren Rendite** des Unternehmens unter bestehenden und sich entwickelnden Wettbewerbssituationen. Die Beantwortung dieser Fragen beinhaltet auch eine Einschätzung der **autonomen Handlungsposition des Unternehmens** und damit wieder die Einschätzung der Machtposition im Wettbewerb. Die Analyse der Wettbewerbssituation bedarf gerade im Mittelstand einer höchst individuellen Analyse. Wir haben hier dem Grundsatz zu folgen, dass es eigentlich keine homogenen Industrien und Branchen gibt. Die Studien von Simon[178] belegen, dass insbesondere mittelständische Unternehmen Märkte dominieren bzw. eigene Märkte schaffen und erhebliche Renditen erwirtschaften können. Andererseits sehen sich „Hidden Champions", trotz Marktführerschaft, einer hohen Konkurrenzsituation gegenüber und schätzen die Wettbewerber als sehr stark ein. Fassen wir die ersten eher strategisch ausgerichteten Kernfragen des Geschäftsmodells zusammen:

---

176 Bis zu Beginn der 70'er Jahre gab es eine Vielzahl von Konsumgenossenschaften, danach immer mehr Einzelhändler, welche die Genossenschaften verdrängten (→ vgl. co op AG). Der anhaltend enorme Wettbewerbsdruck, der von den Erzeugern verstärkt wurde, führte dazu, dass sich die relevanten Nachfrager im Markt bis vor einigen Jahren auf 7 Nachfrager reduzierten. Heute zählt man 5 wichtige Nachfrager.

177 Vgl. die Industrieökonomischen Ansätze in der strategischen Planung. Umfassend bei Welge, M. K., Al-Laham, A.: Strategisches Management. Grundlagen-Prozess-Implementierung. Wiesbaden 2012. S. 76 ff..

178 Simon, H.: Hidden Champions des 21. Jahrhunderts. Die Erfolgsstrategien unbekannter Weltmarktführer. Frankfurt/Main 2007. S. 87, S228 ff.

Nr.	Element	Bedeutung
1	**Bedürfnisse, Nutzen, Produkt**	Welche Bedürfnisse decken unsere Techniken/Angebote und welche Produkte Leistungen werden daraus angeboten? Entstehen daraus Wettbewerbsvorteile (Zeit, Qualität, Kosten)? Müssen wir mit Änderungen der Bedürfnisse rechnen und sind unsere Techniken/Angebote davon bedroht bzw. verlieren wir Wettbewerbsvorteile? Mit welchen Innovationen können wir Märkte halten, ausweiten oder neu definieren?
2	**Markt**	Haben wir einen relevanten Markt? Wer sind die Nachfrager der Produkte/Leistungen und wie entwickelt sich die Markt- und Nachfragestruktur? Passen die vermuteten Wettbewerbsvorteile zu den Nachfragern? Ist unser Angebot zeitlich relevant? Haben wir die Fähigkeit auf dem Markt zu agieren? Welche wesentlichen Eintritts- und Austrittsbarrieren im Markt gibt es?
3	**Wettbewerb**	Wer sind die Hersteller der Konkurrenzleistungen? Wie steht es um die erzielbaren Renditen? Wie wird sich die Wettbewerbssituation entwickeln?

Abbildung 3.3-7: *Strategische Kernfragen zur Analyse eines Geschäftsmodells.*

Die strategischen Kernfragen zur Analyse des Geschäftsmodells sind aus Sicht des Marktes zu beantworten. Die Managementliteratur stellt zu deren Analyse die verschiedensten Instrumente zur Verfügung. Wichtiger als die Anwendung bestimmter Instrumente ist jedoch der Wille des Unternehmens sich mit den genannten Fragen regelmäßig zu beschäftigen. Einige Instrumente seien, indes ohne Bedeutungseinschätzung, genannt:[179]

1. *Klassische Lebenszyklusmodelle* [180]
2. *Technologie Portfoliomodelle nach Pfeiffer*
3. *Marktanalysen zu Trends, Potentialen, Wachstum, Struktur mit Portfolioanalysen*
4. *Analyse des Wertschöpfungsnetzwerkes*[181]
5. *Analysen der Branchen, Peergroups oder strategischen Geschäftseinheiten*
6. *Benchmarkanalysen nach Best-in-Rating Verfahren*[182]
7. *Wettbewerbsanalysen nach Porter, Heinen, Grant*
8. *Umfeld- oder Umgebungsanalysen nach dem PESTL-Ansatz*[183]

Sind Produkten und Leistungen positive Beurteilungen bezüglich der Bedürfnisdeckung, eines relevanten Marktes und einer akzeptablen Wettbewerbssituation anzuerkennen, dann ist der mögliche Erfolg dennoch nicht sicher. Eine schlagkräftige **Vermarktung** und eine effiziente **Wertschöpfungskette** bei der Produktion sind wesentliche Erfolgsfaktoren.

---

179 Vgl. zu einzelnen Instrumenten oder Tools Kerth, K., Asum, H.: Die besten Strategietools in der Praxis. Welche Werkzeuge brauche ich wann? Wie wende ich sie an? Wo liegen die Grenzen? München 2008.

180 Klassische Lebenszyklusmodelle orientieren sich an der Vermarktungsphase der Produkte. Technologische Lebenszyklusmodelle orientieren sich an den Fähigkeiten von Innovationen zur Bedrohung bestehender Lösungen oder der Fähigkeit von Innovationen neue Märkte zu erschließen. Diese Betrachtung geht auf Werner Pfeiffer zurück.

181 Wertschöpfungsnetzwerk im Sinne Wettengls, Pfeiffer, Weiss.

182 Als Außenkriterium wird die Ratingnote verwendet. Die besten 10 % der Unternehmen einer Branche werden ausgewählt. Dann werden Renditen, Kapital- und Kostenstrukturen untersucht und verglichen.

183 Political, Economic, Sociological, Technological, Legal.

Nr.	Element	Bedeutung
4	**Marketing/ Vertrieb**	Wie soll die Leistung vermarktet werden? Wie können wir den Nutzen der Produkte bekannt machen? Wie ist das Preis- und Konditionensystem zu gestalten und wird es am Markt akzeptiert? Wie ist die Kundenkommunikation zu gestalten?
5	**Wertschöpfungs-kette**	Wie soll die Leistung hergestellt werden? Welche Teile werden selbst erstellt, welche Teile werden fremd bezogen? Entstehen daraus Konkurrenzvorteile (Preis, Qualität, Zeit)?

Abbildung 3.3-8: *Zusatzfragen zur Analyse eines Geschäftsmodells.*

Aus Sicht der Vermarktung wird der Analyst nach Art und Umfang der **Vertriebskonzeption** vor allem aber nach dem **Erfolg des Vertriebs und der gewählten Kundenkommunikation** fragen. Danach ist die **Plausibilität des Preis- und Konditionensystems** mit Blick auf die gewählte Marktstrategie zu prüfen. Je nachdem ob das Unternehmen eine Kosten- oder Qualitätsführerschaft anstrebt, sind unterschiedliche relative Preise und Konditionen zu erwarten. Die Analyse muss auch mit Blick auf die vom Unternehmen gewählte Marktpositionierung durchgeführt werden. In Nischenmärkten gelten in der Regel andere Gesetze als in Kernmärkten.

Die **Wertschöpfungskette** beschreibt die aufeinander abgestimmten Funktionen oder Prozesse, die insgesamt die Leistungserstellung ermöglichen. Die Wahl der Wertschöpfung (→ **Wertschöpfungsart**) und die Effizienz der **Wertschöpfungsprozesse** sind für die Gewinnung von Wettbewerbsvorteilen von erheblicher Bedeutung. Innovationserfolge, so zeigen Gemünden und Ritter, sind aber auch auf ein effektives **Wertschöpfungsnetz** [184] zurückzuführen.

Unterschiedliche Wertschöpfungsarten erklären oft die wirtschaftlichen Unterschiede innerhalb von Branchen. Dies führt soweit, dass klassische Branchenanalysen oft nicht mehr sinnvoll erscheinen, da die Streuungen von Renditen innerhalb der Branchen groß sind. Einen Ansatz dieses Problem zu lösen bieten **Branchenbenchmarks**[185] (→ ratingorientierte Branchenanalysen). Bei dieser Vorgehensweise werden alle Unternehmen einer Branche zunächst einem Bilanzrating unterzogen. Die jeweils 10 % besten, zweit besten … Unternehmen nach der Ratingnote werden bezüglich klassischer Rendite, Kapital- und Kostenstrukturen sowie Working-Capital Daten zusammengefasst und ausgewertet. Diese Berechnungen zeigen erhebliche Unterschiede, teilweise durch Kostenstrukturen, teilweise durch Working-Capital Strukturen bedingt. Die Unterschiede spiegeln unterschiedliche Wertschöpfungskonzepte wider.

Die **Identifikation** der Wertschöpfungskette kann grundsätzlich an den **Prozessen** die ein Unternehmen benötigt und an Art und Menge des **Ressourceneinsatz** der einzelnen Prozesse ansetzen. Für **Handelsbetriebe** ist der Output, in diesem Fall das Produktarrangement und Produktplacement, also der Verkaufsprozess, von ausschlaggebender Bedeutung. In **Produktionsbetrieben** wird der wichtigste Prozess die Forschung und Entwicklung (Innovation) und die Herstellung/Verarbeitung sein. Im **Dienstleistungsbereich** ist ebenfalls die Verarbeitung der wichtigste Prozess. Man kann dies aber auch umgekehrt sehen. Dies hängt wiederum von der Macht des Unternehmens ab.

---

184 Gemünden, H.G., Ritter T.: Innovationserfolg durch Netzwerkkompetenz: Effektives Management von Unternehmensnetzwerken. Arbeitspapier am Institut für Angewandte Betriebswirtschaftslehre an der Universität Karlsruhe. Karlsruhe 1999.

185 Vgl. Krehl, H., Schneider, R.: Branchenbenchmarks 2008. Derartige Branchenauswertungen finden sich bei der DATEV e. G. bzw. bei der Fa. Fischer Konrad GmbH bzw. bei der Creditreform Rating AG.

Aus strategischer Sicht sind Fragen der Eigenfertigung und des Fremdbezugs aber auch technologische Aspekte und Aspekte der Kapazität wichtige Entscheidungen. Aus operativer Sicht geht es um die Effizienz der einzelnen Funktionen und Prozesse.

Die Managementliteratur bietet auch zur Analyse der Felder Marketing/Vertrieb sowie Wertschöpfungskette zahlreiche Instrumente an. In der Regel dominiert bei diesen Instrumenten ein „Syndromansatz" oder ein „kostenorientierter Ansatz". Effizienz[186] wird im Abstellen möglicher Ineffizienzen verstanden. Die erste Prüffrage lautet: *„Bestehen in Marketing/Vertrieb und oder in den Wertschöpfungsketten Syndrome die es abzustellen gilt?"* Die zweite Prüffrage lautet *„Welche Prozesskosten können wir herabsetzen, wenn wir unsere Prozesse optimieren?"* Aus diesen Gründen werden Fehler- oder Schwachstellenanalysen[187], Profilvergleiche mit Konkurrenten[188], Benchmarkvergleiche mit Konkurrenten und Bilanzratings[189], Trial and Error Analysen[190] sowie Kennzahlengestützte Analysen einzelner Wertschöpfungsaspekte[191] und viele andere Analysen durchgeführt.

Marketing/Vertrieb sowie Aspekte der Wertschöpfungskette sind für den Analysten von außen schwierig einzuschätzende Gebiete. Einige Aspekte ergeben sich aus den Zahlen des Jahresabschlusses. Beispielsweise können mangelhafte Abstimmungen zwischen Absatz und Produktion oder Beschaffung durch Kennzahlen im Bereich des Working Capitals gesehen werden. Andererseits sind dies nur späte und sehr allgemeine Informationen.

Der Syndromansatz wird in der Regel auch in den beiden folgenden Bereichen eingesetzt.

Nr.	Element	Bedeutung
6	**Unternehmerteam/ Eigentümer/ Management**	Wer ist für die Herstellung und Vermarktung der Leistung verantwortlich? Wie ist Stabilität, Konfliktkultur und Managementkultur zu beurteilen?
7	**Organisation**	In welchem institutionellen Rahmen soll die Leistung hergestellt und vermarktet werden?

Abbildung 3.3-9: *Managementfragen im Rahmen eines Geschäftsmodells.*

Ob ein Unternehmerteam wirklich effizient arbeitet, kann von außen nur indirekt über die erreichten Geschäftszahlen vermutet werden. Der erzielte Erfolg hat in der Regel viele Väter, der Misserfolg viele einsame Erklärungen.

Aus der Literatur zu Unternehmenskrisen kennen wir den Typus des **„uninformierten starrsinnigen Patriarchen"**[192], der für einen Typus der Unternehmenskrise steht, bei der die Führungsperson oder die engere Führungsmannschaft ganz entscheidend den wirtschaftli-

186 Effektivität als Maß der Zielerreichung und Effizienz als Maß des Mitteleinsatzes zur Zielerreichung.

187 Auswertung der Beschwerden von Kunden, Reklamationsraten, Analyse gewährter Gutschriften, Analyse von Produktrückgaben etc..

188 Vergleiche der Eigenschaften vom Preis über die Absatzkonditionen bis hin zu Service und Nachkaufverhalten mit der Konkurrenz.

189 Vergleiche mit den Besten Konkurrenten der Branche, Case Studies.

190 Internetbasierte Variierung von Produkt- und Konditionenaspekten und Auswertung der Responses. Vgl. Harford, T.: Trial and Error. op. cit. S. 320–342.

191 Kennzahlenüberwachung für jeden relevanten Aspekt der Wertschöpfungskette

192 Hauschildt, J., Grape, C., Schindler, M.: Typologien von Unternehmenskrisen im Wandel. In: DBW 2006. S. 12.

chen Misserfolg zu verantworten haben. Insofern ist die Fähigkeit der engeren Führungsmannschaft zur Umsetzung des Geschäftsmodells in vielen Fällen ein wichtiger Faktor der Unternehmensentwicklung. Aus der **Prinzipal Agent Theorie** kennen wir zusätzlich den Faktor des Auseinanderfallens von Management- und Eigentümerinteressen. Beide Faktoren, der problematische Patriarch und bestehende Interessenkonflikte zwischen Management und Eigentümern können zu ganz erheblichen Unternehmensproblemen führen. In den Ratingmodellen der Kreditinstitute werden oft Fähigkeiten des Managements in Führung und Technologie abgefragt. Je besser die Fähigkeiten desto besser die Note, lautet die Vorgehensweise. Indes erscheint die Konfliktstruktur, die zu ernsthaften Unternehmenskrisen führen kann differenzierter. Ein Grund liegt darin, dass anlassbedingt Konflikte mit wechselseitigen Bündnissen bestehen können, wodurch die Wahrnehmung der Konflikte in der Führung deutlich erschwert werden kann.[193] Der fehlende empirische Nachweis der Richtigkeit einfacher Unterstellungen, veranlasst die Praxis weiterführende syndromhafte Fragestellungen vorzuschlagen. Beispielhaft könnte nach folgenden Hinweisen gesucht werden:

1. *Gab es einen Wechsel der engeren Führungsmannschaft in jüngster Zeit oder ist dieser geplant?*
2. *Gibt oder gab es Konflikte in der engeren Führungsmannschaft und sind diese insbesondere auf strategische Vorstellungen und Überzeugungen gegründet?*
3. *Gibt oder gab es Konflikte zwischen dem Management und den Eigentümern und sind diese insbesondere auf strategische Vorstellungen und Überzeugungen gegründet?*
4. *Gibt oder gab es Konflikte zwischen Management und Beschäftigen bzw. zwischen Eigentümern und Beschäftigten und ...*
5. *Ist die Führung des Unternehmens mehr durchregierend, als straff führend zu bezeichnen?*

Neben die genannten Merkmale, die eher vergangenheitsbezogenen zu beantworten sind, treten zukunftsorientierte Einschätzungen insbesondere dann, wenn strategische Neuausrichtungen geplant werden:

6. *Ist die Führung des Unternehmens mit der strategischen Neuausrichtung vereinbar?*
7. *Muss die organisatorische Gestaltung des Unternehmens der strategischen Neuausrichtung angepasst werden und wird dies gelingen?*[194]

193 Vgl.: Cioffi, J.W., Höpner, M.: Das parteipolitische Paradoxon des Finanzmarktkapitalismus. S. 24. Cioffi und Höpner unterscheiden dabei Konflikt über die Managerherrschaft und Insider/Outsiderkonflikte. Dabei verbünden sich wechselseitig die Beschäftigten und die Eigentümer und in anderen Fällen die Beschäftigten und das Management.

194 „Structure follows Strategy" oder „get the strategy right and the structure follows" stellen Grundprinzipien der organisatorischen Gestaltung dar. Vgl. dazu auch Waterman, R.H., Peters, T.J., Phillips, J.R.: Structure is not Organization. In: Business Horizons, June 1980, S. 1.

Neben der Führungskultur ist die **organisatorische Gestaltung** der Leistungserstellung ein weiterer Faktor des Geschäftsmodells. Auch hier wird weniger deren Struktur und Ausmaß analysiert, also nach konkreten Gestaltungen der Spezialisierung (→ nach Funktionen, nach Prozessen, als Matrix etc..) oder der Koordination (→ Konzentration von Verantwortung, Delegation von Verantwortung) gefragt, als vielmehr wieder nach Syndromen geforscht. Derartige Syndrome sind:

1. *Auseinanderfallen von Kompetenz und Verantwortung*[195]
2. *„Leerkoordination" durch bürokratische Regelungssysteme*[196]
3. *Auseinanderfallen von Zielhierarchie und Organisationshierarchie*[197]
4. *„Ad personam" Gestaltungen*[198]
5. *„Inputmaximum" Gestaltungen*[199]
6. *„Value Ghosting"*[200]

Die Aspekte lassen sich beliebig erweitern. Deren Analyse ist lediglich durch Indikatoren möglich, die es zu suchen und zu analysieren gilt. Ein Hinweis auf Syndrome der oben genannten Art ist darin zu finden, dass die Mitarbeiter eines Unternehmens in einer eigenen abgeschlossenen Welt agieren, die keine Führungskraft oder organisatorische Regelung mehr erreicht.[201] An dieser Stelle werden auch Berichtssysteme versagen, denn diese berichten meist aus der Wahrnehmungsperspektive der Führungskräfte, die aber im Krisenfall meist nicht mehr realistisch ist. Die Krisentheorie kennt den Begriff der manifesten Krise. In diesen Krisenphasen sind den Marktpartnern in unterschiedlichem Maße ökonomische Krisenmerkmale bekannt. Oft sind die genannten Syndrome der organisatorischen Gestaltung mit diesem Krisentyp verbunden.

Bedürfnisse, Märkte, Konkurrenz, Vermarktung, Wertschöpfungskette, Unternehmerteam und Organisation stellen die Elemente eines Geschäftsmodells dar. Unterscheidet man etwas differenzierter einen eher **operativen Innenbereich** (→ Geschäftsaktivitäten, Geschäftsprozesse sowie Steuerungs- und Kontrollsysteme), einen eher **konstitutionellen Innenbereich** (Unternehmensverfassung, interne Organisation, strategische Ausrichtung und Besitzverhältnisse) und einen **Umgebungs- oder Außenbereich** dann ergibt sich in etwa das folgende Strukturbild.

---

195 Mitarbeiter sind verantwortlich, dürfen aber nicht entscheiden.

196 Organisationshandbücher die niemand wirklich kennt und kennen will.

197 Stellen ohne direkte oder indirekte Verknüpfung mit dem Zielsystem des Unternehmens.

198 Stellenbesetzungen nach Gelegenheit ohne sachliche Verknüpfung.

199 Abteilungen die sich mit sich selbst beschäftigen und den Markt eigentlich nicht benötigen. Den Typus des Inputmaximierers entnehmen wir Parkinson. Vgl. Parkinson, C.N.: Parkinsons Gesetz und andere Studien über die Verwaltung. Düsseldorf 2005. In der modernen Form bei Leo Gough, L.: C. Northcote Parkinsons. Parkinsons Gesetz. 52 brillante Ideen für Ihr Business. Offenbach 2012.

200 Wertausrichtungen, die nur das Marketing und oder die Personalabteilung kennt.

201 In der Sprache des Fußballs spricht man dann auch davon, dass „der Trainer die Spieler nicht mehr erreiche".

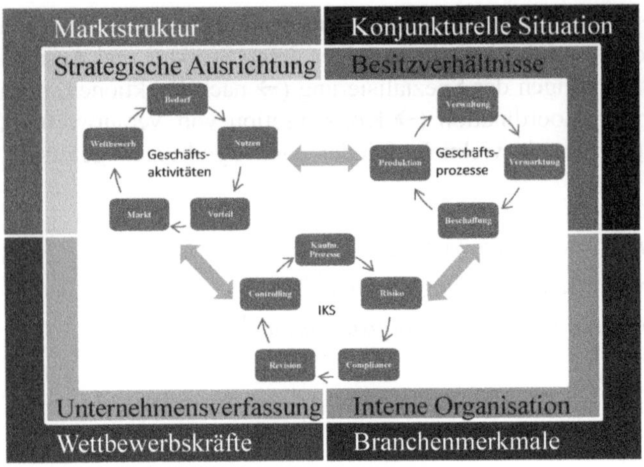

Abbildung 3.3-10: *Strukturbild des Geschäftsmodells.*

3.3.4.3 Vorgehensweise zur Analyse eines Geschäftsmodells

In der Praxis werden unterschiedliche Vorgehensmodelle zur Analyse des Geschäftsmodells diskutiert. Alle Modelle formulieren das Primat der Wesentlichkeit. Der Analytiker wird versuchen die wesentlichen Treiber (→ Wertreiber und Werttreibermodelle)[202] des Erfolgs- oder Misserfolgs herauszuarbeiten und ggf. daraus Frühwarnsysteme zu modellieren.[203] Bei den nachfolgend aufgeführten Modellen ist das Prinzip der Wesentlichkeit stets zu beachten. Das folgende Modell geht vom Ist über Ziel- und Strategiediskussionen zu den Wirkungen bestimmter verabschiedeter Maßnahmen. Das Modell ist ein typischer Top-Down Ansatz.

Abbildung 3.3-11: *Identifikation und Wirkung von Maßnahmen.*

---

202 Der Begriff stammt aus den Shareholder Value Ansätzen von Alfred Rappaport, die dieser 1986 veröffentlichte. Vgl. Rappaport, A.: Shareholder Value. Das Handbuch für Manager und Investoren.1999.

203 Ansätze mit vermuteten Wirkungen auf den Erfolg finden sich unter dem Begriff Balanced Scorecard nach Kaplan und Norton. Zu den Problemen vgl. Wunder, Th.: Transnationale Strategien. Anwendungsorientierte Realisierung mit Balanced Scorecards. Wiesbaden 2004. S. 135.

Diese Vorgehensweise zur Analyse ist nicht neu. Friedhelm Kramer[204] beschreibt bereits 1974 seine komprimierte Lagebeurteilung in sieben Punkten:

1. *Vergleich der Analyse- und Prognose-Ergebnisse mit*
    a. *der Konkurrenzentwicklung,*
    b. *der Branchenentwicklung,*
    c. *der Gesamt-Industrieentwicklung,*
    d. *der Abnehmerentwicklung;*
2. *Darstellung der Schwächen und Stärken sowie der Wachstumsgrenzen;*
3. *Bewerten und Prioritäten setzen sowie Vorentscheidungen treffen zur Verlust- und Schwachstellenbeseitigung;*
4. *Vergleich der Verlust- und Schwachstellen mit den langfristigen Unternehmenszielen, um eventuelle Zielkorrekturen jetzt schon vornehmen zu können;*
5. *Mögliche Chancen und Gefahren, die das Unternehmen aus Umweltanalyse und Prognose erkennt, aufzeigen und bewerten;*
6. *Katalogisieren der Planungs- und Entwicklungsmaßnahmen, Bewerten und Vergleichen mit der Zielsetzung;*
7. *Neudurchdenken der Zielsetzung, um sie eventuell noch zu korrigieren sowie andere Prioritäten und Fristen zu setzen.*

Prozessbezogen lässt sich die Vorgehensweise auch in die beiden großen Teile Analyse und Prognose aufteilen. Der Analyse folgt die Prognose. Der Prognose folgt die Ableitung der Konsequenzen und darauf folgend die Handlungsoptionen und die Wahl der geeignetsten Option.

Analyse des Geschäftsmodells	Bedeutung
Nutzen, Technologie	Warum soll ein Kunde unsere Produkte wollen?
Vermarktung/ Vertrieb	Wie erfährt unser Kunde, dass er unsere Produkte will?
Markt, Wettbewerb	Haben wir einen relevanten Markt und lässt der Wettbewerb Renditen zu?
Wertschöpfungs-kette	Haben wir einen relevanten Markt und lässt der Wettbewerb Renditen zu?
Unternehmerteam/ Organisation/ Menschen	Bieten unser Unternehmerteam, unsere Organisation und unsere Menschen den geeigneten Rahmen zur Zielerfüllung?
Prognose von Veränderungen	**Kernfragen der Veränderung**
Konsequenzen aus Analyse und Prognose	**Chancen und Risiken**

Abbildung 3.3-12: *Analyse, Prognose und Konsequenzen.*

[204] Kramer, F.: Erfolgsreiche Unternehmensplanung. Berlin, Köln, Frankfurt am Main. 1974. S. 231.

3.3.4.4 Denkmodelle und die Suche nach dem Wesentlichen

Die Diskussion um ein Geschäftsmodell ist oftmals eine fundamentale Diskussion. Dazu fehlen in mittelständischen Unternehmen oft Zeit, Ressourcen und Informationen. Literatur und Beraterpraxis empfehlen deshalb die Konzentration auf als relevant angesehene Leitmodelle wie:

1. *Kernkompetenz:* *Beschränke Dich auf das was Du am besten kannst ...!*
2. *Drei Horizonte Modell:* *Stelle den Lebenszyklus sicher ... säen, investieren, ausschöpfen!*
3. *Wirtschaftsglobus:* *Wo dürfen wir mitspielen? Wo lassen wir mitspielen?*
4. *Lean Management:* *Halte deine Organisationen schlank ...!*
5. *Verlängerte Werkbank:* *Sei ein Teil einer gesamten Wertschöpfungskette ...!*
6. *Just in time:* *Wir liefern jetzt was ihr jetzt braucht!*
7. *Shareholder Value:* *Was bringt das für die Eigentümer?*
8. *Nachhaltigkeit:* *Trägt das Geschäftsmodell auch morgen nachhaltig?*

Alle Modellansätze sind auf die Relevanz für das eigene Geschäftsmodell hin zu überprüfen. Eine unkritische Übernahme der oft auch der Modernität geschuldeten Denkansätze sollte vermieden werden. Zwei Denkmodelle – Kernkompetenz und Drei Horizonte Modell – wollen wir nachfolgend etwas näher erläutern.

Kernkompetenz – **Denken in wahren Stärken**

Wurde lange Jahre generell auf Größe und damit vermeintlich verbundene Synergieeffekte gesetzt, so gilt die Rückführung auf die Kernkompetenz eines Unternehmens für viele Unternehmen heute als „Ultima ratio". Zwei Dinge kennzeichnen die Denkrichtung dieses Modells:

- *Worin liegen meine Stärken?*
- *Was bedeutet dies für meinen relevanten Markt?*

Die Diskussion um Stärken und relevante Märkte eines Unternehmens ist nicht leicht. Es geht um die **wahren Stärken** und nicht um die vermeintlichen Stärken. Es geht um die **Erfolg versprechenden Märkte** und nicht unbedingt um die bereits besetzten. Das Modell der Rückbesinnung auf Kernkompetenzen hat natürlich auch beachtliche Nachteile. Die wichtigsten Nachteile liegen dabei in der Einengung von Absatzmärkten und Techniken und in der Gefahr des im „Denken der Vergangenheit verhaftet" zu sein. So nützt es Diskettenherstellern oder CD-Herstellern heute nichts, wenn sich diese über die Jahre hohe Qualitäts- und Rationalisierungsvorteile erarbeitet haben. Die Technik läuft aus und die Märkte gehen verloren. Das gleiche Schicksal ereilt oder ereilte Getränkedosenhersteller, Hersteller von Schreibmaschinen und viele andere Hersteller. Generell gilt, je länger eine Technologie am Markt vertreten ist, desto größer ist die Gefahr einer Ausweitung auf vertikale oder horizontale Technologien (→ **Systemanbieter**) und der damit verbundenen Kostensteigerung.[205]

In der theoretischen Diskussion wird als Kernkompetenz nicht etwa einfach die Nennung der Fähigkeiten eines Unternehmens verstanden. Czwik[206] nennt folgende Kriterien zur Auswahl

---

205 Ein Beispiel dafür findet sich in den 70'er Jahren im Niedergang der Gerresheimer Glas AG. Der Versuch zum Systemanbieter zu werden, ergab bei ungünstigen Kostenstrukturen, Wettbewerbsvorteile für die Konkurrenten.

206 Vgl. Cwik, P.: Strategie der Fokussierung auf Kernkompetenzen. www.fh-wuerzburg.de/fh/fb/bwl/offiziel/bwt/pages/pp/3/kernkompetenzen.htm. Link vom 23.10.2005.

der Kernkompetenzen: „Die wichtigste Eigenschaft einer Kernkompetenz ist deren **strategisches Potential** hinsichtlich der Wettbewerbsvorteile am Markt, die sie einem Unternehmen verschaffen soll.“ Dabei muss sie nach Prahalad und Gamel drei entscheidende Kriterien erfüllen:[207]

1. *Potenzial zur Erschließung* ***neuer Märkte,***
2. *Wesentlicher Beitrag zum* ***Kundennutzen*** *eines Produkts,*
3. *Schwere Imitierbarkeit und kaum nachahmbar.*

Drei **Horizonte – Denken in einer nachhaltigen Zukunft**

Dynamisches Wachstum erfordert nach McKinsey, dass Unternehmen sich ständig mit drei Horizonten beschäftigen. Das Modell ist als permanentes System anzusehen und lässt sich in zwei Richtungen interpretieren. Das „Sähen“ von heute führt zur „Investition“ von morgen und zum „Ausschöpfen“ von übermorgen. Umgekehrt lässt sich das „Maß an Erfolgsausschöpfung“ Heute, das „notwendige Investieren“ für Morgen und die „Chance für eine Saat für Übermorgen“ diskutieren. Nach dem **3-Horizonte Modell** würde der Analytiker Unternehmen nach dem Verhältnis der drei Horizonte befragen und daraus seine Schlussfolgerungen ziehen. Folgende Graphik visualisiert das 3-Horizonte Modell.

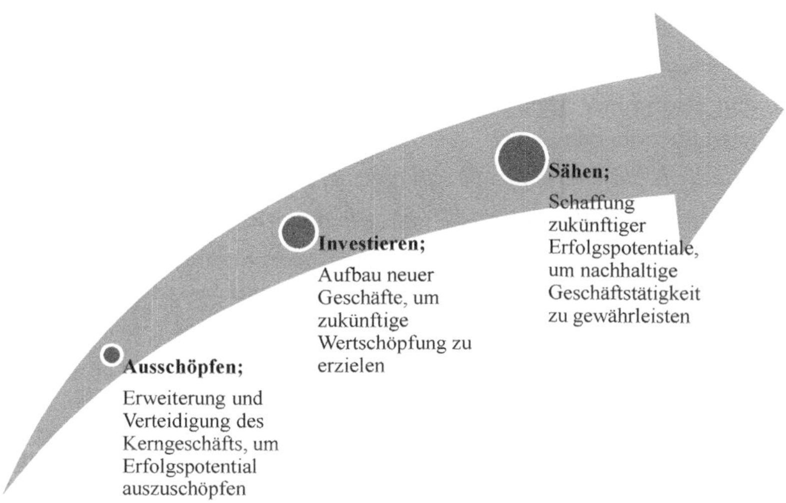

Abbildung 3.3-13: *Drei Horizonte-Modell von McKinsey.*

Der **erste Horizont** betrifft das laufende Geschäft. Hier geht es um Maßnahmen, durch die vorhandene Erfolgspotentiale genutzt werden. In dem **zweiten Horizont** soll sich das Unternehmen mit dem Aufbau von Geschäften beschäftigen, die für die Zukunft Erfolgspotentiale versprechen. In derartige Geschäfte ist zu investieren. Der **dritte Horizont** entspricht der Schaffung von Rahmenbedingungen im Sinne strategischen Managements, um für die Zukunft Investitionen zu tätigen und weitere Erfolgspotentiale zu schaffen.

---

207 K. Prahalad and Gary Hamel (1990) The Core Competence of the Corporation, Harvard Business Review May/June 1990, S. 79–91

3.3.5 Planungsrechnung – die zweite Seite des Geschäftsmodells

3.3.5.1 Der Begriff des Finanzplanes

Der Begriff Finanzplan wird auch synonym für eine Planungsrechnung insgesamt verwendet. Er umfasst dann als Begriff Erfolgsplan, Finanzplan im engeren Sinne und Bilanzplan. Wir wollen in dieser Darstellung den Begriff Planungsrechnung verwenden und dann von Finanzplan sprechen, wenn damit Einzahlungen und Auszahlungen gemeint sind. Finanzpläne dienen im kurzfristigen Bereich der Darstellung der Zahlungsfähigkeit etwa im Wochenturnus. Im mittelfristigen und langfristigen Bereich dienen Finanzpläne dagegen der Darstellung der Finanzkraft des Unternehmens auf Monats- und Jahresbasis.

3.3.5.2 Integrierte Planungsrechnung

Integrierende Planungsrechnungen **im engeren Sinne** zeichnen sich dadurch aus,

- *dass die Wirkungen planerischer Maßnahmen wechselseitig auf der Erfolgs-, Finanz- und Bilanzseite berücksichtigt werden und*
- *dass die Wirkungen eines Jahres auf die Folgejahre durchschlagen*

Integrierte Planungen sind also immer Mehrjahresplanungen. Im **weiteren Sinne** verfügen integrierte Planungssysteme über die Fähigkeit,

- *dass Istdaten automatisch als Startwerte für die Planung herangezogen werden können*
- *dass Plandaten automatisch zur Soll-/Istkontrolle übergeben werden können.*

Integrierte Planungsrechnungen fordern ein Höchstmaß an Abgestimmtheit der einzelnen Planungsbereiche. Integrierte Planungssysteme können in unterschiedlichster Form gestaltet werden. Hauptsächlich sind folgende Merkmale zu unterscheiden:

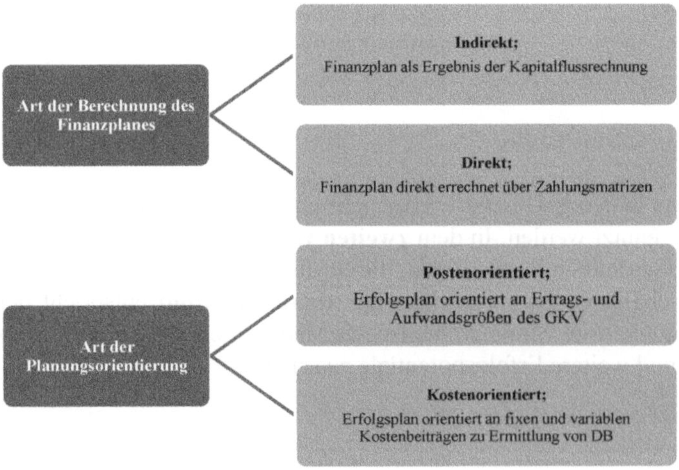

Abbildung 3.3-14: *Unterschiedliche integrierte Planungsrechnungen.*

Wenn ausgehend von Erfolgsplanungen aus der Annahme pauschaler oder detaillierter Zahlungsziele oder Lagerreichweiten Bilanzposten entstehen und aus dem Bilanzpostenvergleich über eine Kapitalflussrechnung Liquiditätsgrößen entwickelt werden, dann entspricht diese Vorgehensweise einer **indirekten Finanzplanung**. Die Planungsreihenfolge lautet grundsätzlich:

Erfolgsplanung → Bilanzplanung → Kapitalflussrechnung → Finanzplanung

Wird dagegen ausgehend von Erfolgsplanungen über detaillierte Zahlungsmatrizen die Liquidität direkt errechnet und ergeben sich anschließend die Bilanzposten, dann entspricht diese Vorgehensweise einer **direkten Finanzplanung**. Die Planungsreihenfolge lautet hier:

Erfolgsplanung → Finanzplanung → Bilanzplanung

In der Praxis werden die verschiedenen Ansätze je nach Aufgabenstellung auch gemischt. Wenn ausgehend vom Schema der Gesamtkostenrechnung des HGB Aufwand und Ertrag geplant wird, dann handelt es sich eher um eine ***„postenorientierte Vorgehensweise“***. Der Vorteil dieser Methode liegt in der allgemeinen Datenverfügbarkeit und einer relativ größeren Transparenz. Der Nachteil dieses Verfahrens liegt hauptsächlich in der Nichtberücksichtigung von Funktionsbereichen in denen die Aufwendungen anfallen und in der Nichtberücksichtigung des Unterschieds fixer und variabler Bestandteile. Insbesondere für Produktionsunternehmen erscheint eine Erfolgsplanung ohne Berücksichtigung von Funktionen und der Unterscheidung fixer und variabler Kostenbestandteile ungünstig. Eine Aussage über geplante Deckungsbeiträge verschiedener Produkte und Leistungen ist mit einer am Umsatzkostenverfahren orientierten ***„kostenorientierten Vorgehensweise“***[208] deutlich besser zu erhalten. Die Abstimmung zwischen den einzelnen Planungsteilen und die Ableitung der Finanzwirkungen sind allerdings deutlich schwieriger als in einem postenorientierten Planungsansatz.

3.3.5.3 Teilpläne einer integrierten Planungsrechnung

Die nachfolgende Abbildung zeigt die grundsätzlichen Mindestbestandteile eines integrierten Planungsprogramms das postenorientiert erfolgen soll.

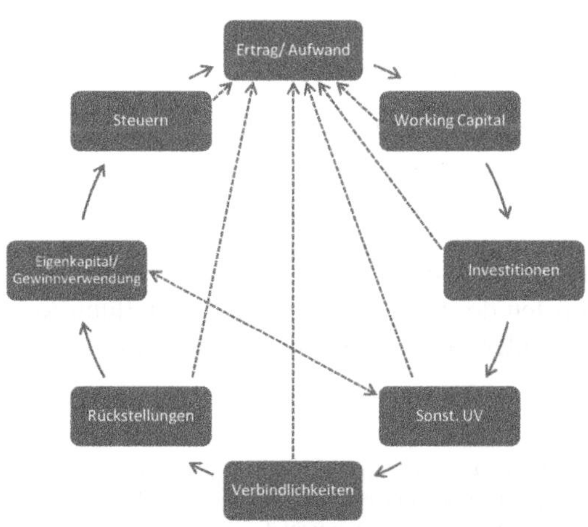

Abbildung 3.3-15: *Mindestbestandteile eines integrierten Planungsprogramms.*

[208] Basierend auf reinen GuV Werten handelt es sich allerdings nur um Primärkosten die geplant werden.

Die Pfeile bezeichnen Konflikte zwischen den einzelnen Teilplänen, denn die Planungsergebnisse können nicht vollständig überschneidungsfrei definiert werden. So kann der Steueraufwand als gesonderter detaillierter Plan oder als Bestandteil der Aufwendungen konzeptionell geplant werden. Die Abschreibungen als Aufwand ergeben sich aus einer Investitionsplanung.

Die Planung nach dem **Umsatzkostenverfahren** stellt sich innerhalb der Erfolgsplanung komplexer dar, folgt aber im Grundsatz der Planung nach dem Gesamtkostenverfahren. Zunächst sind die Funktionsbereiche des Unternehmens festzulegen.

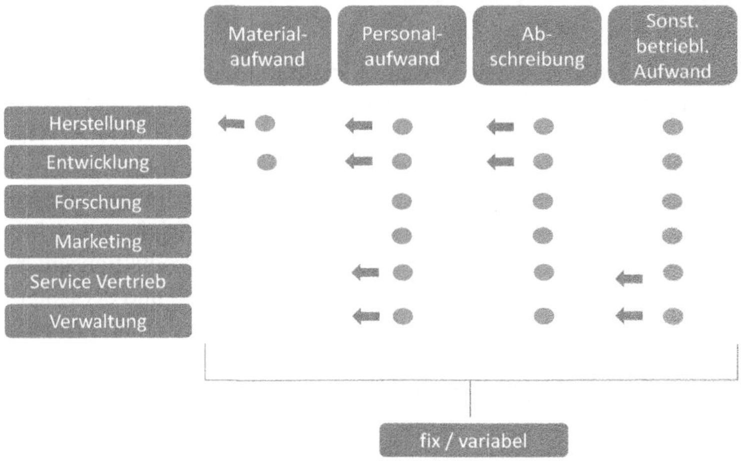

Abbildung 3.3-16: *Mindestbestandteile bei der Erfolgsplanung nach dem Umsatzkostenverfahren.*

Für jeden Funktionsbereich fallen grundsätzlich die Aufwandsarten Materialaufwand, Personalaufwand, Abschreibungen und sonstiger betrieblicher Aufwand an.[209] Insoweit sind als Aufwendungen zu planen. Auszugsweise sei die Vorgehensweise am Materialaufwand erläutert:

- Materialaufwand als Herstellungskosten der Produktion[210]
- Materialaufwand als der Herstellung zugeordnete Entwicklungskosten
- Materialaufwand als übrige indirekte Entwicklungskosten

Praktischerweise plant man den Materialaufwand als Davonposten. Im Zweifel betrifft dann der gesamte Materialaufwand die Herstellungskosten der Produktion. In die Herstellungskosten können auch die direkten Entwicklungskosten oder Teile davon übernommen werden. Da

[209] Wir sprechen hier von Aufwendungen im Sinne von Primärkosten. Auf die umfangreiche Diskussion zur Unterscheidung von Aufwendungen und Kosten, Ableitung von Sekundärkosten etc. sowie zur Frage der Berechnung über Betriebsabrechnungsbogen (BAB) etc. wird an dieser Stelle verzichtet.

[210] Diese Aufteilung dient dazu, die Herstellungskosten berechnen zu können. Zur Herstellung dienen die direkt zuordnungsfähigen Produktionskosten sowie diejenigen Entwicklungskosten, die der Herstellung zugerechnet werden können. Auf die Diskussion handelsrechtlicher und steuerlicher Unterschiede wird an dieser Stelle verzichtet.

der Materialaufwand in der Regel nur für Entwicklung und Herstellung anfällt, können die übrigen Funktionsbereiche unterbleiben.

Alle Teilpläne sind in ihren Wirkungen aufeinander abzustimmen. Im Ergebnis wirken alle Teilpläne als Änderung zu einem neuen Bestand der flüssigen Mittel. Der Bestand der flüssigen Mittel führt zu einem Zinsaufwand oder Zinsertrag, der wiederum Bestandteil der Ertrags- und Aufwandsplanung ist.

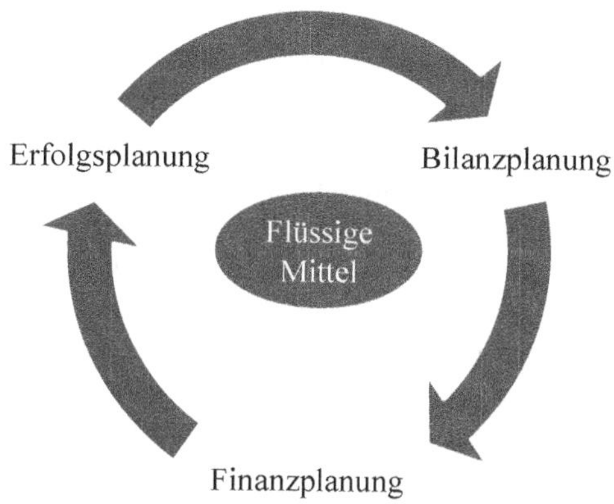

Abbildung 3.3-17: *Flüssige Mittel als Ergebnis der Planungsrechnung.*

Aus der **Erfolgsplanung** werden etwa durch die Planung des Working Capitals **Bilanzposten** geplant. Aus den zeitlichen Differenzen der Bilanzposten ergeben sich **Finanzwirkungen**. Alle Finanzwirkungen beeinflussen letztlich die **Flüssigen Mittel** der Bilanz. Diese verzinst, ändern nunmehr die Erfolgsplanung, was wiederum zu einer geänderten Bilanzplanung und nun wieder zu einer geänderten Finanzplanung führt. Diese „**Zirkularität**" wird in EDV-Systemen üblicherweise durch Abbruchbedingungen beendet.

Die **Ertrags- und Aufwandsplanung** dient der Planung von Umsatz, Materialaufwand, Personalaufwand, sonstigem betrieblichen Aufwand, Finanzerträgen und Finanzaufwendungen, Aufwendungen und Erträge aus der außergewöhnlichen Geschäftstätigkeit, Aufwendungen und Erträge aus Organschaftsverträgen sowie Steueraufwendungen.

Die **Working Capital Planung** dient der Planung der Vorräte einschließlich erhaltener und geleisteter Anzahlungen, der Debitoren und der Kreditoren. Die Working Capital Planung beinhaltet wie oben gezeigt die Planung der Bilanzposten und der Finanzwirkung über die Bilanzpostenänderung für den Finanzplan.

Die **Investitionsplanung** dient der Planung des gesamten Anlagevermögens einschließlich der Erträge und Aufwendungen sowie der Finanzwirkungen aus Käufen und Verkäufen des Anlagevermögens. Da Käufe und Verkäufe im Anlagevermögen oft große Beträge umfassen, ist es hier ratsam, eine detaillierte Unterscheidung der Erfolgs- und Zahlungsströme vorzunehmen. Im Einzelnen sind Verkäufe mit der gesonderten Unterscheidung von Erlösen, Buchwerten des Verkaufs und Einzahlungen, Käufe mit gesonderter Unterscheidung von Zugang und Auszahlung sowie Abschreibung und Zuschreibungen zu planen. Die Zahlungsebene ist durch Bildung und Auflösung von Forderungen und Verbindlichkeiten abzubilden.

Die **Erfolgsplanung** beinhaltet dann die Erträge aus Zuschreibungen, Erträge aus dem Anlageabgang (Veräußerungserlöse abzüglich Buchwert des Abgangs) sowie Abschreibungen auf das Anlagevermögen. Die **Bilanzplanung** beinhaltet Zugänge im Anlagevermögen, Buchwerte von Anlageabgängen, Zuschreibungen, Abschreibungen, Forderungsänderungen aus Anlagenverkäufen (Differenz aus dem Veräußerungserlös Anlagenverkauf und der Einzahlung aus Anlagenverkauf) und Verbindlichkeitsänderungen aus Anlagenkäufen (Differenz aus der Auszahlung für Anlagenzugang und dem Zugang zum Anlagevermögen). Die **Finanzplanung** beinhaltet Einzahlung aus Anlagenabgang, Auszahlung aus Anlagenzugang, Der Investitionsplan unterscheidet sachlich mindestens die **Ersatz- und die Erweiterungsinvestitionen**. Der Investitionsplan verbindet die Absatz- und Produktionspläne, indem er eine Antwort auf die Frage nach der notwendigen Kapazität geben muss.

Die Planung des **sonstigen Umlaufvermögens** beinhaltet die Planung der Forderungen und sonstigen Vermögensgegenstände des Umlaufvermögens mit Ausnahme von Vorräten sowie Forderungen aus Lieferungen und Leistungen. Darin enthalten sind die großen Gruppen Forderungen gegenüber Gesellschaftern, Forderungen gegenüber verbundenen oder beteiligten Unternehmen, sonstige Vermögensgegenstände, Wertpapiere des Umlaufvermögens, aktive Rechnungsabgrenzungsposten, aktive latente Steuern sowie ausstehende Einlagen. Bei den Wertpapieren des Umlaufvermögens bietet sich ein analoges Vorgehen zur Investitionsplanung an, denn oft bestehen große Unterschiede zwischen Verkaufspreisen und Buchwerten, die dann zu entsprechenden Erfolgswirkungen führen. Auch Abschreibungen und ggf. Zuschreibungen sind hier denkbar.

Die **Planung der Verbindlichkeiten** erfolgt für alle Posten mit Ausnahme der Kontokorrentverbindlichkeiten (→flüssige Mittel), der Verbindlichkeiten aus Lieferungen und Leistungen (→ Working Capital), der Wechselverbindlichkeiten (→ Working Capital) und der erhaltenen Anzahlungen (→ Working Capital). Die Planung der Verbindlichkeiten erfolgt grundsätzlich über Tilgungspläne und berücksichtigt entsprechende Verzinsungen. Bei den sonstigen Verbindlichkeiten ist allerdings zu berücksichtigen, dass darin sehr unterschiedliche Sachverhalte enthalten sind, die eine unterschiedliche Vorgehensweise erfordern. Beispiele sind verzinsliche Darlehen, beschlossene Gewinnausschüttungen von Kapitalgesellschaften, stille Beteiligungen mit Gewinngutschriften, Steuerverbindlichkeiten für Ertragsteuern und Umsatzsteuern, Personalverbindlichkeiten oder Verbindlichkeiten aus Anlagekäufen sein.

Die **Rückstellungsplanung** beinhaltet Pensionsrückstellungen (Verpflichtungen und Planvermögen), Steuerrückstellungen und sonstige Rückstellungen. Bei Pensionsrückstellungen sind die Berechnungsergebnisse des Unternehmens zu übernehmen. Ohne diese Angaben sind lediglich pauschale Planungen auf Basis von Kennzahlen möglich. Steuerrückstellungen können in der Regel aus der Steuerplanung übernommen werden. Hier ist der Steueraufwand laut Planung den vereinbarten oder beabsichtigten Steuervorauszahlungen gegenüberzustellen. Die Differenz ergibt die Änderung der Steuerrückstellung. Steuerplanungen erfordern allerdings in der technischen Abbildung flexible Möglichkeiten, um die wirklichen Gegebenheiten abbilden zu können. Bei den sonstigen Rückstellungen eignet sich eine Planung auf Basis plausibler Kennzahlen oder detaillierterer Informationen des Unternehmens.

Bei der **Planung des Eigenkapitals** bzw. der Gewinnverwendung ist zunächst eine Klarstellung erforderlich. Der Begriff ist nicht ungenau. Eigentlich werden hier diejenigen ***Gesellschafterkonten*** geplant, auf die folgende Vorgänge entfallen

- Gewinnverteilungen,
- Entnahmen und
- Einlagen.

Letztlich werden die Endbestände der Kapitalkonten für die Bilanz und die Finanzwirkungen für die Kapitalflussrechnung geplant. Die Vorgehensweise ist auch technisch bedingt. Berücksichtigt man alle Gesellschafterkonten unabhängig vom Bilanzausweis in dieser Planungskomponente, dann kann die Finanzwirkung netto aus dem Vergleich der Endbestände der Kapitalkonten zweier Zeiträume wie folgt berechnet werden:

Endbestand Kapitalkonten

– Anfangsbestand Kapitalkonten

– Periodenergebnis

= Finanzwirkung der Gesellschafterfinanzierung netto

Diese Vorgehensweise erlaubt auch eine Integration von Istdaten in die Finanzplanung. Es gibt in diesem Fall keinen Unterschied zwischen der Berechnung im Ist oder im Plan.

Zudem beinhaltet die EK-Planung die Planung der sonstigen Eigenkapitaländerung wie Rücklagenbildung, Rücklagenauflösung, Eigenkapitalerhöhung, Zahlung ausstehender Einlagen oder die anderer Eigenkapitalbestandteile. Bei der Gewinnverwendung von Kapitalgesellschaften ist darauf zu achten, dass diese erst im nächsten Jahr finanzwirksam wird. Für das erste Planjahr ist darüber hinaus zu prüfen, welche Gewinne aus dem letzten Ist-Jahr zu berücksichtigen sind.

Die **Steuerplanung** bezieht sich grundsätzlich auf den Aufwand für sonstige Steuern, Aufwand für Steuern vom Einkommen und Ertrag (Gewerbesteuer, Körperschaftsteuer), Rückstellungsentwicklung aus Steuern und Steuerzahlungen (Vorauszahlung, Nachzahlung, Rückzahlung). Die Planung der Steuern vom Einkommen und Ertrag muss/kann je nach vorliegendem Fall pauschal oder detailliert erfolgen. Für Deutschland ist dabei bei Verlustvorträgen die Mindestgewinnbesteuerung zu beachten. Oberhalb 1 Mio. Euro können nur 60 % der Verluste vorgetragen werden.

3.3.6 Planung als Simulation – Cash Flow Simulationsmodelle

3.3.6.1 Grundsätzliche Vorgehensweise

Die bisherigen Planungsansätze kann man auch unter dem Begriff **deterministische Planung** kennzeichnen. Das Wort deterministisch bedeutet in diesem Fall, dass der Planende einen Planwert als relativ eindeutig einordnet. Was aber ist eindeutig?

Der Bundesverband Deutscher Unternehmensberater BDU veröffentlicht 2007 Grundsätze ordnungsgemäßer Unternehmensplanung (GOP).[211] Gleißner, Schaller, Romeike[212] kritisieren diese Grundsätze, in dem sie betonen, dass die **wichtigste Grundsatzdiskussion** nicht im Leitfaden enthalten ist. Dabei handelt es sich um die Diskussion darüber, was denn ein Planwert überhaupt sei. Ist mit einem Planwert ein

- *Wahrscheinlicher Wert (Modalwert)*
- *Wert, der mit 50 % Wahrscheinlichkeit über- oder unterschritten wird (Median),*
- *Zielwert, der mit besonderen Anstrengungen erreicht werden soll, oder*
- *mathematischer Erwartungswert, der mögliche Über- und Unterschreitungen gewichtet berücksichtigt und damit im Mittel zu erwarten ist,*

gemeint?

Die Autoren plädieren für eine chancen- und risikoorientierte Planung, die darstellt, mit welcher Wahrscheinlichkeit verschiedene Planungsergebnisse alternativ erreicht werden können. Die Grundsätze und die Möglichkeiten derartiger Planungsansätze wollen wir hier diskutieren. Wir nennen derartige Planungsverfahren **Subjektive Wahrscheinlichkeitsschätzungen mit Simulationsverfahren auf Basis von Monte Carlo Verfahren.**[213]

Zur Erläuterung wollen wir einen didaktischen Umweg über die Modelle zur Konzeption von Ratingmodellen zum Unternehmensrating wählen. Schütt hat bereits 1979 eine Fülle von Verfahren zur Schätzung subjektiver Wahrscheinlichkeiten zusammengestellt.[214] Nach den dort genannten Unterscheidungskriterien handelt es sich bei den hier angesprochenen Planungsverfahren um Verfahren, welche sowohl **individuelle als auch Gruppenschätzungen** ermöglichen, **Verteilungsannahmen voraussetzen** und daraus **Wahrscheinlichkeiten für Ereignisse** oder umgekehrt Ereignisse für Wahrscheinlichkeiten ableiten.

Ein derartiges Modell schätzt die Ausfallwahrscheinlichkeit also nicht durch einen **Mustervergleich** (→ Diskriminanzanalyse, Logistische Regression, Neuronale Netze, Support Vektor Modelle) mit bereits ausgeschiedenen Unternehmen, sondern errechnet die bedingte Ausfallwahrscheinlichkeit für den Fall nicht ausreichender Finanzreserven, durch Simulation konkreter Annahmen für die Zukunft über eine Planungsrechnung. Die nachfolgende Abbildung zeigt die Einordnung der Modelle innerhalb der Modelle zur Bonitätsbeurteilung.[215]

---

211 Bundesverband Deutscher Unternehmensberater (Hrsg.:) Grundsätze ordnungsgemäßer Planungen 2007. Die Version 2.0 wurde 2008 herausgegeben.

212 Gleißner, W., Schaller, A., Romeike, F.: Grundsätze ordnungsgemäßer Planung (GOP) und die Blindheit für Planungsunsicherheit. In: Risk Net, 18/2007, S. 19.

213 Die Abgrenzung ist insofern nicht eindeutig, als die Schätzverfahren selbst auch den heuristischen Modellen zugeordnet werden können. Derartige Verfahren werden bereits im IDW Standard zur Erstellung von Restrukturierungskonzepten erwähnt.

214 Schütt, K.-P.: Unterstützungsprozesse für die Schätzung subjektiver Wahrscheinlichkeiten – Theorie, Methoden und eine experimentelle Studie. Dissertation Kiel 1979. S. 167, 157, 158.

215 Geänderte Darstellung nach dem Konzeptpapier der Nationalbank Österreich. * = Änderungen.

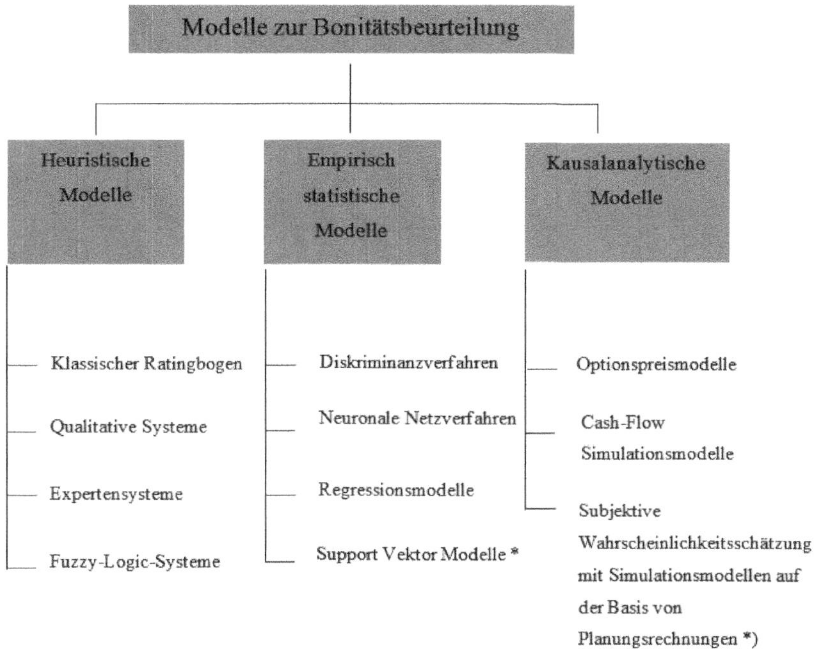

Abbildung 3.3-18: *Modelle zur Bonitätsbeurteilung.*

Die Planung sagt, negativ formuliert, mit welcher Wahrscheinlichkeit das Unternehmen scheitern wird. Das ist in der Tat eine sehr konkrete Fortbestehensprognose. Positiv lässt sich natürlich auch eine Fortführungsprognose (→ Wahrscheinlichkeit für ein renditestarkes Unternehmen) formulieren. Im Allgemeinen und im besonderen Fall wird man dabei auf

- *den Erfolg bzw. auf die erwirtschaftete Rendite*
- *das Eigenkapital*
- *die Kapitaldienstfähigkeit*
- *den Unternehmenswert*
- *eine negative Ratingnote gemessen an empirisch statistischen Ratingmodellen*
- *im Idealfall auf eine Zahlungsunfähigkeit*

abstellen.

Das beschriebene Modell besitzt die folgende Grundstruktur:[216]

---

216 p = Wahrscheinlichkeit. Die Monte Carlo Simulation ist ein Verfahren, das auf Zufallszahlen basiert. Diese Zufallszahlen werden je nach vorausgesetztem Verteilungsmodell gezogen. Die jeweiligen Flächenverhältnisse (Fläche bis zu gefordertem Wert / Gesamtfläche) gemessen in Treffern, werden dann als Wahrscheinlichkeiten interpretiert.

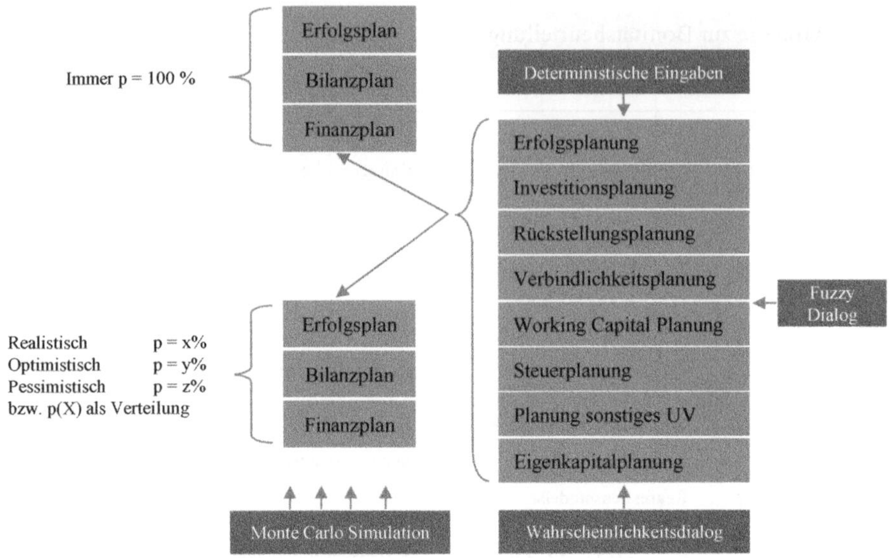

Abbildung 3.3-19: *Grundmodell zur Simulation stochastischer Planungsgrößen.*

Das Grundmodell unterscheidet den Simulationsbereich vom Vorgabebereich für Planungsdaten einzelner Planungsbereiche. Der Vorgabebereich verbindet parallel drei Gedankenansätze zur Vorgabe von Planungswerten:

- *deterministische Vorgaben*
- *stochastische Vorgaben*
- *fuzzy basierte Vorgaben.*

Die Simulation erfolgt auf Basis der Vorgaben, wobei für den sachverständigen Anwender wichtig ist zu wissen, dass nicht alle Parameter der Vorgaben in die Simulation übernommen werden. Die Monte Carlo Simulation selbst ist ein Verfahren, das auf Zufallszahlen basiert. Diese Zufallszahlen werden je nach vorausgesetztem Verteilungsmodell gezogen. Die jeweiligen Flächenverhältnisse (Fläche bis zu gefordertem Wert / Gesamtfläche) gemessen in Treffern, werden dann als Wahrscheinlichkeiten interpretiert. Wenn also 10.000 Simulationen durchgeführt werden, dann sind dies 10.000 einzelne integrierte Planungen mit 10.000 Ergebnissen. Wollen wir nun wissen, wie hoch die Wahrscheinlichkeit ist, dass das Unternehmen zahlungsunfähig ist, dann bildet man das Verhältnis

$$\frac{\textit{Simulationen mit dem Ergebnis Finanzreserve} < 0}{\textit{Gesamtzahl der Simulationen}}$$

Die Finanzreserve wird definiert als Nettobestand der flüssigen Mittel zuzüglich eines Kreditlimits. Der Nettobestand der flüssigen Mittel beinhaltet die flüssigen Mittel abzüglich der Kontokorrentverbindlichkeiten. Den Endbestand der flüssigen Mittel netto erhalten wir, indem zum Anfangsbestand die Einzahlungen addiert und die Auszahlungen subtrahiert werden. Man benötigt also zur Konzeption einer derartigen Berechnung immer ein integriertes Planungsmodell. Die grundsätzliche Vorgehensweise zur Simulation soll die folgende Grafik verdeutlichen.

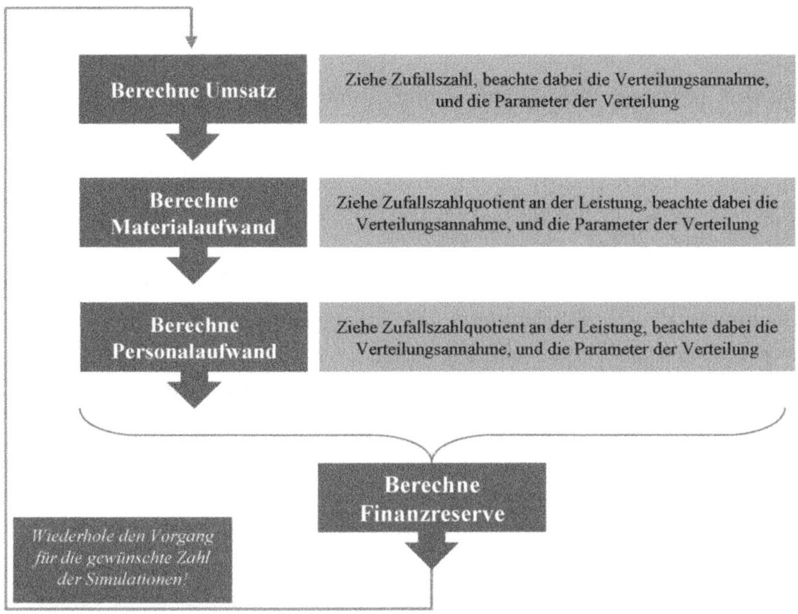

Abbildung 3.3-20: *Ablauf der Monte Carlo Simulation im Planungsmodell.*

Statt der oben angeführten Zufallszahl kann und muss der Planende das System zwingen, einen festen Wert über deterministische Planvorgaben oder weichere Fuzzy basierte Logiken zu übernehmen. Dies ist beispielsweise notwendig, um feststehende Ausschüttungen, Investitionen oder Kreditrückzahlungen planen zu können. Die besondere Herausforderung der Planungsmodelle liegt in der Konzeption der **Planungsunterstützungssysteme**. Im Praxiseinsatz ist es kaum möglich explizit nach Verteilungen und deren Werten zu fragen. Besondere Wahrscheinlichkeitsdialoge sind erforderlich, um interaktiv die Präferenz eines Planenden für eine implizit unterstellte Verteilung herauszufinden.

Zusammenfassung

Planung und Planungsrechnung, sind zwei Seiten des Geschäftsmodells eines Unternehmens. Die Beschäftigung mit den realen Güterströmen eines Unternehmens stellt dabei die Planung im eigentlichen Sinne dar. Ausgangsbasis und Annahmen für die Zukunft abgebildet in Planbilanzen, Planerfolgsrechnungen und im Finanzplan, zeigen dann was sein könnte in der Sprache der Ökonomie. Beide Seiten bedingen einander und sind allein wenig hilfreich. Wenn wir bisher in unseren mathematisch orientierten Ratingsystemen Plandaten wenig Bedeutung zumessen, dann bedeutet dies nicht, dass diese Einschätzung inhaltlich stimmt. Wir können in unseren Ratingsystemen bisher keine trennfähigen Modelle bilden, in die der Planungsgedanke verlässlich Einzug findet. Das liegt an vielfältigen Gründen. Entscheiden wir über Kreditvergaben, dann müssen wir uns stets verdeutlichen, dass dies eine Entscheidung für oder gegen die Zukunft des betrachteten Geschäftsmodells eines Unternehmens ist. In der Praxis der Kreditvergabe wird dies weitgehend so gesehen. Unter dem Druck weiterer Rationalisierungen und komplexer Umweltbedingungen plädieren wir daher für eine entscheidungsunterstützende und nicht entscheidende Sicht des Einsatzes von Ratingmodellen.

Literaturhinweise

Welge, M. K., Al-Laham, A.: Strategisches Management. Grundlagen-Prozess-Implementierung. Wiesbaden 2012.

Harford, T.: Trial and Error. Warum nur Niederlagen zum Erfolg führen. Hamburg. 2012.

Strobel, S.: Unternehmensplanung im Spannungsfeld von Ratingnote, Liquidität und Steuerbelastung. Dissertation Nürnberg 2012.

Willer, P.: Businessplan und Markterfolg eines Geschäftskonzepts. Wiesbaden 2007.

Simon, H.: Hidden Champions des 21. Jahrhunderts. Die Erfolgsstrategien unbekannter Weltmarktführer. Frankfurt/Main 2007.

Leker, Jens: Bilanzratingsysteme zwischen Theorie und Praxis, in: Außergewöhnliche Entscheidungen – Festschrift für J. Hauschildt, hrsg. v. Hamel, Winfried/Gemünden, Hans Georg, München 2001, S. 274–303.

Littkemann, Jörn/Krehl, Harald: Kennzahlen der klassischen Bilanzanalyse – nicht auf Krisendiagnosen zugeschnitten, in: Krisendiagnose durch Bilanzanalyse, hrsg. v. Hauschildt, Jürgen/Leker, Jens, 2. A., Köln 2000, S. 19–32.

Schewe, Gerhard/Leker, Jens: Statistische Insolvenzdiagnose: Diskriminanzanalyse versus logistische Regression, in: Krisendiagnose durch Bilanzanalyse, hrsg. v. Hauschildt, Jürgen/Leker, Jens, 2. A., Köln 2000, S. 168–178.

Witte, Eberhard: Die Unternehmenskrise – Anfang vom Ende oder Neubeginn?, in: Unternehmenskrisen – Ursachen, Frühwarnung, Bewältigung, hrsg. v. Bratschitsch, Rudolf/Schnellinger, Wolfgang, Stuttgart 1981, S. 7–24.

Christoph Klein

3.4 Erweiterung der Kreditanalyse um ESG Faktoren

3.4.1 Einleitung

Das Ziel von Bonitätsanalysen ist insbesondere die rechtzeitige Erkennung und Vermeidung von Risiken. Erst wenn möglichst alle relevanten aber auch potentielle Risiken erkannt und deren Relevanz beurteilt wurde, kann eine angemessene Risikoprämie ermittelt werden, damit eine Renditeforderung gestellt werden und eine Investitionsentscheidung erfolgen. Die Frage lautet also: Ist der Kurs einer Unternehmensanleihe attraktiv bzw. ist der Kreditspread im Markt-, Laufzeit- und Sektorenvergleich weit genug um die enthaltenen Risiken mindestens zu kompensieren und eine Kaufentscheidung zu rechtfertigen? Hier ist es neben der aktuellen Risikoanalyse wichtig möglichst weit in die Zukunft zu blicken und mögliche Risikoszenarien zu durchdenken und deren Eintrittswahrscheinlichkeit abzuschätzen.

Bei Investitionsentscheidungen in Kreditinstrumente wie Unternehmensanleihen ist die Ertragsasymmetrie zu beachten: Im Normalfall verdient ein Investor den Kupon, kann aber im „worst case" den Marktwert der Anleihe im Konkursfall ohne recovery komplett verlieren. Dagegen sind Kursgewinne von Unternehmensanleihen durch Spreadeinengungen oder allgemeine Renditerückgänge limitiert.

Diese erwartete Ertragsasymmetrie sollte bei Kreditinvestoren zu einer tendenziell konservativen, pessimistischen, vorausschauenden Grundeinstellung führen.

Erfreuliche Kursgewinne durch Bonitätsverbesserungen werden angestrebt und entsprechende Unternehmensanleihen selektiert bzw. übergewichtet, aber der Schwerpunt der Bonitätsanalyse bleibt die Risikobeurteilung und die Vermeidung von Kursverlusten.

In den vorangegangen Kapiteln wurden bereits wesentliche Elemente der „klassischen" Bonitäts- und Bilanzanalyse erklärt. Neben Finanzkennzahlen sollten aber auch wichtige qualitative Faktoren beachtet werden um Chancen und Risiken eines Emittenten noch besser und vorausschauend beurteilen zu können. Dazu zählen z. B. beispielsweise die Beurteilung der Managementqualität oder die Risikobereitschaft der Unternehmensführung schuldenfinanzierte Akquisitionen durchzuführen. Weiterhin ist aber auch z. B. die Innovationskraft zu beurteilen um Erwartungen bezüglich der künftigen Wettbewerbsfähigkeit zu bilden.[217]

Dieses Kapitel behandelt ESG Faktoren als weitere Risikodimensionen. Dabei steht ESG für **E**nvironmental, **S**ocial und **G**overnance, als Kernbereiche der nachhaltigen Unternehmensführung, die langfristige Ziele diverser Stakeholder wie Mitarbeiter, Investoren aber auch Zulieferer, Anwohner etc. berücksichtigt.

3.4.2 Die Entwicklung nachhaltiger Investmentstrategien

Die Anfänge nachhaltiger Investition entstanden in der Forstwirtschaft mit Regeln nur höchstens so viel zu entnehmen wie nachwachsen kann, um so langfristig die Basis für künftige Erträge zu erhalten.[218]

---

217 Vgl. Leins (1993), S. 106 ff.
218 Vgl. Grober (2010), S. 20.

Seit einigen Jahren haben sich Investmentthemen etabliert. So geben einige Investoren z. B. ethische Kriterien vor und verlangen etwa den Ausschluss von Unternehmen mit hohem Umsatzanteil in der Waffenproduktion. Andererseits gibt es Investmentfonds die den Schwerpunkt in der Unterstützung von Neugründungen in Umwelttechnologien setzen, um über innovative Technologien den Umweltschutz zu fördern und gleichzeitig gute Investmentergebnisse zu erzielen.

Einige Fonds bevorzugen Unternehmen mit ausgewiesen guter „corporate governance" oder „corporate social responsibility". Weitere Kriterien sind „social responsible investments" die einen oder mehrere Dimensionen umfassen.

Diese Vielzahl von Begriffen führt zu Abgrenzungsschwierigkeiten und möglicherweise zu abnehmender Transparenz. Deshalb ist es zu begrüßen, dass sich im Markt aktuell ein Trend zu dem breiten Konzept ESG (environmental, social and governance) etabliert. Dazu trägt auch die DVFA aktiv bei.

Um die Komplexität des ESG Konzeptes Rechnung zu tragen und messbare (Teil-)Faktoren aufzustellen, werden sogenannte „key performance indicators" eingesetzt die im nächsten Abschnitt genauer erklärt werden.

Die Vereinten Nationen haben in 2011 eine UN PRI (United Nations Principles for Responsible Investment) Fixed Income Strategy Working Group eingesetzt, um den Erfahrungsaustausch zwischen verschiedenen Investoren und Marktteilnehmern zu verbessern, die Klarheit und Transparenz zu erhöhen und insgesamt dazu beizutragen, dass zukünftig noch mehr und größere Vermögen nach ESG Kriterien verwaltet werden.[219]

3.4.3 Der ESG Kreditinvestmentprozess

Ein guter Startpunkt zur Erstellung eines Investmentprozesses ist die Formulierung der Anlagestrategie. Welchen Zweck möchte der Investor erreichen, welche Renditeziele strebt er an, wie lang ist sein Anlagehorizont, welches Risiko kann er in der Investmentperiode ertragen?

So mag es Stiftungen geben, die Forschungen in Umwelttechniken finanzieren und frühestens in zwanzig Jahren positive Renditen erwarten. Auf der anderen Seite gibt es Pensionsfonds oder Versicherungen, die sorgfältig „asset liability matching" betreiben und mit kontrollierten absoluten und relativen Risiken Renditen maximieren wollen.

Große institutionelle Investoren verlangen häufig das Übertreffen einer festgelegten geeigneten Benchmark. Im folgenden wird nun ein möglicher Investmentprozess vorgestellt, der obigen Anlagekriterien genügt aber zudem ESG Faktoren einschließt, also ESG key performance indicators berücksichtigt.

Die Auswahl attraktiver Unternehmensanleihen erfolgt auf Grundlage von sorgfältigen internen Bonitätsanalysen und -prognosen der relevanten Emittenten und spezifischen Anleihen. Dabei werden Kriterien wie Cash Flow Stabilität, Verschuldungsgrad und Transparenz in der Informationspolitik einbezogen. Hier werden auch in vorangegangen Kapiteln beschriebene statistische Verfahren angewandt.[220] Neben der klassischen Kennzahlenanalyse spielt die

[219] UN PRI, 5 Years of PRI Report on Progress 2011.
[220] Vgl. Klein (2008), S. 447 ff.

Kommunikation mit dem Management des Emittenten eine wichtige Rolle um wichtige qualitative Faktoren wie zukünftige Wettbewerbsfähigkeit oder Risikobereitschaft bezüglich Unternehmensübernahmen zu bewerten. Weiterhin ist die Ausgestaltung jeder einzelnen Anleihe zu analysieren. Hierbei sind Gläubigerschutzlauseln wie „Change of Control Puts“ oder Kuponerhöhungen bei Rating downgrades sinnvoll, um eventuelle Verluste der Anleger zu reduzieren.

Ziel ist es Unternehmensanleihen auszuwählen, die fundamental gesund sind, und/oder sich verbessern und dazu attraktiv bewertet sind. So soll erreicht werden Vermögensschäden durch Ausfälle und downgrades zu minimieren sowie die absolute und relative Investment Performance gegenüber einer geeigneten Unternehmensanleihebenchmark zu optimieren.

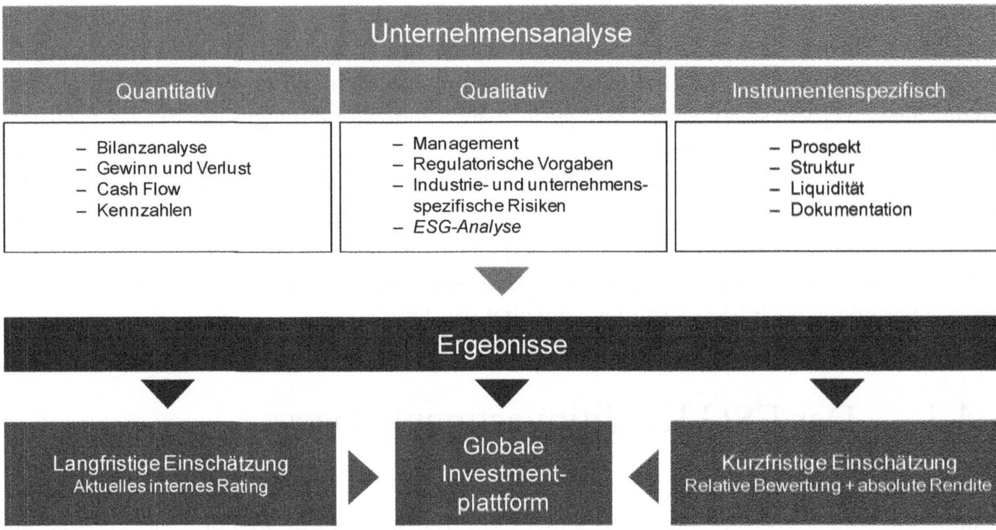

Abbildung 3.4-1: *Überblick der Bonitätsanalyse*

In einem Investmentprozess der auch ESG Kriterien einschliesst erfolgt die Titelselektion auch unter ESG Gesichtspunkten. Die „klassische“ Bonitätsanalyse wird um die Beurteilung der ESG key performance indicators erweitert. Dabei wird überlegt, welche Faktoren einen materiellen Einfluss auf die Bonität eines Unternehmens haben können. Dies ist je nach Sektorzugehörigkeit unterschiedlich. Weiterhin können potentielle Reputationsschäden, die durch „critical incidents“ hervorgerufen werden, die Bonität negativ beeinflussen und damit zu Kursverlusten der betroffenen Unternehmensanleihen führen.

3.4.3.1 Ausschlußverfahren

Es gibt verschiedene Vorgehensweisen die aus der ESG Analyse gewonnenen Kenntnisse in der Portfoliokonstruktion umzusetzen:[221] Die UN PRI (United Nations Principles of Responsible Investing) verlangt weltweit den Ausschluss von Produzenten von Streubomben. Einige Investoren verlangen den Ausschluss von z. B. Waffenproduzenten, oder von Unternehmen

[221] Vgl. Klein (2014), S 225 ff.

die in Korruptionsaffären verwickelt sind. Hier gilt es das Anlageuniversum der Emittenten sehr sorgfältig zu screenen, um nicht ungewolltes Exposure aufzubauen und damit eine Anlagegrenzverletzung einzugehen.

Für diesen Zweck sind sehr gute ESG Datenbanken wie Sustainalytics, RepRisk, ethics, MSCI etc. notwendig und eine gute Datenanalytik sehr hilfreich.

Das Problem für die Portfoliokonstruktion ergibt sich im Ausschlussverfahren wenn das Portfolio ungewollte Abweichungen zur Benchmark aufweist, die nicht durch Alternativen ausgeglichen werden können. Damit würde der Tracking Error erhöht werden und möglicherweise sogar das Alpha Potential sinken. Als Lösungsansatz bieten sich hier sogenannte „customized benchmarks" an, die diese Ausschlüsse nicht im Universum enthalten.

3.4.3.2 Der „best in class" Ansatz

Viele Investoren wenden den sogenannten „best in class" Ansatz ein. Der besagt, dass innerhalb eines Sektors in die ESG freundlichsten Unternehmen investiert wird – sofern sie den Bonitätsabforderungen genügen und unter relative value Gesichtspunkten attraktiv sind.

Ein Beispiel: Heizen im Winter gehört zur Lebensqualität – ein Ausschluss sämtlicher Versorgungs- und Energieunternehmen aufgrund des CO_2 Ausstoßes kann daher nicht zielführend sein, aber Effizienz und Umweltverträglichkeit sind im Energiesektor besonders wichtig. Es wird also in der „best in class" Strategie in Energieversorger investiert, aber innerhalb des Sektors nur diejenigen mit den besten ESG Merkmalen ausgewählt. Insgesamt kann die Summe der investierten Energieversorger durchaus dem Benchmark- oder Marktgewicht entsprechen.

Investiert wird in Unternehmen, die bezogen auf die ESG Kriterien in ihrer Branche eine führende Position einnehmen. Als Kriterien nutzen wir ca. 160 sogenannte Key Performance Indicators. Die notwendigen ESG Daten werden von externen Anbietern wie z. B. Sustainalytics und Risk Metrics bezogen und in einem internen ESG Rating Prozess aufbereitet.

Die Key Performance Indicators können dabei so unterschiedlich sein wie Wasserverschmutzung, Qualität des Umweltreportings, Anteil von Alkohol, Waffen, Tabak etc. an dem Gesamtumsatz, Stabilität und Gesundheit in der Belegschaft aber auch die Diversität des Managements und die Ablehnung von Bestechung und Korruption.

In diesem ESG Rating Prozess werden für jede Branche Gewichtungen für die drei Hauptbereiche Umwelt, Soziales und Governance sowie die zugehörigen Einzelindikatoren definiert. Durch die Aggregation der Indikatorenwerte mit den jeweils zugehörigen Gewichtungen wird ein ESG-Unternehmenswert berechnet. Durch den Vergleich der Standardabweichung dieses Wertes zum Median des Sektoruniversums wird für jedes Unternehmen das zugehörige ESG Rating ermittelt berechnet. Je höher der Wert eines Unternehmens im Vergleich zum Median liegt, desto besser fällt das ESG-Rating aus.

Genügt eine Unternehmensanleihe des „klassischen" Kreditmodellportfolio den ESG Kriterien nicht, so wird sie durch eine möglichst ähnliche Anleihe ersetzt, um das ESG Portfolio so ähnlich wie möglich an dem „klassischen" Modellportfolio zu halten. Hierzu werden relevante Dimensionen wie Laufzeit, Rating, Sektor, Gläubigerschutzklauseln, Spread, etc. berücksichtigt.

3.4.3.3 Der „best in class" Ansatz plus Engagement

In diesem Konzept werden die Unternehmen eines Sektors wie oben nach ESG Kriterien sortiert. Es kann jedoch auch in Unternehmen mit schlechten ESG Werten investiert werden wenn:

A) Die ESG Risiken des Emittenten gut bekannt und verstanden sind,

B) Der Spread der Unternehmensanleihe die zusätzlichen ESG Risken (über-)kompensiert,

C) Durch aktives Engagement des Investors der Emittent gezielt und zeitnah seine ESG Qualität verbessert und konstruktive Kritik bezüglch schwacher Ausprägungen von key performance indicators und critical incidents annimmt und die Verbesserung der Schwachstellen in seine Unternehmensziele aufnimmt.

Für alle Investmentprozesse gilt das striktes best execution Trading sowie ex ante Grenzprüfungen die Portfolio Manager bei der effizienten Implementierung der Investmententscheidungen unterstützen. Ein detailliertes absolutes und relatives Risikomeasurement ermöglicht eine permanente Portfolioanalyse in allen relevanten Dimensionen. Eventuelle ungewollte Abweichungen werden zeitnah durch geeignete Umschichtungen ausgeglichen oder abgebaut.

Insgesamt zeigt die Erfahrung, dass permanente, umfangreiche Prüfungen möglichst vieler Risikodimensionen einen gewissen Schutz vor unvorhergesehenen Ereignissen und Vermögensverlusten sowie Outperformancechancen bieten können. Dazu ist ein transparenter und disziplinierter Investmentprozess hilfreich, um in der hohen Komplexität der Kriterien und Risikofaktoren erfolgreich agieren zu können.

3.4.4 Fazit und Ausblick

Die Umweltkatastrophen von BP und Tepco, aber auch die corporate governance Probleme bei Sino Forest führten deutlich vor Augen, dass erhebliche Einbußen im Firmenwert, im Verlust der Kreditqualität aber auch der Reputation folgen können – ein Umstand, von dem sowohl Aktionäre als auch Gläubiger betroffen sind.

Leider wird es auch ESG-Strategien nicht immer gelingen einem Investment in Unternehmen mit Umweltproblemen oder Unfällen aus dem Weg zu gehen. Doch die gezielte und detaillierte Analyse von ESG-Kriterien als wichtigem Schritt in einem stringenten Investmentprozess hilft, Risiken zu reduzieren und langfristige Performance-Chancen zu erhöhen.

Eine empirische Studie konnte belegen dass es einen signifikanten Zusammenhang zwischen ESG Qualität und Kreditspreads gibt.[222]

Ein ESG-Portfolio sollte deshalb geringere Verlustwahrscheinlichkeiten hinsichtlich negativer Ereignisse als eine „klassische" Investmentstrategie aufweisen. Denn Unternehmen mit mangelhaften Umwelt-, Sozial- und Governance-Standards werden in Zukunft aufgrund von höheren Emissionskosten und Strafzahlungen Nachteile in Profitabilität und Bonität aufweisen. Längerfristig könnte somit eine ESG-Strategie höhere risikoadjustierte Erträge aufwei-

222 Vgl. Bauer, Rob; Hann, Daniel (2010), S. 1 ff.

sen. Letztendlich ist der Erfolg einer ESG-Kredit-Strategie abhängig von der Qualität der Bonitäts- und ESG-Analyse und der Disziplin des Investmentprozesses.

Neben den erwarteten höheren risikoadjustierte Erträgen der ESG Strategien ist ein weiteres Ziel, die Unternehmensführungen in Gesprächen von der Bedeutung der Key Performance Indicators zu überzeugen und nicht nur die Transparenz in dem relevanten Reporting zu erhöhen, sondern sogar zu verbesserten Verhalten in ESG relevanten Entscheidungen und Verhaltensweisen zu motivieren. Damit erreichen ESG Strategien eine Signal- und Kapitallenkungsfunktion und können sogar längerfristig einen signifikanten realökonomischen Impact bewirken der mehreren unterschiedlichen Stakeholdern dient.

Literatur

Bauer, Rob; Hann, Daniel, Corporate Environmental Management and Credit Risk, white paper, Maastricht University, December 23, 2010.

Grober, Ulrich, Die Entdeckung der Nachhaltigkeit, Kulturgeschichte eines Begriffs, München 2010.

Klein, Christoph, „Analysis and Evaluation of Corporate Bonds“, in: the Handbook of Finance, F. J. Fabozzi, Hoboken 2008, volume 2, S. 447–454.

Klein, Christoph, „Institutionelle Investoren – Motive und Bedeutung“, in: Nachhaltige Geldanlagen, M. Faust, S. Scholz, Frankfurt 2014, S. 215–232.

Leins, Herwig, Wissensbasierte Unternehmensanalyse. Effizienzsteigerung der Bonitätsbeurteilung im Firmenkundengeschäft, Wiesbaden 1993.

UN PRI, 5 Years of PRI, Report on Progress 2011.

Tobias Mock

3.5 Die Ratingmethodologie und der Ratingsprozess von Standard & Poor's für Industrieunternehmen

Lernziele

Der Beitrag soll dem Leser

- Einen Einblick in die Kreditrisikoanalyse anhand der Vorgehensweise von Standard & Poor's bei Industrieunternehmen geben.
- Erklären,was Ratings leisten können und welche Grenzen Ratings haben. Einen Ansatz aufzeigen, wie die Genauigkeit von Ratings gemessen werden kannsowie welchen ökonomischen Mehrwert Ratings für Investoren, Unternehmen und Kapitalmärkte erbringen.
- Grundlegende Kenntnisse über den RatingsprozessfürIndustrieunternehmen vermitteln, sowiedie einzelnen Bausteineund deren Zusammenwirkung bei Erstellung eines Ratings für Unternehmensratings bei Standard & Poors's skizzieren.

3.5.1 Einleitung

3.5.1.1 S&P's Rating Definition

Ratings stellen subjektive vergleichende Einschätzungen über zukünftige Kreditrisiken dar. Sie sind unsere Meinung über die Fähigkeit und Bereitschaft eines Schuldners, seinen zukünftigen finanziellen Verpflichtungen vollständig und fristgerecht nachzukommen. Ein Rating ist nicht – wie vielfach angenommen – eine Aussage über eine absolute zu erwartende Ausfallwahrscheinlichkeit für ein Unternehmen. Standard & Poor's Ratingsimplizieren also keine absolute Prozentzahl für die Wahrscheinlichkeit mit der ein Schuldner in Zukunft ausfallen wird. Ein höheres Rating besagt lediglich, dass ein Schuldner mit diesem Rating eine, relative gesehen, geringere Wahrscheinlichkeit hat, seinen Zahlungsverpflichtungen nicht nachzukommen als ein Schuldner mit einem niedrigeren Rating. Wenn ein Investor eine Investitionsentscheidung trifft, ist die Kreditwürdigkeit des Schuldners nur ein Faktor unter vielen, den es zu berücksichtigen gilt. Andere wichtige Faktoren, wie zum Beispiel die Liquidität oder der Preis des Wertpapiers, bedürfen ebenfalls einer detaillierten Analyse. Standard & Poor's drückt die Kreditwürdigkeit auf einer Skala von „AAA“ bis „D“ aus – siehe hierzu Abb. 3.5-1. Ein „BBB“ Rating kann vom Markt sehr unterschiedlich gepreist werden, abhängig von Faktoren wie Liquidität, Erwartungen an den Wirtschaftszyklus und alternative Investitionsmöglichkeiten. So variiert der Preis einer Anleihe mit einem „BBB“ Rating über den Zeitablauf erheblich. Die Risikoprämie für „BBB“ Ratings lag zwischen 40 und 250 Basispunkten in den letzten 10 Jahren. Der Wirtschaftzyklus hat einen erheblichen Einfluss auf die Ausfallraten von Anleihen oder Darlehen. So sind typischerweise in einem gutem wirtschaftlichen Umfeld, wie z. B. in den Jahren von 2002 bis 2006, sehr geringe Ausfallraten zu beobachten. Hingegen sind die Ausfallraten in einem schwierigen wirtschaftlichen Umfeld deutlich höher, so z. B. in den Rezessionsjahren 2001 oder 2008/2009. Diese große Variation der Ausfallraten über die Wirtschaftszyklen ist ein wesentlicher Grund weshalb Standard & Poor's mit seinen Ratings ex ante keine absoluten Ausfallwahrscheinlichkeiten impliziert, sondern nur ein relatives Ranking der Kreditwürdigkeit. Wir erstellen allerdings Statistiken über die durchschnittlichen absoluten Ausfallwahrscheinlichkeiten je Ratingkategorie für die Vergangenheit. Siehe hierzu Abb. 3.5-2.

Investment Grade	**AAA**	Die Fähigkeit zur Erfüllung der finanziellen Verpflichtungen ist außergewöhnlich gut. 'AAA' ist das höchste Rating.
	AA	Die Fähigkeit zur Erfüllung der finanziellen Verpflichtungen ist sehr gut.
	A	Die Fähigkeit zur Erfüllung der finanziellen Verpflichtungen ist gut, aber etwas anfälliger gegenüber nachteiligen Auswirkungen von Veränderungen äußerer Umstände und wirtschaftlicher Bedingungen.
	BBB	Die Fähigkeit zur Erfüllung der finanziellen Verpflichtungen ist angemessen.
	BBB-	Gilt bei Marktteilnehmern als niedrigste Investment Grade- Einstufung.
Non Investment Grade	**BB+**	Gilt bei Marktteilnehmern als höchste Einstufung im spekulativen Ratingbereich.
	BB	Kurzfristig weniger gefährdet. Es bestehen jedoch größere Unsicherheitsfaktoren hinsichtlich nachteiliger geschäftlicher, finanzieller oder wirtschaftlicher Bedingungen.
	B	Stärker gefährdet gegenüber nachteiligen geschäftlichen, finanziellen oder wirtschaftlichen Bedingungen. Jedoch verfügt der Schuldner gegenwärtig über die Fähigkeit, seinen finanziellen Verbindlichkeiten nachzukommen.
	CCC	Derzeit gefährdet und eine Erfüllung der finanziellen Verpflichtungen hängt von güstigen geschäftlichen, finanziellen und wirtschaftlichen Bedingungen ab.
	CC	Derzeit stark gefährdet. Der Zahlungsausfall ist noch nicht eingetreten, gilt aber praktisch als sicher.
	C	Derzeit stark gefährdet. Die Rückzahlungsquote liegt voraussichtlich unter der von höher geratеten Emissionen.
	D	Zahlungsausfall bei finanziellen Verpflichtungen oder Verletzung von Zahlungsversprechen; wird auch genutzt, wenn ein Kunkursantrag gestellt oder ähnliche Zahlungsversprechen; Maßnahmen ergriffen wurden.
Die Ratings von 'AA' bis 'CCC' können durch Hinzufügen eines Plus (+) oder Minuszeichens (-) modifiziert werden, um die reaktive Stellung innerhalb der Hauptratingkategorien zu verdeutlichen.		
Die Ratingskala bei S&P's Ratingservices und Zusammenfassung der in den Ratingsymbolen reflektierten Meinungen.		

Abbildung 3.5-1: *S&P Rating Skala und deren Kategorisierung*

Abbildung 3.5-1 illustriert die Ratingskala und deren grobe Kategorisierung. Investoren unterscheiden vor allem zwischen dem Investment Grade und Non-Investment Grade Bereich. Diese Unterscheidung spiegelt die im weiteren Verlauf des Beitrags reflektierten beobachteten Ausfallsraten wider und die Tatsache, dass Investment Grade Ratings in den letzten 40 Jahren bei Standard & Poor's sehr geringe Ausfallraten aufwiesen.

Standard & Poor's unterscheidet zwischen Unternehmensratings (Emittentenratings) und sogenannten Emissionsratings für einzelne Schuldtitel. Ein Unternehmen kann nur ein Unternehmensrating haben, aber mehrere unterschiedliche Emissionsratings. Letztere reflektieren die Besonderheiten bezüglich ihrer Rangfolge und Sicherheiten neben dem Ausfallrisiko und können daher über oder unter dem Unternehmensrating liegen. Es besteht jedoch ein direkter Zusammenhang der beiden Ratings. Bei einer Verschlechterung oder Verbesserung der Kreditqualität führt dies, ceteris paribus, auch zu einer Verschlechterung oder Verbesserung der jeweiligen Emissionsratings.

Im folgenden Beitrag beschränken wir uns auf die Analyse der Kreditqualität und die Herleitung des Emittentenratings.

3.5.1.2 Ratings unterstützen das Funktionieren der Kapitalmärkte

Ratings ermöglichen Unternehmen Investitionen und Wachstum über die Kapitalmärkte effizienter zu finanzieren. Ratings erlauben Gläubigern und Schuldnern einen effizienten Austausch wichtiger Informationen durch einen unabhängigen Dritten und sind somit eine wichtige Grundlage für einen effizienten Kreditmarkt. Der Schuldner ist stets am besten über seine finanzielle und wirtschaftliche Situation informiert und möchte Investitionen möglichst effizient finanzieren. Der Gläubiger hingegen hat einen Informationsnachteil und hat deshalb ein großes Interesse daran, dafür eine möglichst hohe Risikoprämie zu erwirtschaften. Ohne einen unabhängigen Dritten ist ein Zusammenführen dieser beiden Interessen erschwert oder zeitlich verzögert. Ratings hingegen reduzieren Informationsasymmetrien und unabhängige Meinung eines Dritten über die Kreditqualität. Sie ermöglichen deshalb eine bessere oder schnellere Einigung der beiden Parteien über die Kreditwürdigkeit des Schuldners herbeizuführen. Damit erhöhen Ratings die Effizienz des Kapitalmarkts.

Im europäischen Markt für Unternehmensanleihen wurden im Jahr 2014 rund EUR 250 Milliarden an Neuemissionen verzeichnet, wovon über 90 Prozent der Anleihen über ein Rating verfügten. Bei dem nicht Vorhandensein eines Ratings konnte man in der Vergangenheit stets einen Aufschlag der Risikoprämie sowie einen verringerten Investorenkreis beobachten, was die Effizienzhypothese bestätigt.

3.5.1.2.1 Die Bedeutung von Ratings: Eine Annäherung anhand des Gebrauchtwagenmarktes

Die zentrale These einer der bekanntesten Veröffentlichungen des US-Ökonoms Prof. Akerlof, The Market of Lemons („The Market for Lemons“: Quality Uncertainty and the Market Mechanism, Georg A. Akerlof, The Quartery Journal of Economics, Volume 84, Issue 3 (Aug. 1970), 488–500), ist, dass fehlende Informationen und Informationsasymmetrien auf einem Markt dazu führen können, dass der Markt nachhaltig gestört wird oder sogar zusammenbricht. Er zeigte dies am Beispiel des Gebrauchtwagenmarktes – das Problem und das daraus entstehende Bedürfnis nach zusätzlichen Informationen durch eine neutrale Instanz sind aber durchaus auf den Kapitalmarkt übertragbar. Prof. George Akerlof bekam 2001 zusammen mit Joseph E. Stieglitz und Michael Spence den Nobelpreis in Wirtschaftswissenschaften für ihre Arbeiten zum Verhältnis von Information und Märkten.

„Lemons“ und „Creampuffs“

Auf dem Gebrauchtwagenmarkt werden sehr gute Wagen (creampuffs) und schlechte Wagen (lemons) angeboten. Der potenzielle Käufer eines Gebrauchtwagens steht vor dem Problem, dass er vor seiner Entscheidung nicht genügend Informationen zur Verfügung hat, um beurteilen zu können, zu welcher Kategorie der Wagen gehört – der Verkäufer hingegen schon.

Da der Käufer erwartet, dass auf dem Markt vor allem lemons zu überhöhten Preisen angeboten werden, ist der Käufer nicht bereit, das Risiko einzugehen für einen gegebenenfalls sogar guten Wagen einen angemessenen Preis zu bezahlen. Die Informationsasymmetrie zwischen Verkäufer und Käufer über die Qualität des Gebrauchtwagens führt so dazu, dass beide Parteien entweder gar nicht oder nur zu einem nicht effizienten Preis zusammen finden. Zum Beispiel könnten gar keine guten Wagen mehr angeboten werden, da der verlangte Risikoabschlag der Käufer zu hoch ist. Der Gebrauchtwagenmarkt wäre also nachhaltig gestört. Notwendig ist eine Instanz, die diese Asymmetrie zumindest verringern kann und der beide Seiten – Käufer und Verkäufer – vertrauen.

Informationsasymmetrie auf den Kapitalmärkten und mögliche Folgen

Ähnlich verhält es sich auf den Kapitalmärkten: Geldgeber, also Anleger und Finanzinvestoren, befinden sich in diesem Fall in der Rolle des Käufers. Sie verfügen meist nicht über ausreichende Informationen oder der Expertise, um zwischen Geldnehmern, z. B. Unternehmen mit Finanzierungsbedarf, mit schlechterer Bonität und besserer Bonität unterscheiden zu können. Wie in dem oben genannten Beispiel würde als Konsequenz ein Anleger von allen potenziellen Geldnehmern einen nivellierten hohen Zinssatz verlangen, um alle Risiken abzudecken. Damit müssten Unternehmen mit guter Bonität – vergleichbar den Verkäufern guter Gebrauchtwagen – damit rechnen, einen zu hohen Zinssatz zu zahlen. Wie im Falle des Gebrauchtwagenmarkts fänden auch auf dem Kapitalmarkt Geldgeber und Geldnehmer nicht zu effizienten Preisen zusammen, wenn die Informationsasymmetrie nicht verringert würde. Diese Aufgabe übernehmen Ratings.

Informationsausgleich durch Ratings und funktionierende Märkte

Neben den notwendigen eigenen Analysen können sich Geldgeber mit Ratings eine zweite, unabhängige Meinung über die zukünftige Fähigkeit eines Schuldners analysieren, seinen Zahlungsverpflichtungen vollständig und fristgerecht nachzukommen. Ratings sind nicht nur eine Benchmark für das Kreditrisiko, sondern erläutern auch die wichtigsten Risikofaktoren und Treiber für jedes Unternehmen. So gleichen Ratings Informationsunterschiede zwischen Geldgebern und Geldnehmern aus, schaffen Transparenz und schlagen eine Brücke zwischen den Marktteilnehmern.

Entsprechend können Geldgeber Ihr Investitionskapital effizienter vergeben und der Markt ein adequates Zinsniveau finden – zum Wohle von Geldnehmer und Geldgeber, Anbieter und Käufer. Entscheidend ist dabei natürlich, dass der Ratingagentur vertraut wird und die Ratings nach transparenten und nachvollziehbaren Kriterien erstellt werden. Standard & Poor's Ratings Services hat sich über 150 Jahre dieses Vertrauen der Marktteilnehmer erworben. Deshalb schätzen Anleger auf der Suche nach Investitionsmöglichkeiten und mit Bedarf an Investitionskapital unsere Ratings, da diese ein gutes Instrument darstellen, das Risiko eines möglichen Ausfalles in Relation zu Vergleichsunternehmen oder alternativen Investments einzuschätzen.

3.5.1.2.2 Wie kann man die Genauigkeit von Ratings messen

Ratings spiegeln die Meinung der Ratingagentur wider, dass ein Schuldner mit einem hohen Rating eine relativ gesehen geringere Wahrscheinlichkeit hat, seinen Zahlungsverpflichtungen nicht vollständig und fristgerecht nachzukommen als ein Schuldner mit einem niedrigeren Rating. Ratings bringen also die subjektiven Einschätzungen über die Wahrscheinlichkeit zukünftiger Kreditausfälle in eine Rangfolge. Im Nachhinein können wir die Effektivität unserer Ratings leicht nachvollziehen, indem wir ausgefallene Schuldner wie Unternehmen und deren Ratings zum Zeitpunkt des Kreditausfalls im Zeitablauf betrachten.

Seit über 30 Jahren überwacht S&P kontinuierlich rückblickend, ob die tatsächlich erfolgten Kreditausfälle mit der Rangfolge der begebenen Ratings übereinstimmen. Dabei zeigen die Analysen eindrucksvoll, dass es eine sehr hohe und eindeutige Korrelation zwischen Rating und Ausfallwahrscheinlichkeit gibt wie die Abb. 3.5-2 darstellt: Je höher das Rating auf der Ratingskala, desto geringer ist die Ausfallwahrscheinlichkeit. Dies gilt auch umgekehrt: Je niedriger ein Rating, desto höher die Ausfallwahrscheinlichkeit. So sind beispielsweise seit 1981 lediglich ca. ein Prozent der Unternehmen, die wir weltweit mit Ratings aus der oberen Hälfte der Ratingskala (auf den Kapitalmärkten auch mit „Investment Grade" bezeichnet) bewertet haben, innerhalb von zehn Jahren nach Erteilung des ursprünglichen Ratings ausgefallen. Kurz vor dem Zahlungsausfall war das Rating erwartungsgemäß deutlich niedriger. Dem stehen Kreditausfälle bei rund 15 Prozent der Unternehmen gegenüber, die in demselben Zeitraum Ratings aus der unteren Hälfte der Ratingskala erhielten („Non-Investment Grade").

Tatsächlich zeigen unsere ex-post Analysen eindeutig, dass unsere Ratings zuverlässige Indikatoren für Kreditausfallrisiken darstellen. Dies gilt sowohl über den gesamten Zeitraum unserer ex-post Analysen seit 1981 mit vergleichbaren Ergebnissen in allen Regionen weltweit.

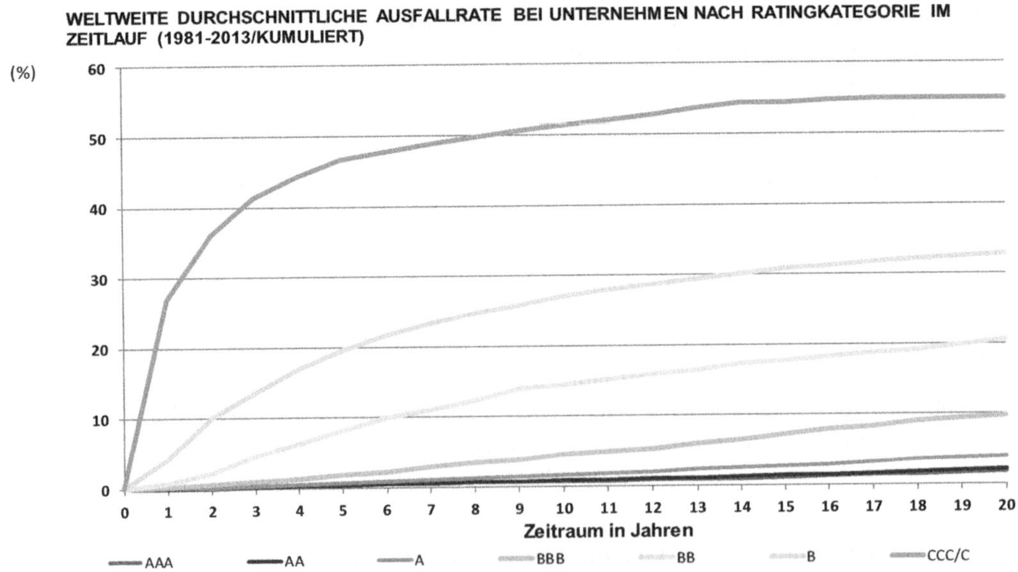

Abbildung 3.5-2: Ausfallraten bei Unternehmen nach Ratingkategorien

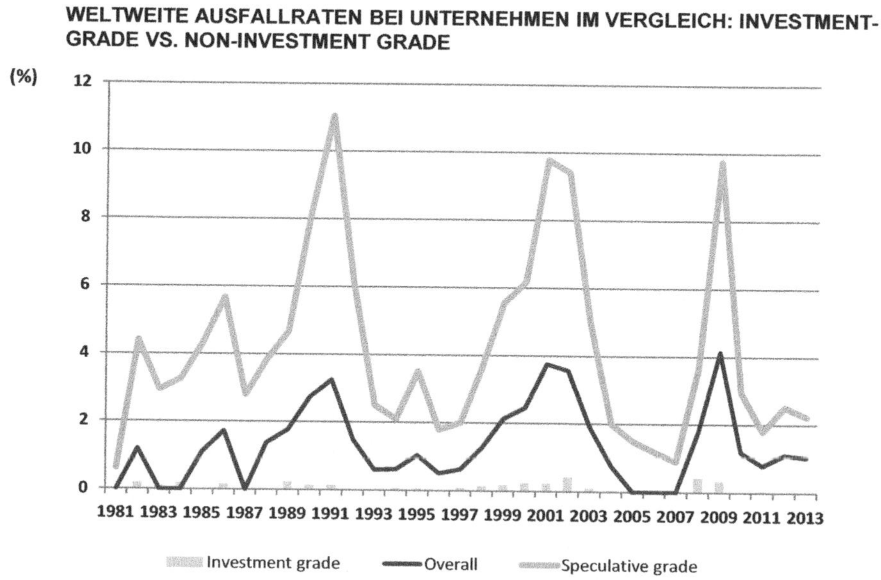

Abbildung 3.5-3: *Ausfallraten im Vergleich*

3.5.2 Der Ratingsprozess

Ratings unterliegen bei Standard & Poor's einem kontinuierlichen Überwachungsprozess, da ein Rating dynamisch ist und sich im Zeitablauf aufgrund von Veränderungen im Unternehmensumfeld oder der Unternehmensstrategie verbessert oder verschlechtert. Im Folgenden beschreiben wir den Prozess für ein neues Rating sowie die anschließende Überwachung. Abb. 3.5-4 gibt eine Übersicht über den Ratingprozess bei Standard & Poor's:

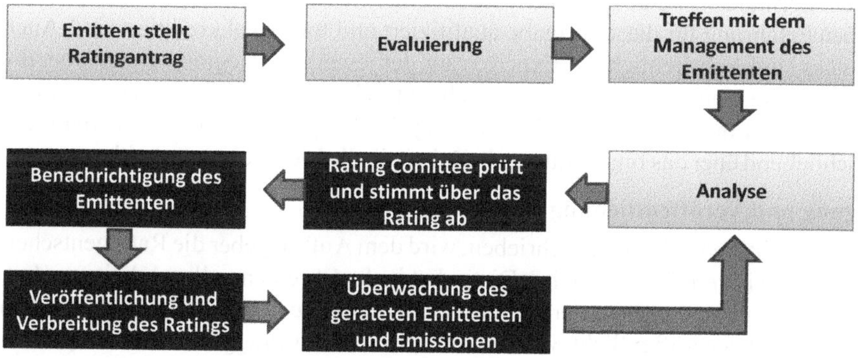

Abbildung 3.5-4: *Rating Prozess*

Die Ratings von Standard & Poor's Ratings Services werden nach vollkommen transparenten, öffentlich zugänglichen und global einheitlichen Kriterien erstellt. Auch die Regulierungsbehörden wachen über die Einhaltung der Ratingprozesse und die Nachvollziehbarkeit der Ratingentscheidungen und kontrollieren unsere Kriterien und Vorgehensweise bei der

Erstellung der Ratings. Zudem sind Vertrieb und analytischer Bereich strikt voneinander getrennt um Interessenskonflikte zu verhindern; unsere Analysten kennen die kommerziellen Vereinbarungen nicht. Damit und anhand strikter Verhaltensregeln („Code of Conduct“) stellen wir die Unabhängigkeit unserer Analysen sicher und schließen potenzielle „Gefälligkeitsratings“ von vorne herein aus.

Vertrag und Ratingantrag

Der Ratingprozess wird eingeleitet durch die Auftragsvergabe des Kunden, z. B. ein Unternehmen auf der Suche nach Investitionskapital. Nach Abschluss der vertraglichen Ausgestaltung der kommerziellen Bedingungen zwischen der Vertriebsseite von Standard & Poor’s und dem Kunden beginnen die Kreditanalysten mit ihrer Arbeit.

Evaluierung und Treffen mit den Emittenten

Der erste Schritt für das Erstellen des Ratings ist die Zusammenstellung des zuständigen Analystenteams – in der Regel stammen sie aus der Region des Kunden. So sind 90 Prozent der in Europa tätigen 500 Analysten auch Europäer. Damit unsere Ratinganalysen auf möglichst umfassenden Informationen beruhen, greift das Analystenteam sowohl auf umfangreiches Datenmaterial als auch auf persönliche Befragungen und Gespräche mit dem Management des Emittenten zurück. Das Gespräch mit dem Management spielt dabei eine sehr wichtige Rolle. Dies dient vor allem dazu die qualitativen Faktoren wie z. B. Wettbewerbsposition, Finanzpolitik und das Management des Unternehmens besser klassifizieren/bewerten/beurteilen zu können. Hinzu werden Daten aus veröffentlichten Berichten wie Zwischen- und Jahresabschlussberichte sowie die Unterlagen für die Aufsichtsbehörden und andere öffentlich verfügbare Informationen wie etwa Sektorstudien berücksichtigt.

Analyse und Festlegung des Ratings

Anschließend werden die Daten in einer quantitativen und qualitativen Analyse sorgfältig ausgewertet. Am Ende dieses Prozesses legt der hauptverantwortliche Analyst einem Gremium, dem so genannten Ratingkomitee, eine Ratingempfehlung vor. Das Ratingkomitee für ein Erstrating besteht normalerweise aus fünf oder sieben Analysten, die aufgrund ihrer Seniorität bzw. analytischen Erfahrung für diese Aufgabe qualifiziert und formell akkreditiert sind. Auch die Ratingkomitees sind mehrheitlich mit Experten aus der jeweiligen Region besetzt; über die Ratings für europäische Unternehmen entscheiden hauptsächlich europäische Analysten. Das Komitee diskutiert die Empfehlung und Einschätzung des hauptverantwortlichen Analysten und stimmt abschließend über das finale Rating ab. Dabei gilt die Mehrheitsentscheidung.

Benachrichtigung und Veröffentlichung

Wie seitens der Aufsichtsbehörden vorgeschrieben, wird dem Auftraggeber die Ratingentscheidung mitgeteilt, bevor sie veröffentlicht wird. Dieser hat in der EU einen vollen Arbeitstag Zeit, um zu überprüfen, ob aus seiner Sicht der Ratingbericht objektive Fehler enthält oder in dem Bericht vertrauliche Daten veröffentlicht würden. Akzeptiert der Auftraggeber die Ratingkomiteeentscheidung nicht und kann er gleichzeitig neue, signifikante Informationen zur Verfügung stellen, die einen relevanten Einfluss auf das Rating hätten, würde Standard & Poor’s Ratings Services eine Anfechtung des Ratings zulassen. In solch einem Fall würde das Ratingkomitee erneut zusammentreten und die neuen Informationen in die Entscheidung einfließen lassen.

Erst danach wird das Rating auf unserer Website http://www.standardandpoors.com/ veröffentlicht. Nach der Veröffentlichung wird das Rating kontinuierlich überwacht und bei

Bedarf angepasst. Unsere Analysten treffen sich deshalb mindestens jährlich mit dem Management des Unternehmens und sprechen darüber hinaus auch bei außerordentlichen Entwicklungen unterjährig mit dem Unternehmen.

3.5.3 Die Ratingmethodologie für Unternehmen

3.5.3.1 Das Rahmenwerk

Corporate Criteria Framework

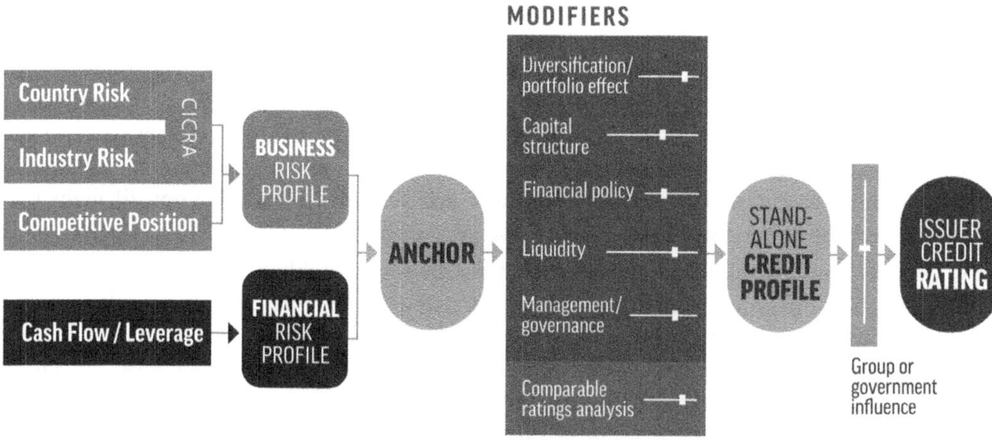

Abbildung 3.5-5: *Das Rahmenwerk*

Abbildung 3.5-5 skiziert die grundlegenden Elemente der Risikoanalyse bei Industrieunternehmen zur Herleitung des Unternehmensratings. Die Methodologie wurde über viele Jahre entwickelt und verfeinert. Zuletzt im November 2013 mit dem Ziel noch mehr Transparenz, eine bessere Vergleichbarkeit von Unternehmen im internationalen Umfeld sowie deutlich zukunftsbezogene Entscheidungen zu erzielen. Dabei werden qualitative als auch quantiative Elemente im Detail analysiert. Die subjektive Beurteilung der individuellen Situation durch die Analysten wird durch das Rahmenwerk strukturiert. Jedes Unternehmen hat spezifische Merkmale; daher ist gerade diese subjektive Beurteilung im Analyseprozess ein äußerst wichtiges Kriterium um aussagekräftige und genaue Ratings zu erreichen. Die Zusammenführung der einzelnen Teilanalysen erfolgt jedoch nach einem systematischen Vorgehen.

Dazu gibt es drei Prozessschritte, die nacheinander ablaufen. Der Hauptteil der Analyse stellt die Bestimmung des Ankerratings (Anchor) dar, der häufig eine Art Grobeinschätzung des endgültigen Ratings ist. Es folgt dann eine Feinadjustierung über sechs spezifische sog. Modifikatoren, um unternehmensspezifische Besonderheiten oder relative Vergleiche zu anderen Unternehmen zu berücksichtigen. Die Modifikatoren können das Ankerrating dabei anheben oder herabsetzen. Das dann erzielte Rating ist das sogenannte „eigenständige Rating des Unternehmens". Das entgültige Rating reflektiert danach noch den Einfluß von möglichen Beziehungen zu anderen Unternehmen (z. B. im Falle einer Holdingstruktur) oder Staaten unter anderem aufgrund der Aktionärsstruktur. Das somit ermittelte entgültige Rating des Unternehmens stellt die Basis dar, mit der die Ratings unterschiedlicher Kapitalmarktsinstrumente ermittelt werden. Wir fokussieren uns in diesem Beitrag jedoch nur auf die Ermittlung der Unternehmensratings.

3.5.3.2 Die Ermittlung des Ankerratings eines Unternehmens

Die Analyse des Ankerratings stellt den Hauptteil der Kreditanalyse dar und basiert auf einer fundamentalen Analyse des Geschäfts- und Finanzrisikoprofiles des Unternehmens. Dabei werden beide Komponenten auf einer Skala von 1 bis 6 bewertet, wobei 1 die beste Bewertung ist. Durch die Zusammenführung der Bewertung des Geschäftsrisiko- und des Finanzrisikoprofiles ergibt sich das Ankerrating. Generell gilt, dass eine bessere Einstufung des Geschäftsrisikos für dasselbe Rating eine schlechtere Einstufung der Finanzrisikoklassifizierung ausgleicht und umgekehrt. So kann z. B. ein Unternehmen ohne jegliche Verschuldung je nach Einstufung des Geschäftsprofiles ein Anker von aaa bis bb– erhalten. Die Tabelle stellt die Ergebnisse in kleinen Buchstaben dar, da das Anker Rating noch nicht das finale Rating ist und möchte somit sicherstellen, dass Klarheit in der Kommunikation erreicht wird. In der Regel geht die Bewertung des Geschäftsrisikoprofils stärker in die Bestimmung für Investment-Grade-Anker ein als das Finanzrisikoprofil, während das Finanzrisikoprofil mehr Gewicht für die Bestimmung des Spekulative-Grade Anker hat.

Falls wir die Kapitalstruktur eines Unternehmens als nicht nachhaltig einschätzen oder die Annahme haben, dass ein Unternehmen in den nächsten ein bis zwei Jahren mit relativ hoher Wahrscheinlichkeit nicht in der Lage ist, seine fälligen Forderungen zu bedienen, wenden wir unsere Kriterien zur Beurteilung von Unternehmen in der ‚CCC/CC'-Kategorie an. Diese Kriterien werden im Folgenden allerdings nicht näher erläutert.

Tabelle 3.5-1 zeigt für einige Kombinationen des Geschäfts- und Finanzrisikoprofils eine Wahlmöglichkeit auf. Die Auswahl ist dabei an gewisse Bedingungen geknüpft. So fern das Finanzrisikoprofil zwischen 1 und 4 beurteilt wird, ist die relative Stärke des Geschäftsrisikoprofils für die Auswahl des höheren oder niedrigeren Ankorratings maßgeblich. Hat z. B. ein Unternehmen mit einem Finanzrisikoprofil von 3 (intermediate) eine Geschäftsrisikobewertung am oberen Ende Kategorie 3 (satisfactory), ergibt sich ein Ankorrating von „bbb". Bei einem Finanzrisikoprofil zwischen 5 und 6, ist die relative Stärke des Finanzrisikoprofils entscheiden für die Wahl des Ankorratings.

Tabelle 3.5-1: *Bestimmung des Ankerratings*

Combining The Business And Financial Risk Profiles To Determine The Anchor

	--Financial risk profile--					
Business risk profile	**1 (minimal)**	**2 (modest)**	**3 (intermediate)**	**4 (significant)**	**5 (aggressive)**	**6 (highly leveraged)**
1 (excellent)	aaa/aa+	aa	a+/a	a-	bbb	bbb-/bb+
2 (strong)	aa/aa-	a+/a	a-/bbb+	bbb	bb+	bb
3 (satisfactory)	a/a-	bbb+	bbb/bbb-	bbb-/bb+	bb	b+
4 (fair)	bbb/bbb-	bbb-	bb+	bb	bb-	b
5 (weak)	bb+	bb+	bb	bb-	b+	b/b-
6 (vulnerable)	bb-	bb-	bb-/b+	b+	b	b-

3.5.3.3 Die Analyse des Geschäftsrisikos

Die Analyse des Geschäftsrisikos umfasst eine umfassende Analyse des Geschäftsmodels sowie des Unternehmensumfeldes. Dabei untersuchen wir drei wichtige Faktoren: Das Länderrisiko, das Industrierisiko und die Wettbewerbsposition des Unternehmens. Wir kombinieren die Industrierisiken und Länderrisiken zum externen Unternehmensrisiko (Corporate Industry and Country Risk Assessment; CICRA), bevor dieses mit der Einschätzung zur Wettbewerbsposition des Unternehmens ergänzt wird. Das CICRA reflektiert oftmals unsere Einschätzung zum Industrierisiko und kann nicht besser als das Industrierisiko sein, d. h. es kann durch die Länderrisikoeinschätzung nicht verbessert werden; allerdings kann das CICRA unterhalb des Industrierisikos liegen, so fern wir die Länderrisiken als 4,5 oder 6 klassifizieren. Die Analyse der Wettbewerbsposition ist der wichtigste Schritt in der Geschäftsrisikoanalyse, um Unternehmen zu differenzieren und hat deshalb einen sehr hohen Einfluss auf das Gesamtrating.

Das Industrierisiko beurteilt die Stärke und Stabilität der Industrie in welchem sich das Unternehmen befindet. Das Industrierisiko wird dabei in sechs Kategorien eingeteilt. Die beste Klassifizierung 1 steht für sehr geringes Risiko, während 6 für ein sehr hohes Risiko steht. Bei großen und sehr diversifizierten Unternehmen berücksichtigt die Analyse des Industrierisikos die verschiedenen Industrien in welchen das Unternehmen tätig ist. Dabei berücksichtigen wir jedoch eine Industrie nur, sofern diese mehr als 20 Prozent zum Umsatz, operativen Gewinn oder Produktionsvermögen des Unternehmens beiträgt.

Standard & Poor's hat 38 Industrien definiert und analysiert. Dabei werden zwei Faktoren im Detail bewertet: Zyklizität und Wettbewerbsrisiko/Wachstum.

Wir geben dem Faktor Wettbewerbsrisiko und Wachstum eine stärkere Gewichtung, da dieser in die Zukunft gerichtet ist, während hingegen die Analyse der Zyklizität im Wesentlichen auf einer Betrachtung der Vergangenheit beruht. Bei der Analyse der Zyklizität analysieren wir die Variabilität der Umsätze und Erträge der Unternehmen in der jeweiligen Industrie durch die vergangenen Wirtschaftszklen hindurch. In den USA analysierten wir Daten von 1950 bis 2010 und in den anderen großeren Ländern von 1987 bis 2010. Je stärker die Gewinne oder Umsätze durch den Wirtschaftszyklus hinweg variieren, desto schlechter unsere Risikoeinstufung für diese Industrie. Industrien mit höheren Zyklizität der Erträge beinhaltet Rohstoffunternehmen, Metallverarbeitung und Baustoffproduzenten. Dies ist hauptsächlich den starken Schwankung von Angebot und Nachrage sowie relativen hohen Fixkosten in diesen Industrien geschuldet. Im Gegensatz dazu haben Konsumgüter eine geringere Gewinn- oder Umsatzvariabilität.

Um das Risiko einer Industrie final zu bestimmen, analysieren wir die Wettbewerbsrisiken und Wachstumsaussichten, da diese einen positiven oder negativen Einfluss haben können. Dabei untersuchen wir vier Subfaktoren:

- Markteintrittsbarierren,
- Höhe und zu erwartende Entwicklung der Gewinnmargen in dieser Industrie,
- Risiko der Produktsubstitution, mögliche technologischeVeränderungen oder andere Faktoren die zu einer systematischen Veränderung von Angebot oder Nachfrage führen könnten, sowie die
- Wachstumsaussichten relativ zum allgemeinen Wirtschaftswachstum.

Industrien mit höheren Markteintrittsbarierren haben unserer Ansicht nach ein geringeres Wettbewerbsrisiko gegenüber Unternehmen mit geringen Markteintrittsbarierren.

Die Analyse des Länderrisikos befasst sich u. a. mit den jeweiligen wirtschaftlichen Bedingungen, rechtlichen oder steuerlichen Rahmenbedingungen, der Stabilität des Finanzsystems oder der generellen Zahlungsmoral in dem untersuchten Land. Das Länderrisiko ist nicht mit den Staatenratings gleichzusetzen. Es umfasst jedoch einige der Punkte, die ebenfalls wichtige Einflussgrößen für Staatenratings sind. Wir klassifizieren alle Länder weltweit in sechs Kategorien von 1 bis 6. Das geringste Risiko wird mit 1 bewertet und das höchste mit 6. Das Länderrisiko varriert signifikant in Europa mit Deutschland oder der Schweiz, welche mit 1 bewertet sind, gegenüber Italien mit 4 und Griechenland mit 5. Die meisten Unternehmen operieren in einer größeren Anzahl von Ländern, so dass wir in dieser Analyse einen arithmetischen Durchschnitt der Länderrisiken heranziehen, sofern das Unternehmen mehr als 5 Prozent seines Umsatzes oder operativen Gewinns erzielt oder mehr als 5 Prozent seines Produktionsvermögens in diesem Land investiert hat. Wir verfolgen bei der Auswahl der geeigneten Wertungsgröße einen sogenannten Schwachstellen-Ansatz. So würden wir z. B. bei einem Unternehmen, das den größten Teil seiner Produktionsanlagen in Hochrisikoländern hat und gleichzeitig seine Umsätze in weniger riskanten Ländern erzielt, die Länder mit den Produktionsanlagen für die Beurteilung des Länderrisikos heranziehen.

Bei der Beurteilung der spezifischen Wettbewerbsposition analysieren wir die Faktoren, welche ein Unternehmen benötigt, um sich einen Wettbewerbsvorteil gegenüber seinen Industriekonkurrenten zu verschaffen. Zuerst untersuchen wir drei wesentliche Treiber: 1) Wettbewerbsvorteil, 2) Größen-, Skalen- und Diversifikationseffekte und 3) operative Effizienz – siehe Tab. 3.5-2. Diese Faktoren bestimmen dabei den Rahmen der möglichen Differenzierung gegenüber Wettbewerbsunternehmen. In einem zweiten Schritt werden die Ergebnisse für diese drei Faktoren gewichtet und eine vorläufige Wettbewerbsposition ermittelt. In einem dritten Schritt analysieren wir die Profitabilität des Unternehmens. Dabei untersuchen wir die absolute Höhe der Gewinnmargen sowie die Variabilität der Gewinnmargen relativ zu Vergleichsunternehmen in der jeweiligen Industrie.

Für die Analyse der ersten drei Faktoren haben wir eine große Anzahl von Unterfaktoren spezifisch für jede unserer 38 Industrien definiert, welche in der Wettbewerbspositionsanalyse genauer untersucht werden. Es wird dabei stets auf einen relativen Vergleich gesetzt. Die Vergleichsunternehmen sind dabei jedoch nicht nur in der eigenen Industrie, sondern etwas breiter zu sehen. So nehmen wir z. B. bei der Analyse von Unternehmen der Luftfahrtindustrie als Vergleichsgruppe nicht nur Luftfahrtunternehmen, sondern auch andere Transportindustrien wie z. B. Schiffahrt und Logistikunternehmen in den Vergleich mit auf. Es wird eine Bewertung für jeden der drei zu analysierenden Komponenten von eins bis fünf vorgenommen. Die Endgewichtung ist ein nach Industriecharakteristika gewichteter Durchschnitt. Es gibt dabei sechs mögliche Kombinationen, und jedes Unternehmen wird in einem dieser sechs Gewichtungsraster abgebildet. So werden z. B. bei Unternehmen, welche einen Produkt- oder Servicefokus haben, die Skalenvorteile weit aus geringer gewichtet als bei einem Rohstoffunternehmen, wo operative Kostenvorteile in der Produktion sehr wichtig sind.

Im dritten Schritt der Wettbewerbsposition Analyse wird die Profitabilität genauer untersucht. Dabei wird sowohl die absolute Höhe als auch deren Variabilität über einen längeren Zeitraum analysiert. Je geringer die Variabilität und je höher die absoluten Margen, desto besser. Um die unterschiedliche Kapitalintensität der Geschäftsmodelle Rechnung zu tragen, analysieren wir die Profitabilität anhand von Kapitalrenditen als auch operativen Gewinnmargen. Dabei wird die Profitabilität im Kontext der definierten Industrie analysiert, um einen relativen Vergleich zu erhalten. Die Profitabilität wird ermittelt aus einer Zeitreihe, die sowohl historische als auch die zu erwarteten Gewinne berücksichtigt.

In einem letzten Schritt ermitteln wir die finale Wettbewerbsposition des Unternehmens anhand einer Matrix, in welcher die Profitabilitätsanalyse die Ergebnisse aus der Faktoranalyse verändern kann. Generell erwarten wir von Unternehmen mit einer starken Wettbewerbsposition eine starke und weniger volatile Profitabilität. Sollte die Profitabilität jedoch deutlich abweichen vom Industriedurchschnitt, so nehmen wir eine Anpassung der Wettbewerbsposition nach oben oder unten vor. Sollte z. B. ein Unternehmen mit einer überdurchschnittlich guten Wettbewerbsposition oder sehr großen Diversifikation, nur unterdurchschnittliche Gewinnmargen erzielen, könnte dies zu einer Verschlechterung des Wettbewerbsposition führen.

Tabelle 3.5-2: *Komponenten der Konkurrenzfähigkeit*

Geschäfts-Risiko Profil – Wettbewerbsposition		
Komponente	**Erklärung**	**Schwerpunkte**
1. Wettbewerbsvorteil	Strategische Positionierung der Produkte und Dienstlestungen eines Unternehmens, die Produktattraktivität für den Kunden und die Fragilität/Stabilität des Geschäftsmodels	• Strategische Position/Ausrichtung • Differenzierung/Produkt- Differenzierung • Reputation der Marke • Produkt/ Service Qualität • Technologische Entwicklung/Vorteil/Vorsprung • Markteintrittsbarrieren • Umstellungskosten für den Kunden
2. Größe, Reichweite, Vielfalt	Diversifikation oder Fokus der Geschäftstätigkeiten	• Produkte/ Regionen • Marktanteil/ Marktreife/Umsatz/Umsatzmenge • Diversifikation der Produktion und Service • Produkt- oder Servicereife
3. Operative Effizienz	Die Qualität und Flexibilität des Produktionsvermögen eines Unternehmens und dessen Kosten- und Managementstruktur	• Kostenstruktur • Produktionskosten • Working Capital Management • Technologie
4. Profitabilität		• Level der Profitabilität – ROC und EBITDA • Volatilität der Profitabilität • Einschätzung auf Basis historischer Unternehmenszahlen EBITDA, EBITDA Marge o. Return on Capital.

3.5.3.4 Die Analyse des Finanzrisikoprofiles

Das Finanzrisiko jedes Unternehmens wird in eine von sechs Kategorien eingestuft. Hierzu berechnen wir in einem ersten Schritt verschiedene Verschuldungskennzahlen, zwei Hauptkennzahlen und fünf Ergänzungskennzahlen. Wir berechnen die Verschuldungskennzahlen für die beiden vergangenen Geschäftsjahre, für das aktuelle Geschäftsjahr und die nächsten beiden Geschäftsjahre des Unternehmens für unser Basisszenario. Abhängig von der Volatilität des Geschäftsmodells wird eine von drei möglichen Tabellen zur Beurteilung dieser Verschuldungskennzahlen herangezogen und in sechsmögliche Kategorien eingeordnet. Die Hauptkennzahlen bestimmen dabei in der Regel die jeweilige Kategorie. In einem zweiten Schritt kann durch die Analyse der Ergänzungkennzahlen diese noch eine Kategorie nach oben oder unten angepasst werden kann. Nur in sehr selten Fällen folgt zum Schluss nochmals eine Anpassung für sehr volatile Geschäftsmodelle, die bis zu zwei Kategorien ausmachen kann.

Unternehmen mit einem sehr geringen Verschuldungsgrad und hoher Stabilität der Cashflows werden in der Kategorie 1 (Minimal) eingestuft, während hingegen Unternehmen mit einem außerordentlich hohen Verschuldungsgrad in die Kategorie 6 (Highly Leveraged) eingestuft werden. Die ersten drei Kategorien reflektieren dabei typische Investmentgrade Profile, die Stufen 4–6 hingegen typische Spekulativ Grade Profile.

Um den Verschuldungsgrad zu bestimmen, liegt der Schwerpunkt auf Kennzahlen, welche die Cashflow Generierung von Unternehmen betrachten. Wir analysieren den Cash Flow dabei nach Zinszahlungen. Dynamische Verschuldungskennzahlen sind nach unseren statistischen Auswertungen besser geeignet, um mögliche Unternehmenspleiten zu erkennen als Kennzahlen, welche auf die reine Eigenkapitalbetrachtung abstellen. Diese liefern hingegen häufig schlechtere Prognosewerte. Bei den Cash Flow Kennzahlen analysieren wir den operativen Cashflow vor und nach Veränderungen im Umlaufvermögen, vor und nach Investitionen, sowie vor und nach Dividenden. Diese ermöglicht es uns, eine bessere Perspektive für die Finanzkraft eines Unternehmens und seiner Fähigkeit seine Verbindlichkeiten zu bedienen, zu bekommen.

In einem zweiten Schritt versuchen wir die Besonderheiten eines Unternehmens und dessen Geschäftsmodels bei der Beurteilung der Kennzahlen zu berücksichtigen, um einen besseren Vergleich unterschiedlicher Geschäftsmodelle vornehmen zu können. So haben sehr kapitalintensive Geschäftsmodelle generell hohe Cashflows vor Investitionen und eine Betrachtung dieser Kennzahl würde daher für Kapitalintensive Unternehmen eventuell eine falsche Einschätzung ergeben.. Sofern der Verschuldungsgrad in die Kategorien 1–3 fällt, ist der Schwerpunkt der Analyse auf Kennzahlen, welche die Flexibilität analysieren, um typische Investitionen und Dividenden zu finanzieren. Es handelt sich dabei im Wesentlichen um eine Analyse von Verschuldungskennzahlen, welche auf die Fähigkeit zur Rückzahlung der Verschuldung abstellen (Payback Ratios). Fällt der Verschuldungsgrad in die Kategorie 4–6, fokussieren wir uns hingegen vermehrt auf sogenannte Zinsdeckungskennzahlen (Coverage oder Debt Service Ratios). Dabei wird der operative Cashflow in Relation zu den Zinsausgaben gesetzt, um die Kapazität eines Schuldners zur Begleichung seiner Zinszahlungen zu analysieren und mit anderen hoch verschuldeten Unternehmen zu vergleichen.

Haupt- und Ergänzungskennzahlen:

Für jedes Unternehmen kalkulieren wir zwei Hauptkennzahlen: FFO im Verhältnis zur Verschuldung sowie die Finanzverbindlichkeiten im Verhältnis zu EBITDA. Der ermittelte Wert der einzelnen Kennzahlen wird dann mit Benchmark Werten aus der Cashflow Tabelle verglichen und eine vorläufige Kategorisierung vorgenommen.

Die Finanzverbindlichkeiten umfassen bei S&P nicht nur die zinstragenden Verbindlichkeiten, sondern auch andere Verbindlichkeiten zum Beispiel operative Leasingverpflichtungen oder ungedeckte Pensionsverpflichtungen bzw. Pensionslücken. Darüber hinaus beurteilen wir, inwieweit Barvermögen und kurzfristige Geldanlagen unmittelbar zur Tilgung von Finanzverbindlichkeiten zur Verfügungen stehen und somit von den Bruttofinanzverbindlichkeiten abgezogen werden können. Darüber hinaus beurteilen wir inwieweit Restrukturierungsaufwendungen einmal oder wiederkehrend sind oder ob die operativen Cash Flows durch einmalige Ereignisse (z. B. Anlagenverkäufe oder Aufwendungen für Rechtsstreitigkeiten) verzerrt wurden.

Im Folgenden wird nicht auf unsere Anpassungen der Kenzahlen eingegangen. Diese stellen aber eine sehr wichtige Grundvoraussetzung dar, um Unternehmen aus verschiedenen Regionen und Industrien sinnvoll miteinander vergleichen zu können. Mehr Informationen zu den Anpassungen finden sie im folgenden Artikel: Corporate Methodology: Ratios And Adjustments, published Nov. 19, 2013.

Tabelle 3.5-3: *Finanzrisikoprofile Kategorisierung Standardunternehmen*

Cash Flow Leverage Analysis Ratios* -- Standard Volatility							
	Core ratios		Supplementary coverage ratios		Supplementary payback ratios		
	FFO/debt (%)	Debt/EBITDA (x)	FFO/cash interest (x)	EBITDA/interest (x)	OCF/debt (%)	FOCF/debt (%)	DCF/debt (%)
Minimal	>60	<1,5	>13.0	>15.0	>50	>40	>25
Modest	45–60	1,5–2	9.0–13.0	10.0–15.0	35–50	25–40	15–25
Intermediate	30–45	2–3	6.0–9.0	6.0–10.0	25–35	15–25	10–15
Significant	20–30	3–4	4.0–6.0	3.0–6.0	15–25	10–15	5–10
Aggressive	12–20	4–5	2.0–4.0	2.0–3.0	10–15	5–10	2–5
Highly Leveraged	<12	>5	<2.0	<2.0	<10	<5	<2

Tabelle 3.5-3 zeigt die Benchmark Werte für Standardunternehmen. In der Praxis finden sich rund 80 % der gerateten Industrieunternehmen in dieser Tabelle wieder..

Neben den zwei Hauptkennzahlen, gibt es fünf Ergänzungskennzahlen: Operativer Cashflow (OCF) zur Verschuldung, Freier operativer Cashflow (FOCF) zur Verschuldung und Diskretionärer Cashflow (DCF) zur Verschuldung, EBITDA plus Zinszahlung zu Zinszahlungen und FFO plus Zinszahlungen zu Zinszahlungen. Bei der Auswahl der geeigneten Ergänzungskennzahl berücksichtigt der Analyst typische Charakteristika des Unternehmens wie Verschuldungsgrad, Umlaufvermögen- und Kapitalintensität und starkes Wachstum. Diese Eigenschaften spielen eine wichtige Rolle bei der Festlegung der sich am besten geeigneten Ergänzungskennzahl. Sollte FOCF zur Verschuldung oder DCF zur Verschuldung eine schlechtere Kategorie wie FFO zur Verschuldung ermitteln, zeigt dies, dass das Unternehmen einen überdurchschnittlichen hohen Kapitalbedarf für Investitionen oder Umlaufvermögen bzw. hohe Dividendenzahlungen hat. Sollte sich dieser Trend nachhaltig festigen so würde der Analyst vermutlich die zuerst ermittelte vorläufige Kategorie der Cashflow Kennzahl nach unten korrigieren. Im umgekehrten Fall könnten höhere Werte für die Ergänzungskennzahlen eine Korrektur nach oben bedeuten. Für kapitalintensive Unternehmen, welche typischerweise Investitionen zum Umsatz von mehr als 10 Prozent pro Jahr oder Abschreibungen zum Umsatz von mehr als 8 Prozent tätigen, wird meist ein Fokus auf FOCF zur Verschuldung gelegt. Für Unternehmen mit einem hohem Bedarf an Umlaufvermögen ist meist die Kennzahl Operativer Cash Flow zur Verschuldung der Kennzahl FFO zur Verschuldung vorzuziehen, da letzterer Wert meist überschätzt wird. Der hohe Bedarf für Investitionen ins Umlaufvermögen würde sonst zu einer Überschätzung der Kreditwürdigkeit führen. Sollte sich ein Unternehmen in einer starken Wachstumsphase befinden, so sind die Kennzahlen FOCF zur Verschuldung oder DCG zur Verschuldug meist negativ. Die Zinsdeckungskennzahlen verwenden wir vor allem bei höheren Verschuldungsgraden, um eine bessere Differenzierung des Finanzrisikoprofiles zu erhalten.

Zeithorizont und Kalkulation der Kennzahlen:

Die Verschuldungskennzahlen variieren über die Zeit aufgrund von wirtschaftlichen, wettbewerberbsbedingten, technologischen sowie investitionsgetriebenen Produktlebenszyklen oder strategischen Akquisitionen eines jeden Unternehmens. Zu der Beurteilung der Kreditqualität in der Zukunft ist daher eine Beurteilung der zu erwarteten Finanzkraft von besonderer Bedeutung, und eine reine Analyse der historischen Finanzkennzahlen könnte zu signifikanten Fehleinschätzungen führen. Deshalb betrachten wir hauptsächlich Finanzkennzahlen für das bestehende und zukünftige Geschäftsjahre. Im Extremfall von transformativen Ereignissen, z. B. IPO oder Leveraged Buyouts, würden wir sogar nur auf die zukünftig zu erwartenden Kennzahlen abstellen. Das kann auch der Fall für ein Unternehmen sein, was große Teile seines Unternehmens veräußert oder sehr große Zukäufe tätigt, welche das bisherige Cashflow Kennzahlenprofil deutlich verändern würde. Als Ausgangspunkt für unsere Zeitreihenanalyse betrachten wir zwei historische Jahre, das aktuelle Geschäftsjahr sowie zwei weitere Jahre in der Zukunft. Wir gewichten diese fünf Jahre standardmäßig mit 10 Prozent, 15 %, 25 %, 25 % und 25 %.

Abhängig von den oben geschilderten Ereignissen oder Industriebesonderheiten wie z. B. bei Rohstoffunternehmen, welche stark abhängig vom zu erwarteten Rohstoffpreis sind, werden in der Gewichtung Anpassungen vorgenommen. Die Analyse der historischen Kennzahlen gibt Aufschluss auf mögliche Schwankungen, Wachstum, Finanzpolitik sowie Investitionszyklen, muss jedoch in die Zukunft prognostiziert werden, da in der Zukunft andere Rahmenbedingungen vorherrschen. Sollte ein transformatives Event vorliegen, wie oben kurz beschrieben, kann die Gewichtung auch rein auf die Zukunft abgestellt werden. Standard & Poor's veröffentlicht die Ergebnisse der zu erwartenden Kennzahlen für jedes Unternehmen meist in einer Bandbreite. Diese Bandbreite soll dabei helfen das obere und untere Schwankungsniveau aufzuzeigen, da jede Zukunfstprognose mit einer Unsicherheit behaftet ist und diese je nach Geschäftsmodell höher oder niedriger ausfallen kann. Sollte ein Unternehmen ebenfalls sehr zyklisch sein, so wird ein kürzer Zeitraum für die Prognose angenommen.

Auswahl der Benchmarktabelle für die Kategorisierung des Finanzrisikoprofils:

Es gibt drei Tabellen mit Benchmarkwerten für die oben dargestellten Kennzahlen. Die Tabellen unterscheiden sich im Wesentlichen durch die Bandbreite als auch die erforderlichen Werte die für die Erreichung einer bestimmten Kategorie erfordert werden. Die Volatilität der möglichen Cashflowgrößen spielt dabei eine wichtige Rolle. Generell gilt je höher die Volatilität, desto höher der zu erreichende Wert und desto größer die Bandbreiten der jeweiligen Kategorien. Für die Auswahl der Tabelle wird der ermittelte CICRA Wert aus dem Geschäftsrisikoprofil herangezogen. Dieser führt die Länder- und Industrierisiken zusammen. Ein CICRA von 1 bedeutet dabei, dass die Tabelle Nr. 1, welche durch eine geringe Volatilität bei den Kennzahlen ausgezeichnet ist, ausgewählt wird. Sollte das CICRA 1 oder 2 sein, so entscheidet der Analyst, ob er die Tabelle mit der mittleren Volatilität auswählt, sofern dies dem Sektor entsprechend üblich ist. Für alle anderen Unternehmen wird die Standardtabelle ausgewählt, welche für rund 80 Prozent der Unternehmen gültig ist. Im Folgenden haben wir uns auf die Standardtabelle bezogen.

Bestimmung der Kategorisierung des Finanzrisikoprofils:

Zuerst berechnen wir alle sieben cashflow und leverage Kennzahlen und wählen entprechend der Empfehlungen der Sektorkriterien die am Besten geeignesten Ergänzungskennzahlen aus. Entsprechend des CICRA Wertes wird dann eine der drei möglichen Tabellen ausgewählt. Es wird der gewichtete Wert für jede Kennzahl errechnet und mit den Kategoriewerten aus der Tabelle verglichen. Zuerst werden die beiden Kategorien für die Hauptkennzahlen ermittelt (FFO zur Verschuldung und Verschuldung zu EBITDA) ermittelt. Sollten die Hauptkennzahlen in unterschiedliche Kategorien fallen, entscheidet der Analyst in einem zweiten Schritt, welche Kennzahl eine bessere Einschätzung der zukünftigen Kreditqualität ermöglicht. In einem dritten Schritt werden die Ergänzungskennzahlen betrachtet, um die finale Cashflow Kategorisierung festzulegen. Bei sehr stark verschuldeten Unternehmen werden als Ergänzungskennzahlen meistens die Zinsdeckungskennzahlen herangezogen. Bei Unternehmen mit geringerer Verschuldung, d. h. einer vorläufigen Kategoriseriung des Finanzrisikoprofiles von Intermediate bis Minimal, sind z. B. die Kapitalintensität oder Dividendpolitik wichtige Einflussfaktoren für die Differenzierung des Finanzrisikoprofils. So werden z. B. bei sehr kapitalintensiven Unternehmen die Cashflow Kennzahlen nach Abzug der Investitionen bevorzugt da diese nachhaltig eine bessere Einschätzung für die frei verfügbaren Mittel bei kapitalintensiven Unternehmen darstellen. Um die finale Kategorisierung zu bestimmen, vergleichen wir die ermittelte Kategorie der Ergänzungskennzahl mit der vorläufig ermittelten Kategorie auf Basis der Hauptkennzahlen. Bestätigt die Ergänzungskennzahl die Kategorie der Hauptkennzahl so ist die Kategorisierung des Finanzrisikoprofiles abgeschlossen. Indiziert die Ergänzungskennzahl eine niedrigere oder höher Kategorie für das Finanzrisikoprofil, so kann der Analyst eine Anpassung um eine Kategorie nach unten oder oben in der selben Richtung der Differenz der Ergänzungskennzahl von der Hauptkennzahl vornehmen.

In dem Fall, dass die Cash flow und Leverage Kennzahlen in der Zukunft sehr stark schwanken werden, kann der Analyst in einem letzten Schritt, das für den S&P Base Case ermittelte Finanzrisikorisikoprofil um bis zu zwei Kategorien reduzieren. Dies geschieht jedoch nur bei wenigen stark zyklischen Unternehmen wie z. B. in der Rohstoffindustrie bzw. Unternehmen mit sehr hohen Fixkosten.

3.5.3.5 Modifikatoren für das Ankerrating

Die Analyse der Modifikatoren ist der letzte Analyseschritt zur Ermittlung des eigenständigen Unternehmensratings. Standard & Poor's unterscheidet dabei zwischen sechs Modifikatoren:

- Diversifikation/Portfolio Effekt,
- Kapitalstruktur,
- Finanzpolitik,

- Liquidität,
- Unternehmensführung und -kontrolle? (Management und Governance.)
- Relativer Vergleichsfaktor

Die Modifikatoren können den Anker um eine oder mehrere Stufen verbessern, verschlechtern oder unberührt lassen. Oftmals ist das finale Rating allerdings oft identisch mit dem Ankerrating. Aktuell gibt es lediglich bei rund 10 % der Ratings eine Differenz zwischen dem Anker und dem finalen Rating.

Bei der Analyse der Diversifikation und des Portfolio Effektes werden die Vorteile einer möglichen Diversifikation durch unterschiedliche Geschäftsbereiche beurteilt. Dabei wird zwischen einem neutralen, moderaten oder signifikanten Diversifikation unterschieden. Um eine moderate oder signifikante Diversifikationseinstufung zu erhalten, muss das Unternehmen in mindestens drei unterschiedlichen Geschäftsbereichen tätig sein, welche jeweils mehr als 10 % zum EBITDA oder FOCF beitragen, jedoch nicht mehr als 50 %. In einem weiteren Schritt wird die Korrelation der einzelnen Geschäftsbereiche in eine von drei möglichen Kategorien zugeteilt. Je geringer die Korrelation zwischen den Geschäftsbereichen und je höher die Anzahl der unterschiedlichen Geschäftsbereiche, desto besser wird die Diversifikation beurteilt. Im Extremfall wird der Anker um bis zu zwei Bewertungsstufen nach oben angepasst. Im Falle der Siemens AG, sehen wir zum Beispiel eine moderate Diversifikation. Dies erhöht das Ankerrating von Siemens um eine Stufe zu einem finalen Rating von A+. Sollte ein Unternehmen nur eine neutrale Diversifikation haben, hat dies keine Auswirkungen auf das Ankerrating.

Bei der Analyse der Kapitalstruktur analysieren wir Risikofaktoren, welche bei der Betrachtung der Cashflow und Leverage Analyse nicht berücksichtigt wurden. Dies beeinhaltet die Analyse von Fremdwährungsrisiken und deren möglich Einfluss auf die Rückzahlung von Schulden, das Fälligkeitsprofil der Finanzverbindlichkeiten, welches über die kurzfristige Betrachtung der Liquiditätsanalyse hinausgeht, die Sensitivität des Unternehmens bei möglichen Zinsänderungen sowie die Flexibilität eines Unternehmens durch eventuell vorhandene Kapitalanlagen in nicht konsolidierten Beteiligungen, welche nicht in unserer Kennzahlenanalyse berücksichtigt werden. Entsprechend der Ergebnisse der Kapitalstrukturanalyse kann sich das Ankerrating um bis zu zwei Bewertungsstufen verbessern oder verschlechtern.

In der Analyse der Unternehmensführung und -kontrolle analysieren und benchmarken wir die Strategie des Managements, die Effektivität des Organisationsstruktur, das Risikomanagement und die Kontrollstrukturen des Unternehmens. Unzureichende oder stark fehlgeleitete Unternehmensführungs- bzw. Kontrollstrukturen oder ein fehlendes Management von strategischen und finanziellen Risiken, kann die Kreditqualität eines Unternehmens verschlechtern. Der Anker kann in diesen Fällen um bis zu zwei Bewertungsstufen nach unten angepasst werden. Bei einer starken Beurteilung der Unternehmensführung und -kontrolle, kann der Anker gegebenenfalls (nur bei Anker schlechter als bb+ möglich) um eine Bewertungsstufe verbessert werden.

Von den sechs Modifikatoren sind zwei besonders wichtig. Zum Einen die Liquiditäts- und zum Anderen die Finanzpolitikanalyse.

Die Liquiditätsanalyse ist eine der bedeutendsten Analysen bei den Modifikatorne dar, da die Auswirkungen auf das Rating sehr signifikant sein können. Eine angemessene Liquidität für ein Unternehmen ist eine Grundvorraussetzung, um ein Investmentgrade Rating zu erlangen; d. h. sollten wir die Liquidität als unangemessen betrachten, würden wir ein Ankerrating im

Investmentgrade Bereich auf BB+ herabstufen.
Die Liquidität wird bei S&P in fünf Kategorien eingestuft:

- hervorragend,
- stark,
- angemessen,
- unangemessen, und
- schwach

Eine unangemessene oder schwache Liquidität erhöht das Risiko eines Zahlungsausfalles signifikant. Aus diesem Grund können Unternehmen die diese beide Kategorien erreichen kein Investmentgrade Rating erreichen. Bei einer Einstufung der Liquidität als schwach, ist kann das Rating nicht höher als „B–" sein. Für die Beurteilung der Liquidität vergleichen wir die Liquiditätsquellen (Sources) mit dem Liquiditätsbedarf (Uses) und berechnen den Liquiditätspuffer des Unternehmens. Dabei werden zunächst die Quellen und Bedarfe in den nächsten 12 Monaten berücksichtigt. Ebenso wird analysiert, ob das Unternehmen eine angemessene Liquiditätspolitik betreibt, um die zu erwartenden Schwankungen des Betriebs- und Umlaufvermögens im Jahresverlauf zu berücksichtigen. Um eine starke oder hervorragende Liquiditätseinstufung zu erhalten, muss das Unternehmen einen zusätzlichen Stress Test auf unser Basis-Szenario bestehen und wir erweitern den Betrachtungszeitraum auf die nächsten 24 Monate. Während bei Unternehmen mit einem Anker von „bb–" und höher eine starke oder hervorragende Beurteilung der Liquidität keinen direkten Einfluss auf das finale Rating hat, kann bei Unternehmen mit einem Anker von „b+" und schwächer eine Bewertungsstufe angehoben werden.

Der Liquiditätspuffer wird wie folgt berechnet. Zuerst werden alle Liquiditätsquellen (A) durch die Liquiditätserfordernisse (B) dividiert: A/B. In einem zweiten Schritt werden die Liquiditätserfordernisse von den Liquiditätsquellen subtrahiert: A – B: Je nach Liquiditätskategorie werden dabei die nächsten 6 bis maximal 24 Monate betrachtet. Wir berücksichtigten dabei generell folgende Liquiditätsquellen:

- Geldvermögen und liquide Investments,
- Prognostizierter Cashflow aus dem operativen Geschäft, sofern positiv,
- Cashflows aus einer Reduzierung des Umlauf- und Betriebvermögens,
- Zuflüsse aus Veräußerungsgeschäften von Anlagevermögen,
- Vertraglich zugesagte Kreditlinien, welche nicht ausgenutzt sind und eine Fälligkeit von mehr als zwölf Monaten aufweisen
- Wiederkehrende Kapitalzuflüsse von Dritten (z. B. Staaten oder Muttergesellschaften).

Als Liquiditätserfordernisse berücksichtigen wir im wesentlichen Folgendes:

- Prognostizierte Cashflows aus dem operativen Geschäft, sofern negativ,
- Investitionsvorhaben,
- Abflüsse aus dem Aufbau von Umlauf- und Betriebsvermögen sofern negativ,
- Anfallende Tilgungen von Finanzverbindlichkeiten,
- Zahlungswirksame Pensionsverpflichtungen,
- Geplante Akquisitionen, Dividenden oder Aktienrückkäufe.

Für eine angemessene Klassifizierung der Liquidität erwartet Standard & Poor's, dass die Liquiditätsquellen den Liquiditätsbedarf um mindestens 20 % übertreffen. Die Differenz von A – B sollte positiv sein unter der Annahme, dass das EBITDA um 15 Prozent niedriger ausfällt als in unserem Basisszenario. Ebenso sollten die Covenants mehr als 15 Prozent

Puffer aufweisen. Für eine hervorrangende Liquidität erwarten wir, dass A/B in den nächsten 24 Monaten größer als 2 ist und das EBITDA um 50 Prozent fallen kann und A – B dennoch positiv bleibt.

Wir klassifizieren die Liquidität als unangemessen, wenn die Kennzahl A/B geringer als 1,2 ist bzw. A – B negativ wird, bei einem um 10 Prozent niedrigeren EBITDA als in unserem Basisszenario, oder eine Verletzung der vertraglich vereinbarten Schuldengrenzen (Covenants) wahrscheinlich ist.

Die Analyse der Finanzpolitik von Unternehmen hat einen sehr wichtigen Stellenwert in der Kreditanalyse, um mögliche Veränderungen im Verschuldungsgrad in der Zukunft zu antizipieren. Dies gilt besonders für Unternehmen mit einem Anker im Investmentgrade Bereich.

Die Annahmen, welche im Basis-Szenario von den Analysten gewählt werden, berücksichtigen zwar Dividenden und bereits geplante Akquisitionen, häufig verfolgt das Unternehmen jedoch eine M&A Strategie oder Finanzpolitik, welche wir dennoch nicht hinreichend berücksichtigen können. Viele Unternehmen setzen sich Ziele beim Verschuldungsgrad oder geben mögliche Investitionsvolumina bzw. Akquisitionsvolumina bekannt. Es besteht in diesen Fällen dennoch eine große Unsicherheit bezüglich des Zeitpunktes oder der Größe dieser Ereignisse. Dadurch kann die zukünftige Verschuldung eines Unternehmens besser oder schlechter sein, als wir dies in unserem Basisszenario abbilden. Vereinfacht gesagt, versuchen wir mit der Analyse der Finanzpolitik außerordentliche Ereignisse (Event Risiko) abzubilden, sofern wir diese als wahrscheinlich erachten, die wir aber nicht in unserem Basisszenario abbilden können.

Die Finanzpolitik wird in folgende 6 Kategorien eingeteilt, wovon die letzen drei lediglich den Unternehmen mit Finanzsponsoren vorgesehen sind: Positiv, neutral, negative bzw. FS-4, FS-5, FS-6. FS steht dabei für Finanzinvestoren (financial sponsors). Falls ein Finanzinvestor mindest 40 Prozent oder mehr Anteile an einem Unternehmen besitzt, kommen die drei genannten Finanzsponsor-Klassifizierungen zur Anwendung. Der zu erwartende Verschuldungsgrad bzw. der Einsatz von Fremdkapital bei der Finanzierung sind dabei maßgeblich. Je nach Kategorisierung der Finanzpolitik bei Unternehmen die nicht von Finanzinvestoren kontrolliert werden, kann der Anker um eine Stufe nach oben oder bis zu drei Stufen nach unten angepasst werden. Für eine Anpassung nach oben ist ebenfalls eine mindestens eine zufriedenstellende Management & Governance Einstufung von unserer Seite erforderlich.

Für Unternehmen, welche nicht von Finanzsponsoren gehalten werden, analysieren wir die Finanzdisziplin des Managements sowie das Rahmenwerk, welches die Finanzpolitik genauer beschreibt. Bei der Finanzdisziplin beurteilen wir die Risikotoleranz des Managements und deren Bereitschaft das aktuelle Verschuldungsprofil durch finanzpolitische Maßnahmen zu stärken oder zu schwächen. Wir klassifizieren die Finanzdisziplin als positiv, neutral oder negativ im Vergleich zum aktuellen Verschuldungsgrad. Erwarten wir z. B., dass ein Unternehmen signifikant die Dividende erhöhen wird oder Aktienrückkäufe plant und sich aller Vorraussicht nach eine Verschlechterung des aktuellen Verschuldungsgrades einstellen wird, so würden wir die Finanzdisziplin mit negativ klassifizieren. Sollten wir die Wahrscheinlichkeit für außerordentliche Ereignisse als hoch einschätzen, so würden wir ebenfalls die Finanzdisziplin als negativ beurteilen. Eine positive Einschätzung würden wir wählen, falls wir erwarten, dass das Unternehmen durch die gezielte Veräußerung von Unternehmensteilen oder eine Kürzung der Dividende eine Verbesserung des Verschuldungsgrades über unser Basisscenario hinaus einstellen wird, wir jedoch heute nicht in der Lage sind, diese genau zu quantifizieren. Das Verhalten des Managements in der Vergangenheit (Track Record) sowie die öffentlich gemachten Finanzziele spielen bei der Beurteilung eine wichtige Rolle.

Bei der Analyse des Rahmenwerkes der Finanzpolitik beurteilen wir, wie umfassend, transparent und nachhaltig die Finanzpolitik im Unternehmen ausgeprägt ist. Das Rahmenwerk kann entweder als vorteilhaft oder als nachteilig eingestuft werden. Als vorteilhaft betrachten wir ein Rahmenwerk das folgende Eigenschaften aufweist:

- Das Management hat umfassende Finanziele für den Bereich Finanzrisiko inklusive Verschuldungskennzahlen und Schuldenmanagements definiert.
- Die Verschuldungskennzahlen sind klar definiert und quantifizierbar. Das Management hat zudem die finanziellen Ziele öffentlich bekannt gemacht oder zumindest dem Kreis der Gläubiger bekanntgegeben.
- Die definierten Ziele sind erreichbar und realistisch.

Sollte ein Unternehmen nicht alle drei Bedingungen erfüllen, so wird das Rahmenwerk mit nachteilig klassifiziert.

Zusammenfassung

(1) Die Analyse der Kreditqualität berücksichtigt eine Vielzahl von qualitativen und quantitativen Faktoren. Um die qualitativen Faktoren vergleichbar zu machen, werden diese in Kategorien eingeteilt. Zwei große Faktoren sind bei dieser Analyse von besonderer Bedeutung. Zum Einen die Analyse des Geschäftsrisikos, welche Risiken und Chancen aufzeigt und versucht, die zukünftige Nachhaltigkeit der Erträge zu beurteilen. Zum Anderen, die Analyse des aktuellen Verschuldungsgrades und deren Entwicklung in den nächsten Jahren.

(2) Ein S&P Rating stellt eine relative Klassifizierung der Kreditwürdigkeit zu anderen Unternehmen dar. Historische Statistiken zeigen einen eindeutigen Zusammenhang, dass Unternehmen mit einem höheren Rating eine niedrigere Ausfallwahrscheinlichkeit haben und es zeitlich deutlich länger dauert, bis es ggf. zu einem Ausfall kommt. Ratings erhöhen die Markttransparenz und leisten einen wichtigen Beitrag, der Markteilnehmern bei der Preisfindung und der Investitionsentscheidung hilf, deren eigene Analyse jedoch nicht ersetzen kann / sollte?.

(3) Der Ratingprozess ist dynamisch und Unternehmens Ratings verändern sich im Zeitablauf aufgrund von externen und internen Einflussfaktoren. Jedes Unternehmen ist Risiken ausgesetzt, die es selber nur bedingt beinflussen kann wie z. B. Länderrisiken oder Industrierisiken.

Literaturhinweise

Standard & Poor's (2013): Corporate Methodology, General, veröffentlicht Nov. 19, 2013.

Standard&Poor's (2014): Methodology And Assumptions: Liquidity Descriptors For Global Corporate Issuers, veröffentlicht Dec. 16, 2014 .

Standard & Poor's (2012): Methodology: Management And Governance Credit Factors For Corporate Entities And Insurers, veröffentlicht November 13, 2012.

Standard & Poor's (2013): Methodology: Industry Risk, veröffentlicht Nov. 19, 2013

Standard & Poor's (2013): Corporate Criteria: Ratios and Adjustments, veröffentlicht Nov. 19, 2013

Standard & Poor's (2013): Country Risk Assessment Methodology and Assumptions, veröffentlicht Nov. 19, 2013

Standard & Poor's (2012): Criteria for assigning CCC+, CCC, CCC– and CC Ratings, veröffentlicht Oct. 1, 2012

Standard & Poor's (2013): General Criteria: Group Rating Methodology, veröffentlicht Nov. 19, 2013

Standard & Poor's (2013): 2013 Annual European Corporate Default Study And Rating Transition, veröffentlicht 08-Apr-2014

Georg A. Akerlof (1970): The Quartery Journal of Economics, Volume 84, Issue 3 (Aug. 1970), 488–500

Kapitel 4
Credit Rating

Hans-Ulrich Templin

4.1 Credit Rating

4.1.1 Einleitung

Der Markt für Corporate Bonds hat sich mit Einführung des Euro 1999 sehr stark entwickelt. Mittlerweile ist die Emission von Anleihen für europäische Unternehmen eine übliche Finanzierungsquelle.

Im Folgenden erfolgt zunächst ein Überblick über die Marktstruktur für europäische Corporate Bonds. Anschließend werden Gründe aufgezeigt, warum sich der Markt in der vorliegenden Form entwickelt hat.

Danach wird die Bedeutung der Credit Ratings in diesem Markt und damit für die Teilnehmer aufgezeigt. Dabei wird ein Schwerpunkt auf die Informationsfunktion und damit auf die Frage, inwieweit Ratings für die Kapitalmarktteilnehmer eine relevante und neue Information beinhalten, gelegt. Das führt zur Frage der Qualität der Ratings, die ebenfalls hinterfragt wird. Anschließend erfolgt eine kritische Betrachtung einzelner Sonderaspekte, die sich an die Verwender von Ratings richten.

Darauf folgen eine Erläuterung von Gründen, warum sich Kapitalmarktteilnehmer mit der Entwicklung von eigenen Bewertungsansätzen beschäftigen, sowie beispielhaft die Darstellung des Ansatzes HI-SCORE.

Abschließend erfolgt ein Ausblick auf die weitere Entwicklung.

4.1.2 Der Markt für Kreditprodukte

4.1.2.1 Die Marktstruktur

Am Kapitalmarkt für Kreditprodukte sind sehr unterschiedliche Emittenten tätig. Die folgende Aufstellung gibt einen Überblick:

- Staaten
- Supranationale (z. B. KfW, Deutsche Ausgleichsbank)
- Hypothekenbanken (Pfandbriefe)
- Gebietskörperschaften (Bundesländer)
- Emerging Markets
- Emittenten strukturierte Produkte (ABS, CDO ...)
- Corporate Bonds
  - Financials (Banken, Versicherungen)
  - Nonfinancials (Unternehmen)

Die Marktstruktur kann nach verschiedenen Kriterien differenziert werden:

- Verzinsung (festverzinslich, variabel verzinslich (Floater))
- Besicherung (besichert, unbesichert)
- Rang (erstrangig, nachrangig)
- Bonität (Investmentgrade, High Yield, Ungerated)
- Währung

Staaten nutzen seit langer Zeit den Kapitalmarkt für Finanzierungszwecke. Das benötigte Finanzierungsvolumen würde sicher die Kapazitäten der Banken übersteigen. In die inhaltliche Nähe zu Staaten sind die supranationalen Organisationen (staatliche Banken), Gebietskörperschaften und letztlich auch Emerging Markets Staaten (wirtschaftlich aufstrebende Länder) zu stellen. Mit der dynamischen Entwicklung von Creditmärkten haben jedoch strukturierte Produkte und Corporate Bonds an Bedeutung zugenommen.

Die typische Form für Corporate Bonds aus Europa ist festverzinslich, unbesichert, erstrangig sowie mit einem Rating im Bereich Investmentgrade. Floater werden häufiger von Banken begeben. Eine Besicherung erfolgt bei strukturierten Produkten und bei Pfandbriefen als Spezialfall mit einer sehr hohen Form der Standardisierung, eine typische Unternehmensanleihe ist dagegen unbesichert. Das ist auch wesentlich, denn ein funktionierender Kapitalmarkt ist dadurch gekennzeichnet, dass eine sehr hohe Standardisierung und Fungibilität vorliegt. Sofern eine Besicherung beispielsweise durch Produktionsanlagen erfolgte, müsste ein Investor vor einem Erwerb eine zeit- und ressourcenintensive Sicherheitenprüfung vornehmen, was zu einer deutlichen Beeinträchtigung der Marktgängigkeit führen würde.

Letztlich relativ deutlich abzugrenzen vom Investmentgrademarkt ist der Bereich der High Yield, also der Ratings im Bereich von BB+ und niedriger. Sofern eine Anleihe bzw. ein Emittent aus dem Investmentgradebereich herabgestuft wird, so wird die Anleihe in diesem Marktsegment geführt. Bei diesen Unternehmen handelt es sich jedoch nicht um ein typisches High Yield Unternehmen, das einige abweichende Besonderheiten aufweist: der High Yield Markt besteht üblicherweise aus Anleihen von Unternehmen, die entweder als relativ junge Unternehmen nach dem Start und erstem Risikokapital in die nächste Finanzierungsphase gelangen. Alternativ erhalten Unternehmen nach einem LBO (Leverage Buyout) ein High Yield Rating. Ein LBO ist dadurch gekennzeichnet, dass ein operativ erfahrenes Unternehmen durch eine andere Gesellschaft übernommen wird, die für den Kauf der Anteile des Unternehmens Fremdkapital aufnimmt. Nach der Übernahme erfolgt in der Regel eine Fusion. Das neue Unternehmen ist durch folgende Eigenschaften gekennzeichnet: ein etabliertes Unternehmen mit operativer langjähriger Erfahrung mit einem sehr hohen finanziellen Risiko, so dass das Rating im High Yield Bereich ist.

Unternehmen, die durch eine Ratingherabstufung in den High Yield Bereich herabgestuft werden, werden als Fallen Angels bezeichnet. Es hat sich gezeigt, dass diese Unternehmen gerade in den ersten wenigen Monaten nach der Herabstufung ein außerordentlich hohes Ausfallsrisiko aufweisen. Das dürfte darauf zurückzuführen sein, dass viele der Unternehmen sich nicht auf die neuen Finanzierungsbedürfnisse und „neue Regeln" ausreichend vorbereitet haben. Anleihen im High Yield Markt weisen sehr oft eine Kündigungsrecht für den Emittenten nach einigen Jahren auf, weil sich in den ersten Jahren nach Emission die Zukunftsfähigkeit entscheidet. Hat ein Unternehmen die ersten Jahre bis zur Kündigungsoption durchstanden, ist die Bonität in der Regel besser, so dass die Finanzierungssituation durch Kündigung und Neuaufnahme deutlich verbessert werden kann.

Eine Besonderheit weisen im Investmentgrademarkt sogenannte Hybridanleihen auf. Dabei handelt es sich um Wertpapiere, die sowohl Eigen- als auch Fremdkapitalmerkmale aufweisen. Je nach Ausgestaltung des Papiers überwiegt der Eigen- oder Fremdkapitalcharakter. Als Stellschrauben dienen der Rang der Forderung, die Möglichkeit zur Aussetzung von Zinszahlungen, die (unendliche) Laufzeit sowie Kündigungsrechte. Die jeweiligen Ausprägungen sind prinzipiell beliebig kombinierbar, so dass eine große Bandbreite verschiedener Instrumente besteht. Nachranganleihen von Banken und Versicherungen weisen jedoch aufgrund regulatorischer Rahmenbedingungen eine gewisse Standardisierung auf.

Emittenten optimieren mit Hilfe von Hybridanleihen ihre Kapitalstruktur und senken so Kapitalkosten, da Nachrangkapital in der Regel günstiger als echtes Eigenkapital ist. Hybridkapital ist auch Bestandteil des regulatorischen Kapitals von Finanzinstituten, sofern es bestimmte Anforderungen erfüllt. Industrieunternehmen können durch die Emission von hybriden Instrumenten die Nachteile einer Kapitalerhöhung wie die Verwässerung der Stimmrechte vermeiden. Gleichzeitig werden Bonitätskennzahlen und damit auch Emittentenratings weniger stark belastet (durch Basel von besonderer Bedeutung) als durch die Aufnahme von reinem Fremdkapital. Aufgrund dieser Eigenschaften ist Nachrangkapital mittlerweile üblicher Bestandteil im Rahmen von Übernahmefinanzierungen.

Bei Einführung des Euro im Januar 1999 gab es nur sehr wenige Anleihen aus dem Sektor Nonfinanicals im Investmentgrademarkt, die die Kriterien gängiger Indizes erfüllten (z. B. Mindestvolumen 500 Mio Euro). Seitdem ist der Markt rasant gewachsen und macht Ende 2013 ca. 1,5 Billionen Euro aus.

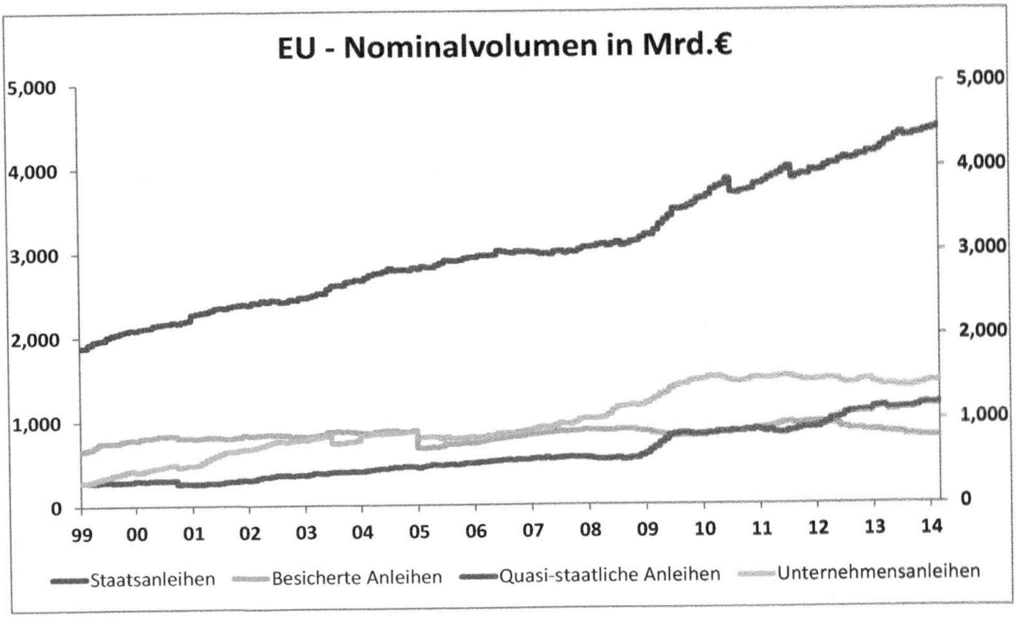

Abbildung 4.1-1: *Marktvolumen*

Es stellt sich die Frage, wie sich das weitere Wachstum gestalten wird. Per Ende 2013 machen Corporate Bonds ca. 18 % des Eurorentenmarktes aus (Abb. 4.1-2). Dieser Wert liegt damit auf dem Niveau in den USA (ca. 20 %), dessen Kapitalmarkt für Europa in vieler Hinsicht oft richtungsweisend ist. Mittlerweise kann man davon sprechen, dass sich der Euromarkt etabliert hat. Insofern ist zu erwarten, dass sich der Corporate Markt porportional zum gesamten Rentenmarkt entwickeln wird.

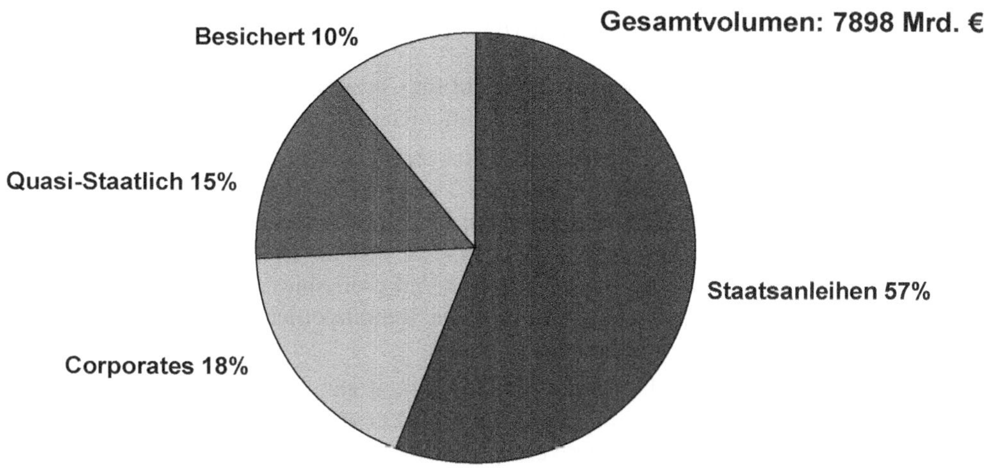

Abbildung 4.1-2: *Marktstruktur festverzinslicher Rentenpapiere in Euro*

Ein weiterer Aspekt erscheint dabei erwähnenswert: für Banken ist die Kapitalbeschaffung am Markt seit jeher eine gängige Variante. In den letzten Jahren haben jedoch insbesondere die Nichtbanken als Emittenten an Bedeutung gewonnen.

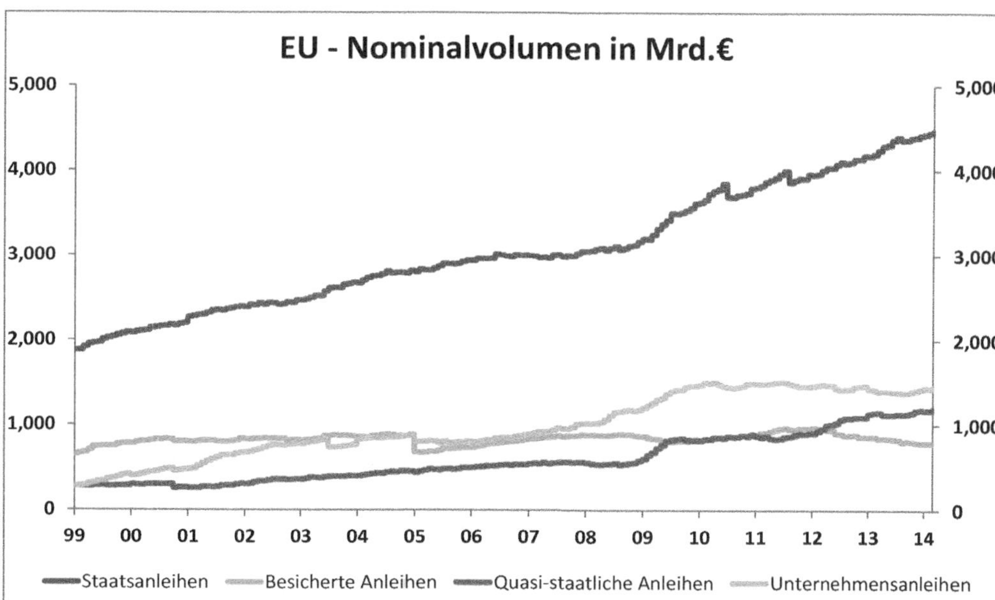

Abbildung 4.1-3: *Marktentwicklung nach Sektoren*

4.1.2.2 Gründe für die Marktentwicklung

Es gibt eine Vielzahl an Faktoren, warum der Markt für Corporate Bonds so stark gewachsen ist. Diese kann man den drei Gruppen Banken, Emittenten und Investoren zuordnen.

Von Seiten der Banken gab es mit zunehmender Shareholder Value Orientierung und Einführung des Kreditunterlegungsvorschriften (BASEL) einen erheblichen Ertragsdruck. Daher wurden weniger rentable Kredite (Bereinigung von Kreditportfolios aufgrund nicht adäquater Risikokosten) durch Kapitalmarktfinanzierungen ersetzt, was einerseits knappes Eigenkapital freisetzt und zudem als Provisionsgeschäft durchaus ein profitables Geschäftsfeld ist. Nicht unerwähnt sei auch ein Ertragsdruck durch erhöhte Renditeforderungen der Anleger und damit steigenden Refinanzierungskosten.

Für die Emittenten ist zunächst der Faktor Unabhängigkeit von den Hausbanken zu nennen. Zudem wurde durch die Liberalisierung der Märkte in Europa, insbesondere Telekommunikation, ein erheblicher Kapitalbedarf notwendig. Ein weiteres Gebiet ist gerade in Deutschland die Nachfolgeproblematik im Mittelstand. Bei Ausscheiden des Unternehmensgründers werden, sofern es keinen geeigneten internen Nachfolger gibt, Unternehmen oft übernommen, was einen hohen Kapitalbedarf hat. Sehr große Volumina wurden zuvor durch syndizierte Kredite aufgebracht. Der Kapitalmarkt ist hier eine willkommene Alternative, über den auch zuvor nicht erreichbare Investorengruppen erschlossen werden können. Weitere Aspekte sind ein Marketingeffekt, weil Emissionen in der Presse diskutiert werden. Die Kosten der fremden Mittel werden oft als Vorteile der Kapitalmarktfinanzierung genannt. Hierzu ist jedoch festzustellen, dass zumindest in Deutschland aufgrund der intensiven Wettbewerbssituation dieser Faktor bisher nicht zutrifft, noch immer unterschreiten die Kreditmargen oft die Kapitalmarktspreads.

Ein weiterer zu nennender Faktor sind die am Kapitalmarkt im Vergleich zum Kreditgeschäft weniger restriktiven Covenants, durch die Banken Einfluss auf die Geschäftspolitik des Schuldners behalten wollen. Beispiele sind maximale Ausschüttungen, Restriktionen für Aktienrückkäufe oder Kennzahlrestriktionen. Aus den bereits erwähnten Gründen machen individuelle Einschränkungen am Kapitalmarkt weniger Sinn, weil dadurch die Fungibilität eingeschränkt wird.

Auf der Gegenseite der Investoren sind die Corporate Bonds auf ein reges Interesse gestoßen. Neben einem grundsätzlich steigenden Kapitalanlagebedarf durch die steigende Notwendigkeit von Eigenmaßnahmen zur Altersvorsorge fiel mit dem Wegfall der unterschiedlichen europäischen Währungen eine beliebte und sinnvolle Diversifikationsmöglichkeit weg, so dass sich die Investoren auf die Suche nach neuen Anlagesegmenten machten.

4.1.2.3 Die Rolle der Credit Ratings im Asset Management

Das Bedeutung von Ratings hat sich im letzten Jahrzehnt in Europa signifikant erhöht, das gilt insbesondere für das externe Rating, das am Kapitalmarkt relevant ist. Banken bewerten intern seit jeher ihre Kreditnehmer und weisen eine langjährige Erfahrung auf. Die Diskussion um interne (also bankinterne) Ratings und externe (kapitalmarktorientierte) Ratings kam ebenfalls im Jahr 1999, als erstmalig die Vorschläge zu den Vorschriften zur Risikomessung vorgelegt wurden. In den ersten Diskussionen sollte ein externes Rating zwingend notwendig für eine reduzierte Kapitalunterlegung sein. Es entstanden neue Ratingagenturen und Diskussionen um die Bezahlbarkeit der Ratinggebühren gerade für kleine und mittlere Unternehmen. In späteren Überarbeitungen wurde die Anerkennung von internen Ratingverfahren unter Berücksichtigung bestimmter Qualitätsanforderungen möglich. Seitdem haben viele Banken ihre Ratingansätze signifikant weiterentwickelt.

Im Asset Management spielen externe Ratings eine wesentliche Rolle. Dabei zeigt sich ganz deutlich, dass es sehr schwierig ist, sich als neue Ratingagentur im Markt zu etablieren. Der Markt wird wesentlich durch die über lange Jahre etablierten Ratingagenturen Standard & Poor's, Moody's sowie Fitch bestimmt. Ihre Ratings sind beispielsweise entscheidend für die Zusammensetzung von Corporate Bond Indizes der etablierten Anbieter, so dass ein Asset Manager sich auf die Ratingagenturen einstellen muss. Trotzdem sind in Deutschland in den letzten Jahren einige Ratingagenturen entstanden. Auf der Homepage der Deutschen Industrie- und Handelskammer sind folgende zusätzliche Ratingagenturen genannt:

- @rating (Paris/Mainz)
- Creditreform Rating AG (Neuss)
- Euler Hermes Rating GmbH
- Forschungsgruppe Investor Relations TU Ilmenau (Ilmenau)
- MAR Gesellschaft für Mittelstands- und Ärzterating mbH (Münster)
- PSR Rating GmbH (Tübingen)
- RS Rating Services AG (München)
- URA Unternehmens Ratingagentur AG (München)

Die Credit Ratings erfüllen verschiedene Funktionen im Asset Management, die z. B. Heinke wie folgt unterscheidet:

- Risikoidentifikation
- Strukturierungs- und Strategiefunktion
- Performanceanalyse
- Screeninginstrument
- Informationsfunktion

Ratings dienen im Rahmen des Portfoliomanagements zur Identifikation des eingegangenen Bonitätsrisikos und damit zur Strukturierung eines Portfolios. Mit der Verwendung von Ratings lassen sich einfach Güteklassen im Sinne von Minimalbonitäten festsetzen. Mit der Verfügbarkeit von Ratings lassen sich beispielsweise auch im Eigenhandel von Banken schnelle Bonitätseinschätzungen durchführen, wobei auf die nicht delegierbare Verantwortung der Einschätzung noch später eingegangen wird.

Die Strukturierungs- und Strategiefunktion ist wichtig für Aktivitäten, die auf Arbitrageoperationen abzielen. Dahinter steckt die Idee, dass für ein vergleichbares Risiko auch eine vergleichbare Prämie gezahlt werden sollte. Insofern können Marktungleichgewichte ausgenutzt werden. Eine prognosebasierte Strategie zielt auf die Ratingreplikation ab, denn durch die Vorhersage von Ratingänderungen werden erwartete Marktbewegungen antizipiert. Voraussetzung ist für die Strategie das Vorliegen eines dynamischen Informationswertes, was noch besprochen wird.

Für eine Performanceanalyse tragen Ratings dazu bei, bei Anleihen eine Differenzierung der Ergebnisbeiträge in Zins- und Bonitätskomponenten vornehmen zu können.

Die Screeningfunktion zielt auf bestehende Informationsasymmetrien zwischen Kapitalgebern und -nehmern ab, beispielsweise bei der Überwachung des Kapitalgebers auf die Einhaltung der bei Abschluß des Vertrags vereinbarten Bedingungen.

Der Informationswert der Ratings spielt am Kapitalmarkt eine besondere Rolle. Der Kapitalmarkt ist der Ort, an dem sich ein Preis für Güter, in diesem Fall für Ausfallrisiken ergeben. Es wird unterstellt, dass Investoren auf dem Corporate Bond Markt für ihre Bereitschaft ein höheres Bonitätsrisiko zu übernehmen höhere Prämien verlangen werden. Demzufolge müsste empirisch ein Zusammenhang zwischen dem Rating als Maß des Ausfallrisikos und der Risikoprämie (gemessen als Aufschlag gegenüber der risikofreien Rendite) festzustellen sein. Der negative Zusammenhang zwischen Creditspreads und Ratings kann grundsätzlich bestätigt werden, Investoren erwarten grundsätzlich im Mittel für ein schlechteres Rating eine höhere Entlohnung.

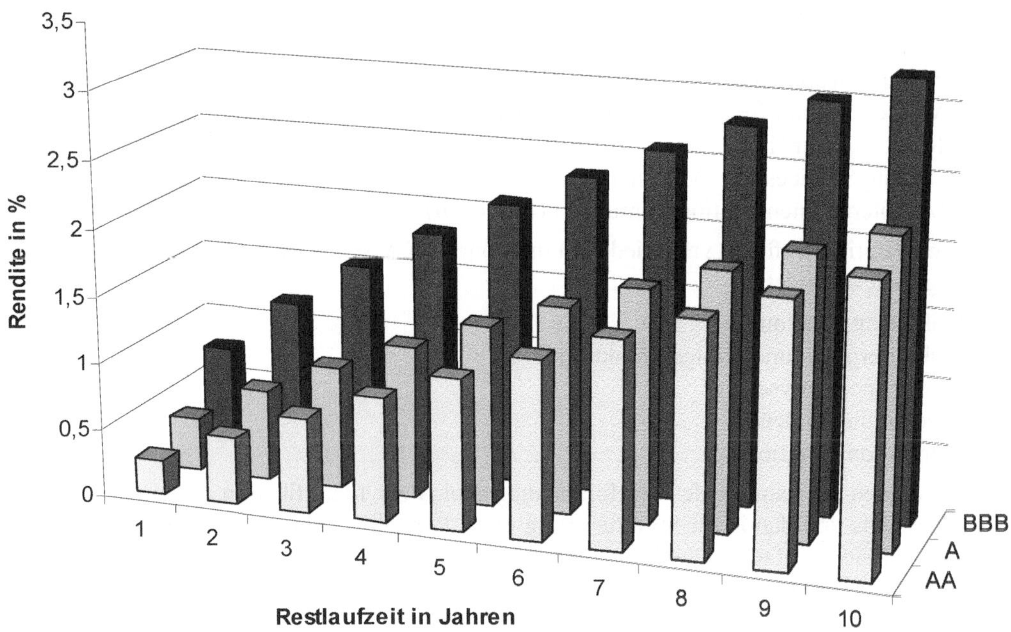

Abbildung 4.1-4: *Spreadniveaus nach Laufzeiten und Rating per März 2014*

Bei der Betrachtung der Informationsfunktion von Ratings geht es um die Frage, welchen Informationswert die Ratings besitzen. Diese Fragestellung ist sehr gut empirisch testbar, denn ein Informationsnutzen sollte mit einer Kapitalmarktreaktion einhergehen, ansonsten wäre kein Mehrwert vorhanden. Die Fragestellung führt letztendlich zur Frage der Qualität von Ratings, die seit längerer Zeit intensiv diskutiert wird und erhält in Phasen medienwirksamer Ausfälle weiteren Auftrieb. Dieses hat einen Forschungszweig zum Themenbereich der Qualitäts- und Performancemessung von Ratings hervorgebracht. Die Ansätze hierzu unterscheiden sich in Ausfallstudien, Studien zum Informationswert von Ratings sowie Untersuchungen zur Ermittlung von Ratingdeterminanten.

Im Rahmen von Ausfallstudien wird untersucht, in welchem Ausmaß Ausfälle durch Ratings abgebildet wurden. Studien dieser Art werden auch von den Ratingagenturen in jährlichen Abständen herausgebracht. Mit Ausfallstudien wird insbesondere der Aspekt der Ratingqualität berücksichtigt, da sie sich auf Ausfälle beziehen. Aspekte von Ratingeffekten beispielsweise während der Laufzeit einer Anleihe spielen eine geringere Rolle. Die zur Verfügung gestellten Informationen umfassen umfangreiche statistische Aufbereitungen der Daten, wie z. B. Ausfallraten nach Volumen, Anzahl, zeitliche Abstände zum Ausfall, Recovery Rates, Unterscheidungen nach Regionen, Branchen und Marktsegmenten (Investmentgrade oder High Yield).

In den Studien zeigt sich in der Regel ein signifikanter Zusammenhang zwischen dem Rating und der Ausfallrate, also je schlechter das Rating, umso höher die Ausfallhäufigkeit.

Für Investoren in Unternehmensanleihen machen Bonitätsveränderungen im Zeitablauf, ohne dass es zu einem Ausfall kommt, einen mindestens ebenso wichtigen Teil der benötigten Informationen aus. Eine veränderte Bonitätseinschätzung erfordert eine Anpassung der erforderlichen Risikoprämie, so dass eine Preisanpassung am Kapitalmarkt zu erwarten ist. Studien zur Fragestellung des Informationsgehaltes beschäftigen sich mit dem Bewertungsaspekt und damit mit der Rendite bzw. der Bonitätsprämie zum Zeitpunkt der Emission sowie nach Ratingänderungen.

Der Informationsgehalt von Ratings wurde in verschiedenen Studien differenzierter hinterfragt. Sehr gute Ergebnisse wurden in bezug auf die statische Informationsfunktion erzielt, also die Frage, ob das Rating einer Emission zum Zeitpunkt der Neuemission einer Anleihe den Spread erklärt. Es wurde nachgewiesen, dass sich die Beurteilung eines Schuldners grundsätzlich direkt auf seine Finanzierungskosten bei Emission auswirkt, mit sinkender Bonität steigt die Verzinsung signifikant. Ebenso erhöht sich mit zunehmender Restlaufzeit einer Anleihe der Risikoaufschlag.

Schwieriger gestaltet sich die Frage einer dynamischen Informationsfunktion, d. h. ob eine Ratingveränderung eine Spreadveränderung auslöst. Ist das der Fall, kann der Ratinginformation ein hoher Informationswert beigemessen werden. Beispielsweise wurde in einer Studie von Heinke (1998) nachgewiesen, dass für den DM-Euromarkt mit der Ankündigung einer negativen Ratingaktion (Downgrade bzw. negatives Watchlisting) signifikante Kursreaktionen (Excess Return −0,186 % bzw. −0,34 %) auftreten.

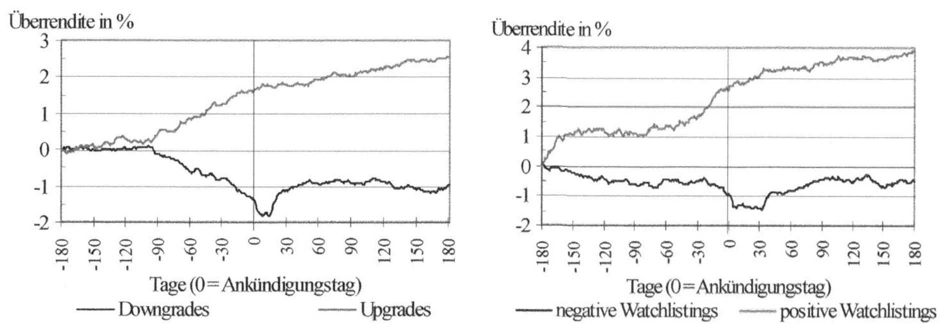

Abbildung 4.1-5: *Überrenditereaktionen bei Ratingänderungen und Watchlistings, aus: Heinke (1998)*

Bei der Ankündigung positiver Ratingaktionen (Upgrades, positive Watchlistings) sind indes keine unmittelbaren Kursreaktionen verbunden. Hier werden also keine unmittelbaren Transaktionen ausgelöst, der Markt reagiert nicht auf diese Information.

In der Studie von Heinke werden Staatsanleihen ausgewertet. Die Erkenntnisse bestätigen sich aber beispielsweise auch in der Arbeit von Werhahn (2005), der europäische Corporate Bonds untersucht hat.

In den Studien wurde aber auch deutlich, dass die Ratingagenturen im Mittel erst während des Verlaufes des Neubewertungsprozesses der Bonität eines Finanztitels eine Ratingänderung ankündigen. Interessant ist außerdem, dass nach der Ankündigung von Downgradings/negativen Watchlistings deutliche Überreaktionseffekte zu erkennen sind. Hier ist zu vermuten, dass nach einer Ratingherabstufung diverse Marktteilnehmer aufgrund von Anlagerestriktionen (beispielsweise der Ausschluss von High Yield Anleihen) zu Verkäufen gezwungen sind. Vor diesem Hintergrund wäre es möglicherweise ratsam, bei einem Verkauf die Phase der Überreaktion abzuwarten. Dagegen steht jedoch die These, dass die Ausfallrate von sogenannten Fallen Angels (Ratingveränderung aus dem Bereich Investmentgrade in den

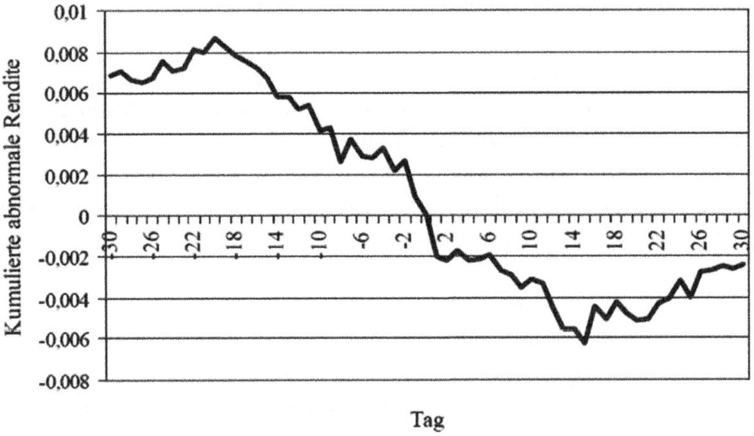

Abbildung 4.1-6: *52 Downgrades ohne Watchlisting, aus Werhahn (2005)*

High Yield Bereich) in den ersten Monaten nach der Herabstufung etwa dreimal so hoch ist wie bei den restlichen High Yield Unternehmen. Möglicherweise sind die Unternehmen ehemals bester Bonität nicht auf die neue Situation vorbereitet und können Liquiditätsengpässe nicht überbrücken.

4.1.2.4 Einige Aspekte für den Verwender von Ratings

Zur Rolle der Ratingagenturen und zur Verwendung von Ratings soll zunächst darauf hingewiesen werden, dass Ratings nur Meinungen über die künftige Fähigkeit und rechtliche Verpflichtung eines Emittenten, Zahlungen von Zins- und Tilgung einer von ihm begebenen Schuldverschreibung termingerecht und vollständig zu erfüllen, ausdrücken. Das bedeutet implizit, dass Ratings kein Urteil über Preise beinhalten und damit auch keine Anlageempfehlung darstellen.

Es kann festgehalten werden, dass Ratings durchaus einen Informationswert besitzen, dass allerdings der Kapitalmarkt Reaktionen auf die Ratingveränderungen im Durchschnitt antizipiert. Ein Rating entlässt den Investor daher nicht aus der Verantwortung, die er mit seinem Investment übernimmt. Es erscheint unerlässlich, dass sich ein Investor ein eigenes Bonitätsurteil bildet. Trotzdem bietet es sich an, ein sehr grundlegendes Verständnis der Vorgehensweisen der Ratingagenturen zu entwickleln, denn das systematische Vorauseilen des Kapitalmarktes kann für eine Anlagestrategie durchaus genutzt werden. Daher werden im Folgenden einige besondere aus Kapitalmarktsicht wichtige Aspekte erläutert.

Ratings sind nicht der einzige Einflussfaktor für Creditspreads

Investoren verlangen für die Übernahme von Risiken eine Risikoprämie. Mit dem Kauf einer Anleihe übernehmen die Investoren das Bonitätsrisiko, das durch ein Rating ausgedrückt wird. Wenn das durch die Investoren wahrgenommene Risiko für alle gleich gerateten Anleihen identisch wäre, dann müssten die Anleihen in einem Marktsegment mit gleichen Ratings auf oder sehr dicht an der Marktkurve liegen.

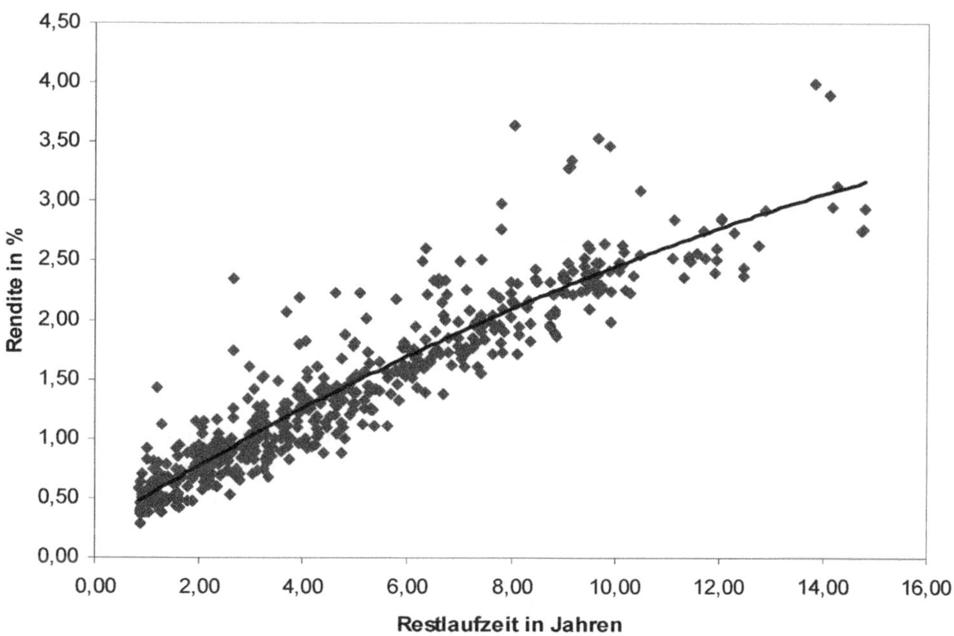

Abbildung 4.1-7: *Rendite- Laufzeitdiagramm des A-Ratingsegmentes*

Die Grafik zeigt sämtliche Anleihen mit vergleichbarem Rating in einem Diagramm, in dem Rendite und Restlaufzeit abgetragen sind. Es zeigt sich, dass einzelne Punkte durchaus signifikant von der Kurve abweichen. Das kann aus verschiedenen Gründen erfolgen. Die Anleihen können sich in bezug auf die Anleihestruktur unterscheiden. Beispielsweise wurden Anleihen mit sogenanntem Step-up Kupon emittiert. Das bedeutet, dass sich bei der Veränderung der Ratings der Kupon der Anleihe verändert. Damit wird das Bonitätsrisiko vom Investor zumindest teilweise auf den Emittenten abgewälzt. Da die Bedingungen im Markt sehr heterogen sind, hat sich der Handel der betroffenen Anleihen eingeschränkt, insbesondere in der Zeit einer bevorstehenden bzw. erwarteten Ratingveränderung. Aufgrund der eingeschränkten Fungibilität hat sich diese Variante eher nicht durchgesetzt. Weitere Möglichkeiten sind Covenants, also Einschränkungen des Emittenten in der Unternehmenspolitik, um das Kreditprofil nicht zu gefährden (Maximale Ausschüttung, limitierter Aktienrückkauf, Change of Control Klauseln). Ein weiterer möglicher Einflussfaktor ist ein bestehendes Kündigungsrecht des Emittenten, so dass Investoren die Anleihen je nach Einschätzung der Kündigungswahrscheinlichkeit auf unterschiedliche Fälligkeiten kalkulieren. Des weiteren ist eine besondere Angebots- und Nachfragesituation für einzelne Emittenten zu nennen, beispielsweise im Vorfeld einer großen Neuemission. Schließlich ist die Liquidität einer Anleihe ein wesentlicher Spreadfaktor. Grundsätzlich wird davon ausgegangen, dass die Liquidität einer Anleihe bei Überschreiten eines gewissen Mindestvolumens gewährleistet ist (500 Mio Euro). Allerdings zeigt die Erfahrung, dass insbesondere mit zunehmender Zeit nach Emission die Liquidität einer Anleihe zunehmend eingeschränkt ist.

Ratings sind konjunkturabhängig

Zunächst stellt sich die Frage, ob der Konjunkturverlauf einen Einfluss auf die Ratingvergabe hat bzw. haben sollte. Grundsätzlich ist festzustellen, dass Ratings generell langfristig sind und vom Anspruch her konjunkturabhängig sein sollten. Idealerweise könnten die Agenturen die jeweils vorliegende Phase des Konjunkturzyklus ignorieren, sondern „durch den Zyklus" hindurchschauen. Allerdings zeigen die teilweise unterschiedlichen Einschätzungen der Chefvolkswirte großer Banken wie schwer es ist, Prognosen abzugeben oder auch nur die vorherrschende Situation einzuordnen. Daher ist festzuhalten, dass auch Ratingagenturen die Konjunkturzyklen nicht exakt prognostizieren können. Realistischerweise ist daher zu unterstellen, dass die rechnerische Ermittlung der Ausfallquoten einem zyklischen Muster folgen dürfte. Die Ausfallraten sind eher steigend in Phasen konjunktureller Abkühlung und fallend in Zeiten konjunktureller Erholung.

Die Aussagen werden im wesentlichen von den Ratingagenturen bestätigt. Demnach folgen die Ratings dem Konjunkturzyklus, allerdings in abgeschwächter Form.

Unternehmensratings werden vom Länderrating beeinflusst

Die Länderbonität ist ein entscheidender Faktor für die Bonität eines Emittenten. Die Vergangenheit hat gezeigt, dass der Ausfall eines Emittenten direkt durch die Zahlungsunfähigkeit eines Landes ausgelöst wurde. Die Ratingagenturen nennen selbst umfangreichen Möglichkeiten, die sich auf die Bonität von inländischen Unternehmen auswirken können. Ein Staat kann z. B.:

- duale oder multiple Wechselkurse für unterschiedliche Transaktionen festsetzen
- Grenzen der absoluten Verfügbarkeit von Devisen setzen
- den Besitz ausländischer Guthaben für illegal erklären
- Verlangen, alle ausländischen Guthaben zurückzuholen
- Besitz physischer oder Finanzwerte vereinnahmen
- verlangen, dass alle Exporte durch eine zentralisierte Marketingautorität gehen
- Kapitalimport und Export beschränken
- Geldtransfer verweigern
- widerrufen, Finanzmittel zu Schuldenrückführung zu benutzen
- Zins- und generelles Zahlungsmoratorium verhängen
- Schulden „nationalisieren", wodurch die gleichen Bedingungen für deren Rückzahlung wie für nationale Schulden gelten

Die Vielzahl an Maßnahmen zeigt, dass ein Creditrating dahingehend zu untersuchen ist, ob ein Länderrating einen signifikanten Einfluss auf das Rating hatte. Die europäische Schuldenkrise hat die Diskussion um die Relevanz der Länderbonität für Unternehmen deutlich verschärft. Nachdem längere Zeit diese Fragestellung fast ausschließlich für Emerging Markets diskutiert wurde, hat der Aspekt durch die Verschuldungskrise in Kern- und insbesondere Südeuropa höchste Relevanz.

Mutter-Tochter-Beziehungen haben einen direkten Einfluss auf das Rating

Die Verbindung zwischen stärkeren und schwächeren Unternehmen haben Auswirkungen auf die Kreditqualität, es sei denn, die Größe eines der beiden Unternehmen ist verhältnismäßig unbedeutend. Grundsätzlich kann unterstellt werden, dass eine schwache Tochter einer starken Muttergesellschaft in der Regel ein besseres Bonitätsrating hat als auf unabhängiger Basis. Bei Garantien der Muttergesellschaft oder Übernahme von Verbindlichkeiten der Tochter Zuordnung des Mutterratings zur Tochter. Das ist insofern wichtig als sich während der Laufzeit einer Anleihe das Mutter-Tochterverhältnis wieder lösen kann, so dass wieder die Bonität des Tochterunternehmens allein gilt.

Im Gegenzug wird die starke Tochter einer schwachen Mutter im Allgemeinen nicht höher bewertet als die Mutter. Dafür sprechen die Fähigkeit und der Anreiz für eine schwache Muttergesellschaft, Vermögenswerte von einer Tochter abzuziehen oder die Tochter bei finanziellen Engpässen mit Verpflichtungen zu belassen. Ein Konkurs der Mutter würde, unabhängig von der Stärke der Tochter als unabhängiges Unternehmen, mit einiger Wahrscheinlichkeit auch einen Konkurs der Tochter nach sich ziehen.

Nachranganleihen werden mit einer besonderen Methodik behandelt

Mit Hilfe von Hybridanleihen optimieren Emittenten ihre Kapitalstruktur und senken so Kapitalkosten, da Nachrangkapital in der Regel günstiger als echtes Eigenkapital ist.

Bei der Emission von nachrangigen Anleihen und Hybriden spielt ebenso wie bei erstrangigen Papieren das Rating eine entscheidende Rolle. Mit steigendem Eigenkapitalcharakter nimmt diese Wahrscheinlichkeit der Rückzahlung grundsätzlich ab. Gleichzeitig wirkt ein stärkerer Eigenkapitalcharakter des Papiers unterstützend für die generelle Bonität des Emittenten. Bei der Vergabe von Ratings für Hybridanleihen müssen also zwei zentrale Fragen beantwortet werden: Wie soll das zusätzliche emissionsspezifische Risiko im Rating ausgedrückt werden? Und wie wirkt sich die Aufnahme hybriden Kapitals auf die finanzielle Gesamtsituation des Emittenten aus?

Die Antworten der Ratingagenturen auf diese Fragen heißen „Notching“ und „Equity Credit“. Unter Notching versteht man den Abschlag um eine oder mehrere Ratingstufen („Notches“) gegenüber dem Rating einer erstrangigen Anleihe. Wie groß die Abweichung ist, hängt von den Ausstattungsmerkmalen des Papiers ab. Diese Merkmale bestimmen zusammen mit der fundamentalen Bonität des Emittenten den erwarteten Verlust des Wertpapiers. Gleichzeitig legen die Agenturen anhand der Ausstattung den Eigenkapitalgehalt einer Anleihe fest, um letztlich bei der Kennzahlenberechnung eine quotale Zuordnung des Instruments zu Eigen- bzw. Fremdkapital vorzunehmen. Zum Beispiel können die Anleihebedingungen die Aussetzung der Kuponzahlungen vorsehen. Der Kupon wird damit einer Dividende ähnlich. So vergrößert sich einerseits der Eigenkapitalgehalt der Anleihe, andererseits steigt tendenziell der erwartete Verlust für den Investor. Grundsätzlich lässt sich feststellen, dass mit stärkerem Eigenkapitalcharakter das Notching größer ist.

Für Anleger stellt sich in diesem Zusammenhang die Frage, ob die mit dem Kauf von Hybridanleihen verbundenen Risiken adäquat dargestellt werden. Grundsätzlich sind die Notching-Regeln ein recht grobes Raster für die Vielzahl der Strukturen. Da die Agenturen bei der Bewertung von Hybridanleihen innerhalb ihrer üblichen Skalen bleiben, kann das Notching als Signal für zusätzliche Risiken aufgefasst werden, ohne diese genau zu quantifizieren. Das Risiko, das mit einer Anleiheninvestition verbunden ist, kann durch den erwarteten Verlust, der sich durch Eintritt des Ausfalls einerseits und die Ausfallschwere (unter Berücksichtigung möglicher Verwertungen, Loss Given Default, LGD) andererseits ergibt, gemessen werden. Die Ausfallwahrscheinlichkeit von Investment Grade Emittenten ist relativ gering, so dass auch eine substanzielle Veränderung des LGD den absoluten erwarteten Verlust kaum verändert. Daher überzeichnet das Notching die Risiken der Subordination zumindest „optisch".

Ein weiterer Aspekt, der insbesondere im Zusammenhang mit Nachranganleihen eine Rolle spielt, ist das Kündigungsrecht von Seiten des Emittenten. Für die Anerkennung als Eigenkapital darf eine Anleihe nicht a priori als mit z. B. zehnjähriger Laufzeit emittiert werden, sondern mit sehr langer oder unendlicher Laufzeit. Der Anreiz für einen Investor ist damit eher gering. Die Emittenten nehmen daher ein vorzeitiges Kündigungsrecht auf. Für einen Investor ist es wichtig, dass er von einer Kündigung tatsächlich ausgehen kann, sonst wäre das Investment eigenkapitalähnlich. Das soll dadurch erreicht werden, dass die Folgebedingungen bei einer Nichtkündigung für den Emittenten eher unattraktiv sind. Umgesetzt wird das durch eine deutliche Spreaderhöhung bei Nichtkündigung, wobei hier Grenzen für die Erhöhung gesetzt sind, um überhaupt von einer Restwahrscheinlichkeit der Nichtkündigung sprechen können. Trotzdem bleibt das Risiko, dass ein Unternehmen die Kündigung nicht ausübt. Das kann dann attraktiv sein, wenn die allgemeinen Marktkonditionen zum Zeitpunkt der Kündigung noch unattraktiver als die Verlängerung sind, sich die Bonität des Emittenten signifikant verschlechtert hat oder die Finanzierungsquellen generell nicht zur Verfügung stehen (Vertrauenskrise). Auf dem Höhepunkt der Bankenkrise Ende 2008/2009 haben aufgrund der Illiquidität der Creditmärkte und des fehlendes Marktzugangs verschiedene Banken ihre Anleihen nicht gekündigt.

4.1.3 Shadow-Ratings im Credit-Research

4.1.3.1 Funktion und Bedeutung von Shadow-Ratings

Trotz der Dominanz der Ratingagenturen bestehen vielfältige Gründe dafür, dass sich Kapitalmarktteilnehmer wie Banken und Investoren mit eigenen Beurteilungsansätzen beschäftigen:

- Es wird häufig in der Diskussion nicht berücksichtigt, dass die Ratingagenturen dem Markt letztlich nur individuelle Einschätzungen zur Verfügung stellen. Die Verfügbarkeit von externen Ratings entlässt einen Investor nicht aus der Verantwortung, sich ein eigenes Urteil über die Investition zu bilden.
- Es besteht außerdem die Notwendigkeit, von den Agenturen nicht geratete Unternehmen beurteilen.

- Da sich gezeigt hat, dass ein Großteil der Kursänderungen den Ratingänderungen zeitlich vorangeht, können Banken den Investoren frühzeitige Indikationen über Ratingänderungen geben oder Investoren wie Fondsgesellschaften diese selbst erstellen.
- Die Ratingagenturen beschränken sich schließlich auf die Einschätzung der Bonität von Emittenten oder Anleihen. Damit steht die Beurteilung der Attraktivität einzelner Anleihen ebenfalls noch aus.
- Weiterhin können Banken für einen potenziellen Emittenten eine Analyse durchgeführen und damit eine der wesentlichen Komponenten der Preisfindung einer Emission geliefert werden.

Inwieweit ein entwickeltes bankinternes Verfahren zur Bonitätsbeurteilung auf andere Stichproben (Kapitalmarkt) übertragen werden kann, ist zumindest fragwürdig. Beispielsweise zeigt ein Vergleich der Entwicklung externer Ratings und interner Ratings große Unterschiede. Die Ratingagenturen veröffentlichen Migrationswahrscheinlichkeiten, die die Übergangswahrscheinlichkeit von einer Ratingklasse in eine andere angeben. Im Investmentgradebereich liegen die Wahrscheinlichkeiten, dass ein Unternehmen auch im Folgejahr derselben Ratingklasse angehört, bei 87 bis 92 %. Dagegen haben sich bei der Analyse von vier internen Ratingsystemen von Banken deutlich geringe Verbleibenshäufigkeiten gezeigt, teilweise wurde jährlich mehr als die Hälfte der Ratings verändert (Weber/Krahnen/Vossmann, 1998). Dabei werden auch die unterschiedlichen Stichproben als möglicher Grund angeführt. Das erklärt zum Teil die Diskussion separater Ansätze für deutsche oder mittelständische Unternehmen.

4.1.3.2 Die Entwicklung des HI-SCORE-Ansatzes als Beispiel

Nachfolgend wird beispielhaft für die Entwicklung eines Shadow-Ratings die Vorgehensweise beim Ansatz HI-SCORE dargestellt, der zur Bonitätsbewertung von Anleiheemittenten sowie zur Preisbewertung von Bonds entwickelt wurde.

Ausgangspunkt der Überlegungen bildeten die Ansätze der Ratingagenturen aufgrund ihrer Dominanz am Kapitalmarkt.

Ein Ratingansatz kann als hermeneutischer, regelbasierter oder als Kombination von beiden Ansätzen entwickelt werden. In einem hermeneutischen Ansatz verdichten Experten eine Fülle von Einzelinformationen zu einem Rating, ohne dass explizit eine Entscheidungslogik existiert, nach der das Urteil reproduziert werden kann. In regelbasierten Ansätzen wird das Urteil aufgrund eines explizit definierten Regelsystems abgeleitet, das durch mathematisch-statistische Verfahren oder durch Befragung von Experten entstehen kann. Bei dem HI-SCORE-Ansatz handelt es sich um einen kombinierten Ansatz. Bei der Entwicklung sollte dem regelbasierten Anteil ein möglichst hohes Gewicht zukommen, um den Adressaten eine möglichst weitgehende Transparenz und Replizierbarkeit zu bieten.

In zahlreichen empirischen Untersuchungen wurde überprüft, wie gut Kreditausfälle bzw. Insolvenzen von Unternehmen vorhergesagt werden können, wobei in der Regel den Jahresabschlüssen eine besondere Bedeutung zukommt. Auch in dieser Untersuchung bilden Jahresabschlussdaten den Input der Berechnungen. Die Eignung der Daten ist klassischerweise Kritik ausgesetzt, insbesondere hinsichtlich möglicher Verzerrungen durch Maßnahmen der Bilanzpolitik sowie der Tatsache, dass nicht alle Krisenursachen in der Bilanz abgebildet sind. Allerdings dient der Jahresabschluss dazu, einen Einblick in die Vermögens-, Finanz- und Ertragslage zu ermöglichen und ist damit die zunächst beste verfügbare Quelle.

Die Bonitätsanalyse ist im Grundsatz eine zukunftsgerichtete Analyse, denn es wird die Fragestellung verfolgt, inwiefern ein Unternehmen seinen zukünftigen Verpflichtungen nachkommen kann. Naturgemäß liegen jedoch hauptsächlich Vergangenheitsdaten vor, die den Ausgangspunkt der Analyse darstellen. Anders als in der Aktien- oder Unternehmensbewertung, bei der mit den Cash-flows zukünftige absolute Größen prognostiziert und anschließend abgezinst werden, spielen bei der Bonitätsbewertung eher Relationen von Abschlussgrößen in Form von Kennzahlen eine Rolle. Es ist davon auszugehen, dass diese Relationen eher auf die Zukunft übertragen werden können, da nicht unbedingt explizite Annahmen über die Höhe von Wachstumsraten notwendig sind.

Zusätzlich ist zu entscheiden, wieviele Jahresabschlüsse der Vergangenheit bei der Analyse herangezogen werden sollen. Dabei besteht generell der Konflikt zwischen der zeitlichen Nähe zum Beurteilungszeitpunkt und einer möglichst langen Historie, um die Datenbasis zu erweitern und die Stabilität der Geschäftsentwicklung zu beurteilen. Aus diesem Grund wurden die Kennzahlen als Mittelwerte über unterschiedlich lange Zeiträume vor dem zu erklärenden Rating berechnet, um die jeweilige Aussagekraft zu überprüfen.

Zielsetzung der empirischen Untersuchung ist es, durch Anwendung der multiplen Regressionsanalyse auf Basis von Bilanzkennzahlen die Ratings der Agenturen möglichst gut zu erklären, um Ansatzpunkte für die Ableitung eines eigenen Ratingansatzes zu erhalten. Dabei bilden die Ratings der Agenturen, umgewandelt in eine numerische Skala, die zu erklärenden Variablen. Sofern die Agenturen unterschiedliche Urteile vergeben haben, wurde der Mittelwert der Ratings gebildet. Die Kennzahlen wurden als Mittelwerte der Zeiträume von ein bis fünf Jahren vor dem zum Erklärungszeitpunkt bestehenden Rating berechnet.

Einer Vielzahl von Kennzahlen wird in der Bonitätsanalyse eine Aussagekraft beigemessen. Bei der Untersuchung war jedoch zu berücksichtigen, dass viele Kennzahlen inhaltlich in einem Zusammenhang stehen und somit bei gleichzeitiger Berücksichtigung verbundener Kennzahlen eine implizite Erhöhung der Gewichtung des Analysefeldes erfolgt, das mit der Berechnung abgedeckt wird. Ein Verfahren, das die Auswahl nur der Variablen ermöglicht, die die abhängige Größe signifikant erklären, ist die schrittweise Regression. Bei diesem Verfahren wird zunächst die Variable mit dem höchsten Erklärungsgehalt für die abhängige Variable in die Regressionsgleichung aufgenommen. Anschließend erfolgt die schrittweise Aufnahme der Variablen mit dem jeweils nächsthöheren Wert. Nach jedem Berechnungsschritt wird jedoch überprüft, ob noch alle Variablen signifikant zur Gesamterklärung beitragen. Variablen, für die das nicht der Fall ist, werden aus der Regressionsfunktion eliminiert. Das Ergebnis der schrittweisen Regression ist eine Regressionsfunktion, die als unabhängige Variable nur Größen enthält, die signifikant zur Erklärung der abhängigen Variablen beitragen.

Als Ergebnis der empirischen Untersuchung hat sich gezeigt, dass auf Basis von drei Kennzahlen mehr als 70 % (gemessen auf Basis des Bestimmtheitsmaßes der Regression) der Ratings signifikant erklärt werden können. Im Mittel verfehlt die Prognose der Ratings auf Basis der Regressionsfunktion nur um ein „notch“. Bei diesen Kennzahlen handelt es sich jeweils um eine Kennzahl zur Ertragskraft sowie zur Finanzkraft und außerdem um die Unternehmensgröße (gemessen auf Basis der logarithmierten Umsatzerlöse). Die höchste Aussagekraft hat sich bei der Verwendung von Kennzahlenmittelwerte über zwei Jahre ergeben.

Ein Verfahren, das zur Überprüfung der Stabilität einer Lösung in Bezug auf die Stichprobenzusammensetzung geeignet ist, ist das sogenannte Hold-Out-Verfahren. Dabei wird mehrmals nach dem Zufallsprinzip jeweils ein bestimmter Anteil der Unternehmen der

Stichprobe gelöscht, und die Analysen werden auf der Basis der verbleibenden Unternehmen durchgeführt. Bei Anwendung dieses Verfahrens und Ausschluss von jeweils 10 Prozent der Unternehmen hat sich eine hohe Stabilität gezeigt, es wurden jeweils die identischen Kennzahlkombinationen ausgewählt, die ähnlich hohe Erklärungsbeiträge leisten.

Im weiteren Abschnitt der Untersuchung wurden die Abweichungen einer auf Basis der Regressionsfunktion geschätzten und der tatsächlichen Ratings im Einzelfall analysiert. Dabei zeigte sich, dass in der Regel entweder wesentliche qualitative Faktoren zu einer Anpassung des Ratings geführt haben oder dass sich seit dem letzten Abschluss so wesentliche Änderungen ergeben haben, dass dieser dem aktuellen Rating nicht mehr gerecht wird. Die Umsetzung dieser Ergebnisse im HI-SCORE Ansatz wird später dargestellt.

Regelbasierter Teilansatz

Auf Basis der Ergebnisse der Regressionsanalysen wurde der regelbasierte Teilansatz des HI-SCORE entwickelt. Die in der Regression aussagekräftigsten Kennzahlen bilden das Gerüst des Ansatzes, wodurch mit den drei Kennzahlen repräsentative Indikatoren für die Erfolgslage, Finanzlage und die Wettbewerbsposition (Marktrisiko) berücksichtigt sind. Zusätzlich wurden weitere Kennzahlen in den Bewertungsansatz aufgenommen. Insgesamt sind drei Kennzahlen zur Ertragslage, vier Kennzahlen zur Finanzlage sowie die Unternehmensgröße im letztlich entwickelten Ansatz enthalten. Tests haben gezeigt, dass die Ergebnisse dann eine höhere Stabilität aufweisen. Als Erfolgskennzahlen sind die Umsatzrendite, die Betriebsrendite (EBIT/Umsatz) sowie die Eigenkapitalrendite einbezogen. Die Betriebsrendite ist als Erfolgsmaß des Kerngeschäftes weitestgehend zukunftsbezogen, da keine außerordentlichen Komponenten in die Berechnung eingehen. Die Umsatzrendite zeigt den letztlich im Unternehmen erwirtschafteten Überschuss. Die Eigenkapitalrendite ist aufgrund der steigenden Shareholder-Value-Orientierung besonders dann von Bedeutung, wenn sie so niedrig ausfällt, dass durch die Aktionäre ein erhöhter Druck auf die Unternehmensleitung ausgeübt wird.

Die Finanzkennzahlen sind das Verhältnis von Cash-flow zu Finanzschulden, die Relation von EBIT zu Bruttozinsaufwand, die Eigenkapitalquote sowie der Deckungsgrad II. Der Cash-flow wird als Größe nach Veränderung des Working Capital berechnet. Damit ist ein schlechtes Management in Form von zu hohem Aufbau von Forderungen und Vorräten implizit einbezogen. Der Deckungsgrad II wird als Verhältnis von langfristigem Kapital zu langfristig gebundenem Vermögen berechnet. Ein branchengemäß nur niedriges gebundenes Vermögen und damit geringere Eigenkapitalanforderungen werden auf diese Weise abgebildet.

Schließlich geht die Unternehmensgröße als Faktor in den Bewertungsansatz ein. Die reine Unternehmensgröße bietet, isoliert betrachtet, keinen direkten kausalen Zusammenhang zur Bonität eines Unternehmens. Es hat sich jedoch gezeigt, dass die Anzahl der Konkurse mit steigender Unternehmensgröße abnimmt. Das kann damit begründet werden, dass Konkurse vor allem in den ersten Jahren einer Geschäftstätigkeit auftreten, große Unternehmen aber einelängere Zeit gebraucht haben, um diese Größe zu erreichen. Als weitere Gründe für einen inversen Zusammenhang werden die Möglichkeiten effizienterer Diversifikation genannt. Schließlich wird großen Unternehmen die Möglichkeit der Realisierung von Economies of Scale unterstellt, die zu Kostenvorteilen und daraus resultierenden Überrenditen führen. Weitere Argumente sind das Ausnutzen der Marktmacht sowie eine häufigere Führung großer Unternehmen durch ein angestelltes Management als durch Eigentümer.

Es ist jedoch zu bedenken, dass die Unternehmensgröße zwar diverse positive Bonitätsimplikationen hat, dass Größe an sich jedoch ohne ein entsprechendes Management, das die Potenziale auch nutzen kann, nicht zu den beschriebenen positiven Effekten führt. Davon abgesehen, ergeben sich gerade für kleinere Unternehmen auch einige Vorteile gegenüber großen Wettbewerbern. So sind kleine Unternehmen oft flexibler in der Reaktion auf Umfeldveränderungen und müssen nicht langwierige Entscheidungsprozesse durchlaufen. Große Unternehmen können überorganisiert und -bürokratisiert sein und bieten damit viele Reibungsverluste. Auch wenn tendenziell die Größe ein besser ausgebautes Controlling und Risikomanagement erwarten lässt, so haben doch Beispiele gezeigt, dass die Größe allein keinen ausreichenden Schutz vor Betrug und überhöhten Risiken bietet.

Für jede Kennzahlausprägung wird im HI-SCORE-Ansatz auf Basis eines vordefinierten Schemas eine Teilnote auf einer Skala von eins bis zehn vergeben. Dabei steht der Wert zehn für eine im Sinne des Beurteilungsziels sehr gute Kennzahlausprägung. Die Festlegung der Skalengrenzen erfolgte auf Basis der Kennzahlverteilung innerhalb der Untersuchungsstichprobe, der durch Sensitivitätsanalysen überprüften Anfälligkeit der Gesamtergebnisse auf Notenveränderungen sowie unter Berücksichtigung der von den Ratingagenturen veröffentlichen Kennzahlmittelwerte einzelner Ratingklassen.

Mit dieser Transformation wird das Problem von Ausreißerwerten abgefangen. Außerdem erfolgt dadurch eine Umwandlung der Kennzahlausprägungen in eine für alle Kennzahlen einheitliche Dimension, die im nächsten Schritt unter Berücksichtigung einzelner Gewichte zu einem Gesamtwert verdichtet werden. Dieser regelbasierte Teilansatz wurde durch Gegenrechnung auf Basis von Kreditausfalldaten überprüft. Dabei wurden, obwohl auf Basis von Anleiheemittenten und damit eher Großunternehmen entwickelt, Ausfallwahrscheinlichkeiten ermittelt, die ähnliche Verteilungen zu den Werten der Ratingagenturen aufwiesen. Die Vorgehensweise ist noch einmal in folgender Abbildung verdeutlicht.

Dateninput	
Langfr. gebundenes Vermögen	4652
Bilanzsumme	7615
Eigenkapital	1990
Finanzschulden	2235
Langfristige Verbindlichkeiten	3083
Umsatzerlöse	10115
Cash-flow	702
EBIT	470
Bruttozinsaufwand	257
Jahresergebnis	200

Kennzahlberechnung		**Noten**
Betriebsrendite	4,6%	5
Eigenkapitalrendite	10,0%	9
Umsatzrendite	2,0%	5
Eigenkapitalquote	26,1%	6
Deckungsgrad II	1,1	7
EBIT/Zinsen	1,8	4
Cash-flow zu Finanzschulden	31,4%	6
Größe	12,47	8

Gewichtete Gesamtnote
6,13

Abbildung 4.1-8: *Grundaufbau der regelbasierten Analyse*

Hermeneutischer Teilansatz

Die Detailanalyse der Ergebnisse der Regressionsanalyse hatte deutlich gemacht, dass auf Basis der Jahresabschlusskennzahlen bereits ein Großteil der Ratings erklärt werden kann, dass die Grenzen jedoch im Einzelfall bei qualitativen Bonitätsfaktoren sowie bei Strukturbrüchen durch Fusionen oder Großakquisitionen liegen. Daher umfasst der HI-SCORE-Ansatz eine weitere, hermeneutische Teilkomponente.

Eine Liste möglicher qualitativer Faktoren der Bonitätsanalyse ist lang, die einzelnen Aspekte stehen ebenso für die Faktoren der Grenzen der kennzahlbasierten Bilanzanalyse. Dabei stehen Fragen der Existenz außerbilanzieller Risiken wie Prozessrisiken, spezieller Geschäftsrisiken (Öltransporte) und Übernahmerisiken oder die Erfolgsaussichten einer neuen Unternehmensstrategie im Vordergrund. In der Regel wirken diese sogenannten weichen Faktoren eher negativ bis neutral auf das Gesamtergebnis. Eine gute Bonität sollte sich dauerhaft auch in den Fundamentaldaten widerspiegeln. Die Individualanalyse im Rahmen des HI-SCORE-Ansatzes umfasst jedoch auch eine individuelle Überprüfung des quantitativen Teilurteils. Die Frage, inwiefern die auf Basis der Vergangenheitsabschlüsse berechneten Kennzahlen auf die Zukunft übertragen werden können, ist eine der wesentlichen Fragestellungen, die innerhalb dieses Analyseschrittes zu beantworten ist. Die Tests haben gezeigt, dass die Relationen für den Großteil der Unternehmen im Zeitablauf relativ konstant sind. Das erhöht die Aussagekraft einer jahresabschlussbasierten Analyse. Dennoch ist in der Analyse zu berücksichtigen, dass sich die Situation und Struktur eines Unternehmens in Zukunft substanziell verändern kann. In dem Fall sind Annahmen über die Entwicklung der Kennzahlausprägungen zu treffen. Es ist zu untersuchen, ob sich ein beobachteter Trend möglicherweise in der Zukunft fortsetzt oder ob eher anzunehmen ist, dass eine Trendumkehr erfolgt. Dieses kann der Fall sein, wenn bereits geeignete Maßnahmen zur Umkehr eines negativen Trends ergriffen wurden. In diesem Zusammenhang kommt auch den Zwischenberichten eine große Bedeutung zu, auf deren Basis die Beurteilung zeitnah aktualisiert werden kann.

Es ist außerdem zu überprüfen, ob beispielsweise der Größenscore als Indikator der Wettbewerbsposition ein dem zu beurteilenden Unternehmen angemessenes Urteil ergibt. Gleichzeitig stellt sich beispielsweise die Frage nach der Werthaltigkeit von ausgewiesenen Firmenwerten oder der Existenz impliziter oder expliziter Garantien von Anteilseignern.

Insgesamt bildet das regelbasierte Urteil den Ausgangspunkt der Analyse, dem auch das größte Gewicht beigemessen wird. Kommt ein Analyst innerhalb der Detailanalyse zu Erkenntnissen, die eine Anpassung dieses Urteils erforderlich machen, wird diese in den Publikationen explizit genannt, was ebenfalls zu einer Steigerung der Transparenz beiträgt. Insgesamt betrachtet basiert ein wesentlicher Teil der Einschätzung auf der individuellen Einschätzung der Analysten. Ebenso wie bei den Ratingagenturen gilt es hier, bei verschiedenen Analysten für eine konsistente Vorgehensweise zu sorgen.

Ratingskala

Die in den vorangehenden Abschnitten aufgezeigte Analyse führt letztlich zu einem Gesamtergebnis der Bonitätseinschätzung in Form eines Gesamtscores. Dieser wird in eine Bonitätsnote in Anlehnung an die Notenskalen der Ratingagenturen transformiert, um eine Vergleichbarkeit der Ergebnisse zu gewährleisten.

Rating und Rendite

Ein Rating spiegelt die Bonität und die Fähigkeit eines Schuldners wider, den Verpflichtungen dauerhaft und fristgerecht nachzukommen, und bildet damit eine wichtige Grundlage für die Ermittlung des Fair Value eines Corporate Bond.

Für eine Anlageempfehlung ist die relative Bewertung einer Anleihe im Verhältnis zu Vergleichsanleihen von Bedeutung. Aus den für die jeweiligen Ratingklassen gültigen Spot-Rates können entsprechende Zero-Kurven ermittelt und zur Bewertung neuer Anleihen herangezogen werden. Ebenfalls können am Sekundärmarkt zirkulierende Anleihen relativ zur entsprechenden Kurve bewertet werden, um aktuell billige oder teuere Anleihen zu identifizieren.

Eine Zinsstrukturkurve repräsentiert den Zusammenhang zwischen der Restlaufzeit und dem Renditeniveau von Anleihen einer Bonitätsklasse. Dabei sind möglichst marktgängige, liquide Bonds auszuwählen, die den Anlagehorizont adäquat abbilden. Allerdings ist die Beziehung zwischen Restlaufzeit und Rendite nicht als starr anzusehen, denn die Renditen der Anleihen, die bei der Kurvenschätzung einbezogen werden, schwanken in gewissem Ausmaß um die Kurve. Daher wird bei der Bestimmung des fairen Spreads eine Streuung um die Kurve in Höhe der durchschnittlichen Abweichung der Einzelrenditen um die Kurve unterstellt. Somit ergibt sich für jede Kurve eine gewisse Bandbreite um das mittlere Renditeniveau.

Im Grundsatz kann eine Anleihe, deren Rendite/Restlaufzeit-Kombination oberhalb der mittleren „fairen“ Zinsstrukturkurve liegt, als günstig beurteilt werden. Dagegen repräsentieren Punkte unterhalb der Kurve teure Anleihen. Das gilt vor allem dann, wenn die Punkte außerhalb des Streuungsbandes um die Zinskurve liegen.

Zusätzlich sind weitere Ausstattungsmerkmale wie das Emissionsvolumen, die Besicherung und sonstige Klauseln sowie der Bekanntheitsgrad des Emittenten in Form von Auf- oder Abschlägen zu berücksichtigen, um eine faire Bewertung einer Anleihe zu bestimmen. Ein geringes Volumen führt in der Regel zu einer geringeren Liquidität im Sekundärhandel und damit zu einem Spreadaufschlag. Dagegen führt ein bekannter Name dazu, dass sich der Emittent im Vergleich zu anderen Unternehmen günstiger refinanzieren kann. Ein Abgleich eines auf diese Weise ermittelten Spreads mit dem tatsächlich gehandelten Wert führt schließlich zum Anlageurteil.

4.1.4 Ausblick auf die weitere Entwicklung

Der Markt für Corporate Bonds hat sich etabliert. Dabei ist bei den Emittenten eine nahezu vollständige Abdeckung von externen Ratings festzustellen. Ohne ein Rating erscheint eine Platzierung erschwert bzw. nur in Ausnahmefällen möglich. Im Investmentgradebereich liegt der Schwerpunkt der Ratings im Bereich A und BBB. Dieser erscheint vor dem Hintergrund der Kapitalkostentheorie als sehr effizienter Bereich. Bessere Ratings erfordern ein konservatives Risikoprofil mit beispielsweise geringer Verschuldung. Die Grenzkosten des Fremdkapitals erhöhen sich nicht dramatisch durch ein Absenken der Bonität auf A oder BBB. Anders sieht es dagegen im High Yield Bereich aus, hier nähern sich die Kapitalkosten durchaus

Niveaus der Eigenkapitalfinanzierung. Es wird sich zeigen, ob sich dieser Trend weiter etabliert.

Da der Markt in Europa weiter relativ jung ist, wird sich weiter eine zunehmende Professionalisierung der Risikobewertung zeigen.

Die Ratingmethoden für sogenannte strukturierte Produkte steht vor einer umfassenden Neuausrichtung und -beurteilung, damit auch der gesamte Markt der Verbriefung.

Weiter signifikant zunehmen wird der Einsatz von Kreditderivaten als Teil des Corporate Bond Marktes. Beispielsweise bieten auf Creditindizes basierende Instrumente (itraxx) bieten effiziente Einsatzmöglichkeit, das Marktexposure schnell und kostengünstig zu variieren. Hinsichtlich der Liquidität (z. B. in der Vertrauenskrise ab Sommer 2007) waren diese Instrumente physischen Anleihen deutlich überlegen. Ein wesentlicher Schritt war hier die Standardisierung der Instrumente, wodurch Einsatzmöglichkeiten und Fungibilität zugenommen haben. Für Deutschland gilt, dass durch die Investmentrechtnovelle Shortpositionen in deutschen Fonds möglich geworden sind, so dass Hedgefondsstrategien innerhalb gewisser Risikogrenzen einfach umgesetzt werden können. Allerdings wird grundsätzlich die Möglichkeit eines Short-Sellings gerade durch die Erkenntnisse der Banken- und Verschuldungskrise immer wieder diskutiert und befristet verboten, wenn es sich um systemrelevante Objekte handelt. Es erscheint durchaus möglich, dass Leerverkäufe künftig deutlich eingeschränkt, reguliert und überwacht werden.

Die Erkenntnisse aus den Bonitätsproblemen von Banken (Subprimekrise) führen bereits zu einer Welle von Regulierungen und neuen Vorschriften. Für den Einsatz von Kreditderivaten bzw. OTC-Derivaten allgemein wird die Analyse und das Management der Kontrahentenrisiken an Relevanz gewinnen. Die Geschäfte in Kreditderivaten stehen vor der Einführung eines sogenannten zentralen Kontrahenten und automatischer Stellung von Sicherheiten.

Die Diskussion um die Rolle und Qualität der Ratingagenturen wird sich möglicherweise temporär beruhigen, aber den Kapitalmarkt noch über lange Zeit begleiten. Es stellt sich immer wieder die Frage, ob eine europäische Ratingagentur für die europäischen Kapitalmärkte hilfreich wäre. Dabei steht sicherlich nicht der Firmensitz einer Agentur im Vordergrund, sondern die Fragestellung, ob es in Europa besondere Aspekte gibt, die im Ratingansatz berücksichtigt werden sollten.

Literaturhinweise

Steiner, M., Heinke, V., Der Informationswert von Ratings – Eine empirische Analyse am Markt für internationale DM-Anleihen, in: Zeitschrift für Betriebswirtschaft, 2000, S. 541–565.

Templin, Hans-Ulrich, Asset Management von Corporate Bonds und Rating – Analyse und Bewertung von Anleihen, in: Reinhart Schmidt, Dieter Gramlich (Hrsg.), Kapitalmarktforschung und Bankmanagement, 2004, S. 163–194.

Uzik, Martin, Nelles, Michael, Debt-Rating – Kapitalmarktreaktionen auf die Ankündigung einer Ratingveränderung, in: Finanzbetriebe, 3/2003, S. 172–180.

Dirk Schiereck

4.2 Rating und Governance

4.2.1 Einleitung

Im Februar 2012 stellten in einem gemeinsamen Positionspapier das Deutsche Aktieninstitut, der Bundesverband der Deutschen Industrie und der Verband Deutscher Treasurer fest, dass die Beurteilungen der Ratingagenturen für Unternehmensanleihen besser als ihr Ruf sind, da sie auf jahrzehntelang bewährten Methoden aufbauten und Gefälligkeitsgutachten hier unbekannt seien. Zudem wird Wert auf die Feststellung gelegt, dass die Emittentenratings gesunken sind, seit nicht mehr Investoren sondern Emittenten diese bezahlen.

Offenbar hielten es die deutschen Industrievertreter und Hauptkunden der drei großen Ratingagenturen für notwendig, einem Erscheinungsbild in der Öffentlichkeit entgegenzutreten, das die großen, international agierenden Ratingagenturen zunehmend kritisch beäugt und mit der politischen Forderung nach einer strengen Regulierung der Agenturen verbindet. Mit dieser Forderung, die in breiten Teilen der Bevölkerung viel Sympathie findet, werden zwei Einsichten deutlich, die auch den Fokus dieses Kapitels bilden. Erstens ist der Ruf nach Regulierung keine Forderung nach Abschaffung oder Verbot. Die grundsätzliche Existenzberechtigung von Ratingagenturen wird kaum in Frage gestellt. Zweitens zeigt der politische Wunsch zum Eingriff in das bestehende System, dass die aktuelle konkrete Ausgestaltung des Ratingangebots nicht (mehr) unreflektiert akzeptiert wird.

Nachfolgend wird zunächst basierend auf einiger empirischer Evidenz und vor dem Hintergrund theoretischer Überlegungen zur Finanzintermediation der Frage nachgegangen, warum Ratingagenturen generell geeignet erscheinen, die gesamtwirtschaftliche Wohlfahrt zu steigern. In Teilen bereits parallel zu dieser Frage wird dann ein weiterer Aspekt beleuchtet, der sich der konkreten Ausgestaltung widmet, mit der Ratingagenturen als Institutionen am Kapitalmarkt verankert werden. Dabei stehen Überlegungen zur Corporate Governance im Zentrum der Diskussion, die darauf abzielen zu klären, ob das heutige System der Ratingagenturen verändert werden sollte.

4.2.2 Finanzprodukte und die Einführung von Ratings

Auf etablierten Märkten mit einer langen Historie an Ratinginformationen fällt es schwer, sich vorzustellen, wie diese Märkte ohne Ratingagenturen und ihre Produkte funktionieren würden. Um einer solchen Frage mit einer empirischen Analyse nachzugehen, empfiehlt es sich, Marktsegmente zu suchen, in denen es traditionell keine externen Ratings gab und die dort neu eingeführt wurden.[1] Eine solche Forschungsumgebung wird als natürliches Experiment bezeichnet.

Im Jahr 1995 haben die beiden US-Ratingagenturen Moody's und Standard & Poor's Ratings für syndizierte Kredite als Finanzinnovation neu am Fremdkapitalmarkt eingeführt und damit ein natürliches Experiment gestartet. Dieses Experiment wurde von Sufi (2009) analysiert. Dabei stellte sich heraus, dass durch die neu bereitgestellten Informationen sich die Finanzsituation der Unternehmen insgesamt nachhaltig verbessert hat. Wenig überraschend stieg allgemein die Kreditaufnahme, aber es gab auch Wachstumseffekte. So stieg nach

1 Vgl. zur Entwicklung des Marktes für Corporate Bonds und die dortige Bedeutung von Credit Ratings Templin (2012).

Einführung der externen Ratings auf syndizierte Kredite insgesamt das Bilanzsummenwachstum, es gab mehr aus Barmitteln finanzierte Akquisitionen und höhere Investments in das Working Capital. Unternehmen mit nur mäßiger Bonität profitierten besonders von der Finanzinnovation.

Wenn, wie im oben beschriebenen Beispiel dokumentiert, die Bereitstellung von externen Ratinginformationen die Kreditaufnahmemöglichkeiten von Unternehmen mit schlechter Bonität erhöht, entsteht zunächst einmal der Eindruck, dass Ratingagenturen offensichtlich nützlich sind. Dabei gilt es aber zu beachten, dass die von der Finanzinnovation betroffenen Produkte schon sehr lange am Markt etabliert sind und die langfristigen Folgen der Ratingvergabe auch vollumfänglich abgeschätzt werden können. Die Ratingvergabe für strukturierte Finanzprodukte und Verbriefungen wie etwa Collateralized Debt Obligations (CDO) wurde in der ersten Hälfte des Jahres 2007 bspw. noch ganz anders beurteilt als Anfang 2009. Zudem sind abschließende Bewertungen auf der Basis von einem, so nicht duplizierbaren Experiment selbstredend kritisch. Es könnte ja Besonderheiten auf dem Markt für syndizierte Kredite geben, die eher zufällig den skizzierten Erfolg bedingt haben. Da natürliche Experimente aber stets nur in sehr limitierter Zahl vorliegen, sollte also die Vorteilhaftigkeit von Ratingagenturen auch über alternative Forschungsansätze unterlegt werden.

Die Frage, ob und wie Ratingagenturen die Qualität von Kreditmärkten erhöhen, führt zur Theorie der Finanzintermediation, die sich dem Verständnis von der optimalen institutionellen Ausgestaltung von Finanzakteuren widmet und erklären will, warum es überhaupt Institutionen gibt, die zwischen Kapitalgebern und Kapitalnehmern treten und durch Ihre Existenz zunächst einmal Kosten verursachen. Wenn es diese Institutionen trotzdem gibt, liegt die Vermutung nahe, dass sie auch erheblichen Nutzen stiften, der die zusätzlich anfallenden Kosten aus ihrer Tätigkeit überkompensiert und somit die Existenz der Finanzintermediäre rechtfertigt. Nachfolgend werden zwei Grundmodelle der Finanzintermediation kurz vorgestellt, über die es möglich wird, Kernüberlegungen einer Theorie der Ratingagentur herzuleiten.

4.2.3 Erkenntnisse aus der Theorie der Finanzintermediation

Ratingagenturen stellen selbst keine finanziellen Mittel bereit, sondern beschränken sich als Intermediär an den Kapitalmärkten auf die Veröffentlichung von Informationen. Empirische Evidenz wie aus dem natürlichen Experiment mit der Einführung von Ratings für syndizierte Kredite deuten zwar bereits an, dass Ratingagenturen als Mittler zwischen Kapitalsuchenden und Kapitalgebern gesamtwirtschaftlichen Nutzen stiften können, indem sie die Koordination am Markt für Fremdkapital erleichtern. Eine saubere theoretische Fundierung dafür steht aber ebenso noch aus wie die Herleitung der überlegenen Ausgestaltung dieser Mittlerfunktion.

Die Analyse dieser Mittlerfunktion steht im Fokus der Theorie der Finanzintermediation. Um zumindest ansatzweise zu verstehen, inwieweit Ratingagenturen mit ihren Dienstleistungen gesamtwirtschaftlichen Mehrwert generieren, wird der Prozess der Finanzintermediation nachfolgend schrittweise reduziert. Zunächst wird anhand des Modells von Diamond (1984) erläutert, warum klassische Geschäftsbanken, die Kredite vergeben und Einlagen verwalten, wertvoll für eine Volkswirtschaft sind. In einem nächsten Schritt wird die Aufgabe des Finanzintermediärs auf die reine Stellung von Haftungszusagen reduziert. Dazu werden das Geschäftsmodell von Bürgschaftsbanken und die ursprüngliche Organisation der Landschaften in Deutschland erläutert. Aus der Zusammenfassung wesentlicher erfolgskritischer Gestaltungsmerkmale in diesen theoretischen Modellen lassen sich schließlich Gestaltungsempfehlungen für Ratingagenturen ableiten und mit der heute tatsächlich vorhandenen Geschäftsstruktur vergleichen.

4.2.3.1 Das Modell von Diamond (1984)

Grundproblem der asymmetrischen Informationsverteilung

Die gesamte moderne Theorie der Finanzintermediation basiert auf unterschiedlichen Aspekten asymmetrisch verteilter Informationen auf Kreditmärkten. Typischerweise haben Kreditnehmer entweder überlegene Informationen über ihre Bonität und die Erfolge der mit den Krediten finanzierten Investitionsprojekte, oder sie können während der Kreditlaufzeit ihr Verhalten zum Nachteil der Kreditgeber verändern, bspw. indem sie das Risiko in ihrer Investitionsstrategie nachhaltig erhöhen. Grundsätzlich können Kreditgeber durch Überwachung und Überprüfung oder durch anreizkompatible Verträge auf asymmetrische Informationsstrukturen reagieren. Beides verursacht Kosten, und die Theorie der Finanzintermediation sucht einerseits nach der kostenminimalen Lösung, zum anderen will sie aber auch aufzeigen, dass ein direkter Finanzmittelaustausch über den Kapitalmarkt einer Finanzmarktstruktur mit Intermediären unterlegen ist und Finanzintermediäre deshalb zur gesamtwirtschaftlichen Wohlfahrt entscheidend beitragen.

Die Welt ohne Banken

Das Modell von Diamond (1984) ist das erste informationsökonomisch basierte Modell, das einen wesentlichen Erkenntnisgewinn zum Verständnis von Finanzintermediation erreicht hat. Den Ausgangspunkt bilden Überlegungen zu einem abstrakten Kapitalmarkt, auf dem viele Kapitalgeber gemeinsam die Möglichkeit haben, einen Kredit für ein großes Investitionsprojekt bereitzustellen. Als Problem der asymmetrischen Informationsverteilung wird dabei unterstellt, dass zum Ende des Investitionsprojekts nicht unmittelbar für Außenstehende ersichtlich ist, wie erfolgreich das Projekt war. Das Investitionsprojekt hat ein Basisrisiko und kann scheitern. Dann verlieren die Kapitalgeber ihr Geld. Bei erwartungsgemäßem Ergebnis wird der Kreditnehmer aber in der Lage sein, seine Zins- und Tilgungsverpflichtungen vollständig zu leisten. Zunächst hat er aber einen Anreiz, auf das Basisrisiko des Investitionsprojekts zu verweisen und einen schlechteren als den tatsächlich eingetretenen Projekterfolg zu verkünden, um mit diesem Argument von seinen Gläubigern einen teilweisen Erlass der Schulden zu erreichen und so seinen Gewinn zu steigern.

Die Gläubiger antizipieren diese Gefahr und können ihr mit zwei Maßnahmen begegnen. Sie können den Kreditnehmer über die gesamte Laufzeit des Projekts hinweg überwachen (Monitoring) oder für den Fall der nicht vollumfänglichen Tilgung eine Strafe verhängen. Da im Modell unterstellt wird, dass der Kreditnehmer kein eigenes Vermögen besitzt, das er als Sacheinlage und Eigenkapital ins Projekt einbringen könnte, wird eine nicht monetäre Strafe unterstellt, die aber unmittelbar in finanzielle Äquivalente umrechenbar ist. Darunter lassen sich bspw. Gefängnisstrafen vorstellen, wie sie etwa in Staaten ohne Insolvenzordnung auf der arabischen Halbinsel nicht unüblich sind. Wesentlich sind für das Modell zwei Aspekte. Der Schuldner muss erstens die Strafe auch dann entrichten, wenn er wahrheitsgemäß über den Projekterfolg berichtet hat und das Projekt nur am Basisrisiko gescheitert ist. Und die Gläubiger haben zweitens letztlich keinen Nutzen aus der Strafe, sondern verhängen sie nur, um glaubwürdig zu bleiben und zukünftigen Schuldnern keine Argumente zu liefern, auf einen Schuldenerlass ohne Gegenleistung zu spekulieren. Gesamtwirtschaftlich ist die Strafe ein Wohlfahrtsverlust. Dem Schuldner geht es im Gefängnis schlechter, den Gläubigern aber dadurch nicht besser.

Die Straffunktion ist trotz ihrer offensichtlich wohlfahrtsreduzierenden Wirkung in einer Welt mit reiner Kapitalmarktinteraktion ohne Finanzintermediäre in aller Regel die überlegene, kostenminimierende Lösung. Denn ein Vergleich der Konsequenzen aus der Strafe mit den Kosten aus dem Monitoring zeigt, dass bei einem von vielen Kapitalgebern bereitgestellten Kredit, wo jeder Kapitalgeber anschließend den Schuldner überwacht, so große Monitoringkosten entstehen, dass die Strafe dagegen eher klein ausfallen wird.

Die Welt mit einer Bank

Wird zwischen Schuldner und Kapitalgebern eine Bank als Intermediär gesetzt, sind die Wirkungen zunächst niedrig. Zwar kann die Bank jetzt als einzige Institution den Kreditnehmer überwachen, aber jetzt stellt sich die Frage, wer überwacht die Bank. Für die Bank besteht nämlich die Option zu behaupten, sie überwache den Kreditnehmer, dies aber zu unterlassen und die Monitoringkosten zu sparen. Überwachen die Kapitalgeber als Einleger die Bank und die Bank den Schuldner, sind die gesamten Monitoringkosten offensichtlich größer als zuvor ohne Bank. Überwacht die Bank den Kreditnehmer und die Einleger belasten die Bank mit einer Straffunktion, wird diese Strafe bei einem isolierten Kredit genauso hoch ausfallen wie ohne Finanzintermediation. Auch hier ist die Einrichtung einer Bank wohlfahrtsreduzierend.

Diese Situation ändert sich aber grundlegend, wenn die Bank mehrere Kredite vergibt. Denn die Kombination der Ausfallrisiken führt zu einem Diversifikationseffekt mit der Konsequenz, dass die Verlustwahrscheinlichkeit und damit die Straffunktion für die Bank stark reduziert wird und im Grenzfall gegen null läuft. In einer solchen Finanzwelt vergeben Banken Kredite und überwachen die Kreditnehmer, während die Einleger auf Monitoring verzichten können und stattdessen eine Straffunktion verhängen, die typischerweise aber nicht genutzt werden muss, weil eine perfekt diversifizierte Bank keine Unsicherheit über ihre Zahlungssituation hat.

Diese Überlegungen mögen vordergründig etwas arg abstrakt und realitätsfern klingen, aber sie haben in die etablierten Systeme der Bankenregulierung vielfältig Einzug genommen Um die Verhängung einer Strafe bzw. die Situation auszuschließen, dass eine Bank seinen Verpflichtungen gegenüber den Einlegern nicht vollständig gerecht wird, haben Banken Eigenkapital vorzuhalten. Diversifikation wird erschwert, wenn einzelne Klumpen im Kreditportfolio liegen. Großkreditbegrenzungen zwingen die Banken dazu, diesbezügliche Risiken klein zu halten.

Das Modell von Diamond (1984) zeigt also, dass ein Finanzintermediär, der eigenständig Kreditnehmer aussucht, Kredite überwacht und den Einlegern gegenüber persönlich haftet, die Finanzbeziehungen zwischen Kapitalsuchenden und Kapitalgebern verbessert. Ob Finanzbeziehungen auch positiv beeinflusst werden, wenn zusätzlich ein weiterer Intermediär hinzukommt, der nicht alle Aufgaben einer Kreditbank wahrnimmt aber andere zusätzlich anbietet, wird nachfolgend weiter analysiert.

4.2.3.2 Das Modell von Langer und Schiereck (2002)

Die Grundstruktur deutscher Bürgschaftsbanken

Bürgschaftsbanken sind Kreditinstitute, die sich weitestgehend auf das Garantiegeschäft konzentrieren. Sie vergeben Haftungszusagen insbesondere an kleine, junge Unternehmen und Existenzgründer, die diese als Kreditsicherheit nutzen können, um langfristige Investitionsdarlehen bei ihrer Hausbank aufzunehmen. Ohne die Unterlegung mit diesen Haftungszusagen als Kreditsicherheiten werden die Kreditgesuche in der Regel abgelehnt.[2]

Bürgschaftsbanken haben somit als Finanzintermediäre im weiteren Sinne – ähnlich wie Ratingagenturen – die Aufgabe, kreditfinanzierte Investitionsprojekte zu erleichtern. Zu diesem Zweck übernehmen sie modifizierte Ausfallbürgschaften und ermöglichen dadurch Kreditnehmern die Aufnahme von Darlehen, die ihnen mangels anderer geeigneter Sicherheiten sonst verweigert worden wären.[3] Die Ausfallbürgschaften werden zur Finanzierung gewerblicher Vorhaben wie etwa Existenzgründungen, Beteiligungserwerbe, Betriebserweiterungen oder Rationalisierungsinvestitionen vergeben. Die durchschnittliche Laufzeit der verbürgten Kredite liegt bei 10 Jahren, mit Höchstlaufzeiten von bis zu 15 Jahren. Dabei dürfen die Ausfallbürgschaften stets nur einen Anteil der Kreditsumme abdecken, und das Bürgschaftsvolumen darf üblicherweise auch absolute Höchstbeträge nicht überschreiten. Für die Übernahme der Bürgschaft hat ein Kreditnehmer bei Antragstellung eine einmalige Bearbeitungsgebühr (in der Regel 0,75–1 % des Bürgschaftsbetrages) und eine laufende Bürgschaftsprovision (höchstens 1 % des restlichen Bürgschaftsvolumens) jeweils im ersten Quartal für das laufende Jahr zu zahlen.

Eine Bürgschaftsbank wird in der Regel auf Antrag des Kreditgebers tätig. Wenn eine Bank zwar grundsätzlich an der Kreditvergabe an einen Kunden interessiert ist, durch das hohe Risiko des zu finanzierenden Projekts, unzureichende Sicherheiten des Kreditnehmers und Schwierigkeiten bei der Bonitätsbeurteilung aber nicht bereit ist, das mit der Kreditvergabe auftretende Ausfallrisiko allein zu tragen, kann sie bei der zuständigen Bürgschaftsbank eine modifizierte Ausfallbürgschaft beantragen. Dem Ersuchen werden in der Regel eine Kreditbereitschaftserklärung, ein Vorschlag für die primäre Absicherung und eine Darstellung des Kreditvorhabens mit Jahresabschlussunterlagen der letzten drei Jahre beigefügt. Die Hausbank vertraut auf das Bonitätsurteil (Screening) der Bürgschaftsbank und übernimmt ihrerseits nach der Auszahlung des Kredits seine Verwaltung inklusive Überwachung.[4]

Nicht nur in Deutschland sondern bspw. auch in zahlreichen europäischen und nordamerikanischen Ländern finden sich Bürgschaftsinstitute in unterschiedlicher institutioneller Ausgestaltung. Gemäß ihrer rechtlichen Stellung sind dabei Systeme mit privatrechtlichen Gesellschaften von staatlich eingerichteten Kreditgarantiefonds zu differenzieren.[5] Überwiegend

---

2 Es werden keine Kreditzusagen gemacht sondern nur Haftungszusagen für den Fall des Kreditausfalls gegeben. Für Kreditzusagen vgl. Baek et al. (2011) und die dort angegebene Literatur.

3 Bürgschaftsbanken verfolgen damit das Prinzip der Subsidiarität; sie unterstützen nur Investitionsvorhaben, die ohne ihren Einsatz nicht oder nur in nicht betriebsoptimalen Größen durchgeführt würden.

4 Vgl. Giebitz (1987), S. 26 f.

5 Vgl. Lloréns (1997), S. 75, und Riding (1997), S. 108

privatrechtlich agieren Bürgschaftsbanken in Belgien, Dänemark, Deutschland, Frankreich, Italien, Luxemburg, Österreich, der Schweiz und Spanien sowie in Portugal. Dagegen operieren insbesondere in Großbritannien, Kanada, den Niederlanden und den USA aber auch in Griechenland überwiegend staatliche Instanzen als Kreditgarant. Die wesentlichen Elemente des Garantiegeschäfts, wie sie oben für Deutschland vorgestellt wurden, sind dabei stets sehr ähnlich.

Modellidee und zentrale Erkenntnisse

Langer und Schiereck (2002) untersuchen die Existenzberechtigung und die wohlfahrtssteigernde Wirkung von Bürgschaftsbanken in einem theoretischen Modellkontext. Da die Mehrzahl der real existierenden Bürgschaftsinstitute entweder sich entweder im Eigentum der öffentlichen Hand befinden oder doch von ihr unterstützt werden, liegt die Vermutung nahe, dass das Geschäftsmodell ohne staatliche Unterstützung nicht trägt. Die Analyse kommt zu gegenläufigen Erkenntnissen.

Die Modellannahmen sind recht nah an das tatsächlich in Deutschland implementierte institutionelle Design angelehnt und erscheinen unkritisch. In einem einperiodigen Betrachtungszeitraum herrscht zu Beginn eine asymmetrische Informationsverteilung mit Qualitätsunsicherheit, d. h., die potentiellen Kreditnehmer sind nicht auf Anhieb in gute, die die Kredite wohl zurückzahlen werden, und schlechte, die mit hoher Wahrscheinlichkeit ausfallen, zu unterscheiden. Die Bürgschaftsbank kann aber unter Einsatz einer kostenträchtigen Screening-Technologie den potentiellen Kreditnehmer beurteilen. Unabhängig vom Urteil trägt der Kreditnehmer die Kosten dieses Screenings (Kreditwürdigkeitsprüfung). Die Stückkosten des Screenings nehmen mit steigender Einsatzzahl ab, es gibt Skaleneffekte durch Lernen und Erfahrung.

Allerdings können die Anstrengungen der Bürgschaftsbank beim Screening von Außenstehenden nicht beobachtet werden. Es könnte also sein, dass die Bürgschaftsbank Kreditwürdigkeitsurteile abgibt, ohne wirklich geprüft zu haben. Es stellt sich somit die Frage, wie die Bürgschaftsbanken glaubwürdig den kreditgebenden Banken signalisieren können, dass sie ihre Aufgabe ernst nehmen. Reputationsverluste können hier nicht als Argument herangezogen werden. Bürgschaftsbanken agieren typischerweise als Gebietsmonopolisten. In einem solchen Umfeld werden gerne Anreize durch Haftung oder Belohnung gesetzt. Und in der Tat hat man dieses institutionelle Problem adressiert. Die Bürgschaftsbank muss sich nicht auf die Bonitätsbeurteilung und Haftungszusage beschränken, sondern kann auch selbst als Co-Investor auftreten.

Die Ergebnisse der theoretischen Analyse zeigen, dass ein weiterer Finanzintermediär neben der Kreditbank hier wohlfahrtsstiftend agiert. Eine Kreditbeziehung mit Kreditbank und Bürgschaftsbank kann die Fremdkapitalaufnahme erleichtern. Dabei bietet ähnlich wie im Modell von Diamond (1984) auch hier eine monopolartig auftretende Bürgschaftsbank die überlegene Lösung. Die Screening-Technologie mit Skalenerträgen führt bei dem Finanzintermediationsprozess mit mehreren Kreditgebern zu einer Lösung, bei der nur einer die Bonität des Kreditsuchenden evaluiert. Im Idealzustand gibt es nur eine einzige Bürgschaftsbank, wobei die Kreditvergabe dann besonders vorteilhaft arrangiert ist, wenn die Bürgschaftsbank nachrangig mitfinanziert, da so am kostengünstigsten signalisiert wird, dass tatsächlich die Bonität des Schuldners seriös geprüft wurde.

Bürgschaftsbanken können dazu beitragen, dass viel versprechende Investitionsprojekte eine Kreditfinanzierung finden, die andernfalls von den Kreditbanken ablehnt würden. Diese

Erkenntnis entspricht den Einsichten aus dem oben vorgestellten natürlichen Experiment bei der Einführung von Ratings für syndizierte Kredite, wo sich gleichfalls zeigte, dass neue, zusätzliche Finanzintermediationsdienstleistungen die Kreditvergabevolumina steigern können – und zwar, wie in diesem Modell gezeigt, durch ökonomisch unbedingt sinnvolle Finanzierungsprojekte.

Hinsichtlich der Implikationen für den gesamtwirtschaftlichen Nutzen von Ratingagenturen zeigt sich, dass eine Einrichtung mit hoher Kompetenz in Fragen der Bonitätsbeurteilung, die auch noch in der Lage ist, diese Kompetenz zu skalieren, eine wünschenswerte Ergänzung zu den Kreditbanken darstellt. Diese Einsicht ließe sich von den Bürgschaftsbanken auch auf Ratingagenturen übertragen. Allerdings gibt es hier einen kritischen Unterschied. Die Bürgschaftsbank übernimmt auch Haftung, sie ist eine Bank, die Äußerungen von Ratingagenturen zur Bonität von Schuldnern erfolgen ohne Gewähr, ein Aspekt, auf den im nächsten Kapitel noch einzugehen ist. Eine Mithaftung für Ratingaussagen würde aber den Beurteilungen der Ratingagenturen nachhaltig mehr Glaubwürdigkeit und damit wohl auch Akzeptanz bringen. Eine institutionelle Umsetzung dieser Erkenntnis ist dennoch fraglich, da Ratingagenturen dann ganz anders kapitalisiert werden müssten und Ratings damit auch sehr viel teurer würden.

Eine letzte Einsicht aus den Modellbetrachtungen verdient Erwähnung. Die in beiden Modellen als optimal herausgearbeitete Struktur mit nur einer monopolartig agierenden Bank bzw. Bürgschaftsbanken laufen dem Wunsch verschiedener Politiker nach einer weiteren europäischen Ratingagentur entgegen. Hier würden Kosten dupliziert, während der erwartete Zusatznutzen noch nicht klar quantifiziert werden konnte.

4.2.3.3 Der historische Rückblick – Die Schlesische Landschaft

Die bisherigen Ausführungen haben gezeigt, dass Finanzintermediäre wie die deutschen Bürgschaftsbanken bei Kreditgeschäften insbesondere mit kleineren Firmenkunden wertvolle Aufgaben übernehmen können, die zur gesamtwirtschaftlichen Wohlfahrt beitragen. Die eigentliche Idee der Verbürgung von Fremdkapital durch institutionalisierte Finanzintermediäre hat ihren Ursprung aber nicht im kleineren Kreditgeschäft sondern im Kapitalmarkt, wie Rauch und Schiereck (2004) zeigen. Die 1777 gegründete Schlesische Landschaft und alle späteren Intermediäre ähnlicher Ausgestaltung zielten nämlich ähnlich den Bürgschaftsbanken darauf ab, durch die Gewährleistung von Zinszahlungsverpflichtungen die Emission von Pfandbriefen zu ermöglichen, über die der Wiederaufbau der schlesischen Landwirtschaft nach dem Siebenjährigen Krieg finanziert wurde.

Bei diesen frühen als Pfandbriefe bezeichneten Wertpapieren handelte es sich letztlich um Corporate Bonds, die als Senior Debt von einzelnen landwirtschaftlichen Großbetrieben (Rittergütern) begeben wurden, nachdem sie bei der Schlesischen Landschaft in ein Register eingetragen waren. Dabei wurde darauf geachtet, dass bestimmte Relationen zwischen Emissionsvolumen und Beleihungswert des jeweils zugrunde liegenden Ritterguts eingehalten wurden. Die eigentliche Platzierung der ‚ewigen' Bonds (ohne Laufzeitbegrenzung) erfolgte als Eigenemission durch die Rittergutsbesitzer, die staatliche Schlesische Landschaft garantierte nur die halbjährlich zu zahlenden Zinsen und wurde tätig (bspw. über Zwangsverwaltung oder Zwangsvollstreckung), wenn der Emittent in Leistungsverzug geriet.

Wiewohl die institutionelle Ausgestaltung der Landschaften noch nicht ausgereift war, gelang es auch hier, durch die Etablierung eines neuen Finanzintermediärs, der Bonitätsurteile abgab und Haftungszusagen stellte, einen am Boden liegenden Markt für Fremdkapitalfinanzierungen neu zu beleben. Durch die Einbindung des preußischen Staates in das Haftungssystem der Landschaften war auch hier die Reputation der Institution nie in Frage gestellt.

4.2.3.4 Fazit

Die Einbeziehung von Finanzintermediären in den Koordinationsprozess zwischen Kapitalsuchenden und potentiellen Fremdkapitalgebern ist in zahlreichen Ausprägungen gesamtwirtschaftlich wohlfahrtssteigernd. Das gilt erstens für klassische Kreditbanken als Alternative zu einer reinen Marktlösung. Banken sind volkswirtschaftlich wichtige Institutionen. Ohne sie werden Fremdkapitalaufnahmen teurer und die Investitionstätigkeit in einer Ökonomie sinkt. Darum ist auch der Erhalt von Banken im Rahmen der Finanzkrise von elementarer Bedeutung gewesen. Das gilt aber zweitens auch für Intermediäre, die nicht selbst als Kreditgeber auftreten und Mittel temporär zur Verfügung stellen, sondern sich neben den Kreditbanken oder einem Kapitalmarkt darauf beschränken, für die Kreditsuchenden Bonitätsurteile abzugeben und für das bereitgestellte Kapital zu haften.

Der Haftungsaspekt ist bislang regelmäßig ein Kernelement zur Überwindung von Anreizproblemen gewesen. Durch die Übernahme von Haftung bzw. die Bereitschaft, im Falle einer nicht erfolgten Rückzahlung von Krediten selbst auch Konsequenzen zu tragen, gewinnt der Finanzintermediär an Glaubwürdigkeit. Dabei zeigten insbesondere die Überlegungen aus dem Diamond-Modell, dass diese Konsequenzen nicht unbedingt finanzieller Natur sein müssen.

Ratingagenturen verweisen regelmäßig auf den Reputationsschaden, den sie erfahren, falls Anleger finanzielle Verluste beim Ausfall eines Schuldners erleiden, dessen Ausfallwahrscheinlichkeit sie rückblickend falsch beurteilt haben. Ob allerdings der Verlust an Reputation als nicht finanzielle Strafe für unzureichendes Monitoring interpretiert werden kann, erscheint fraglich. Reputation entzieht sich weitestgehend einer quantitativen Messung, und ein Verlust an Reputation ist stets eine relative Bewertung im Vergleich zu den jeweiligen Wettbewerbern. So zeigt ein Blick auf die Ereignisse der Finanzkrise, dass sicherlich das Image der drei großen Ratingagenturen gelitten hat, ob sich ihr Ansehen relativ zueinander aber verschoben hat, ist nicht ersichtlich.

4.2.4 Interessenkonflikte und Wettbewerb

Die zum Teil sehr vehemente Kritik an der Arbeit bzw. an den Einschätzungen der drei global größten Ratingagenturen hat neben der Empörung vieler Enttäuschter, deren Ratingeinstufung schlechter als erhofft ausgefallen war, ihre Wurzeln fast immer in Fragen der Governance. Der Ratingprozess wird als intransparent wahrgenommen, was die Akzeptanz von Urteilen naturgemäß dann in Frage stellt, wenn eine größere Zahl von Ratings rückwirkend als falsch einzustufen sind, wie dies bei strukturierten Verbriefungen vor allem im Immobilienbereich gewesen zu sein scheint. In jüngster Zeit wird aber die Frage der Haftung, die ein

Kernelement anderer, glaubwürdiger Finanzintermediäre ist, auch bei Ratingagenturen häufiger gestellt.

Nach vorherrschender Expertenmeinung sind Unsolicited Ratings, wie sie bei Länderratings üblich sind, als Meinungsäußerung zu interpretieren, die mangels Vertragsbeziehung zu Dritten auch bei grober Fehleinschätzung keinem Schadensersatzrecht unterliegt.[6] Etwas anders fällt die Bewertung bei Solicited Ratings aus, wo der Emittent die Ratingagentur beauftragt, ein Emissionsrating zu erstellen. Hierbei handelt es sich um eine standardisierte Einschätzung der Wahrscheinlichkeit, dass Zins- und Tilgungsverpflichtungen vertragsgemäß erfüllt werden. Hier ließen sich zumindest Haftungstatbestände vorstellen.

Selbst wenn die Frage der Haftung ausgeklammert wird, bleiben offensichtliche Ansatzpunkte, bei denen sich Veränderungen vornehmen lassen, die die Transparenz der Ratings erhöhen und die Akzeptanz der Ratingagenturen dadurch auch positiv beeinflussen können. Zwei solcher Ansatzpunkte, die insbesondere aus Erfahrungen mit einer anderen Zertifizierergruppe, den Wirtschaftsprüfungsgesellschaften, herrühren, werden nachfolgend kurz skizziert.

4.2.4.1 Gleichzeitige Bewertung und Beratung

Ein Hauptkritikpunkt an der Arbeit von Ratingagenturen (gerade mit Blick auf die strukturierten Verbriefungen) zielt auf die gleichzeitige Rolle als Zertifizierer und Berater ab. Diese Kritik ist nicht neu und auch nicht auf Ratingagenturen beschränkt. Die aktuelle Diskussion um die Geschäftsmodelle der großen Wirtschaftsprüfungsgesellschaften und die Konzepte, hier sehr konsequent regulierend einzugreifen, zielen in die gleiche Richtung. Denn auch die Wirtschaftsprüfer arbeiten gleichzeitig als Zertifizierer (Testat des Jahresabschlusses) und Berater in Steuer- und sonstigen Rechnungslegungsfragen. Allerdings gibt es hier einen deutlichen Transparenzvorteil gegenüber den Ratingagenturen, der auch die wissenschaftliche Erforschung von Konsequenzen gleichzeitiger Beratungs- und Zertifizierungsmandate erleichtert. Beratungsleistungen der Wirtschaftsprüfer sind explizit im Jahresabschluss mit mehreren Klassifikationen anzugeben. Diese Transparenz erlaubt die empirische Analyse, ob testierte Jahresabschlüsse weniger aussagefähig sind, wenn Wirtschaftsprüfer umfangreiche Beratungsleistungen erbracht haben.

Eine Studie von Quick und Sattler (2011) hat genau das für große, börsennotierte deutsche Kapitalgesellschaften getan. Wie auch in ähnlichen Studien üblich, wird der Einfluss des Wirtschaftsprüfers über den Umfang der Bilanzpolitik approximiert. Die Ergebnisse sind eher überraschend angesichts der europäischen Diskussion um Veränderungen im Wirtschaftsprüfungsbereich. Das Ausmaß der Bilanzpolitik, das als Surrogat für die Unabhängigkeit des Abschlussprüfers dient, wird nicht sichtbar von der Höhe des Beratungsanteils beeinflusst. Es gibt keine statistisch belastbaren Hinweise, dass durch die Beratungsleistungen der Wirtschaftsprüfer die Aussagefähigkeit des Jahresabschlusses leidet. Auch die Betrachtung der Änderung des Beratungsanteils im Zeitvergleich sowie einer möglichen Umsatzabhängigkeit liefert keine weiteren Erkenntnisse. Gesetzliche Regelungen sowie die aufgrund von Reputationseffekten bestehenden ökonomischen Grenzen, so Quick und Sattler (2011), gewährleisten eine hinreichende Prüfungsqualität.

6 Vgl. zu den Ausführungen dieses Absatzes Gres (2011).

Da Ratingagenturen ähnlich wie Wirtschaftsprüfungsgesellschaften sowohl Zertifizierungs- als auch Beratungsleistungen erbringen, liegt der Schluss aus den oben skizzierten Erkenntnissen nahe, dass die angemahnten Interessenkonflikte unkritisch sind. Aber erstens können empirische Analysen von Außenstehenden meist nur besonders grobe Verfehlungen statistisch abgesichert erkennen, so dass ein fehlender Beleg für negative Konsequenzen noch kein Beweis für die Irrelevanz von Governanceproblemen ist. Außerdem gibt es Unterschiede zwischen Ratingagenturen und Wirtschaftsprüfungsgesellschaften, die Einfluss auf das Ergebnis haben können. So tritt bei der Testierung von Jahresabschlüssen immer nur ein Prüfer auf, und jedes Testat wird publiziert. Auf diesen letzten Aspekt wird gleich noch einzugehen sein.

Allerdings liefert das Beispiel der Wirtschaftsprüfer auch einen sehr einfach implementierbaren Ansatzpunkt für Transparenzverbesserungen im Bereich der Ratingagenturen. So ließe sich leicht eine Verpflichtung einführen, nach der im Wertpapierprospekt des zu beurteilenden Fremdkapitaltitels ein Hinweis gegeben werden muss, inwieweit bei der Strukturierung des Wertpapiers Beratungsleistungen einer Ratingagentur eingeflossen sind. Dann können die Kapitalmarktteilnehmer überlegen, ob dieser Hinweis ihre Kaufentscheidung beeinflusst und ob für beratungsintensive Produkte höhere Renditen gefordert werden.

4.2.4.2 Wettbewerb und Reputation

Ein zentrales Argument, das von Seiten der Ratingagenturen vorgebracht wird, um zu belegen, dass staatliche Interventionen überflüssig sind, basiert auf der Behauptung, dass Ratingagenturen in einem Markt agieren, auf dem das Angebot von Ratings schlechter Qualität durch Reputationsverlust sanktioniert wird. Eine direkte Überprüfung dieses Arguments ist kaum möglich. Schließlich gibt es weder eine klare Metrik für die Erfassung von Reputation, noch ist die Konsequenz von Reputationsverlust eindeutig messbar. Aber zumindest eine implizite Annahme ist überprüfbar.

Wenn eine Ratingagentur sanktioniert werden soll für Ratings schlechter Qualität, kann das nur funktionieren, wenn es bei den Ratings durch verschiedene Ratingagenturen auch unterschiedliche Bewertungen (und möglichst auch Verfahren bzw. Messkonzepte) gibt. Kämen alle Agenturen stets zu identischen Beurteilungen, würden sie auch durch Fehleinschätzungen mit identischen Reputationsverlusten rechnen müssen, so dass es letztlich zu keiner wirklichen Sanktionierung kommt.

Packer und Tarashev (2011) gehen genau dieser Frage nach. Sie können zunächst dokumentieren, dass die eingesetzten Methoden zur Bonitätsbewertung von international agierenden Banken zwischen Fitch, Moody's und Standard & Poor's deutlich voneinander abweichen, bspw. hinsichtlich der Berücksichtigung systemischer Risiken. Zudem zeigen sie am Beispiel von 70 Banken, bei denen Ratings von allen drei Agenturen vorliegen, dass immerhin in 33 % aller Fälle Abweichungen von mindestens zwei Notches zu beobachten waren. Nur bei 8 % der Banken stimmten die drei Agenturen alle genau überein. Es gibt also sehr wohl Unterschiede in den Bonitätsklassifikationen und damit die Gefahr, im Vergleich zu Wettbewerbern an Ansehen zu verlieren.

Allerdings haben längst nicht alle Wertpapiere ein Rating von allen drei großen Agenturen, bzw. zumindest sind nur selten drei Ratings veröffentlicht. Hier kommt ein weiterer in der Öffentlichkeit bislang erstaunlich wenig diskutierter Aspekt zum Ausdruck. Der Emittent, dem von einer Ratingagentur ein Solicited Rating erstellt wurde, kann sich immer noch überlegen, dieses Rating einzubehalten und eine weitere Agentur für ein neues zu beauftragen, falls er mit dem Ergebnis nicht einverstanden ist. Man spricht in diesem Zusammenhang von ‚Rating Shopping'.

Bei der Prüfung des Jahresabschlusses hat ein Unternehmen nicht die Option, im Falle eines missfallenden Testats auf die Veröffentlichung zu verzichten und einen neuen Prüfer zu engagieren. Im Sinne der Kapitalmarkttransparenz erscheint es daher zumindest bedenkenswert, ob ein einmal in Auftrag gegebenes Rating nicht auch immer veröffentlicht werden muss. Da mit einer solchen Regelung tendenziell mehr schlechtere Ratings den Anlegern bekannt würden, könnte damit das Ansehen der Ratingagenturen vielleicht steigen. Auf jeden Fall sollte die Einbeziehung dieser Ratings einen Einfluss auf die Migrationsmatrizen der Agenturen haben. Aktuell sind diese eventuell negativ von einem Optimism Bias verzerrt.

Bemerkenswert erscheint bei der Qualitätsdiskussion die Robustheit der Marktstrukturen trotz erheblicher politischer Bemühungen um eine Erweiterung der sehr oligopolistischen Angebotsstruktur für Solicited Ratings. Eine mehrfach angedachte Europäische Ratingagentur[7] hat es bislang nicht zur Marktreife gebracht, und neue Wettbewerber wie die chinesische Ratingagentur Dadong oder die in Deutschland vorrangig aktive Scope konnten bislang kaum messbar Marktanteile gewinnen. Und gerade in Deutschland leiden die kleineren Ratingagenturen, die stark im Bereich der sogenannten Mittelstandsanleihen aktiv waren, an dem Zusammenbruch dieses Marktsegments. Angesichts dieser Beobachtungen relativiert sich vielleicht doch einige Kritik an den drei großen internationalen Agenturen und der Qualität ihrer Arbeit. Allerdings gilt es insbesondere für die großen, global agierenden Emittenten auf ein neues Konkurrenzprodukt zum Rating zu achten, den Credit Default Swaps, die als täglich gehandelte Kreditausfallversicherung gegebenenfalls schneller Bewertungsänderungen reflektieren als Ratings und damit in ihrer Bedeutung den Ratings als Bonitätsindikator eventuell zukünftig den Rang ablaufen und damit die Governancediskussion entschärfen.

4.2.5 Schlussbetrachtung und Ausblick

Die Ausführungen hatten zwei Ziele. Zum einen sollte analysiert werden, ob Fremdkapitalmärkte generell von der Existenz von Ratingagenturen profitieren können. Hier zeigten Erkenntnisse aus theoretischen Überlegungen zur Finanzintermediation und auch ein historisches Beispiel, dass den Ratingagenturen ähnliche Intermediäre wohlfahrtsstiftend agieren. Allerdings übernehmen alle betrachteten Intermediäre für ihre Bonitätsbeurteilungen auch eine Haftung, und es ist fraglich, ob die Gefahr eines Reputationsverlustes für eine Ratingagentur ein nicht-monetäres Äquivalent als Haftung ausreicht.

Zum zweiten stellte sich die Frage, inwieweit parallel getätigte Aktivitäten von Ratingagenturen in Form von Bewertung und Beratung unter Governancegesichtspunkten kritisch zu beurteilen sind. Empirische Analysen für Wirtschaftsprüfungsgesellschaften lieferten hier keine belastenden Ergebnisse. Nichtsdestotrotz gibt es zwei recht einfach zu implementierende Informationen, die die Beurteilung von Ratings transparenter macht und damit zur Governance beiträgt. So wurde vorgeschlagen, den Umfang an Beratungsleistungen durch

7 Vgl. zur Diskussion um eine europäische Ratingagentur Bartels und Weder di Mauro (2013).

Ratingagenturen im Wertpapierprospekt auszuweisen und alle Rating zu veröffentlichen, um ein Rating Shopping zu erschweren.

Es zeichnet sich ab, dass die Diskussion um eine effektive Governance der Ratingagenturen auch in den nächsten Jahren weitergehen wird. Dabei werden aber die Finanzmarktregulierung einerseits und die Marktteilnehmer andererseits nicht unbedingt eine diesbezügliche Notwendigkeit erkennen lassen.

Literaturhinweise

Baek, C., Reem, J., Jackman, T.A. (2011): Bank Loan Commitments and Material Adverse Change Clause, in: Journal of Economics and Finance, 35. Jg., S. 361–369.

Bartels, B., Weder di Mauro, B. (2013): A Rating Agency for Europe – A Good Idea? CEPR Discussion Paper No. 9512, London.

Diamond, D.W. (1984): Financial Intermediation and Delegated Monitoring, in: Review of Economic Studies, 51. Jg., S. 393–414.

Giebitz, R. (1987): Kreditgarantiegemeinschaften – Entstehung, Entwicklung und aktuelle Fragen. Fritz Knapp, Frankfurt/Main.

Gres, J. (2011): Alleswisser oder Scharlatane?, in: Die Bank, Heft 10/2011, S. 20–21.

Langer, T., Schiereck, D. (2000): Kreditvergaben über Bürgschaftsbanken: Eine theoretische Analyse zur potentiellen Vorteilhaftigkeit, in: Zeitschrift für Betriebswirtschaft, 72. Jg., S. 141–164.

Lloréns, J.L. (1997): Loan Guarantee Systems for SMEs in Europe, in: The Financiers, 4. Jg., S. 74–85.

Packer, F., Tarashev, N. (2011): Rating methodologies for banks, in: BIS Quarterly Review, June 2011, S. 39–52.

Quick, R., Sattler, M. (2011): Beeinträchtigen Beratungsleistungen die Urteilsfreiheit des Abschlussprüfers? Zum Einfluss von Beratungshonoraren auf diskretionäre Periodenabgrenzungen, in: Zeitschrift für betriebswirtschaftliche Forschung, 63. Jg., S. 310–343.

Rauch, W., Schiereck, D. (2004): Gläubigerschutz durch die Schlesische Landschaft: Eine Analyse institutioneller Defizite, in: Schmollers Jahrbuch – Zeitschrift für Wirtschafts- und Sozialwissenschaften, 124. Jg., S. 139–173.

Riding, A.L. (1997): Costs and Benefits of Loan Guarantee Programs: Comments, in: The Financier, 4. Jg., S. 107–111.

Sufi, A. (2009): The Real Effects of Debt Certification: Evidence from the Introduction of Bank Loan Ratings, in: Review of Financial Studies, 22. Jg., S. 1659–1691.

Templin, U. (2012): Credit Rating, in: O. Everling, J. Leker, S. Bielmeier (Hrsg.): Credit Analyst, 2. Aufl., Oldenbourg, München, S. 273–293.

Kapitel 5
Credit Management und Credit Products

Thomas Heidorn

5.1 Kreditderivate

Lernziele

Der Leser lernt die wesentlichen Kreditderivate in ihrer Wirkung kennen. Als zentrales Produkt wird der Credit Default Swap (CDS) ausführlich analysiert. Insbesondere wird der Preis des CDS interpretiert und berechnet. Abschließend stehen Steuerungsmöglichkeiten im Mittelpunkt.

5.1.1 Einleitung

In den letzten Jahren hat eine intensive Entwicklung von Kreditderivaten begonnen. Im Kern soll hiermit die Möglichkeit geschaffen werden, das Adressenrisiko einer Transaktion von ihrem Marktrisiko zu separieren und es damit einzeln handelbar, aber insbesondere auch hedgebar zu machen. Die ersten Ansätze zum Auslagern von Ausfallrisiken stammen von amerikanischen Investmentbanken, die aufgrund ihres begrenzten Eigenkapitals versuchten, die Ausfallrisiken auf Dritte zu übertragen. Der Gedanke wurde schnell aufgenommen, denn Kreditderivate bieten eine Anzahl zusätzlicher Möglichkeiten. Bei vielen Banken (z. B. bei Sparkassen aufgrund des Regionalprinzips) weist das Kreditportfolio eine schlechte Diversifikation in Bezug auf Regional- und Branchenrisiken aus. Der direkte Handel mit Krediten erweist sich oft als zu umständlich, und den Möglichkeiten der Verbriefung (asset backed) sind auch Grenzen gesetzt. Ein **tiefer Markt in Derivaten** ermöglicht hier, **Risiken** aus dem Portfolio indirekt zu **verkaufen**, aber auch durch **Beimischung schwach korrelierter Regionen und Branchen die Effizienz des Portfolios zu erhöhen**. Manchen Häusern sind Kredite erster Bonität (AAA und AA) nur begrenzt zugänglich. Auch sie können mithilfe geeigneter Derivate die Portfoliostruktur verbessern. Auf der anderen Seite können jetzt andere Gruppen Risiken aus Kreditgeschäften übernehmen und so ihre Portfolios effizienter gestalten. Ein weiterer wesentlicher Punkt ist die Möglichkeit, Kreditrisiken nun mit Zwei-Wege-Preisen (Geld/Brief) zu handeln. Dies ermöglicht einen deutlich effizienteren Handel und mittelfristig eine transparentere Preisbildung. Während der Finanzkrise zeigten sich aber auch neue Risiken, mit Hilfe von CDS hatten Marktteilnehmer in Relation zu ihrem Eigenkapital zu große Risiken aufgebaut. Darüber hinaus führte die durch die CDS entstandene stärkere Vernetzung des Finanzsektors zu einer erhöhten Dominogefahr beim Konkurs einer Bank.

Im Folgenden werden zunächst Kreditderivate vorgestellt, anschließend Anwendungsmöglichkeiten diskutiert.

5.1.2 Kreditderivate

Die Entwicklung von synthetischen Kreditprodukten begann mit den **Asset Swaps**. Dabei kaufen Investoren eine Festsatzanleihe und benutzen anschließend einen Zinsswap, um eine variable Zinsverbindlichkeit zu erhalten. Dieser Asset Swap zahlt in Abhängigkeit der Bonität und den Marktpreisen einen Zins über LIBOR oder Euribor (LIBOR +). Damit werden verschiedene **Kreditqualitäten** leichter miteinander **vergleichbar**. Da eine Bank eine solche Konstruktion mit LIBOR refinanzieren konnte, ist es nun möglich, das **Kreditrisiko losge-**

löst von anderen Risiken zu bewerten. Dieses Verfahren ist jedoch aufgrund der Kapitalflüsse und der Notwendigkeit, geeignete Wertpapiere zu finden, relativ ineffizient.

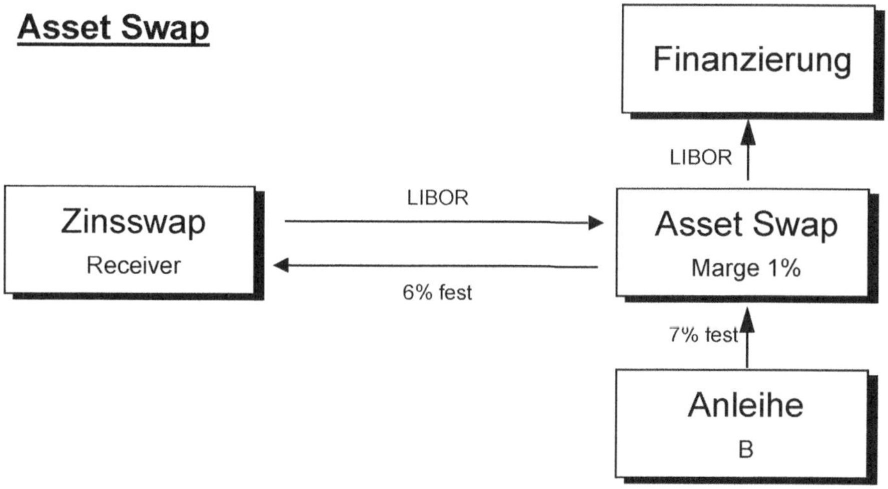

Abbildung 5.1-1: Asset Swap

In der Risikoanalyse werden Risiken meist in die Hauptgruppen Marktpreisrisiken (Kursrisiko bei Währung, Zinsen, Aktien) und Adressenrisiken aufgeteilt. Zu den Adressenrisiken zählen die reinen **Ausfallrisiken** (Default) und die **Bonitätsrisiken** (Spread-Risiken). Bei den Ausfallrisiken ist eine nicht erbrachte Kreditleistung der Auslöser, während bei den Bonitätsrisiken eine Ausweitung des Risikoaufschlags (Spread zum risikofreien Zins) und damit der Barwertverfall der Anlage als Grundlage dient.

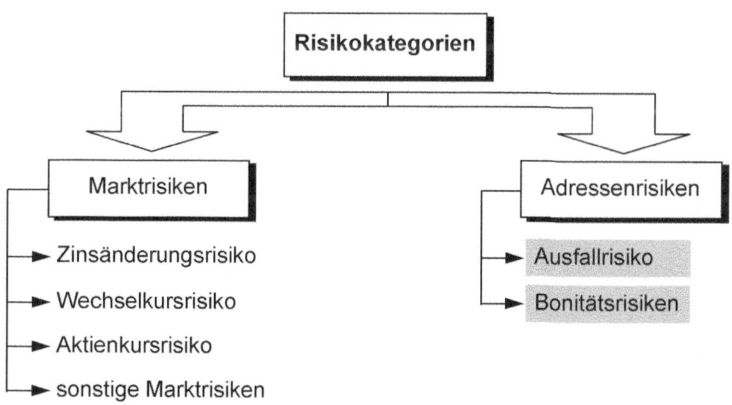

Abbildung 5.1-2: Risikokategorien

Ein **Kreditderivat** ist ein **außerbilanzieller Finanzkontrakt**, der es den Vertragspartnern erlaubt, das **Adressenrisiko** eines oder mehrerer Referenzschuldner zu **isolieren** und damit handelbar zu machen. Die erste Generation dieser Derivate sind **Credit Default Swaps**, **Credit Default Swaptions** und **Total Rate of Return Swaps**. Sie werden im Folgenden erklärt. Dabei werden die Grundelemente von Kreditderivaten vorgestellt.

Kreditderivate

First generation:

- Credit Default Swap
- Credit Default Swaption
- Total Rate of Return Swap

Abbildung 5.1-3: *Kreditderivate*

5.1.2.1 Credit Default Swap (CDS)

Der **Credit Default Swap** ist von der Definition her eigentlich kein Swap, sondern eine Option. Der **Risikoverkäufer bezahlt** auf den Nominalbetrag eine **regelmäßige Prämie** in **Basispunkten**. Kommt es während der Laufzeit des Swaps zu einem noch näher zu klärenden **Kreditereignis** (Credit Event), leistet der Risikokäufer an den Risikoverkäufer eine **Ausgleichszahlung**. Dabei bezieht sich die Konstruktion im Regelfall auf einen Referenzwert.

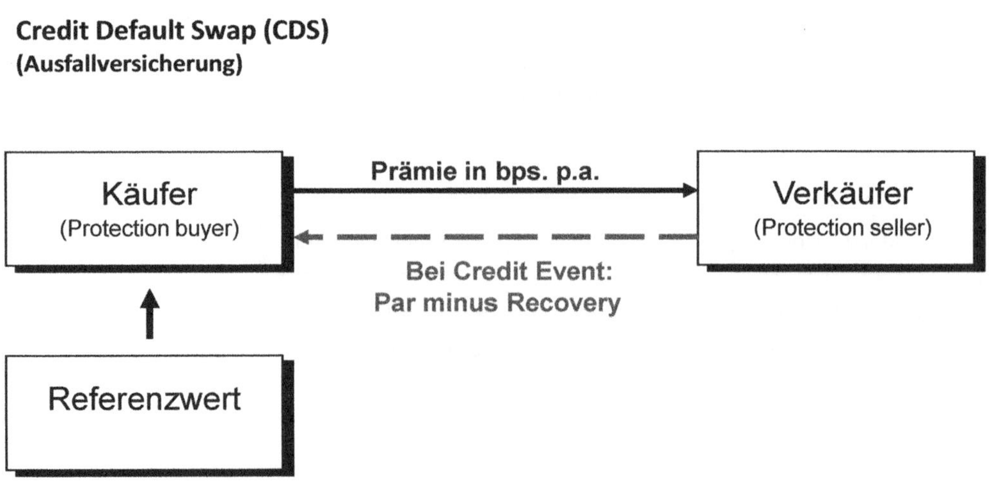

Abbildung 5.1-4: *Credit Default Swap (klassisch)*

CDS werden auf Basis eines ISDA (International Swaps and Derivatives Association) Standardvertrages gehandelt. Dort werden die Kreditereignisse Credit Events) definiert, die in der folgenden Abbildung aufgeführt sind.

ISDA Credit Events seit Februar 2014
– Insolvenz (Bankruptcy)
– Nichtzahlung (Failure to Pay)
– Umstrukturierung (Restructuring), kein Event in den USA
– Staatliche Intervention (Bail-in)

Abbildung 5.1-5: *Credit Event nach International Swaps and Derivatives Association*

Seit April 2009 wird einem Credit Event vom ISDA Determination Comitee für alle betroffenen CDS verbindlich festgelegt. Ca. 6 Wochen nach dem Credit Event organisiert die ISDA eine Credit Default Settlement Auction. Bei dieser Auktion werden die für die Erfüllung der CDS Kontrakte lieferbaren Anleihen versteigert. Der Risikoverkäufer hat die Möglichkeit, durch die **physische Lieferung** des **Referenzwerts** gegen eine **Zahlung von par** den Kontrakt zu beenden. In den meisten Fällen kommt es jedoch zum **Barausgleich** (Cash Settlement). Vom par-Preis des Papiers wird der **Final Price der Auktion** abgezogen. Diese Differenz wird dann vom Risikokäufer an den Risikoverkäufer gezahlt.

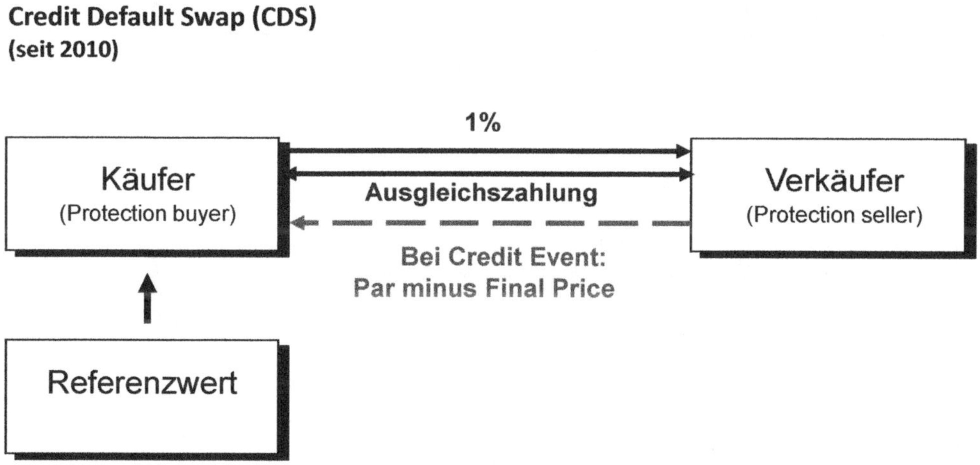

Abbildung 5.1-6: *Credit Default Swap seit 2010*

Im Rahmen der Finanzkrise drängt die Aufsicht auf die Einführung eines **Central Counterparts**, der die Geschäfte abwickelt und über Sicherheitsleistungen das Ausfallrisiko der Vertragsparteien reduziert. Insbesondere zur Ermöglichung eines **Nettings** von Verträgen, gibt es nur noch **4 Kupontermine** im Jahr (20. März, Juni, September, Dezember). Außerdem wurde festgelegt, dass die regelmäßige Zahlung auf **vier mögliche Kupons** (0,25 %, 1 %, 5 %,

10 %) beschränkt wird. Bei einem neuen CDS Kontrakt wird der Kupon gewählt, der dem aktuellen Spread am nächsten kommt. Der Wertunterschied wird dann durch eine **Ausgleichszahlung** (upfront payment) **beim Kauf des CDS**, ähnlich wie bei Anleihen, geleistet. Die Berechnung der Zahlung erfolgt analog zur Methode im Punkt 5.4.1, dabei wird eine flache Spread Kurve und eine Recovery von 40 %, bzw. 20 % bei Subprime, unterstellt.

5.1.2.2 Credit Default Swaption

Ein Instrument im Bereich der **Spread-Risiken** ist der Credit **Default Payer Swaption.** Hier bezieht sich das Risiko auf eine Veränderung des CDS Spreads. Der Käufer zahlt eine einmalige Optionsprämie in Basispunkten. Wird der **Spread größer** als der vereinbarte **Strike,** wird die Option ausgeübt und **der Optionskäufer tritt in einen Credit Default Swap ein.** Dabei zahlt er jedoch nicht den aktuellen CDS Spread, sondern den bei Abschluss der Option vereinbarten Strike.

Bei diesen Produkten ist jedoch ein Cash Settlement leicht möglich, da der Wert eines CDS bei Ausübung ermittelt werden kann. Wichtig bei Credit Default Swaptions ist ihre Unterscheidung in (no) Knock out on Default. Im Regelfall wird festgelegt, dass die **Swaption bei einem Kreditereignis verfällt (Knock out).**

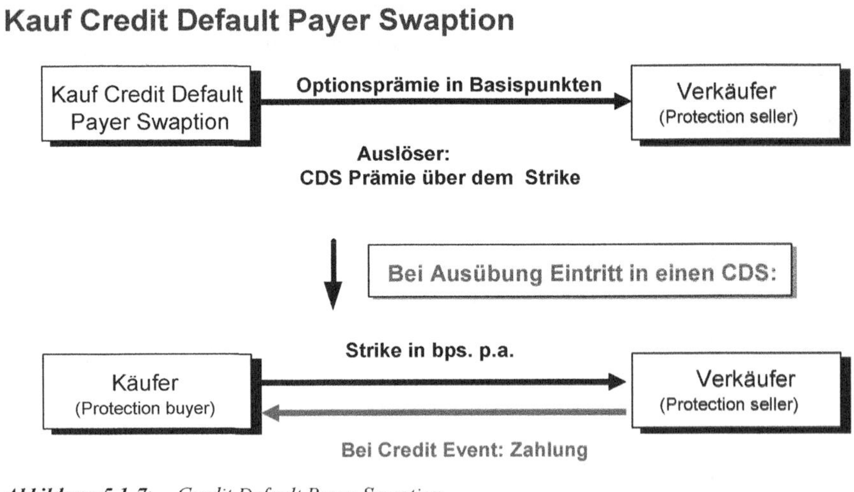

Abbildung 5.1-7: Credit Default Payer Swaption

5.1.2.3 Total Rate of Return Swap

Bei den bisherigen Produkten richtete sich die Absicherung auf das reine Adressenrisiko. Bei einer Anleihe hat der Besitzer zusätzlich das Marktpreisrisiko einer Zinsänderung, die zu Barwertverlusten führen kann. Beide Risiken können mit dem Total Rate of Return Swap gleichzeitig abgesichert werden. Dabei reicht der **Total Rate Payer alle** erhaltenden Zinszahlungen und eventuelle positive **Wertveränderungen** an den Total Rate Receiver weiter. Dafür bekommt er eine festgelegte variable Zahlung (meist auf EURIBOR-Basis) und alle negativen Marktpreisveränderungen des Referenzwertes ausgezahlt.

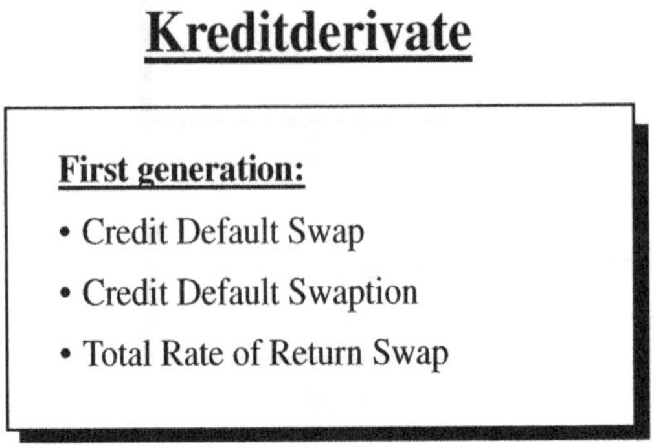

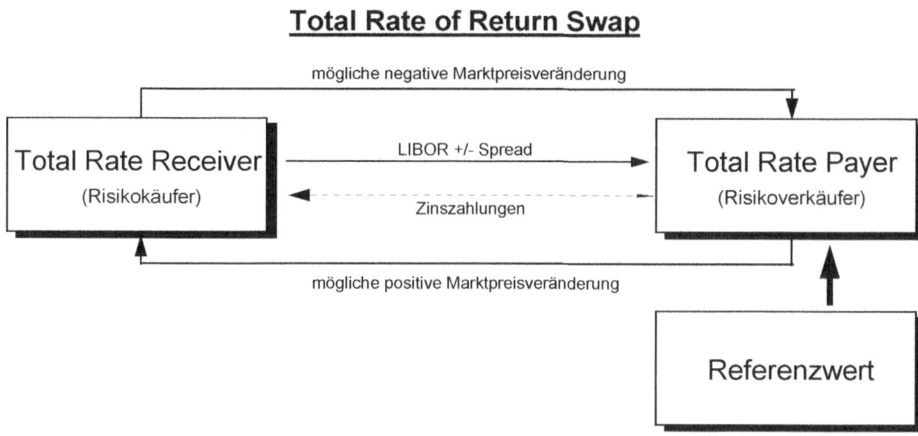

Abbildung 5.1-8: *Total Rate of Return Swap*

Als Referenzwerte für Total Performance Swaps können Anleihen und Kredite dienen, aber auch Indizes oder andere Assetkörbe sind denkbar. Bei einem Ausfall wird der Swap aufgelöst, und der Receiver erstattet dem Payer den Verlust. Ähnlich dem Zinsswap können nun synthetisch Positionen in Anleihen aufgebaut werden, die sowohl die Zinskomponente als auch die Bonitätskomponente einschließt. So entspricht die Total Rate Receiver Position dem synthetischen Kauf (long) der Kreditposition und entsprechend ist die Total Rate Payer Position der Leerverkauf (short).

Im folgenden Diagramm wird zusammengefasst, welche Risikotypen von den einzelnen Kreditderivaten abgedeckt werden.

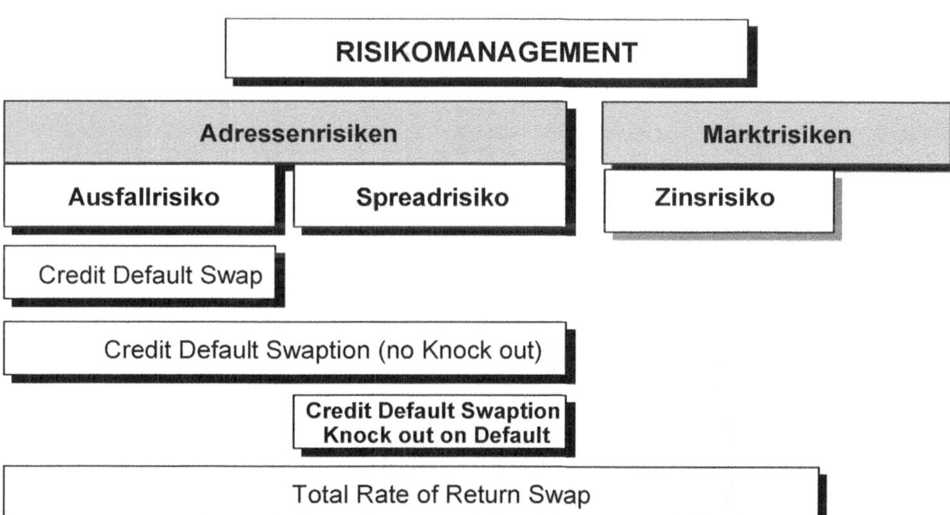

Abbildung 5.1-9: *Übersicht Kreditderivate und Risikostruktur*

5.1.3 Marktentwicklung für Kreditderivate

Der Markt für Kreditderivate hat sich seit seiner Entstehung 1996 sprunghaft entwickelt. Erst die Finanzkrise hat merkliche Spuren hinterlassen, das CDS Volumen hat sich auf einem hohen Niveau konsolidiert. Jedoch ist der Anteil an Corpotrate CDS stark zurückgegangen und ein liquider Markt für Sovereign CDS ist entstanden.

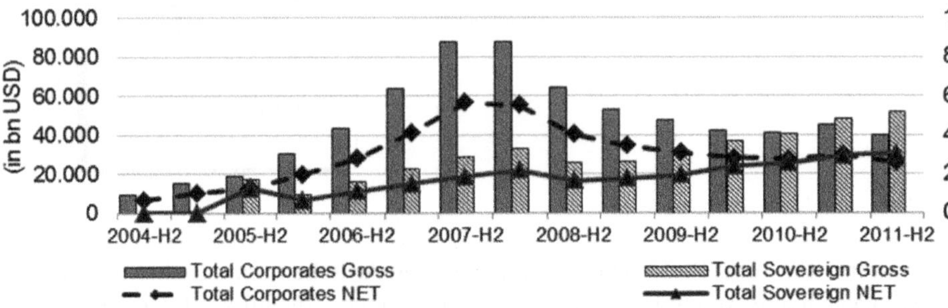

Abbildung 5.1-10: *Volumen der Kreditderivate Quellen ISDA und BIS*

Bei den Produkten konzentriert sich der Markt immer weiter auf den CDS bzw auf den iTraxx. Bei diesem Index handelt es sich um ein gleichgewichtetes CDS Portfolio.

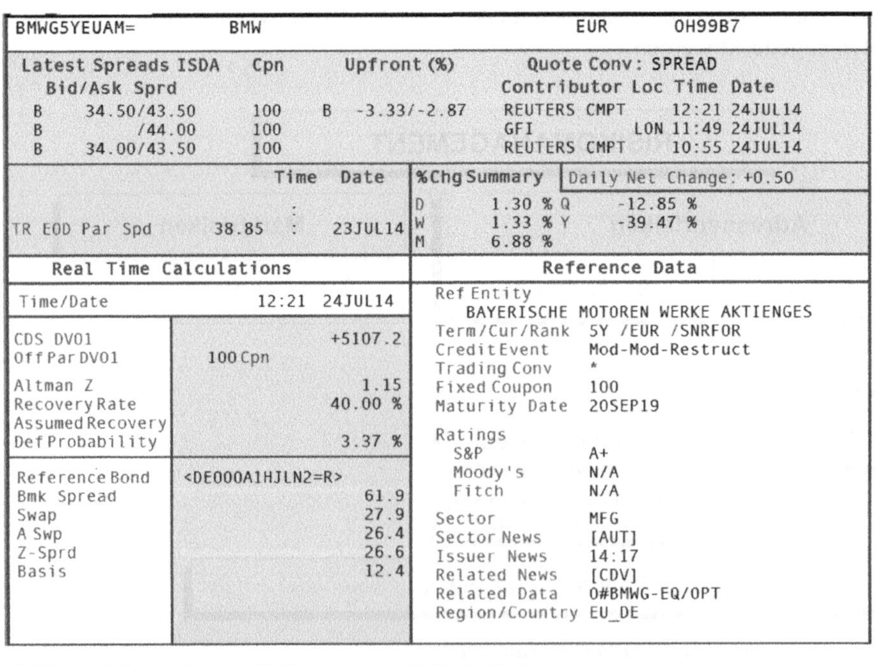

Abbildung 5.1-11: *Beispiel CDS Quotierung BMW Quelle Reuters*

Im Markt werden inzwischen für **ca. 80 Staaten 120 Banken und 2000 Firmen** CDS Preise mit Laufzeiten 1/3/5/7 und 10 Jahren quotiert. Am liquidesten bleibt aber der Markt für die **5 Jahre**.

5.1.4 Bewertung von Credit Default Swaps

Bei einem Credit Default Swap bekommt der Käufer (Protection Buyer) eine Ausgleichszahlung ($Settlement_{CDS}$) vom Verkäufer (Protection Seller), wenn zu einem Zeitpunkt τ innerhalb der Gesamtlaufzeit T ein Credit Event auf das Referenz-Asset vorliegt. Die Ausgleichszahlung berechnet sich aus dem Marktpreis nach Default ($P(\tau)$).

$$\text{Settlement}_{CDS} = 100 - P(\tau) \quad \tau \leq T$$

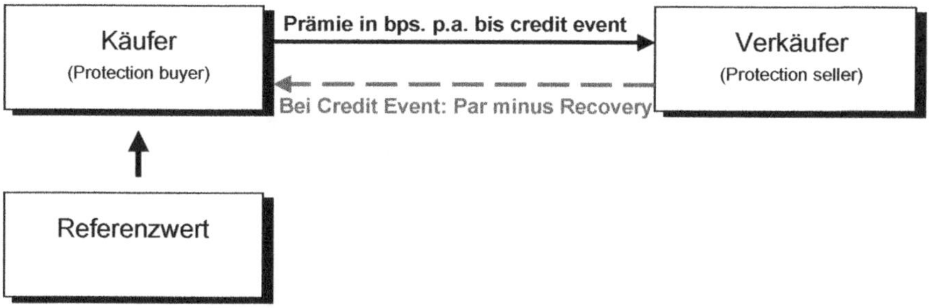

Abbildung 5.1-12: *Credit Default Swap (CDS)*

5.1.4.1 Bewertung mit Hilfe eines Floaters

Für die Absicherung zahlt der Käufer eine regelmäßige **nachschüssige prozentuale Zahlung** (credit swap spread/premium = S_{CDS}) meist **vierteljährlich mit act/360**.

Für die Bewertung (vgl. Duffie 1998) werden folgende **Vereinfachungen** angenommen, die zum Teil später aufgehoben werden:

1. Bei Ausfall verfallen die weiteren Prämienzahlungen des Käufers, d. h. es werden keine anteiligen Leistungen erbracht. Die Prämienzahlung erfolgt **jährlich** auf der Basis **30/360**.
2. Die **Referenzanleihe** ist ein **Floater (C-FRN)** mit einem Preis von par. Im Folgenden wird das ausfallgefährdete Produkt immer mit einem C bezeichnet.
3. Die Referenzanleihe kann **kostenlos short** gegangen werden.
4. Es existiert ein risikofreier Floater (FRN) mit dem **risikofreien Zins r_t**, während der risikobehaftete Floater zusätzlich einen festen **Spread $S_{C\text{-}FRN}$** zahlt.
5. Es gibt keine Transaktionskosten oder Steuerprobleme.
6. Im Falle eines **Credit Events $\tau < T$** erfolgt die Abrechnung des CDS (D) zum nächsten Kupontermin des Floaters nach dem Credit Event. Dann erhält der Käufer einen Wertausgleich in Höhe von par abzüglich des Marktpreises des C-FRN nach dem Credit Event ($P_{C\text{-}FRN}(\tau)$).

7. Die Abrechnung erfolgt durch physische Lieferung des C-Floaters gegen eine Zahlung von par. Beim C-Floater wird der risikofreie Anteil des letzten Kupons bei Konkurs noch geleistet.

Der aktuelle Marktpreis des Credit Default Swaps kann durch ein Arbitrageargument gefunden werden. Der Verkäufer eines CDS muss, um sich abzusichern, den C-Floater short gehen und erhält daraus 100. Dafür leistet er halbjährlich den risikofreien Zins plus den Spread des Floaters (S_{C-FRN}). Aus den Einnahmen erwirbt er den risikofreien Floater zu par und erhält r_t. Daher gilt für jede Kuponzahlung:

$$r_t - (r_t + S_{C-FRN}) = S_{C-FRN}$$

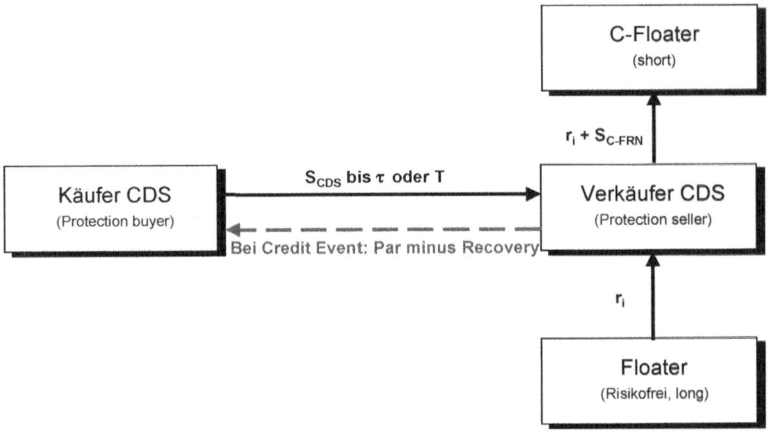

Abbildung 5.1-13: *Absicherung eines verkauften CDS*

Erfolgt **kein Credit Event** während der Laufzeit, werden **beide Floater zu par fällig**, so dass sich Rückzahlung und Wiedereindeckung genau ausgleichen. Dies entspricht der Situation, wenn der CDS wertlos verfällt.

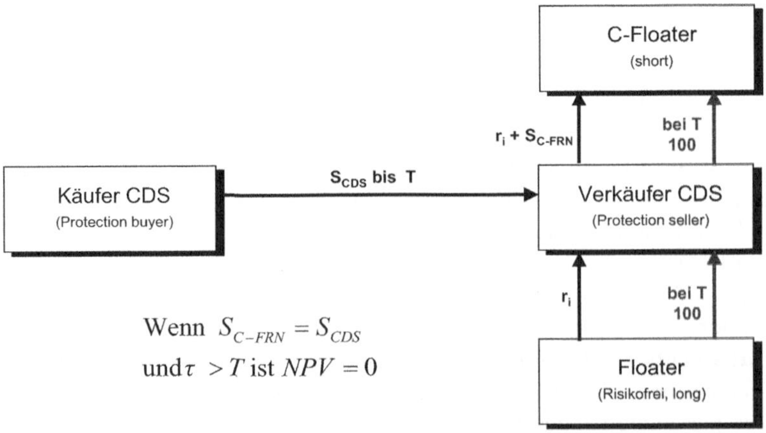

Abbildung 5.1-14: *Auflösung des CDS Hedges bei Fälligkeit T*

Im Falle eines **Credit Events in τ,** wird die Short-Position des kreditrisikobehafteten Floaters **(C-FRN) zum Marktpreis** eingedeckt, während der **risikolose Floater zu 100** verkauft werden kann. Dies entspricht genau der zu leistenden Zahlung in den CDS.

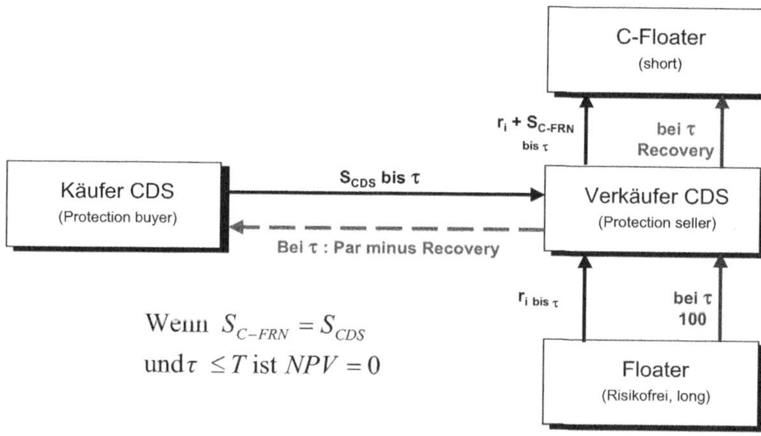

Abbildung 5.1-15: *Abbildung des CDS bei Credit Event vor Fälligkeit*

Der Verkäufer des CDS ist durch die Short-Position im C-FRN und die Long-Position im FRN perfekt abgesichert. Aus dem Hedge entstehen Kosten pro Kupontermin in Höhe des **Spreads des C-Floaters** ($S_{C\text{-}FRN}$), so dass dies in einer arbitragefreien Welt dem **Preis des CDS** entsprechen muss, dabei wird jedoch unterstellt, dass die risikofreie Komponente des letzten Kupons (r_i) des C-FRN noch voll gezahlt wurde.

$$S_{C-FRN} = S_{CDS}$$

5.1.4.2 Referenzanleihe und Transaktionskosten

Bei diesem Ansatz wird zur Bewertung ein C-FRN mit gleicher Laufzeit des CDS herangezogen, da im Regelfall die Spreads laufzeitabhängig sind. Alle betrachteten Anleihen müssen die gleiche Rangstufe haben (Erstrangig/Nachrangig), da sonst im Falle des Credit Events unterschiedliche Marktpreise existierten.

Leider sind die betroffenen Anleihen oft illiquide. Daraus resultieren relativ breite Geld-/Brief-Spannen. Insbesondere die Short-Position im C-FRN ist oft relativ „teuer". Für die Bewertung spielt es keine Rolle, ob die **Short-Position** über eine **Leihe** oder über einen **Reverse-Repo** aufgebaut wurde. Da bei der Leihe für den Eigentümer substanzielle Ausfallrisiken entstehen, setzt sich am Markt immer stärker der Reverse-Repo durch. Dabei wird das **gewünschte Papier gekauft** und **gleichzeitig ein Termingeschäft über den Rückkauf** abgeschlossen. Das Papier kann dann einfach am Markt veräußert werden.

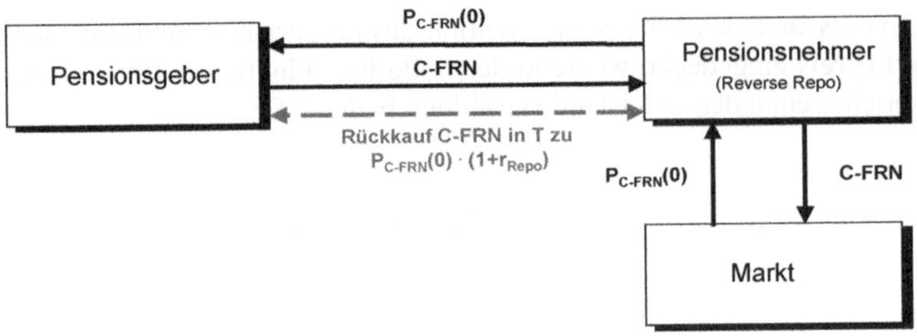

Abbildung 5.1-16: *Eingehen eines inversen Repos für eine Shortposition in 0*

Zum Endzeitpunkt (T) muss nun das Papier im Markt zurückgekauft werden. Damit entstehen die Gewinne bzw. Verluste der Short-Position, da das Papier gleich zum vereinbarten Terminkurs an den Pensionsgeber weitergereicht werden muss. Zusätzliche Kosten entstehen durch Abweichung der vereinbarten Repo-Rate im Vergleich zum risikofreien Zins. Bei illiquiden Papieren führt dies zu substanziellen zusätzlichen Kosten.

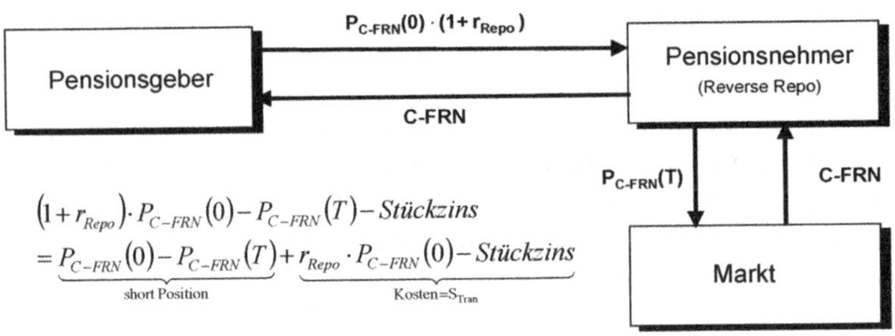

Abbildung 5.1-17: *Auflösung des inversen Repos in T*

Diese zusätzlichen Kosten werden als **Transaktionsspread (S_{Tran})** bezeichnet und müssen entsprechend an den Kunden weitergegeben werden. Damit ergibt sich für den CDS Spread:

$$S_{C-FRN} + S_{Tran} = S_{CDS}$$

5.1.4.3 Approximation des Floating Rate Spreads

Häufig ist der angenommene **par C-FRN nicht verfügbar**, so dass der Spread über eine Approximation berechnet werden muss. Ist im Markt ein C-FRN mit gleicher Laufzeit und einem **Preis ($P_{C\text{-}FRN}$) ungleich par** erhältlich, so kann aus dessen Preis und Ausstattung der gesuchte Spread berechnet werden. Zur Bewertung wird eine Annuität A definiert, die eine Währungseinheit pro Kupontermin bis zum Endzeitpunkt des CDS zahlt. Diese entspricht der Summe der risikobehafteten Diskontfaktoren und hat für eine Laufzeit T den Wert A_T. Der **Wertunterschied** eines C-FRN zu **par** und eines C-FRN ungleich par bei gleicher Laufzeit muss dem Preisunterschied des Barwertes der **diskontierten Spreaddifferenzen** entsprechen.

$$A_T = \sum_{i=1}^{T} e^{-r_i \cdot T_i}$$

$$P_{C-FRN \neq Par} - 100 = PV\left(S_{C-FRN \neq Par} - S_{C-FRN = Par}\right) = A_T \cdot \left(S_{C-FRN \neq Par} - S_{C-FRN = Par}\right)$$

$$S_{C-FRN=Par} = S_{C-FRN \neq Par} + \frac{100 - P_{C-FRN \neq Par}}{A_T}$$

> **Beispiel:** Für die Bewertung des zweijährigen CDS steht ein zweijähriger Floater mit einem jährlichen Kupon von EURIBOR + 69 und einem Marktpreis von 100,50 zur Verfügung. Der Diskontierungssatz für die Annuität wird mit 10 % für beide Laufzeiten (ln(1 + 01) = 9,53 % kontinuierlich) hergeleitet.
>
> $$A_2 = \frac{1}{1{,}1} + \frac{1}{1{,}1^2} = 1{,}73554$$
>
> oder
>
> $$A_2 = e^{-0{,}0953 \cdot 1} + e^{-0{,}0953 \cdot 1} = 1{,}73554$$
>
> $$S_{C-FRN=Par} = S_{C-FRN \neq Par} + \frac{100 - P_{C-FRN \neq Par}}{A_2} = 0{,}69\% + \frac{100 - 100{,}5}{1{,}73554} = 0{,}40\%$$
>
> Der zweijährige CDS hätte also einen Preis von 0,40 % pa (30 / 360).

Der **Spreadunterschied** zwischen **Floatern und Festsatzanleihen** ist im Regelfalle so gering, dass für diese Berechnung auch mit **Festsatzanleihen** gearbeitet werden kann (vgl. Duffie und Lieu 1997).

$$S_{C-FRN=Par} \approx S_{C-Bond} + \frac{100 - P_{C-Bond}}{A_T}$$

5.1.4.4 Approximation von Ausfallintensität

Die **Ausfallrate (hazard rate = h)** ist die Eintrittswahrscheinlichkeit des Credit Events bei einem Poisson Prozess. Die Wahrscheinlichkeit eines Ausfalles p für kurze Perioden Δ ist ungefähr $p \approx h \cdot \Delta$.

Konstante Hazard **Rates**

Zuerst wird von einer risikoneutralen konstanten Hazard-Rate (h) ausgegangen. Dies bedeutet, dass der Credit Event beim ersten Sprung einer Poissonverteilung mit der Intensität h stattfindet.

$a_i(h)$ ist der heutige Wert einer Zahlung von 1 zum Zeitpunkt i falls i < = τ.

$b_i(h)$ ist der heutige Wert einer Zahlung von 1 zum Zeitpunkt i falls i – 1 < τ < = i.

$$a_i(h) = e^{-(h + r_i) \cdot T_i}$$

Dabei kann $\mathbf{a_i(h)}$ als Diskontfaktor in Abhängigkeit vom Zins und der Ausfallwahrscheinlichkeit interpretiert werden, also der **Wert eines Euros der in i bei Überleben gezahlt** wird.

$b_i(h)$ ist der heutige Wert einer Zahlung von 1 zum Zeitpunkt i falls $i - 1 < \tau <= i$.

$$b_i(h) = e^{-r_i \cdot T_i} \cdot \left(e^{-h \cdot T_{i-1}} - e^{-h \cdot T_i}\right)$$

Damit bezeichnet $\mathbf{b_i(h)}$ die Diskontfaktoren für einen zu erwartenden Verlust in der Kuponperiode die in i endet, also der **Wert eines Euros** der **in i gezahlt** wird, wenn der **Ausfall sich in Periode i** ereignet.

Die **Addition** dieser Diskontfaktoren über alle Kupontermine (N = Anzahl der Kupontermine) bis zum Endzeitpunk T wird mit $\mathbf{A_{h,T}}$ **bzw** $\mathbf{B_{h,T}}$ bezeichnet. Daher entspricht A dem Erwartungswert einer Zahlung von 1 zu jedem Kupontermin bis zum Endzeitpunkt oder bis zum Credit Event, je nachdem was zuerst eintritt.

$$A_{h,T} = \sum_{i=1}^{N} a_i$$

$$B_{h,T} = \sum_{i=1}^{N} b_i$$

B bezeichnet den Erwartungswert der Zahlung von 1 am ersten Kupontermin nach dem Credit Event, wenn dieser vor dem Endzeitpunkt liegt. Mit E(loss) wird der erwartete Verlust bezeichnet. In einer risikoneutralen Welt (Arbitrage ist nicht möglich) entspricht der Preis eines **CDS** dem **Erwartungswert der Auszahlung** im Falle eines Credit Events **minus den Erwartungswerten aller Prämienzahlungen**, die zu leisten sind.

$$P_{CDS}(h, E(loss), T, S_{CDS}) = B_{h,T} \cdot E(loss) - A_{h,T} \cdot S_{CDS}$$

Bei **Entstehung** des Geschäftes wird der Spread so festgelegt, dass der Wert **am Anfang Null** beträgt, also die erwarteten Prämienzahlungen den erwarteten Ausfällen entsprechen. Daher ergibt sich:

$$P_{CDS}\left(h, E(loss), T, S_{CDS}\right) = B_{h,T} \cdot E(loss) - A_{h,T} \cdot S_{CDS} = 0$$

$$S_{CDS}\left(h, T, E(loss)\right) = \frac{B_{h,T} \cdot E(loss)}{A_{h,T}}$$

Um h zu approximieren, benötigt man zuerst eine **Schätzung der Recovery**: Meist wird 40 % genutzt (investement grade), da dies auch die ISDA Konvention zur Bestimmung der Ausgleichzahlung ist. Der erwartete Verlust im Credit Event wird mit

$$E(loss) = 100 - Recovery$$

festgelegt. Nun muss aus vorhandenen Anleihen h berechnet werden. Am Beispiel der Anleihe C-FRN* mit einer Laufzeit von T* und einem Spread von S* unter den Annahmen des vorigen Abschnitts gilt also für den Wert eines beliebigen Floaters, bei dem im Konkursfall der risikofreie Anteil des Kupons noch gezahlt wird:

$$I \quad P_{C\text{-}FRN*} = \underbrace{A_{T*} \cdot r}_{\substack{\text{risikolose}\\\text{Komponente}}} + \underbrace{A_{h,T*} \cdot S*}_{\substack{\text{risikobehaftete}\\\text{Spreads}}} + \underbrace{a_T \cdot 100}_{\substack{\text{Erwartungswert}\\\text{Rückzahlung}}} + \underbrace{B_{h,T*} \cdot (100 - E(loss))}_{\substack{\text{Erwartungswert}\\\text{Recovery}}}$$

$$II \quad 100 = A_{T*} \cdot r + A_{h,T*} \cdot S + a_T \cdot 100 + B_{h,T*} \cdot (100 - E(loss))$$

$$I - II \; P_{C\text{-}FRN*} - 100 = A_{h,T*} \cdot S* - A_{h,T*} \cdot S$$

Betrachtet man Gleichung II näher, muss bei einem C-FRN$_{Par}$ unter den Annahmen der **Spread genau ausreichen**, um die erwarteten **Verluste zu kompensieren**.

$$II \quad 100 = \underbrace{\overbrace{A_{T*} \cdot r}^{\substack{\text{Barwert}\\\text{Kupons}\\\text{FRN}}} + \overbrace{a_T \cdot 100 + B_{h,T*} \cdot 100}^{\substack{\text{Barwert "sichere" Rückzahlung}\\\text{von 100}}}}_{\text{Barwert risikoloser Floater=100}} + A_{h,T*} \cdot S - B_{h,T*} \cdot E(loss)$$

$$\Rightarrow \quad A_{h,T*} \cdot S = B_{h,T*} \cdot E(loss)$$

Daraus ergibt sich folgender Zusammenhang, der numerisch nach h gelöst werden kann.

$$P_{C-FRN*} - 100 = A_{h,T*} \cdot S* - B_{h,T*} \cdot E(loss)*$$

Beispiel für die Bewertung eines zweijährigen CDS. Es steht ein zweijähriger Floater mit einem jährlichen Kupon von EURIBOR + 40 und einem Marktpreis von 100,00 zur Verfügung. Der risikofreie Zins liegt bei 9,6 % (kontinuierlich ln(1 + 0,096) = 9,17 %). Die erwartete Recovery liegt bei 20, so dass sich ein E(loss) von 100 − 20 = 80 ergibt.

Zuerst müssen die Summen der Diskontfaktoren in Abhängigkeit von h ermittelt werden.

$$A_{h,2} = e^{-(h+0,0917)\cdot 1} + e^{-(h+0,0917)\cdot 2}$$

$$B_{h,2} = e^{-0,0917\cdot 1} \cdot \left(e^{-h\cdot 0} - e^{-h\cdot 1}\right) + e^{-0,0917\cdot 2} \cdot \left(e^{-h\cdot 1} - e^{-h\cdot 2}\right)$$

Im nächsten Schritt wird h mit Hilfe des Floater Preises und dem erwarteten Verlust kalibriert.

$$P_{C\text{-}FRN*} - 100 = A_{h,T*} \cdot S* - B_{h,T*} \cdot E(loss)*$$

$$100 - 100 = A_{h,2} \cdot 0,4 - B_{h,2} \cdot 80$$

Durch einen numerischen Suchprozess ergibt sich hier ein h von 0,00499 und damit:

$$A_{h,2} = e^{-(0,00499+0,0917)\cdot 1} + e^{-(0,00499+0,0917)\cdot 2} = 1,732006$$

$$B_{h,2} = e^{-0,0917\cdot 1} \cdot \left(e^{-0,00499\cdot 0} - e^{-0,00499\cdot 1}\right) + e^{-0,0917\cdot 2} \cdot \left(e^{-0,00499\cdot 1} - e^{-0,00499\cdot 2}\right) = 0,008664$$

$$1,732006 \cdot 0,4 - 0,008664 \cdot 80 = 0$$

Im nächsten Schritt kann dann der Spread für den CDS ermittelt werden.

$$S_{CDS}(h,T,E(\text{loss})) = S_{CDS}(0,0499;2;80) = \frac{B_{0,0499;2} \cdot 80}{A_{0,0499;2}} = \frac{0,008664 \cdot 80}{1,732006} = 0,40$$

Dies ergibt den erwateten Spread von 0,40 % für den CDS.

Mit Hilfe dieses Ansatzes können jedoch nun auch Marking-to-Market Ansätze und Bewertung anderer Laufzeiten stattfinden.

Beispiel: Der Preis eines zweijährigen 100 Mio. CDS mit jährlicher Zahlung und einem Spread von 30 soll ermittelt werden.

$$P_{CDS}(h, E(loss), T, S_{CDS}) = P_{CDS}(0{,}00499;\ 80;\ 2;\ 30) = B_{0{,}00499;2} \cdot E(loss) - A_{0{,}00499;2} \cdot S_{CDS}$$

$$= 0{,}008664 \cdot 80 - 1{,}732006 \cdot 0{,}3 = 0{,}1735$$

$$0{,}1735\% \cdot 10\ Mio = 17\,350{,}00$$

Der Marktpreis des CDS entspricht also 17 350,00 €.

Analog wird die Ausgleichszahlung beim Abschluss eines neuen CDS ermittelt (vgl. Abschnitt 3.1). Zuerst wird von den möglichen Kupons (0,25 %, 1 %, 5 % 10 %) derjenige ermittelt, der dem aktuellen Spread am nächsten kommt. Mit Hilfe einer standardisierten Recovery von 40 % wird dann der gewählte Kupon als laufende CDS Zahlung festgelegt und die Ausgleichszahlung mit Hilfe der aus dem aktuellen Spread ermittelten Hazard Rates berechnet. Dabei wird unterstellt, dass die Hazard Rates für alle Laufzeiten identisch sind.

Laufzeitstruktur von Creditspreads

Meist ist die Hazard-Rate jedoch laufzeitabhängig. Mit h_i wird die „marginale" Hazard-Rate von der Zeitperiode T_{i-1} bis T_i bezeichnet. Wir erhalten daher den Vektor $h = (h_1, \ldots, h_n)$. Entsprechend ergibt sich mit H_i die daraus resultierende kumulative Hazard-Rate bis zum Zeitpunkt i:

$$a_i(H) = e^{-(H_i + r_i) \cdot T_i} \quad mit \quad H_i = \frac{h_1 + \ldots + h_i}{i}$$

$$b_i(H) = e^{-r_i \cdot T_i} \cdot \left(e^{-H_{i-1} \cdot T_{i-1}} - e^{-H_i \cdot T_i}\right)$$

Beispiel: Zusätzlich existiert ein einjähriger Par C-FRN mit einem Spread von 0,35. Auf dieser Basis kann jetzt die Struktur der Ausfallraten bestimmt werden.

$$h_1 = 0{,}00436 \Rightarrow H_1 = \frac{h_1}{1} = 0{,}00436$$

$$A_{H,1} = e^{-(0{,}00436 + 0{,}0917) \cdot 1} = 0{,}908409$$

$$B_{H,1} = e^{-0{,}0917 \cdot 1} \cdot \left(e^{-0{,}00436 \cdot 0} - e^{-0{,}00436 \cdot 1}\right) = 0{,}00396931$$

$$0{,}908409 \cdot 0{,}35 - 0{,}00396931 \cdot 80 = 0$$

$$h_2 = 0{,}00562 \Rightarrow H_2 = \frac{h_1 + h_2}{2} = \frac{0{,}00436 + 0{,}00562}{2} = 0{,}0499$$

$$A_{H,2} = e^{-(0{,}00499 + 0{,}0917) \cdot 1} + e^{-(0{,}00499 + 0{,}0917) \cdot 2} = 1{,}732006$$

$$B_{H,2} = e^{-0{,}0917 \cdot 1} \cdot \left(e^{-0{,}00499 \cdot 0} - e^{-0{,}00499 \cdot 1}\right) + e^{-0{,}0917 \cdot 2} \cdot \left(e^{-0{,}00499 \cdot 1} - e^{-0{,}00499 \cdot 2}\right) = 0{,}008664$$

$$1{,}732006 \cdot 0{,}4 - 0{,}008664 \cdot 80 = 0$$

Auf dieser Basis können jetzt auch komplexe Produkte bewertet werden. Die Analyse auf Basis der **Arbitragebewertung setzt sich bei Kreditderivaten** zunehmend **durch**. Hierbei ist jedoch ein Markt von Spreadprodukten (Anleihen, CDS) auf den Emittenten Vorraussetzung. Insbesondere können jetzt auch Strukturen bewertet und abgesichert werden, ohne einen von der Laufzeit her genau passenden Bond zur Verfügung zu haben. Mit der Weiterentwicklung von Kreditderivaten wird auch der Repo-Markt für die entsprechenden Anleihen liquider werden, so dass sich dieser Ansatz für alle Adressen mit verbrieften Schulden mittelfristig durchsetzten wird.

5.1.5 Anwendungsmöglichkeiten von Kreditderivaten

Die besprochenen Produkte können insbesondere zum Risikomanagement und zur Ertragssteuerung eingesetzt werden, aber auch die Möglichkeiten des Bilanzmanagements oder der Beseitigung von Limit-Problemen sind hier wesentliche Anwendungen. Im Folgenden sollen diese Aspekte beleuchtet werden. Um die Überlegungen möglichst plastisch zu machen, dient **die hypothetische Sparkasse Wolfsburg** als Beispiel. Alle Preise sind didaktischer Natur.

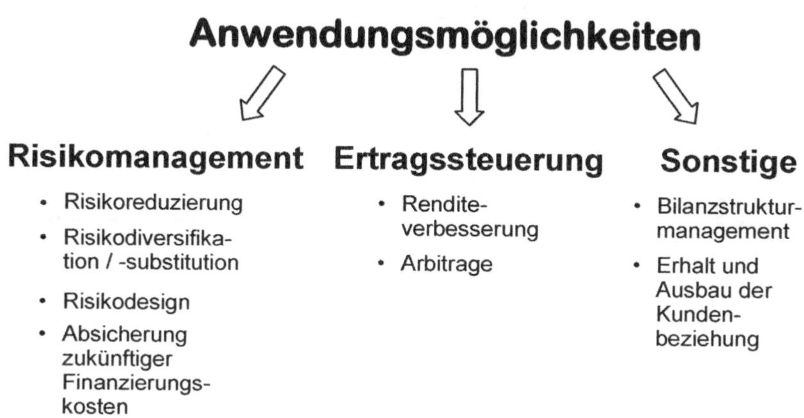

Abbildung 5.1-18: *Anwendungsmöglichkeiten von Kreditderivaten*

Im Rahmen der Risikoreduzierung bietet sich die Möglichkeit, unerwünschte Kreditrisiken effizient auf Dritte zu übertragen. Dies ist insbesondere bei **Klumpenrisiken** in Branchen oder Ländern bzw. Regionen interessant. Da Genossenschaften und Sparkassen aufgrund des Regionalprinzips ihre Mittel geographisch oft sehr gebündelt einsetzen, ergibt sich eine Häufung von Branchenrisiken im Portfolio. Hinzu kommt eine starke Abhängigkeit von der **lokalen wirtschaftlichen Entwicklung**. Auf der anderen Seite haben beispielsweise Investmentbanken eine Häufung von Risiken im Bankbereich und in spezifischen Ländern, in denen sie vorrangig tätig sind. Hier besteht nun die Möglichkeit, die Risikosituation anzupassen, ohne die betroffenen Kunden zu involvieren. Vor allem bei **guten Beziehungen** zu bestimmten **Kundengruppen** entstehen oft zu starke **Kreditrisikobelastungen** für die Bank. Mithilfe der Derivate kann nun der **Konditionserfolg** völlig vom **Risikoerfolg getrennt** werden.

Die Sparkasse Wolfsburg hat ein hohes Branchenrisiko in Bezug auf Automobile – insbesondere auf Volkswagen – im Kreditportfolio. Zusätzlich hat eine große Anzahl der Kunden eine hohe **Korrelation** zum Erfolg des **Hauptarbeitgebers der Region**. Die Sparkasse **kauft** daher einen fünfjährigen **Credit Default Swap** über 500 Mio. Euro. Obwohl die Sparkasse die Anleihe nicht besitzt, wird eine VW-Anleihe als Referenzwert zugrunde gelegt. Nun kann die Zahlungsstörung eindeutig zugeordnet werden. Da die Anleihe nicht geliefert werden soll, wird bei Eintreten des Credit Events eine Zahlung von 500 Mio. Euro vereinbart. Dafür zahlt die Sparkasse eine jährliche Prämie von 0,5 Mio. Euro.

Hierbei wird jedoch nicht das Risiko einer **Verschlechterung der Ertragslage** von VW abgedeckt. Auch wenn VW nicht zahlungsunfähig wird, wirkt sich eine Ertragsverschlechterung doch stark auf Zulieferer und Angestellte der Firma aus. In diesem Fall kommt es zu häufigeren Ausfällen im Kreditportfolio. Im Regelfall ist aber mit einer solchen Situation eine **Ausweitung des Spreads** auf VW verbunden. Das bedeutet, die Sparkasse kann dieses Risiko durch den Kauf eines European Digital **Credit Default Payerswaption** reduzieren. Sie zahlt an den Verkäufer eine Optionsprämie von 0,1 Mio. Euro. Dafür leistet er eine Ausgleichszahlung von 10 Mio. Euro an die Sparkasse, wenn der CDS von VW über 70 Basispunkte steigt.

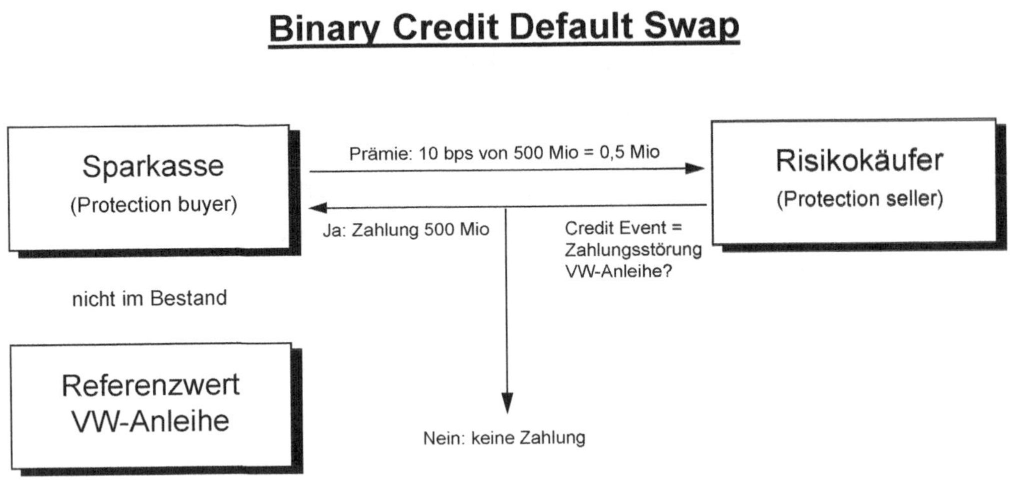

Abbildung 5.1-19: *Binary Credit Default Swap*

Ein weiterer wesentlicher Punkt ist die Diversifikation des Portfolios. Aufgrund der einseitigen Ausrichtung der Sparkasse fehlen Kunden, deren Risiken gering mit dem deutschen Automobilmarkt verbunden sind. Um das **Risiko** besser zu **verteilen**, verkauft die Sparkasse einen Credit Default Swap über 100 Mio. Euro bezogen auf Microsoft. Da von Microsoft keine Anleihen in Euro existieren, wird das optimale **Portfolio**produkt hinsichtlich seiner **Korrelation** mit dem Sparkassenportfolio mit Hilfe des Derivats synthetisch kreiert. Ergibt sich bei Microsoft im nächsten Jahr eine Zahlungsstörung, zahlt die Sparkasse 100 Mio Euro. Für die Übernahme dieses Risikos erhält sie eine Prämie von 0,1 Mio Euro.

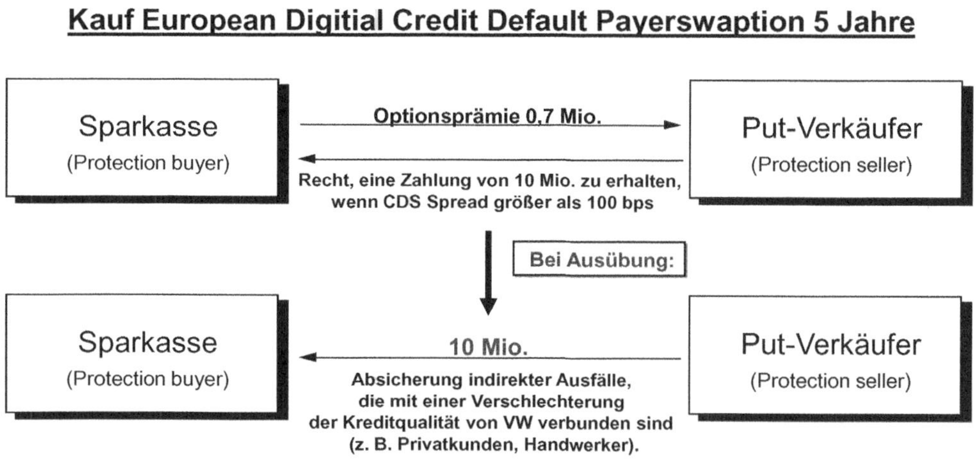

Abbildung 5.1-20: *European Digital Credit Default Payer Swaption*

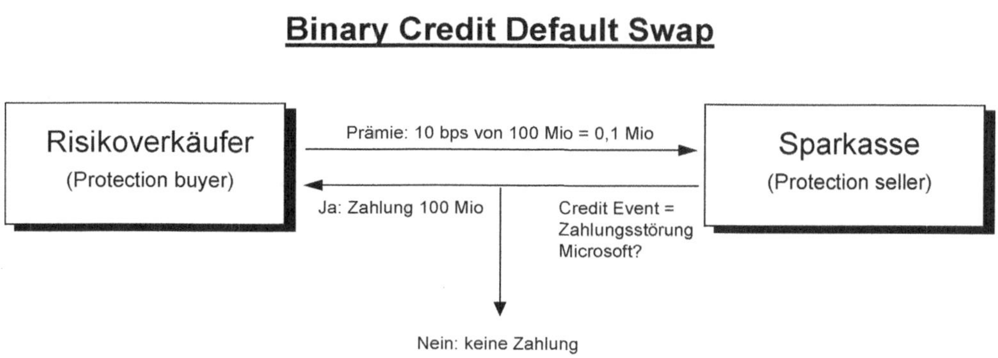

Abbildung 5.1-21: *Binary Credit Default Swap*

Auch das gewünschte Risikodesign des Kreditportfolios kann mithilfe der Kreditderivate leichter aufgebaut werden. Über **Total Rate of Return Swaps** können **synthetische Kredite** konstruiert werden, die genau in die Risikovorstellung der Sparkasse passen. Für eine Abrundung des Kreditportfolios sucht die Sparkasse ein Exposure auf Electricité de France in US Dollar. Es ergeben sich dadurch hervorragende Diversifikationseffekte sowohl im Kredit- als auch im Marktrisikobereich. Daher schließt die Sparkasse einen fünfjährigen Total Rate of Return Swap auf eine synthetische Electricité de France Anleihe in US Dollar ab. Dabei empfängt sie den hypothetischen 4,40 %-Kupon und mögliche Barwertverbesserungen des Referenzwertes in US Dollar. Dafür zahlt sie Euribor + 30 in Euro und muss mögliche Barwertveränderungen in US Dollar leisten.

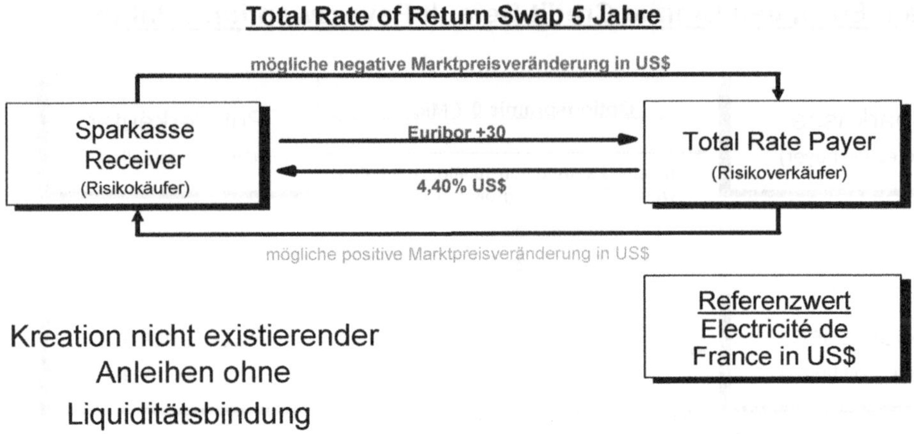

Abbildung 5.1-22: *Total Rate of Return Swap*

Ein weiterer Ansatzpunkt ist die **Renditeverbesserung** durch die Übernahme von Risiken. Dies ist im Kern eng mit dem Arbitragemarkt verbunden. Auf Basis einer **Kreditbewertung** im **Anleihen-, Kredit- und Derivativmarkt** kommen **oft unterschiedliche** Einschätzungen zustande. Dadurch ist es möglich, über die Verbindung der Märkte zusätzliche Erträge zu generieren. Der Autozulieferer Kieper (Sitze) möchte mit einer Investmentbank einen Zinsswap abschließen. Die Investmentbank möchte aber das Ausfallrisiko des Swaps nicht übernehmen. Bei einem normalen Swapabschluss wäre der zu zahlende Spread für Kieper 20 bsp, da der Swapmarkt die Kreditrisiken relativ hoch bewertet. Da die Sparkasse das Ausfallrisiko von Kieper aufgrund ihrer Kenntnisse über VW gut einschätzen kann, ist sie bereit, es für 15 bsp zu übernehmen. Die Investmentbank schließt daher den Swap zu AA-Konditionen + 15 bsp ab. Um für die Investmentbank das Adressenrisiko der Sparkasse auszuschließen, wird das Geschäft mit einer Verpfändung von Bundesanleihen aus dem Depot A-Bestand unterlegt.

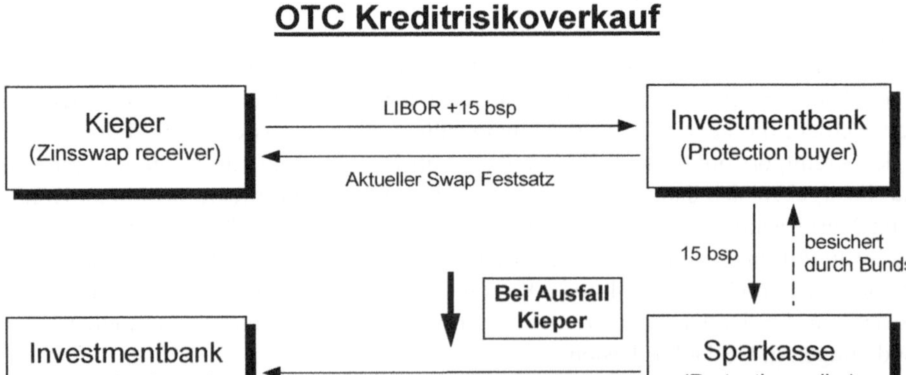

Abbildung 5.1-23: *OTC Kreditrisikoverkauf*

Inzwischen hat die Investmentbank eine intensivere Kundenbeziehung zu Kieper aufgebaut. Um Kieper ein Limit von 100 Mio Euro einräumen zu können, möchte die Investmentbank das daraus resultierende Ausfallrisiko wiederum verkaufen. Die Sparkasse Wolfsburg möchte jedoch keine weiteren Kreditrisiken aus der Autobranche in ihr Portfolio aufnehmen. Die Mitarbeiter sind aber soweit im Kreditderivativmarkt geschult, dass sie eine Arbitrageoperation durchführen. Eine Versicherung hat Interesse, einen **strukturierten Schuldschein** zu kaufen. Also schließt die Sparkasse als Protection Seller mit der Investmentbank einen Credit Default Swap ab: Höhe: 100 Mio. Euro, Credit Event: Zahlungsunfähigkeit von Kieper. Anschließend emittiert sie über 100 Mio. Euro eine Credit Default Note. Der Emittent Sparkasse bedient den Fünf-Jahres-Schuldschein mit den für die eigene Bonität üblichen LIBOR + 20. Hinzu kommen aber weitere 10 bsp für die Übernahme des Ausfallrisikos von Kieper. Bei einem Credit Event von Kieper wird die Anleihe fällig gestellt und die Rückzahlung auf 100 % minus Konkursquote von Kieper reduziert. Dabei hat die Sparkasse einen Arbitrageerfolg von 5 bsp erzielt.

Mit dem letzten Beispiel zeigt sich auch ein Hauptaspekt des Bilanzstrukturmanagements. Im Rahmen der aufsichtsrechtlichen Behandlung im Grundsatz 1 wird das notwendige Eigenkapital für Kreditrisiken nur sehr grob nach Bonität des Kreditnehmers unterschieden. Deshalb müssen gute Kreditrisiken häufig mit mehr Eigenkapital unterlegt werden als eigentlich ökonomisch notwendig ist. Da andere Unternehmen (Versicherungen, Industrieunternehmen) nicht demselben Aufsichtsrecht unterliegen, ist es sinnvoll, Kreditrisiken zu verkaufen, wenn das dadurch **aufsichtsrechtlich gebundene Eigenkapital** größer als das **ökonomische** ist. Dies ist allerdings schwer zu beurteilen, denn die Bewertung von Kreditrisiken ist im Moment von einem Marktkonsens weit entfernt.

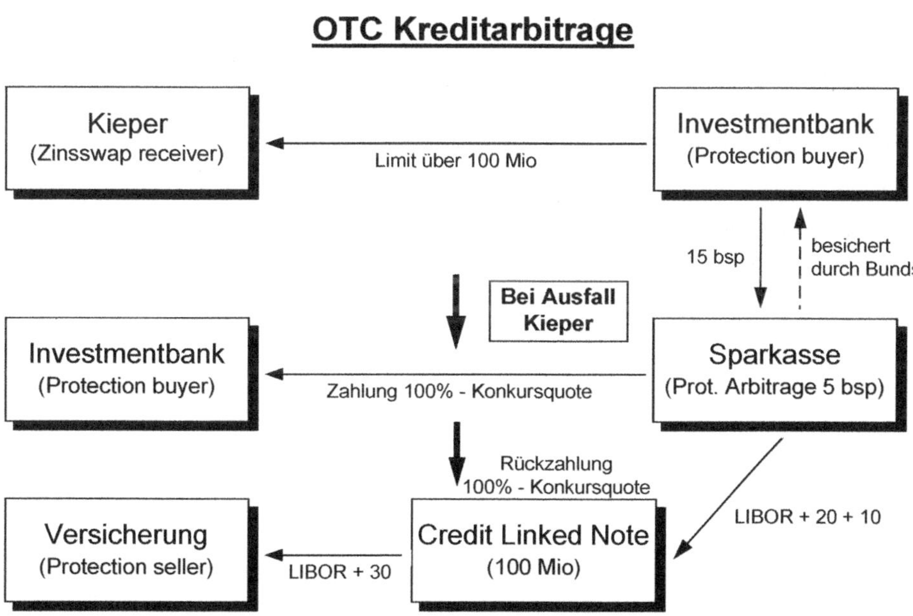

Abbildung 5.1-24: OTC Kreditarbitrage

Zusammenfassung

Bis zur Finanzkrise hat sich der Markt für Kreditderivate explosionsartig entwickelt und hat sich in den letzten Jahren konsolidiert. Dabei stellen Credit Default Swaps (CDS) das Herzstück dar. Auf Basis der ISDA Definitionen des Kreditereignisses (Insolvenz, Nichtzahlung, Umstrukturierung, staatliche Intervention) zahlt der Käufer eine vierteljährliche Prämie (CDS Spread) und ist dann bei einem Ausfall versichert. CDS werden also durch einen Ausfall ausgelöst und im Regelfall dann durch eine Ausgleichszahlung an den Risikoverkäufer beendet. Der Spread eines CDS entspricht dem Spread eines par Floaters des gleichen Namens, der gleichen Laufzeit und der gleichen Senorität. Hinzu kommen allerdings die Transaktionskosten für die Wertpapierleihe bei Hedging. Die Banken berechnen auf Basis von CDS und Anleihen die Hazard Rate. Dies wird auch als „risky discounting“ bezeichnet. Der Diskontfaktor umfasst nicht nur den risikofreien Zins, sondern auch die erwarteten Ausfälle.

Kreditderivate eignen sich zur Reduktion des Risikos in einem Portfolio. Besonders wirkungsvoll ist aber die Ausnutzung der Korrelation. Durch Verkaufen von Ausfallrisiken mit einem CDS und Tausch zu einem neuen Kreditnehmer gleichen Ratings durch Verkauf eines CDS kann das Portfolio verbessert werden. Durch die unterschiedlichen Spreads bei Krediten, Anleihen und Kreditderivaten sind außerdem Arbitragen möglich.

Aufgaben

a) Beschreiben Sie die Wirkungsweise eines CDS. (Antwort Kapitel 5.1.2.1)
b) Erklären Sie den Zusammenhang des CDS Spreads zum Floater Spread. (Antwort Kapitel 5.1.4.1)
c) Erklären Sie die Möglichkeiten des Risikomanagements mit Kreditderivaten. (Antwort Kapitel 5.1.5)

Weiterführende Literatur

Duffie D. (1999), Credit Swap Valuation, Financial Analyst Journal Jan/Feb 1999, S. 73–86

Duffie D./Liu J. (1997), Floating-Fixed Credit Spread, Stanford University Working Paper

Oliver Steinkamp

5.2 Kreditverbriefung

Lernziele

Das Ziel dieses Beitrags ist ein erster Überblick über das Thema Verbriefung. Der Leser lernt die grundlegenden Konstruktionen, Funktionsweisen und charakteristischen Merkmale sowie die wichtigsten Forderungstypen von Verbriefungstransaktion kennen. Abschließend werden anhand des Ratingprozesses die für die Strukturierungsphase typischen Abläufe dargestellt.

5.2.1 Einleitung

Im Zuge der Finanzkrise sind Kreditverbriefungen stark in Verruf geraten und es ist nicht zu leugnen, dass bestimmte Formen der Verbriefung die Krise maßgeblich ausgelöst haben. Es ist allerdings völlig unsinnig, das Finanzinstrument „Kreditverbriefung" dafür haftbar zu machen, dass einige Finanzmarktakteure durch Gier und Unwissenheit einen immensen volkswirtschaftlichen Schaden angerichtet haben. Die Technik der **Verbriefung von Krediten ist eine effiziente Methode des Kreditrisikotransfers** und aus dem modernen Finanzmarkt nicht mehr wegzudenken. Auch wenn die Volumina im Verlauf der Krise deutlich abgenommen haben, spielen Kreditverbriefungen neben Unternehmens- und Staatsanleihen und Pfandbriefen weiter eine wichtige Rolle im **Fixed Income Markt**.

Gerade in den letzten Jahren haben sich die technischen Details, regulatorischen Anforderungen und nicht zuletzt die Methoden der Ratingagenturen in hohem Tempo verändert. In dieser Einführung in die Kreditverbriefung wurde bewusst auf jegliche Mathematik, komplexe Formeln und einzelne Details über Ratingverfahren, etc., verzichtet und das Augenmerk auf die grundlegenden Mechanismen und Funktionsweisen einer Verbriefungstransaktion gelegt. Der Leser soll in die Lage versetzt werden Verbriefungstransaktionen anhand ihrer charakteristischen Merkmale zu erkennen und die strukturellen Ausgestaltungen der jeweiligen Transaktion einordnen zu können, um sich dann weiter in die konkret folgenden Fragestellungen einarbeiten zu können.

Bei der Analyse einer Verbriefungstransaktion stellen sich als erstes die folgenden Fragen, anhand derer die charakteristischen Merkmale identifiziert werden können:

- Was ist die Motivation für die Auflage der Verbriefung?
- Welche Forderungen werden verbrieft?
- Wie erfolgt der Risikotransfer vom Verkäufer zum Investor?
- Wie sieht die Kapitalstruktur bzw. Tranchierung aus und welche Sicherungsmechanismen sind vorhanden?

Diese Fragen werden im Verlauf dieses Beitrags diskutiert. Im ersten Abschnitt werden nach einigen Begriffsbestimmungen die möglichen Motivationen für die Auflage einer Verbriefungstransaktion aus der Sicht der verschiedenen Beteiligten dargestellt und die Unterschiede zum Pfandbrief diskutiert. Abschnitt 5.2.2 gibt einen kurzen Überblick über die wichtigsten Forderungstypen, die üblicherweise für eine Verbriefung in Frage kommen. In Abschnitt 5.2.3 werden die wichtigsten Elemente einer Verbriefungstransaktion wie die beteiligten Parteien, die Formen des Risikotransfers und Technik der Tranchierung durch den Wasserfallmechanismus vorgestellt. Die Darstellung des Ratingprozesses findet sich im vierten Abschnitt. Übungsaufgaben und Literaturhinweise schließen diesen Beitrag ab.

5.2.2 Forderungsbesicherte Wertpapiere

5.2.2.1 Definition und Begriffsbestimmungen

Im Rahmen einer **Verbriefungstransaktion** bündelt der Initiator, in der Regel eine Bank oder ein Unternehmen, als **Originator** (Verkäufer) eine Anzahl von **Vermögenswerten** („Assets") zu einem Portfolio und **verkauft diese an eine Zweckgesellschaft**, ein sog. „Special Purpose Vehicle" oder kurz „SPV".

Die Vermögenswerte stammen entweder aus dem Forderungsbestand des Originators oder werden eigens von ihm für die Transaktion eingegangen oder am Markt erworben. Die Zweckgesellschaft **refinanziert den Ankauf der Vermögenswerte** durch die **Emission von Wertpapieren**, die sog. Asset Backed Securities (ABS).

Die emittierten Wertpapiere („Securities") sind durch die Vermögenswerte gedeckt („backed"), d. h. die **Zahlungsansprüche** der Investoren **werden ausschließlich durch den Bestand an Forderungen gedeckt**, die auf die Zweckgesellschaft übertragen worden sind. Grundsätzlich tragen Investoren nur das **Risiko**, welches sich durch den möglichen Ausfall der Forderungen begründet und nicht das **Ausfallrisiko** des jeweiligen (früheren) Inhabers der Vermögenswerte, da die Forderungen durch den **Übertrag auf das SPV** von der Bilanz des Originators separiert worden sind.

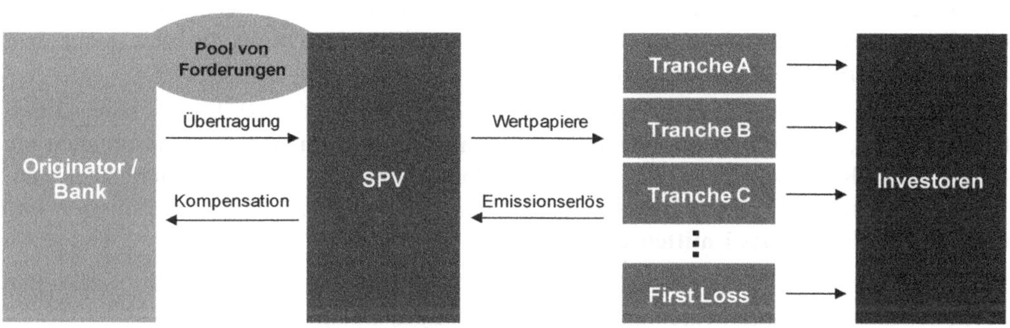

Abbildung 5.2-1: *Vereinfachte schematische Darstellung einer Verbriefungstransaktion*

Die Forderungen des zugrunde liegenden, verbrieften Portfolios generieren Zins- und Tilgungszahlungen, die zusammen mit möglichen Verlusten, die bei Nichterfüllung der Verpflichtungen der Schuldner der verbrieften Forderungen entstehen können, nach bestimmten Regeln (die sog. „Struktur" der Transaktion) an die Investoren weitergegeben werden.

Reichen die Zahlungsströme auf das erworbene Forderungsportfolio nicht aus, um alle Zahlungsansprüche der Investoren zu bedienen, müssen die Investoren den Verlust tragen. Verluste können beispielsweise entstehen, wenn Zahlungsverzögerungen oder Ausfälle auf die Forderungen eintreten und/oder der Verwertungserlös aus den Sicherheiten nicht ausreicht.

Ein **forderungsbesichertes Wertpapier** (englisch: „Asset-Backed Security", oder kurz „ABS") ist …

- … ein **verzinsliches Wertpapier**,
- … welches **Zahlungsansprüche gegen eine Zweckgesellschaft** zum Gegenstand hat,
- … wobei die Zweckgesellschaft die Mittel **ausschließlich zum Erwerb von Forderungen** meist mehrerer Gläubiger verwendet
- … und zu einem **Wertpapier** verbrieft.

Im Rahmen einer ABS Transaktion werden üblicherweise **verschiedene Wertpapierklassen** („Tranchen") mit unterschiedlichem Risiko-/Renditeprofil emittiert, die in einer festen Rangfolge, d. h. einem festen **Nachrangverhältnis** („Seniorität") zueinander stehen. Die für die jeweils vorrangigen Tranchen bestehenden Rück- und Zinszahlungsansprüche werden als erste aus den bei der Zweckgesellschaft eingehenden Zahlungen bedient. Erst wenn sämtliche Zahlungen aller vorrangigen Tranchen vollständig bedient wurden, erhält die jeweils folgende Tranche die ihr zustehenden Zahlungen (**Wasserfallprinzip**). Die Gesamtheit der verschiedenen Tranchen einer ABS Transaktion wird die **Kapitalstruktur** genannt.

Aus rechtlicher Sicht werden **Zweckgesellschaften**, die i. d. R. eigens für Verbriefungstransaktionen gegründet werden, **insolvenzfern** strukturiert, d. h. die Existenz der Zweckgesellschaft selbst ist unabhängig von der Entwicklung der Vermögenswerte auf ihrer Bilanz, da sämtliche Erträge und Risiken aus dem Portfolio auf die emittierten Wertpapiere übertragen werden. Dieses Vorgehen erlaubt die **insolvenzrechtliche Abgrenzung der Vermögenswerte** von der Bilanz des Originators und macht so die Wertpapiere der Zweckgesellschaft unabhängig von der Bonität des Originators. Weiter unterliegt der Originator nicht mehr dem Risiko der übertragenen Forderungen.

Die Tranchen werden mit Ausnahme der Erstverlusttranche („First Loss"- oder „Equity"-Tranche) i. d. R. von einer oder mehreren **Ratingagenturen** bewertet und erhalten ein Rating. Beim Rating der Tranchen einer Verbriefungstransaktion handelt es sich daher sinnvollerweise um ein **Emissionsrating** für die verschiedenen Wertpapiere der Emission und **nicht um ein Rating des Emittenten selbst**.

Eine ABS Transaktion wird einerseits durch das zugrunde liegende Risiko des verbrieften Portfolios und andererseits durch ihre strukturelle Ausgestaltung charakterisiert.

Wozu braucht man ein Special Purpose Vehicle?

- SPVs – z. B. eine GmbH – nehmen die Funktion eines **Intermediärs** zwischen Banken und Investoren ein und werden üblicherweise nur für eine einzelne Transaktion gegründet.
- Das SPV soll sicherstellen, dass die verbrieften Forderungen von der verkaufenden Bank **rechtlich und wirtschaftlich separiert** werden.
- Sollte die verkaufende Bank insolvent werden, haben die **Gläubiger der Bank keinen Zugriff auf die verbrieften Forderungen** im SPV. Der Forderungspool bedient weiterhin die Forderungen der Investoren, die somit vor der Insolvenz der Bank geschützt sind.
- Die **Bank** wiederum **löst sich durch die Verbriefung von allen Risiken**, die mit dem Kreditportfolio verbunden waren: Die Forderungen der Investoren richten sich ausschließlich gegen das Portfolio, nicht aber gegen die Bank selbst.
- **SPVs** sind konkursfern ausgestaltet, d. h. sie **können nicht insolvent werden**.

5.2.2.2 Motivationen für Verbriefungstransaktionen

Im Sprachgebrauch des ABS Markts haben sich die Bezeichnungen „Balance sheet“ bzw. „Arbitrage“-Transaktionen etabliert. Unabhängig von der Art der verbrieften Forderungen wird hiermit die Motivation für die Emission der Transaktion zum Ausdruck gebracht.

Balance Sheet-Transaktionen werden durch den Halter des Kreditrisikos (typischerweise Banken) initiiert, die einen Teil ihres Portfolios aus der Bilanz nehmen möchten.

Arbitrage-Transaktionen können von beliebigen Marktteilnehmern zur Nutzung von Preisasymmetrien im Markt aufgesetzt werden. Dabei kann ein risikoloser Gewinn erzielt werden, wenn die Forderungen einen höheren Ertrag einbringen als die Refinanzierung der Forderungen durch eine Verbriefung kostet.

Die Motivationen für die Auflage bzw. Beteiligung an einer Verbriefungstransaktion sind je nach beteiligter Partei verschieden und lassen sich jeweils aus Sicht des Originators und aus Sicht der Investoren betrachten.

Motivationen aus Sicht des Originators/Verkäufers:

- *Bilanzmanagement:* Funding (Zufluss von Liquidität zur Refinanzierung des Geschäftsbetriebs), Freisetzung von regulatorischem Eigenkapital (Abbau von risikogewichteten Aktiva) oder Profitabilität (Steigerung durch Investition von gewonnener Liquidität in rentablere Anlagen)
- *Portfolio- und Risikomanagement:* Transfer/Verkauf von Risiken ohne Haftungsrückgriff, Optimierung der Struktur des in der Bilanz abgebildeten Gesamtrisikos
- *Finanzierungs- und Ertragsmanagement:* günstigere Refinanzierung (Ratings der ABS-Tranchen meist höher als die des Originators), Diversifikation von Refinanzierungsquellen (Zugang zum Kapitalmarkt), Generierung von Provisions- statt Zinserträgen (aus Risikoübernahme), da der Originator i. d. R. bestimmte Funktionen im Rahmen der ABS-Transaktion übernimmt (Servicer)
- *Arbitrage:* Kauf, Neustrukturierung und Verkauf von Risiken zur Realisierung risikofreier Gewinne

Motivationen aus Sicht der Investoren:

- *Diversifikation des Anlageportfolios:* Investments in neue Asset-Klassen (z. B. Hypotheken ...), in die nicht direkt investiert werden kann, Flexibilität der ABS-Strukturen, Generierung spezifischer Risikoprofile und Fälligkeitsstrukturen
- *Erträge:* Historisch betrachtet eröffneten ABS-Anleihen im Vergleich zu Unternehmens- oder Staatsanleihen (für eine gegebene Ratingklasse und Fälligkeit) höhere Zinsen.

5.2.2.3 Unterschiede zum Pfandbrief

Auf den ersten Blick weisen forderungsbesicherte Wertpapiere und Pfandbriefe ähnliche Strukturen auf, da **beide durch ein Portfolio von Forderungen besichert** werden. Allerdings unterscheiden sich ABS und Pfandbriefe in wesentlichen Details.

Zunächst unterscheiden sich ABS und Pfandbriefe durch ihre **rechtlichen Rahmenbedingungen. Für ABS gilt grundsätzlich Vertragsfreiheit**, d. h. die Ausgestaltung der Strukturen kann in einem weiten Rahmen mehr oder weniger frei gewählt werden. Allerdings haben sich am Markt aber **Standards etabliert**, die üblicherweise erfüllt sein müssen, damit ABS Emissionen von den Agenturen mit einem Rating versehen werden und schließlich auf Akzeptanz bei Investoren stoßen.

Dagegen unterliegen **Pfandbriefe** besonderen gesetzlichen Bestimmungen, wie z. B. in Deutschland dem **Pfandbriefgesetz** (PfandBG), und können aufgrund dieser Bestimmungen nur durch Pfandbriefbanken emittiert werden, die wiederum **einer besonderen Aufsicht** der Bundesanstalt für Finanzdienstleistungsaufsicht (BaFin) unterliegen.

Weitere Unterschiede liegen in der **Art der verbrieften Forderungen**, die im Falle von ABS (zumindest prinzipiell) keinen Einschränkungen unterliegen. Die für die Besicherung von Pfandbriefen geeigneten Forderungen sind in § 1 PfandBG festgelegt und können nur Immobilienfinanzierungen und Forderungen gegen öffentliche Schuldner sowie Schiffs- und Flugzeughypotheken umfassen.

Neben den formalen Unterschieden ist das wesentliche strukturelle Unterscheidungsmerkmal von ABS und Pfandbriefen aus Sicht eines Investors der **Haftungsmechanismus bei Zahlungsstörungen**. Da Forderungen im Deckungsstock eines Pfandbriefs in der Bilanz der emittierenden Pfandbriefbank bleiben, richten sich die Zahlungsansprüche der Investoren in erster Linie an die Emittentin, welche Zins- und Tilgungszahlungen „schuldet".

Die zur Besicherung eines Pfandbriefs gebildeten Deckungsstöcke spielen erst in zweiter Linie, nämlich im Falle einer Insolvenz der Emittentin eine Rolle. Nur dann werden die Ansprüche der Investoren aus den (dann möglicherweise zu liquidierenden) Forderungen des Deckungsstocks befriedigt. **Anders als bei ABS verbleibt damit das Kreditrisiko der Forderungen im Deckungsstock bei der emittierenden Bank** und wird nicht auf die Investoren übertragen.

Ein Pfandbriefinvestor unterliegt damit einem kombinierten Kreditrisiko aus emittierender Bank und unterliegendem Portfolio. Zahlungsstörungen der Forderungen treffen den Pfandbriefinvestor nicht direkt, erst wenn dadurch die Zahlungsfähigkeit der Emittentin gefährdet ist, kann es zu Zahlungsstörungen des Pfandbriefs kommen.

5.2.3 Forderungen

Im Gegensatz zum Pfandbrief ist die **Art der Forderungen einer Verbriefungstransaktion nicht durch gesetzliche Vorgaben eingeschränkt**, sodass grundsätzlich alle Arten von Forderungen für eine Verbriefung in Frage kommen. In der Praxis werden i. d. R. nur solche Forderungen verbrieft, deren Zahlungsstrom hinreichend stabil und prognostizierbar ist. Damit Risikoanalysen sinnvolle Aussagen über den Risikogehalt eines Portfolios liefern und dafür u. a. quantitative statistische Methoden z. B. der Ratingagenturen eingesetzt werden können, ist es wünschenswert, dass einer einzelnen Transaktion ein **Portfolio aus möglichst gleichartigen Forderungen** (homogener Forderungspool) zugrunde liegt.

Historisch gesehen waren **Mortgage Backed Securities** (MBS) die erste Anwendung des Verbriefungskonzepts und auch heute bilden Transaktionen, deren Portfolien sich aus **hypothekarisch besicherten Darlehen** zusammensetzen den mit Abstand wichtigsten Teil des ABS Markts. Bei den MBS unterscheidet man zunächst, ob die **Darlehen für private oder gewerbliche Immobilienfinanzierungen** verwendet werden. Im Fall von Verbriefungen privater Immobilienfinanzierungen (Residential Mortgages) spricht man von „Residential Mortgage-Backed Securities" (RMBS), im Fall von gewerblichen Immobilienfinanzierungen von „Commercial Mortgage-Backed Securities" (CMBS).

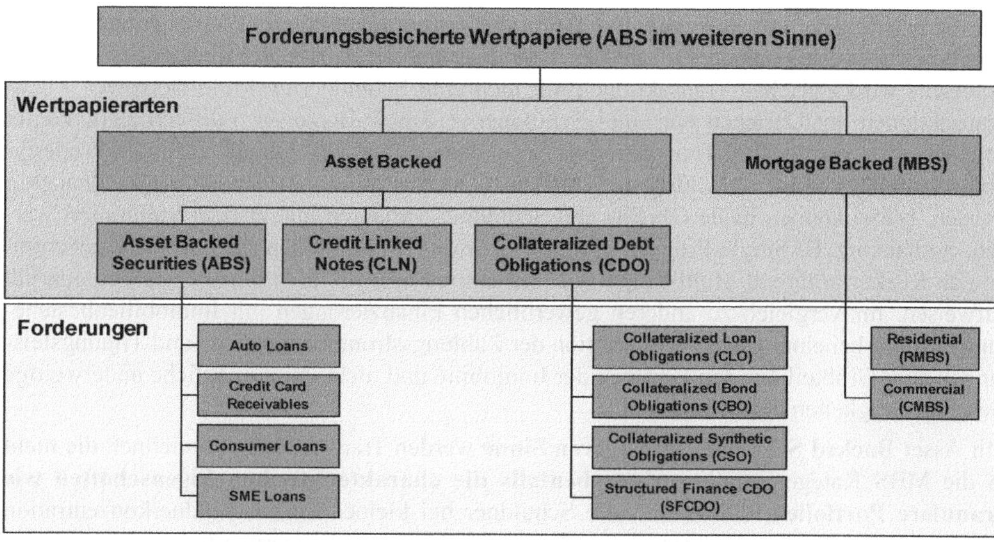

Abbildung 5.2-2: *Verschiedene Formen von forderungsbesicherten Wertpapieren*

Aufgrund der **relativ geringen Größe der Einzelforderungen** bestehen RMBS-Portfolien aus sehr vielen, d. h. tausenden oder zehntausenden Forderungen, um die für eine Verbriefung optimale Mindestgröße zu erzielen. Die Rückzahlung der zugrunde liegenden Forderungen hängt direkt von der Zahlungsmoral der Schuldner ab und im Falle des Ausfalls eines Schuldners wird das Darlehen entweder durch Verwertung der Immobilie oder weiterer Sicherheiten, z. B. Mietabtretungen, zurückgeführt. **Die Portfolien zeichnen sich durch eine hohe Granularität, d. h. eine hohe Anzahl von verbrieften Forderungen bei geringer Einzelschuldnerkonzentration aus**, so dass zur Bewertung der Transaktion **keine Einzelschuldner-Betrachtung** vorgenommen werden muss sondern der Risikogehalt durch statistische Verfahren ermittelt werden kann.

Im US Markt findet für RMBS typischerweise die **Unterscheidung auf Basis der Qualität/Bonität des Schuldners** Verwendung und die Transaktionen werden in folgende Unterkategorien eingeteilt. Sog. „**Prime RMBS**" sind Transaktionen, die auf privaten Hypothekendarlehen an Schuldner ohne negative Kredithistorie, ohne verspätete Ratenzahlungen bzw. Hypotheken-/Mietrückstände, ohne frühere Ausfälle oder Privatinsolvenzen basieren. Schuldner, die einige der Kriterien des Prime-Standards (z. B. Beleihungswert für Prime Kategorie zu hoch, kein Einkommensnachweis) nicht erfüllen, fallen in die „**Alt-A**"-Kategorie. Bei sog. „**Subprime** RMBS" handelt es sich um Verbriefungen aus Portfolien von privaten Hypothekendarlehen an Schuldner mit negativer Kredithistorie, früheren Ausfällen bzw. Hypotheken-/Mietrückständen. Diese Kategorie von Hypothekendarlehen existiert in Europa praktisch nicht. Daneben gibt es in den USA sog. **„Home Equity Loans“** (HEL) Transaktionen. Hier handelt es sich ebenfalls um Verbriefungen von privaten Hypothekendarlehen, die zweitrangig durch Immobilien besichert sind. Die Besicherung dieser Darlehen besteht aus der Differenz von aktuellem Marktwert der Immobilie zum Beleihungswert („Home equity“). Der Wert der Besicherung reagiert sehr sensibel auf allgemeine Marktwertänderungen der Immobilien, daher setzt die Form des Darlehens normalerweise eine einwandfreie Kredithistorie des Schuldners voraus.

Bei Verbriefungen von **gewerblichen Immobilienfinanzierungen** (CMBS) unterscheidet man typischerweise nach der Anzahl der Schuldner und der Anzahl der finanzierten Objekte: Einerseits wird zwischen Transaktionen mit mehreren Schuldnern („Multi-Borrower“) bzw. Transaktionen mit Darlehen nur eines Schuldners („Single-Borrower“) differenziert. Weiter unterscheidet man nach Transaktionen, mit denen nur ein Objekt („Single-Property-Transaktionen“) bzw. verschiedene Objekte („Multi-Property-Transaktionen“) finanziert werden. Dabei können beide Objekt- und Schuldner-Varianten miteinander kombiniert werden. So haben z. B. Single-Property-Single-Borrower-Transaktionen die höchste Konzentration an Risiken während Multi-Property-Multi-Borrower-Strukturen die höchste Granularität aufweisen. Im Vergleich zu anderen gewerblichen Finanzierungen mit Immobilienbesicherung entsteht bei einer CMBS-Transaktion der Zahlungsstrom für die Zins- und Tilgungsleistungen zum Großteil aus den Erträgen der Immobilie und nicht durch mögliche anderweitige Geschäftstätigkeiten des Schuldners.

Mit **Asset Backed Securities im engeren Sinne** werden Transaktionen bezeichnet, die nicht in die MBS Kategorie fallen, aber **ebenfalls die charakteristischen Eigenschaften wie granulare Portfolien**, d. h. sehr viele Schuldner bei kleiner Einzelschuldnerkonzentration haben. Hierzu zählen z. B. Transaktionen mit Portfolien aus **Konsumentenkrediten, Autofinanzierungen, Kreditkartenforderungen, Leasingforderungen und Studentenkredite**. Eine weitere wichtige Klasse von Transaktionen sind Verbriefungen von **Darlehen an kleine und mittelgroße Unternehmen**, die i. d. R. ebenfalls granulare Portfolien haben.

Die bisher dargestellten Transaktionen zeichnen sich alle dadurch aus, dass die Portfolien **sehr viele, ungeratete Forderungen** enthalten. Bestehen die Portfolien aus relative wenigen, d. h. in der Größenordnung von 50–300 Forderungen, die selbst als Kapitalmarktinstrumente mit einem Rating ausgestattet sind, dann sprich man von „Collateralized Debt Obligations“ (CDO). Die CDO Kategorie wird je nach Art der verbrieften Forderungen nochmal in verschiedene Untertypen unterteilt. Portfolien von „Collateralized Loan Obligations“ (CLO) enthalten meist relativ wenige, aber jeweils relativ große Darlehen an große (multinationale) Unternehmen. Bestehen die Portfolien aus Anleihen oder Kreditderivaten, dann handelt es sich um „Collateralized Bond Obligations“ (CBO) bzw. um synthetische CDO bzw. „Collateralized Swap Obligations“ (CSO).

In den Jahren 2003 bis 2008 waren sog. „ABS CDO“ bzw. „CDO of ABS“ populär. Bei sog. CDO^2 („CDO squared“) oder auch „Structured Finance CDO's“ (SFCDO) handelt es sich um **Wiederverbriefungen** („Re-securitizations“) **von Wertpapieren**, die selbst schon aus verschiedenen Verbriefungstransaktionen stammen. Hier wird der **Mechanismus der Verbriefung** also **wiederholt** auf die ursprünglichen Forderungen angewandt. In der Regel handelte es sich dabei um **wenig diversifizierte Portfolien**, die überwiegend zur Realisierung von

Arbitragemöglichkeiten strukturiert wurden. Solche Transaktionen auf Basis von US Subprime-RMBS waren für den Ausbruch der Finanzkrise im Jahr 2007 verantwortlich und spielen seitdem im ABS Markt keine Rolle mehr.

5.2.4 Elemente einer Verbriefungstransaktion

Neben den bereits diskutierten Beteiligten Originator, SPV und Investoren enthalten Verbriefungstransaktionen eine Reihe weiterer beteiligter Parteien und struktureller Elemente.

Mit dem Begriff „Struktur einer Verbriefungstransaktion" verbindet man eine Reihe von im Rahmen der Strukturierung der Transaktion festgelegten **„wenn-dann"-Regeln**, die **die Konsequenzen** aus verschiedenen Ereignissen im Portfolio der Vermögenswerte wie z. B. überfällige Zahlungen, Ausfälle von Forderungen, realisierte Verluste, **für die jeweiligen Inhaber der ABS-Anleihen festlegen**.

Die beiden wichtigsten Struktur-Elemente einer ABS-Transaktion sind:

- Die Art des **Risiko-Transfers** vom Originator zum SPV und letztlich zum Investor
- Die Art der Cash Flow-/Verlustverteilung, der sog. **„Wasserfall"** der Transaktion

Weitere wichtige Struktur-Elemente sind bestimmte **Sicherungsmechanismen** („Credit Enhancements"), die neben dem Wasserfallprinzip für Investoren als Risikopuffer dienen (erst wenn Puffer aufgebraucht sind, tragen die Investoren Verluste), die rechtliche Stabilität und Stichhaltigkeit der Transaktion (inklusive der wirksamen Übertragung der zugrunde liegenden Vermögenswerte und der dazugehörigen Zahlungen) sowie mögliche Währungs- und Zinsabsicherungen der Zahlungsströme.

5.2.4.1 Beteiligte Parteien

Die für eine Verbriefungstransaktion üblicherweise verwendete **Zweckgesellschaft beschäftigt normalerweise keine eigenen Angestellten**, die die während der Strukturierung und Laufzeit der Transaktion anfallenden Aufgaben ausführen. Zur Ausführung dieser Aufgaben werden bei der Strukturierung **weitere Beteiligte** bzw. **Transaktionspartner** verpflichtet:

- *Servicer:* Aufgrund von Kundennähe und administrativem Know how verbleibt zunächst die Verwaltung der Forderungen (Servicing) bei der verkaufenden Bank, auch wenn sie nicht mehr juristischer und/oder wirtschaftlicher Eigentümer der Forderungen ist. Der Servicer übernimmt im Allgemeinen **die laufende Verwaltung der Kredite**, d. h. die Kreditüberwachung, den Einzug der Tilgung und Zinsen, das Mahnwesen und im Störungsfall die Verwertung der Sicherheiten.
- *Arranger:* I.d.R. eine Investmentbank, die die **Planung, Organisation und Strukturierung** der gesamten Transaktion gemeinsam mit dem Originator ausführt. Dazu gehören u. a. die Beratung für den Aufbau der Transaktion und die optimale Auswahl der Forderungen für den zu verkaufenden Kreditpool, die Anpassung der ABS an die Struktur der Forderungen sowie an die Bedürfnisse des Originators und der Investoren, Koordination der Errichtung und Auswahl des SPVs, Dialog mit den Ratingagenturen, Erstellung der Dokumentation unter Einschaltung von Rechtsanwälten und schließlich Mitwirkung bei der Platzierung der ABS-Papiere.

- *Ratingagenturen:* Die Ratingagenturen analysieren im Wesentlichen die Qualität der Forderungen sowie die „Transaktionsstruktur“ und **vergeben ein Rating** für die begebenen Wertpapiere.
- *Treuhänder (Trustee):* Der Treuhänder (bspw. eine Wirtschaftsprüfungsgesellschaft oder Rechtsanwaltskanzlei) **übernimmt im Interesse der Investoren die Kontrolle über die Sicherheiten** und die **ordnungsgemäße Abwicklung** aller Zahlungsströme. Er hält die Sicherheiten treuhänderisch für die Investoren, d. h. in eigenem Namen aber auf fremde Rechnung.
- *Calculation Agent/Paying Agent:* Fixing von Marktparametern, Berechnung von Zahlungsströmen in Abhängigkeit der Portfolioentwicklung
- *Liquidity Provider:* Je nach Art der zugrunde liegenden Forderungen können sehr **asymmetrische Zahlungsströme im Forderungspool** anfallen, z. B. bei amortisierenden Portfolien. Die Zahlungen der Forderungen und der Wertpapiere können ebenfalls zeitlich auseinander fallen. Um eine **Glättung der Zahlungen** auf die Wertpapiere zu erhalten, werden der Zweckgesellschaft in der Regel von sog. Liquidity Providern Liquiditätslinien zur Verfügung gestellt.
- *Swapkontrahenten:* Zur **Steuerung der Zahlungsströme** werden oft Derivate wie Zins- und/oder Währungsswaps benötigt, da das SPV aufgrund der Konkursfestigkeit z. B. kein Zinsrisiko tragen darf und die verbrieften Vermögenswerte oft feste Zinseinnahmen generieren (z. B. Hypothekendarlehen), während die Anleihen meistens variabel verzinst werden (typischerweise Libor/Euribor plus Aufschlag).

5.2.4.2 Risikotransfer

Hinsichtlich der Art des Risikoübergangs vom Originator zum SPV unterscheidet man zwei grundlegende Strukturen:

- *„True Sale“-Transaktionen:* Die **Vermögenswerte gehen rechtlich und wirtschaftlich vom Originator auf das SPV über**. Die jeweiligen Rechnungslegungsstandards (IAS, IFRS etc.) bestimmen, ob die Vermögenswerte weiterhin in der Bilanz des Originators verbleiben oder nicht („Derecognition“).
- *Synthetische Transaktionen:* Die **Vermögenswerte** des Originators werden durch den Abschluss eines **Credit Default Swaps** oder einer **Garantie** durch das SPV **abgesichert** und **verbleiben in der Bilanz des Originators**.

Risikotransfer durch True Sale der Vermögenswerte

Bei einem Risikotransfer durch True Sale werden die **Vermögenswerte** vom Originator an das SPV **verkauft**, d. h. gegen eine einmalige Zahlung des Kaufpreises gehen die Forderungen und die damit verbundenen Zahlungsströme rechtlich in die Bilanz des SPVs über.

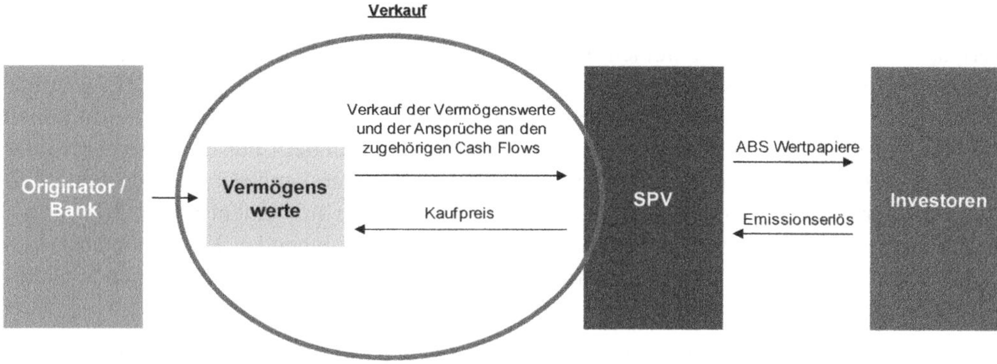

Abbildung 5.2-3: *Schematische Darstellung einer True Sale-Transaktion*

Die Zins- und Tilgungszahlungen auf die ausgegebenen ABS-Anleihen basieren auf „echten" Zahlungsströmen („Cash Flows") der Schuldner, die selbst wiederum Zins- und Tilgungszahlungen auf ihre Verpflichtungen an das SPV leisten.

Sofern die durch das zugrunde liegende Portfolio erwirtschaftenden Zahlungsströme nicht ausreichen, erhalten die Investoren nicht vollständig die erwarteten Zinsen und Tilgungen auf ihre ABS-Anleihen, d. h. True Sale Transaktionen folgen dem **„Cash in, Cash out"-Prinzip** und werden daher auch **„Cash Flow"-Transaktionen** genannt.

Die wesentlichen Ziele des Originators bei Auflage einer True Sale Transaktion sind die (günstige) Refinanzierung der Vermögensgegenstände, die Diversifikation der Refinanzierung und Übertragung bzw. Reduktion von Risiken aus der Bilanz.

Synthetischer Risikotransfer durch Kreditderivate

Im Rahmen des sog. „synthetischen Risikoübertrags" wird zwischen Originator und SPV ein **Credit Default Swap** mit den zugrunde liegenden Vermögenswerten als Referenzrisiko abgeschlossen. Hierbei handelt es sich um ein Kreditderivat, das individuell auf das Portfolio der Transaktion und den gewünschten Grad der Absicherung zugeschnitten wird.

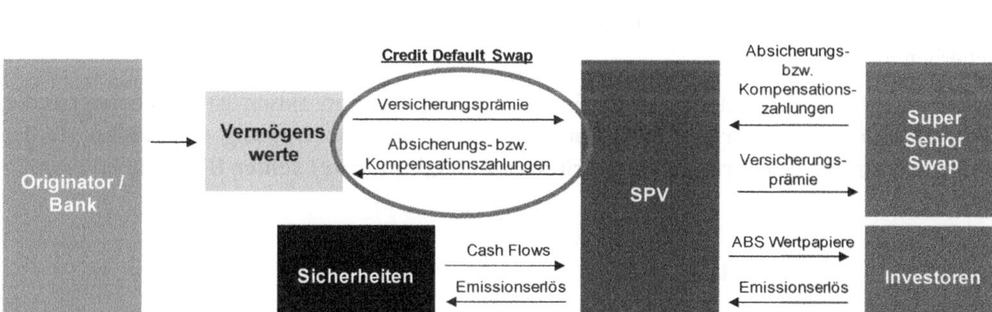

Abbildung 5.2-4: *Schematische Darstellung einer synthetischen Transaktion*

Da der Abschluss eines Kreditderivats **keinen Kapitaleinsatz zu Beginn der Transaktion** erfordert und die Vermögenswerte nicht wie beim True Sale angekauft werden, hält das SPV zunächst den Emissionserlös aus den ABS Anleihen. Die eigentlich nicht benötigten Mittel werden in **Sicherheiten** („Collateral") mit sehr guter Bonität (typischerweise AAA geratete Wertpapiere) wie z. B. Staatsanleihen, Pfandbriefe, oder selbst wieder in ABS investiert. Ziel ist es, die **Emissionserlöse zu parken** und dafür den risikofreien Zins wie z. B. „Euribor flat" zu erwirtschaften. Typischerweise wird im Rahmen von synthetischen Transaktionen nicht die ganze Kapitalstruktur über Anleihen refinanziert, sondern nur der untere Teil, der die ersten Verluste trägt. Je nach Risikogehalt der Forderungen kann der überwiegende Teil der Portfoliorisiken durch einen sog. „**Super Senior**"-Swap mit einem Garantiegeber als Kreditderivat abgesichert werden. Die dem SPV dadurch entstehenden Kontrahentenrisiken können nur durch die i. d. R. sehr gute Bonität des Garantiegebers und entsprechende Collateral-Vereinbarungen gemildert werden.

Die **Zins- und Tilgungszahlungen** auf die ausgegebenen ABS-Anleihen basieren nicht auf den „echten" Zahlungsströmen der Schuldner, sondern auf die durch den Originator gezahlten **Versicherungsprämien** und den Erträgen aus den Sicherheiten. D. h., dass in synthetischen Transaktionen die Zahlungsströme lediglich „synthetisch" abgebildet werden. Die Inhaber solcher ABS Anleihen erhalten solange Zins- und Tilgungszahlungen, bis Verluste aus ausgefallenen Vermögenswerten realisiert wurden. Aufgrund bestimmter rechtlich notwendiger Prozeduren wie Mahnungen, Zwangsversteigerungsmaßnahmen, etc., kann zwischen dem Ausfall einer Forderung und der Realisierung von Verlusten eine Zeitspanne von bis zu mehreren Jahren liegen. Der Betrag und Zeitpunkt des Ausfalls der „echten Cash Flows" ist daher nicht relevant; lediglich der Zeitpunkt und Betrag der realisierten Verluste ist hier entscheidend. Das „Cash in, Cash out"-Prinzip gilt also nicht für synthetische Transaktionen.

Theoretisch könnten die Emissionserlöse des SPVs aus der Emission der ABS-Anleihen an den Originator weitergeleitet werden, obwohl tatsächlich keine Vermögenswerte erworben werden, um einen positiven Finanzierungseffekt hervorzurufen. Dies würde jedoch die ABS-Investoren dem Kreditrisiko des Originators aussetzen, da dieser insolvent werden könnte. Damit würden die Emissionserlöse in die Konkursmasse des Originators fallen, was jedoch im Widerspruch zur fundamentalen Logik einer ABS-Transaktion stehen würde, nach der Investoren lediglich das Risiko aus dem zugrunde liegenden Portfolio tragen sollen (obwohl grundsätzlich auch Transaktionen existieren können, welche Investoren dem Kreditrisiko des Originators aussetzen). Um ein solches Szenario zu umgehen, werden die Emissionserlöse in Sicherheiten investiert.

Ziel des Originators bei der Auflage einer synthetischen Transaktion ist üblicherweise die **Reduktion von regulatorischem Eigenkapital** bzw. die **Übertragung von Risiko**, da die **Finanzierung der Forderungen weiterhin von Originator auf seiner Bilanz** übernommen wird.

5.2.4.3 Wasserfallprinzip

Charakteristisch für ABS Transaktionen sind die Emission von **verschiedenen Tranchen**, die in einem festen Nachrangverhältnis zueinander stehen („Tranchierung"). Der zum Erwerb des Portfolios nötige Kapitalbedarf wird durch die Gesamtheit aller Tranchen refinanziert und man spricht daher auch von der Kapitalstruktur der Transaktion.

Nicht ohne Zufall erinnert diese Konstruktion an die **Bilanz eines Unternehmens**. Im einfachsten Fall besteht die Passivseite der Bilanz eines Unternehmens aus jeweils einer Position Eigen- und Fremdkapital. Angenommen das Fremdkapital (z. B. ein Kredit) wird am Ende des Finanzjahrs fällig. Dann wird aus den verfügbaren Mitteln des Unternehmens (wie z. B. den Einnahmen aus dem Geschäftsbetrieb) als erstes der Kredit inkl. der fälligen Zinsen zurückgezahlt. Erst danach, sofern der Kredit vollständig bedient werden konnte, werden die dann noch verbleibenden Mittel an die Eigenkapitalgeber z. B. in Form einer Dividende ausgeschüttet. Reichen die verfügbaren Mittel nicht für die Bedienung des Kredits, dann gehen die Eigenkapitalgeber in jedem Fall leer aus (und müssen zur Aufrechterhaltung des Betriebs evtl. Eigenkapital einschießen, um den fälligen Kredit zurückzuführen). **Dieses Senioritätsprinzip wird bei der Strukturierung von ABS ebenfalls angewendet**.

Üblicherweise wird die **Tranchierung** durch das **Wasserfallprinzip** dargestellt, indem vorrangige Tranchen als erstes aus den Zahlungsströmen der Assets im Portfolio bedient werden. **Eine Bedienung nachrangiger Tranchen findet erst dann statt, wenn sämtliche Ansprüche aller vorrangigen Tranchen vollständig bedient worden sind**. Der Wasserfallmechanismus kann je nach Transaktion und Art des Assets mehr oder weniger komplex ausgestaltet sein.

Die Zins- und Tilgungszahlungen der Vermögenswerte bilden nach Abzug von Kosten, wie z. B. Gebühren für die beteiligten Parteien, sowie Rechts- und Ratingkosten die **verfügbaren Mittel**, die per Wasserfallprinzip ausgeschüttet werden. **Zinsen und Tilgungen** auf die Wertpapiere **werden entsprechend ihrer festgelegten Rangfolge gezahlt**. Die üblicherweise mit einem Rating versehenen Senior-Tranchen (im Beispiel Tranche A und B, vgl. Abb. 5.2-5) wirken wie Fremdkapital während die nicht geratete Junior-Tranche die Funktion des Eigenkapitals übernimmt. Die Ausschüttungen auf die Junior-Tranche haben ähnliche Eigenschaften wie Dividenden, die nur gezahlt werden können, wenn nach Bedienung der Fremdkapitalkosten genügend Mittel zur Verfügung stehen und der „Gewinn" ausgeschüttet werden kann. Daher heißen Junior-Tranchen auch „Equity"- oder „First Loss"-Tranchen.

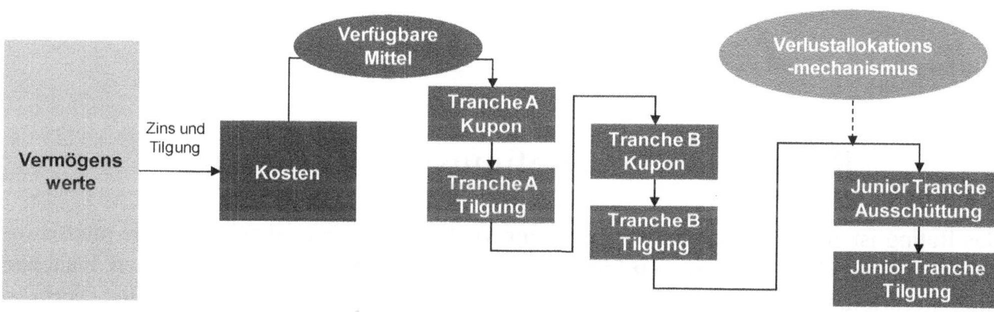

Abbildung 5.2-5: *Schematische Darstellung des Wasserfallmechanismus*

Typischerweise befindet sich vor der Junior-Tranche ein Mechanismus zur Allokation von möglichen Verlusten aus dem Portfolio. Dieser **Verlustallokationsmechanismus** stellt eine Art **Weiche im Wasserfall** dar:

- kein Verlust im Portfolio: Junior-Tranche erhält Ausschüttungen
- Verlust im Portfolio aufgetreten: Verwendung der noch vorhandenen Mittel zur Tilgung der Verluste, die Junior-Tranche erhält entsprechend weniger (evtl. keine) Zahlungen

So führen Ausfälle der Forderungen bzw. Verluste im Portfolio über den Verlustausgleich z. B. zu außerplanmäßigen Tilgungen der Senior-Tranchen. Solange der Verlust nicht durch Tilgungen vollständig reduziert wurde, erhält die Junior-Tranche keine Zahlungen. Ist der Verlust zurückgeführt, werden die verbleibenden Mittel wieder auf die Junior Notes ausgeschüttet. Die Mechanismen, die die vorrangigen Tranchen vor den ersten Verlusten im Portfolio schützen, nennt man **Credit Enhancements**. Darunter fallen z. B. Subordination einer Tranche, Überschuss-Zins („Excess Spread"), Überbesicherung („Over-collateralization") oder vom Originator eingebrachte Reserve-Konten („Cash/-Reserve fund").

Die Allokation der Verluste auf die verschiedenen Tranchen wird je nach Transaktion und Assetklasse durch verschieden Mechanismen dargestellt:

- Principal Deficiency Ledger (PDL)
- Overcollateralization- („OC") und Interest Coverage- („IC") Tests
- Performance-Trigger

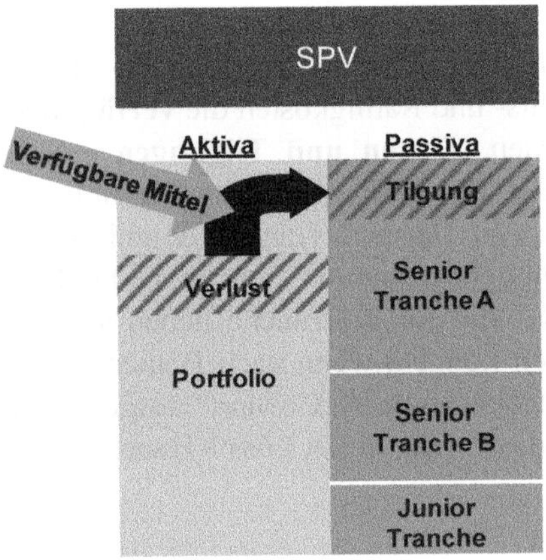

Abbildung 5.2-6: *Beispiel Verlustallokationsmechanismus: Tilgung von vorrangigen Tranchen*

5.2.5 Rating von Verbriefungstransaktionen

Das Rating ist ein **unverzichtbarer Teil einer Verbriefungstransaktion** und alle international anerkannten **Ratingagenturen** haben Methoden entwickelt, die verschiedenen Tranchen einer Verbriefungstransaktion mit einem Rating zu versehen. Beim Rating einer Verbriefungstransaktion kann es sich **nur um ein Emissionsrating** für die verschiedenen Wertpapiere der Emission und **nicht um ein Rating des Emittenten selbst** handeln. Da eine Einschätzung vom Investor nur bedingt möglich ist, ist die Transparenz und die Prognosegüte des Ratingprozesses zentraler Bestandteil für eine Investitionsentscheidung.

Im Ratingprozess von Verbriefungstransaktionen werden üblicherweise **5 Schritte** durchlaufen: Vorbereitung des Prozesses, die qualitative Analyse, die quantitative Analyse, die Festlegung der Ratings und Vermarktungsphase sowie die Überwachung („Surveillance") und Monitoring der Transaktion bis zur Fälligkeit.

5.2.5.1 Vorbereitung des Ratingprozesses

Die Vorbereitung geht dem eigentlichen Ratingprozess voraus und umfasst die **Zusammenstellung des Portfolios durch den Originator** und die damit verbundene Aufbereitung der Daten für die Ratingagenturen. In diese Phase fällt auch die Strukturierung der Transaktion durch einen Arranger, in der die Lösungen und Vereinbarungen für die im Folgenden beschriebenen Fragestellungen erarbeitet und zwischen verschiedenen beteiligten Parteien koordiniert werden. Insb. wird die Dokumentation der Verbriefungstransaktionen erstellt und wenn nötig, die Zweckgesellschaft gegründet.

5.2.5.2 Qualitative Analyse

Die Ratinganalyse besteht aus zwei zentralen Punkten, einerseits aus der **qualitativen Analyse** der Struktur und andererseits aus der **quantitativen Analyse** der Vermögensgegenstände im Portfolio und den strukturellen Merkmalen der verschiedenen Verbriefungstranchen.

Im Rahmen der qualitativen Analyse werden von den Ratingagenturen unter anderem die folgenden Fragestellungen analysiert und hinsichtlich ihrer potenziellen Risiken für die Investoren in die Wertpapiere bewertet.

Solvabilität des Emittenten

Üblicherweise werden die **Zweckgesellschaften insolvenzfern** strukturiert. Nichtsdestotrotz kann die **Überprüfung dieses Sachverhalts** durch die Ratingagenturen **ein aufwändiger Vorgang** sein. So ist z. B. die Übertragung der Assets vom Originator zum Emittenten ein kritischer Schritt, da die gesellschaftsrechtlichen Regelungen bzw. die Insolvenzordnungen in vielen Jurisdiktionen den Transfer von Vermögensgegenständen aus einer insolventen Gesellschaft verhindern. Ebenfalls können Übertragungen von Vermögensgegenständen aus einer Gesellschaft in einem gewissen Zeitraum vor der Insolvenz rechtlich anfechtbar sein. Tritt nun die Insolvenz des Originators in einen zeitlich engen Zusammenhang mit einer Verbriefungstransaktion, könnte die Zweckgesellschaft (und damit mittelbar die Investoren in die Wertpapiere) die Ansprüche aus den Vermögenswerten verlieren. Für solche und ähnliche Szenarien wird im Rahmen der Strukturierung Vorsorge getroffen und es ist die Aufgabe der Ratingagenturen sicherzustellen, dass die Regelungen im Kontext der jeweiligen Jurisdiktion wirksam sind und keine zusätzlichen Risiken für Investoren darstellen.

Rechtliche Struktur

Im Rahmen einer Verbriefungstransaktion sind zahlreiche rechtliche Fragestellungen zu klären. Dies umfasst u. a. die Fragen, ob der **Transfer der Forderungen rechtlich einwandfrei** und **unanfechtbar** ist, ob die zugrunde liegenden Vermögenswerte selbst rechtmäßig und unanfechtbar sind. Ebenso ist zu prüfen, ob die Ansprüche aus den Forderungen vollstreckbar sind und wie z. B. das Verfahren im Falle eines Zahlungsverzugs geregelt ist.

Weiter werden Fragen bzgl. der rechtlichen Risiken und möglichen **Verpflichtungen der Zweckgesellschaft** selbst geklärt. Hat die Zweckgesellschaft z. B. Angestellte beschäftigt, so stellt sich die Frage, wie dann mögliche Ansprüche aus arbeitsrechtlichen Streitfällen abgedeckt sind.

In der Regel fordern Ratingagenturen **Rechtsgutachten** („legal opinions“) zur Wirksamkeit der innerhalb der Verbriefungstransaktion verwendeten Lösungen der einzelnen rechtlichen Fragen.

Steuerliche Aspekte

Aus Sicht der Ratingagenturen stehen hier Risiken im Vordergrund, die die Ansprüche der Investoren auf die versprochenen Zahlungsströme der Wertpapiere durch steuerliche Vorgaben wie Kapitalertragssteuer, Gewerbe- oder Einkommenssteuerpflicht auf der Ebene der Zweckgesellschaft beeinträchtigen können. Dabei steht nicht die Vermeidung von Steuerzahlungen im Vordergrund, sondern die Abschätzung, ob es durch evtl. unklare Regelungen oder unerwartete Auslegungen der Steuergesetze zu Einbußen für die Investoren kommen kann.

Bonität beteiligter Parteien

Hat die Zweckgesellschaft Derivate wie z. B. Zinsswaps zur Steuerung der Zahlungsströme im Rahmen der Transaktion abgeschlossen, werden die **Kontrahentenrisiken** aus diesen Geschäften analysiert, da ein Ausfall eines Kontrahenten schwerwiegende Konsequenzen für die Zahlungsströme der Wertpapiere haben kann.

Für alle an der Transaktion beteiligten Parteien werden neben der Bonität der einzelnen Kontrahenten auch die **Vorkehrungen für einen möglichen Austausch** im Falle einer Insolvenz oder sonstigen Nicht-Erfüllung vertraglicher Pflichten **einer der Beteiligten** und die daraus für die Investoren resultierenden Risiken beurteilt.

5.2.5.3 Quantitative Analyse

Das Risiko einer Tranche aus einer Verbriefungstransaktion wird durch zwei Determinanten geprägt: **Die Kreditqualität der Forderungen im Portfolio und die strukturelle Ausgestaltung der Tranchierung sind die wesentlichen Treiber für das Risiko einer Tranche.** Beide Aspekte werden im Rahmen der quantitativen Analyse untersucht, die in der Regel die folgenden 3 Schritte umfasst:

1. Analyse und Modellierung der Kreditrisiken der einzelnen Forderungen
2. Festlegung der Tranchierung
3. Stresstest und Robustheitsprüfung der Tranchenstruktur

Die Analyse und Modellierung der Kreditqualität der Assets ist natürlich stark vom jeweiligen Typ bestimmt und kann sich je nach Ansatz der jeweiligen Ratingagentur unterscheiden. Allgemein lässt sich jedoch sagen, dass Ratingagenturen für die Analyse der zugrunde liegenden Vermögenswerte historische Ausfallstatistiken verwenden.

Modellierung der Kreditrisiken

Bei der Modellierung der Kreditrisiken der einzelnen Forderungen in einem Verbriefungsportfolio kann man einerseits zwischen klassischen ABS-Forderungen wie z. B. Hypothekenkrediten, Autofinanzierungen oder Kreditkartenforderungen und andererseits zwischen CDO Portfolien, die selbst aus verbrieften Forderungen, Unternehmenskrediten oder -anleihen bestehen können, unterscheiden.

Klassische ABS Portfolien zeichnen sich in der Regel durch ein **sehr großes, homogenes und gut diversifiziertes Portfolio** aus, dass relativ geringe idiosynkratische Risiken birgt und dessen Ausfallcharakteristika daher gut durch **statistische Kennzahlen** beschrieben werden können. Im Gegensatz dazu bestehen **CDO Portfolien** aus einer **relativ kleinen Anzahl von eher heterogenen Vermögenswerten** mit einem oft sehr unterschiedlichen Diversifikationsgrad, so dass idiosynkratische Risiken hier eine deutlich größere Rolle spielen und so die **Ausfallcharakteristika jedes einzelnen Assets modelliert** werden muss. Für Assets, die selbst von den Agenturen mit einem Rating versehen worden sind, wird in der Regel dieses Rating verwendet. Dies gilt z. B. für Unternehmensrisiken bzw. Unternehmensanleihen, aber auch für Verbriefungstranchen, die selbst wieder Assets im Portfolio einer Verbriefungstransaktion sein können.

Tranchierung

Der zweite Risikotreiber einer Tranche ist die strukturelle Ausgestaltung der Tranchierung. Für die Analyse der Struktur verwenden Ratingagenturen **Cash Flow-Modelle**, die die Zahlungsströme der zugrunde liegenden Assets unter allen möglichen Ausfallszenarien auf die Zahlungsströme der emittierten Wertpapiere abbilden. Ein zentrales Objekt der Betrachtung ist die **Wahrscheinlichkeitsverteilung der kumulierten Portfolioverluste**, die sich aus den Ausfallwahrscheinlichkeiten und den Ausfallkorrelationen der Assets im Portfolio mit Hilfe verschiedener mathematischer Verfahren berechnen oder einer Monte Carlo Simulation bestimmen lässt. Dabei steht die Ausfallkorrelation, die ein Maß für die Tendenz zu gleichartigem Ausfallverhalten der Assets darstellt, in einem engen Zusammenhang mit der Streuung der Verteilung der kumulierten Portfolioverluste um ihren Erwartungswert. Je größer die Korrelation, desto größer ist auch die Streuung der Verlustverteilung und damit umso höher die Wahrscheinlichkeit für große Verluste im Portfolio. Aber, bei hoher Korrelation steigt auch die Wahrscheinlichkeit für sehr kleine kumulierte Verluste. Wie die Ausfallwahrscheinlichkeiten der Assets werden auch die Korrelationen von den Agenturen aus historischen Daten abgeleitet.

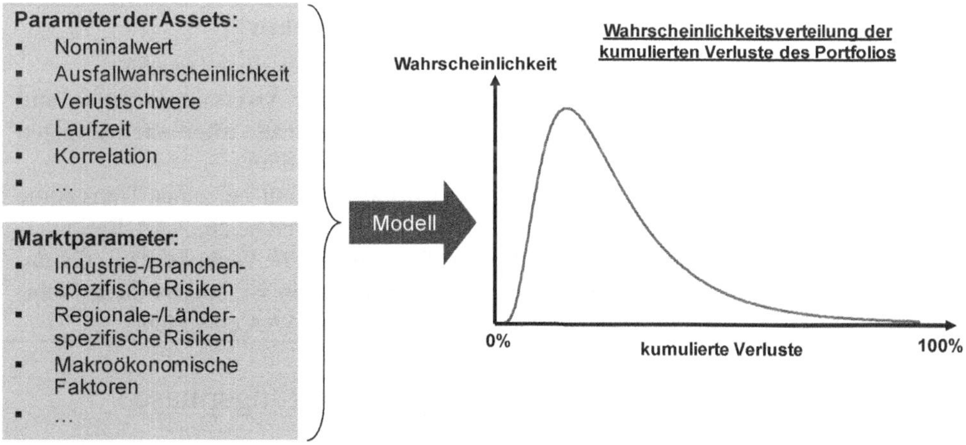

Abbildung 5.2-7: *Berechnung der Wahrscheinlichkeitsverteilung der kumulierten Portfolioverluste per Modell*

Die **Kombination von Szenarioanalysen** der Cash Flow-Modelle und der **Verteilung der kumulierten Portfolioverluste** erlaubt es, den einzelnen Ausfallszenarien Wahrscheinlichkeiten zuzuordnen, so dass sich daraus **erwartete Verluste einzelner Tranchen** und **Wahr-**

scheinlichkeiten für das Auftreten von Beeinträchtigungen der Zahlungsströme der Wertpapiere ableiten lassen. Je nach Methodik der einzelnen Ratingagentur lassen sich aus diesen Ergebnissen Ratings für die Wertpapiere der Verbriefungstransaktion ableiten.

Ein Vergleich der quantitativen Modelle der Ratingagenturen zeigt deutliche Unterschiede im Modelldesign. So basiert das Modell von Moody's auf dem erwarteten Verlust eines Wertpapiers, der dann auf ein Rating abgebildet wird, während S&P und FITCH ihr Rating auf der Basis von Eintrittswahrscheinlichkeiten für das Auftreten des ersten Verlustes aus dem Wertpapier vergeben.

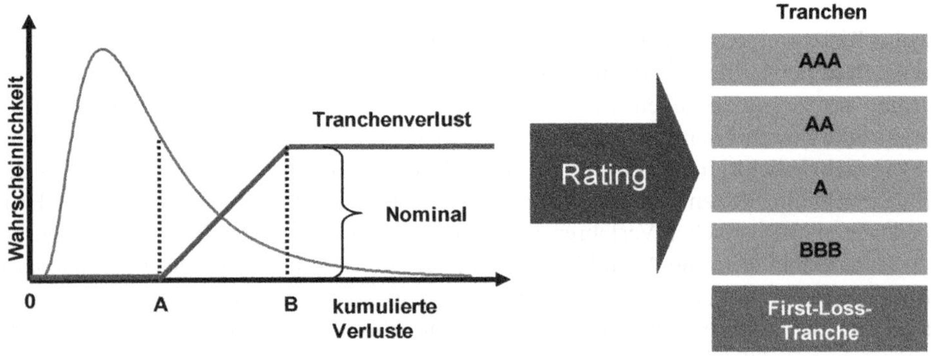

Abbildung 5.2-8: *Modellbasierte Bestimmung des Ratings aus dem Risikoprofil der Tranche und der Verlustverteilung*

Zur Validierung der Ergebnisse untersuchen die Agenturen das Verhalten der Tranchen unter definierten Stressszenarien, um so die Robustheit der Ratings unter einer Vielzahl von Worst-Case Annahmen zu prüfen.

Wie kann aus einem BBB-Portfolio eine AAA-Tranche entstehen?

- Entscheidend ist das **Zusammenspiel** der beiden Risikotreiber einer Tranche.
- Das Rating einer Tranche ist durch die **Kreditqualität der Assets** im Portfolio **und** durch die **Höhe der Subordination**, d. h. die **Nominalbeträge aller nachrangigen Tranchen,** (sowie evtl. weiteren **Credit Enhancements**) bestimmt.
- Durch eine **hinreichend groß gewählte Subordination** kann bei einer Transaktion mit einem gegebenen BBB-Portfolio z. B. die vorrangige Tranche ein AAA-Rating erhalten, wenn die **Wahrscheinlichkeit für große kumulierte Verluste** bzw. für das Aufzehren des Verlustpuffers der Tranche **hinreichend klein** ist, sodass diese Wahrscheinlichkeit der Ausfallwahrscheinlichkeit der Ratingnote AAA entspricht.

5.2.5.4 Festlegung des Ratings und Vermarktungsphase

Den Abschluss des Ratingprozesses bildet in der Regel ein so genanntes **Ratingkomitee**, bei dem die mit der Analyse befassten Ratinganalysten den einzelnen Tranchen auf Basis der quantitativen und qualitativen Analysen ein vorläufiges Rating verleihen. Typischerweise werden die Ergebnisse des Ratingkomitees und die Analysen in Form eines so genannten **Pre-Sale-Reports** von den Agenturen veröffentlicht und interessierten Investoren während der Vermarktungsphase zur Verfügung gestellt. Der Ratingprozess ist im Idealfall wenige Wochen vor der geplanten Emission beendet, damit die vorläufigen Ratings in den Preisbildungsprozess der Emission mit einbezogen werden können. Nach Vermarktung und Platzierung der Transaktion werden dann üblicherweise endgültige Ratings vergeben.

5.2.5.5 Surveillance/Monitoring

Jedes von einer Ratingagentur vergebene Rating wird in regelmäßigen Abständen überprüft. Sollten sich bei der Überprüfung Hinweise auf eine Änderung der dem jeweiligen Wertpapier innewohnenden Kreditrisiken ergeben, werden diese Wertpapiere auf eine so genannte Watch List gesetzt und das Rating wird gegebenenfalls unter wiederholter Anwendung des Ratingprozesses angepasst. Neben den turnusmäßigen Überprüfungen, die i. d. R. jährlich stattfinden, unternehmen die Ratingagenturen auch anlassbezogene Überprüfungen, die z. B. durch die Insolvenz eines Schuldners im Portfolio oder durch die Änderung eines Ratings eines der an der Transaktion beteiligten Partners oder durch allgemeine Veränderungen in der Kreditqualität des Portfolios ausgelöst werden kann.

Zusammenfassung

„SPVs sind doch die Dinger, die in Amerika pleite gegangen sind“: Solche und ähnliche Aussagen sind zum Thema „Kreditverbriefungen“ nicht selten zu lesen oder zu hören gewesen. Dabei sind Kreditverbriefungen ein wichtiges Instrument des Kreditrisikotransfers und des Kreditrisikomanagements und auf einem modernen Kapitalmarkt unentbehrlich. Ein Special Purpose Vehicle (SPV) ist ein wichtiges „technisches Hilfsmittel“ im Rahmen einer Verbriefung, welches den Risikotransfer vom ursprünglichen Risikohalter hin zum Investor wirtschaftlich und vor allem juristisch effizient bewerkstelligt.

Der Risikotransfer vom Originator der verbrieften Forderungen kann entweder durch einen echten Verkauf (True Sale) oder eine Absicherung der Forderungen durch ein Kreditderivat erfolgen. Den Ankauf der Forderungen bzw. die Absicherung der übertragenen Risiken leitet das SPV durch die Emission von verschiedenen Wertpapieren, den sog. „Asset Backed Securities“ (ABS) weiter. Durch diese Konstruktion wird eine Insolvenz des SPV ausgeschlossen. Die Investoren in die Wertpapiere unterliegen nur dem Risiko des Forderungsportfolios und ihre Erträge hängen nur von der Performance der unterliegenden Vermögenswerte ab.

Die unterschiedlichen Risikoprofile der Tranchen entstehen durch ein festes Nachrangverhältnis der einzelnen Tranchen zueinander. Die Kapitalstruktur bzw. die Tranchierung einer ABS Transaktion ist analog zur Bilanz eines Unternehmens mit ihren verschiedenen Formen von Eigen- und Fremdkapital aufgebaut. Zur Risikoanalyse von Verbriefungen wird seitens der Ratingagenturen auf modellbasierte Ansätze zurückgegriffen.

Übungsaufgaben

Aufgabe 1

Nennen Sie 3 Gründe für die Verwendung einer Zweckgesellschaft (SPV) im Rahmen einer Verbriefungstransaktion.

Lösung: Mögliche Antworten sind

- Intermediärsfunktion zwischen Originator und Investoren
- Das SPV soll sicherstellen, dass die verbrieften Kredite von der verkaufenden Bank rechtlich und wirtschaftlich separiert werden.
- Sollte die verkaufende Bank insolvent werden, haben die Gläubiger der Bank keinen Zugriff auf die verbrieften Kredite im SPV.
- Der Kreditpool bedient die Forderungen der Investoren, die somit vor der Insolvenz der Bank geschützt sind.
- Die Bank löst sich durch die Verbriefung von allen Risiken, die mit dem Kreditportfolio verbunden waren: Die Forderungen der Investoren richten sich ausschließlich gegen das Portfolio, nicht aber gegen die Bank selbst.

Aufgabe 2

Für die während der Strukturierung und Laufzeit der Transaktion anfallenden Aufgaben auszuführenden Aufgaben werden bei der Strukturierung weitere Beteiligte bzw. Transaktionspartner verpflichtet. Je nach ausgeführter Funktion hat die Bonität bzw. das Kreditrisiko der Parteien einen Einfluss auf die Transaktion. Nennen Sie jeweils 2 beteiligte Parteien, deren Bonität die Transaktion beeinflusst bzw. deren Bonität die Transaktion nicht beeinflusst.

Lösung: Mögliche Antworten für Parteien, deren Bonität die Transaktion beeinflusst sind u. a. Swapkontrahenten, Collateral, Liquidity Provider, Servicer, Forderungsschuldner, Treuhänder, Paying Agent. Keinen Einfluss auf die Bonität haben u. a. Originator, Arranger, Ratingagenturen und Investoren.

Aufgabe 3

Die *Happy Hypo-Hypothekenbank* hat 2010 einen Teil ihres Hypothekenportfolios im Rahmen einer True-Sale Verbriefungstransaktion am Kapitalmarkt platziert und sie halten €50 Mio. der AAA-Tranche der von der Zweckgesellschaft *Happy Hypo Home Trust 2010–1* emittierten Transaktion in ihrem Anlageportfolio. Heute, mehr als ein Jahr nach Auflage der Verbriefungstransaktion, meldet die Happy Hypo aufgrund von Zahlungsunfähigkeit Insolvenz an und ihr Vorstand bittet Sie über die Folgen zu berichten.

Beschreiben Sie, welche Konsequenzen die Insolvenz des Originators *Happy Hypo* für ihr Investment hat? Begründen Sie ihre Antwort an Hand von 2 charakteristischen Merkmalen von Verbriefungstransaktionen.

Lösung: Die Insolvenz des Originators hat keinen Einfluss auf eine laufende Transaktion.

- Im Rahmen einer True-Sale Transaktion wird der verbriefte Forderungspool auf das SPV übertragen und damit wirtschaftlich und rechtlich von der Bilanz des Originator separiert.
- Die Gläubiger des Originators haben keine Ansprüche gegenüber dem Forderungspool bzw. den Investoren.
- Die Zahlungsansprüche der Investoren in forderungsbesicherte Wertpapiere (Anspruch auf Rückzahlung des eingesetzten Kapitals und dessen Verzinsung) werden ausschließlich aus den Zahlungsströmen der vom SPV erworbenen Forderungen geleistet.
- Die Forderungen der Investoren richten sich ausschließlich gegen das Portfolio, nicht aber gegen den Originator selbst.

Literaturhinweise

Als **erster Einstieg** in die Thematik von Verbriefungen eignet sich unter anderem:

Kaltenhäuser, Iris: ABS Handbuch – Einführung in Asset-Backed Securities, Fixed Income Research, Bayern LB, 2006

Münkel, Helge: Asset-Backed Securities: Leicht gemacht! Ein praktischer Leitfaden, Global Markets Research, HVB, 2006

Weiterführende und **vertiefende Literatur**:

Rudolph, Bernd et al.: Kreditrisikotransfer: Moderne Instrumente und Methoden, 2. Aufl., Springer, 2012

Jakobs, Thomas: Verbriefungen im Fokus der Bankenaufsicht: Rückschlüsse aus der Finanzmarktkrise, 1. Aufl., Igel Verlag, 2014

Kothari, Vinod: Securitization – The Financial Instrument of the Future, 1st Ed., Wiley Finance, 2006

Ein Überblick über **Bilanzierung** von ABS-Transaktionen nach HGB und IFRS, **aufsichtsrechtliche Behandlungen, steuerliche Aspekte** und **rechtliche Fragestellungen** findet sich in:

Deloitte & Touche: Asset Securitisation in Deutschland, 3. Auflage mit Glossar, (Hrsg.), Düsseldorf, 2008

Umfangreiches Informationsmaterial zum Thema **Verbriefung Allgemein** findet sich auf der Homepage der True Sale International GmbH: www.true-sale-international.de

What's a C.D.O.? – Eine Animation zum **Wasserfallprinzip** findet sich unter: www.portfolio.com/interactive-features/2007/12/cdo

Beschreibungen der einzelnen **Ratingansätze** finden sich auf den Internetseiten der **Ratingagenturen**:

Moody's: www.moodys.com

Standard & Poors: www.standardandpoors.com

Fitch Ratings: www.fitchratings.com

Thomas Heidorn

5.3 Kreditportfoliosteuerung

Lernziele

Der Leser lernt die Verteilungen von Kreditportfolien kennen. Mit Hilfe eines ausfallorientierten Ansatzes (CreditRisk$^+$) und eines barwertorientierten Ansatzes (CreditMetrics) werden die wesentlichen Portfoliokonzepte und das ökonomische Eigenkapital diskutiert. Darauf aufbauend können dann mit Kreditderivaten und Asset Backed Securities Steuerungsimpulse gesetzt werden.

5.3.1 Einleitung

Während die Marktpreisrisiken (Zinsen, Aktien und Währungen) mit Hilfe des RiskMetrics-Ansatzes gut beschrieben werden können und dafür relativ überzeugende Derivate zur Absicherung unerwünschter Risiken zur Verfügung stehen, hat diese Entwicklung im Kreditbereich erst begonnen.

Um eine Bank zu steuern ist ein Verständnis für die verbundene Wirkung der Kredite notwendig. Ziel ist es, eine **Verteilungsfunktion** für die möglichen **Verluste** des Portfolios zu entwickeln. Leider kann bei Krediten **nicht** von einer **Normalverteilung** ausgegangen werden. Empirisch ist ein Downrating deutlich wahrscheinlicher als eine Ratingverbesserung. Außerdem sind bei einem Ausfall die möglichen Verluste viel höher als mögliche Gewinne durch eine erhöhte Kreditqualität. Abbildung 5.3-1 zeigt eine solche Verlustverteilungsfunktion.

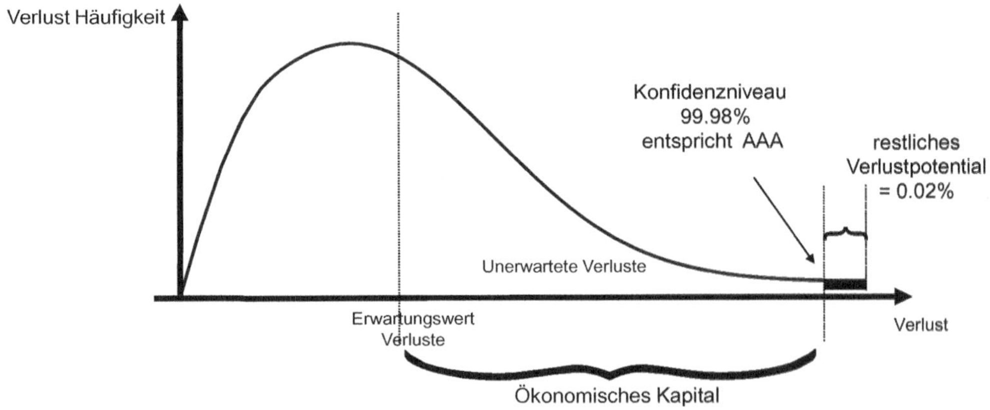

Abbildung 5.3-1: Verlustverteilung in einem Portfolio und ökonomisches Kapital

Dabei beziehen sich die erwarteten Verluste auf die **durchschnittlichen Ausfälle**. Im Rahmen der Kreditbewertung werden sie oft als **Standardrisikokosten** bezeichnet. Dies ist jedoch irreführend. Es handelt sich einfach um Kosten, da bei richtigem Rating über einen langen Zeitraum diese Verluste anfallen müssen. Das **Risiko** stellt der **unerwartete Verlust**, also ein Jahr über dem Durchschnitt, dar. In einer solchen Situation muss die Bank mit Eigenkapital die Verluste abdecken können. Dies wird im Gegensatz zum regulatorischen als **ökonomisches Eigenkapital** bezeichnet. Seine Höhe hängt vom Zielrating der Bank ab.

Wird beispielsweise ein AA angestrebt, sollte in zwei Jahren die Ausfallwahrscheinlichkeit der Bank maximal 0,02 % betragen. Verluste bis zu dieser Höhe müssen daher mit Eigenkapital unterlegt oder externalisiert werden. Das notwendige Eigenkapital muss dann mit der entsprechenden Zielrendite bei der Bewertung angesetzt werden. Im Regelfall wird dem Kredit das marginale Eigenkapital zugeordnet, also die Erhöhung des ökonomischen Kapitals durch die Hereinnahme des zusätzlichen Kredits. Daher setzt sich der Preis eines Kredites zusammen aus:

Preis eines Kredites =

Zinskosten
\+ Liquiditätskosten
\+ Standard(risiko)kosten
\+ nicht finanzielle Produktionskosten
\+ (marginale) Eigenkapitalkosten
\+ Marge

Im Rahmen der Portfoliosteuerung wird also einerseits auf die Risikoverteilung im Sinne der **Rating**s geachtet. Dies **determiniert die erwarteten Verluste**. Genauso entscheidend ist aber auch die Analyse der **Diversifikation** im Portfolio. Je geringer die Kredite korreliert sind, umso unwahrscheinlicher wird ein unerwarteter großer Verlust. Daher bindet ein granulares Portfolio bei gleichen erwarteten Ausfällen deutlich **weniger Eigenkapital** als ein Portfolio mit Klumpenrisiken.

Im Folgenden wird zuerst die Bewertung von Krediten vorgestellt. Anschließend wird kurz das ausfallorientierte Modell von CreditRisk$^+$ (Credit Suisse) dargestellt. Als Alternative wird als Barwert-orientiertes Modell das Grundkonzept von CreditMetrics (JPMorgan) erklärt. Den Abschluss bilden dann die Steuerungsmöglichkeiten. Die verwendeten Datensätze sind exemplarisch zu verstehen.

5.3.2 Bewertung von Krediten mit Ausfallwahrscheinlichkeiten

Um die Risiken des Adressenausfalls besser zu verstehen, wird im ersten Schritt mit historischen **Ausfallwahrscheinlichkeiten** gearbeitet, hier beispielhaft auf Basis der Ratingstufen von Standard & Poor's.

Dabei wird klassisch der **Cash Flow** mit der **Rückzahlungswahrscheinlichkeit gewichtet** und auf heute **abgezinst**. Bei diesem Ansatz werden folgende Daten benötigt: risikofreier Zinssatz, Rückzahlungswahrscheinlichkeiten und Konkursquote (Recovery). In der folgenden Tabelle wird gezeigt, mit welcher Wahrscheinlichkeit nach der ursprünglichen Ratingvergabe eine Zahlungsstörung eintritt.

Im Folgenden soll die Bewertung eines Portfolios beispielhaft mit zwei dreijährigen Krediten vorgestellt werden. Die **Unternehmen Lucky und Unlucky** haben **jeweils** einen Kredit über **100 Mio.** für **drei Jahre** aufgenommen. Neben dem Zinssatz fallen keine weiteren Gebühren an. Als erstes müssen die drei Kredite auf Ihre Bonität untersucht werden. Benutzt man als Rating-Kriterien den Ansatz von Standard & Poor's, werden den beiden Krediten folgende Bonitätsstufen und damit kumulierte Ausfallwahrscheinlichkeiten im nächsten Jahr zugeordnet.

Tabelle 5.3-1: *Kumulierte Ausfallraten*

Rating	Zahlungsstörung nach Jahren des Ursprungsratings							
	1	**2**	**3**	**4**	**5**	**7**	**10**	**15**
AAA	0.00	0.00	0.07	0.15	0.24	0.66	1.40	1.40
AA	0.00	0.02	0.12	0.25	0.43	0.89	1.29	1.48
A	0.06	0.16	0.27	0.44	0.67	1.12	2.17	3.00
BBB	0.18	0.44	0.72	1.27	1.78	2.99	4.34	4.70
BB	1.06	3.48	6.12	8.68	10.97	14.46	17.73	19.91
B	5.20	11.00	15.95	19.40	21.88	25.14	29.02	30.65
CCC	19.79	26.92	31.63	35.97	40.15	42.64	45.10	45.10

Quelle: S&P Credit Week, 15.4.96, zitiert nach CreditMetrics (1997), S. 71

Tabelle 5.3-2: *Beispielportfolios*

Unternehmen	Rating	Ausfallwahrscheinlichkeit	Vereinbarter Zins
Lucky	A	0,27 %	4,40 %
Unlucky	BB	6,12 %	5,15 %

Im Falle des Konkurses hängt die Höhe des Ausfalls von der Konkursquote ab, d. h. zur Bewertung des Ausfallrisikos wird zusätzlich zu den Ausfallwahrscheinlichkeiten noch die **Konkursquot**e benötigt. Hierbei kommt es auf die Besicherung einerseits und auf die Rangstufe der Forderung andererseits an. Als Beispiel dient die Studie von Carty & Liebermann.

Tabelle 5.3-3: *Durchschnittliche Konkursquoten*

Rangstufe	Durchschnittliche Konkursquote	Standardabweichung der Konkursquote
erstrangig, besichert	53,8 %	26,86 %
erstrangig	51,13 %	25,45 %
nachrangig	32,74 %	20,18 %

Quelle: Carty & Liebermann, 1996

Beide Kredite sind **erstrangig**, d. h. im Erwartungswert können bei einem **Ausfall 51,13 %** der Schuld zurückerhalten werden. Jedoch schwanken diese Konkursquoten im Zeitablauf stark, so dass eine genaue Analyse des einzelnen Kredits sicherlich zu besseren Abschätzungen führt.

Als letzte Daten werden die **Zerozinssätze**, die dem Risiko des ausfalladjustierten Cash Flows entsprechen, ermittelt, um eine erste Abschätzung der Kreditwerte zu bekommen.

Tabelle 5.3-4: *Spotsätze (Zerosätze) für den erwarteten Cash Flow*

	Laufzeiten in Jahren				
	1	**2**	**3**	**4**	**5**
Zinssatz	3,60 %	3,81 %	4,25 %	4,58 %	4,93 %

Zur genaueren Berechnung ist jede **Zahlung** mit ihrem individuellen Risiko zu bewerten, d. h. die einzelnen Zahlungen werden mit ihren individuellen **jährlichen Ausfallwahrscheinlichkeiten gewichtet**, die sowohl vom Rating als auch vom Zeitpunkt der Zahlungen abhängen (vgl. Tab. 5.3-1).

$$Wert = \sum_{i=1}^{N} \frac{C_i \cdot \left(1 - p_i^{Ausfall}\right) + p_i^{Ausfall} \cdot Konkursquote \cdot C_i}{\left(1 + r_{si}\right)^i}$$

$$\begin{aligned} Wert_{Lucky} &= \frac{4,4 \cdot (1 - 0,06\%) + 0,06\% \cdot 51,13\% \cdot 4,4}{(1 + 3,6\%)} \\ &+ \frac{4,4 \cdot (1 - 0,16\%) + 0,16\% \cdot 51,13\% \cdot 4,4}{(1 + 3,81\%)^2} \\ &+ \frac{104,4 \cdot (1 - 0,27\%) + 0,27\% \cdot 51,13\% \cdot 104,4}{(1 + 4,25\%)^3} \\ &= 100,35 \end{aligned}$$

Die Problematik der Ausfallstatistiken liegt in der relativ kleinen Grundgesamtheit der Ausfälle bei AAA- und AA-Krediten, so dass hier kaum signifikante Aussagen möglich sind. Auch wird bei dieser Betrachtung nicht der Kreditzyklus berücksichtigt, so dass der Wert eines Kredites nach diesem Verfahren meist **stark vom Marktpreis abweicht**. Es ist daher eher sinnvoll, bei einer guten Analyse über Ausfallwahrscheinlichkeiten und Recovery den Wert mit dem **Marktpreis zu vergleichen**. Liegt er unter dem Markt, sollte der Kredit verkauft bzw. nicht abgeschlossen werden. Liegt er **darüber**, sollte der **Kredit dem Portfolio hinzugefügt** werden.

5.3.3 CreditRisk$^+$

Das von Credit Suisse entwickelte Kreditportfoliomodell beruht auf einem **versicherungsmathematischen Ansatz**. Dieser wird im Folgenden an einem Beispiel Kredite gleicher Größenordnung erklärt.

5.3.3.1 Grundsatz des Portfolioansatzes

Das Modell von **CreditRisk$^+$** beruht auf einem **buy and hold** Ansatz. Es spielt daher nur die Ausfallwahrscheinlichkeit und der daraus resultierende Verlust (Loss Given Default = LGD) eine Rolle. Zuerst werden die Kredite in **Gruppen mit dem gleichen LGD** unabhängig von der Ausfallwahrscheinlichkeit zusammengefasst. In einer solchen Gruppe kann mit Hilfe einer **Poissonverteilung**, die besser seltene Ereignisse abbilden kann als z. B. eine Normalverteilung, die Wahrscheinlichkeit für eine bestimmte Anzahl von Ausfällen ermittelt werden.

$$P(n\_Ausfälle) = \frac{\mu^n \cdot e^{-\mu}}{n!}$$

Dabei ergibt sich die Wahrscheinlichkeit, mithilfe der Parameter:

µ Summe der Ausfallwahrscheinlichkeiten aller Kredite der Größenklasse

n Anzahl der Kredite einer Größenklasse (= selber LGD)

e Eulersche Zahl

genau n Ausfälle zu haben.

5.3.3.2 Beispiel für eine Verlustverteilung im Portfolio

Betrachtet man ein Portfolio von 10 Kreditnehmern (A–J), ergibt sich im Beispiel ein µ von 65 %. Alle Kredite haben einen LGD von 50 Millionen €.

Kreditnehmer	Ausfallwahr-scheinlichkeit
A	2,00%
B	4,00%
C	5,00%
D	7,00%
E	9,00%
F	11,00%
G	13,00%
H	2,00%
I	3%
J	9%
Summe	65,00%

Abbildung 5.3-2: *Ausfallwahrscheinlichkeiten der einzelnen Kredite*

Mithilfe der Poissonverteilung kann jetzt **jeder Anzahl von Ausfällen eine Wahrscheinlichkeit zugeordnet** werden.

$$P(N\_Ausfälle) = \frac{\mu^n \cdot e^{-\mu}}{n!}$$

$$P(0\_Ausfälle) = \frac{0{,}65^0 \cdot e^{-0{,}65}}{0!} = 52{,}2\%$$

$$P(1\_Ausfall) = \frac{0{,}65^1 \cdot e^{-0{,}65}}{1!} = 33{,}93\%$$

$$P(2\_Ausfälle) = \frac{0{,}65^2 \cdot e^{-0{,}65}}{2!} = 11{,}03\%$$

Daraus kann dann eine Tabelle für die möglichen Verluste im Portfolio aufgestellt werden.

Wird ein A Rating der Bank angestrebt, sollten **99,94 % der möglichen Verluste abgedeckt** sein (vgl. Tab. 5.3-1 Ausfallwahrscheinlichkeit A für ein Jahr). Durch Aufsummierung der Wahrscheinlichkeiten ergibt sich, dass bis zu **vier Ausfälle durch Eigenkapital** gesichert sein müssen. Dies entspricht einem Value at Risk von 200 Mio. Da die **erwarteten Ausfälle** von 32,5 Mio. durch die **Standardrisikokosten** gedeckt werden, bindet das Portfolio 167,5 Mio. **ökonomisches Eigenkapital**.

VAR: Mit 99,94 % fallen maximal vier Kredite mit Exposure 50 aus. Der VAR beträgt also 200.

Anzahl Ausfälle	Wahrschein-lickeit	kum. Wahr.	1 - kum. Wahr.	erwarteter Verlust	Verlust Ereignis
0	52,20%	52,20%	47,80%	0,00	0,00
1	33,93%	86,14%	13,86%	16,97	50,00
2	11,03%	97,17%	2,83%	27,99	100,00
3	2,39%	99,56%	0,44%	31,58	150,00
4	0,39%	99,94%	0,06%	32,36	200,00
5	0,05%	99,99%	0,01%	32,48	250,00
6	0,01%	100,00%	0,00%	32,50	300,00
7	0,00%	100,00%	0,00%	32,50	350,00
8	0,00%	100,00%	0,00%	32,50	400,00
9	0,00%	100,00%	0,00%	32,50	450,00
10	0,00%	100,00%	0,00%	32,50	500,00

Die erwarteten Verluste (= Standardrisikokosten) sind 32,50.
Somit beträgt das ökonomische Kapital 200 - 32,50 =167,50

Abbildung 5.3-3: *Verlustverteilung in einem Portfolio nach CreditRisk+*

5.3.4 CreditMetrics

CreditMetrics versucht über die Ausfälle hinaus auch Wertveränderungen im Portfolio im Bezug auf eine **Ratingänderung** zu beschreiben.

5.3.4.1 Ermittlung des Marktwertes eines Kredites

Die Bewertung eines Kredites im Sinne des Marktpreises erfolgt mit Hilfe der **Zinssätze der jeweiligen Risikoklassen**. Unterschiedliche Bonitätsklassen handeln auf unterschiedlichen Zinsniveaus, die durch die Spotsätze dokumentiert sind. Diese sind als Beispiel in der folgenden Tabelle ausgewiesen. Es muss aber betont werden, dass in einer Ratingklasse die Sätze stark schwanken können. Dies ist daher eher als Indikation für einen Portfolioansatz zu verstehen. Zur Marktpreisfindung müsste für jeden Kredit die individuelle Diskontierungskurve zur Verfügung stehen. Dies ist meist nicht möglich, so dass für die Risikoanalyse die Bewertung mithilfe der Ratingstufen erfolgt.

Tabelle 5.3-5: *Spotsätze für unterschiedliche Ratingkategorien*

Rating	**Laufzeit in Jahren**				
	1	**2**	**3**	**4**	**5**
AAA	3,65 %	3,86 %	4,30 %	4,63 %	4,98 %
AA	3,70 %	3,90 %	4,34 %	4,68 %	5,03 %
A	3,77 %	3,98 %	4,43 %	4,77 %	5,12 %
BBB	3,89 %	4,12 %	4,58 %	4,92 %	5,28 %
BB	4,32 %	4,64 %	5,17 %	5,58 %	6,00 %
B	4,93 %	5,34 %	5,98 %	6,46 %	6,96 %
CCC	5,84 %	6,44 %	7,26 %	7,84 %	8,44 %

Quelle: Schulte-Matler/Stausberg, 1998

Jetzt können beide Kredite auf Basis der Marktpreise bewertet werden.

$$Wert_{Lucky}^{Markt} = \sum_{i=1}^{N} \frac{C_i}{\left(1+r_{s\_Rating\_i}\right)} = \frac{4,4}{(1+3,77\%)} + \frac{4,4}{(1+3,98\%)^2} + \frac{104,4}{(1+4,43\%)^3} = 99,98$$

$$Wert_{Unlucky}^{Markt} = \frac{5,15}{(1+4,32\%)} + \frac{5,15}{(1+4,64\%)^2} + \frac{105,15}{(1+5,17\%)^3} = 100,03$$

Diese **Marking to Market-Bewertung** mithilfe der **aktuellen Zinskurve** ergibt für beide Kredite ein Ergebnis ca. bei par (99,98 bzw. 100,03). Es zeigt sich eine deutliche Abweichung zum Ausfallansatz. Der Marktwert des Portfolios liegt also bei 200,01 Mio. €.

5.3.4.2 Value at Risk für einzelne Kredite

Die Gewichtung mit Ausfallwahrscheinlichkeiten ist eher das Gedankengut der klassischen Analyse eines Kredits, der nur die Zustände zahlt (= gut) und zahlt nicht (= schlecht) kennt. Die neue Idee der Risikobewertung im Kreditbereich (CreditMetrics) beruht auf der Tatsache, dass nicht nur ein Ausfall zu einer **Wertverschlechterung des Portfolios** führt, sondern auch eine **Ratinganpassung.** Für diesen Ansatz wird zuerst ein **Zeithorizont** für die Bonitätsanalyse festgelegt. Dies ist im Allgemeinen **ein Jahr**. Man benutzt die historischen Übergangswahrscheinlichkeiten, d. h. die Wahrscheinlichkeit, mit der sich eine Anleihe einer bestimmten Rating-Klasse in einem Jahr in einer anderen Rating-Klasse befindet.

Tabelle 5.3-6: *Übergangswahrscheinlichkeiten der Ratings*

	Rating in einem Jahr							
Ursprungsrating	**AAA**	**AA**	**A**	**BBB**	**BB**	**B**	**CCC**	**D**
AAA	90,82 %	8,27 %	0,74 %	0,07 %	0,07 %	0,01 %	0,01 %	0,01 %
AA	0,66 %	90,89 %	7,70 %	0,58 %	0,06 %	0,07 %	0,03 %	0,01 %
A	0,08 %	2,42 %	91,31 %	5,23 %	0,68 %	0,23 %	0,01 %	0,04 %
BBB	0,04 %	0,32 %	5,88 %	87,46 %	4,96 %	1,08 %	0,11 %	0,15 %
BB	0,04 %	0,13 %	0,64 %	7,71 %	81,16 %	8,4 %	0,97 %	0,95 %
B	0,02 %	0,11 %	0,26 %	0,52 %	6,86 %	83,49 %	3,89 %	4,85 %
CCC	0,13 %	0,12 %	0,42 %	1,20 %	2,69 %	11,71 %	64,48 %	19,25 %

Quelle: S&P Daten, JP Morgan Homepage, in Schulte-Matler/Stausberg, 1998

Nun wird der Barwert des Bonds in einem Jahr ermittelt. Aus den Marktzinsen der einzelnen Bonitätsklassen (Spotsätze) für die verschiedenen Laufzeiten werden die benötigten **Forwardzerozinsen** ermittelt. Dies basiert auf einer Arbitragebeziehung, d. h. eine Anlage für einen bestimmten Zeitraum muss genauso ertragreich sein wie die Anlage für einen kürzeren Zeitraum und deren Verlängerung schon heute mithilfe eines Forwards. Für die Ratingkategorie A werden beispielhaft zwei Forwardsätze berechnet. Die Vorlaufperiode ist bei diesem Risikoansatz immer 1 (i = 1), da der Zeithorizont der Bonitätsanalyse auf ein Jahr festgelegt wurde.

$$r_{fi,j} = \sqrt[j-i]{\frac{(1+r_{sj})^j}{(1+r_{si})^i}} - 1$$

Mit: $r_{fi,j}$ = Forward in i Jahren mit der Laufzeit j-i Jahre

$$r_{f1,2}^A = \sqrt[2-1]{\frac{(1+r_{s2}^A)^2}{(1+r_{s1}^A)^1}} - 1 = \sqrt[1]{\frac{(1+3,98\%)^2}{(1+3,77\%)^1}} - 1 = 4,19\%$$

$$r_{f1,3}^A = \sqrt[3-1]{\frac{(1+r_{s3}^A)^3}{(1+r_{s1}^A)^1}} - 1 = \sqrt[2]{\frac{(1+4,43\%)^3}{(1+3,77\%)^1}} - 1 = 4,76\%$$

In der folgenden Tabelle sind alle Forwardsätze für die Ratingkategorien auf Basis der Spotsätze ausgewiesen.

Tabelle 5.3-7: *Zeroforwardsätze in einem Jahr*

Rating	**für 1 Jahr**	**für 2 Jahre**	**für 3 Jahre**	**für 4 Jahre**
AAA	4,07 %	4,63 %	4,96 %	5,15 %
AA	4,10 %	4,66 %	5,01 %	5,20 %
A	4,19 %	4,76 %	5,11 %	5,29 %
BBB	4,35 %	4,93 %	5,27 %	5,46 %
BB	4,96 %	5,60 %	6,00 %	6,21 %
B	5,75 %	6,51 %	6,97 %	7,21 %
CCC	7,04 %	7,98 %	8,52 %	8,74 %

Zum **Zeitpunkt in einem Jahr** (der erste Kupon wurde gerade gezahlt) wird der dann relevante zukünftige Cash Flow mithilfe der **Forwards diskontiert**. Für die Anleihe entstehen nun Barwerte in Abhängigkeit von der Ratingkategorie in der Zukunft. Dies sei an den Krediten für Lucky und Unlucky beispielhaft für die möglichen Bonitätsstufen in einem Jahr A und BBB gezeigt.

$$Wert_{Lucky\_A\_einJahr} = 4,4 + \frac{4,4}{1+4,19\%} + \frac{104,4}{(1+4,76\%)^2} = 103,75$$

$$Wert_{Lucky\_BBB\_einJahr} = 4,4 + \frac{4,4}{1+4,35\%} + \frac{104,4}{(1+4,93\%)^2} = 103,44$$

In der folgenden Tabelle sind die Kreditwerte der beiden Unternehmen in einem Jahr in Abhängigkeit der dann möglichen Ratingstufen dargestellt.

Tabelle 5.3-8: *Kreditwerte in einem Jahr in Abhängigkeit der Ratingstufe*

Rating	Lucky	Unlucky
AAA	104,00	106,15
AA	103,93	106,09
A	103,75	105,90
BBB	103,44	105,59
BB	102,22	104,35
B	100,59	102,71
CCC	98,05	100,15
D	53,38	53,76

Dabei wird die Ausfallkategorie **D mit der Konkursquote** und der entsprechenden Forderung bei Fälligstellung von Rückzahlung plus aufgelaufenem Kupon bewertet.

$$Wert_{Lucky\_D\_einJahr} = 104,4 \cdot 51,13\% = 53,38$$

$$Wert_{Unlucky\_D\_einJahr} = 105,15 \cdot 51,13\% = 53,76$$

Gewichtet man diese Barwerte mit den Wahrscheinlichkeiten dieses Ratings in einem Jahr, können nun Forward-Erwartungswerte der Anleihen bestimmt werden.

Tabelle 5.3-9: *Lucky Ursprung A*

Rating	Wert	Wahrscheinlichkeit	Wert gewichtet
AAA	104,00	0,08 %	0,08
AA	103,93	2,42 %	2,52
A	103,75	91,31 %	94,73
BBB	103,44	5,23 %	5,41
BB	102,22	0,68 %	0,70
B	100,59	0,23 %	0,23
CCC	98,05	0,01 %	0,01
D	53,38	0,04 %	0,02

Tabelle 5.3-10: *Unlucky Ursprung BB*

Rating	Wert	Wahrscheinlichkeit	Wert gewichtet
AAA	106,15	0,04 %	0,04
AA	106,09	0,13 %	0,14
A	105,90	0,64 %	0,68
BBB	105,59	7,71 %	8,14
BB	104,35	81,16 %	84,69
B	102,71	8,40 %	8,63
CCC	100,15	0,97 %	0,97
D	53,76	0,95 %	0,51

Um jetzt den Value at Risk für die einzelne Anleihe zu bestimmen, ist die **Standardabweichung aufgrund der asymmetrischen Verteilung** von Kreditrisiken als Risikomaß **nicht** besonders gut **geeignet**. Diese asymmetrische Verteilung führt zu einer grundsätzlich anderen Risikosituation, mit höherer Wahrscheinlichkeit viel zu verlieren, ohne die Chance zu haben, viel zu gewinnen.

Das Risiko kann daher besser mit einem **1 % Percentil** quantifiziert werden. Dabei sucht man aufsteigend die kleinsten Barwerte und kumuliert deren Wahrscheinlichkeiten so lange, bis die kumulierten Wahrscheinlichkeiten mindestens 1 % betragen. Der Barwert der entsprechenden Ratingkategorie ist dann der **Minimalwert in einem Jahr**. So ist der Kredit von Unlucky mit 99 % Wahrscheinlichkeit mindestens 100,15 wert. Um den aktuellen Minimalwert zu berechnen, wird der Minimalwert in einem Jahr nun mit dem **Spotsatz der Bonitätsstufe** (Tab. 5.3-5 Bonität CCC) für ein Jahr **abgezinst.** Der **Value at Risk**, also der **Betrag**, der **mit einer Wahrscheinlichkeit von 99 % maximal verloren wird**, ergibt sich aus der Differenz zwischen dem Marktwert (vgl. Abschnitt 5.4.4.1) der Anleihe und dem aktuellen Minimalwert.

$$Minimalwert_{Unlucky99\%} = \frac{100,15}{1+5,84\%} = 94,62$$

$$Value-at\_Risk_{Unlucky99\%} = Marktwert - Minimalwert = 100,03 - 94,62 = 5,41$$

5.3.4.3 Ermittlung der Korrelation

Lässt man die **Korrelationseffekte** außer Acht, dürfte das Risiko aber eher überschätzt werden, denn die Konkurse sind im Zeitablauf nicht gleichmäßig verteilt. Es gibt starke Zusammenhänge zur Konjunktur und der Branche. Das gemeinsame Verhalten der Ausfälle muss also in die Analyse einbezogen werden.

Korrelationen (ρ) sind bereits im Marktpreisbereich schwierig zu bestimmen. Das Datenmaterial für die Korrelation bei Ausfällen ist originär kaum existent. Um trotzdem auf diese entscheidende Portfoliowirkung nicht verzichten zu müssen, werden die Gedanken der **Optionsbewertung** mit einbezogen. Es wird der **Zusammenhang der Firmen** mit Hilfe der **Aktienbranchenindizes** abgebildet.

Betrachten wir die Unternehmen Lucky (A) und Unlucky (BB). Luckys Renditeentwicklung kann zu 90 % auf die Entwicklung der amerikanischen Foodindustrie zurückgeführt werden, 10 % sind spezifisch für Lucky und weisen keine Korrelationen zu anderen Unternehmen auf. Folglich kann die Rendite erklärt werden mit w als Gewichtung:

$$r_{Lucky} = w_{1\_Lucky} \cdot r_{US\_Food} + w_{2\_Lucky} \cdot r_{Lucky\_spezifisch} = 0,9 \cdot r_{US\_Food} + 0,1 \cdot r_{Lucky\_spezifisch}$$

Ausgehend von folgender beispielhafter Korrelationsmatrix für die Aktienbranchenindizes muss bei der Gewichtungsverteilung von Unlucky etwas mehr Mühe aufgewendet werden. Unlucky hat **Umsätze** von 75 % in der amerikanischen und 25 % in der deutschen Automobilindustrie. 20 % der Bewegung ist **unternehmensspezifisch**.

Tabelle 5.3-11: *Korrelation der Branchenindizes*

		Korrelationen		
Index	**Standardabweichung**	**US Food**	**US Auto**	**D Auto**
US Food	2,00 %	1	0,4	0,3
US-Auto	2,00 %	0,4	1	0,5
D-Auto	1,25 %	0,3	0,5	1

80 % der **Bewegungen** von Unlucky sind somit **abhängig vom Index**. Um die Gewichtungsfaktoren zu berechnen, ist die Standardabweichung der Indices notwendig. Zuerst muss allerdings die Gesamtvolatilität auf eins normiert werden, um später die Normalverteilung nutzen zu können. Dazu wird als erstes die Volatilität des für Unlucky relevanten Gesamtindex – bestehend aus 75 % US-Auto und 25 % D-Auto – berechnet.

$$\sigma' = \sqrt{0{,}75^2 \cdot \sigma^2_{USAuto} + 0{,}25^2 \cdot \sigma^2_{DAuto} + 2 \cdot 0{,}75 \cdot 0{,}25 \cdot \rho_{USAuto\_DAuto} \cdot \sigma_{USAuto} \cdot \sigma_{DAuto}} = 0{,}0168$$

Auf Basis der Volatilität σ′ wird als nächstes die 80 %ige Abhängigkeit zu indexinduzierten Schwankungen für die normierte Gewichtung einbezogen.

$$0{,}8 \cdot \frac{0{,}75 \cdot \sigma_{USAuto}}{\sigma'} = 0{,}715 = W_{Unlucky\_USAuto}$$

$$0{,}8 \cdot \frac{0{,}25 \cdot \sigma_{DAuto}}{\sigma'} = 0{,}715 = W_{Unlucky\_DAuto}$$

Es wird davon ausgegangen, dass die unternehmensspezifischen Komponenten nicht korreliert sind, so dass der Assetzusammenhang von Lucky und Unlucky allein mithilfe der Indizes wie folgt bestimmt werden kann.

$$\rho_{Lucky\_Unlucky} = 0{,}9 \cdot 0{,}715 \cdot \rho_{USFood\_USAuto} + 0{,}9 \cdot 0{,}149 \cdot \rho_{USFood\_DAuto} = 0{,}3$$

5.3.4.4 Ermittlung der gemeinsamen Übergangswahrscheinlichkeiten

Mithilfe der Korrelationen können **zusammengesetzte Eintrittswahrscheinlichkeiten** errechnet werden. Dieser Prozess wird im Folgenden für ein Zweikreditportfolio illustriert. Es wurde bereits optionstheoretisch gezeigt, dass es einen Zusammenhang zwischen dem Wert des Unternehmens, dessen Volatilität und der Ausfallwahrscheinlichkeit gibt. Dies muss jedoch hier auf verschiedene **Ratingkategorien** übertragen werden. Anhand der **historischen Übergangswahrscheinlichkeiten** und der Annahme normal verteilter Unternehmens**renditen** kann auf Basis der Fläche unter der **Normalverteilung** (Ausfallwahrscheinlichkeit) auf ein Renditeintervall des nächsten Jahres geschlossen werden, welches mit der jeweiligen Ratingkategorie assoziiert ist. Da hier nur die Korrelationen interessant sind, kann die Standardnormalverteilung benutzt werden. Für ein ursprünglich BB geratetes Unternehmen liegt die Ausfallwahrscheinlichkeit bei 1,06 % (vgl. Tab. 5.3-6). Übertragen auf das Renditemodell ergibt sich also 1,06 % = $N(\sigma_{Default})$. Der Standardnormalverteilungswert beträgt damit –2,30. Das bedeutet, bei einer negativen Abweichung von der erwarteten Rendite um 2,3 Standardabweichungen ist das Unternehmen bankrott. Um jetzt den Verteilungswert für ein Downrating auf CCC zu erhalten, wird wieder die historische Wahrscheinlichkeit von 1 %

benutzt. Die Wahrscheinlichkeit, dass das Unternehmen CCC oder schlechter ist, ergibt sich aus der Kumulation der Wahrscheinlichkeiten und der Berechnung des zugehörigen Normalverteilungswertes 2,06 % = $N(\sigma_{CCC}) = -2{,}04$. Inhaltlich bedeutet dies, dass bei einer negativen Renditeabweichung zwischen 2,04 und 2,3 Standardabweichungen das Unternehmen in einem Jahr mit CCC geratet sein wird. Entsprechend ergibt sich die folgende Tabelle für die beiden Unternehmen. Diese Standardabweichungen werden als Schwellenwerte bezeichnet.

Tabelle 5.3-12: *Schwellenwerte für Renditeabweichungen*

Zukünftiges Rating	Schwellenwert Lucky A	Schwellenwert Unlucky BB
AAA		
AA	3,16	3,35
A	1,96	2,93
BBB	−1,54	2,40
BB	−2,34	1,37
B	−2,77	−1,26
CCC	−3,29	−2,07
D	−3,35	−2,35

In dieser Form ist es nun gelungen, einen **Zusammenhang zwischen Rating und Renditeschwankungen** aufzustellen. Diese werden zuerst dazu benutzt, gemeinsame Verteilungen für die Rendite zu erarbeiten, um dann mittels dieser Verteilungen wieder auf das Rating zurückzuschließen.

Die Schwellenwerte geben an, um wie viele Standardabweichungen die realisierte Rendite von der erwarteten Rendite abweichen muss, um zu einem Übergang in die nächste Ratingkategorie zu führen. Mithilfe der Korrelation kann nun auf die gemeinsame Verteilung geschlossen werden. Dazu wird eine **bivariate Normalverteilung** benötigt. Während bei der Normalverteilung die Fläche unter der Kurve die Wahrscheinlichkeit angibt, wird hier das Volumen unter dem „Hut“ als Wahrscheinlichkeitsmaß benutzt.

Die bivariate Verteilung wird mit N_2 bezeichnet und ist abhängig von den beiden Grenzrenditen der Einzelereignisse und deren Korrelation.

$$\text{Prob}\,(x < a \text{ and } y < b) = \frac{1}{2 \cdot \pi \cdot \sqrt{1-\rho^2}} \cdot \int_{-\infty}^{a} \int_{-\infty}^{b} \exp\left[-\frac{x^2 - 2 \cdot \rho \cdot x \cdot y + y^2}{2 \cdot \left(1-\rho^2\right)} \right] \cdot dx \cdot dy = N_2(a,b,\rho)$$

Als Beispiel soll die Wahrscheinlichkeit berechnet werden, mit der beide Unternehmen in ihrer Ratingkategorie bleiben. Dazu wird zuerst die Wahrscheinlichkeit bestimmt, mit der die Unternehmen mindestens ihr Rating behalten.

$$N_2(A_{Lucky}; BB_{Unlucky}; \rho) = N_2(1{,}96\,;\ 1{,}37\,;\ 0{,}3) = 89{,}57\%$$

Die Ergebnisse für alle Wahrscheinlichkeiten der gemeinsamen Ratingzustände können aus der folgenden Tabelle abgelesen werden.

Tabelle 5.3-13: *Verbundene Übergangswahrscheinlichkeiten ($\rho = 0,3$)*

	Zukünftiges Rating Lucky							
Zukünftiges Rating Unlucky	**AAA**	**AA**	**A**	**BBB**	**BB**	**B**	**CCC**	**D**
AAA	0,00 %	0,01 %	0,03 %	0,00 %	0,00 %	0,00 %	0,00 %	0,00 %
AA	0,00 %	0,02 %	0,11 %	0,00 %	0,00 %	0,00 %	0,00 %	0,00 %
A	0,00 %	0,07 %	0,58 %	0,00 %	0,00 %	0,00 %	0,00 %	0,00 %
BBB	0,02 %	0,49 %	7,08 %	0,11 %	0,01 %	0,00 %	0,00 %	0,00 %
BB	0,05 %	1,79 %	74,69 %	3,90 %	0,47 %	0,15 %	0,01 %	0,02 %
B	0,00 %	0,05 %	7,29 %	0,90 %	0,15 %	0,06 %	0,00 %	0,01 %
CCC	0,00 %	0,00 %	0,81 %	0,14 %	0,03 %	0,01 %	0,00 %	0,00 %
D	0,00 %	0,00 %	0,73 %	0,16 %	0,03 %	0,01 %	0,00 %	0,00 %

5.3.4.5 Ermittlung des Value at Risk für das Portfolio

Da die Werte der Kredite der Unternehmen mithilfe der Diskontierung bekannt sind, können jetzt **alle Portfoliowerte** in **Abhängigkeit** vom **zukünftigen Rating** bestimmt werden. Bei acht möglichen Ratingkategorien ergibt dies 64 Kombinationsmöglichkeiten. In diesem Fall sind jedoch nur 33 mit einer positiven Wahrscheinlichkeit belegt. Es ergeben sich folgende mögliche Portfoliowerte:

Tabelle 5.3-14: *Portfoliowerte in Abhängigkeit der zukünftigen Ratings*

Verbundene Portfoliowerte									
	Lucky:	AAA	AA	A	BBB	BB	B	CCC	D
Unlucky	Werte	104,00	103,93	103,75	103,44	102,22	100,59	98,05	53,38
AAA	106,15	210,15	210,09	209,90	209,60	208,37	206,75	204,21	159,53
AA	106,09	210,09	210,02	209,84	209,53	208,31	206,68	204,14	159,47
A	105,90	209,90	209,84	209,65	209,34	208,12	206,49	203,96	159,28
BBB	105,59	209,59	209,53	209,34	209,04	207,81	206,18	203,65	158,97
BB	104,35	208,35	208,29	208,10	207,80	206,57	204,94	202,41	157,73
B	102,71	206,71	206,64	206,46	206,15	204,93	203,30	200,77	156,09
CCC	100,15	204,15	204,08	203,90	203,59	202,37	200,74	198,20	153,53
D	53,76	157,76	157,70	157,51	157,21	155,98	154,35	151,82	107,14

Zuerst können alle Portfoliowerte eliminiert werden, die eine Wahrscheinlichkeit von Null haben.

Tabelle 5.3-15: *Verbundene Portfoliowerte mit positiver Wahrscheinlichkeit*

Verbundene Portfoliowerte									
	Lucky:	AAA	AA	A	BBB	BB	B	CCC	D
Unlucky	Werte	104,00	103,93	103,75	103,44	102,22	100,59	98,05	53,38
AAA	106,15		210,09	209,90					
AA	106,09		210,02	209,84					
A	105,90		209,84	209,65					
BBB	105,59	209,59	209,53	209,34	209,04	207,81			
BB	104,35	208,35	208,29	208,10	207,80	206,57	204,94	202,41	157,73
B	102,71		206,64	206,46	206,15	204,93	203,30		156,09
CCC	100,15			203,90	203,59	202,37	200,74		
D	53,76			157,51	157,21	155,98	154,35		

Jetzt werden alle Portfoliowerte **aufsteigend sortiert**. Anschließend werden die Wahrscheinlichkeiten kumuliert, um den **Value at Risk mit 99 %** Wahrscheinlichkeit berechnen zu können.

Tabelle 5.3-16: *Kumulierte Werte des Portfolios*

Rangplatz	**Rangkombination Lucky/Unlucky**	$P_{a,b(i)}$	$P_{a,b(i)}$ **kumuliert**	**Wert**
1	B/D	0,01	0,01	154,35
2	BB/D	0,03	0,04	155,98
3	D/B	0,01	0,05	156,09
4	BBB/D	0,16	0,21	157,21
5	A/D	0,73	0,94	157,51
6	D/BB	0,02	0,96	157,73
7	B/CCC	0,01	0,97	200,74
8	BB/CCC	0,03	1	202,37

Der Wert des Portfolios liegt in einem Jahr mit 99 % Wahrscheinlichkeit mindestens bei 202,37. Für die Diskontierung zur Bestimmung des heutigen Value at Risk muss nun der angemessene **Diskontierungssatz** ermittelt werden. Dazu werden die jeweiligen **Spotsätze** der **Ratingkategorie (vgl. Tab. 5.3-5) mit dem Barwertanteil des Kredits am Portfolio** gewichtet.

$$\frac{102,22}{202,37} \cdot 4,32\% + \frac{100,15}{202,37} \cdot 5,84\% = 5,07\%$$

Auf Basis dieser Portfolio-Spotsätze werden jetzt die Werte in einem Jahr auf heute abgezinst und dem Marktpreis (99,98 + 100,03 = 200,01 vgl. Abschnitt 5.4.4.1) gegenübergestellt.

$$Var_{Portfolio\_99\%} = 200,01 - \frac{202,37}{1+5,07} = 7,41$$

Der Value at Risk des Kreditportfolios beträgt bei 99 % Sicherheit 7,41 Mio.

5.3.4.6 Simulationen zur Value at Risk-Bestimmung

Der bis jetzt verfolgte analytische Ansatz zur Bestimmung des Value at Risk ist zum Verständnis der Problematik und zur Bewertung kleiner Portfolios gut geeignet. Reale Kreditportfolios haben aber im Regelfall eine solche Vielzahl von Krediten, dass eine analytische Bewertung kaum mehr möglich ist. Daher wird das Risiko meist mithilfe einer Monte Carlo Simulation berechnet.

Die Vorgehensweise unterscheidet sich dabei wenig von der analytischen. Den Übergangswahrscheinlichkeiten werden weiterhin Schwellenwerte zur Übertragung aus der Normalverteilung zugeordnet.

Die Korrelationen wurden mithilfe der Aktienindizes ermittelt. Daraus kann nun die Korrelationsmatrix der Unternehmen aufgestellt werden.

Tabelle 5.3-17: *Korrelationsmatrix*

	Lucky	**Unlucky**
Lucky	1	0,3
Unlucky	0,3	1

Mittels der Korrelationsmatrix können dann **normal verteilte korrelierte Zufallszahlen** für eine beliebige Anzahl von Unternehmen generiert werden. Dabei entspricht ein Set von Zufallszahlen einem Szenario. Mithilfe der **Schwellenwerte** wird dann auf die Bonität und damit auf den Wert für jedes Unternehmen im entsprechenden **Szenario zurück geschlossen**.

Tabelle 5.3-18: *Portfoliowerte in Abhängigkeit von simulierten Szenarien*

Szenario	**Zufallszahl Lucky**	**Zufallszahl Unlucky**	**Rating Lucky**	**Rating Unlucky**	**Wert Lucky**	**Wert Unlucky**
1	0,7353	0,8492	A	B	103,75	102,71
2	−1,5621	−2,0934	BBB	CCC	98,05	100,15
⋮	⋮	⋮	⋮	⋮	⋮	⋮
1000	2,0004	1,9803	AA	BBB	103,93	105,59

Zur Bestimmung der Percentile werden zuerst die **Portfolioergebnisse aufsteigend geordnet**. Mit **99 % Wahrscheinlichkeit** hat das Portfolio mindestens den Wert des entsprechenden Anteils der Szenarien. So wäre hier der Barwert des **11.-kleinsten Barwertes** der gesuchte Wert in einem Jahr. Die weitere Vorgehensweise ist mit dem analytischen Ansatz identisch.

5.3.5 Portfoliosteuerung

In Abhängigkeit vom Portfolioansatz können nun bewusst Verbesserungen in der Struktur vorgenommen werden. Tendenziell sind **Kreditportfolien zufällig entstanden**. Der Kreditnehmer beantragte den Kredit, der bei ausreichender Bonität vergeben wurde. Steuerungselemente wie Diversifikation und Klumpenrisiken wurden zumeist nur über einfache Limitsysteme gesteuert. Grundsätzlich besteht der Gegensatz zwischen ökonomischem und aufsichtsrechtlichem Eigenkapital. Da die Steuerung jedoch ähnlich wirkt, wird in den folgenden Beispielen mit dem aufsichtsrechtlichen Ansatz gearbeitet.

Die erste Möglichkeit ist die Berücksichtigung des **marginalen ökonomischen Kapitals** bei der **Bewertung von neuen Krediten**. **Kredite, die gut in das Portfolio passen**, sollten entsprechend **günstiger** sein und daher häufiger aufgenommen werden. Jedoch verändert dies ein Portfolio nur sehr **langsam**. Hinzu kommt die Schwierigkeit, dass die besonders **guten Kunden** auf Grund der **Klumpenrisiken** immer schlechtere Konditionen bekommen. Daher eignet sich dieser Ansatz tendenziell zur Unterstützung im Portfolioprozess.

Der direkte **Verkauf** von **Kreditportfolien** ist sehr häufig auf non performing loans bezogen. Insbesondere durch die Rechtsprechung ist die Übergabe eines Kredites an einen dritten nicht unproblematisch. So kommt es hier meist eher zur Veräußerung großer Portfolien unter **strategischen Gesichtspunkten**. Meist muss dabei ein **erheblicher Abschlag** auf den Wert in Kauf genommen werden. Besonders geeignet sind daher, trotz der Finanzkrise, Kreditderivate und ABS.

Die Steuerungsmöglichkeiten werden am Beispiel eines vierjährigen 100 Mio. Portfolios mit Durchschnittsrating BBB angelehnt. Die Bank refinanziert sich auf dem Zinsswapniveau. Die Konditionen sind in der Relation an Marktpreise angelehnt.

4 Jahre Conti BBB 100 Mio. 4,06%	4 Jahre 92 Mio. FK zu 3,50% (Swaplevel) 8 Mio. EK

$$4{,}06\,Mio - \underbrace{3{,}5\% \cdot 92\,Mio.}_{3{,}22} = 0{,}84$$

$$ROE = \frac{0{,}84}{8} = 10{,}5\%$$

Abbildung 5.3-4: *Beispielsportfolio ohne Steuerung*

Ein 100 Mio. BBB muss nach dem **Standardansatz mit 8 % Eigenkapital** unterlegt werden. Bei einer durchschnittlichen Kreditkondition von 4,06 % ergibt sich bei einer Refinanzierung zu 3,50 % ein Return on Equity vor (ROE) Ausfällen von 10,5 %. Dabei ist zu beachten, dass die Ausfälle nach oben nicht begrenzt sind.

5.3.5.1 Steuerung mit Kreditderivaten

Die **schnellste Steuerung** eines existierenden Portfolios sind Credit Default Swaps (CDS). Sind diese für das entsprechende Portfolio verfügbar, ist die zentrale Frage die Bewertung. Einerseits kann der **CDS** über dem Kreditspread liegen, da im Preis die Transaktionskosten für den Hedge enthalten sind (vgl. Kreditderivate). Ist dies der Fall, führt eine Absicherung tendenziell zu einer Verschlechterung des ROE. Der **CDS** kann aber auch **unterhalb des**

Kreditspreads liegen. In diesem glücklichen Fall kann eine deutliche **Margensteigerung** erzielt werden. Im Beispiel kann ein CDS von einer AA Bank für 0,35 % (p. a. 30 / 360) erworben werden.

4 Jahre Conti BBB 100 Mio. 4,06%	4 Jahre 98,4 Mio. FK zu 3,50% (Swaplevel) 1,6 Mio EK
4 Jahre CDS Conti 0,35% von Deutscher Bank AA	$4{,}06 Mio. - \underbrace{3{,}5\% \cdot 98{,}4 Mio.}_{3{,}44} - 0{,}35 = 0{,}28$ $ROE = \frac{0{,}28}{1{,}6} = 16{,}88\%$

Abbildung 5.3-5: *Portfoliosteuerung mit CDS*

Selbst bei einer **rudimentären Anerkennung im regulatorischen Eigenkapital** durch einen **Schuldnertausch**, kommt es zu einer deutlichen ROE Steigerung. Hier wird ein AA des Sicherungsgebers mit 20 % für die Risiko-gewichteten Aktiva (RWA) anerkannt. Daher beträgt das Eigenkapital 8 % von 20 Mio. also 1,6 Mio. Nach Kosten erhöht sich der ROE auf 16,88 % ohne von Ausfällen betroffen zu sein.

Genau genommen liegt dieser **Eigenkapitalansatz viel zu hoch**. Das Restrisiko im Bezug auf einen Ausfall der Kredite und des Sicherungsgebers (**double default**) liegt bei einer Korrelation von 0,3 deutlich unter 0,01 %. Effektiv würde das gebundene Kapital tendenziell unter 0,5 Mio. betragen. Bezieht man den double default beim Kapital mit ein, werden auch deutlich schlechtere Konditionen im CDS Bereich sinnvoll, da die Zielverzinsung von Eigenkapital deutlich oberhalb der Risikoprämien im Kreditbereich liegen.

5.3.5.2 Steuerung mit Asset Backed Securities

Der **Königsweg** ist die Steuerung mit **Asset Backed Securities (ABS)**. Das Kernproblem des ökonomischen Kapitals sind die unerwarteten Verluste. Wird das Portfolio mithilfe einer ABS verbrieft, kann nun durch eine **Tranchierung die Reihenfolge der Verluste festgelegt werden.** Bei einem solchen Portfolio liegt das **Equity Piece** (first loss piece, Aufnahme der ersten Verluste) oft deutlich unter 2 % des Portfoliovolumens. Hinzu kommt die Arbitrage, dass im Markt eine hohe Nachfrage nach AAA Papieren besteht, es aber nur wenige natürliche AAA gibt. Dies ist bei BBB genau umgekehrt. Daher sind die relativen Spreads eines AAA im Bezug auf die Ausfallwahrscheinlichkeiten bei längeren Laufzeiten im Vergleich zu einem AAA zu niedrig.

Equity Piece ABS 1,5 Mio. 20%	1,5 Mio. FK

$$ROE = \frac{0,3}{1,5} = 20\%$$

Abbildung 5.3-6: *Portfoliosteuerung mit ABS*

Durch die Tranchierung gelingt es jetzt, ein Portfolio aus BBB zu über 90 % in AAA zu verwandeln, da die Wahrscheinlichkeit so hoher Ausfälle zur Erreichung der AAA Tranche verschwindend gering ist. Es bleiben trotz hoher Strukturierungskosten attraktive **Verzinsungen für das Equity Piece** übrig. Entsprechend ist der Verlust auf das Equity Piece begrenzt, und es ergeben sich sehr attraktive Renditen. Darüber hinaus zeigt sich der optionale Charakter, da die Erträge bei weniger Ausfällen an das Equity Piece ausgeschüttet werden. Da die Kredite meist auch weiter verwaltet werden, entsteht so aus risikobehafteten Zinseinkommen fast risikofreies Provisionseinkommen.

Zusammenfassung

Die durchschnittlichen Ausfälle sind nicht als Risiko zu verstehen, sondern werden durch die Standardrisikokosten abgedeckt. Die Kreditportfoliosteuerung bezieht sich also auf die unerwarteten Verluste. Diese hängen neben dem Rating zentral von der Diversifikation ab.

Im Rahmen eines buy and hold Modells bildet CreditRisk$^+$ die Ausfälle über eine Poissonverteilung ab. Jeder Anzahl von Ausfällen kann eine Wahrscheinlichkeit zugeordnet werden. Auf Basis der Entscheidung über das eigene Risikokapital wird dann der Value at Risk, über zum Beispiel das 99 % Quantil, bestimmt.

CreditMetrics bezieht auch die Ratingveränderungen in die Risikoanalyse ein. Zudem wird die Ausfallkorrelation über gemeinsame Absatzmärkte der Firmen modelliert. Durch eine Monte Carlo Simulation gelingt es, die Verteilung in Abhängigkeit vom Rating, den Übergangswahrscheinlichkeiten des Ratings, den Zinskurven der Ratingklassen und der Korrelation zu bestimmen.

Die Portfolioüberlegungen fließen in die Preise neuer Kredite auf Basis der Eigenkapitalkosten ein. Diese Steuerung ist aber tendenziell zu langsam. Kreditverkauf ist häufig nur mit großen Abschlägen möglich. Credit Default Swaps lassen zwar einen schnellen Risikoverkauf zu, allerdings bleibt dann meist nur eine kleine, oft auch negative Marge. Am sinnvollsten ist der Verkauf der Forderungen über Asset Backed Securities. Es entstehen für den Investor attraktive Anlagemöglichkeiten, da die Klumpenrisiken besser gestreut werden können. Für die Bank werden Eigenkapitalrisiken gegen Fremdkapitalkosten getauscht. Dies führt zu einer deutlichen Steigerung der Eigenkapitalrendite.

Fragen

a) Erklären Sie ökonomisches Kapital. (Kapitel 5.4.1)
b) Berechnen Sie nach $CreditRisk^+$ die Wahrscheinlichkeit für 2 Ausfälle in einem 10-Kredite-Portfolio mit einer Summe der Ausfallwahrscheinlichkeiten von 65 %. (Kapitel 5.4.3.2)
c) Erklären Sie die Idee der Korrelation bei CreditMetrics. (Kapitel 5.4.4.3)
d) Erklären Sie die Möglichkeiten der Kreditportfoliosteuerung. (Kapitel 5.4.5)

Literatur

Carty L./Liebermann D. (1996), Corporate Bond Defaults and Default Rates 1938–1995, Moodys Investor Service, Januar 1996

JPMorgan (1997), CreditMetrics – Technical Document

Schulte-Mattler, H./Stausber, T. (1998), Quantifizierung von Kreditrisiken unter Verwendung von Übergangswahrscheinlichkeiten, in: Die Bank 10/98

Standard & Poor's [S&P] (1996), Credit Week, April 1996

Printed and bound by CPI Group (UK) Ltd, Croydon, CR0 4YY

05/10/2026

14975896-0002